# 机器学习与水声目标识别

杨宏晖　李俊豪　著

电子工业出版社
Publishing House of Electronics Industry
北京·BEIJING

## 内 容 简 介

本书系统深入地论述了机器学习与水声目标识别的理论和方法，内容从基础理论到实际应用，涵盖了复杂海洋环境下水声目标特性、机器学习与水声目标识别的基本理论、经典机器学习算法在水声目标识别中的应用、专用深度学习水声目标识别方法、类脑听觉深度学习水声目标识别方法及水声目标深度识别网络的可视化与可解释；并详细论述了面向边缘设备的水声目标深度学习识别系统的设计、部署与优化策略。本书还提供了丰富的实战算法与工程实践案例。

本书可作为高等院校人工智能、水声工程等专业的课程参考书，也可供计算机信息处理、水声信号处理等领域从事人工智能、模式识别、机器学习、数据挖掘工作的学者、工程师等参考。

未经许可，不得以任何方式复制或抄袭本书之部分或全部内容。
版权所有，侵权必究。

**图书在版编目（CIP）数据**

机器学习与水声目标识别 / 杨宏晖，李俊豪著.

北京 : 电子工业出版社, 2025. 8. -- ISBN 978-7-121-51085-4

Ⅰ．U675.7

中国国家版本馆CIP数据核字第2025ZW8652号

责任编辑：王晓庆　　　　特约编辑：朱　茉
印　　刷：天津嘉恒印务有限公司
装　　订：天津嘉恒印务有限公司
出版发行：电子工业出版社
　　　　　北京市海淀区万寿路173信箱　　邮编：100036
开　　本：787×1 092　1/16　印张：21.75　字数：557千字
版　　次：2025年8月第1版
印　　次：2025年8月第1次印刷
定　　价：79.00元

凡所购买电子工业出版社图书有缺损问题，请向购买书店调换。若书店售缺，请与本社发行部联系，联系及邮购电话：(010) 88254888，88258888。

质量投诉请发邮件至zlts@phei.com.cn，盗版侵权举报请发邮件至dbqq@phei.com.cn。

本书咨询联系方式：(010) 88254113，wangxq@phei.com.cn。

# 前　言

"凡物动而有声，声变而有音"，听音定尺自古有之，神话中的顺风耳体现了人类自古以来对听觉感知极限的追求。水声目标识别技术就是"水下顺风耳"，在复杂海洋环境下，水声目标识别技术通过被动声呐接收水声目标辐射噪声，结合海洋声传播的物理特性，从目标辐射噪声中挖掘目标固有属性，进而完成水声目标识别。

本书凝练了作者长期从事水声目标识别领域科学研究与工程实践的创新性成果，深入、系统性地论述了将机器学习用于复杂海洋环境下水声目标识别的理论、方法和技术，兼具深度与广度，具有多学科创新交叉应用的特点。

本书系统、全面地论述了复杂海洋环境下水声目标特性，机器学习与水声目标识别基础，基于经典机器学习算法的水声目标识别方法，专用深度学习水声目标识别方法，类脑听觉深度学习水声目标识别方法，水声目标深度识别网络的可视化与可解释，基于边缘计算平台的水声目标深度学习识别系统的算法实现、部署与工程实践案例。

全书分为五部分。

第一部分讲述机器学习与水声目标识别基本原理与方法，共包含 3 章内容：第 1 章讲述水声目标识别基本原理，第 2 章讲述海洋中的声音，第 3 章讲述机器学习基础。

第二部分系统、全面地讲述基于经典机器学习算法的水声目标识别理论与方法，共包含 5 章内容：第 4 章讲述水声目标特征提取，第 5 章讲述水声目标特征选择与压缩，第 6 章讲述基于支持向量机的水声目标分类，第 7 章讲述基于单类分类支持向量机的水声目标半监督识别方法，第 8 章讲述水声目标集成学习识别方法。

第三部分重点讲述将深度学习用于水声目标识别的理论与方法，共包含 5 章内容：第 9 章讲述深度学习识别模型基础，第 10 章讲述用于水声目标识别的深度学习方法、算法及实验，第 11 章讲述基于深度集成学习的水声目标识别方法，第 12 章讲述基于图神经网络的水声目标识别方法，第 13 章讲述水声目标深度识别网络可视化与可解释。

第四部分重点讲述基于类脑听觉的水声目标识别方法及其技术实现途径，主要涵盖了类脑听觉系统的建模及类脑听觉深度学习的水声目标识别方法，共包含两章内容：第 14 章讲述脑听觉感知及机制，第 15 章讲述基于类脑听觉深度学习的水声目标识别方法、算法及实验。

第五部分围绕面向边缘设备的水声目标深度学习识别展开，详细阐述在计算资源和存储空间有限的边缘设备上部署水声目标识别系统的方法。

本书可作为高等院校人工智能、水声工程等专业的课程参考书，也可供计算机信息处理、水声信号处理等领域从事人工智能、模式识别、机器学习、数据挖掘工作的学者、工程师等参考。

本书第 1~16 章由杨宏晖著，李俊豪参与了第 14~15 章的编写。本人指导的博士生和硕士生在资料整理、实验、计算等方面为完善本书内容做了大量工作，他们是郭强、申昇、姚晓辉、徐光辉、于传林、郑凯锋、曾志良、王大彪、何家璇、刘钰淇、黄伊宁、黄行建、王俊龙、方蓝灏、毛博文、何婧、王秋雨、王垚森、崔哲宁、吴冬阳、王浩哲、白顺、李树芊等，在此表示诚挚谢意。

本书的出版获得国家自然科学基金（No.52171339）的资助，在此表示感谢。

本书是在作者近二十年研究工作基础上形成的，虽竭尽全力，错误和缺点仍在所难免，诚恳读者指正。

杨宏晖

2025 年 6 月

# 目 录

## 第1章 水声目标识别基本原理 ·······1
### 1.1 水声目标识别系统 ·······1
### 1.2 基于机器学习的水声目标识别系统的工作原理 ·······2
### 1.3 水声目标特征提取 ·······2
#### 1.3.1 时域波形结构特征提取 ·······2
#### 1.3.2 频域谱特征提取 ·······2
#### 1.3.3 时频分析特征提取 ·······2
#### 1.3.4 听觉感知特征提取 ·······3
### 1.4 水声目标特征选择 ·······3
### 1.5 水声目标识别的分类器设计 ·······3
### 1.6 基于深度学习的水声目标识别 ·······4
### 1.7 基于类脑智能的水声目标识别 ·······4
### 1.8 本章小结 ·······4
### 参考文献 ·······5

## 第2章 海洋中的声音 ·······7
### 2.1 声音的基本概念 ·······7
#### 2.1.1 声音 ·······7
#### 2.1.2 声音的基本参量 ·······7
### 2.2 海洋噪声综述 ·······8
#### 2.2.1 海洋中的声音类型 ·······8
#### 2.2.2 舰船辐射噪声 ·······9
#### 2.2.3 海洋哺乳动物叫声 ·······10
### 2.3 船舶类型及分类规则 ·······14
#### 2.3.1 劳埃德船级社船舶类型划分方法 ·······14
#### 2.3.2 按照国际海事组织规定进行船舶类型划分 ·······16
### 2.4 海洋声环境特性 ·······22
#### 2.4.1 海洋声传播损失 ·······22
#### 2.4.2 海洋声传播理论 ·······23
#### 2.4.3 海洋声信道特性 ·······24
### 2.5 海洋环境噪声特性 ·······28
### 2.6 舰船辐射噪声特性 ·······29

|     | 2.6.1 舰船辐射噪声的组成及特性 | 29 |
| --- | --- | --- |
|     | 2.6.2 船舶工况对舰船辐射噪声特性的影响 | 31 |
|     | 2.6.3 基于特征分析的舰船辐射噪声特性分析 | 33 |
| 2.7 | 海洋哺乳动物叫声特性 | 41 |
| 2.8 | 本书使用的水声目标数据 | 42 |
|     | 2.8.1 舰船辐射噪声数据 | 42 |
|     | 2.8.2 海洋哺乳动物叫声数据 | 43 |
| 2.9 | 本章小结 | 44 |
| 参考文献 | | 44 |

## 第3章 机器学习基础 ··· 46

| 3.1 | 机器学习的概念 | 46 |
| --- | --- | --- |
|     | 3.1.1 机器学习问题 | 46 |
|     | 3.1.2 机器学习算法的分类 | 46 |
| 3.2 | 回归分析的含义、分类及应用 | 46 |
| 3.3 | 一元线性回归算法 | 47 |
|     | 3.3.1 一元线性回归模型 | 47 |
|     | 3.3.2 损失函数 | 47 |
|     | 3.3.3 一元线性回归应用实例 | 48 |
| 3.4 | 一元线性回归梯度下降求解方法 | 49 |
|     | 3.4.1 随机梯度下降法 | 50 |
|     | 3.4.2 批量梯度下降法 | 50 |
|     | 3.4.3 小批量梯度下降法 | 50 |
| 3.5 | 多元线性回归算法 | 51 |
|     | 3.5.1 多元线性回归原理 | 51 |
|     | 3.5.2 多元线性回归应用实例 | 52 |
| 3.6 | 逻辑回归算法 | 53 |
|     | 3.6.1 逻辑回归原理 | 53 |
|     | 3.6.2 逻辑回归应用实例 | 55 |
| 3.7 | 常用的机器学习算法评价指标 | 55 |
|     | 3.7.1 欠拟合与过拟合 | 55 |
|     | 3.7.2 机器学习模型的性能评价指标 | 56 |
| 3.8 | 本章小结 | 60 |

## 第4章 水声目标特征提取 ··· 61

| 4.1 | 水声目标时频域特征提取方法 | 61 |
| --- | --- | --- |
|     | 4.1.1 波形结构特征 | 61 |
|     | 4.1.2 小波变换特征 | 61 |
| 4.2 | 水声目标听觉特征提取方法 | 63 |

|     | 4.2.1 | 心理声学参数特征 | 63 |
| --- | --- | --- | --- |
|     | 4.2.2 | 听觉谱特征 | 64 |
| 4.3 | 水声目标特征提取实验 | | 65 |
| 4.4 | 本章小结 | | 65 |

## 第 5 章 水声目标特征选择与压缩 ... 66

| 5.1 | 水声目标特征选择定义 | | 66 |
| --- | --- | --- | --- |
|     | 5.1.1 | 特征相关性定义 | 66 |
|     | 5.1.2 | 特征选择定义 | 67 |
| 5.2 | 特征选择过程 | | 67 |
|     | 5.2.1 | 特征子集生成 | 67 |
|     | 5.2.2 | 特征子集评价 | 69 |
|     | 5.2.3 | 特征子集搜索的终止 | 70 |
|     | 5.2.4 | 选择结果确认 | 70 |
| 5.3 | 特征选择方法及算法实现 | | 70 |
|     | 5.3.1 | 滤波式 | 70 |
|     | 5.3.2 | 封装式 | 71 |
|     | 5.3.3 | 混合式 | 72 |
|     | 5.3.4 | 嵌入式 | 73 |
| 5.4 | 特征选择算法的评价指标 | | 73 |
|     | 5.4.1 | 特征选择算法的两个重要参数 | 73 |
|     | 5.4.2 | 特征选择算法的稳定性评价指标 | 73 |
| 5.5 | 本章小结 | | 75 |

## 第 6 章 基于支持向量机的水声目标分类 ... 76

| 6.1 | 统计学习理论 | | 76 |
| --- | --- | --- | --- |
|     | 6.1.1 | 统计学习理论的研究背景 | 76 |
|     | 6.1.2 | 机器学习模型 | 77 |
|     | 6.1.3 | 经验风险最小化原则 | 77 |
|     | 6.1.4 | 统计学习理论的核心内容 | 78 |
| 6.2 | 支持向量机水声目标识别原理 | | 80 |
|     | 6.2.1 | 线性支持向量机 | 80 |
|     | 6.2.2 | 非线性支持向量机 | 82 |
|     | 6.2.3 | SVM 多类分类算法 | 83 |
| 6.3 | 支持向量机分类器的分类性能估计 | | 83 |
| 6.4 | 支持向量机核函数及其参数选择与实验 | | 84 |
|     | 6.4.1 | SVM 核函数及其参数的选择算法 | 84 |
|     | 6.4.2 | 水声目标数据的 SVM 核函数及其参数选择实验 | 85 |
| 6.5 | 水声目标识别实验 | | 90 |

|  |  | 6.5.1 水声目标数据的分类识别实验 | 90 |
|---|---|---|---|
|  |  | 6.5.2 公共数据集 SVM 分类识别实验 | 91 |
|  |  | 6.5.3 实验结论 | 92 |
|  | 6.6 | 本章小结 | 93 |

## 第 7 章 基于单类分类支持向量机的水声目标半监督识别方法 ··· 94

| 7.1 | 单类分类支持向量机原理与算法实现 | 94 |
|---|---|---|
|  | 7.1.1 单类分类支持向量机算法 | 94 |
|  | 7.1.2 支持向量数据描述算法 | 96 |
|  | 7.1.3 等价条件分析 | 97 |
| 7.2 | 参数 $C$、$\sigma$ 对分界面的影响 | 98 |
|  | 7.2.1 错分惩罚因子 $C$ 对分界面的影响 | 98 |
|  | 7.2.2 RBF 核函数参数 $\sigma$ 对分界面的影响 | 99 |
|  | 7.2.3 SVDD 参数选择实验 | 100 |
| 7.3 | 基于 Tri-training 的半监督 SVDD 算法与实验 | 102 |
|  | 7.3.1 Tri-SVDDE 算法 | 102 |
|  | 7.3.2 基于 Tri-SVDDE 的水声目标识别实验 | 103 |
| 7.4 | 本章小结 | 105 |

## 第 8 章 水声目标集成学习识别方法 ··· 106

| 8.1 | 分类器集成概述 | 106 |
|---|---|---|
| 8.2 | 经典分类器集成方法 | 107 |
|  | 8.2.1 个体分类器构成 | 107 |
|  | 8.2.2 个体分类器集成 | 109 |
| 8.3 | 用于水声目标识别的分类器选择性集成算法及实验 | 110 |
| 8.4 | 基于 SVDD 集成的水下目标识别 | 112 |
|  | 8.4.1 SVDD 分类器的 Bagging 集成 | 113 |
|  | 8.4.2 基于 SVDD 的多类水下目标识别算法 | 115 |
| 8.5 | 本章小结 | 119 |

## 第 9 章 深度学习识别模型基础 ··· 120

| 9.1 | 深度神经网络基本算法模块 | 120 |
|---|---|---|
|  | 9.1.1 人工神经元 | 120 |
|  | 9.1.2 全连接神经网络 | 120 |
|  | 9.1.3 自编码器 | 121 |
|  | 9.1.4 受限玻耳兹曼机 | 121 |
|  | 9.1.5 循环神经网络及其变体 | 123 |
|  | 9.1.6 卷积层及其变体 | 127 |
|  | 9.1.7 池化层 | 130 |

9.1.8 全局池化层 ··································································· 131
9.1.9 注意力模块 ··································································· 131
9.1.10 生成对抗网络 ································································ 133
9.1.11 批量归一化 ··································································· 137
9.1.12 随机失活 ······································································· 138
9.2 经典激活函数的功能与特点 ·············································· 138
9.2.1 Sigmoid 激活函数 ·························································· 138
9.2.2 tanh 激活函数 ································································ 138
9.2.3 ReLU 激活函数及其变体 ················································· 139
9.2.4 Softmax 激活函数 ··························································· 140
9.3 经典损失函数构建方法与性能 ··········································· 141
9.3.1 平方损失 ········································································ 141
9.3.2 均方误差 ········································································ 141
9.3.3 绝对误差 ········································································ 141
9.3.4 平均绝对误差 ································································· 141
9.3.5 平均绝对百分比误差 ······················································· 141
9.3.6 对数损失函数 ································································· 142
9.3.7 交叉熵 ··········································································· 142
9.4 深度神经网络的优化算法 ·················································· 142
9.4.1 梯度下降算法 ································································· 142
9.4.2 批量梯度下降算法 ·························································· 143
9.4.3 随机梯度下降算法 ·························································· 143
9.4.4 小批量梯度下降算法 ······················································· 143
9.4.5 动量梯度下降算法 ·························································· 144
9.4.6 涅斯捷罗夫梯度加速算法 ················································ 144
9.4.7 自适应的梯度下降算法 ··················································· 145
9.4.8 均方根传递 ···································································· 145
9.4.9 自适应矩估计算法 ·························································· 146
9.5 深度学习识别算法的评价指标 ··········································· 147
9.5.1 混淆矩阵 ········································································ 147
9.5.2 P-R 曲线 ········································································ 147
9.5.3 F1 分数 ·········································································· 147
9.5.4 ROC 曲线 ······································································· 148
9.5.5 AUC ··············································································· 149
参考文献 ······················································································ 149

## 第 10 章 用于水声目标识别的深度学习方法、算法及实验 ············ 150
10.1 基于深度置信网络的水声目标识别 ································· 150

  10.1.1 基于深度置信网络的水声目标识别原理 150
  10.1.2 竞争深度置信水声目标识别原理 156
  10.1.3 实验结果及分析 159
 10.2 基于深度卷积神经网络的水声目标识别 160
  10.2.1 基于深度卷积神经网络的水声目标识别原理 160
  10.2.2 舰船个体识别实验 162
  10.2.3 舰船个体识别实验结果及分析 163
  10.2.4 水声通信调制识别实验 164
  10.2.5 水声通信调制识别实验结果及分析 166
 10.3 用于水声目标识别的时、频、空域注意力深度学习 167
  10.3.1 基于通道注意力的水声目标识别原理 167
  10.3.2 基于空间注意力的水声目标识别原理 169
  10.3.3 基于频率注意力的水声目标识别原理 170
  10.3.4 基于倍频注意力的水声目标识别原理 171
  10.3.5 实验数据及实验设置 173
  10.3.6 实验结果及分析 174
 10.4 用于水声目标识别的时、频、空域自注意深度学习 180
  10.4.1 基于水声特征通道自注意力机制的水声目标识别原理 180
  10.4.2 基于水声特征时频自注意力机制的水声目标识别原理 182
  10.4.3 基于水声特征频率自注意力机制的水声目标识别原理 182
  10.4.4 实验数据及实验设置 183
  10.4.5 实验结果及分析 184
 10.5 基于深度递归神经网络的水声目标识别 189
  10.5.1 基于深度递归神经网络的水声目标识别原理 189
  10.5.2 水声目标识别实验 192
  10.5.3 实验结果及分析 192
 10.6 本章小结 193

第11章 基于深度集成学习的水声目标识别方法 194
 11.1 深度神经网络集成学习理论和方法 194
  11.1.1 机器学习集成学习方法 194
  11.1.2 结合方法 194
  11.1.3 集成模型的性能影响因素 195
 11.2 深度神经网络集成学习的评价准则 196
 11.3 基于多样性度量选择性集成的深度水声目标识别方法 197
  11.3.1 选择性集成学习方法 197
  11.3.2 基于多样性度量的识别模型子集选择算法 198
 11.4 基于多样性度量选择性集成的深度水声目标识别实验 199

|     | 11.4.1 | 实验方法 | 199 |
| --- | --- | --- | --- |
|     | 11.4.2 | 实验结果及分析 | 199 |
| 11.5 | 本章小结 | | 203 |
| 参考文献 | | | 203 |

## 第 12 章 基于图神经网络的水声目标识别方法 ... 204

- 12.1 图神经网络基本原理 ... 204
  - 12.1.1 图的表示和性质 ... 204
  - 12.1.2 基于谱的图卷积方法 ... 206
- 12.2 水声目标特征图构建 ... 209
  - 12.2.1 水声目标识别深度特征提取 ... 209
  - 12.2.2 水声目标识别人工提取特征 ... 210
  - 12.2.3 水声目标识别特征图的构建方法 ... 212
- 12.3 基于图神经网络的水声目标识别多特征融合及识别系统 ... 213
  - 12.3.1 图神经网络结构及参数设置 ... 213
  - 12.3.2 构建图神经网络的输入 ... 214
  - 12.3.3 多特征融合及调制方式识别 ... 215
- 12.4 基于图神经网络的水声目标识别实验 ... 215
  - 12.4.1 不同特征子集对识别性能的影响分析实验 ... 215
  - 12.4.2 特征图边关系对识别性能的影响分析实验 ... 218
  - 12.4.3 实测数据上的调制识别实验 ... 219
- 12.5 本章小结 ... 220
- 参考文献 ... 220

## 第 13 章 水声目标深度识别网络可视化与可解释 ... 222

- 13.1 水声目标深度识别网络的可视化与可解释概述 ... 222
  - 13.1.1 深度学习可视化与可解释的目的及意义 ... 222
  - 13.1.2 深度学习可视化与可解释的原理 ... 222
- 13.2 水声目标深度识别网络可视化与可解释方法和实验 ... 223
  - 13.2.1 加权梯度类激活映射方法 ... 225
  - 13.2.2 最大激活方法 ... 228
  - 13.2.3 反卷积方法 ... 231
  - 13.2.4 基于特征降维 $t$-SNE 可视化方法 ... 235
- 13.3 本章小结 ... 237
- 参考文献 ... 237

## 第 14 章 脑听觉感知及机制 ... 238

- 14.1 人类大脑基本概念 ... 238
- 14.2 人脑听觉系统 ... 238

    14.2.1 听觉外周 238
    14.2.2 听觉中枢 239
  14.3 脑听觉机制 240
    14.3.1 听觉频率感知机制 240
    14.3.2 音色感知机制 241
    14.3.3 被动注意机制 242
    14.3.4 主动选择性注意机制 244
  14.4 本章小结 245
  参考文献 245

第15章 基于类脑听觉深度学习的水声目标识别方法、算法及实验 246
  15.1 基于神经竞争机制的深度水声目标识别 246
    15.1.1 基于神经竞争机制的深度水声目标识别的原理 246
    15.1.2 水声目标识别实验设计 249
    15.1.3 水声目标识别实验结果及分析 249
  15.2 基于听觉滤波机制的深度水声目标识别 253
    15.2.1 基于听觉滤波机制的深度水声目标识别的原理 253
    15.2.2 水声目标识别实验设计 255
    15.2.3 水声目标识别实验结果及分析 256
  15.3 基于深度频率分解机制的深度水声目标识别 258
    15.3.1 基于深度频率分解机制的深度水声目标识别原理 258
    15.3.2 水声目标识别实验设计 260
    15.3.3 水声目标识别实验结果及分析 260
  15.4 基于音色感知的深度水声目标识别 262
    15.4.1 基于音色感知的深度水声目标识别原理 262
    15.4.2 水声目标识别实验设计 263
    15.4.3 水声目标识别实验结果及分析 264
  15.5 基于多属性协同感知的深度水声目标识别 266
    15.5.1 基于多属性协同感知的深度水声目标识别原理 266
    15.5.2 水声目标识别实验设计 268
    15.5.3 水声目标多属性协同感知实验结果及分析 269
  15.6 类脑水声目标识别极深模型构建与优化 273
    15.6.1 类脑水声目标识别极深模型原理 273
    15.6.2 水声目标识别实验设计 275
    15.6.3 水声目标识别实验结果及分析 276
  15.7 基于听觉被动注意机制的水声目标识别 278
    15.7.1 水声目标听觉被动注意理论与方法 278
    15.7.2 水声目标听觉被动注意模型的损失函数构建及优化方法 279

  15.7.3 单目标干扰条件下的水声目标识别实验设计……283
  15.7.4 单目标干扰条件下的水声目标识别实验结果及分析……286
 15.8 基于听觉主/被动融合注意的深度水声目标识别……295
  15.8.1 多目标干扰条件下的水声目标识别问题……295
  15.8.2 基于深度学习的水声目标听觉主/被动融合注意识别框架……296
  15.8.3 水声目标听觉主动注意算法……298
  15.8.4 多目标干扰条件下的决策方法……300
  15.8.5 多目标干扰条件下的水声目标实验数据及模型……302
  15.8.6 多目标干扰条件下的水声目标识别实验结果及分析……304
 15.9 本章小结……307

# 第16章 面向边缘设备的水声目标深度学习识别……308
 16.1 用于水声目标识别的边缘计算平台……308
 16.2 轻量化水声目标识别深度学习模型……308
  16.2.1 深度神经网络轻量化……309
  16.2.2 轻量化网络结构设计……309
  16.2.3 神经网络模型压缩……310
  16.2.4 轻量化水声目标感知方法……314
 16.3 水声目标深度识别网络模型网络剪枝方法……318
  16.3.1 水声目标深度识别网络模型的权重剪枝与卷积核剪枝……318
  16.3.2 剪枝识别模型的测试与评价……320
 16.4 基于边缘计算平台的深度学习网络能耗剪枝方法……323
  16.4.1 Jetson AGX Xavier 计算平台……323
  16.4.2 识别模型的推理速度……324
  16.4.3 识别模型的推理能耗……327
  16.4.4 基于推理能耗的识别模型卷积核剪枝方法……329
 16.5 基于边缘计算平台的水声目标识别系统……331
  16.5.1 硬件系统……331
  16.5.2 软件系统……332
 16.6 本章小结……334
参考文献……334

# 第1章 水声目标识别基本原理

"凡物动而有声，声变而有音"。在海洋中航行的舰船不可避免地会向周围海洋环境辐射噪声。被动声呐能安静地监听水下目标的辐射噪声，在发现目标的同时不易被目标察觉。舰船辐射噪声主要由机械噪声、螺旋桨噪声和水动力噪声组成。利用被动声呐接收的舰船辐射噪声分析声源属性，提取目标的固有属性，进行水声目标识别（Underwater Acoustic Target Recognition，UATR），是水声信号处理领域的研究焦点。一直以来，各国被动声呐系统主要依靠训练有素的声呐员来识别目标，但声呐员判断的准确性受声呐员自身的经验、身体状况、心理因素等影响较大。因此，各国一直致力于发展被动声呐系统的水声目标自动识别技术，以协助并最终代替声呐员完成繁重的识别任务。

## 1.1 水声目标识别系统

在水声目标识别系统中，数据采集设备负责采集目标的水声信号。数据采集设备主要是指各种类型的声呐阵列，如岸基声呐、拖曳声呐、浮标、潜标等。目标的其他数据信息还包括船舶自动识别系统（Automatic Identification System，AIS）数据、卫星数据、劳氏海试数据及海洋环境数据等。将这些数据进行数据清洗后，可以获得水声大数据。水声大数据由各种形式的水声数据及对应的目标信息构成。利用这些数据与信息，水声目标识别算法可以在水声大数据基础上进行训练获得识别模型，从而可以对未知水声目标进行推理，得到目标与环境的多模态属性。图1-1给出了水声目标识别系统架构。

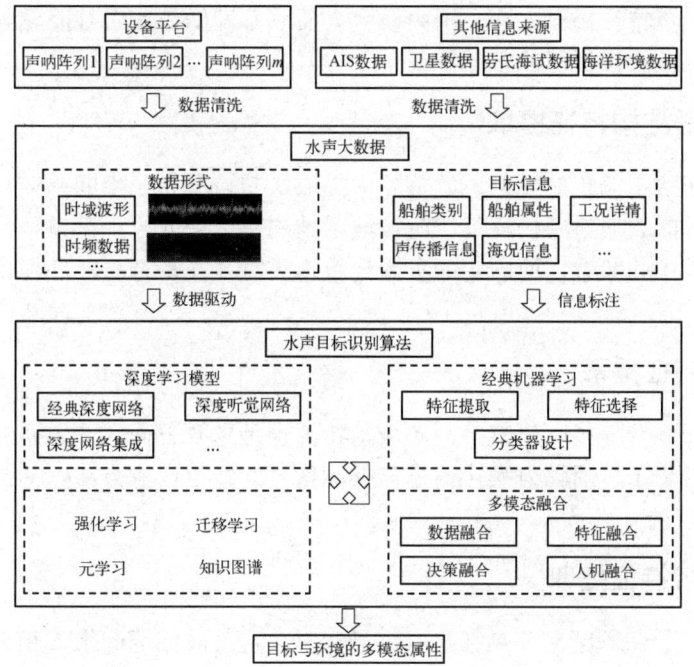

图1-1 水声目标识别系统架构

## 1.2 基于机器学习的水声目标识别系统的工作原理

以机器学习理论为核心的 UATR 系统的工作原理如图 1-2 所示。系统的工作过程分为两部分：学习过程和测试过程。学习过程主要包括：水声信号获取及预处理、特征提取、特征选择、样本选择及分类器模型设计；测试过程主要包括：水声信号获取及预处理、特征提取、分类决策及输出识别结果。

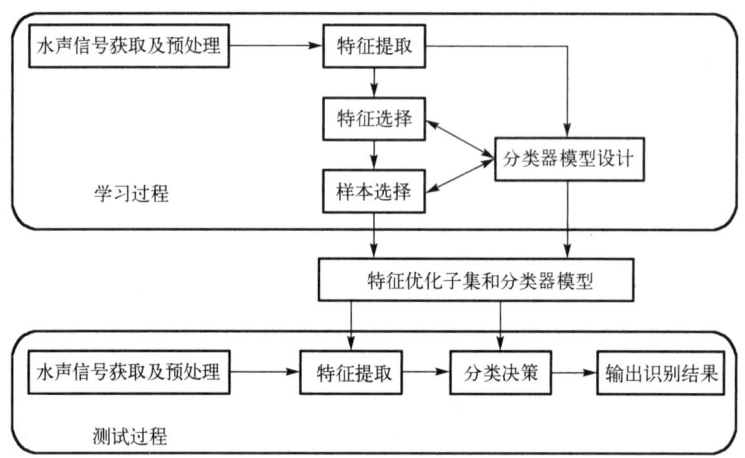

图 1-2 基于机器学习的 UATR 系统工作原理

## 1.3 水声目标特征提取

在舰船辐射噪声特征提取方面，国内研究人员从不同的角度对舰船辐射噪声信号进行了分析和研究，提取了水声目标的多域特征。

### 1.3.1 时域波形结构特征提取

现有研究主要从舰船辐射噪声原始信号中提取过零点分布、峰间幅值分布、波长差分布及波列面积分布等时域波形结构特征。时域波形结构特征提取原理简单，易于实现，但需要先验知识来设定其中的参数，而固定的参数导致这类特征在复杂海洋环境条件下的识别泛化性较弱。

### 1.3.2 频域谱特征提取

在舰船辐射噪声特征提取研究中，频域谱特征也是重要方向之一。研究人员对此展开了深入研究，尤其聚焦于舰船辐射噪声信号与振动信号的线谱提取方法，并提出了线谱特征的分析及计算方法等。

### 1.3.3 时频分析特征提取

在频域分析中，任一频率分量都是对信号在整个定义时间区间上的积分，无法有效地反映信号在窄时间区间上的突变情况，故采用时频分析的方法对舰船辐射噪声在局部时间区间上的频率特性进行分析。时频分析特征提取方法主要有小波变换、短时傅里叶变换、高阶统计量、低频分析与记录谱（Low Frequency Analysis Recording，LOFAR）、噪声包络信号检测谱（Detection of Envelope Modulation On Noise，DEMON）、倍频程谱、倒谱、Wigner-Ville 分布和 Gabor 展开等。

### 1.3.4 听觉感知特征提取

一直以来，研究人员都力图借鉴人类听觉感知机理来构建被动 UATR 方法，进而提出基于听觉模型的水声目标辐射噪声特征提取方法。听觉模型可以用于提取舰船辐射噪声瞬态信号的音色等特征，结合近邻分类器可识别水下目标。目前，相关研究主要集中在听觉外周模型，很少研究听觉中枢系统。

## 1.4 水声目标特征选择

舰船辐射噪声的特征选择是水声目标识别系统的重要组成部分。特征选择的目的是优化学习算法的分类性能。设 $X$ 为训练集，有

$$X = \{(x_i, y_i) \mid x_i \in R_d, y_i \in Y, i = 1, 2, \cdots, n\} \tag{1-1}$$

式中，$d$ 是样本的特征数目，$Y$ 是有限的类标集合。

特征选择可以定义为：给定 $m \leq d$，从 $d$ 个原始特征中选出 $m$ 个特征，使分类器的识别错误率最低；给定识别错误率，从 $d$ 个原始特征中筛选出数量最少的 $m$ 个特征，使其满足预先设定的识别错误率要求。

特征选择是解决样本数目有限而特征数目多导致分类系统分类性能下降的小样本识别问题的重要方法。现有的特征选择方法有人工免疫算法、遗传算法、向前向后搜索算法、最大梯度选择算法、粗集理论、动态规划，以及特征选择和支持向量机集成（Support Vector Machine Ensemble，SVME）融合算法。在水声目标特征选择方法中，人工免疫算法和遗传算法理论上可以搜索全局最优解，但运算量大。相比遗传算法，人工免疫算法可利用先验知识及免疫算子提高运行速度和收敛速度。粗集理论、向前向后搜索算法及动态规划本质上是顺序搜索算法，不一定能得到最优解。最大梯度算法原理简单但会丢失信息。特征选择和 SVME 融合算法将分类器设计和特征选择融合在一个框架之中，在大幅减少特征数目的同时，可提高正确识别率。

## 1.5 水声目标识别的分类器设计

用于水声目标识别的分类器设计，即对舰船辐射噪声进行分类决策的主要方法有：基于统计分析的方法、神经网络方法和专家系统识别方法。基于统计分析的方法主要有贝叶斯模式分类方法、聚类分析方法、支持向量机（Support Vector Machine，SVM）、决策树、近邻法、隐马尔可夫模型等。常见的神经网络方法有感知机、BP（Back Propagation，反向传播）神经网络、自编码网络等。专家系统识别方法指基于领域专家的经验知识建立的推理识别系统。在这种识别系统中，将传感器数据经过特征提取得到的目标特征送入分类器中，分类器按照人的思维进行分析并与知识库中的条件进行对比，从而得出识别结果。

## 1.6　基于深度学习的水声目标识别

随着逐层贪婪非监督预训练算法的提出，困扰深度神经网络的训练问题得以解决，深度学习迅速成为机器学习领域的热点。近几年，国外研究人员深入研究了深度学习在各领域的应用，在计算机视觉、语音识别、声信号处理、字符识别、回归分析等领域取得了初步但令人瞩目的成果。相比深度学习在语音识别、图像识别等领域的研究，水声目标识别领域的国外研究成果报道较少，但国内相关学者已经开展了有关主动声呐目标识别和海洋生物识别的研究。目前，国外仍然在深入研究深度学习，并针对具体应用问题，进一步完善深度学习的理论框架和网络框架。

深度神经网络是目前最为成功的类脑计算模型之一，近几年，国内外相关学者研究了基于深度学习的 UATR 方法。深度置信网络（Deep Belief Network，DBN）、卷积神经网络（Convolutional Neural Network，CNN）、深度自编码网络（Deep Auto-Encoder，DAE）相继被用于 UATR 任务中。

## 1.7　基于类脑智能的水声目标识别

类脑智能是指受大脑神经机制和认知机制启发，以计算机建模为手段，通过软硬件协同实现的机器智能。类脑智能是一种面向人工神经网络的低功耗、弱监督、可解释等学习需求，将生物机制与数学原理融合的新型网络模型和学习方法。美国、欧盟、日本等先后提出"脑计划"来推动脑科学及类脑科学相关领域的科学研究。中国也于 2021 年启动了"脑计划"。

有关类脑智能及其应用的研究在中国也得到了水声领域科研工作者的重视。在深度神经网络的可解释性、小样本识别任务、精细特征提取等方面，类脑智能具有一定优势。针对小样本的识别问题，研究人员将迁移学习技术融入受脑听觉启发的深度神经网络，进一步提升了网络模型在小样本识别任务中的性能。现阶段类脑智能还处于发展的萌芽阶段，但随着人类对大脑的认识不断深入和提高，类脑智能的水声目标建模与识别算法将有显著提高。

目前，人工智能已经成为引领未来的战略性技术之一，世界海洋军事强国已逐步形成以加速发展智能化武器装备为核心的竞争态势。在 UATR 领域，利用舰船辐射噪声识别水下目标依然面临着诸多困难和挑战。如何将脑科学、类脑智能、深度学习、大数据、超级计算等新理论、新方法有针对性地应用到 UATR 中，构建蕴含新兴人工智能技术的 UATR 系统，是未来的研究重点。

## 1.8　本章小结

本章论述了水声目标识别系统架构，阐述了基于机器学习的水声目标识别系统工作原理，概述了时域、频域、时频域、听觉域的水声目标特征提取方法、特征选择方法及分类器设计方法，阐述了基于深度学习的水声目标识别原理，提出了基于类脑智能的水声目标识别方法。

# 参 考 文 献

[1] 杨宏晖，徐光辉，李俊豪，等. 被动水下目标识别研究进展综述[J]. 无人系统技术，2019，2（4）：1-7.

[2] MENG Q, YANG S. A wave structure based method for recognition of marine acoustic target signals[J]. The Journal of the Acoustical Society of America, 2015, 137(4): 2242.

[3] MENG Q, YANG S, PIAO S. The classification of underwater acoustic target signals based on wave structure and support vector machine[J]. The Journal of the Acoustical Society of America, 2014, 136(4): 2265.

[4] 丁玉薇. 被动声呐目标识别技术的现状与发展[J]. 声学技术，2004，23（4）：253-257+260.

[5] 蔡悦斌，张明之，史习智，等. 舰船噪声波形结构特征提取及分类研究[J]. 电子学报，1999，27(6)：129-130.

[6] 吴国清，李靖，陈耀明，等. 舰船噪声识别（Ⅰ）——总体框架、线谱分析和提取[J]. 声学学报，1998，23（5）：394-400.

[7] 程玉胜，李智忠，邱家兴，等. 水声目标识别[J]. 声学学报，2019，44（4）：1.

[8] 高伟，王宁，陈川. 利用船舶噪声的自相关与倒谱联合估计多径时延[J]. 声学学报，2013，38（5）：523-532.

[9] 张绍阳，许则富. 水下高混响背景下的非平稳时变信号滤波技术研究[J]. 舰船电子工程，2017，37(12)：118-121.

[10] 刘俊星，章新华，周波，等. 新阈值及阈值函数的小波去噪研究[C]//中国声学学会. 2011年中国声学学会水声学分会学术交流会论文集. 西安：中国声学学会水声学分会全国水声学学术会议，2011：183-185.

[11] 李秀坤，孟祥夏. 水下目标回波和混响在听觉感知特征空间的分类[J]. 哈尔滨工程大学学报，2015，36（9）：1183-1187.

[12] 王娜，陈克安. 水下噪声音色属性回归模型及其在目标识别中的应用[J]. 物理学报，2010，59（4）：2873-2881.

[13] 熊紫英，朱锡清. 基于LOFAR谱和DEMON谱特征的舰船辐射噪声研究[J]. 船舶力学，2007，11（2）：300-306.

[14] 李朝晖，迟惠生. 听觉外周计算模型研究进展[J]. 声学学报，2006，31（5）：449-465.

[15] 彭圆，王晟，王科俊，等. 感知线性预测在水下目标分类中的应用研究[J]. 声学学报，2016，31（2）：146-150.

[16] TUCKER S, BROWN G J. Classification of transient sonar sounds using perceptually motivated features[J]. IEEE Journal of Oceanic Engineering, 2006, 30(3): 588-600.

[17] 张静远，张冰，蒋兴舟. 基于小波变换的特征提取方法分析[J]. 信号处理，2000，16（2）：156-162+155.

[18] 樊养余，孙进才，李平安，等. 基于高阶谱的舰船辐射噪声特征提取[J]. 声学学报，1999，24（6）：611-616.

[19] 杨宏晖，戴健，孙进才，等. 用于水声目标识别的自适应免疫特征选择算法[J]. 西安交通大学学报，2011，45（12）：28-32+110.

[20] 杨宏晖，彭圆，曾向阳. 基于声信号人耳听觉谱特征和SVME的水下目标识别[C]//中国造船工程学会. 中国造船工程学会2009年优秀学术论文集. 厦门：中国造船工程学会近海工程学术委员会，2010：7.

[21] LIM T, BAE K, HWANG C, et al. Classification of underwater transient signals using MFCC feature vector[J]. The Journal of Korean Institute of Communications and Information Sciences, 2007, 32(8): 675-680.

[22] 杨宏晖，孙进才，袁骏. 基于支持向量机和遗传算法的水下目标特征选择算法[J]. 西北工业大学学报，2005，23（4）：512-515.

[23] 陆振波，章新华，胡洪波. 水中目标辐射噪声的听觉特征提取[J]. 系统工程与电子技术，2004，26（12）：

1801-1803.

[24] 阳雄,程玉胜. 短时能量分析及人耳的主观听觉在船舶辐射噪声特征提取中的研究[J]. 声学技术,2004,23(1): 11-13+19.

[25] 张艳宁,焦李成,靳云姬,等. 用于船舶噪声分类的局域自适应子波神经网络分类器[J]. 系统工程与电子技术,1998,20(6): 23-27.

[26] 杨宏晖,申昇,姚晓辉,等. 用于水声目标特征学习与识别的混合正则化深度置信网络[J]. 西北工业大学学报,2017,35(2): 220-225.

[27] 戴冬,卫娟. K-means 与 SVM 结合的水下目标分类方法[J]. 舰船科学技术,2015,37(2): 204-207.

[28] SCHMIDHUBER J. Deep learning in neural networks: An overview[J]. Neural Networks, 2015, 61: 85-117.

[29] 徐新洲,罗昕炜,方世良,等. 基于听觉感知机理的水下目标识别研究进展[J]. 声学技术,2013,32(2): 151-158.

[30] 杨宏晖,孙进才,牛奕龙,等. 支持向量机集成和特征选择联合算法[J]. 声学技术,2006,25(4): 337-340.

[31] LI J, YANG H. Deep learning method with auditory passive attention for underwater acoustic target recognition under the condition of ship interference[J]. Ocean Engineering, 2024, 302: 117674.

[32] HONGHUI Y, JUNHAO L, MEIPING S. Underwater acoustic target multi-attribute correlation perception method based on deep learning[J]. Applied Acoustics, 2022, 190: 108644.

[33] YAO X, YANG H, SHENG M. Feature fusion based on graph convolution network for modulation classification in underwater communication[J]. Entropy, 2023, 25(7): 1096.

# 第 2 章 海洋中的声音

本章将讲述海洋中声音的基本概念、参量及特性，分别论述声音的基本概念和基本参量、海洋中声音的组成和各成分的特点、海洋声环境特性、海洋环境噪声特性、舰船辐射噪声特性、海洋哺乳动物叫声特性等，最后介绍了本书使用的水声目标数据。

## 2.1 声音的基本概念

### 2.1.1 声音

声音的本质是振动，物体在空气中振动时，会使周围空气发生疏密交替变化并将这种变化向外传递，当振动的频率为 20~20000Hz 时，人耳可以感觉到，称为可听声，简称声音。频率低于 20Hz 的声波称为次声，高于 20000Hz 的称为超声，它们作用到人的听觉器官时不引起声音的感觉，所以人无法听到。声源可以是固体，也可以是流体（液体和气体）。声音的传播介质有气体、液体和固体，在这些介质中传播的声音分别称为空气声、水声和固体声。

### 2.1.2 声音的基本参量

**1. 声音的频率、波长和声速**

声源在单位时间内振动的次数称为频率，记为 $f$，单位为赫兹（Hz）。振动一次所经历的时间称为周期，记为 $T$，单位为秒（s）。声波沿声传播方向振动一个周期所传播的距离，或在波形上相位相同的相邻两点间的距离称为波长，记为 $\lambda$，单位为米（m）。单位时间内声波传播的距离称为声波速度，简称声速，记为 $c$，单位为米/秒（m/s）。频率、波长和声速的关系是：$c = \lambda f$。声速与声音的传播介质和温度有关，在空气中，声速 $c$ 和温度 $t$ 的关系是 $c = 331.4 + 0.607t$。常温下，声速约为 340m/s。

**2. 声压、声强和声功率**

1）声压 $P$

声压是由声波的存在引起的压力增值，单位为帕（Pa）。声波在空气中传播时使空气产生压缩和疏密交替变化，所以压力增值是正负交替的。通常讲的声压是取声压的均方根值，称为有效声压，故实际上总是正值。对于球面波和平面波，声压与声强的关系是：$I = P^2/\rho c$，$\rho$ 是空气密度。

2）声强 $I$

声强是指单位时间内，声波通过垂直于传播方向的单位面积的声能量，单位为 $W/m^2$。

3）声功率 $W$

声功率是指单位时间内，声波通过垂直于传播方向的某指定面积的声能量。在噪声监测中，声功率是指声源总声功率，单位为瓦特，简称瓦（W）。

### 3. 声学参量的级与运算

在日常生活中,人们遇到的声音强度变化范围非常大,可以达到 6 个数量级以上。由于人的听觉对声信号强弱刺激的反应不是线性的,而是成对数比例关系的,所以在声学中普遍使用对数标度来量度声压、声强和声功率等声学参量,单位为分贝(dB)。分贝定义为两个相同的物理量(如 $A$ 和 $A_0$)之比取以 10 为底的对数并乘以 10(或 20),即 $10\lg(A/A_0)$,它是无量纲的,$A_0$ 是基准量(或参考量),$A$ 是被量度量。被量度量和基准量之比取对数,这个数值称为被量度量的"级",代表被量度量比基准量高出多少"级"。

声压级 $L_P$:$L_P = 20\lg(P/P_0)$,基准声压 $P_0$ 为 $2 \times 10^{-5}$ Pa,该值是具有正常听力的人刚能听到的 1000Hz 声音的最低声压。

声强级 $L_I$:$L_I = 10\lg(I/I_0)$,基准声强 $I_0$ 为 $10^{-12}$ W/m²,它是空气中与基准声压相对应的声强值。

声功率级 $L_W$:$L_W = 10\lg(W/W_0)$,基准声功率 $W_0$ 为 $10^{-12}$ W。

## 2.2 海洋噪声综述

### 2.2.1 海洋中的声音类型

海洋中的声音可统称为海洋环境噪声,其来源包括自然活动和人类活动。其中,自然活动主要包括波浪、湍流、降雨、地震、热扰动和生物活动等。人为活动主要包括航运、岸上工业和海洋石油勘采等。

#### 2.2.1.1 海洋环境中自然活动产生的噪声

1. 海洋环境极低频噪声

地壳运动、地震和远处的火山爆发等是海洋中极低频噪声的主要来源。地壳运动具有 1/7Hz 的准周期性。潮汐、海洋湍流、波浪的海水静压力效应等声源也是水下声场的贡献因子。例如,海面波浪的相互作用会产生频率为 5~10Hz 的环境噪声,海洋湍流产生的声谱分布在 1~10Hz 的十倍频程内。

2. 大气声源辐射噪声

大气中的声波能够耦合进入水下声场,大气声源的性质和传播特性决定了其对水下声场的贡献限定在极低频与超低频范围内。例如,雷鸣声可产生 30Hz 以下的极低频声谱。

3. 海面粗糙度产生的噪声

在 500Hz~25kHz 频率范围内,海洋环境噪声的声压级与海况、风速有直接关系。海面粗糙度产生的噪声为高频噪声。在 1Hz~10kHz 频率范围内,暴雨产生的噪声谱接近"白噪声";而在 10kHz 处,暴雨时噪声的声压级比无雨时高约 20dB;在几百赫兹至 20kHz 的频率范围内,降雨能使自然环境噪声水平增加最高 35dB。

4. 热噪声

热噪声是深海环境中高频噪声的主要组成部分,其频率在 10kHz 以上,且主要集中在 30kHz 以上。

5. 生物发声

海洋哺乳动物发声涵盖了非常广的频率范围，主要集中在30Hz～30kHz。各种鱼类通过不同的机制发出声波，其声波特性随海域、季节等发生变化，频率范围为5Hz～5kHz，多数为1kHz以下的脉冲信号，主要用于通信、捕食、游泳及繁殖等行为。

#### 2.2.1.2 海洋环境中人类活动产生的噪声

1. 航运产生的噪声

在船舶航行频繁的海域，特别是在 5～500Hz 频率范围内，海洋环境噪声谱级与舰船辐射噪声谱级相当，在该低频段内，船舶航行是海洋环境噪声的主要来源。每艘船都具有独特的声纹，且其随船速、船况、载重、船上活动甚至船舶航行通过的水体性质而发生变化。除舰船辐射噪声外，舰船进行的海上作业也会产生噪声。

2. 工业活动

海边工业活动范围广泛，如海边电厂作业、建筑施工、港口日常活动、风力发电等，均为海洋环境带来噪声影响。例如，爆破施工是港口工程建设的重要手段之一，爆炸瞬间的声波频率为4～10Hz，随后受水的摩擦力和黏滞力的影响，频率变化范围为10～105Hz；钻探船产生的噪声频率范围为10Hz～10kHz。

### 2.2.2 舰船辐射噪声

现代船舶是高度复杂的大型机械装置，其推进装置和辅助设备等进行各种旋转和往复运动，从而在水中产生频率成分复杂的辐射噪声。船舶的类型复杂多样，因为各种类型船舶的动力需求和航行工况不同，其辐射噪声具有复杂性。本节对舰船辐射噪声的组成、分类方法，以及在目标识别中可能存在的问题进行阐述。

1. 舰船辐射噪声声源分析

舰船辐射噪声是由多种不同的噪声叠加而成的复杂噪声。在船舶航行过程中，船舶的不同部位有不同的发声机理。按照声源的类型，舰船辐射噪声可分为机械噪声、螺旋桨噪声和水动力噪声三大类。机械噪声是船舶航行过程中由内部机械部件和辅助设备产生，然后通过壳体振动向水中辐射的噪声。螺旋桨噪声是螺旋桨旋转时产生的多种不同机理的噪声，包括直接辐射和船体振动产生的低频噪声、螺旋桨唱音产生的中频噪声及空化产生的中高频噪声。水动力噪声是水流流过船舶表面所产生的噪声，包括湍流在船舶表面产生的流动噪声、水流冲击船体发生激励和共振产生的噪声、船首和船尾的拍浪噪声，以及水循环系统中的进水排水噪声等。2.6节将对舰船辐射噪声特性进行更详细的分析。

2. 水声目标数据分布的差异性

在水声目标识别中，训练数据和测试数据分布的不匹配将直接影响水声目标识别模型的性能，其称为环境失配问题。存在多种因素共同影响水声目标数据的分布，如数据采集条件差异、数据过时问题、水声目标个体差异等。

1）数据采集条件差异

不同季节、不同海域、不同海况、不同水声测量设备所采集的水声信号的分布差异非常大。海洋中的日照程度、气温、海流方向和风浪大小在不同季节中各不相同，因此海洋中声音的传播具有强烈的季节性特点。不同的海域具有不同的水文环境，在深海区域，声波受海面和海底的反射影响较小，因此水声信号中包含更远范围的水声目标辐射噪声；在浅海区域，声波经过海面和海底的多次反射后损失较大。不同海域海底的底质（如泥沙、岩石等）不同也会造成对声波的吸收和反射特性的差异，从而导致水声信号的分布差异。此外，不同形式的声呐系统安装平台和平台自噪声等都会对水声信号形成一定程度的影响。

2）数据过时问题

数据过时问题是指在一个时间段内采集和标注的数据，与另一时间段内采集和标注的数据没有遵循相同的分布。随着船舶建造技术的进步和对航运需求的增长，近几十年间船舶的结构和功能发生了非常大的改变，甚至出现了一些新的船舶类型，因此不同年代采集的舰船辐射噪声的特性有较大的改变。很多对舰船辐射噪声特性及水声目标识别的研究采用的是几十年前测量的舰船辐射噪声数据，其对当前的舰船辐射噪声特性和水声目标识别研究的参考价值有限。此外，对于单个船舶，船舶服役年限的增加以及船舶的损坏和维修等，均会导致其辐射噪声特性发生改变，也会给水声目标识别带来负面影响。

3）水声目标个体差异

水声目标识别的任务通常按船舶的功能或用途分类。同类船舶中不同的船舶个体有很大的差异，如客船中又有很多细分的类别，不同类型的客船因载客量和航程等不同，其结构和推进系统等存在较大差异，从而引起舰船辐射噪声的差异。即使尺寸规格完全一致的船舶，设备装配的差异、使用年限及维修状况等不同也会导致其辐射噪声有非常大的差异。如何获取同类水声目标的共性信息和不同类水声目标的差异信息是水声目标识别中亟须解决的问题。

### 2.2.3 海洋哺乳动物叫声

海洋哺乳动物叫声也是海洋中声音的重要组成成分，同样具有重要的研究意义。海洋哺乳动物叫声与其生活习性的内在联系，仍是国际上热门的研究课题。目前海上牧场发展前景广阔，研究声音对鱼群生活方式的影响，对解决其实施中的问题具有重要指导意义。对海洋哺乳动物声信息的研究不仅有利于促进人们对海洋生物的了解，而且可以为海洋生物环境保护、海洋生物资源开发和海洋生物物种保护等提供可靠的理论依据。另外，个别种类的海洋哺乳动物叫声与舰船辐射噪声或通信信号十分相似，对这些海洋哺乳动物叫声的研究同样有助于分析海洋中的声音成分。

**1. 按照物种划分**

海洋中不同种类的海洋哺乳动物，其叫声的频谱结构、分贝大小等特征都存在差异。在对海洋哺乳动物叫声进行分类时，可以按照发声生物的生物学物种进行划分。在生物学中，物种以"种—属—科—目—纲—门—界—域"的等级进行划分，从左往右等级依次上升。各等级下可以附加次生等级，如总纲（超纲）、亚纲、次纲、总目（超目）、亚目、次目、总科（超科）、亚科等。种为其中最基础的分类等级，等级越低，其中所包含生物的共同点越多，等级越高则共同点越少。所有海洋哺乳动物都属于哺乳纲，所以在按照物种对海洋哺乳动物叫声进行分类时，只需要划分到目一级即可。

本书使用的海洋哺乳动物叫声数据来源于 Watkins 海洋哺乳动物叫声数据库，该数据库包含 60 多种海洋哺乳动物的约 2000 段叫声音频。本书通过对其中便于进行科学研究的音频片段进行筛选，获得了海洋哺乳动物叫声物种分类表，如表 2-1 所示。

表 2-1 海洋哺乳动物叫声物种分类表

| 目 | 亚目 | 科 | 属 | 动物 | 中文名 |
|---|---|---|---|---|---|
| 鲸目 | 齿鲸亚目 | 海豚科 | 斑纹海豚属 | White-Sided Dolphin | 白腰斑纹海豚 |
| | | | 瓜头鲸属 | Melon Headed Whale | 瓜头鲸 |
| | | | 灰海豚属 | Grampus Griseus, Risso's Dolphin | 灰海豚 |
| | | | 领航鲸属 | Long-Finned Pilot Whale | 长肢领航鲸 |
| | | | | Short-Finned Pilot Whale | 短肢领航鲸 |
| | | | 坛喙海豚属 | Fraser's Dolphin | 弗氏海豚（沙捞越海豚） |
| | | | 原海豚属 | Common Dolphin | 短吻飞旋原海豚 |
| | | | | Spinner Dolphin | 长吻原海豚 |
| | 须鲸亚目 | 露脊鲸科 | 露脊鲸属 | Bowhead Whale | 黑露脊鲸 |
| | | 须鲸科 | 座头鲸属 | Humpback Whale | 座头鲸 |
| 食肉目 | 鳍足亚目 | 海豹科 | 罗氏海豹属 | Ross Seal | 罗斯海豹 |
| | | | 髯海豹属 | Bearded Seal | 髯海豹 |
| | | 海象科 | 海象属 | Walrus | 海象 |

**2. 按照声类型划分**

海洋哺乳动物叫声的特征不仅因物种不同而有所区别，还会因信息传递的目的不同而发生变化。即使是同一物种，根据不同的交流需求，其声类型也会相应调整。本书中使用的海洋哺乳动物叫声数据包含了丰富的声类型，通过对这些数据进行特征提取，并根据提取的特征进行归纳分类，得到了 8 种具有代表性和研究价值的海洋哺乳动物叫声数据。海洋哺乳动物叫声按照声类型可划分为：脉冲声、调频声、泛音、平缓声、颤音、摩擦声、鱼群混音和曲折声。

1）脉冲声

脉冲声是一种具有能量峰值高、频带宽和持续时长短等特点的海洋哺乳动物叫声。脉冲声时频图如图 2-1 所示。

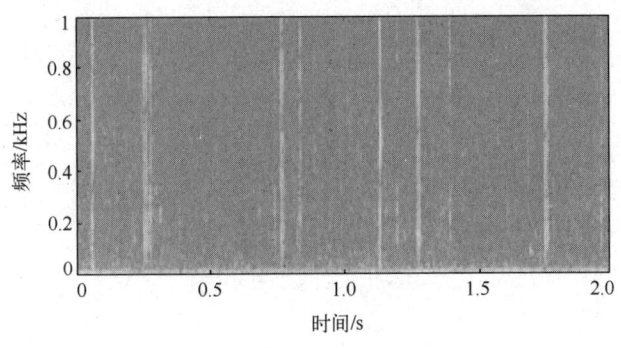

图 2-1 脉冲声时频图

2）调频声

调频声是指海洋哺乳动物叫声中具有频率调制属性，频率会随着时间推移而产生复杂变化的声类型。调频声时频图如图 2-2 所示。

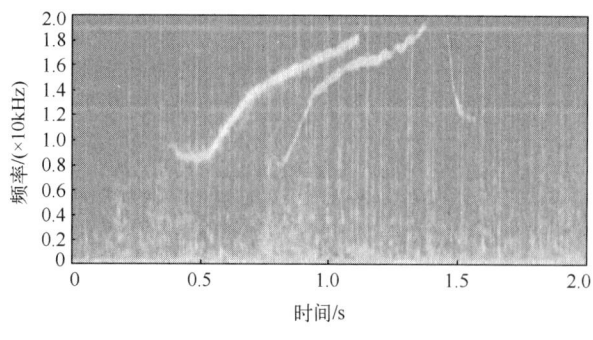

图 2-2　调频声时频图

3）泛音

泛音是由谐波组成的海洋哺乳动物叫声，在其时频图及频谱中可以观察到明显的谐波。泛音时频图如图 2-3 所示。

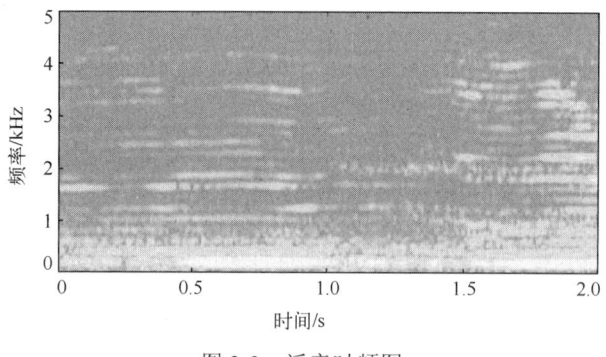

图 2-3　泛音时频图

4）平缓声

平缓声是指低频率的海洋哺乳动物叫声，具有频率低、频率变化小的特点。平缓声时频图如图 2-4 所示。

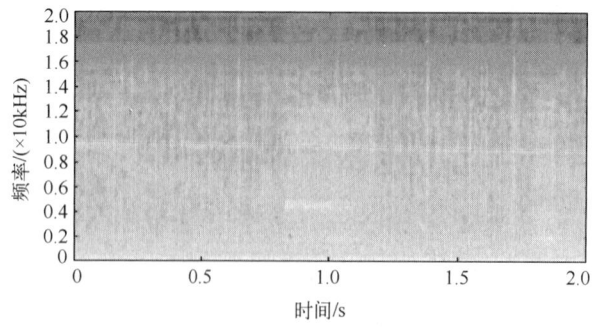

图 2-4　平缓声时频图

5）颤音

颤音是一种频率在一定范围内交替变化、频率变化范围宽的海洋哺乳动物叫声。颤音时频图如图 2-5 所示。

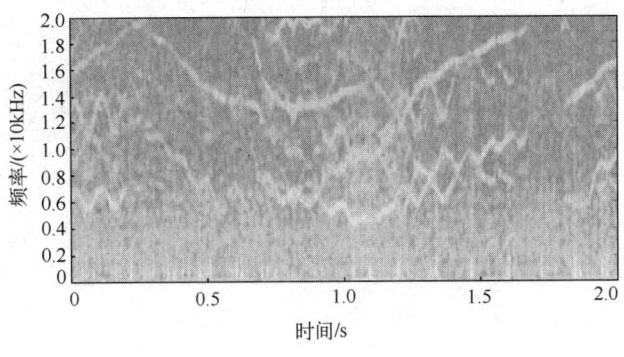

图 2-5　颤音时频图

6）摩擦声

摩擦声是海洋哺乳动物通过摩擦发出的声音，与橡皮摩擦声相似，由低频谐波组成。摩擦声时频图如图 2-6 所示。

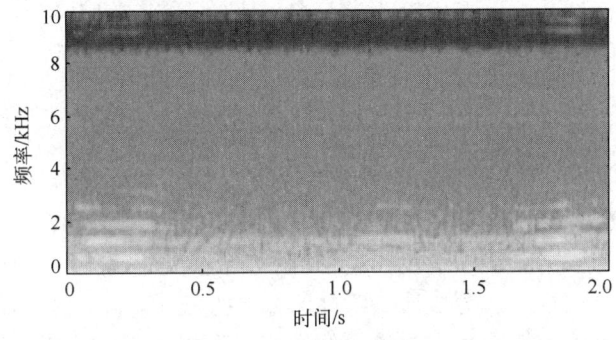

图 2-6　摩擦声时频图

7）鱼群混音

鱼群混音是一群海洋哺乳动物聚集在一起时发出的声音，具有频率变化范围宽、能量分布在时间与频率维度上都较为随机的特点。鱼群混音时频图如图 2-7 所示。

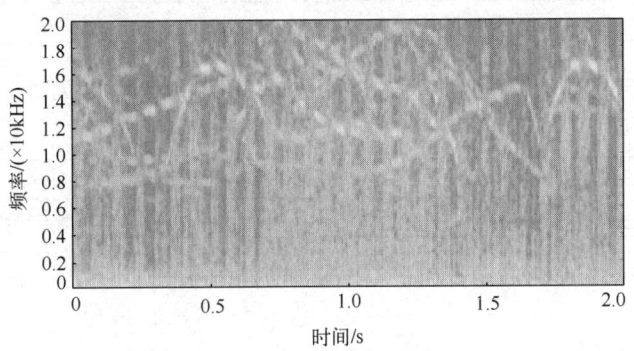

图 2-7　鱼群混音时频图

8）曲折声

曲折声是一类随着时间推移，频率高低连续变化的海洋哺乳动物叫声。曲折声时频图如图 2-8 所示。

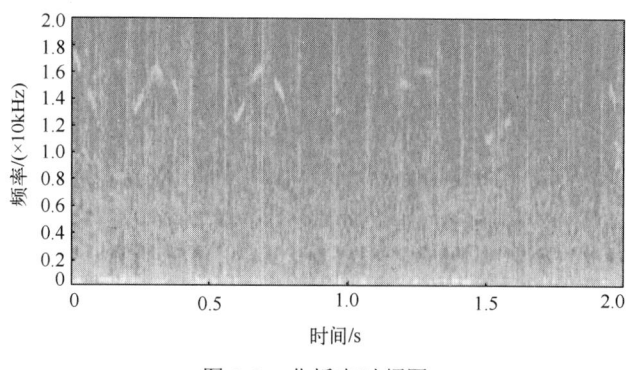

图 2-8　曲折声时频图

## 2.3　船舶类型及分类规则

在对船舶类型进行划分时,考虑到为数众多的船舶在航运时分别承担着货运、勘探、客运等任务,不同用途的船舶在搭载机械、船体结构上有较大区别,因此可以按照用途对船舶类型进行划分。

### 2.3.1　劳埃德船级社船舶类型划分方法

劳埃德船级社(Lloyd's Register of Shipping)是世界上第一个海洋船级社,创建于260多年前。劳埃德船级社根据船舶的用途和结构特点,制定了一套专门的船舶类型划分方法,对船舶类型划分进行了规范。在劳埃德船级社的划分方法中,不仅对船舶按照用途进行了类型划分,还对同类用途下由特殊需求导致船体结构产生相应变化的船舶进行了更加具体的类型划分。

劳埃德船级社将船舶按照用途分为13大类,具体类别如表2-2所示。

表 2-2　劳埃德船级社船舶类型划分

| 序号 | 船舶类型 | 英文名称 | 用途 |
| --- | --- | --- | --- |
| 1 | 普通货船 | General cargo ship | 用于运输普通货物的船舶 |
| 2 | 散装货船 | Bulk carrier | 用于运输如散沙、碎石等散货的船舶 |
| 3 | 集装箱货船 | Container ship | 用于运输集装箱的船舶 |
| 4 | 矿石运输船 | Ore carrier | 用于运输各类矿石的船舶 |
| 5 | 双壳油轮 | Double hull oil tanker | 具有双层底、船侧具有内外两层壳板结构的用于运输石油的船舶 |
| 6 | 单壳油轮 | Single hull oil tanker | 具有单层底结构的用于运输石油的船舶 |
| 7 | 驳船 | Barge | 用于运输一些特别干燥的、液体类型的或不易腐烂的货物的船舶 |
| 7 | 浮船 | Pontoon | 用于运输一些特别干燥的、液体类型的或不易腐烂的货物的船舶 |
| 8 | 渡轮 | Ferry | 用于载客,以游客运输为目的的船舶 |
| 8 | 滚装船 | Roll-on/roll-off ship | 用于载客,以游客运输为目的的船舶 |
| 8 | 客船 | Passenger ship | 用于载客,以游客运输为目的的船舶 |
| 9 | 拖网渔船 | Trawler | 用于进行海上渔业活动的船舶 |
| 9 | 渔船 | Fishing vessel | 用于进行海上渔业活动的船舶 |
| 10 | 拖船 | Tug | 用于拖动其他船舶与水上设施的船舶 |

续表

| 序号 | 船舶类型 | 英文名称 | 用途 |
|---|---|---|---|
| 11 | 海上支援船 | Offshore support vessel | 用于为海上其他船舶和设施提供援助的船舶 |
| 12 | 挖泥船 | Dredging craft | 用于挖掘水底泥沙的船舶 |
| | 填海船 | Reclamation craft | 用于进行填海作业的船舶 |
| 13 | 其他船舶 | Other ship | 一些其他具有特殊用途的船舶 |

各类船舶具体定义如下：

(1) 用于货物运输的船舶类型。

普通货船：其中大部分舱位用作堆贮货物的货舱，以载货为目的，载客不超过 12 人的船舶。

散装货船：专门用于运输不加包扎的货物（如煤炭、矿石、木材、牲畜、谷物等大宗干散货物）的船舶。

集装箱货船：专门用于运输大量集装箱的船舶。

矿石运输船：专门用于运输矿石的船舶。

双壳油轮：具有双层底、船侧具有内外两层壳板结构的运油轮船。

单壳油轮：具有单层底结构的运油轮船，《国际防止船舶造成污染公约》附则 I 第 13G 条的修正条款中规定于 2015 年全面禁止其运油作业。

驳船与浮船：自身不具备动力装置、不具有自航能力的用于运输货物的船舶，需要靠其他具有动力的船舶拖曳或推顶。

(2) 用于人员运输的船舶类型。

渡轮：为在合理天气条件下运行的指定港口之间定期运送 12 名以上乘客而专门设计和建造的船舶。

滚装渡轮：专为运载超过 12 名乘客以及通过位于船首、船尾或舷侧壳体的坡道和门或其任何组合进入的车辆而设计和建造，在合理天气下运行的指定港口之间定期服务的船舶。

滚装客船：专门用于运载 12 名以上乘客以及通过位于船首、船尾或舷侧壳体的坡道和门或其任何组合进入的车辆的船舶。

客船：专门为运载 12 名以上乘客而设计和建造的船舶。

(3) 用于渔业活动的船舶类型。

拖网渔船：使用拖网用于渔业活动的船舶，使用绞索装置控制拖网，并能够将打捞的鱼类放置于船舶中进行储藏。

渔船：用于渔业活动的船舶，能够将打捞的鱼类放置于船舶中进行储藏。

(4) 用于海上工程作业的船舶类型。

拖船：以拖曳为手段，帮助其他船舶与水上设施进行移动的船舶。

海上支援船：为其他船舶与水上设施提供物质补给、医疗救助等支援的船舶。

挖泥船：设计目的是完全或一般地将淤泥、砾石、黏土、沙子或类似物质以及一般垃圾或矿石、矿物等废弃物运至海床、河流、湖泊、运河或港口等的船舶。挖泥船挖出的疏浚物可放置在设计适当的船舱或船舶内的类似空间中。

填海船：专门用于向海中填充泥沙以增加陆地面积的船舶。

其他船舶：具有非上述作业能力的船舶。

其中，一些典型船舶类型的船长和速度信息如表 2-3 所示，部分船舶类型船长与船宽的关系如图 2-9 所示。

表 2-3 典型船舶类型的船长和速度信息

| 船舶类型 | 参考船长/m | 参考速度/kts | 船长范围/m | 速度范围/kts |
| --- | --- | --- | --- | --- |
| 货船 | 180 | 14 | 100~250 | 8~20 |
| 大型货船 | 280 | 20 | 250~350 | 10~25 |
| 油轮 | 180 | 14 | 100~250 | 8~20 |
| 大型油轮 | 280 | 20 | 250~350 | 10~25 |
| 渡轮 | 180 | 18 | 100~250 | 12~25 |
| 大型游轮 | 250 | 18 | 200~300 | 12~25 |
| 渔船 | 50 | 10 | 40~70 | 6~14 |
| 拖船 | 40 | 13 | 30~60 | 8~15 |
| 大型高速船 | 150 | 30 | 80~200 | 10~40 |

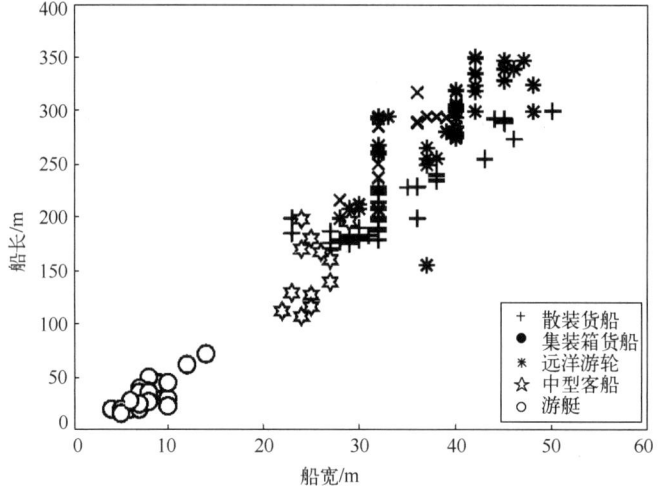

图 2-9 部分船舶类型船长与船宽的关系

## 2.3.2 按照国际海事组织规定进行船舶类型划分

### 1. 按照 IMO 编号进行船舶类型划分

国际海事组织（International Maritime Organization，IMO）是负责国际航运安全和保障以及防止船舶造成海洋和大气污染的联合国专门机构。IMO 编号是由劳埃德船级社提出的，旨在规范国际航运管理，为每艘船舶分配一个终身唯一的识别编号。IMO 编号采用 9 位数字字母混合码，每艘船舶的 IMO 编号都是唯一的。IMO 编号结构为：XXXXXXXXX，其中包括船舶顺序号、船舶建造（登记）年份、标识码。在 IMO 已经登记的船舶，其 IMO 编号的前两位为 UN，剩余 7 位由一个 6 位的顺序唯一编号和一个校验位组成。可以使用校验位来验证 IMO 编号的完整性。

在对船舶进行登记时，各船级社需依据 IMO 相关规定为船舶分配 IMO 编号，并按照船舶类型进行划分，以便详细记录船舶信息。IMO 的船舶类型划分方法与劳埃德船级社的划分方法相似，但 IMO 主要考虑国际航运的船舶类型，如特别的海上作业船舶与科考船等船舶类型并不会得到特别的划分，所以在具体类型划分上两者存在一定差异。根据 IMO 带头签订的《国际海上人命安全公约》等规定，对船舶类型的划分及定义如表 2-4 所示。

表 2-4 国际海事组织对船舶类型的划分及定义

| 序号 | 船舶类型 | 英文名称 | 定义 |
| --- | --- | --- | --- |
| 1 | 一般货船 | General cargo ship | 指主要用于运输普通货物的多甲板或单层船体的船舶。干货船不包括在一般货船（活物运输船、驳船运输船、重载运输船、游艇运输船、核燃料运输船）的参考线计算中 |
| 2 | 散装货船 | Bulk carrier | 指主要用于运输散装干货的船舶，包括《国际海上人命安全公约》第十二章第 1 条规定的矿石运输船，但不包括混合运输船 |
| 3 | 气体运输船 | Gas carrier | 指用于散装运输任何液化气体的货船 |
| 4 | 油轮 | Tanker | 指专为货舱内运输散装石油而设计的船舶 |
| 5 | 集装箱货船 | Container ship | 指专为在货舱和甲板上运输集装箱而设计的船舶 |
| 6 | 冷藏货运船 | Refrigerated cargo carrier | 指专为货舱内冷藏货物运输而设计的船舶 |
| 7 | 混合运输船 | Combination carrier | 指用于装载 100%载重量的散装液体和干货的船舶 |
| 8 | 客船 | Passenger ship | 指运载 12 名以上乘客的船舶 |
| 9 | 滚装货船 | Ro-ro cargo ship | 指用于运输滚装式货物的船舶 |
| 10 | 滚装货船（车辆运输船） | Ro-ro cargo ship (vehicle carrier) | 指用于运输车辆的多层滚装式货船 |
| 11 | 滚装客船 | Ro-ro passenger ship | 指具有滚装货舱的客船 |
| 12 | 液化天然气运输船 | LNG carrier | 指专门为在货舱中储藏液化天然气而设计的船舶 |
| 13 | 渔船 | Fishing vessel | 指商业上用于捕捞鱼类、海豹或其他海洋生物资源的任何船舶 |
| 14 | 核能船 | Nuclear ship | 指采用核动力的船舶 |
| 15 | 高速船 | High-speed craft | 指一种能够高速行驶的船舶 |
| 16 | 移动海上钻井装置 | Mobile offshore drilling unit | 指能够从事海底资源（如液态或气态碳氢化合物、硫或盐）勘探或开采钻井作业的船舶 |
| 17 | 游轮 | Cruise passenger ships | 指定路线、定期航行的大型旅游客船 |
| 18 | 其他类型船舶 | Other type | 指不属于上述类型的船舶 |

**2. 按照 AIS 编号进行船舶类型划分**

船舶自动识别系统（Automatic Identification System，AIS）是航运中用于辅助船舶进行航行的系统。IMO 牵头做出各船舶使用 AIS 和 AIS 设备的规范，并由国际电信联盟（International Telecommunications Unions，ITU）定义并修正了 AIS 的信息交换规则与通信规则，最终由国际电工委员会（International Electrotechnical Commission，IEC）制定了 AIS 设备的具体功能和通信性能的标准。

通过 AIS，船舶之间以一定间隔交换精确船位、航向、航速（矢量线）、转向速度、最近船舶会遇距离等动态信息和船名、呼号、船型、船长、船宽等静态信息，从而保持航运过程顺利。在 AIS 中各船舶交换的呼号、船型、航速等信息称为 AIS 信息。

因为信息中需要说明船舶的类型，所以 AIS 参照劳埃德船级社对船舶类型的划分方法，同样按照船舶的用途对船舶类型进行了划分，并对划分好的船舶类型进行了数字编号，即 AIS

编号。但 AIS 主要考虑的是海运中的船舶及其吨位与运载货物的类型，并将一些逐渐增多的特殊结构船舶从原来的其他类型船舶中划分出来，其船舶类型的划分方法与劳埃德船级社的方法不同。此外，因为 AIS 编号有数位要求，其能够区分的类别是有限的，同时还需要包含一些特殊运载货物的信息，因此其船舶类型划分方法不能同劳埃德船级社的划分方法一样详细。

AIS 编号由两位数字组成，第一位数字用于表示该船属于何种类型，如运货、载客等，第二位数字指出各类型船舶的具体用途，以区分同一类型下不同船舶之间船体结构、搭载机械等各方面的差异。另外，AIS 对船舶类型进行划分时还预留了编号给未来有可能出现的船舶类型及一些特殊用途船舶，以保证各种类型的船舶都能在 AIS 编号中找到其对应的分类编号。AIS 对船舶类型的划分与编号如表 2-5、表 2-6 与表 2-7 所示。

表 2-5　船舶类型划分与编号（地效翼船、高速双体船、客船、货船、油轮、其他类型）

| 首位编号 | 英文名称 | 对应船舶类型 |
| --- | --- | --- |
| 1 | Reserved for future use | 预留 |
| 2 | Wing-in-ground-effect vehicle，WIG | 地效翼船 |
| 4 | High speed catamaran，HSC | 高速双体船 |
| 6 | Passenger | 客船 |
| 7 | Cargo | 货船 |
| 8 | Tanker | 油轮 |
| 9 | Other type of ship | 其他类型船舶 |
| 次位编号 | 英文名称 | 对应船舶具体信息 |
| 0 | All ships of this type | 该类型的所有船舶 |
| 1 | Carrying DG, HS, or MP from IMO hazard or pollutant category A | 运载了 IMO 对海洋危险、有害和污染目录 A 中的货物 |
| 2 | Carrying DG, HS, or MP from IMO hazard or pollutant category B | 运载了 IMO 对海洋危险、有害和污染目录 B 中的货物 |
| 3 | Carrying DG, HS, or MP from IMO hazard or pollutant category C | 运载了 IMO 对海洋危险、有害和污染目录 C 中的货物 |
| 4 | Carrying DG, HS, or MP from IMO hazard or pollutant category D | 运载了 IMO 对海洋危险、有害和污染目录 D 中的货物 |
| 5 | Reserved for future use | 预留 |
| 6 | Reserved for future use | 预留 |
| 7 | Reserved for future use | 预留 |
| 8 | Reserved for future use | 预留 |
| 9 | No additional information | 无额外信息 |

表 2-6　船舶类型划分与编号（海上作业）

| 首位编号 | 英文名称 | 对应船舶类型 |
| --- | --- | --- |
| 3 | Vessel | 海上作业船舶 |
| 次位编号 | 英文名称 | 对应船舶具体信息 |
| 0 | Fishing | 渔船 |
| 1 | Towing | 牵引船 |
| 2 | Towing and length of the tow exceeds 200m or breadth exceeds 25m | 牵引绳超过 200m 或宽度超过 25m 的牵引船 |

续表

| 次位编号 | 英文名称 | 对应船舶具体信息 |
| --- | --- | --- |
| 3 | Engaged in dredging or underwater operations | 从事疏浚或水下作业的船舶（包括挖泥船与填海船） |
| 4 | Engaged in diving operations | 从事潜水作业的船舶 |
| 5 | Engaged in military operations | 从事军事活动的船舶 |
| 6 | Sailing | 帆船 |
| 7 | Pleasure craft | 游艇 |
| 8 | Reserved for future use | 预留 |
| 9 | Reserved for future use | 预留 |

表 2-7　船舶类型划分与编号（特殊船舶）

| 编号 | 英文名称 | 对应船舶类型 |
| --- | --- | --- |
| 50 | Pilot vessel | 领航船 |
| 51 | Search and rescue vessel | 搜救船 |
| 52 | Tug | 拖船 |
| 53 | Port tender | 港口供应船 |
| 54 | Vessel with anti-pollution facilities or equipment | 有防污染设施或设备的船 |
| 55 | Law enforcement vessel | 执法船 |
| 56 | Spare-for assignments to local vessels | 当地特殊船舶 |
| 57 | Spare-for assignments to local vessels | 当地特殊船舶 |
| 58 | Medical transports（as defined in the 1949 Geneva Convention and Additional Protocols） | 医疗运输船（由1949年日内瓦公约及其附加议定书定义） |
| 59 | Ships according to Resolution No.18（Mob-83） | 符合第18号决议（Mob-83）的船舶 |

其中，医疗运输船是用于将伤病员从战场或海上作业区域等地点运输到后方医院或大型医疗设施所在地，途中提供基本急救护理，配备基本医疗物资与少量医护人员的船舶。

其余各大类船舶的定义与前述一致。基于这套船舶类型划分方法，国外研究人员提出了一个通过减少舰船辐射噪声声纹来实现更安静的海洋环境的项目（Achieve Quieter Oceans by shipping noise footprint reduction，AQUO）。在AQUO项目中，为了更好地探明各类型船舶的舰船辐射噪声的影响因素，研究人员对部分按照AIS编码划分的船舶类型进行了研究，得到部分船舶类型的船舶长度、速度等信息，如表2-8所示。

表 2-8　船舶长度和速度范围表

| 类别 | 长度范围/m | 速度范围/kts |
| --- | --- | --- |
| 高速船（大尺寸） | 80~200 | 10~40 |
| 货船 | 100~250 | 8~20 |
| 大型货船或集装箱货船 | 250~350 | 10~25 |
| 油轮 | 100~250 | 8~20 |
| 大型油轮 | 250~350 | 10~25 |
| 渡轮 | 100~250 | 8~25 |

续表

| 类别 | 长度范围/m | 速度范围/kts |
|---|---|---|
| 大型巡航船 | 200~300 | 8~25 |
| 渔船 | 40~70 | 6~12 |
| 研究船 | 50~100 | 6~12 |
| 大型客船 | 30~70 | 6~20 |
| 拖船 | 30~60 | 8~15 |

此外，该项目还将船舶类型与船舶长度（船长）、船舶吨位、速度联系起来，对大量船舶进行了统计，图2-10、图2-11和图2-12分别是各类型船舶的速度-吨位图、速度-船长图、船长-吨位图。

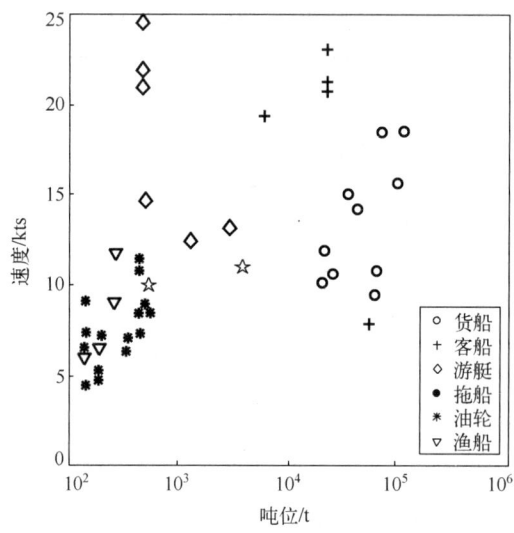

图2-10 速度-吨位图

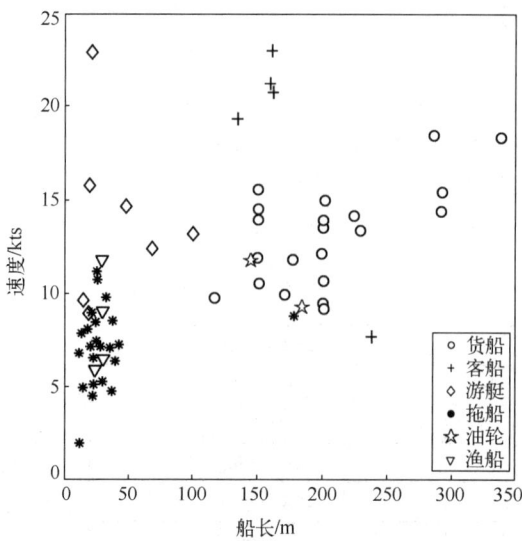

图2-11 速度-船长图

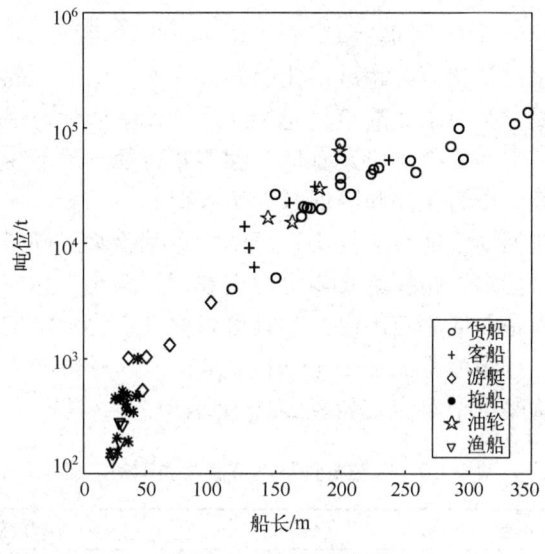

图 2-12　船长-吨位图

### 3. 按照动力装置分类

根据发电方式的不同,推进装置可以分为柴油-电、汽轮机-电、柴油/汽轮机混合-电几种。油轮、散装货船、集装箱货船、滚装船、滚装客船、车辆运输船、一般货船等配备二冲程柴油发动机和辅助四冲程柴油发电机组。渡轮和客船的推进机械和发电机组使用四冲程柴油机。由于其机动性,现代渡轮一般都安装了柴油电力推进装置。现代豪华游轮倾向于配备用于推进的车载电动发动机和四冲程柴油发电机组。在老式豪华游轮中,通常使用四冲程柴油发电机进行推进。液化天然气运输船由于内部携带液化天然气,因此通常使用蒸汽涡轮机推进和发电,但由于柴油发电的效率更高,运营成本更低,已经开始向柴油发电转变。需要使用动态定位的高速船因其对操纵和定位性能的高要求,使用柴油发电。渔船多采用四冲程柴油发电机组进行推进和发电。调查船采用柴油发电。表 2-9 为船舶类型与其动力装置对应表。

表 2-9　船舶类型与其动力装置对应表

| 船舶类型 | 动力装置类型 |
|---|---|
| 油轮、散装货船、集装箱货船、滚装船、滚装客船、车辆运输船、一般货船等 | 二冲程柴油机 |
| 渡轮、客船 | 四冲程柴油机 |
| 豪华游轮 | 四冲程柴油机 |
| 液化天然气运输船 | 混合二冲程柴油发动机-燃气轮机 |
| 高速船 | 四冲程柴油机 |
| 渔船 | 四冲程柴油机 |
| 调查船 | 柴油发电机 |

### 4. 按照螺旋桨分类

螺旋桨是重要的舰船辐射噪声源,螺旋桨噪声可分为两类:非空化噪声和空化噪声。非空化噪声由叶片频率及其倍频的不同音调组成，还包括由湍流激励叶片产生的宽带噪声。空化噪声通常出现在螺旋桨负载和速度超过空化起始条件时，由高频的宽带噪声组成。一般来说，应用于螺旋桨的降噪方案追求提高空化起始速度，或者即使出现了空化也要尽量减少其在噪声产生方面的影响。常用的降噪方案有增大螺旋桨直径、降低转速、增加叶片数、增加倾斜度，目的是实现较低的压力脉冲和降低螺旋桨载荷。

常见的螺旋桨类型包括固定螺距螺旋桨、可调螺距螺旋桨、倾斜螺旋桨、水喷射式螺旋桨等。当超过设计点时，固定螺距螺旋桨相比可调螺距螺旋桨更加安静。倾斜螺旋桨可以有效地降低辐射噪声，特别是在低频范围内，并且可以提高空化起始速度。水喷射式螺旋桨与传统螺旋桨相比，可使低频噪声降低最多 15dB（1μPa）。这种降噪方案适用于高速船。一些典型的船舶类型与其螺旋桨类型对应表如表 2-10 所示。

表 2-10 船舶类型与其螺旋桨类型对应表

| 船舶类型 | 螺旋桨类型 |
| --- | --- |
| 油轮、散装货船、集装箱货船、滚装船、滚装客船、车辆运输船、一般货船等 | 固定螺距螺旋桨（用于大型船舶）、可调螺距螺旋桨（用于中型船舶） |
| 渡轮、客船 | 可调螺距螺旋桨、倾斜螺旋桨 |
| 豪华游轮 | 固定螺距和大倾斜螺旋桨 |
| 液化天然气运输船 | 固定螺距螺旋桨 |
| 高速船 | 水喷射式螺旋桨 |
| 渔船 | 固定螺距螺旋桨 |
| 调查船 | 倾斜固定螺距螺旋桨 |

## 2.4 海洋声环境特性

### 2.4.1 海洋声传播损失

海水是不均匀介质，声波在海水中传播时，随着传播距离的增加，声波能量逐渐衰减。导致声波能量损失的因素主要包括：(1) 声波的几何扩展；(2) 不均匀海水介质的散射、黏滞、热传导等物理吸收；(3) 海面的反射和散射。

声波在水中传播时的扩展损失主要表现为平面波扩展、柱面波扩展和球面波扩展。考虑介质吸收的声波扩展损失可以表示为

$$\mathrm{TL} = n\lg r + \alpha r \tag{2-1}$$

式中，$r$ 为传播距离；$\alpha$ 为吸收系数；$n$ 为常数，$n$ 在不同传播条件下取不同值。声波以平面波传播时，$n$ 取 0，无扩展损失；声波以柱面波传播时，$n$ 取 10，声波的波阵面按圆柱侧面规律扩大；声波以球面波传播时，$n$ 取 20。

由海水吸收和不均匀性散射引起的声传播损失通过海水吸收系数来表征，低频段海水介质的吸收系数与水声信号频率的大致关系为

$$\alpha = \frac{0.109 f^2}{1+f^2} + \frac{40.7 f^2}{4100 + f^2} + 3.01 \times 10^{-4} f^2 \tag{2-2}$$

式中，$\alpha$ 是以 dB/km 为单位的衰减系数，$f$ 是以 kHz 为单位的频率。

海面和海底对声传播损失的作用也不容忽视。海面同时具有声波反射和散射能力。在大多数水下应用中，如果声源和接收器处于浅水区，海面对声波的传播具有很大的影响。当海面很光滑时，它就会成为一个完美的声波反射体。光滑海面的反射波强度与入射波强度几乎相等，反射损失几乎为零。当海面不平静时，反射损失不再为零。由于海面上空气的驱动，将产生波浪，形成起伏和不平整的海面，引起声波散射及海洋环境噪声。简要来说，海面对水声的影响十分显著，既影响介质的物理特性，以致出现不同的声速结构，并对水声信号的传播产生不同影响，又影响声的散射机理和环境噪声的大小。

海底是海洋对声波的散射与反射边界，其特征类似于海面。然而，海底的组成和层次丰富，这使它的作用更为复杂。有两个原因使得声音从海底反射比从海面反射更复杂。第一个原因是海底的声学特性更加变化无常，因为它的成分从硬岩石到软泥均有可能；第二个原因是海底往往按密度分层，声速会随深度逐渐或突然改变。

### 2.4.2 海洋声传播理论

声传播是一种波动过程，这一过程可用波动方程来描述。波动方程反映了波动过程中相邻介质之间声压或其他参量的相互作用。实际中，为了简化问题，必须对海水介质及波动过程做出一些假设。这些假设可概括为：

（1）介质为理想流体，无黏性和能量损耗；
（2）没有声扰动时，介质是静止和均匀的；
（3）声传播时，介质的稠密和稀疏变化过程是绝热的；
（4）声波是小振幅声波，各声学参量都是一阶微量。

理想流体中的波动方程可以由基本的运动方程、连续性方程和物态方程导出。标准的线性声压波动方程为

$$\nabla^2 p - \frac{1}{c^2}\frac{\partial^2 p}{\partial t^2} = 0 \tag{2-3}$$

式中，$\nabla^2$ 为拉普拉斯算子，$c$ 为海水声速，$t$ 为时间，$p$ 为声压。

考虑声源激励 $f(\boldsymbol{r}_0,t)$，式（2-3）写为

$$\nabla^2 p - \frac{1}{c^2}\frac{\partial^2 p}{\partial t^2} = f(\boldsymbol{r}_0,t) \tag{2-4}$$

式中，$\boldsymbol{r}_0$ 为声源位置矢量。

对式（2-4）进行傅里叶变换可以得到频域波动方程，即 Helmholtz 方程

$$(\nabla^2 + k^2(\boldsymbol{r}))p(\boldsymbol{r},\omega) = f(\boldsymbol{r}_0,\omega) \tag{2-5}$$

式中，$\omega$ 为声源角频率，$k(\boldsymbol{r})$ 为波数，$k(\boldsymbol{r}) = \omega/c(\boldsymbol{r})$。

波动方程是一个二阶偏微分方程，描述的是声波在介质中传播时所遵循的基本规律，它必须结合具体海洋环境下的具体条件才能求解对应的物理问题。这种物理问题所满足的具体条件称为定解条件，主要包括边界条件、辐射条件、点源条件和初始条件。

根据使用的特定几何假设及不同的解的表达形式，波动方程有着多种类型的数值解。目前常用的模型包括射线理论、简正波理论、抛物方程模型等。不同模型适用于不同的海洋信道环境，Etter 在 Jensen 的工作基础上总结了常用模型的适用范围，如表 2-11 所示。其中 RI

（Range-Independent environment）表示距离无关水声环境，RD（Range-Dependent environment）表示距离相关水声环境。符号"●"表示该模型不仅物理上适用而且计算上适用，"□"表示模型受限于精度或计算速度，"○"表示模型不可用。

表 2-11 常用模型的适用范围

| 模型类型 | 适用海洋环境范围 | | | | | | | |
| --- | --- | --- | --- | --- | --- | --- | --- | --- |
| | 浅海 | | | | 深海 | | | |
| | 低频 | | 高频 | | 低频 | | 高频 | |
| | RI | RD | RI | RD | RI | RD | RI | RD |
| 射线理论 | ○ | ○ | □ | ● | □ | □ | ● | ● |
| 简正波理论 | ● | □ | ● | □ | ● | □ | □ | ○ |
| 抛物方程模型 | □ | ● | ○ | ○ | □ | ● | □ | □ |

射线理论是最早被研究的描述声场的理论方法之一，声场是由携带声能量的若干射线构成的。射线理论适用于分析高频条件下的声传播问题，其物理图像直观、易于理解，并且计算速度快。

简正波理论将声场分解为垂直方向的驻波和水平方向的行波，可以较好地计算和解释低频远场条件下的声传播问题。特别是在浅海，模态较少，计算速度快，观察到的频散等物理现象可以用简正波较好地解释。在距离相关水声环境下，发展了耦合简正波和绝热简正波理论，但是模型计算效率较低。

抛物方程模型是目前应用最为广泛的求解与距离有关的中低频问题的波动理论。根据已知的初始场，在距离维度上"步进"计算，抛物方程模型能够完成整个距离-深度范围内的声场数值求解，其计算速度较快、精度较高，但是物理意义不够明确。

### 2.4.3 海洋声信道特性

在海洋某一深度，当换能器激发出的声波传至远处，其传播路径被限制在海洋的上下边界之间，此时将声波在水下传播所经过的路径称为海洋声信道。海洋声信道受到各种自然气候、地理环境和随机因素的影响，具有很大的复杂性和不稳定性，其对声信号的传播主要有两方面的影响：（1）改变声信号传播的方式，造成传播过程中的能量损失；（2）对声信号变换的影响，确定性变换中导致接收波形畸变，随机性变换中导致声信号丢失。

通常将海洋声信道视为一定时间内缓慢时变的相干多途信道，即时不变滤波器。在经典的射线理论中，从声源发出的声信号经过海面和海底的反射，最终会有多条声线先后到达接收器，那么总声场就是所有到达的声线相互叠加的结果。声源与接收器间的声线（称为本征声线）包含 5 种典型的声线，分别是：直达声线、海面反射声线、海底反射声线、海面海底反射声线和海底海面反射声线。在不考虑频散效应的前提下，假设共有 $M$ 条本征声线到达接收器，那么可以得到海洋声信道的冲激响应函数 $h(t)$ 的表达式

$$h(t) = \sum_{i=1}^{M} a_i \delta(t - \tau_i) \tag{2-6}$$

式中，$a_i$ 为第 $i$ 条到达接收器的本征声线的声压归一化幅度值，$\tau_i$ 为第 $i$ 条到达接收器的本征声线的相对到达时间。因为各声线所经过的距离和路径不同，所以到达接收器的时间和声

波能量的衰减也不相同,这就是多途效应导致信号畸变的主要原因。若发射信号为 $s(t)$,则经过海洋声信道后的接收信号 $r(t)$ 可以写作

$$r(t) = s(t) * h(t) = s(t) * \left[ -\sum_{i=1}^{M} a_i \delta(t - \tau_i) \right] = \sum_{i=1}^{M} a_i s(t - \tau_i) \quad (2\text{-}7)$$

式中,*表示卷积操作。

海洋声信道受海洋环境的影响显著,根据海水深度可分为浅海声信道和深海声信道。通常认为浅海和深海的界定海深为 200m。从地理学意义上讲,浅海是港口和海湾等内海及深度小于 200m 的大陆架近海。浅海透光性高,海水温度受昼夜和气候影响显著,而深海无光、水温低且稳定、盐度相对稳定、底层水流缓慢、沉积物多。

**1. 深海声信道特性**

典型的深海声速剖面示意图如图 2-13 所示。在深海海域,假设声速剖面为两层线性结构,上层为温跃层,下层为深海等温层,两层交界的声速极小值处为深海声道轴。由于海洋表面吸收太阳的能量,上层海水温度高于下层,形成温跃层,声速随深度的增加而减小,出现负声速梯度;当达到深海声道轴深度后,水温不变,形成深海等温层,此时声速变化受到海水静压力的影响,出现正声速梯度。当声速逐渐增大到与声源处的声速相等时,该深度称为临界深度。在临界深度以下,声速继续增大,超过临界深度所对应声速的量,称为声速余量。

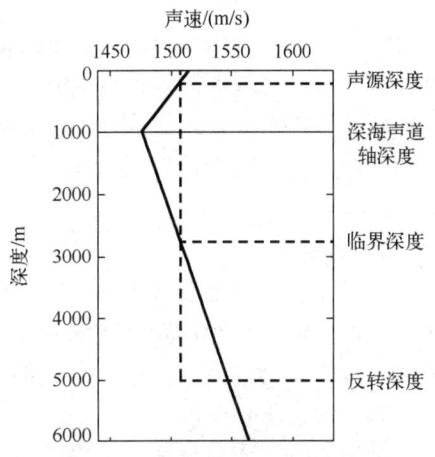

图 2-13 典型的深海声速剖面示意图

5 种典型声线经折射、反射和会聚形成的深海声信道大致可分为 4 种,分别是表面波导、可靠声路径、会聚区和海底弹射,如图 2-14 所示。

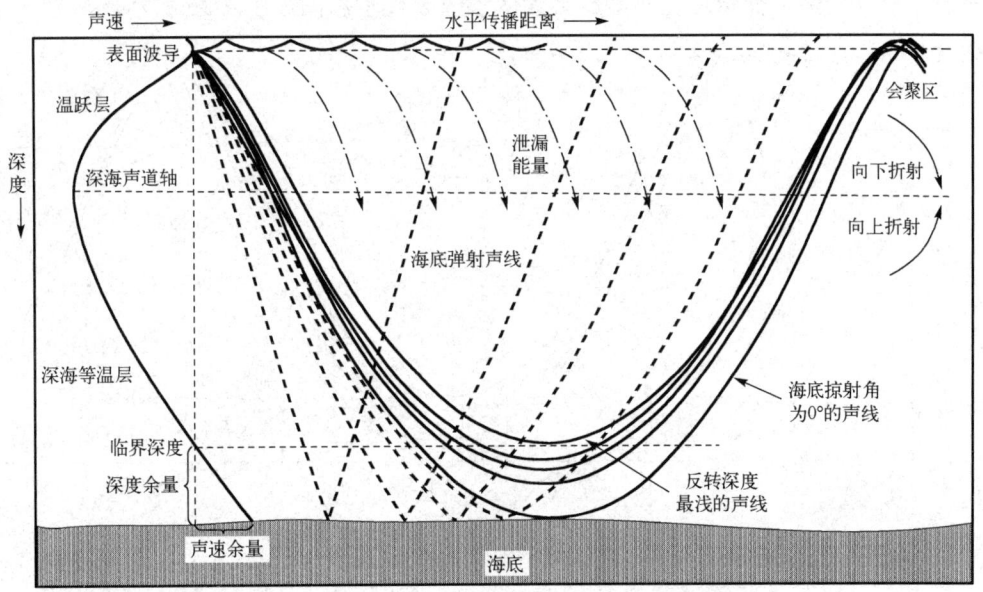

图 2-14 典型深海声速剖面下声传播路径示意图

1）表面波导

由于深海等温层的存在，声速剖面呈弱正梯度，从而形成表面波导，其可以实现声信号长距离的传播。夏季表面波导层厚度较小，具有较强的时间空间变异性，是一种非稳定信道。在冬季，表面波导是比较显著的。在近海面环境下，由于海面混响和近海面噪声的影响，声呐系统对目标的探测范围受到限制。

"陷获"声波在表面波导中具有一定的频率限制。所有波导都有一个问题，那就是有一个截断频率，低于此频率，声波就无法有效地在波导中远距离传输。在典型的海洋环境下，波导层厚度通常在50m以下，只有声波频率较高时，才能发挥表面波导的传播作用。

表面波导泄漏是深海中低频信号特有的一种传播特性。在特定的情况下，低频声能可以向深海的"声影区"传播，从而使"声影区"中的水下物体被探测到。

2）可靠声路径

可靠声路径（Reliable Acoustic Path，RAP）是一种重要的深海声信道。它是一种在接近海底的深海域与近海海域间的直达波传输路径，其传播损失小、传播距离远、传输信道稳定、低频环境噪声水平低，有利于在深海海底使用水听器对近海面中近距离目标进行有效而无盲区的监测。当水听器位置低于临界深度时，该水听器和目标间的直达波传播路径就是可靠声路径。

3）会聚区

在深海表层附近布置声源和接收器时，会出现显著的会聚区。来自近海面声源的声波在深海中被折射，再经反转，在水平距离 50～70km 的地方折返，形成一个几千米宽的环形高声强区，称为会聚区。会聚区形成的必要条件是：（1）存在由声源发出的仅被折射的声线；（2）海深大于临界深度。

对于一定的声速剖面，临界深度是会聚区产生的最小海水深度。形成会聚区的一个重要条件是要有足够的深度余量为声线反转提供充分的深度空间，并且深度余量越大，会聚作用越明显。这时，在深海中传播的声线会发生折射，不接触海底而会聚在一起。否则，声波将与海底发生交互作用，能量迅速衰减。会聚区形成条件示意图如图 2-15 所示。

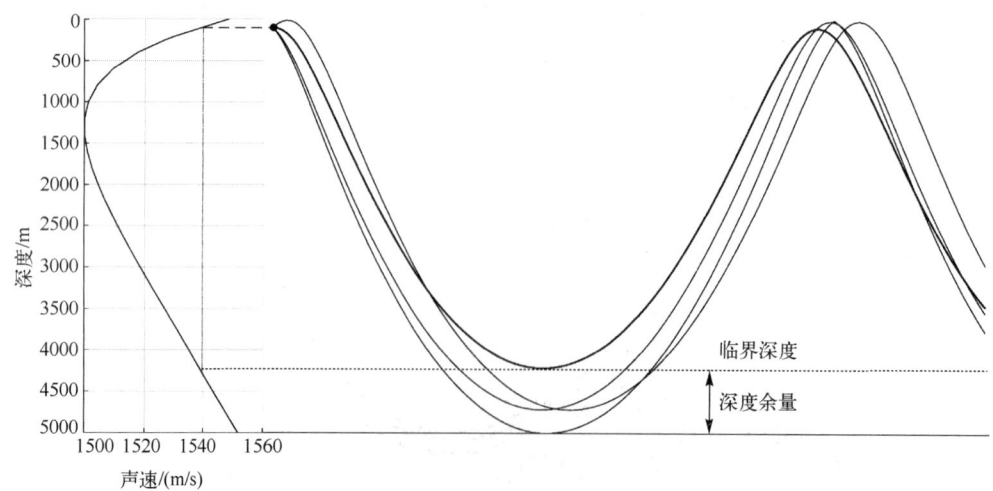

图 2-15　会聚区形成条件示意图

会聚区由于聚焦增益的缘故，声传播损失较小，适用于远距离探测，但由于会聚区具有周期性,若探测范围大,则相应地盲区也大,存在模糊现象。

4)海底弹射

会聚区伴随着声影区的出现,声影区中没有直达声线覆盖,声能较低。实际上,声影区并不完全是影区,虽然该区域没有直达声线,但经海底弹射后,声线仍可以进入声影区,这就是所谓的海底弹射。声影区是指邻近会聚区的低声强区域,其概念是相对于会聚区给出的。

利用海底弹射进行水下探测的基本原理是:通过对声波的发射角度进行控制,将波束辐射到海底,从而实现水下声波的海底反射,"照亮"声影区中的目标。在海底弹射模式中,要求声波的掠射角度较大。而探测的效率则与海底的特性有关,越是"软"的海底,就越会造成较大的反射损失,使得海底反射信号的能量减弱,不利于探测。

**2. 浅海声信道特性**

典型的浅海声速剖面可分为等声速梯度、弱负梯度、强跃变声速梯度,典型的浅海声速剖面示意图如图 2-16 所示。

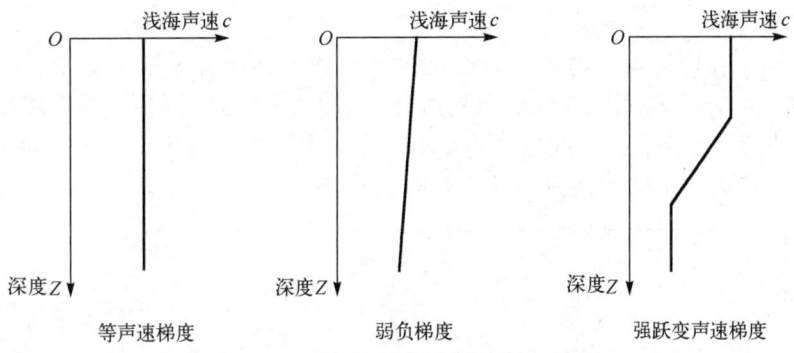

图 2-16 典型的浅海声速剖面示意图

多途效应是水声信号在海洋声信道传播过程中发生畸变的根本原因。当发射机发送一个极窄的脉冲信号时,多途效应造成信号到达接收机时存在多条路径长度各不相同的传播路径,从而导致发射信号沿各个路径到达接收机的时间不同。这时接收机所接收到的信号就会由许多具有不同时延的脉冲组成。在使用无指向性声源时,多途效应表现得尤为明显,经过海面和海底反射的声路径不仅会在反射过程中损失声能量,其长度也会长于可靠声路径的长度,在这个过程中,声传播损失会更大,且在信道噪声的影响下,信号频率会呈选择性衰弱。浅海声信道的多途效应十分严重,主要有以下两个方面的原因。

(1)海面和海底的多次反射。海底对声线的反射相对比较稳定,而海面的反射则复杂得多,海面波浪随机起伏造成声线反射和散射的随机性。

(2)海中声速梯度的跃层结构。冬季时水温铅直分布基本上是均匀的,而由于静压力作用,下层声速略大于上层,形成弱的表面声信道。如果发射机具有方向性,声波在表面声信道中传播,除受海面波浪和气泡的散射外,能量损失较小,传播距离相对较远。其他季节时,表层海水受太阳加热,形成温度负梯度,多数海区会出现温跃层,导致声线在传播过程中向海底弯折,从而在海面和海底间多次反射和折射。掠射角变大,海底对声波的吸收作用也变大,导致声波的能量损失增大。

## 2.5 海洋环境噪声特性

在海洋环境噪声中，不同声源场产生不同频率和声压级的噪声，同一频率范围的噪声可能由一个或多个声源产生。海洋环境噪声的声源非常复杂，包括自然活动和人类活动。其中，自然活动主要包括波浪、湍流、降雨、地震、热扰动和生物活动等。人类活动主要包括航运、岸上工业和海洋石油勘采等。海洋环境噪声在 1~10Hz 频段内的声源主要是海洋湍流；在 10~500Hz 频段内的主要声源是远处的航船，谱级随船舶的数量和船舶到水听器的距离而变化；500Hz~50kHz 频段内的海洋环境噪声主要由海面的风产生，因而与海况关系密切，通常声压级随海况等级的升高而增加，并且谱级随频率的上升而减小；频率在 50kHz 以上的海洋环境噪声主要为分子热噪声，谱级每倍频程升高 6dB。海洋环境噪声还与测量深度有关，低频噪声的谱级通常随测量深度的增加而减小，几百赫兹以上噪声的谱级随测量深度的增加变化不大，在接近海底时海洋环境噪声谱级的起伏较大。海洋环境噪声具有很大的变异性，随海域的地理位置、气象和观测时间等因素的不同而有相当大的变化。

一些理论模型专门讨论了海况、人类活动等变量与海洋环境噪声能量之间的关系，如 Wenz 模型。基于 Wenz 模型的海洋环境噪声分析结果如图 2-17 所示。总环境噪声分为：湍流、远处的舰船辐射噪声、与海况相关的噪声、热噪声。图 2-17 中，商业交通 1 代表稀疏交通，商业交通 7 代表非常繁忙交通，以此类推。

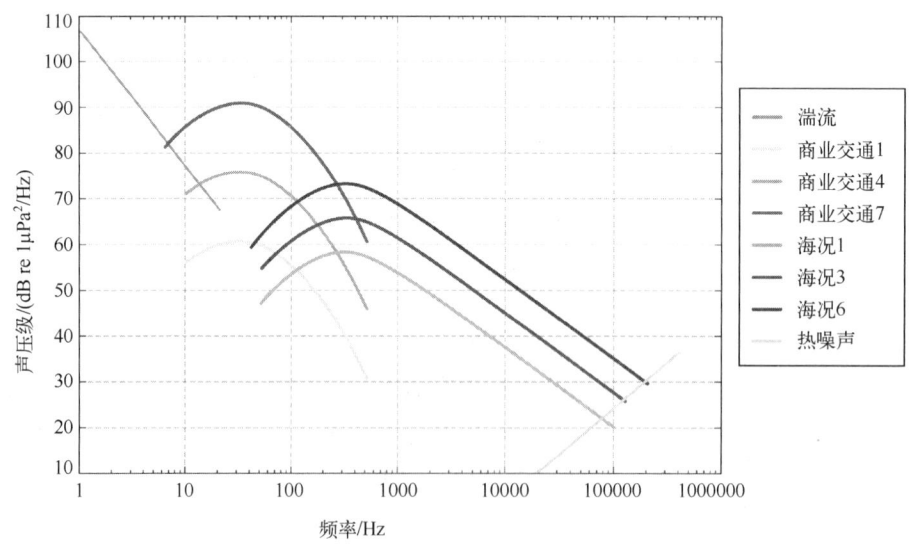

图 2-17 基于 Wenz 模型的海洋环境噪声分析结果

本节分析了实测海洋环境噪声的时频分布以及 20~1000Hz 的宽带声压级。将水听器周围半径 6km 内没有船舶时测量的水声信号作为海洋环境噪声。首先对信号进行分帧处理，帧长设置为 1s，相邻两帧之间重叠 0.5s，对每一帧信号加汉宁窗后，通过快速傅里叶变换获取信号的频谱，仅保留频谱的幅值，最后基于水听器灵敏度参数进行校正，获得水声信号的声压谱级，并将声压谱级转换为宽带声压级。绘制信号的时频图和宽带声压级图，如图 2-18 所示。从时频图可以看出，海洋环境噪声在时间上存在不均匀的脉冲，能量主要集中在低频区域。该段海洋环境噪声的宽带声压级为 97~110dB，且存在不规律的波动。该段实测海洋环境噪声的能量与 Wenz 模型的分析结果基本一致。

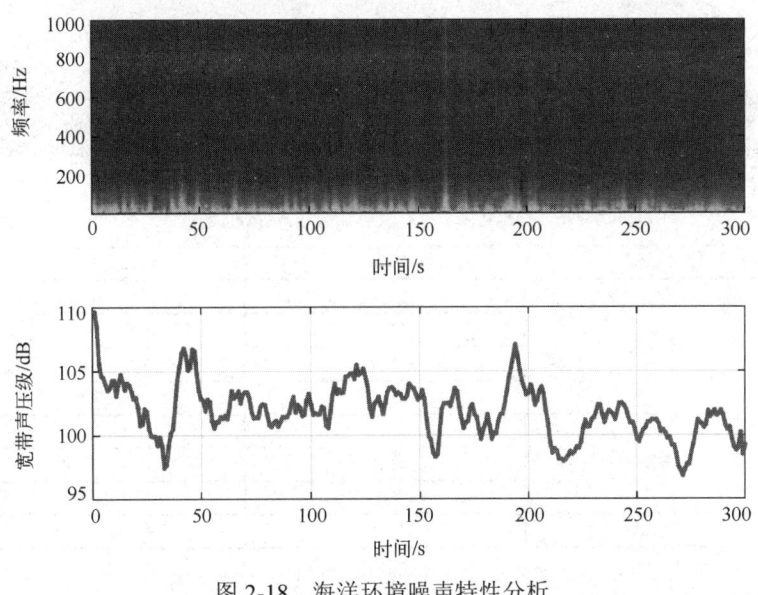

图 2-18 海洋环境噪声特性分析

## 2.6 舰船辐射噪声特性

### 2.6.1 舰船辐射噪声的组成及特性

舰船辐射噪声是由不同的噪声叠加而成的，其根据声源类型可分为内部机械部件和辅助设备（包括推进装置）产生的机械噪声、螺旋桨噪声、水动力噪声。为了有计划、有目的地开展舰船辐射噪声识别技术研究，亟须确定各类噪声对舰船辐射噪声的贡献及各类噪声对应的频率范围。对于船舶来说，在低速航行时机械噪声占主导地位，在高速航行时螺旋桨空化噪声占主导地位。螺旋桨噪声主要包括螺旋桨空化噪声和螺旋桨旋转噪声，螺旋桨空化噪声是舰船辐射噪声高频段（100~1000Hz）的主要成分，螺旋桨旋转噪声是低频段（1~100Hz）的主要成分。一般情况下，水动力噪声的谱级小于螺旋桨噪声和机械噪声的谱级。舰船辐射噪声在船舶上产生的位置及噪声频率范围如图 2-19 所示。

#### 2.6.1.1 机械噪声

船舶航行过程中内部机械部件发生振动而产生并向附近水中辐射的噪声统称为机械噪声。船舶的机械噪声主要由齿轮、叶片等重复的不连续部件，电机电枢等不平衡的旋转部件和往复部件振动产生。机械噪声的频率随船舶航速和推进轴转速的变化而变化。与发动机相关的辐射噪声主要由与转速和谐波相对应频率的振动产生。辅助设备的噪声或振动也可能通过不同的传输路径传输到船体并辐射到水中产生辐射噪声，这些噪声共同构成了船舶的机械噪声，其频谱结构复杂。大量文献及研究表明，舰船辐射噪声低频段的主要成分是机械噪声。

图 2-19 舰船辐射噪声的声源及频率范围

| 噪声类别 | 声源 | 频率范围/Hz |
| --- | --- | --- |
| 机械噪声 | 柴油机 | 10～1000 |
| | 齿轮箱 | 100～1000 |
| | 辅助设备 | 10～1000 |
| | 主引擎 | 10～100 |
| 螺旋桨噪声 | 叶片 | 1～100 |
| | 唱音 | 100～1000 |
| | 空化 | 10～100000 |
| 水动力噪声 | 水流 | 100～100000 |

#### 2.6.1.2 水动力噪声

水动力噪声是由起伏及不规则运动的水流流过运动的船舶表面所产生的噪声。它包括湍流在光滑的船舶表面产生的流动噪声，水流直接冲击船体发生激励及共振产生的噪声，航行船舶的船首、船尾的拍浪碎波噪声，以及船舶水循环系统的进水排水噪声等。对于这种无规则的水动力噪声，研究发现其噪声强度主要与航速有关，随航速增大，水动力噪声增大很快，但水动力噪声一般被机械噪声和螺旋桨噪声所掩盖。如果附体结构或孔穴被激励而产生谐振，会辐射较强的窄带线谱噪声，且相应的声压级较高。

#### 2.6.1.3 螺旋桨噪声

螺旋桨的空化及叶片振动所产生的噪声统称为螺旋桨噪声。螺旋桨噪声是舰船辐射噪声的主要成分，螺旋桨旋转运动引起周围流场变化和压力波动，产生多种不同机理的噪声，包括叶片共振动时辐射的噪声、唱音和空化噪声、螺旋桨旋转噪声等，如图 2-20 所示。

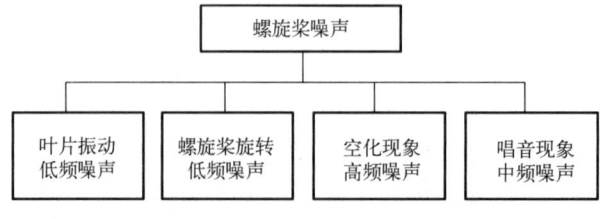

图 2-20 螺旋桨噪声的组成

空化噪声是当螺旋桨叶片切割水流时，叶片尖及表面产生的负压达到一定程度时使周围气泡破裂而发出的一种很响的声脉冲。研究发现这种噪声是舰船辐射噪声高频段的主要成分，由于空化是由大小不均的大量气泡破裂引起的，所以空化噪声是连续谱信号。在低频段该噪声的谱级随着频率升高而增大，而在高频段则随着频率升高而减小（其斜率一般为 6dB/倍频程），从而形成一个谱峰，该谱峰的峰值会因航速的变化而变化。当航速增大时，会产生大的空化气泡，从而使峰值向低频端移动。只有当航速达到一定临界值时才会产生空化噪声。因此，空化噪声是宽频且无指向性的。空化噪声会使船舶的中高频辐射噪声突然增大，成为全船总辐射噪声中最主要的成分。不同频率范围螺旋桨噪声的示意图如图 2-21 所示，直接辐射和船体振动产生低频噪声，空化产生高频噪声，螺旋桨唱音产生中频噪声。

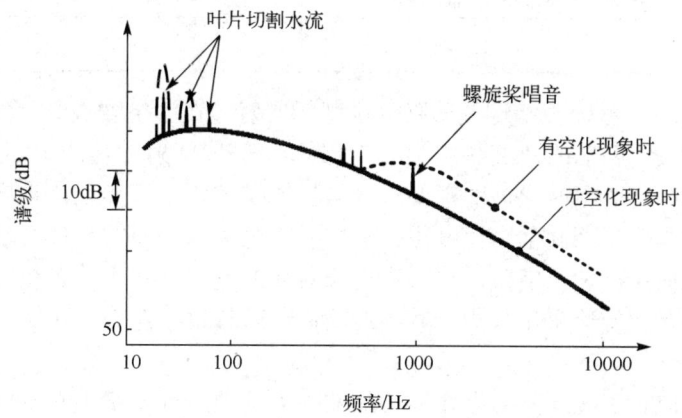

图 2-21　不同频率范围螺旋桨噪声的示意图

对于处于非空化状态的螺旋桨，在辐射噪声谱中，可以识别与叶片频率相关的不同音调以及较高频率的宽带噪声。叶片速率噪声是由船尾的螺旋桨正常运行产生的。叶片部分波动引起叶片入射角的波动，从而产生与叶片频率和叶片数量相关的噪声。宽带噪声与入射流和叶片尾部的湍流有关。另外，由湍流边界层激励的叶片的共振可能造成中频带辐射噪声的放大。

螺旋桨噪声除空化噪声外的另一个主要成分是唱音噪声，其产生原因是螺旋桨随边出现的分离涡频率与叶片自振频率出现共振。研究发现，螺旋桨唱音的噪声频率与螺旋桨叶片数、螺旋桨转速和谐波次数均有关，并且螺旋桨噪声在水平面内有一定的指向性，在不同方向上其强度分布不均匀，由于船体对船首的遮挡和尾流对船尾的影响，船首和船尾的辐射噪声会比正横方向上的小。

在大多数情况下，机械噪声和螺旋桨噪声是舰船辐射噪声的主要组成部分，而它们的比重或重要程度则由航速、频率等因素决定。如果出现空化现象，则机械噪声和螺旋桨叶片速率噪声会是舰船辐射噪声低频段的主要成分，而在一定情况下上述谱线的谱级会因频率的提高而减小。

## 2.6.2　船舶工况对舰船辐射噪声特性的影响

由于不同类型船舶的尺寸、速度和频率是不同的，因此不同船舶在不同的速度和频率下的噪声源及其贡献是不同的。在低速时，机械噪声是舰船辐射噪声的主要成分。在高速时，空化噪声是舰船辐射噪声的主要成分。在非空化状态下，螺旋桨噪声是低频噪声，并且机械噪声和空化噪声都是宽频带噪声。不同类型船舶在不同速度下的主要噪声如表 2-12 所示。

表 2-12 不同类型船舶在不同速度下的主要噪声

| 类别 | 速度范围/kts | 低速 | 正常运行 | 高速 |
|---|---|---|---|---|
| 货船 | 8～20 | 机械噪声 | 螺旋桨空化噪声 | 螺旋桨空化噪声 |
| 大型货船、集装箱货船 | 10～25 | 机械噪声 | 机械噪声 螺旋桨空化噪声 | 机械噪声 螺旋桨空化噪声 |
| 渡轮 | 8～25 | 机械噪声 螺旋桨旋转噪声 | 螺旋桨空化噪声 | 螺旋桨空化噪声 |
| 油轮 | 8～20 | 机械噪声 | 螺旋桨空化噪声 | 螺旋桨空化噪声 |
| 大型游轮 | 6～20 | 机械噪声 | 螺旋桨空化噪声 | 螺旋桨空化噪声 |
| 大型巡航船 | 8～25 | 机械噪声 | 机械噪声 螺旋桨空化噪声 | 螺旋桨空化噪声 |

由表 2-12 可知，机械噪声和螺旋桨噪声是舰船辐射噪声的主要成分，机械噪声和螺旋桨噪声的相对贡献取决于船舶的速度和结构。在低速时，舰船辐射噪声的主要成分是机械噪声。在船舶正常航行时，舰船辐射噪声的主要成分是机械噪声和螺旋桨空化噪声。在高速时，舰船辐射噪声的主要成分是螺旋桨空化噪声。机械噪声对大型货船的噪声贡献存在于整个航行过程中，货船的机械噪声和螺旋桨空化噪声在相对高的速度下几乎具有相同贡献，渡轮和油轮的重要噪声成分是螺旋桨空化噪声，其中渡轮低速航行时，螺旋桨噪声和机械噪声是辐射噪声的重要组成部分。

实际中船舶的航行工况非常复杂，同一船舶在不同的航行工况下有不同的辐射噪声。船舶在不同的航行工况下，各噪声源在总体噪声中所占的比重、起主要作用的频段均有所不同。随着船舶服役时间变长，其辐射噪声特性也会发生变化。Ross 研究了第二次世界大战时期货船的辐射噪声声压级，研究表明，频率在 100Hz 以上噪声的声源级与船舶的尺寸和速度均为正相关。Trevorrow 等人研究了在不同的工况下，舰船辐射噪声与工况之间的关系。Mckenna 等人研究了不同类型货船的特性和相应辐射噪声的声压级。研究人员通常认为舰船辐射噪声的声压级随航行速度的增大而增大。

当船舶距离水听器 2km 时，辐射噪声在 20～1000Hz 范围内的船舶航速与辐射噪声宽带声压级的关系图如图 2-22 所示。总体而言，随着航行速度增大，舰船辐射噪声的宽带声压级有一定程度的增大。单独观察每个类别的船舶，随着航速的增大，部分渡轮的辐射噪声声压级有减小趋势。而对于其他类型的船舶，航速对辐射噪声声压级的影响并无明显规律。

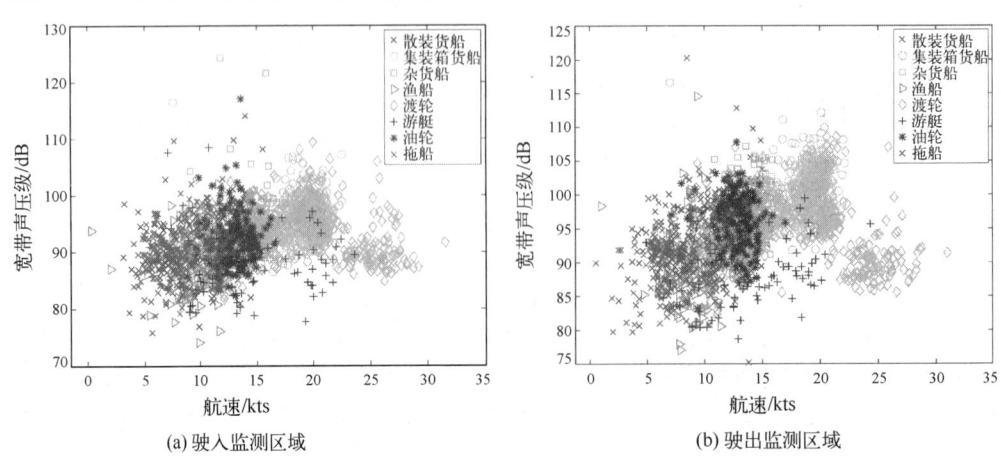

图 2-22 船舶航速与辐射噪声宽带声压级的关系图

## 2.6.3 基于特征分析的舰船辐射噪声特性分析

### 2.6.3.1 能量特征分析

通常认为匀速直线航行的船舶的辐射噪声是平稳随机信号，但在船舶通过水听器附近的过程中，水听器接收的噪声与船舶到水听器的距离有关，其声压级随时间变化，是非平稳随机信号。声源级的计算需要利用水声信道的传播特性，在水声目标识别的过程中很难准确估计目标的距离，这为声源级的估计带来不确定性。本书采用实测的舰船辐射噪声数据来对比不同类型船舶的辐射噪声的差异。为了排除水声信道传播损失的影响，选取水平面内船距离水听器最近点约为500m的航迹信号，对比分析不同类型船舶通过水听器附近时的通过特性。选取不同类型船舶航速相近的信号进行分析，其中由于拖船的平均航速远低于其他类型船舶，因此选取的拖船的航速较低。由于不同类型船舶航速和航线的差异，各信号的长度也略有不同。

首先对信号进行分帧处理。由于舰船辐射噪声信号是时变的，在较短时间内特征变化较小，因此将各帧信号作为稳态信号处理。随着海洋声信道和船舶工况的变化，较长时间内特征参数有可能变化较大，为了使特征参数平滑，设置相邻两帧之间有一部分重叠。本书将帧长设置为1s，相邻两帧之间重叠0.5s。对每一帧采用汉宁窗对时间序列进行处理，经快速傅里叶变换后，以 $1\mu Pa$ 为参考声压将数据转换为声压级。所有的声学数据都基于水听器灵敏度参数进行校正。绘制信号的时频图，20~1000Hz 的宽带声压级，45Hz、90Hz、800Hz 三个频率噪声的声压级，以及船舶到水听器的距离，如图2-23所示。

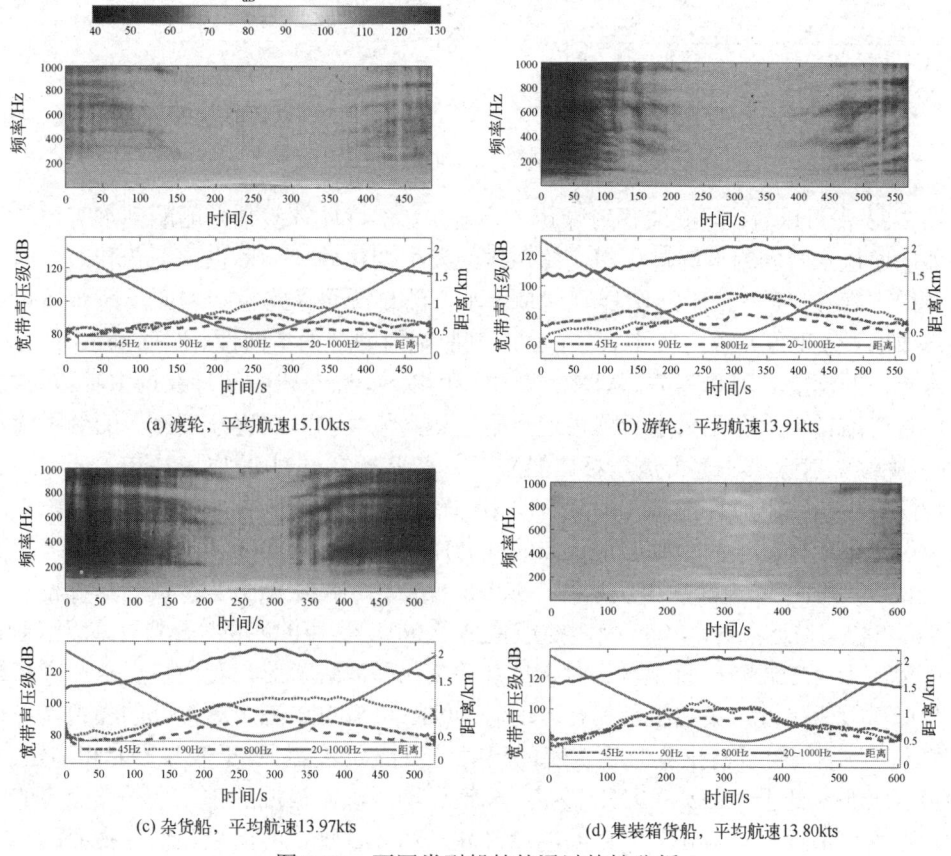

图 2-23 不同类型船舶的通过特性分析

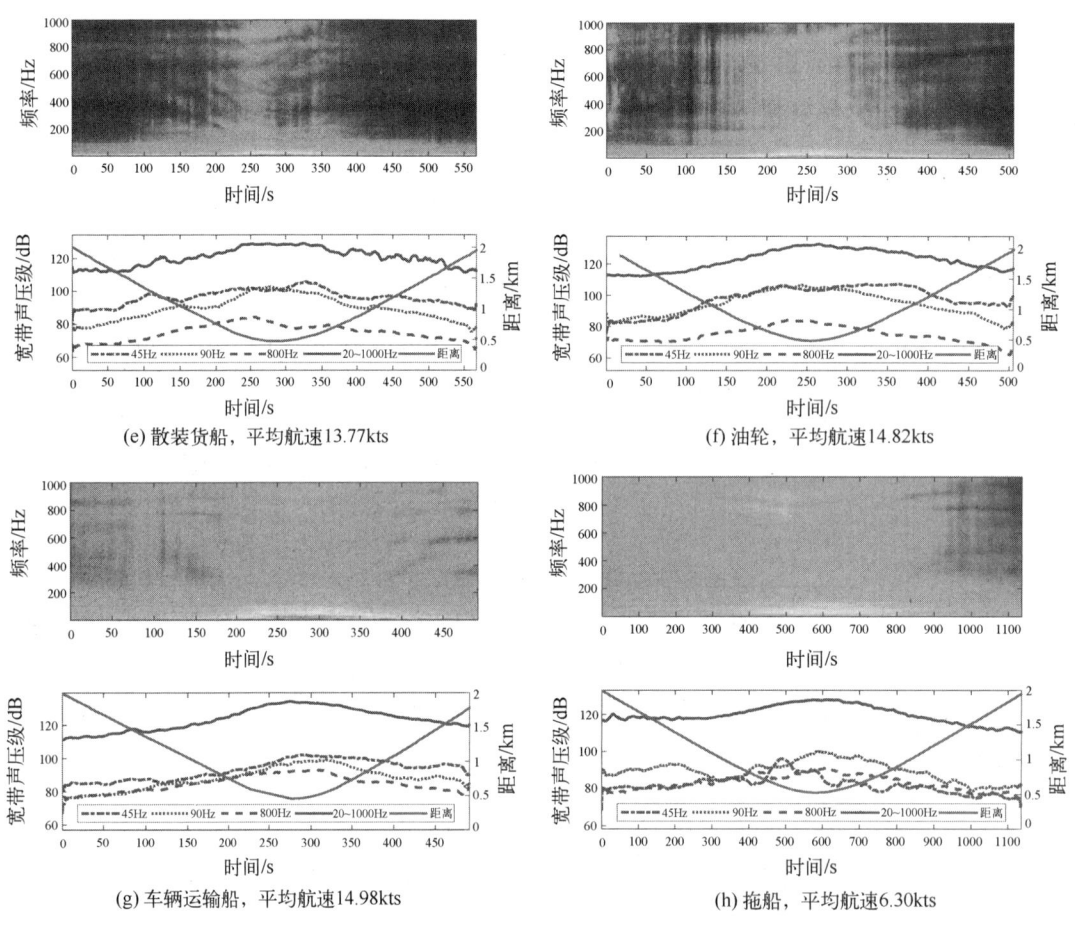

图 2-23 不同类型船舶的通过特性分析（续）

从图 2-23 中可以看出，舰船辐射噪声的声压级、谱特性等参数是船舶到水听器距离的函数。在船舶通过水听器附近的过程中，除声压级发生变化外，频率也因多普勒效应而发生变化。时频图中存在"U"形干涉图样，这是由水声的直接传播路径和表面反射传播路径的相互作用形成的。该现象不仅与频率有关，还与舰船辐射噪声的指向性、船舶到水听器的距离、船舶和水听器的深度等因素有关。从图 2-23 中还可以看出，在船舶航行经过水听器的过程中，信号的能量逐渐增大，在距离水听器最近点附近达到最大，而后逐渐衰减。船舶距离水听器 500m 时，舰船辐射噪声的宽带声压级比船舶距离水听器 2km 时高 15~20dB。船首和船尾在低频区域的声压级有不对称性，在船尾有更多的辐射能量。船舶类型不同，信号中不同频率分量的强度也不相同。当渡轮驶向最近点时，45Hz、90Hz 和 800Hz 噪声的声压级相当，而驶离最近点时，90Hz 噪声的声压级最高，800Hz 噪声的声压级最低。杂货船和渡轮有相似的特性。游轮在驶向最近点时，45Hz 噪声的能量高于 90Hz 噪声的能量，而驶离最近点时，90Hz 噪声的能量高于 45Hz 噪声的能量。对于集装箱货船和散装货船，驶向最近点和驶离最近点时的信号能量较为接近。集装箱货船在 45Hz、90Hz 和 800Hz 三个频率处的噪声能量相差不大，同时从时频图也可以看出集装箱货船的辐射噪声带宽更宽。对于散装货船和油轮，800Hz 噪声的声压级明显低于 45Hz 和 90Hz 噪声。车辆运输船驶向最近点时三个频率噪声的能量相差不大，而驶离最近点时 45Hz 噪声的能量最高，800Hz 噪声的能量最低。拖船的辐射噪声在三个频率处的能量波动较大。通过对比有船舶经过时噪声的声压级和环境噪声的声压级，可以估计船舶对海洋环境噪声的贡献。单一船舶距离水听器约 500m 正常航行时噪声的声压级比环境噪声的声压级高 22～35dB。

表 2-13 总结了某时间段内船舶航行经过水听器时 20～1000Hz 的宽带声压级。在各类型船舶与水听器的距离相近的情况下，集装箱货船辐射噪声的宽带声压级最高，同时集装箱货船有最大的尺寸和速度。相比而言，游轮与集装箱货船尺寸相当，但其辐射噪声的声压级远小于集装箱货船。渡轮与集装箱货船有相近甚至更高的航速，其辐射噪声的声压级也远小于集装箱货船，可能是因为客船针对乘坐舒适性进行了减震降噪的声学设计。拖船辐射噪声的声压级最小，同时拖船的尺寸和航行速度也最小。因此，在该组数据中，船舶尺寸和航速是影响舰船辐射噪声声压级的重要因素。此外，多数情况下，当船舶与水听器的距离均为 2km 时，驶出监测区域时与驶入监测区域时相比，驶出监测区域时辐射噪声的声压级更高，说明船尾相比船首有更多的辐射噪声能量。该现象可能是由于位于船舶后部的推进装置和螺旋桨产生更多的机械噪声和螺旋桨噪声，以及船身对辐射噪声的遮挡。另外，该现象也可能是由于螺旋桨噪声具有方向性。

表 2-13 不同类型船舶及其辐射噪声的信息

| 船舶类型 | 长度/m | 总吨/GT | 平均航速/kts | 最近距离/m | 驶入监测区域声压级/dB | 驶出监测区域声压级/dB | 最近点声压级/dB |
|---|---|---|---|---|---|---|---|
| 散装货船 | 229 | 47984 | 13.77 | 0.472 | 110.6 | 112.6 | 128.6 |
| 散装货船 | 225 | 41759 | 13.61 | 0.453 | 112.8 | 116.1 | 132.1 |
| 集装箱货船 | 285 | 68888 | 18.04 | 0.486 | 113.4 | 120.3 | 138.6 |
| 集装箱货船 | 299.99 | 75590 | 19.97 | 0.457 | 118.6 | 129.1 | 141.8 |
| 杂货船 | 188.64 | 24960 | 13.71 | 0.523 | 118.8 | 125.1 | 137.0 |
| 杂货船 | 197.8 | 27192 | 13.39 | 0.464 | 119.0 | 122.2 | 138.3 |
| 车辆运输船 | 186.03 | 42401 | 12.58 | 0.503 | 108.9 | 115.4 | 134.1 |
| 车辆运输船 | 188 | 46346 | 10.73 | 0.468 | 108.7 | 113.7 | 131.1 |
| 游轮 | 237.83 | 62735 | 15.93 | 0.526 | 112.0 | 116.7 | 130.6 |
| 游轮 | 285.43 | 86273 | 16.56 | 0.543 | 114.8 | 118.7 | 131.3 |
| 渡轮 | 160 | 21777 | 19.98 | 0.477 | 115.2 | 123.5 | 133.6 |
| 渡轮 | 160 | 21980 | 20.63 | 0.530 | 113.2 | 116.1 | 130.8 |
| 油轮 | 182 | 27185 | 13.08 | 0.526 | 116.6 | 118.5 | 129.6 |
| 油轮 | 182.5 | 27357 | 13.10 | 0.547 | 116.1 | 120.3 | 133.4 |
| 拖船 | 25.23 | 149 | 7.45 | 0.519 | 108.2 | 112.1 | 129.1 |
| 拖船 | 25.23 | 149 | 6.30 | 0.525 | 118.5 | 110.6 | 127.8 |

为了对比不同类型舰船辐射噪声的频谱特性，选取各船舶在水平面内距离水听器 2km 时的数据分别进行分析。各类型船舶距离水听器 2km 时的辐射噪声在 20～1000Hz 范围内的宽带声压级如图 2-24 所示。不同类型船舶的辐射噪声宽带声压级不同，集装箱货船的声压级较高，渔船、游艇和拖船的声压级较低。船舶驶出监测区域时辐射噪声的声压级普遍高于驶入监测区域时。因为推进装置一般位于船尾，船尾有更强的机械噪声和螺旋桨噪声，以及船身可能会遮挡噪声，所以船首的辐射噪声较小。

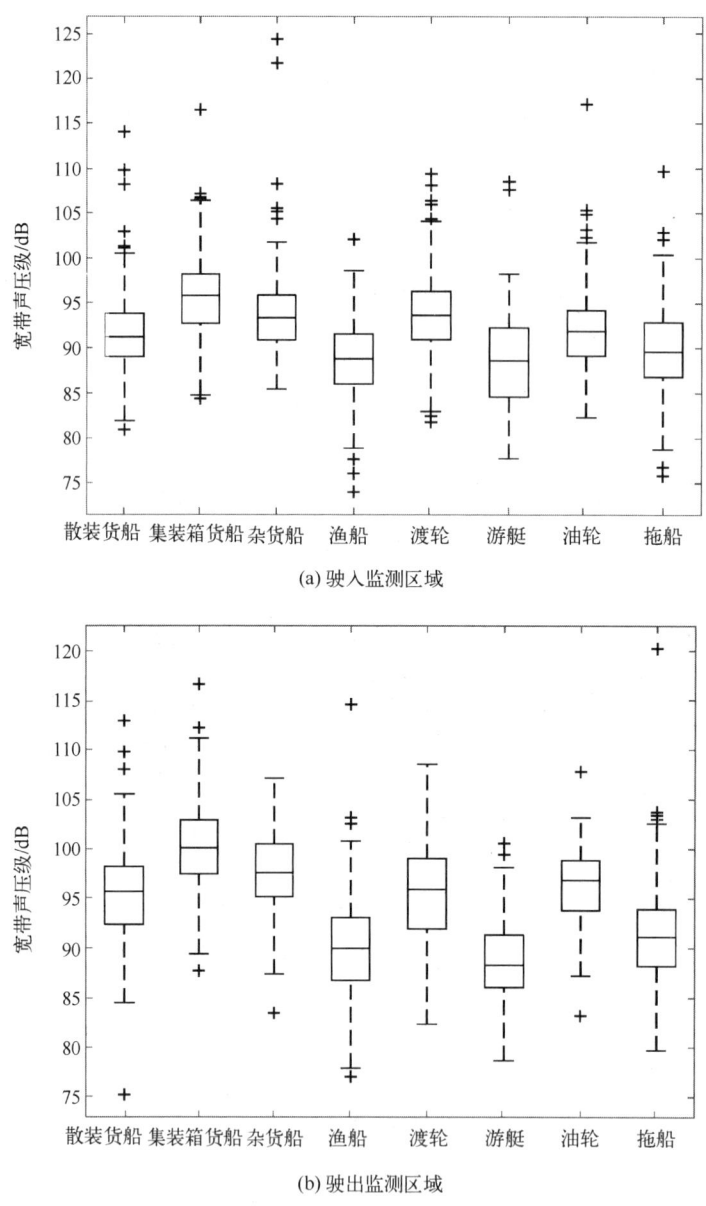

图 2-24 不同类型船舶的辐射噪声宽带声压级

#### 2.6.3.2 时频分析

舰船辐射噪声含有许多不同的频率成分,既有宽带连续谱分量、较强的窄带线谱分量,又有明显的幅度调制成分。其中线谱部分与推进装置和螺旋桨,以及辅助设备有关。推进装置和螺旋桨所产生噪声的幅度和频率随着船舶航速的变化而变化,且存在周期性的调制现象。尽管各类船舶在不同的工况下辐射噪声特性会有变化,但同类型船舶的噪声特性总有一定的相似性,而不同类型船舶的噪声特性则有某种差别,这使得利用噪声识别水声目标成为可能。

舰船辐射噪声发声机理复杂。水声信道受声速分布、海面波浪、海底地形、海底底质、海水介质、内波等影响,是一个复杂的时变空变信道,这使得舰船辐射噪声的各种特征量具有时变性。传统的频谱分析方法——傅里叶变换具有时间积分作用,平滑了非平稳随机信号中的时变信息,因而频谱只能代表信号中各频率分量的平均强度。

通常采用时频分析方法获取反映舰船辐射噪声时变特性的时频分布特征。短时傅里叶变换对信号逐段进行频谱分析,具有时频局部化的性质,选择合适的窗函数和频率分辨率,可以获得包括低频线谱和调制谱在内的多种时变特征。根据水声目标辐射噪声的局部平稳特性,通过信号短时傅里叶变换把舰船辐射噪声从时域变换到频域,使时间域上的复杂波形转换成频域上各频率分量的能量分布,从而获得时变功率谱在时间、频率维度平面上的投影。如果功率谱分析的频段在低频段,且关注点在低频线谱,即可得到 LOFAR 谱。LOFAR 谱可反映信号的非平稳特性,进而可用于提取信号中的宽带线谱分布特征。基于采集的信号,分别绘制各类船舶辐射噪声信号的 LOFAR 谱,如图 2-25 所示。图中横坐标表示时间,纵坐标表示频率。从图中可以看到明显的干涉条纹,但是有些类型船舶辐射噪声的线谱特征较为微弱,且线谱断断续续。利用线谱作为特征进行目标分类,首先需要研究如何确定线谱的分析参数,包括分析的带宽、频率分辨率、线谱有无的判决准则。由于舰船辐射噪声受舰船工况、海洋环境影响严重,因此同一目标的辐射噪声的线谱往往有较大的不确定性,对 LOFAR 谱特征的提取和物理属性的解释需要丰富的专家知识。

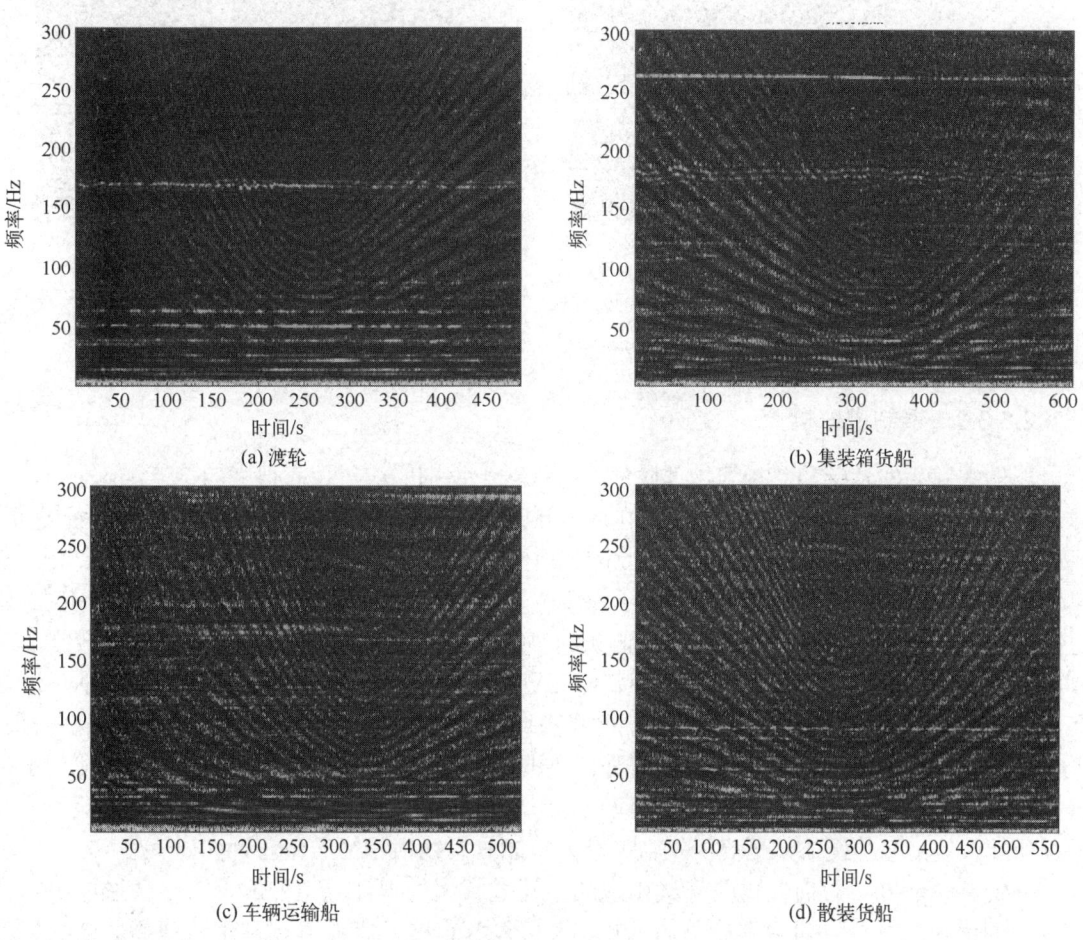

图 2-25 各类船舶辐射噪声的 LOFAR 谱

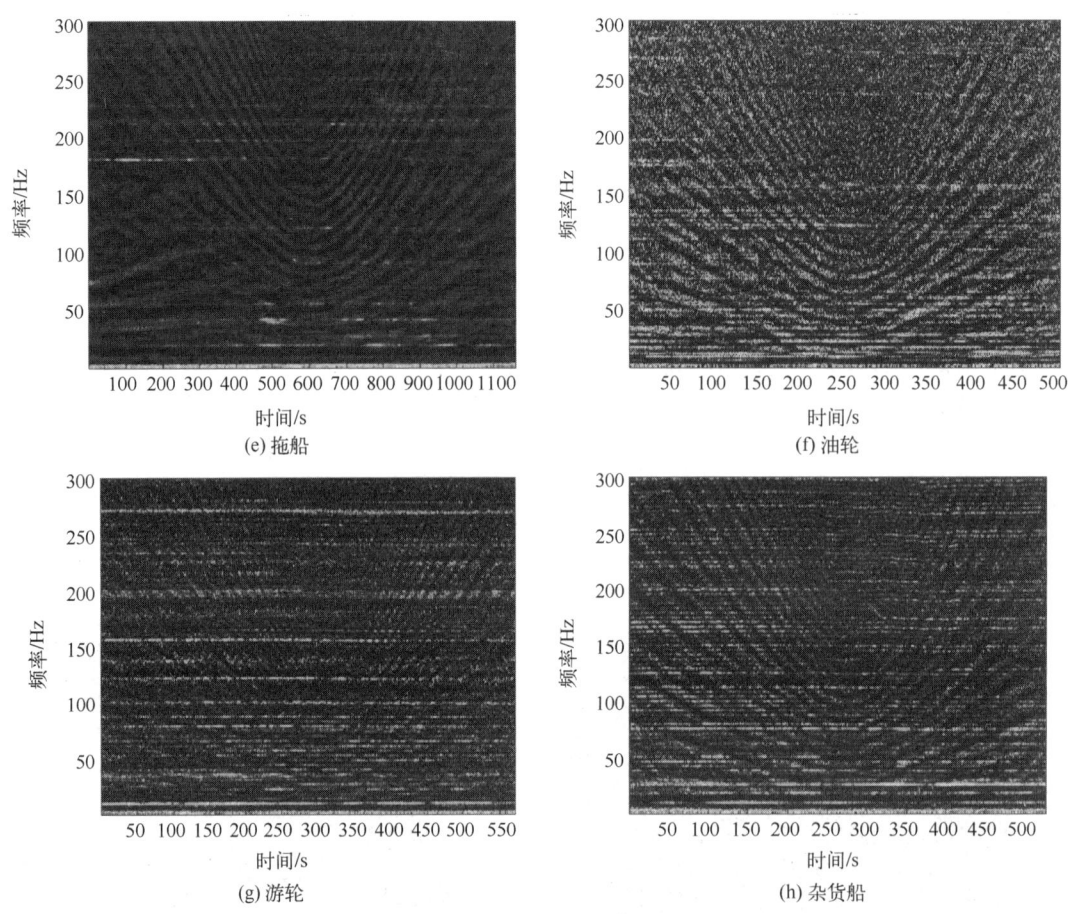

图 2-25 多种类型船舶辐射噪声的 LOFAR 谱（续）

#### 2.6.3.3 调制谱分析

船舶螺旋桨的轴频和叶频等物理属性的特征对于识别船舶类型有很大的价值。但轴的转动频率较低，轴频及其倍频基本上都淹没在低频噪声中而无法直接获取。此外，由于被动声呐孔径有限，较低的频率分量一般很难从接收的辐射噪声信号中直接获得。船舶的宽带噪声高频段常常存在幅度调制现象，调制周期对应于螺旋桨轴转动周期或螺旋桨叶片切割水流的周期。通过对接收的宽带信号进行解调可以获得低频的包络谱，从而获得轴频、叶频等低频段较强的物理特征，这一过程称为 DEMON 谱分析。程玉胜等人对 DEMON 谱特征提取和线谱估计进行了详细的研究，讨论了解调带宽对舰船辐射噪声调制谱的影响，并取得了较好的实际识别效果。Pollara 通过采用多种方法对 DEMON 谱进行改进，并对船舶噪声的包络谱进行估计，找到了最佳的解调频率。李启虎等人提出带有自适应线谱增强功能的单频特征信号检测技术，该方法能够获得比传统能量检测方法更高的增益，有效检测具有线谱特征的微弱目标。

螺旋桨调制在一段时间内是连续出现的，通过解调处理计算出的解调谱中会形成清晰的亮线，即谱线。其位置对应螺旋桨的轴频、叶频及其谐波。因而可以利用这些离散谱线估计螺旋桨的轴频和叶片数，从而为被动声呐目标检测和分类识别提供有力的工具。对多种类型船舶的辐射噪声信号进行 DEMON 谱分析，如图 2-26 所示。其中，油轮和杂货船的辐射噪声中有较为清晰的等间隔的多条谱线；其他类型船舶的辐射噪声中谱线较为微弱，并且在时间上断断续续,并不容易实现线谱的自动提取。从油轮和杂货船辐射噪声的线谱可以看出:当船舶距离水听器较近时,谱线较强;当船舶距离水听器 2km 时,谱线逐渐消失,说明利用 DEMON 谱识别船舶类型的作用距离有限。

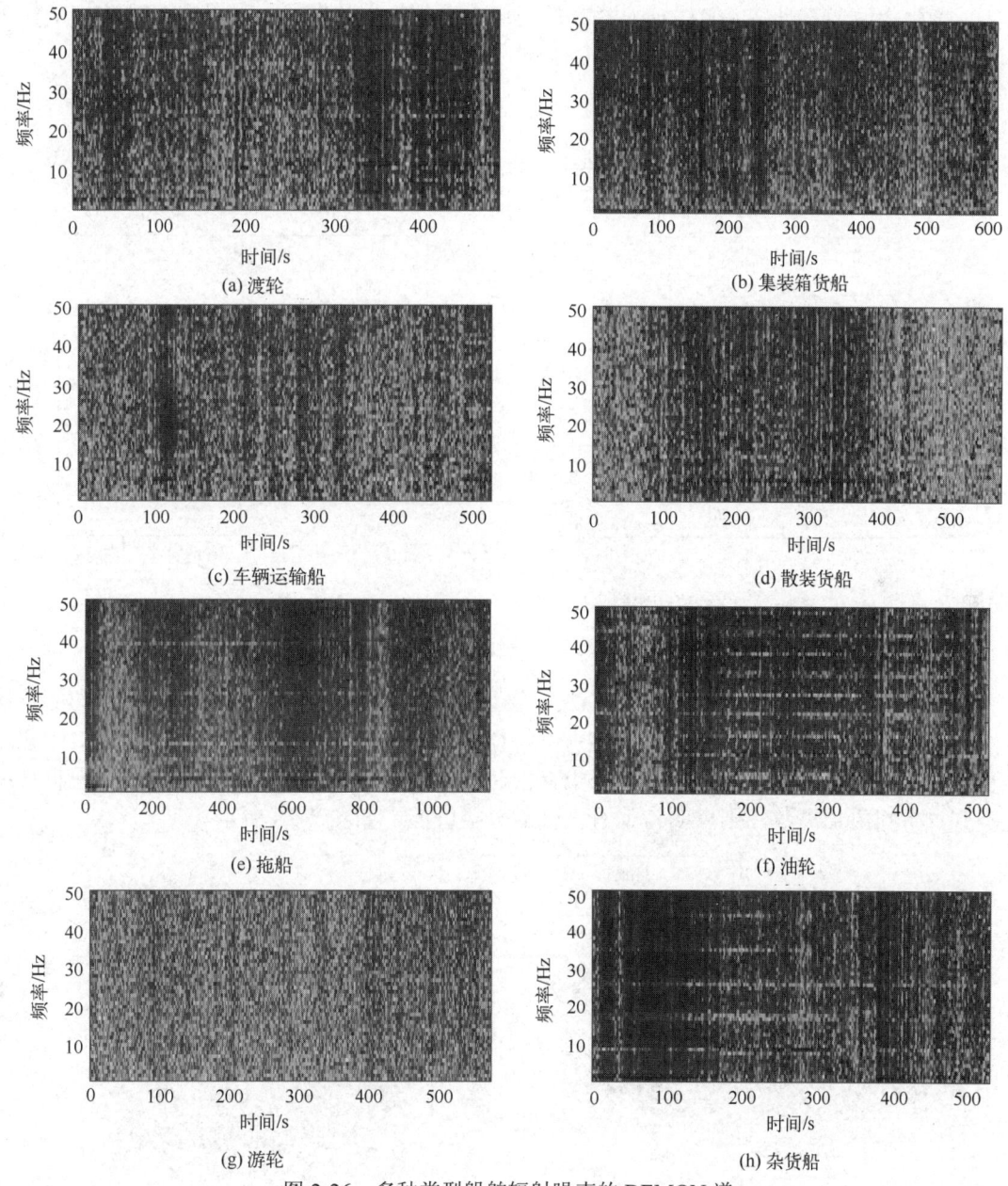

图 2-26　多种类型船舶辐射噪声的 DEMON 谱

提取调制谱特征的关键是要得到高质量的调制谱估计,并要有科学的轴频、叶频自动提取算法。在 DEMON 谱分析中,需依赖丰富的专家知识确定调制最强的时变谱频段,进而进行包络检波。现代船舶螺旋桨加工工艺水平的提高,尤其是军用船舶为了降低噪声还采用侧斜螺旋桨等措施,使得调制谱线的谱特征大大降低。不同时刻的线谱幅度起伏较大,在 DEMON 谱中表现出谱线时强时弱的现象,幅值较低的线谱很容易被漏检。舰船辐射噪声中周期调制的来源除螺旋桨空化噪声中的轴频、叶频调制外,还有柴油机活塞运动引起的轻重节奏调制、螺旋桨轴摩擦调制及各种单音调制等。由于目标可能存在多个调制源,解调谱中除螺旋桨及其谐波对应的谱线外,不可避免地会包含由其他宽带调制源或噪声等形成的谱线。此外,螺旋桨加工不对称以及转动时抖动等原因,会导致螺旋桨轴频、叶频及其谐波的线谱之间并不严格呈倍频关系,这些都给 DEMON 谱的特征提取和应用带来了挑战。

#### 2.6.3.4 无监督聚类分析

本书使用 $t$ 分布随机邻域嵌入(t-Distributed Stochastic Neighbor Embedding,t-SNE)特征可视化方法分析不同类型船舶辐射噪声频谱的空间分布特性,如图 2-27 所示。

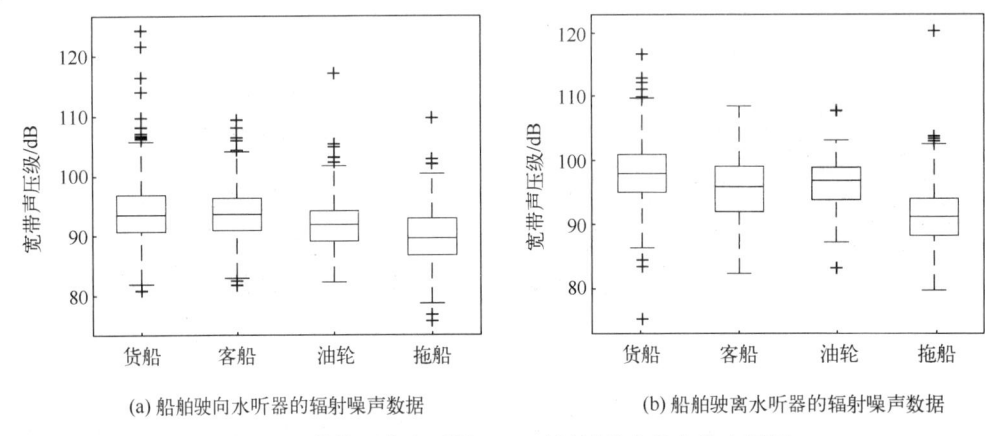

图 2-27 船舶距离水听器 2km 时辐射噪声的宽带声压级

$t$-SNE 算法采用无监督图嵌入的方法,通过梯度优化方法最小化高维特征空间和低维特征空间所构造的图之间的差异,从而将高维特征映射到 2 维或 3 维的低维特征空间,因此能够更好地观察特征对不同类别样本的分类特性。若在低维空间中同类别样本间更加聚集且不同类别样本间更加离散,则表明特征有更强的分类性能,如图 2-28 所示。

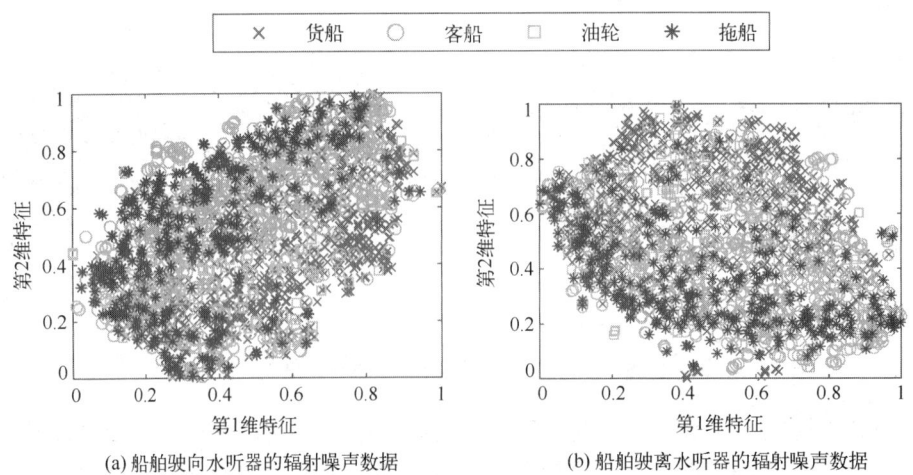

图 2-28 使用船舶距离水听器 2km 时的辐射噪声频谱进行 $t$-SNE 分析

在船舶到水听器的距离均为 2km 时,船舶驶离水听器时的辐射噪声数据比船舶驶向水听器时的辐射噪声数据有更好的聚类特性。该现象不仅因为船尾有更高的辐射噪声能量,而且因为位于船尾的推进装置和螺旋桨的辐射噪声更能够反映不同类型船舶的差异。从图 2-28（b）中可以看出，货船和油轮位于相近的区域，而客船和拖船位于相近的区域。直接使用频谱数据很难实现满意的船舶类型分类，因此有必要采用机器学习的方法，从舰船辐射噪声中进一步挖掘潜在的类别特征，以提高水声目标识别性能。

## 2.7 海洋哺乳动物叫声特性

海洋哺乳动物叫声特性由海洋哺乳动物种类及发声目的决定。通过对海洋哺乳动物叫声特性进行分析，可以得到叫声源的生物学分类信息和行为信息，从而更好地开展对海洋哺乳动物的研究和保护。目前，为了开展对海洋哺乳动物的检测、跟踪、定位及保护研究工作，亟需对各类海洋哺乳动物的各类叫声进行特性分析，确定各类叫声的发声规律、频率范围及变化规律等特性。

在对海洋哺乳动物叫声进行声特性分析时，可以对叫声音频进行傅里叶变换与短时傅里叶变换，得到海洋哺乳动物叫声的频谱图与时频图。在频谱图中，可以通过统计分析方法对各类海洋哺乳动物叫声的频率成分进行分析，从而得到各类海洋哺乳动物叫声的频率特性。图 2-29 为部分海洋哺乳动物叫声的频谱图。

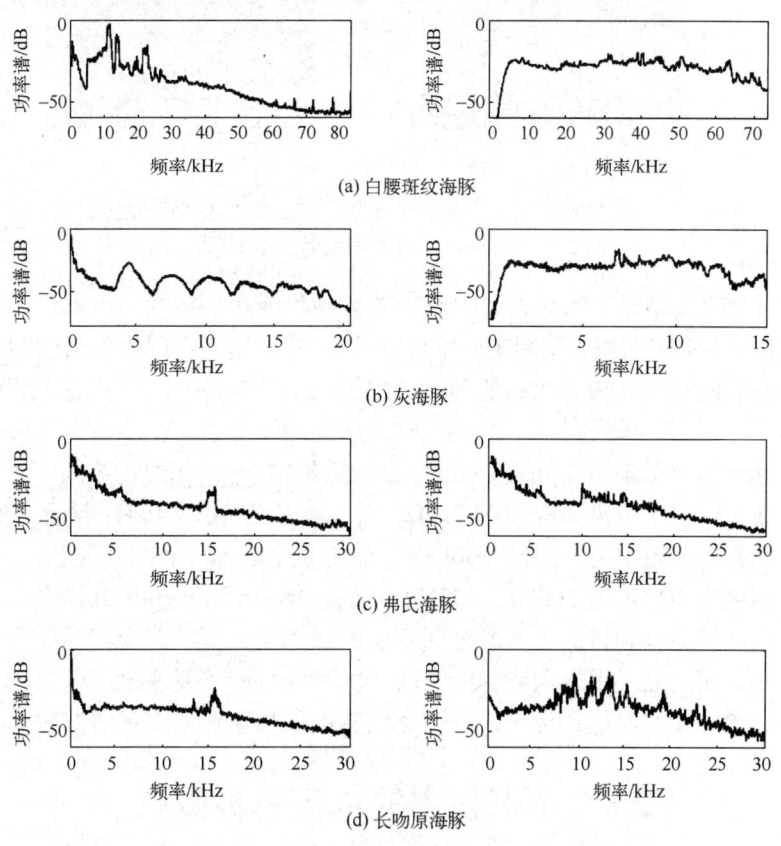

图 2-29 部分海洋哺乳动物叫声的频谱图

同理，通过对海洋哺乳动物叫声的时频图进行分析，可得到海洋哺乳动物叫声的时频特性。海洋哺乳动物叫声中含有许多不同的频率成分，与海洋哺乳动物种类及声类型有关。尽管不同发声目的下,各类海洋哺乳动物叫声的时频特性会存在差异,但同类海洋哺乳动物叫声的时频特性总有一定的相似性,而不同类海洋哺乳动物的叫声则有某种差别,这使得利用噪声识别水声目标成为可能。图 2-30 为部分海洋哺乳动物叫声的时频图。

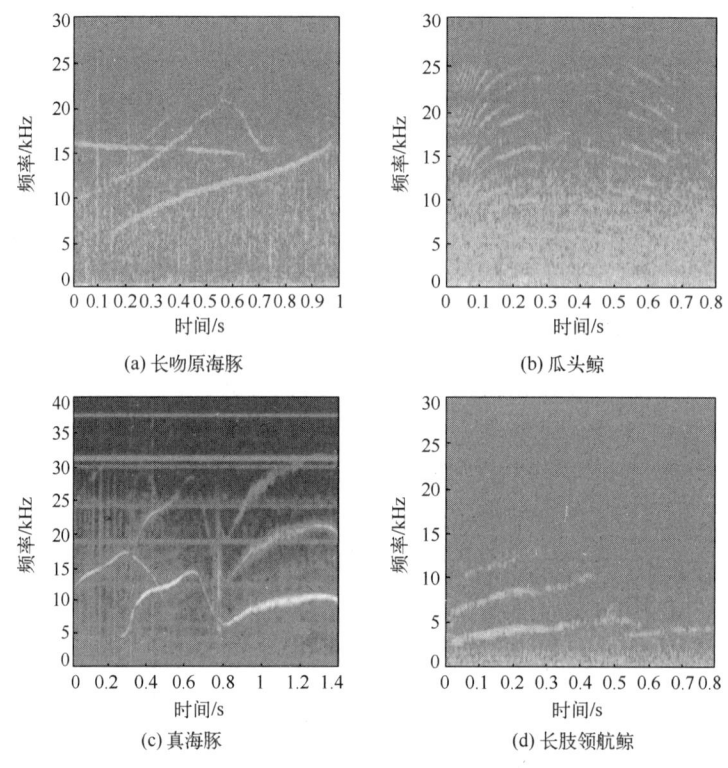

图 2-30　部分海洋哺乳动物叫声的时频图

对叫声进行特征提取后,可以进行对海洋哺乳动物叫声的特性分析工作。除了对各类海洋哺乳动物叫声进行声特性分析,也应对同一物种不同用途、不同声类型的叫声特性进行分析。比如,灰海豚能发出含有高频和低频成分的 16Hz~150kHz 的回声定位型叫声,包括 4 种范围:

(1) 窄带低频叫声范围为 400Hz~20kHz,能量集中于 2~4kHz 频段;
(2) 宽带低频叫声范围为 100Hz~30kHz,能量集中于 16~20kHz 频段;
(3) 宽带高频叫声范围为 16Hz~150kHz,能量集中于 60~80kHz 频段;
(4) 宽带高频叫声范围为 200Hz~150kHz,能量集中于 30~60kHz 频段。

根据不同的环境条件和目的,灰海豚叫声中的频率成分可以改变。几种不同的脉冲信号还可以同时使用。研究还发现,灰海豚能够改变脉冲信号的重复速率,以便对环境进行一般的了解和细致的鉴别,并且能够运用某些器官使脉冲信号聚焦成束定向发射。

## 2.8　本书使用的水声目标数据

### 2.8.1　舰船辐射噪声数据

本书使用的实测舰船辐射噪声数据是在不同年份相同地区采集的被动声呐数据,包括海洋环境噪声和 5 类船舶的辐射噪声，训练数据总时长 7126.67min，测试数据总时长 2130.79min，数据说明如表 2-14 所示。

表 2-14 舰船辐射噪声数据说明

|  | 训练集 | | 测试集 | |
| --- | --- | --- | --- | --- |
|  | 船舶个数 | 总时长/min | 船舶个数 | 总时长/min |
| 海洋环境噪声 | — | 919.60 | — | 130.10 |
| 散装货船 | 208 | 2086.92 | 13 | 138.98 |
| 集装箱货船 | 145 | 1422.95 | 54 | 545.45 |
| 远洋货轮 | 28 | 346.62 | 9 | 80.60 |
| 客船 | 22 | 1893.80 | 6 | 996.83 |
| 游艇 | 33 | 456.78 | 17 | 238.83 |
| 总计 | 436 | 7126.67 | 99 | 2130.79 |

### 2.8.2 海洋哺乳动物叫声数据

本书使用的海洋哺乳动物叫声数据来源于沃特金斯海洋哺乳动物声音数据库（Watkins Marine Mammal Sound Database），均从沃特金斯海洋哺乳动物声音数据库的官方网站下载。

沃特金斯海洋哺乳动物声音数据库来源于海洋哺乳动物生物声学创始人 William Watkins 与 William Schevill 在 Woods Hole 海洋研究所中持续了 40 余年的开创性研究工作。数据库中包含 60 多种海洋哺乳动物的约 2000 个音频片段。声音由 Watkins 和 Schevill 以及其他许多人采集得来。

数据库中的录音经过专业鉴定，确认是由特定地理区域的特定海洋哺乳动物在特定季节产生的，可作为参考数据集，从全球范围内收集的越来越多的被动声学监测（Passive Acoustic Monitoring，PAM）数据中检测海洋哺乳动物。此外，该数据库包含了从 1940 年到 2000 年 60 年内的录音，其中包括 51 种海洋哺乳动物的首次录音。这些数据为研究海洋哺乳动物发声行为的长期变化（可能与环境噪声水平变化相关）提供了丰富的资源，同时也作为许多物种的声学凭证被收集和保存。正如 Watkins 的目标一样，该数据库可以在线访问，最终产品使世界各地的研究人员、教育工作者、学生和公众能够自由轻松地获取已识别的海洋哺乳动物物种的声学样本，并将这些样本置于地理和时间背景下，开展对海洋哺乳动物的进一步研究。

在采集到的数据中，并非音频中所有时段都包含着海洋哺乳动物叫声，且部分音频中信噪比过低，导致海洋哺乳动物叫声几乎被噪声所掩盖，因此数据库对原始音频进行了切片处理，并通过分析筛选得到了具有更优音质的音频切片。在数据库网站中有四个选项可供用户浏览："最佳"音频合集、所有音频、音频母带和相关信息。"最佳"音频合集部分包含来自 32 个不同物种的 1694 个音频，这些音频被认为具有所有音频切片中最高的音质和更高的信噪比。所有音频部分包含大约 15000 个叫声音频，其中包括"最佳"音频合集中的音频。音频母带部分包含将近 1600 个完整的音频。

## 2.9　本章小结

本章对海洋中各类声音的成因、分类、传播规律与特性分析等方面进行了介绍。在 2.1 节中，详细阐述了声音的基本概念与基本参量，对声音的产生、传播与评价方式进行了介绍，以便更好地展开对海洋中各种声音的具体描述与分析。

2.2 节介绍了海洋中的声音类型及其产生原因，以及各类声音的一些典型参数，并着重对作为研究重点的舰船辐射噪声和海洋哺乳动物叫声进行了介绍，为后续对这两大类声音的特性分析奠定了基础。

2.3 节介绍了各种船舶类型，并按照船舶用途、动力装置和螺旋桨对船舶类型进行了划分。不同的划分方式对应舰船辐射噪声中不同的噪声源，清晰且合理的船舶类型划分有利于之后对舰船辐射噪声特性进行分析，以及对各声源特性的进一步研究。

2.4 节介绍了海洋声环境特性，对海洋声信道进行了详尽的分析，并针对浅海与深海两种截然不同的海洋声环境，对声音在海洋中的传播与衰减进行了建模。研究声音在海洋中的传播与衰减规律，有助于在后续进行舰船辐射噪声与海洋哺乳动物叫声特性研究时，减小声环境特性对水声数据的影响。

2.5 节介绍了海洋环境噪声特性，对海洋环境中各频段噪声的成因、传播特性及其声源级进行了总结。海洋环境噪声是所有水声数据中都包含的噪声，了解其特性有助于在进行目标信号特性研究时，排除来自海洋环境噪声的影响，更加准确地描述目标信号特性。

2.6 节首先对舰船辐射噪声的组成及各组分的特性进行了介绍。考虑到各个声源在不同工况下的噪声特性以及对舰船辐射噪声的贡献不同，又对不同工况下船舶的辐射噪声特性进行了专门的研究。最后，采用各种信号处理方法与机器学习中的特征提取分析方法对各类船舶的辐射噪声进行了特征提取，并展示了各种特征提取分析方法下舰船辐射噪声的特性。

2.7 节介绍了几种可以用于分析海洋哺乳动物叫声特性的特征提取分析方法，并展示了部分海洋哺乳动物的叫声经过特征提取后的结果。

2.8 节介绍了本书用于展示说明的舰船辐射噪声与海洋哺乳动物叫声的数据来源，并阐述了这批数据的优越性及可靠性，解释了本书为何会使用该数据。

## 参 考 文 献

[1] TALAVAGE T M, LEDDEN P J, BENSON R R, et al. Frequency-dependent responses exhibited by multiple regions in human auditory cortex[J]. Hearing Research, 2000, 150(1): 225-244.

[2] SIDDAGANGAIAH S, LI Y, GUO X, et al. A complexity-based approach for the detection of weak signals in ocean ambient noise[J]. Entropy, 2016, 18(3): 101.

[3] 杨宏晖, 徐光辉, 李俊豪, 等. 被动水下目标识别研究进展综述[J]. 无人系统技术, 2019, 2(04): 1-7.

[4] 刘伯胜, 黄益旺, 陈文剑, 等. 水声学原理[M]. 北京: 科学出版社, 2019.

[5] 郭新毅, 李凡, 铁广朋, 等. 海洋环境噪声研究发展概述及应用前景[J]. 物理, 2014, 43(11): 723-731.

[6] JENSEN F B, KUPERMAN W A, PORTER M B, et al. Computational ocean acoustics[M]. New York:

Springer, 2011.
[7] ETTER P C. Underwater acoustic modeling and simulation[M]. Boca Raton: CRC Press, 2013.
[8] JENSEN F B. Numerical models of sound propagation in real oceans[C]//IEEE Proceedings of the Oceans, September 20-22, 1982, Washington, DC, USA: IEEE, 1982: 147-154.
[9] JENSEN F B. Numerical models in underwater acoustics[M]. Netherlands: Springer, 1984.
[10] FREDRICKS A, COLOSI J A, LYNCH J F, et al. Analysis of multipath scintillations from long range acoustic transmissions on the New England continental slope and shelf[J]. The Journal of the Acoustical Society of America, 2005, 117(3): 1038-1057.
[11] MCKENNA M F, ROSS D, WIGGINS S M, et al. Underwater radiated noise from modern commercial ships[J]. Journal of the Acoustical Society of America, 2012, 131(1): 92-103.

# 第 3 章　机器学习基础

本章将讲述机器学习的概念，回归分析的含义、分类及应用，一元线性回归算法，一元线性回归梯度下降求解方法，多元线性回归算法，逻辑回归算法，以及常用的机器学习算法评价指标，并给出了相关算法与应用实例。

## 3.1　机器学习的概念

### 3.1.1　机器学习问题

机器学习是研究怎样使用计算机模拟或实现人类学习活动的科学，机器学习算法是一种能够从数据中进行学习的算法。图灵在1950年就探讨了机器能否思考的问题，1997年Mitchell给出了机器学习算法的基本定义并获得了广泛的认可。Mitchell 关于机器学习的定义是：对于某类任务 $T$ 和性能度量 $P$，一个计算机程序能从与任务相关的经验 $E$ 中学习，通过经验 $E$ 获得改进后，它在任务 $T$ 上的性能有所提升。

基于样本数据的机器学习算法可以描述如下：
（1）输入训练样本 $X$，$X$ 中蕴含着经验 $E$；
（2）学习 $X$ 与任务 $T$ 的目标的映射关系 $F$；
（3）计算 $F$ 的性能度量 $P$；
（4）判断 $P$ 是否满足任务 $T$ 的要求；
（5）满足则算法停止，否则返回（2）。

### 3.1.2　机器学习算法的分类

根据训练样本的组成，机器学习算法可以分成有监督学习和无监督学习两种，也可以分别称为有导师学习和无导师学习。有监督学习算法的训练样本为 $X=\{(x_i,y_i)|x_i\in\mathbb{R}, y_i\in\mathbb{R}, i=1,2,\cdots,N\}$，$y_i$ 是输入 $x_i$ 的期望输出，算法学习输入 $x_i$ 与期望输出 $y_i$ 之间的映射关系 $F$。无监督学习算法的训练样本为 $X=\{x_i\in\mathbb{R}, i=1,2,\cdots,N\}$，算法学习与任务 $T$ 有关的训练样本的分布规律。

## 3.2　回归分析的含义、分类及应用

回归分析是统计学中一种分析变量间关系的定量技术。从历史上看，"回归"概念是由生物统计学家高尔顿在研究豌豆和人体身高的遗传规律时首先提出的。1887年，他第一次将"回复"（Reversion）作为统计概念使用，后改为"回归"（Regression）一词。1888年他又引入"相关"（Correlation）的概念。

回归分析可以分为一元回归分析和多元回归分析，前者是指两个变量之间的回归分析，后者则是指三个或三个以上变量之间的回归分析。一元回归分析还可细分为线性回归分析

和非线性回归分析两种,前者是指两个相关变量之间的关系可以通过数学中的线性组合来描述,后者是指两个相关变量之间的关系不能通过数学中的线性组合来描述,而表现为某种曲线模型。

## 3.3 一元线性回归算法

### 3.3.1 一元线性回归模型

总体的简单线性回归模型可表示为

$$Y = \beta_0 + \beta_1 X + u \tag{3-1}$$

式中,$X$为自变量,$Y$为因变量,$\beta_0$和$\beta_1$为待估的总体参数(又称为回归系数),$u$为随机误差项。由此可见,实际观测值$Y$被分割为两部分:一部分是可解释的肯定项$\beta_0+\beta_1 X$,另一部分是不可解释的随机项$u$。

总体的回归模型$Y = \beta_0 + \beta_1 X + u$是未知的,回归分析的基本任务就是利用样本去估计未知参数。由此可以假设样本的回归方程为

$$\hat{Y} = \hat{\beta}_0 + \hat{\beta}_1 x \tag{3-2}$$

式中,$\hat{Y}$、$\hat{\beta}_0$和$\hat{\beta}_1$分别为$Y$、$\beta_0$和$\beta_1$的估计值。如果对变量$X$和$Y$联合进行$n$次观察,则可以获得一个样本集,据此可求出$\beta_0$和$\beta_1$的值。

### 3.3.2 损失函数

为了求解回归函数,给出回归函数的假设函数,接着定义一个损失函数来衡量回归函数的各个假设函数的优劣,找出使损失函数具有最小值的那个假设函数即可。

一般地,损失函数具有如下的形式

$$\text{Loss}(h) = \sum_{i}^{m} L(y_i, h(x_i)) \tag{3-3}$$

式中的$L(y_i, h(x_i))$是指对于样本$(x_i, y_i)$,假设函数的预测值$h(x_i)$和真实值$y_i$之间的差距。对于这种差距,可以想到很多种计算形式,比如

$$L(y_i, h(x_i)) = y_i - h(x_i) \tag{3-4}$$

$$L(y_i, h(x_i)) = |y_i - h(x_i)| \tag{3-5}$$

$$L(y_i, h(x_i)) = (y_i - h(x_i))^2 \tag{3-6}$$

在机器学习算法中常使用第三种也就是平方函数来计算损失。若采用式(3-4),正负损失加和后会互相抵消;若采用式(3-5),绝对值函数不是连续可导函数,求解不方便;而式(3-6)是凸函数,存在全局最优值而且求解方便。

于是,一元线性回归的损失函数定义为

$$J(w_0, w_1) = \frac{1}{2m} \sum_{i=1}^{m} (h(x_i) - y_i)^2 \tag{3-7}$$

把 $h(x)$ 代入这个损失函数，可得

$$J(w_0, w_1) = \frac{1}{2m}\sum_{i=1}^{m}(w_1 x_i + w_0 - y_i)^2 \tag{3-8}$$

有了损失函数后，要做的就是依据损失函数寻找最优的假设函数，即等价于求解最优化问题

$$(w_0^*, w_1^*) = \mathop{\arg\min}_{(w_0, w_1)} \frac{1}{2m}\sum_{i=1}^{m}(h(x_i) - y_i)^2 \tag{3-9}$$

使式（3-9）等式成立的 $w_0^*$ 和 $w_1^*$，即为 $J(w_0, w_1)$ 取最小值时所对应的 $w_0$ 和 $w_1$ 的值。对于上面的最优化问题的求解，分别对 $w_0$ 和 $w_1$ 求偏导，然后令导数为 0，求出 $w_0$ 和 $w_1$，即可得到 $w_0$ 和 $w_1$ 的解析解

$$\frac{\partial J(w_0, w_1)}{\partial w_0} = \frac{1}{m}\sum_{i=1}^{m}(w_1 x_i + w_0 - y_i) = w_0 + \frac{1}{m}\sum_{i=1}^{m}(w_1 x_i - y_i) \tag{3-10}$$

$$\frac{\partial J(w_0, w_1)}{\partial w_1} = \frac{1}{m}\sum_{i=1}^{m}(w_1 x_i + w_0 - y_i)x_i = \frac{w_1}{m}\sum_{i=1}^{m}x_i^2 + \frac{1}{m}\sum_{i=1}^{m}(w_0 - y_i)x_i \tag{3-11}$$

令式（3-10）和式（3-11）等于 0，可解得 $w_0$ 和 $w_1$

$$w_1 = \frac{\sum_{i=1}^{m}y_i\left(x_i - \frac{1}{m}\sum_{i=1}^{m}x_i\right)}{\sum_{i=1}^{m}x_i^2 - \frac{1}{m}\left(\sum_{i=1}^{m}x_i\right)^2} \tag{3-12}$$

$$w_0 = \frac{1}{m}\sum_{i=1}^{m}(y_i - w_1 x_i) \tag{3-13}$$

### 3.3.3 一元线性回归应用实例

水下声速与水下的温度、压力及盐度有关。在标准大气压下，盐度为35‰时，不同温度下的声速如表 3-1 所示。一元线性回归程序框图如图 3-1 所示。

表 3-1 温度与声速对照表

| 温度/℃ | 声速/（m/s） | 温度/℃ | 声速/（m/s） |
|---|---|---|---|
| 22 | 1528.9 | 32 | 1553.5 |
| 24 | 1534.3 | 34 | 1557.8 |
| 26 | 1539.4 | 36 | 1561.9 |
| 28 | 1544.3 | 38 | 1565.8 |
| 30 | 1549.0 | 40 | 1569.5 |

运行上述程序后得到温度和声速的散点图及残差图，分别如图 3-2 和图 3-3 所示，得到一元线性回归系数分别为 $\beta_0 = 1480.6$ 和 $\beta_1 = 0.0023$，声速与温度相关系数的平方 $R_2 = 0.9967$。

由散点图、残差图及相关系数可知，此例中的一元线性回归方程拟合得比较好。拟合出的一元线性回归方程为 $y_1 = 1480.6 + 0.0023x$。

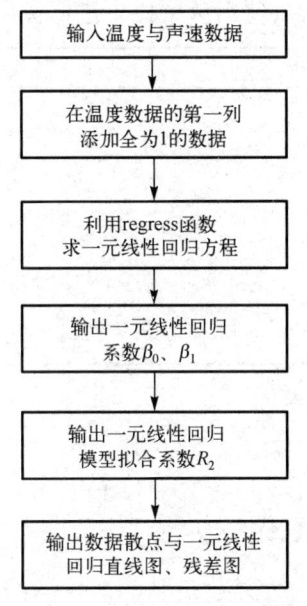

图 3-1 一元线性回归程序框图

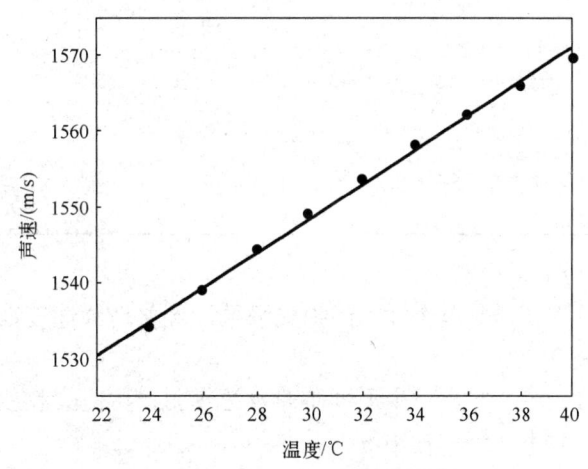

图 3-2 数据散点与一元线性回归直线

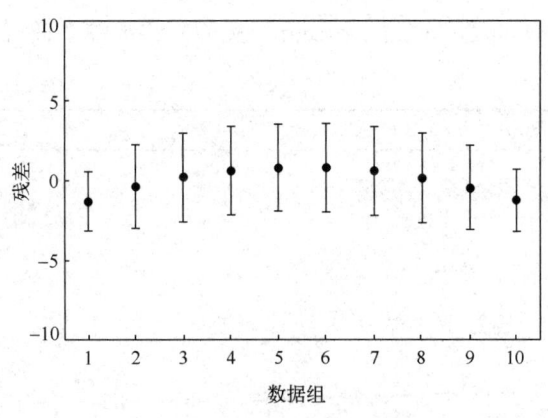

图 3-3 一元线性回归残差图

## 3.4 一元线性回归梯度下降求解方法

机器学习有一个至关重要的环节，就是优化损失函数。一个模型只有在损失函数收敛至特定数值范围时，才具备达成良好结果的可能性。下面讨论常用的优化方法——梯度下降法。

**算法 3.1：梯度下降算法**

参数设置：学习率 $\varepsilon$
while $\nabla_x f(x) \neq 0$ do
    更新参数：$x \leftarrow x - \varepsilon \nabla_x f(x)$
end while

### 3.4.1 随机梯度下降法

随机梯度下降法（Stochastic Gradient Descent，SGD）每次只使用单个样本进行优化。

---
**算法 3.2：随机梯度下降算法**

---
参数设置：学习率 $\varepsilon$；
　　　　　初始参数 $\theta$
while 停止准则未满足 do
　　训练集中全部 $m'$ 个样本 $\{x^{(1)}, \cdots, x^{(m')}\}$ 的小批量
　　计算梯度估计：$\hat{g} \leftarrow \hat{g} + \frac{1}{m'} \nabla_\theta \sum_i L(f(x^{(i)}; \theta), y^{(i)})$
　　参数更新：$\theta \leftarrow \theta - \varepsilon \hat{g}$
end while

---

优点：
只需要计算单个样本的损失函数，优化迭代速度很快。
缺点：
（1）单个样本对全局分布的表达较弱，可能会收敛到局部最优；
（2）不易于并行实现。

### 3.4.2 批量梯度下降法

批量梯度下降法（Batch Gradient Descent，BGD）使用整个训练集的样本进行优化，也称确定性梯度算法。

---
**算法 3.3：批量梯度下降算法**

---
参数设置：学习率 $\varepsilon$；
　　　　　初始参数 $\theta$
while 停止准则未满足 do
　　训练集中全部 $m$ 个样本 $\{x^{(1)}, \cdots, x^{(m)}\}$
　　计算梯度估计：$\hat{g} \leftarrow \hat{g} + \frac{1}{m} \nabla_\theta \sum_i L(f(x^{(i)}; \theta), y^{(i)})$
　　参数更新：$\theta \leftarrow \theta - \varepsilon \hat{g}$
end while

---

优点：
（1）一次迭代中对所有样本进行计算，此时利用矩阵进行运算，实现了并行计算；
（2）利于求解全局最优解。
缺点：
当训练集较大时，会导致训练过程很慢。

### 3.4.3 小批量梯度下降法

使用一个以上而又不是全部的训练样本进行优化的方法，称为小批量梯度下降法（Mini-Batch Gradient Descent，MBGD），它是批量梯度下降法和随机梯度下降法的一种折中方法。其具体思路是：每次迭代使用 batch_size 个样本来对参数进行更新。

**算法 3.4：小批量梯度下降算法**

参数设置：学习率 $\varepsilon$；
　　　　　初始参数 $\theta$
while 停止准则未满足 do
　　训练集中共包含 $m'$ 个样本，每次迭代使用 batch_size 个样本
　　计算梯度估计：$\hat{g} \leftarrow \hat{g} + \dfrac{1}{\text{batch\_size}} \nabla_\theta \sum_{i}^{i+\text{batch\_size}-1} L(f(x^{(i)},\theta),y^{(i)})$
　　参数更新：$\theta \leftarrow \theta - \varepsilon \hat{g}$
end while

优点：
（1）通过矩阵运算，每次在小批量样本上优化神经网络参数的速度较快，并减少了收敛所需要的迭代次数；
（2）可实现并行计算。
缺点：
batch_size 的选择需要经验。

## 3.5　多元线性回归算法

### 3.5.1　多元线性回归原理

多元线性回归模型的自变量增加到两个以上，因变量 $Y$ 与多个自变量 $X_1, X_2, \cdots, X_k$ 之间存在线性关系，因变量是自变量的多元线性函数，即

$$Y = \beta_0 + \beta_1 X_1 + \beta_2 X_2 + \cdots + \beta_k X_k + u \tag{3-14}$$

式中，$Y$ 为因变量，$X_j\,(j=1,2,\cdots,k)$ 为 $k$ 个自变量，$\beta_j\,(j=0,1,2,\cdots,k)$ 为 $k+1$ 个未知参数，$u$ 为随机误差项。

对于 $n$ 组观测值 $Y_i, X_{1i}, X_{2i}, \cdots, X_{ki}\,(i=1,2,\cdots,n)$，其方程的形式为

$$Y_i = \beta_0 + \beta_1 X_{1i} + \beta_2 X_{2i} + \cdots + \beta_k X_{ki} + u_i,\ i=1,2,\cdots,n \tag{3-15}$$

其矩阵形式为

$$\begin{bmatrix} Y_1 \\ Y_2 \\ \vdots \\ Y_n \end{bmatrix} = \begin{bmatrix} 1 & X_{11} & X_{21} & \cdots & X_{k1} \\ 1 & X_{12} & X_{22} & \cdots & X_{k2} \\ \vdots & \vdots & \vdots & & \vdots \\ 1 & X_{1n} & X_{2n} & \cdots & X_{kn} \end{bmatrix} \begin{bmatrix} \beta_0 \\ \beta_1 \\ \beta_2 \\ \vdots \\ \beta_k \end{bmatrix} + \begin{bmatrix} u_1 \\ u_2 \\ \vdots \\ u_n \end{bmatrix} \tag{3-16}$$

即

$$Y = X\beta + u \tag{3-17}$$

其中，$Y_{n1} = \begin{bmatrix} Y_1 \\ Y_2 \\ \vdots \\ Y_n \end{bmatrix}$ 为因变量的观测值向量；$X_{n(k+1)} = \begin{bmatrix} 1 & X_{11} & X_{21} & \cdots & X_{k1} \\ 1 & X_{12} & X_{22} & \cdots & X_{k2} \\ \vdots & \vdots & \vdots & & \vdots \\ 1 & X_{1n} & X_{2n} & \cdots & X_{kn} \end{bmatrix}$ 为自变量的观测

值矩阵；$\boldsymbol{\beta}_{k+1} = \begin{bmatrix} \beta_0 \\ \beta_1 \\ \beta_2 \\ \vdots \\ \beta_k \end{bmatrix}$ 为回归系数向量；$\boldsymbol{u}_{n1} = \begin{bmatrix} u_1 \\ u_2 \\ \vdots \\ u_n \end{bmatrix}$ 为随机误差向量。

多元线性回归分析根据观测样本数据估计模型中的各个参数。多元线性回归模型包含多个自变量，它们同时对因变量 $Y$ 发生作用，若要考察其中某个自变量对 $Y$ 的影响，就必须假设其他自变量保持不变来进行分析。因此，多元线性回归模型中的回归系数为偏回归系数，即反映了当模型中的其他变量不变时，其中一个自变量对因变量 $Y$ 的影响。

参数 $\beta_0, \beta_1, \beta_2, \cdots, \beta_k$ 都是未知的，利用观测样本 $(X_{1i}, X_{2i}, \cdots, X_{ki}; Y_i)$ 对它们进行估计。多元线性样本回归方程为

$$\hat{Y}_i = \hat{\beta}_0 + \hat{\beta}_1 X_{1i} + \hat{\beta}_2 X_{2i} + \cdots + \hat{\beta}_k X_{ki} \tag{3-18}$$

其中，$\hat{\beta}_j (j = 0,1,2,\cdots,k)$ 为参数的估计值。方程的矩阵表达形式为

$$\hat{\boldsymbol{Y}} = \boldsymbol{X}\hat{\boldsymbol{\beta}} \tag{3-19}$$

其中，$\hat{\boldsymbol{Y}}_{n1} = \begin{bmatrix} \hat{Y}_1 \\ \hat{Y}_2 \\ \vdots \\ \hat{Y}_n \end{bmatrix}$ 为因变量观测值向量 $\boldsymbol{Y}$ 的 $n \times 1$ 阶拟合值列向量；$\boldsymbol{X}_{n(k+1)} = \begin{bmatrix} 1 & X_{11} & X_{21} & \cdots & X_{k1} \\ 1 & X_{12} & X_{22} & \cdots & X_{k2} \\ \vdots & \vdots & \vdots & & \vdots \\ 1 & X_{1n} & X_{2n} & \cdots & X_{kn} \end{bmatrix}$ 为自变量 $\boldsymbol{X}$ 的 $n \times (k+1)$ 阶观测值矩阵；$\hat{\boldsymbol{\beta}}_{k+1} = \begin{bmatrix} \hat{\beta}_0 \\ \hat{\beta}_1 \\ \hat{\beta}_2 \\ \vdots \\ \hat{\beta}_k \end{bmatrix}$ 为回归系数向量 $\boldsymbol{\beta}$ 的 $(k+1) \times 1$ 阶估计值列向量。

样本回归方程的实际观测值 $Y_i$ 与因变量估计值 $\hat{Y}_i$ 之间的偏差称为残差 $e_i$，即

$$e_i = Y_i - \hat{Y}_i = Y_i - (\hat{\beta}_0 + \hat{\beta}_1 X_{1i} + \hat{\beta}_2 X_{2i} + \cdots + \hat{\beta}_k X_{ki}) \tag{3-20}$$

### 3.5.2 多元线性回归应用实例

本节利用多元线性回归方法求解水下声速与温度、盐度之间的关系。水下声速与水下的温度、压力及盐度有关，在标准大气压下，不同温度及不同盐度下的声速如表 3-2 所示。多元线性回归程序框图如图 3-4 所示。

表 3-2 标准大气压下温度、盐度及声速对照表

| 盐度/‰ | 温度/℃ | 声速/(m/s) | 盐度/‰ | 温度/℃ | 声速/(m/s) |
| --- | --- | --- | --- | --- | --- |
| 31 | 12 | 1487.3 | 36 | 22 | 1529.9 |
| 32 | 14 | 1498.9 | 37 | 24 | 1536.8 |
| 33 | 16 | 1508.3 | 38 | 26 | 1544.7 |
| 34 | 18 | 1516.2 | 39 | 28 | 1553.9 |
| 35 | 20 | 1523.2 | 40 | 30 | 1565.2 |

上述程序运行后得到多元线性回归的残差图,如图 3-5 所示。给计算输出的多元线性回归系数分别为 $\beta_0 = 0$、$\beta_1 \approx -24.7774$ 和 $\beta_2 \approx 57.6553$,声速与温度、盐度相关系数的平方为 $R_2 \approx 0.9944$。由残差图及相关系数可知,此例中多元线性回归方程拟合得比较好,拟合出的多元线性回归方程为 $y = 53.6553x_2 - 24.7774x_1 + 0$。

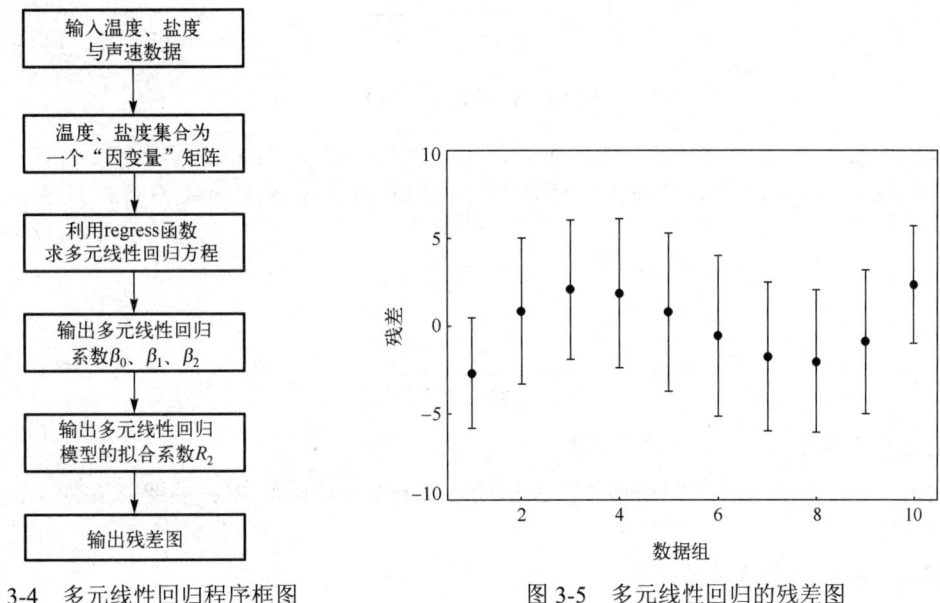

图 3-4 多元线性回归程序框图　　　　图 3-5 多元线性回归的残差图

## 3.6 逻辑回归算法

### 3.6.1 逻辑回归原理

逻辑回归从线性回归引申而来,对回归的结果进行 Logistic 函数运算,将范围限制为[0,1],并更改损失函数为二值交叉熵损失,使其可用于二分类问题。

一个事件发生的概率与不发生的概率的比值称为几率。对数几率定义为

$$\log \mathrm{it}(p) = \log \frac{p}{1-p} \in \mathbb{R} \tag{3-21}$$

式中,$p$ 为事件发生的概率。机器学习中大部分情况下是求极值的,只要让 Logistic 函数保持单调即可,此处的底可以取 2、e、10,故仍写为 log。

希望得到一个模型,该模型使得样本被划分为正类的对数几率是特征 $x$ 的线性组合,即 $\log \frac{P(Y=1|x)}{P(Y=0|x)} = w \cdot x$,并且当 $w \cdot x$ 趋近于正无穷时,$P(Y=1)$ 趋近于"1"。

$$\log \frac{P(Y=1|x)}{P(Y=0|x)} = \log \frac{P(Y=1|x)}{1-P(Y=1|x)} = w \cdot x \tag{3-22}$$

$$\Rightarrow \frac{P(Y=1|x)}{1-P(Y=1|x)} = \mathrm{e}^{wx} \tag{3-23}$$

$$\Rightarrow P(Y=1|x) = \frac{e^{wx}}{1+e^{wx}} = \frac{1}{1+e^{-wx}} \tag{3-24}$$

因此,逻辑回归模型定义为

$$P(Y=1|x) = \frac{e^{wx}}{1+e^{wx}} = \frac{1}{1+e^{-wx}} \tag{3-25}$$

$$P(Y=0|x) = 1 - P(Y=1|x) \tag{3-26}$$

逻辑回归首先对输入数据进行线性组合,求出线性组合的 Logistic 函数值。

变量 $x$ 具有 Logistic 分布是指 $x$ 具有分布函数 $F(x)$ 和概率密度函数 $f(x)$,且

$$F(x) = P(X \leqslant x) = \frac{1}{1+e^{-(x-\mu)/\gamma}} \tag{3-27}$$

$$f(x) = F'(x) = \frac{e^{-(x-\mu)/\gamma}}{\gamma(1+e^{-(x-\mu)/\gamma})^2} \tag{3-28}$$

式中,$\mu$ 是位置参数,$\gamma > 0$ 是形状参数。

Logistic 分布函数 $D(x)$ 的图形是一条 S 形曲线,概率密度函数 $P(x)$ 的图形是类似于正态分布的钟形曲线。

逻辑回归的损失函数为凸函数

$$\text{Cost}(h_\theta(x), y) = \begin{cases} -\log(h_\theta(x)), & y=1 \\ -\log(1-h_\theta(x)), & y=0 \end{cases} \tag{3-29}$$

全部样本的累计损失函数(同时引入了正则项)为

$$J(\boldsymbol{\theta}) = \left[ -\frac{1}{m} \sum_{i=1}^{m} (y^{(i)} \log h_\theta(\boldsymbol{x}^{(i)}) + (1-y^{(i)}) \log(1-h_\theta(\boldsymbol{x}^{(i)}))) \right] \\ + \frac{\lambda}{2m} \sum_{i=1}^{n} \boldsymbol{\theta}_j^2 \tag{3-30}$$

累计损失函数对 $\boldsymbol{\theta}$ 的偏导数为

$$\frac{\partial}{\partial \boldsymbol{\theta}_j} J(\boldsymbol{\theta}) = \frac{1}{m} \sum_{i=1}^{m} (h_\theta(\boldsymbol{x}^{(i)}) - y^{(i)}) x_j^{(i)} \tag{3-31}$$

可以看出,$J(\boldsymbol{\theta})$ 与用极大似然估计法所得的对数似然函数一致。其中,参数 $\boldsymbol{\theta}$ 同线性回归中一样,用来对特征线性求和,可以用梯度下降法或牛顿法来求解。最后利用 Sigmoid 函数计算得到输出值

$$h_\theta(\boldsymbol{x}) = g(\boldsymbol{\theta}^\text{T} \boldsymbol{x}) \tag{3-32}$$

Sigmoid 函数如图 3-6 所示,其表达式为

$$g(z) = \frac{1}{1+e^{-z}} \tag{3-33}$$

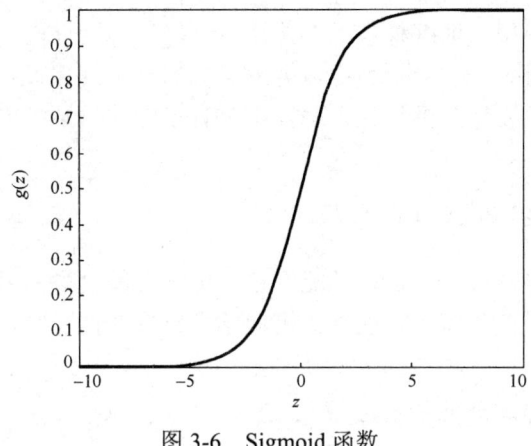

图 3-6 Sigmoid 函数

Sigmoid 函数的输出范围为 (0,1)，中间值是 0.5。因此，若 $h_\theta(x)<0.5$，说明当前数据属于某一类；若 $h_\theta(x)>0.5$，则说明当前数据属于另一类。

### 3.6.2 逻辑回归应用实例

将正常轴承及故障轴承的时域数据和功率谱数据作为样本，训练样本数目与测试样本数目的比值为 4:1，即 20%作为测试集。利用逻辑回归算法，进行正常轴承与故障轴承的分类。图 3-7 所示为逻辑回归程序框图。

程序运行后得到的分类散点图如图 3-8 所示。分类的正确率为 87.50%，从图中可以看出分类的效果较为理想。

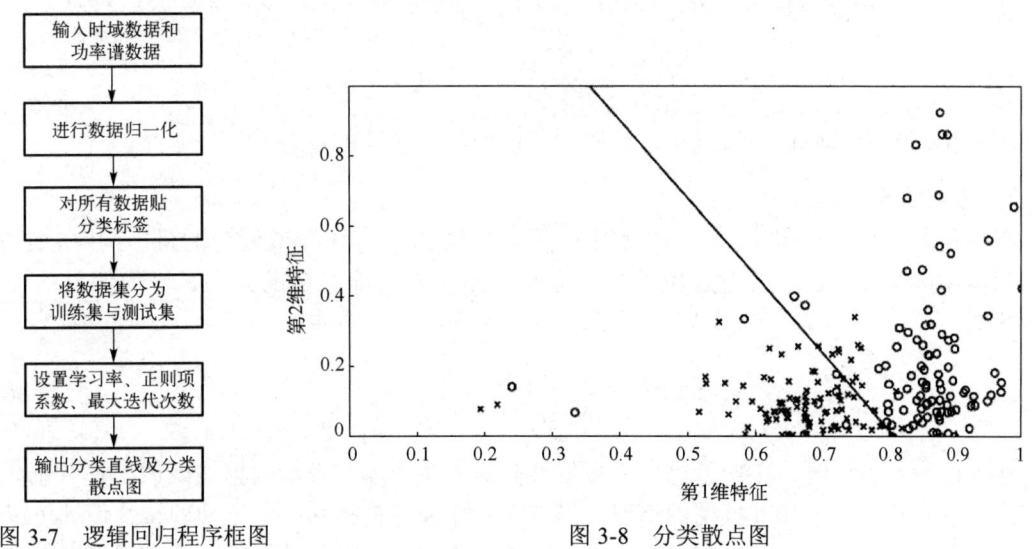

图 3-7 逻辑回归程序框图　　　　图 3-8 分类散点图

## 3.7　常用的机器学习算法评价指标

### 3.7.1　欠拟合与过拟合

欠拟合是指机器学习算法没有学到训练数据中蕴含的目标特性，主要是由于机器学习算法学习性能弱,表现为模型在训练样本上都无法达到好的识别性能。

过拟合是指机器学习算法学会了训练数据中蕴含的某些规律,这些规律有些是目标特性,但也有些不是目标特性。表现为模型在训练样本上有很好的识别性能,但在测试样本上识别性能急剧下降。

### 3.7.2 机器学习模型的性能评价指标

机器学习模型的性能评价指标,即性能度量,也称误差度量,是衡量模型泛化能力的评价标准。评价指标反映了任务需求,在评价机器学习模型的性能时,使用不同的评价指标往往会产生不同的评判结果。

#### 3.7.2.1 线性回归模型的评价指标

**1. 绝对误差**

绝对误差(Mean Absolute Error,MAE)也称 L1 损失,计算表达式为

$$\mathrm{MAE} = \frac{1}{N}\sum_{i=1}^{N}|y_i - \hat{y}_i| \quad (3\text{-}34)$$

式中,$N$ 表示训练样本数,$y_i$ 表示真实值,$\hat{y}_i$ 表示回归模型预测值。从式(3-34)可以看出,绝对误差越小,说明回归模型预测值与真实值之间的误差越小,即回归模型的预测性能越好。

**2. 均方误差**

均方误差(Mean Square Error,MSE)用于评价数据的变化程度,计算表达式为

$$\mathrm{MSE} = \frac{1}{N}\sum_{i=1}^{N}(y_i - \hat{y}_i)^2 \quad (3\text{-}35)$$

与 MAE 类似,MSE 的值越小,说明回归模型的预测性能越好。

**3. 平均偏差**

平均偏差(Mean Bias Error,MBE)是衡量预测值与真实值偏差的量。与 MAE 和 MSE 不同的是,MBE 不仅考虑偏差值的大小,还考虑了偏差值的方向。平均偏差的计算表达式为

$$\mathrm{MBE} = \frac{1}{N}\sum_{i=1}^{N}(y_i - \hat{y}_i) \quad (3\text{-}36)$$

在评估偏差方向时,正向偏差表示数据被高估,负向偏差表示数据被低估,有可能会出现正向误差和负向误差相互抵消的情况。当 MBE 作为评价指标时,这样的特性使其可以用于确定回归模型的错误方向。但是,当 MBE 作为损失函数时,这样的特性会使模型在一个方向上不断犯错。同时,考虑到误差往往会相互抵消,对于 $(-\infty, +\infty)$ 范围内的样本数据,平均偏差不是一个合适的评价指标。

**4. 相对绝对误差**

相对绝对误差(Relative Absolute Error,RAE)是一种基于比率的指标,计算表达式为

$$\text{RAE} = \frac{\sum_{i=1}^{N}|y_i - \hat{y}_i|}{\sum_{i=1}^{N}|y_i - \overline{y}|}, \quad \overline{y} = \frac{1}{N}\sum_{i=1}^{N} y_i \qquad (3\text{-}37)$$

RAE 的可能值介于 0 和 1 之间。RAE 接近 0 的回归模型是良好模型。

### 5. 相对平方误差

相对平方误差（Relative Square Error，RSE）的计算表达式为

$$\text{RSE} = \frac{\sum_{i=1}^{N}(y_i - \hat{y}_i)^2}{\sum_{i=1}^{N}(y_i - \overline{y})^2}, \quad \overline{y} = \frac{1}{N}\sum_{i=1}^{N} y_i \qquad (3\text{-}38)$$

### 6. 平方绝对百分比误差

平方绝对百分比误差（Mean Absolute Percentage Error，MAPE）也称平均绝对百分比偏差，计算表达式为

$$\text{MAPE} = \frac{\sum_{i=1}^{N}|y_i - \hat{y}_i|}{y_i} \times 100\% \qquad (3\text{-}39)$$

由于变量的单位缩放为百分比单位，因此 MAPE 被广泛应用于有较少异常值的回归模型性能评价。

### 7. 均方根误差

均方根误差（Root Mean Square Error，RMSE）是均方误差 MSE 的平方根，计算表达式为

$$\text{RMSE} = \sqrt{\frac{1}{N}\sum_{i=1}^{N}(y_i - \hat{y}_i)^2} \qquad (3\text{-}40)$$

### 8. 均方对数误差

均方对数误差（Mean Squared Logarithmic Error，MSLE）的计算表达式为

$$\text{MSLE} = \frac{1}{N}\sum_{i=1}^{N}(\log(y_i + 1) - \log(\hat{y}_i + 1))^2 \qquad (3\text{-}41)$$

与 MSE 相比，MSLE 减少了对真实值和预测值之间的相对差异的关注。

### 9. 均方根对数误差

均方根对数误差（Root Mean Squared Logarithmic Error，RMSLE）的计算表达式为

$$\text{RMSLE} = \sqrt{\frac{1}{N}\sum_{i=1}^{N}(\log(y_i + 1) - \log(\hat{y}_i + 1))^2} \qquad (3\text{-}42)$$

### 10. Huber Loss

Huber Loss 含有超参数 $\delta$，对于小于 $\delta$ 的损失值，Huber Loss 即为 MSE；对于大于 $\delta$ 的损失值，Huber Loss 即为 MAE，其计算表达式为

$$HL_\delta = \begin{cases} \frac{1}{2}(y-\hat{y})^2, & |y-\hat{y}|<\delta \\ \delta\left(|y-\hat{y}|-\frac{1}{2}\delta\right), & 其他 \end{cases} \quad (3\text{-}43)$$

**11. LogCosh Loss**

LogCosh Loss 的功能类似于 MSE，但不容易受较大预测误差的影响。其计算表达式为

$$\text{LogCosh} = \sum_{i=1}^{N} \log(\cosh(\hat{y}_i - y_i)) \quad (3\text{-}44)$$

#### 3.7.2.2 逻辑回归模型的评价指标

**1. 混淆矩阵**

对于二分类问题，可将样例根据其真实的类别与机器学习模型预测类别的组合划分成真正例（True Positive，TP）、假正例（False Positive，FP）、真反例（True Negative，TN）、假反例（False Negative，FN）4 种情形，分类结果可以由表 3-3 所示的混淆矩阵表示。

表 3-3 分类模型分类结果的混淆矩阵

| 真实类别 | 分类模型预测类别 | |
|---|---|---|
| | 正例 | 反例 |
| 正例 | TP | FN |
| 反例 | FP | TN |

**2. 准确率**

根据表 3-3 所示的混淆矩阵，准确率（Accuracy）ACC 的计算公式为

$$\text{ACC} = \frac{\text{TP}+\text{TN}}{\text{TP}+\text{TN}+\text{FP}+\text{FN}} \times 100\% \quad (3\text{-}45)$$

**3. 精确率**

精确率（Precision）也称查准率，表示所有被预测为正例的样本实际为正例的概率。精确率 $P$ 的计算公式为

$$P = \frac{\text{TP}}{\text{TP}+\text{FP}} \times 100\% \quad (3\text{-}46)$$

**4. 召回率**

召回率（Recall）也称查全率，表示实际为正例的样本被预测为正例的概率。召回率 $R$ 的计算公式为

$$R = \frac{\text{TP}}{\text{TP}+\text{FN}} \times 100\% \quad (3\text{-}47)$$

**5. P-R 曲线**

精确率和召回率是一对矛盾的度量，为了直观观察二者之间的关系，以精确率 $P$ 为纵轴、

召回率 $R$ 为横轴作图,得到 $P$-$R$ 曲线,如图 3-9 所示。

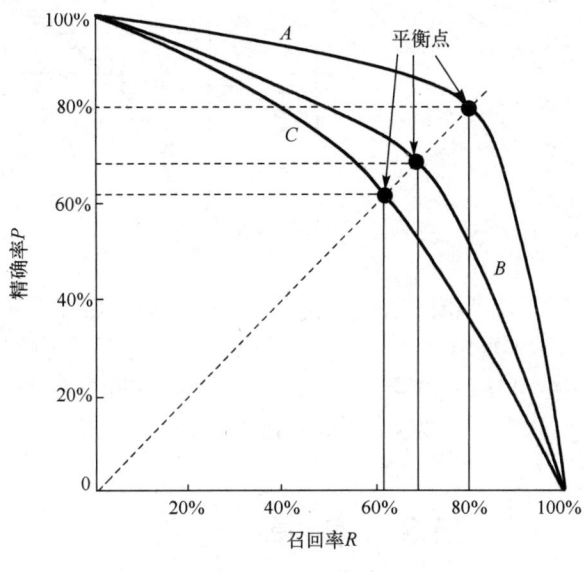

图 3-9  $P$-$R$ 曲线

**6. F1 分数**

除 $P$-$R$ 曲线这种评价指标外,还可以通过 F1 分数来综合考虑精确率和召回率,F1 分数的计算公式为

$$\text{F1 分数} = \frac{2 \cdot P \cdot R}{P + R} \times 100\% \tag{3-48}$$

根据分类任务的不同,可以给予精确率和召回率不同的权重参数,这就衍生出了 Fβ 分数,其计算公式为

$$\text{Fβ 分数} = \frac{(1+\beta^2) \cdot P \cdot R}{\beta^2 \cdot P + R} \times 100\% \tag{3-49}$$

式中,$\beta$ 为权重参数。当 $\beta=1$ 时,Fβ 分数即为 F1 分数;当 $\beta>1$ 时,精确率对分类结果评价的影响大于召回率;当 $\beta<1$ 时,召回率对分类结果评价的影响大于精确率。

**7. ROC 曲线和 AUC**

ROC 曲线的全称是"受试者工作特征曲线",它的纵坐标是真正例率 TPR,横坐标是假正例率 FPR,TPR 和 FPR 的计算公式分别为

$$\text{TPR} = \frac{\text{TP}}{\text{TP} + \text{FN}} \times 100\% \tag{3-50}$$

$$\text{FPR} = \frac{\text{FP}}{\text{TN} + \text{FP}} \times 100\% \tag{3-51}$$

ROC 曲线如图 3-10 所示,其中曲线与横轴所围图形的面积称为曲线下面积(Area Under Curve,AUC)。

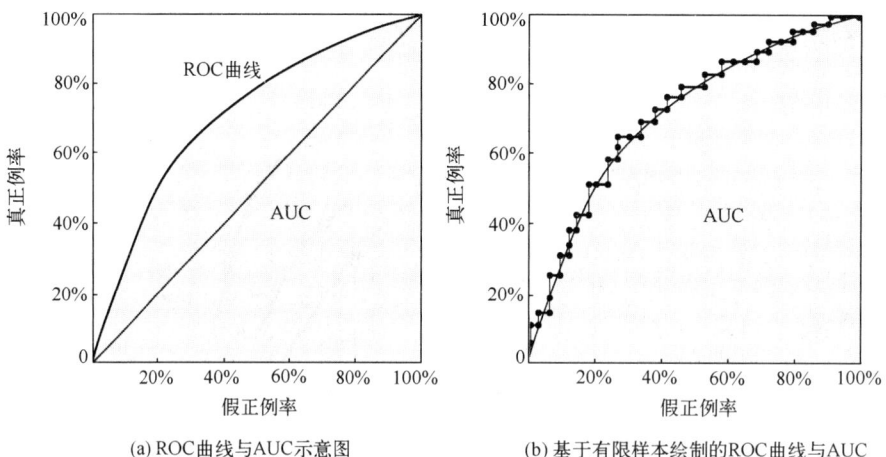

(a) ROC曲线与AUC示意图　　　(b) 基于有限样本绘制的ROC曲线与AUC

图 3-10　ROC 曲线与 AUC

## 3.8　本 章 小 结

本章论述了机器学习的基本概念和基本分类，介绍了机器学习的基本分析方法——回归分析方法，包括一元线性回归和多元线性回归，最后引申到逻辑回归，给出了分类的概念。本章还给出了具体的应用实例和算法结构。

# 第4章 水声目标特征提取

本章将讲述水声目标时频域特征提取方法、水声目标听觉域特征提取方法,并给出了特征的定义、原理、计算公式等。

## 4.1 水声目标时频域特征提取方法

本节介绍水声目标的波形结构特征、小波变换特征的提取方法。多年来,针对水声目标的波形结构特征及小波变换特征的相关提取方法得到了充分研究与应用,并取得了良好的效果。本节将提取的波形结构特征、小波变换特征统称为水声目标的传统特征。

### 4.1.1 波形结构特征

波形结构特征主要有:过零点分布特征、峰间幅值分布特征、波长差分布特征。

(1)过零点分布特征:样本的采样序列中过零点波的波长的概率。统计样本的采样序列中各波长的过零点波的个数,用 $S(\lambda_i)$ 表示信号样本中波长为 $\lambda_i$ 的过零点波的个数,则过零点波的波长概率分布函数为

$$P(\lambda_i) = \frac{S(\lambda_i)}{\sum_i S(\lambda_i)} \qquad (4\text{-}1)$$

本节提取的 5 个过零点分布特征分别是:平均波长的过零点波在所有过零点波中所占比例;过零点波波长分布概率最大的位置,即主波长值;主波长对应的概率值;波长大于某个定值的概率;波长在特定范围内的概率。

(2)峰间幅值分布特征:归一化的峰间幅值在特定幅值区间内的概率。在一个样本的峰谷序列中,用峰值减去谷值形成峰间幅值序列,用最大的峰间幅值对峰间幅值序列进行归一化,然后将归一化的峰间幅值等间隔划分成 $N$ 个区间,设落在区间 $\beta_i$ 中的峰间幅值个数为 $S(\beta_i)$,则峰间幅值概率分布函数为

$$P(\beta_i) = \frac{S(\beta_i)}{\sum_i S(\beta_i)} \qquad (4\text{-}2)$$

(3)波长差分布特征:样本的采样序列中特定波长差的概率。对采样序列中相邻两个过零点波的波长差进行统计,信号样本中相邻两个过零点波的波长差为 $\Delta\lambda_i$ 的数目为 $S(\Delta\lambda_i)$,则波长差概率分布函数为

$$P(\Delta\lambda_i) = \frac{S(\Delta\lambda_i)}{\sum_i S(\Delta\lambda_i)} \qquad (4\text{-}3)$$

### 4.1.2 小波变换特征

小波变换特征有:各级小波信号的过零点波的波长分布密度的信息熵、各级小波信号的

相似性特征、奇异性指数特征、小波分解低频包络特征。

#### 4.1.2.1 各级小波信号的过零点波的波长分布密度的信息熵

对信号进行小波变换之后，每一级小波分量都携带有原信号的一部分信息，使用信息熵可以描述每个小波分量所提供的平均信息量。信息熵是对概率状态空间分布性质的一种刻画，定义为

$$H(X) = -\sum_i p(x_i) \log p(x_i) \tag{4-4}$$

式中，$x_i$ 是样本变量 $X$ 的一个可能的取值，$p(x_i)$ 是 $x_i$ 出现的概率。

对信号进行小波变换之后，统计原信号和各级小波高频分量的过零点波的波长分布密度，由式（4-4）计算原信号和各级小波高频分量的过零点波的波长分布密度的熵值，将各级小波信号对应的熵值作为水声信号的识别特征。

#### 4.1.2.2 各级小波信号的相似性特征

相似性度量是在空间中定义的某种距离。对于一个样本集，两个样本之间的相似性度量定义为

$$\delta(s_1, s_2) = \frac{\langle s_1, s_2 \rangle}{\|s_1\| \cdot \|s_2\|} \tag{4-5}$$

式中，$s_1$ 和 $s_2$ 分别表示两个不同的样本，$\langle \cdot, \cdot \rangle$ 表示两个样本的内积，$\|\cdot\|$ 表示样本的模。

信号的小波变换是信号与不同尺度的小波基函数进行的内积。对信号进行小波变换相当于使用一组带通或低通滤波器对信号进行滤波，小波变换的不同分量表达了信号不同频带的信息。信号与其小波变换的各分量之间具有一定的相似性。不同类的信号与其小波变换的各分量之间的相似程度不同，因此可以提取水声信号与其小波分量之间的相似性作为识别特征。

在提取水声目标辐射噪声信号的相似性特征时，式（4-5）中的样本 $s_1$ 为水声目标辐射噪声的原始信号，$s_2$ 为原始信号的各级小波分量。对水声目标辐射噪声信号进行最大级数为 6 的小波分解，将原始信号作为参考信号，计算各级小波的高频分量与原始信号的相似性，同时对第 6 级小波分解的低频分量与原始信号的相似性进行计算，共提取 7 维相似性特征作为识别特征。

#### 4.1.2.3 奇异性指数特征

奇异性指数是对信号突变部分的一种数学表示。在很多情况下，信号发生突变的部分携带着信号的重要信息。小波变换域的能量分布与信号的奇异性有着密切的关系，因此使用 Lipshitz（利普希茨）奇异性指数可以刻画水声信号在各小波细节分量上的差异。信号的突变点对应小波变换的模极大值点，利用小波变换的局部模极大值可以对信号的奇异性进行计算。本节中提取了反映水声目标辐射噪声整体性能的奇异性结构参数 ($\alpha, K$)，其中 $\alpha$ 为按能量分布的 Lipshitz 奇异性指数，$K$ 为相应的幅度参数。

#### 4.1.2.4 小波分解低频包络特征

给定一个目标信号样本，首先对该目标信号样本进行最大级数为 4 的小波分解，对第 4 级小波分解的低频分量提取包络信号，求出包络信号的自相关函数，将自相关函数的幅值和相关时间作为已知量，使用非线性最小二乘法估计马尔可夫过程的两个参数，将得到的参数值作为水声目标的两个识别特征。此外，对水声目标辐射噪声信号在第 4 级上进行小波分解

之后，高频分量由海洋环境噪声和部分低频信号组成。对不同类别的信号进行小波分解之后，高频分量中包含的信号能量不同，因此可以计算第 4 级小波分解的高频分量的方差作为水声目标的一个识别特征。

## 4.2 水声目标听觉特征提取方法

长期以来，常规水声目标识别主要依靠声呐员通过听测或边听测边观察所接收到的水声目标辐射噪声信号的谱图来进行识别与分类。人耳在对声音的感知以及人脑在对声音的处理、分类识别等方面的独特本领是目前机器所难以比拟的。因此，模仿人耳听声过程提高水声目标识别性能是非常具有吸引力的想法。

本节将介绍近期提出的水声信号的心理声学参数特征、听觉谱特征提取方法，由于这两类特征的提取方法都是基于人耳听觉原理提出的。因此，本节将这两类特征统称为水声目标的听觉特征。

### 4.2.1 心理声学参数特征

对心理声学的研究根据文献可以追溯到 20 世纪 30 年代。H.Fletcher 等人从 20 世纪 30 年代就开始研究噪声掩蔽音调（Noise Masking Tone，NMT）。到 20 世纪 50 年代，J. Egan 得出结论：当被掩蔽信号频率接近掩蔽信号的中心频率时，信掩比最小[信掩比定义为信号功率与掩蔽信号功率之比的常用对数的 10 倍，单位为分贝（dB）]，最小信掩比波动范围为–5～5dB。20 世纪 60 年代初，D. D. Greenwood 研究了临界频带和耳蜗隔膜的关系。从 1952 年到 1967 年，德国斯图加特电信协会的听觉研究小组对声音刺激和听觉感觉之间数学关系的研究取得重要成果，从此，该科学正式命名为心理声学。

心理声学的研究对象是声音的各种物理属性（如振动/声音的频率、振幅等）与这些属性所对应的心理声学参数之间的关系。心理声学参数是描述不同声音信号所造成主观感受差别程度的客观物理量。对人而言，对声音的感觉和判断识别并不是根据采用客观评价方法的声压、声强、声功率等物理量，而是根据采用主观评价方法的各种心理声学参数进行的。下面介绍响度、特性响度、尖锐度、特性尖锐度等水声目标心理声学参数特征的提取方法。

#### 1. 响度和特性响度

响度是反映人耳对声音强弱的主观感受程度的心理声学参数，是衡量声音强弱程度的一个最为直观的量。响度取决于声波振幅大小，同时与频率有关，它比 A 声级更接近人对声音的主观感受。响度的单位为宋（sone）。

最常用的响度计算方法是 Zwicker 算法。Zwicker 算法在计算响度时考虑了声音的掩蔽效应。分析频域掩蔽效应的一个重要物理量是临界频带。将频率的线性关系转化为 24 段临界频带的非线性关系，模拟出人耳听觉的非线性分辨特性，1Bark 等于一个临界频带宽度。频率与临界频带的准确转换关系为

$$z = 13\arctan(0.00076f) + 3.5\arctan[(f/7500)^2] \quad (4\text{-}6)$$

特性响度反映了不同临界频带内的声音能量变化。24 段临界频带内的特性响度模拟了人耳听觉的非线性分辨特性，反映了声源的大量且重要的特征信息，更接近人的主观感受。特

性响度的计算公式为

$$N'(z) = 0.08 \left(\frac{E_{TQ}}{E_0}\right)^{0.23} \left[\left(0.5 + 0.5\frac{E}{E_{TQ}}\right)^{0.23} - 1\right] \quad (4\text{-}7)$$

式中，$E_{TQ}$ 为安静状况下听阈对应的激励，$E$ 为被计算声音对应的激励，$E_0$ 为参考声强 $I_0 = 10^{-12}\,\text{W/m}^2$ 对应的激励。

响度是 24 段临界频带内的特性响度的总和，忽略了声音能量的变化趋势，仅是一段时间内声音主观感受的能量幅值，在 0~24Bark 上对 $N'(z)$ 积分可得响度，计算公式为

$$N = \int_0^{24} N'(z)\,\mathrm{d}z \quad (4\text{-}8)$$

**2. 尖锐度和特性尖锐度**

尖锐度是描述高频成分在声音频谱中所占比例的心理声学参数，它反映着声音信号的刺耳程度。尖锐度值越高，声音给人的感觉就越刺耳。它的单位是 acum。规定中心频率为 1kHz、带宽为 160Hz 的 60dB 窄带噪声的尖锐度为 1acum。尖锐度的大小与响度有很大的关系。目前，尖锐度计算还没有一个统一的国际标准，一般采用临界频带的频谱响应对总响度加权积分的方式计算，公式为

$$S = 0.11 \frac{\int_0^{24} N'g(z)\mathrm{d}z}{\int_0^{24} N'\mathrm{d}z} \quad (4\text{-}9)$$

式中，$g(z)$ 是一个附加因子，其值随临界频带的变化而变化，计算公式为

$$g(z) \begin{cases} 1, & z \leqslant 16 \\ 0.06\mathrm{e}^{0.171z}, & 16 < z \leqslant 24 \end{cases} \quad (4\text{-}10)$$

在水声目标识别中，尖锐度客观地反映了水声目标辐射噪声给人的刺耳感觉，影响声音尖锐度的因素主要有：声压级、中心频率、谱结构等。

从公式上看，尖锐度可以理解为是由 24 段临界频带的"特性尖锐度"的和乘以一个加权系数得到的。故临界频带的"特性尖锐度"可定义为

$$S'(z) = N'(z)g(z) \quad (4\text{-}11)$$

### 4.2.2 听觉谱特征

听觉谱特征是从感知线性预测（Perceptual Linear Predictive，PLP）参数演变而来的一种基于听觉模型的特征。听觉谱主要在 3 个层次上模仿了人的听觉感知原理：临界频带分析、等响度级预处理、等响度转换。

**1. 临界频带分析**

临界频带分析可分为两步处理过程，第一步进行频域到 Bark 域的转换：

$$Z = 6\ln\left(f/600 + \sqrt{(f/600)^2 + 1}\right) \quad (4\text{-}12)$$

式中，$f$ 是以 Hz 为单位的频率，$Z$ 是以 Bark 为单位的 Bark 域频率。

第二步借助临界频带滤波器组来"平滑"信号谱。

**2. 等响度级预处理**

根据人耳对不同声音的激励具有不同的灵敏度的特点，对临界频带分析所得到的谱进行等响度级变换。所采用的等响度级预处理曲线为

$$E(f) = 1.151 \sqrt{\frac{(f^2 + 1.44 \times 10^6) f^2}{(f^2 + 1.6 \times 10^5)(f^2 + 9.61 \times 10^6)}} \tag{4-13}$$

经过加权处理后的响度级谱为 $\Gamma(Z) = E(f) \times \Psi(Z)$。$Z$ 和 $f$ 的关系可由式（4-6）得到。

**3. 等响度转换**

经过以上处理后得到的谱称为响度级谱，也称强度谱。但是，响度级并不是响度。响度级与响度之间的关系是非线性的，为了模拟这一关系，进行如式（4-14）所示的转换，转换后即得听觉谱特征。

$$\Phi(Z) = \Gamma(Z)^{1/3} \tag{4-14}$$

## 4.3 水声目标特征提取实验

本节所用的水声信号的采样频率为 22050Hz，每个信号样本的采样点数为 4096。水声目标分为 A、B、C、D 共 4 类，样本总数为 1920 个，每类 480 个样本。每个样本提取了前面两节介绍的 27 维传统特征和 44 维听觉特征，并合成 71 维特征，现总结如下：

（1）对水声目标辐射噪声信号进行小波变换，提取第 4 级小波分解的低频分量的包络信号，使用高斯一阶马尔可夫过程近似所提取的包络信号，通过最小二乘法估计出一阶马尔可夫过程的两个参数作为水声目标的识别特征，外加第 4 级小波分解的高频分量的方差，共 3 维特征；

（2）对信号进行小波变换后，提取原信号和 6 级小波分解的高频分量的过零点波的波长分布密度熵，共 7 维密度熵特征；

（3）对信号进行 6 级小波分解，计算各级小波分解的高频分量和第 6 级小波分解的低频分量与原信号的相似性特征，共 7 维相似性特征；

（4）提取信号的奇异性指数特征，共 2 维；

（5）提取信号的波形特征，共 8 维；

（6）提取信号的 22 维特性尖锐度特征；由于受到实验数据采样频率（22050Hz）的限制，本节只在 20~9500Hz 频率范围内，即前 22 个临界频带内提取了信号的特性尖锐度特征；

（7）提取信号的 22 维听觉谱特征。同样的，只在 20~9500Hz 频率范围内，即前 22 个临界频带内提取了信号的听觉谱特征。

## 4.4 本章小结

本章介绍了水声目标辐射噪声信号特征提取方法，重点介绍了水声信号波形结构特征、小波变换特征、听觉特征的提取方法，将波形结构特征、小波变换特征定义为水声信号的传统特征，提取了传统特征、听觉特征，组成水声信号的混合特征。

# 第 5 章 水声目标特征选择与压缩

本章将讲述水声目标特征选择定义、特征选择过程、特征选择方法及算法实现、特征选择算法的评价指标。

## 5.1 水声目标特征选择定义

### 5.1.1 特征相关性定义

在水声目标识别任务中,确定特征是否和分类任务相关是非常重要的。Kohavi 和 John 关于特征相关性、冗余性的定义得到了广泛的认可。根据特征对贝叶斯分类器(对某一给定问题的最优分类器)分类性能的影响,特征相关性、冗余性的定义可归纳如下。

定义 5.1:如果只去掉某一特征,就使得最优的贝叶斯分类器的分类性能恶化,则称该特征是强相关特征。

定义 5.2:如果一个特征不是强相关的,且存在特征子集 $S$,使得贝叶斯分类器在特征子集 $S$ 上的分类性能比包含该特征的特征集合上的分类性能差,则称该特征是弱相关的。

定义 5.3:既不是强相关又不是弱相关的特征就是不相关特征。

定义 5.4:如果对于一个特征,存在特征子集 $S$,使得贝叶斯分类器在特征子集 $S$ 上的分类性能比在包含该特征的特征集合上的分类性能差或没有改变,则称该特征为冗余特征。

如图 5-1 所示,单独使用特征 $x$ 或特征 $y$ 得到的数据分类结果完全相同,因此特征 $x$ 与特征 $y$ 中存在冗余特征。如图 5-2 所示,由于单独使用特征 $y$ 无法区分两类数据,即其对识别任务没有贡献,因此特征 $y$ 是与识别任务不相关的特征。

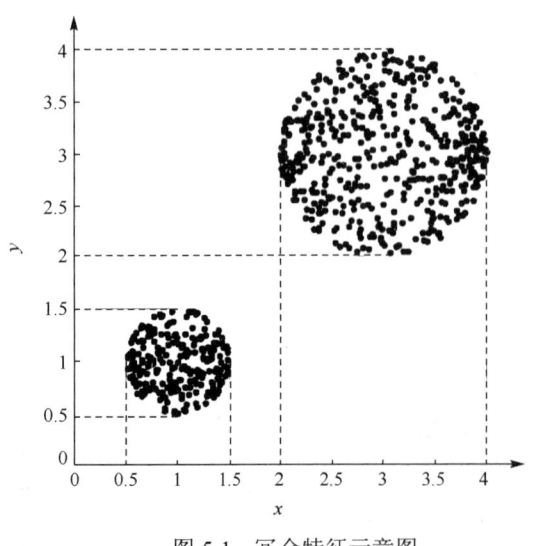

图 5-1 冗余特征示意图

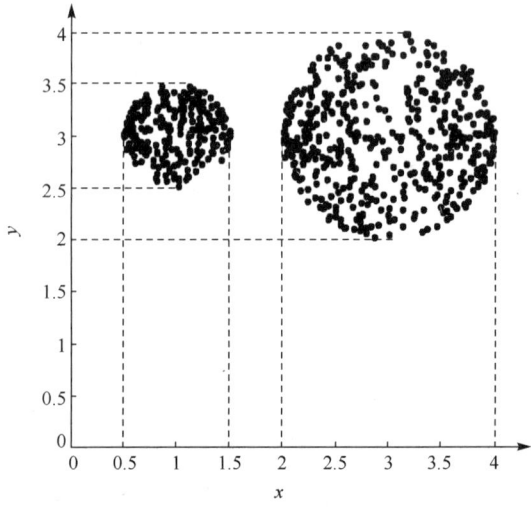

图 5-2 不相关特征示意图

## 5.1.2 特征选择定义

在水声目标识别任务中,特征选择的目的是优化学习算法的分类性能。设训练集为

$$X = \{(x_i, y_i) | x_i \in \mathbb{R}^d, y_i \in Y, i = 1, 2, \cdots, n\} \tag{5-1}$$

式中,$d$ 是样本的特征数目,$Y$ 是有限的类标集合。

特征选择可以定义为:

(1) 给定 $m \leq d$,从 $d$ 个原始特征中选出 $m$ 个特征,使得分类器的识别错误率最低;

(2) 给定识别错误率,从 $d$ 个原始特征中选出满足预先设定的识别错误率的最少的 $m$ 个特征。

## 5.2 特征选择过程

在有 $d$ 个原始特征的情况下,特征选择过程是根据某一评价函数对原始特征集合的所有 $2^d$ 个特征子集进行搜索,选择一个使评价函数值最优的特征子集的过程。但在实际中,当特征数目较多时,对所有的特征子集进行穷举搜索是不现实的。对特征选择方法进行研究的目的就是解决这一问题,使得用户在不需要对特征空间的所有子集进行穷举搜索的情况下,仍能找到原始特征集合的一个最优或次优的特征子集。

如图 5-3 所示,特征选择过程是一个循环搜索最优特征子集的过程,主要包含 4 部分:特征子集生成,特征子集评价,搜索终止条件,选择结果确认。特征子集生成是一个搜索过程,生成候选特征子集后,评价函数对每个候选特征子集进行评价并与前一个循环中得到的最优特征子集相比较;如果新子集更优,则替代原最优特征子集。特征子集的生成和评价过程循环往复直到搜索终止条件被满足。最后对选择的最优特征子集利用先验知识进行评价,或者利用实测数据进行评价。

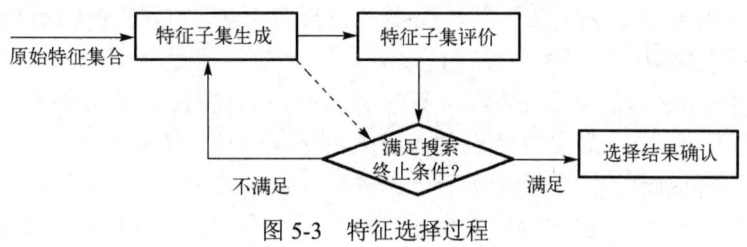

图 5-3 特征选择过程

### 5.2.1 特征子集生成

特征子集生成是特征选择过程中很重要的一步。在每个循环中,生成具备最优特征子集潜力的特征子集。特征子集的生成方法决定了搜索最优特征子集的搜索起点及后续的搜索方式。

#### 5.2.1.1 搜索起点的确定

搜索起点(也就是初始特征子集)有三种:空集、特征全集和随机产生的特征子集。最优特征子集从空集开始并逐步向里面加入特征,称为向前特征选择算法;最优特征子集从全集开始并逐步从里面删除特征,称为向后特征选择算法;也可以同时从空集和全集开始,并

同时加入和删除特征,这个方法称为双向特征选择算法。特征子集的搜索也可以从一个随机产生的特征子集开始,以避免得到局部最优解。

#### 5.2.1.2 搜索策略的确定

搜索起点确定之后,特征空间的搜索方向也就确定了。下一步需要确定的是如何组织搜索算法对整个搜索空间进行搜索,即确定搜索策略。在有 $d$ 个特征的情况下,有 $2^d$ 个特征子集。在现有的特征选择算法中,常用的搜索策略有三种:完全搜索、顺序搜索和随机搜索。

#### 1. 完全搜索

在给定评价函数后,完全搜索能保证在整个特征空间中搜索出最优特征子集。穷举搜索算法就是一种完全搜索算法。启发式搜索算法可以在减小搜索空间的情况下做到完全搜索,保证所有可能的特征子集都被考虑到。Narendra 提出的分支定界(Branch and Bound,B&B)算法是最常见的完全搜索算法。

在分支定界算法中,要求所使用的评价函数具有单调性。对于集合 $S_0 \subset S_1 \subset \cdots \subset S_n$,给定某一评价函数 $J$,若评价函数 $J$ 为单调函数,则应满足 $J(S_0) \leqslant J(S_1) \leqslant \cdots \leqslant J(S_n)$。许多距离和信息评价函数如 Mahalanobis 距离、Bhattacharyya 距离和 Fisher 判别函数等都具有单调性。Narendra 在提出分支定界算法时,使用 Mahalanobis 距离作为评价函数。当某一特征集合的评价函数值小于阈值 $B$ 时,该特征集合的所有子集的评价函数值都小于阈值 $B$,因此,该特征集合的所有子集也都不可能是最优特征子集。评价函数的单调性使得分支定界算法无须对整个搜索空间进行穷举搜索,只需对少数特征集合进行评价即可找到全局最优解。因此分支定界算法是能最好地替换穷举搜索算法的特征选择方法。

分支定界算法的搜索过程可以使用搜索树进行说明。图 5-4 所示为从 6 个特征中选两个特征的搜索树,每个节点上标的数字表示所去掉特征的序号,变量 $Z_i(i=1,2,3,4)$ 表示在第 $i$ 级上去掉的特征。给定要求选择的特征数目 $M$,总特征数为 $d$,则搜索树的级数为 $\overline{M} = d - M$。对于从 6 个特征中选两个特征的问题,搜索树共有 4 级。假设评价函数 $J$ 满足单调性,则 $J(Z_1) \geqslant J(Z_1, Z_2) \geqslant \cdots \geqslant J(Z_1, Z_2, \cdots, Z_{\overline{M}})$,其中 $J(Z_i)$ 表示去掉特征 $Z_i$ 后剩余特征的评价函数值。在搜索树的每一级上,各特征集合的子集数目不同,评价函数值($J$ 值)小的特征集合的子集数目多于评价函数值大的特征集合。例如,在第 1 级上,去掉特征 3 后的特征集合的评价函数值是这一级所有特征集合中最大的,因此该集合的子集数目比同级的其他集合的子集数目要少;在第 2 级上,由第 1 级中数字标号为 1 的节点产生的子集有 3 个,分别为数字标号为 2、3、4 的节点对应的集合,在这 3 个集合中,位于最右边的集合(数字标号为 4 的节点对应的集合)的评价函数值是最大的,该集合的子集数目是 3 个集合中最少的。

分支定界算法由特征全集开始,对搜索空间进行后向搜索。分支定界算法在搜索最优特征子集时,在每一级上都选择未搜索过的节点中最右边的节点开始搜索(评价函数值最大的节点)。分支定界算法中评价函数的阈值 $B$ 在初始时刻设为 0,在搜索树最右边的分支上,每个节点的 $J$ 值都大于初始时刻的阈值。在搜索过程中,当搜索到树的叶节点时,就用相应的 $J$ 值代替原来的阈值 $B$,搜索向上回溯。在搜索未到达搜索树的叶节点,而某一节点的 $J$ 值小于阈值 $B$ 时,则将该节点以下的子树从搜索树中删除。从上述内容可以看出,分支定界算法的计算过程复杂、计算量大,当特征数目较多时,该算法受到很大限制。

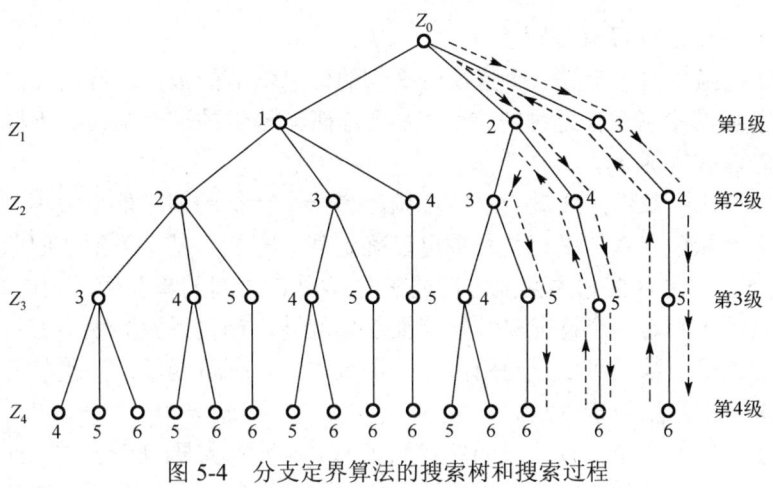

图 5-4 分支定界算法的搜索树和搜索过程

**2．顺序搜索**

为了避免完全搜索带来的巨大计算量，可采取次优搜索算法，如顺序向前搜索算法（Sequential Forward Selection，SFS）、顺序向后搜索算法（Sequential Backward Selection，SBS）及双向搜索算法（Bidirectional Selection，BS）。顺序搜索算法无法全面检验特征间的相互关系，当特征数目较多时，常会漏掉最优特征组合方式。

**3．随机搜索**

随机搜索算法是指从一个随机产生的特征子集开始进行搜索，并在下一个特征子集的生成过程中加入一定的随机性。随机搜索可以避免搜索过程停止在局部极小点。遗传算法（Genetic Algorithm，GA）、随机爬山法（Random-start Hill-climbing，RH）等都是随机搜索算法。

**4．混合搜索策略**

混合搜索策略将先验知识与随机搜索相结合，根据先验知识，引导算法在可能出现最优解的空间中进行搜索，这样可以利用先验知识避免随机搜索过于发散。基于人工免疫机理的特征选择算法就是利用混合搜索策略进行特征选择的。

### 5.2.2 特征子集评价

在水声目标识别任务中，特征子集的评价就是根据给定评价函数评价特征子集对分类的重要性。在循环搜索中，如果新的特征子集优于原来的特征子集，则进行替代。这里要注意的是，应用不同的评价函数选出的最优特征子集是不同的。根据评价函数和学习算法的关系，可以将评价函数分为独立评价函数和非独立评价函数。

#### 5.2.2.1 独立评价函数

独立评价函数：与学习算法无关，仅根据训练样本固有的特性评价特征子集的分类性能。常用的独立评价函数有距离评价函数、信息评价函数、相关性评价函数、一致性评价函数。

（1）距离评价函数也称可分性准则。对于一个两类问题，如果特征 $X$ 的存在使两类的条件概率之间的差异大于特征 $Y$，则选择特征 $X$；如果两个特征所对应的两类的条件概率没有差异，则特征 X 和 Y 之间没有差别。

（2）信息评价函数用来衡量一个特征所提供的信息增益的大小。特征 X 的信息增益定义为使用特征 X 前后的不确定性之间的差值。如果特征 X 提供的信息增益大于特征 Y 提供的信息增益，则优先选择特征 X。

（3）相关性评价函数用来度量一个特征预测另一个特征的值的能力大小。相关系数是一种经典的相关性度量标准，使用相关系数可以确定某一特征和某个类别之间的相关性大小。如果特征 X 与类别 C 之间的相关性大于特征 Y 与类别 C 之间的相关性，则优先选择特征 X。相关系数还可以用来确定一个特征对其他特征的依赖性，相关系数的大小表示某一特征的冗余程度。相关性评价函数又可以分为距离评价函数和信息评价函数，变量与变量之间的相关性可以使用距离或信息增益来度量。

（4）一致性评价函数是一类比较新的评价函数，与训练数据高度相关。使用一致性评价函数可以选出满足不一致率要求的最小特征子集，对数据的不一致率要求通常由用户给定。

#### 5.2.2.2 非独立评价函数

非独立评价函数：用学习算法的分类性能来评价特征子集对分类的重要性。识别准确率是最常用的一种非独立评价函数。

### 5.2.3 特征子集搜索的终止

搜索终止条件是特征子集产生及评价的循环停止的条件。特征子集的产生过程和评价函数都对终止条件的确定有影响。

基于特征子集的产生过程的终止条件有：（1）预先设定所要选择的特征子集的特征数目作为终止条件；（2）预先设定特征子集产生过程的循环次数作为终止条件。

基于评价函数的终止条件有：（1）根据增加或删除某一特征是否产生一个使评价函数值更好的特征子集来确定是否终止特征选择过程；（2）根据是否得到了一个使评价函数值最优的特征子集来确定是否终止特征选择过程。

### 5.2.4 选择结果确认

选择结果确认就是确认选择结果是否有效。如果事先知道特征集合中哪些特征是冗余的、不相关的，那么可以直接对特征选择结果进行判断。但对于从复杂的实测数据中提取的高维特征，则无法预先知道哪些特征是冗余的、不相关的，因此可以比较特征选择前后分类器的识别准确率，来判断选择结果是否有效。

## 5.3 特征选择方法及算法实现

根据评价函数和学习算法的关系，可以将现有的特征选择方法分成四类：滤波式、封装式、混合式和嵌入式。

### 5.3.1 滤波式

滤波式特征选择算法完全独立于分类算法，与分类算法的分类性能及其他参数无关。滤波式特征选择算法可以视为数据预处理过程。算法 5.1 为滤波式特征选择算法。改变评价函数、搜索方式可以得到各种滤波式特征选择算法。滤波式特征选择算法常常使用独立评价函数。滤波式特征选择算法的通用性使得其可用于解决各种特征选择问题，但是由于其与学习算法无关，因此选出的特征子集的分类性能常常低于其他算法。

---
**算法 5.1：滤波式特征选择算法**

输入：$X$（训练集）
　　　$S_0$（初始特征子集）
　　　$\delta$（搜索终止条件）
输出：$S_b$（最优特征子集）
初始化：$S_b = S_0$
　　　$\gamma_b = \text{eval}(S_0, X, I)$；（根据独立评价函数 $I$ 评价特征子集的分类性能）
while $\delta$ 不满足
　　　$S = \text{gen}(X)$；（根据给定的搜索方式生成特征子集）
　　　$\gamma = \text{eval}(S, X, I)$；（根据独立评价函数 $I$ 评价特征子集的分类性能）
　　　if $\gamma_b < \gamma$
　　　　　$\gamma_b = \gamma$；
　　　　　$S_b = S$；
　　　end
end
return $S_b$（输出最优特征子集）

---

### 5.3.2 封装式

封装式特征选择算法利用特征子集的分类性能来获取最优特征子集。评价特征子集的分类性能的函数与学习算法密切相关。封装式特征选择算法将特征选择过程和学习算法相结合，寻找使学习算法分类性能最优的特征子集。改变学习算法和搜索方式，可以得到各种封装式特征选择算法。

---
**算法 5.2：封装式特征选择算法**

输入：$X$（训练集）
　　　$S_0$（初始特征子集）
　　　$\delta$（搜索终止条件）
输出：$S_b$（最优特征子集）
初始化：$S_b = S_0$
　　　$\gamma_b = \text{eval}(S_0, X, A)$；（根据分类器 $A$ 的识别准确率估计值评价特征子集的分类性能）
while $\delta$ 不满足
　　　$S = \text{gen}(X)$；（生成特征子集）
　　　$\gamma = \text{eval}(S, X, A)$；（根据分类器 $A$ 的识别准确率估计值评价特征子集的分类性能）
　　　if $\gamma_b < \gamma$
　　　　　$\gamma_b = \gamma$；
　　　　　$S_b = S$；
　　　end
end
return $S_b$（输出最优特征子集）

---

评价特征子集分类性能的方法有很多，最通用的方法是交叉确认法（Cross-Validation，CV）。在 $k$ 组样本交叉确认法（$k$-fold Cross-Validation，$k$-fold CV）中，数据集 $U$ 被随机地划分为大小基本相等的 $k$ 个互不相交的子集 $U_1, U_2, \cdots, U_k$，使用其中 $k-1$ 个子集对分类器进行训练，然后用剩余的一个子集进行检验，将此过程重复 $k$ 次，使每个样本都在检验集中出现一次，在训练集中出现 $k-1$ 次。使用 $k$-fold CV 估计的识别准确率是数据集 $U$ 中被正确识别样本的总数除

以数据集 $U$ 的样本总数。当 $k$ 的取值为整个数据集 $U$ 的样本总数 $n$ 时，检验集中只有一个样本，这种情况称为留一法（Leave-One-Out Cross Validation，LOOCV）。从交叉确认法的原理可以看出，计算识别准确率估计值需要训练 $k$ 个分类器并进行测试，运算量大。

综上所述，封装式特征选择算法在生成和评价特征子集的过程中利用了给定的学习算法，因此特征选择结果可以提高所训练的分类器的分类性能。但是封装式特征选择算法有两个缺点。首先，算法得到的最优特征子集可能无法提高与所训练分类器特性差别很大的其他分类器的分类性能。换句话说，封装式特征选择算法有可能出现最优特征子集与给定的分类任务和学习算法过拟合的现象。其次，评价每个特征子集都要运行一次学习算法，因此算法运算量大，运行时间长。

### 5.3.3 混合式

滤波式和封装式特征选择算法各有优缺点，混合式特征选择算法提供了一个途径来综合利用滤波式和封装式特征选择算法的优点。典型的混合式特征选择算法同时利用独立评价函数和学习算法来评价特征子集：先利用独立评价函数选择一组候选最优特征子集，再利用学习算法从中选出最终的最优特征子集。混合式特征选择算法的主要流程如下。

特征搜索从一个给定的初始特征子集 $S_0$ 开始，初始特征子集可以是空集（顺序向前特征选择算法）。首先计算初始特征子集中的特征数目；然后在每个循环中，对有 $c$ 个特征的最优特征子集，从剩余特征中选一个特征与其合并构成有 $c+1$ 个特征的特征子集。利用独立评价函数 $M$ 从所有可能的有 $c+1$ 个特征的特征子集中选出最优特征子集 $S'_b$，再利用学习算法 $A$ 评价 $S'_b$ 得到 $\eta$。如果在 $c+1$ 级得到的 $\eta$ 好于在 $c$ 级得到的 $\eta$，则算法继续运行，否则停止搜索。在这种算法结构中，学习算法可以用于停止特征搜索。

---

**算法 5.3：混合式特征选择算法**

输入：$X(f_0, f_1, \cdots, f_{d-1})$（训练集有 $d$ 个特征）
　　　$S_0$（初始特征子集）
　　　$\delta$（搜索终止条件）
输出：$S_b$（最优特征子集）
初始化：$S_b = S_0$
$c_0 = \mathrm{card}(S_0)$；（计算 $S_0$ 中特征数目）
$\eta_b = \mathrm{eval}(S_0, X, A)$；（根据学习算法 $A$ 评价特征子集的分类性能）
$\gamma_b = \mathrm{eval}(S_0, X, M)$（根据独立评价函数 $M$ 评价特征子集的分类性能）
for $c = c_0 + 1$ to $d$
　　for $i = 0$ to $d - c$
　　　　$S = S_b + \{f_j\}$；（生成有 $c$ 个特征的特征子集）
　　　　$\gamma = \mathrm{eval}(S, X, M)$；（利用独立评价函数 $M$ 评价特征子集的分类性能）
　　　　if（$\gamma$ 比 $\gamma_b$ 好）
　　　　　　$\gamma_b = \gamma$
　　　　　　$S'_b = S$
　　end
　　$\eta = \mathrm{eval}(S'_b, X, A)$；（利用学习算法 $A$ 评价 $S'_b$ 的分类性能）
　　if（$\eta$ 比 $\eta_b$ 好）
　　　　$S_b = S'_b$
　　　　$\eta_b = \eta$
　　else
　　　　break and return $S_b$
end
return $S_b$

### 5.3.4 嵌入式

一些学习算法有着固有的结构,可以将特征选择嵌入学习算法中,构造嵌入式特征选择算法。例如,决策树算法中,算法的基本单元——节点就具有选择功能,在每个节点选择分类能力高的特征,因此决策树的生成过程也是特征选择的过程。基于粗糙集理论的属性约简算法可用于特征选择。

## 5.4 特征选择算法的评价指标

### 5.4.1 特征选择算法的两个重要参数

有两个重要参数可用于评价特征选择算法的性能:灵敏度(Sensitivity)和阳性预测值(Positive Predictive Value,PPV)。

灵敏度的定义为

$$S = \text{TP} / (\text{TP} + \text{FN}) \tag{5-2}$$

式中,TP 是相关特征被特征选择算法认定为相关的数目,FN 是相关特征被特征选择算法认定为不相关的数目,而 FP 则是不相关特征被特征选择算法认定为相关的数目。

PPV 的定义为

$$\text{PPV} = \text{TP} / (\text{TP} + \text{FP}) \tag{5-3}$$

### 5.4.2 特征选择算法的稳定性评价指标

典型的分类模型由以下几个部分组成:服从未知但固定的概率分布 $P(X)$ 的随机变量产生器、根据未知但固定的条件概率分布 $P(C|X)$ 为随机变量分配类标的导师、由从联合概率分布 $P(X,C) = P(C|X)P(X)$ 中抽取的 $(x,c)$ 构成的学习空间。

定义特征选择算法的稳定性为某特征选择算法从同一分布 $P(X,C)$ 中抽取不同训练集进行特征选择的结果的敏感度。稳定性衡量的是不同训练集影响特征选择算法结果的程度。

假设有训练集 $X = (x_1, x_2, \cdots, x_m)$,包含 $m$ 个样本。从其中随机抽取一个子集,重复进行 $k$ 次,因此将生成 $k$ 个子集。然后用这 $k$ 个子集分别进行特征选择,再通过对比 $k$ 个特征选择结果计算算法的稳定性。倘若 $k$ 个特征选择结果完全相同,那么特征选择算法的稳定性是最高的。

训练样本 $X(f_1, f_2, \cdots, f_d)$ 用一系列特征 $f = (f_1, f_2, \cdots, f_d)$ 来描述,特征选择算法的输出一般为以下几种之一。

特征权重或评分:$w = (w_1, w_2, \cdots, w_d)$, $w \in W \subseteq \mathbb{R}^d$;

特征排序:$r = (r_1, r_2, \cdots, r_d)$, $1 \leq r_i \leq d$;

特征子集:$s = (s_1, s_2, \cdots, s_d)$, $s_i \in \{0,1\}$,其中 0 代表特征不被选择,1 代表特征被选择。

特征选择算法的稳定性在很多应用领域(如生物信息分析)是非常重要的,根据特征选择结果的稳定性,能够对诸多领域中特征选择结果背后的潜在机理做出解释。常用的特征选择算法稳定性评价方法有如下几种。

**1. 以特征权重为输出的特征选择算法稳定性计算**

皮尔逊相关系数可以用于计算以特征权重向量为输出的特征选择算法的稳定性,定义为

$$S(\boldsymbol{W}_i, \boldsymbol{W}_j) = \frac{\sum_l (W_i^l - \mu_i)(W_j^l - \mu_j)}{\sqrt{\sum_l (W_i^l - \mu_i)^2 \sum_l (W_j^l - \mu_j)^2}} \tag{5-4}$$

式中，$\boldsymbol{W}_i$ 表示基于第 $i$（$1 \leqslant i \leqslant k$）次子抽样的特征权重向量，$W_i^l$ 表示 $\boldsymbol{W}_i$ 中第 $l$ 个特征权重，$\mu_i$ 表示 $\boldsymbol{W}_i$ 的均值。$S(\boldsymbol{W}_i, \boldsymbol{W}_j)$ 在 $[-1, 1]$ 范围内取值，1 表示正相关，0 表示不相关，$-1$ 表示负相关。这个参数可以评价特征选择算法产生的两个特征权重间的相似性。

**2. 以特征排序为输出的特征选择算法稳定性计算**

（1）斯皮尔曼排序相关系数

$$S(\boldsymbol{R}_i, \boldsymbol{R}_j) = 1 - 6 \sum_l \frac{(R_i^l - R_j^l)^2}{N(N^2 - 1)} \tag{5-5}$$

式中，$\boldsymbol{R}_i$ 表示基于第 $i$（$1 \leqslant i \leqslant k$）次子抽样的特征排序向量，$R_i^l$ 表示 $\boldsymbol{R}_i$ 中第 $l$ 个特征的序号（特征按分类性能排序，最差为 1，最好为 $N$），$N$ 为特征数目。$S(\boldsymbol{R}_i, \boldsymbol{R}_j)$ 在 $[-1, 1]$ 范围内取值，两个特征选择结果的排序完全相同则取值为 1，完全相反则取值为 $-1$。总斯皮尔曼排序相关系数为

$$S_{\text{sum}} = \sum_i \sum_j S(\boldsymbol{R}_i, \boldsymbol{R}_j) \tag{5-6}$$

（2）堪培拉距离

$$K(\boldsymbol{R}_i, \boldsymbol{R}_j) = \sum_{l=1}^{N} \frac{\left| \min\{R_i^l, d+1\} - \min\{R_j^l, d+1\} \right|}{\min\{R_i^l, d+1\} + \min\{R_j^l, d+1\}} \tag{5-7}$$

式中，$\boldsymbol{R}_i$ 表示基于第 $i$（$1 \leqslant i \leqslant k$）次子抽样的特征排序向量，$R_i^l$ 表示 $\boldsymbol{R}_i$ 中第 $l$ 个特征的序号（特征按分类性能排序，最差为 1，最好为 $N$），只考虑最好的前 $d$ 个特征。

**3. 以特征子集为输出的特征选择算法稳定性计算**

（1）杰卡德指数

$$S(\boldsymbol{T}_i, \boldsymbol{T}_j) = \frac{|\boldsymbol{T}_i \cap \boldsymbol{T}_j|}{|\boldsymbol{T}_i \cup \boldsymbol{T}_j|} = \frac{\sum_l I(T_i^l = T_j^l = 1)}{\sum_l I(T_i^l + T_j^l > 0)} \tag{5-8}$$

式中，$\boldsymbol{T}_i$ 表示基于第 $i$（$1 \leqslant i \leqslant k$）次子抽样的特征选择布尔向量，$T_i^l$ 为 1 表示第 $l$ 个特征被选择，为 0 表示第 $l$ 个特征未被选择。杰卡德指数在 $[0, 1]$ 范围内取值，0 表示两个特征选择器所选特征子集完全不同，1 表示两个特征选择器所选特征子集完全相同。总杰卡德指数为

$$S_{\text{sum}} = \sum_i \sum_j S(\boldsymbol{T}_i, \boldsymbol{T}_j) \tag{5-9}$$

（2）海明距离法

$$H(\boldsymbol{T}_i, \boldsymbol{T}_j) = \sum_l \left| T_i^l - T_j^l \right| \tag{5-10}$$

给定 $k$ 个特征选择结果，总海明距离为

$$H_{\text{tot}} = \sum_{i=1}^{k-1} \sum_{j=i+1}^{k} H(\boldsymbol{T}_i, \boldsymbol{T}_j) \tag{5-11}$$

式中，$\boldsymbol{T}_i$ 表示基于第 $i$（$1 \leq i \leq k$）次子抽样的特征选择布尔向量。

（3）一致性系数

$$I_{\text{C}}(\boldsymbol{T}_i, \boldsymbol{T}_j) = \frac{MN - L^2}{L(N - L)} \tag{5-12}$$

式中，$N$ 是原始特征数目，$M$ 是 $\boldsymbol{T}_i$ 和 $\boldsymbol{T}_j$ 同时含有的特征的数目，$L$ 是向量 $\boldsymbol{T}_i$ 的长度。一致性系数在 $[-1,1]$ 范围内取值，两个特征选择器的相似度越高，一致性系数越大。

（4）谷本距离

$$G(\boldsymbol{T}_i, \boldsymbol{T}_j) = 1 - \frac{|\boldsymbol{T}_i| + |\boldsymbol{T}_j| - 2|\boldsymbol{T}_i \cap \boldsymbol{T}_j|}{|\boldsymbol{T}_i| + |\boldsymbol{T}_j| - |\boldsymbol{T}_i \cap \boldsymbol{T}_j|} \tag{5-13}$$

式中，$\boldsymbol{T}_i$ 表示基于第 $i$（$1 \leq i \leq k$）次子抽样的特征选择布尔向量。谷本距离度量两个数据集的重叠量。其取值范围为 $[0,1]$，取 0 表示两个数据集之间没有重叠，取 1 表示两个数据集相同。

（5）戴斯-索伦森指数

$$D(\boldsymbol{T}_i, \boldsymbol{T}_j) = \frac{2|\boldsymbol{T}_i \cap \boldsymbol{T}_j|}{|\boldsymbol{T}_i| + |\boldsymbol{T}_j|} \tag{5-14}$$

式中，$\boldsymbol{T}_i$ 表示基于第 $i$（$1 \leq i \leq k$）次子抽样的特征选择布尔向量。

（6）落合指数

$$L(\boldsymbol{T}_i, \boldsymbol{T}_j) = \frac{2|\boldsymbol{T}_i \cap \boldsymbol{T}_j|}{\sqrt{|\boldsymbol{T}_i \| \boldsymbol{T}_j|}} \tag{5-15}$$

式中，$\boldsymbol{T}_i$ 表示基于第 $i$（$1 \leq i \leq k$）次子抽样的特征选择布尔向量。

## 5.5 本章小结

本章重点介绍了特征选择的基本概念，深入分析了特征选择过程的通用性框架；对特征选择过程的 4 个部分（特征子集生成、特征子集评价、搜索终止条件、选择结果确认）的各种实现方法进行了总结与分析；论述了 4 类特征选择方法的原理与计算步骤；最后介绍了评价特征选择算法的方法，给出了评价特征选择算法的灵敏度、PPV 及稳定性等性能指标的计算方法。

# 第6章　基于支持向量机的水声目标分类

本章将讲述统计学习理论、支持向量机水声目标识别原理、支持向量机分类器的分类性能估计、支持向量机核函数及其参数选择与实验以及水声目标识别实验,并提供算法案例帮助读者理解本章内容。

## 6.1　统计学习理论

### 6.1.1　统计学习理论的研究背景

基于数据的机器学习研究的是从有限样本出发寻找某种规律,再利用得到的规律对未来的数据或无法观测到的数据进行预测。有监督的机器学习方法可以分为两大类:以经典统计学为理论基础的传统机器学习算法(如贝叶斯方法、神经网络等);以统计学习理论为理论核心的支持向量机学习算法。

统计学习理论是一门研究基于数据的机器学习理论的科学,它的发展和成熟丰富了现代数理统计学的内容。对于无穷大样本,根据经典统计学中的大数定律,经验误差的最小化可以确保测试误差的最小化。但是对于有限样本,特别是小样本,统计学习理论的研究者认为最小化训练误差准则是需要重新证明的。统计学习理论的研究者的目的是寻找更好的学习准则,并构造可以实现的算法。Vapnik 等人从 20 世纪 60 年代就开始研究这个问题,到 20 世纪 90 年代中期,有限样本下的机器学习理论逐渐成熟,形成一个新的理论体系——统计学习理论。

支持向量机是 Boser、Guyon 和 Vapnik 等人于 1992 年在统计学习理论的基础上提出的一种新的学习机模型。支持向量机最早的求解方法依赖一个线性约束凸二次规划的求解。基于早期的求解算法,研究者提出了很多优化和改进的支持向量机算法。1992 年,Boser、Guyon 和 Vapnik 等人提出了把大规模的二次规划问题转化为一系列小规模的二次规划问题的 Chunking 算法。1997 年,Osuna 等提出了改进的 Osuna 算法。1998 年,Platt 提出了工作集中只有两个样本的 SMO 算法,大大缩短了算法的运行时间和降低了空间复杂度。国内,2001 年,焦李成等人提出了支持向量的预选取方法。2002 年,周伟达、焦李成等人提出了线性规划支持向量机。周伟达、焦李成等人将实支持向量机推广到复数域,提出模式识别复支持向量机和回归估计复支持向量机。

支持向量机采用了结构风险最小化(Structural Risk Minimization,SRM)原则,与神经网络所使用的经验风险最小化(Empirical Risk Minimization,ERM)原则相比,支持向量机具有优越性。这是因为经验风险最小化是指使训练样本的训练误差达到最小,不同的训练样本所产生的训练误差不同,经验风险最小化受训练样本的影响较大。而结构风险最小化使期望风险的上界达到最小。因此,支持向量机在一定程度上解决了神经网络等传统机器学习算法的"过拟合问题"和"推广能力问题"。相对来讲,支持向量机具有更好的泛化性能。研究表明,支持向量机具有较广的应用领域,可以被应用于模式识别、回归估计、密度估计等方面。

## 6.1.2 机器学习模型

基于样本数据解决水声目标识别问题的机器学习模型可以描述如下。

(1) $n$ 个独立的观测样本

$$X = \{(\boldsymbol{x}_i, y_i) | \boldsymbol{x}_i \in \mathbb{R}^d, y_i \in \{-1, 1\}, i = 1, 2, \cdots, n\} \tag{6-1}$$

服从未知的概率分布函数 $F(\boldsymbol{x})$，$y_i$ 是输入向量 $\boldsymbol{x}_i$ 的期望输出；

(2) 满足未知但确定的条件分布 $F(y|\boldsymbol{x})$；

(3) 函数集 $\{f(\boldsymbol{x},\alpha), \alpha \in \Lambda\}$，其中 $\Lambda$ 是参数集合。

机器学习问题就是根据已知的独立同分布的样本（这里"独立同分布"中的同分布和一般的概念稍有不同，例如，两类样本，同分布指的是两类分别服从同分布，即混合的同分布，正如混合的高斯分布的概念），从函数集 $\{f(\boldsymbol{x},\alpha), \alpha \in \Lambda\}$ 中选择出一个最优的函数 $f(\boldsymbol{x},\alpha^*)$，使得预测的期望风险最小

$$R(\alpha) = \int L(y, f(\boldsymbol{x},\alpha)) \mathrm{d}F(\boldsymbol{x},y) \tag{6-2}$$

式中，$L(y, f(\boldsymbol{x},\alpha))$ 表示输入 $\boldsymbol{x}$ 逼近 $y$ 的损失函数，$F(\boldsymbol{x},y)$ 表示样本对 $(\boldsymbol{x},y)$ 的联合概率分布函数。

对于水声目标识别问题，两种分类情况下的损失函数是指示函数

$$L(y, f(\boldsymbol{x},\alpha)) = \begin{cases} 0, & y = f(\boldsymbol{x},\alpha) \\ 1, & y \neq f(\boldsymbol{x},\alpha) \end{cases} \tag{6-3}$$

## 6.1.3 经验风险最小化原则

如果式（6-2）中的联合概率分布函数 $F(\boldsymbol{x},y)$ 已知，那么基于样本数据的水声目标识别问题就迎刃而解，但是这在实际问题中通常无法知道，所以难以直接计算期望风险。根据概率论中的大数定律，采用如下的原则。

(1) 计算经验风险

$$R_{\mathrm{emp}}(\alpha) = \frac{1}{n}\sum_{i=1}^{n} L(y_i, f(\boldsymbol{x}_i, \alpha)) \tag{6-4}$$

(2) 用使经验风险最小的函数 $f_{\mathrm{emp}}(\boldsymbol{x},\alpha^*)$ 代替使预测的期望风险最小的函数 $f(\boldsymbol{x},\alpha^*)$。

这个原则就是经验风险最小化（ERM）原则。采用 $z_1, z_2, \cdots, z_n$ 表示 $n$ 个独立同分布样本，用 $Q(\boldsymbol{z},\alpha)$ 统一表示损失函数。

事实上，用 ERM 代替期望风险最小化并没有经过充分的理论论证，这只是人们在无法直接计算期望风险时常常采用的近似计算方法。大数定律只表明当样本的数目趋于无穷大时，经验风险在概率意义上趋近于期望风险，但没有保证使经验风险最小的函数 $f_{\mathrm{emp}}(\boldsymbol{x},\alpha^*)$ 与使期望风险最小的函数 $f(\boldsymbol{x},\alpha^*)$ 是同一个函数，也没有保证 $R_{\mathrm{emp}}(\alpha^*)$ 趋近于 $R(\alpha^*)$。

在神经网络研究初期，研究者的工作重心均集中于如何最小化经验风险，然而很快便发现，较小的训练误差并非必然带来理想的预测效果。某些情况下，训练误差过小反而会导致

推广能力下降，即真实风险的增加，这就是过学习现象。之所以出现过学习现象，一是因为样本不充分，二是因为网络设计不合理，这两个因素是互相关联的。在神经网络学习中，若对有限的样本来说网络学习能力很强，足以记住每个样本，此时经验风险很快就可以收敛到很小甚至零，但根本无法保证它对未来样本能给出好的预测。网络的复杂性与推广能力之间的这种矛盾同样可以在其他学习方法中看到。

经验风险最小化原则存在以下的问题：（1）随着样本数目的增大，在经验风险最小化的过程中，能否保证经验风险收敛于期望风险；经验风险的最小化能否保证期望风险最小化？（2）最小的经验风险以多快的速率随样本的增加收敛于最小的期望风险？（3）如何控制和调节这个收敛速度（或推广能力）？（4）如何构造能够控制推广能力的算法？

对这4个问题的回答构成了统计学习理论的核心内容：学习过程一致性理论；学习机推广能力的界；结构风险最小化；构造学习算法的理论。

### 6.1.4 统计学习理论的核心内容

#### 6.1.4.1 学习过程一致性理论

学习过程一致性理论是统计学习理论的基础，也是它与传统渐近统计学的基本联系所在。所谓学习过程的一致性，就是指当训练样本数目趋于无穷大时，经验风险的最优值能够收敛到期望风险的最优值。只有满足学习过程一致性条件，才能保证当样本数目趋于无穷大时，在经验风险最小化原则下得到的最优方法趋近于使期望风险最小的最优结果。

**定义6.1** 设 $Q(z,\alpha)$ 是对给定的 $n$ 个独立同分布样本 $z_1, z_2, \cdots, z_n$ 使经验风险

$$R_{\text{emp}} = \frac{1}{n}\sum_{i=1}^{n} Q(z_i, \alpha) \tag{6-5}$$

最小的函数集，如果下面两个序列依概率收敛于同一个极限，即

$$R(\alpha_n) \xrightarrow[n\to\infty]{} \inf_{\alpha \in \Lambda} R(\alpha) \tag{6-6}$$

$$R_{\text{emp}}(\alpha_n) \xrightarrow[n\to\infty]{} \inf_{\alpha \in \Lambda} R(\alpha) \tag{6-7}$$

则ERM原则对函数集 $Q(z,\alpha)$ 和联合概率分布函数 $F(x,y)$ 是一致的。

存在一种可能性，就是预测函数集中包含某个特殊的函数，它使上述条件得到满足；而如果从函数集中去掉这个函数，这些条件就不再得到满足。为确保所研究的学习方法所显现的性质具有普适性，而不是由函数集中的个别函数导致的，提出了所谓的非平凡一致性的概念，即要求式（6-6）、式（6-7）对预测函数集的所有子集都成立，因此，只有非平凡一致性才具有实际意义。

ERM原则具有一致性的充分必要条件是经验风险在函数集 $Q(z,\alpha)$ 上按如下意义一致收敛于期望风险

$$\lim_{n\to\infty} P\left[\sup_{\alpha}(R(\alpha) - R_{\text{emp}}(\alpha)) > \varepsilon\right] = 0, \quad \forall \varepsilon > 0 \tag{6-8}$$

这种收敛称为一致单边收敛，其中，$P$ 表示概率。

#### 6.1.4.2 学习机推广能力的界

要研究学习机的推广能力,首先要研究学习机随样本数的增大,其经验风险收敛于期望风险的速率,以及经验风险最小化的速率。如果收敛速度快,就表明只需要很少的训练样本就可以保证一个较小的期望风险,从而获得较好的推广能力。为了研究学习过程一致性收敛的速度和推广能力,统计学习理论定义了一系列有关函数集学习性能的指标,其中最重要的是VC维(Vapnik-Chervonenk Dimension)。

**定义6.2** 模式识别方法中,指示函数VC维的直观定义如下。

对一个指示函数集,如果存在$h$个样本能够被函数集中的函数按所有可能的$2^h$种形式分开,则称函数集能够把$h$个样本打散;函数集的VC维就是它能打散的最大样本数目$h$。若对任意数目的样本都有函数能将它们打散,则函数集的VC维是无穷大。对实函数集可以构造一个与之对应的指示函数集,而该指示函数集的VC维就被认为是该实函数集的VC维。

VC维反映了函数集的学习能力,VC维越大,学习机越复杂(容量越大)。

根据VC维可以得到学习机与样本无关的构造性的推广能力的界:对于指示函数集$L(y,f(\boldsymbol{x},\alpha))$,下面所示的期望风险的界至少以$1-\eta$的概率成立

$$R(\alpha) \leq R_{\mathrm{emp}}(\alpha) + \sqrt{\left[\frac{h(\ln(2n/h)+1)-\ln(\eta/4)}{n}\right]} \tag{6-9}$$

由于一般算法可以使经验风险最小化并接近于0,因此一般直接称式(6-9)中的根号项为置信区间。

对一个学习机来说,要得到好的推广能力等价于使期望风险的上界最小。从式(6-9)可以看到置信区间与VC维样本数目的比值之间呈严格的单调上升关系,因此,在样本数目较大时,用ERM原则可以得到好的推广能力,但是当样本数目较小时,EMR原则不能保证经验风险最小就一定能够使得期望风险最小。在有限的训练样本下,学习机的VC维越大(复杂性越高),则置信区间越大,导致期望风险与经验风险可能的差别越大,这就是为什么会出现过学习现象的原因。机器学习过程不但要使经验风险最小,还要使VC维尽量小以缩小置信区间,才能取得较小的期望风险,即对待测样本有较好的推广能力。

#### 6.1.4.3 结构风险最小化

为了解决寻找使期望风险最小的最优函数问题,Vapnik在1979年提出了结构风险最小化原则,这个原则要求经验风险和置信区间同时最小化。

如图6-1所示,把函数集$f(\boldsymbol{x},\alpha)(\alpha \in \Lambda)$分解为一个函数子集序列(或子集结构)$S_1 \subset S_2 \subset \cdots \subset S_k \subset \cdots$,各个函数子集按照VC维的大小排列,即$h_1 \leq h_2 \leq \cdots \leq h_k \leq \cdots$。

SRM原则综合考虑经验风险和置信区间,通过选择具有合适VC维的函数子集$S_k$并最小化经验风险,使得经验风险与置信区间之和最小,从而得到较小的期望风险。

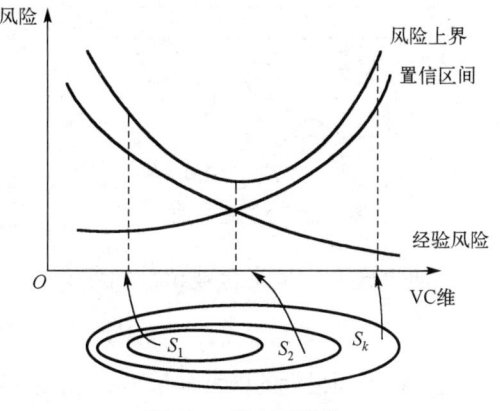

图6-1 嵌套函数集

#### 6.1.4.4 构造学习算法的理论

函数集的 VC 维是一个可以控制的变量,它表征了函数集的容量,并决定经验风险收敛于期望风险的置信区间。

样本向量 $x$ 分布于一个最小半径为 $R$ 的空间超球面内,以间隔为 $2\Delta$ 的超平面对样本向量 $x$ 进行分类,则该超平面的 VC 维上界是

$$h \leqslant \min\left(\frac{R^2}{\Delta^2}, n\right) + 1 \quad (6\text{-}10)$$

式中,$n$ 是样本的数量。

实现 SRM 原则可以有两种思路。一种是在每个函数子集中求最小经验风险,然后选择使最小经验风险和置信区间之和最小的函数子集,显然这种方法比较费时,当函数子集数目很大甚至是无穷大时不可行。因此有第二种思路,即设计函数集的某种结构使每个函数子集中都能取得最小的经验风险(如使训练误差为 0),然后只需选择适当的函数子集使置信区间最小,则这个函数子集中使经验风险最小的函数就是最优函数。支持向量机(Support Vector Machine,SVM)方法实际上就是这种思想的具体实现。

## 6.2 支持向量机水声目标识别原理

支持向量机是基于统计学习理论的具有较强推广能力的通用学习机。统计学习理论之所以在各个领域得到很多重视,很大程度上是因为支持向量机在各个领域都有成功应用。

本节将简要介绍应用于水声目标识别的支持向量机算法。

### 6.2.1 线性支持向量机

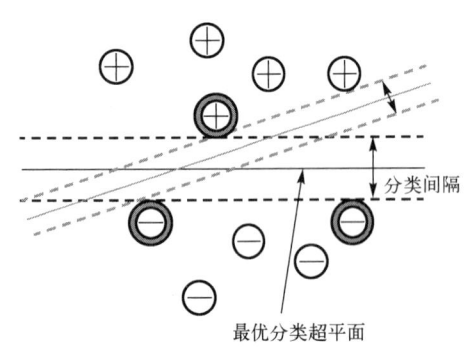

图 6-2 分类超平面

在线性可分的情况下可分析支持向量机。图 6-2 给出了一个两类样本线性可分的例子,能够把这组样本没有错误地分开的超平面有很多(经验风险为 0),但是具有最大间隔的超平面只有一个。

**定义 6.3** 最优分类超平面。

假定 $n$ 个训练数据 $X = \{(x_i, y_i) | x_i \in \mathbb{R}^d, y_i \in \{-1, 1\}, i = 1, 2, \cdots, n\}$ 可以被一个超平面分开

$$(w \cdot x) - b = 0 \quad (6\text{-}11)$$

式中,$w$ 为权重向量,它决定了超平面方向;$b$ 为偏置顶,它决定了超平面与原点之间的距离。

如果这个向量集合被超平面没有错误地分开,即

$$y_i[(w \cdot x_i) - b] \geqslant 1, \quad i = 1, 2, \cdots, n \quad (6\text{-}12)$$

并且离超平面最近的向量与超平面之间的距离是最大的,则这个超平面是最优分类超平面。

从前面的分析可知,使识别错误率最小可以保证经验风险最小,使两类样本的分类间隔最大实际上是使置信区间最小,从而使期望风险最小。因此,该超平面最小化了结构风险,

推广能力优于其他超平面。支持向量机的目的就是寻找这样的最优分类超平面。

线性支持向量机可以把对最优超平面的求解问题转化为一个求约束极值的问题。

（1）最小化

$$\frac{1}{2}\|w\|^2 \tag{6-13}$$

（2）约束条件

$$y_i(\boldsymbol{w} \cdot \boldsymbol{x}_i + b) \geqslant 1, \quad i=1,2,\cdots,n \tag{6-14}$$

这个优化问题的解是由下面的拉格朗日泛函（拉格朗日函数）的鞍点给出的

$$L(\boldsymbol{w},b,\boldsymbol{\alpha}) = \frac{1}{2}(\boldsymbol{w}\cdot\boldsymbol{w}) - \sum_{i=1}^{n}\alpha_i\{y_i[(\boldsymbol{w}\cdot\boldsymbol{x}_i)-b]-1\} \tag{6-15}$$

式中，$\alpha_i$ 为拉格朗日（Lagrange）乘子。我们需要对 Lagrange 函数关于 $\boldsymbol{w}$、$b$ 求其最小值和关于 $\alpha_i > 0$ 求其最大值。

利用 Lagrange 乘子算法可以得到原问题［式（6-15）］的对偶问题。

（1）最大化

$$L_D = \sum_{i=1}^{n}\alpha_i - \frac{1}{2}\sum_{i,j=1}^{n}\alpha_i\alpha_j y_i y_j \boldsymbol{x}_i \cdot \boldsymbol{x}_j \tag{6-16}$$

（2）约束条件

$$\sum_{i=1}^{n}\alpha_i y_i, \alpha_i \geqslant 0, i=1,2,\cdots,n, \quad \alpha_i\{y_i[\boldsymbol{w}\cdot\boldsymbol{x}_i+b]-1\}=0 \tag{6-17}$$

从式(6-17)可以看到对偶问题的规模与样本维数无关，这样就可以避免所谓的"维数灾难"问题。通常样本维数越大，样本分布越复杂，训练学习机就要求越多的训练样本。支持向量机采用结构风险最小化原则，具有较好的推广能力，比一般学习机需要更少的训练样本。

求解上述对偶问题，得到最优的 Lagrange 乘子 $\alpha_i$，不为 0 的 Lagrange 乘子所对应的训练样本称为支持向量（Support Vector，SV）。线性支持向量机的判决函数为

$$f(\boldsymbol{x}) = \text{sgn}\{(\boldsymbol{w}^*\cdot\boldsymbol{x})+b^*\} = \text{sgn}\left\{\sum_{\boldsymbol{x}_i \in \text{SV}}\alpha_i^* y_i \boldsymbol{x}\cdot\boldsymbol{x}_i + b^*\right\} \tag{6-18}$$

式中，$\boldsymbol{w}^*$ 表示最优权重向量，$b^*$ 表示最优偏置顶。

对于样本不是线性可分的情况，在原问题中加入一个松弛因子 $\xi_i$，最优超平面变为下面优化问题的求解。

（1）最小化

$$\frac{1}{2}\|\boldsymbol{w}\|^2 + C\left[\sum_{i=1}^{n}\xi_i\right] \tag{6-19}$$

（2）约束条件

$$y_i(\boldsymbol{w}\cdot\boldsymbol{x}_i + b) \geqslant 1 - \xi_i \tag{6-20}$$

式中，$C>0$，是错分惩罚因子，其取值越大，对经验误差的惩罚越大。采用和前面相同的方法，可得原问题的对偶问题如下。

（1）最大化

$$L_D = \sum_{i=1}^{n}\alpha_i - \frac{1}{2}\sum_{i,j=1}^{n}\alpha_i\alpha_j y_i y_j \boldsymbol{x}_i \cdot \boldsymbol{x}_j \tag{6-21}$$

（2）约束条件

$$\sum_{i=1}^{n}\alpha_i y_i, 0 \leqslant \alpha_i \leqslant C, i=1,2,\cdots,n, \quad \alpha_i\{y_i[\boldsymbol{w}\cdot\boldsymbol{x}_i+b]-1-\xi_i\}=0 \tag{6-22}$$

求解式（6-22），得到最优分类决策函数

$$f(\boldsymbol{x}) = \mathrm{sgn}\{(\boldsymbol{w}^*\cdot\boldsymbol{x})+b^*\} = \mathrm{sgn}\left\{\sum_{\boldsymbol{x}_i\in\mathrm{SV}}\alpha_i^* y_i \boldsymbol{x}\cdot\boldsymbol{x}_i + b^*\right\} \tag{6-23}$$

### 6.2.2 非线性支持向量机

如果要解决非线性分类的问题，可以用一个非线性函数把原始空间映射到另一个高维空间 $\mathbb{Z}$ 中，使原始问题在这个高维空间线性可分，然后求解最优分类超平面。假设这个映射为

$$\boldsymbol{\Phi}:\mathbb{R}^d\mapsto\mathbb{Z} \tag{6-24}$$

从前面的分析可知，在训练过程中，样本运算只涉及样本的点积运算。所以在空间 $\mathbb{Z}$ 中，支持向量机训练过程和测试过程只取决于样本的点积运算，即 $\boldsymbol{\Phi}(\boldsymbol{x}_i)\cdot\boldsymbol{\Phi}(\boldsymbol{x}_j)$。

如果存在一个函数使得下式成立

$$k(\boldsymbol{x}_i,\boldsymbol{x}_j) = \boldsymbol{\Phi}(\boldsymbol{x}_i)\cdot\boldsymbol{\Phi}(\boldsymbol{x}_j) \tag{6-25}$$

那么就可以用这个函数来代替样本的点积运算，而不需要知道映射的具体形式。这个函数称为核函数。

将核函数代入对偶问题［式（6-25）］中的点积运算部分，则得到非线性支持向量机

$$f(\boldsymbol{x}) = \mathrm{sgn}\left\{\sum_{\boldsymbol{x}_i\in\mathrm{SV}}\alpha_i^* y_i k(\boldsymbol{x},\boldsymbol{x}_i) + b^*\right\} \tag{6-26}$$

采用不同函数作为内积的回旋 $k(\boldsymbol{x},\boldsymbol{x}_i)$，可以构造实现输入空间中不同类型的非线性决策面的学习机。

支持向量机最常用的核函数有三种。

（1）多项式核函数

$$k(\boldsymbol{x},\boldsymbol{x}_i) = [(\boldsymbol{x}\times\boldsymbol{x}_i)+1]^q \tag{6-27}$$

式中，$q$ 是多项式的阶数。

（2）径向基核函数

$$k(\boldsymbol{x},\boldsymbol{x}_i) = \exp\left\{-\frac{|\boldsymbol{x}-\boldsymbol{x}_i|}{\sigma^2}\right\} \tag{6-28}$$

式中，$\sigma$ 为核函数的参数，用来控制核函数的宽度。

（3）tanh 核函数

$$k(\boldsymbol{x}, \boldsymbol{x}_i) = \tanh[v(\boldsymbol{x} \times \boldsymbol{x}_i) + c] \tag{6-29}$$

式中，$v$ 为缩放因子，$c$ 为偏置项。

### 6.2.3 SVM 多类分类算法

支持向量机方法是针对解决两类分类问题而提出的学习算法，不能直接用来解决多类分类问题。而在实际应用中，大多数情况下需要实现多类水声目标识别，水声目标识别问题就是多类识别问题。许多研究者对此问题进行了研究，提出了比较有效而且常用的方法：一对多算法（One-versus-Reset，1-v-R）、一对一算法（One-against-One）、两类分类树（Binary Tree）和二进制纠错编码（Error Correcting Codes）。

由于一对一算法和其他算法相比简单而有效，因此本章采用一对一算法实现多类分类。

## 6.3 支持向量机分类器的分类性能估计

在有监督学习中，对于类条件概率和先验概率均为已知的分类问题，在所采用的决策函数的类型确定之后，该分类问题的错误率就是固定的。在分类器设计出来后，通常用错误率来衡量分类器性能的优劣。但对于实际问题，由于类条件概率和先验概率未知，对于特定的分类器，该分类问题的错误率也是未知的，这就需要对错误率进行估计。

通常是以分类器对测试样本的识别错误率来对分类器性能进行评价的，严格来讲，这只能称为分类器的"样本错误率"。错误率的偏差和方差分解是分析分类器分类性能的一种很有效的方法。下面简要介绍学习算法错误率的偏差和方差分解原理。

在一个样本集合 $U$ 中，每个样本由特征向量和类标组成

$$(\boldsymbol{x}_i, y_i), y_i \in \{-1, 1\}, \boldsymbol{x}_i \in \mathbb{R}^d, d \in \mathbb{N} \tag{6-30}$$

令 $F(\boldsymbol{x}, y)$ 为样本对 $(\boldsymbol{x}, y)$ 的联合概率分布函数。从 $U$ 中按照分布 $F(\boldsymbol{x}, y)$ 独立地抽取 $n$ 个样本构成训练集 $D$。由于训练集 $D$ 的构建具有随机性，因此 $D$ 也可以看成一个随机变量，令 $E_D[\cdot]$ 是 $D$ 的数学期望。

设 $L$ 是学习算法，定义 $f_D$ 是由学习算法 $L$ 学习训练集 $D$ 产生的分类器，$f_D$ 对样本 $\boldsymbol{x}$ 的分类结果是 $t$，即 $f_D(\boldsymbol{x}) = t$。令 $\mathcal{L} = L(y, f_D(\boldsymbol{x})) = L(y, t)$ 是 0/1 损失函数，那么当 $t = y$ 时，$L(y, t) = 0$；当 $t \neq y$ 时，$L(y, t) = 1$。给定一个测试样本 $\boldsymbol{x} \in \mathbb{R}^d$，这个样本的类标服从条件概率分布函数 $F(y|\boldsymbol{x})$，令 $E_y[\cdot]$ 是 $y$ 的数学期望。

用学习算法预测一个样本的类标的期望风险 EL 与两个因素有关：一个是训练集的选择，另一个是被测样本对 $(\boldsymbol{x}, y)$ 的选择

$$\text{EL}(\mathcal{L}, \boldsymbol{x}) = E_D[E_y[L(y, f_D(\boldsymbol{x}))]] \tag{6-31}$$

通过下面的分析，可以看到这个期望风险可以分解成偏差和方差。给出两个定义：最佳预测和主要预测。

（1）最佳预测。最佳预测就是使 $E_y[L(y, t)]$ 最小的预测结果 $t_*$：$t_* = \arg\min_t E_y[L(y, t)]$。

对于 0/1 损失函数，最佳预测就是样本 $\boldsymbol{x}$ 最有可能的类标 $t$。最佳预测 $t_*$ 产生了另一个期望风险 $N(\boldsymbol{x}) = E[L(y, t_*)]$。

（2）主要预测。学习算法 $L$ 通过学习不同的训练集 $D$ 可产生多个分类器，这些分类器对测试样本 $\boldsymbol{x}$ 的预测可能不完全相同。顾名思义，主要预测就是所有预测结果中占大多数的预测结果 $t_\mathrm{m} = \mathrm{argmin}_{t'} E_D[L(f_D(x), t')]$。

学习算法的偏差 $B(\boldsymbol{x})$ 定义为主要预测和最佳预测之间的损失

$$B(\boldsymbol{x}) = L(t_*, t_\mathrm{m}) \tag{6-32}$$

对于 0/1 损失函数，偏差不是 0 就是 1。偏差是学习算法的预测结果与目标之间的差别，是由学习算法的系统误差导致的。

而方差是主要预测和各个分类器的预测结果之间的损失的均值

$$V(\boldsymbol{x}) = E_D[L(t_\mathrm{m}, f_D(\boldsymbol{x}))] \tag{6-33}$$

用相同学习算法、不同训练样本训练得到的分类器在同样的测试集上的测试结果是不同的，方差代表这个变化的大小。选择训练集的随机性导致了方差的产生。这里可以将方差分为有偏方差和无偏方差。有偏方差 $V_\mathrm{b}(\boldsymbol{x})$ 是偏差 $B(\boldsymbol{x}) = 1$ 时的方差，无偏方差 $V_\mathrm{u}(\boldsymbol{x})$ 是偏差 $B(\boldsymbol{x}) = 0$ 时的方差。

根据 Pedro Domingos 的分析，在不考虑最佳预测 $t_*$ 产生了期望风险 $N(\boldsymbol{x})$ 的情况下，学习算法预测一个样本的类标的期望风险 EL 可以分解为

$$\mathrm{EL}(\mathcal{L}, \boldsymbol{x}) = B(\boldsymbol{x}) + V_\mathrm{J}(\boldsymbol{x}) \tag{6-34}$$

式中，$V_\mathrm{J}(\boldsymbol{x}) = V_\mathrm{u}(\boldsymbol{x}) - V_\mathrm{b}(\boldsymbol{x})$ 称为净方差。

在整个测试集中，式（6-34）可以推广如下，即

$$E_x[\mathrm{EL}(\mathcal{L}, \boldsymbol{x})] = E_x[B(\boldsymbol{x})] + E_x[V_\mathrm{J}(\boldsymbol{x})] \tag{6-35}$$

式中，$E_x[\cdot]$ 表示对 $\boldsymbol{x}$ 求均值。

## 6.4 支持向量机核函数及其参数选择与实验

### 6.4.1 SVM 核函数及其参数的选择算法

SVM 的核函数及其参数是影响 SVM 分类器的分类性能的重要因素。本节在研究分类器的识别错误率的偏差和方差分解原理的基础上，结合 SVM 分类器的固有特点，提出了 SVM 分类器核函数及其参数选择算法，如算法 6.1 所示。这个算法的核心思想是：先用穷举搜索算法建立 SVM 核函数参数与 SVM 分类器识别错误率的偏差和方差之间的关系，再根据建立的关系并结合 SVM 的固有特点，选择适合实际分类问题的 SVM 核函数及其参数。采用穷举搜索算法的原因主要是：SVM 核函数的参数很少，因此这里采用穷举搜索算法并不比其他启发式搜索算法耗费更多的时间；更重要的是，采用穷举搜索算法可以得到全局最优解。

**算法 6.1：SVM 核函数及其参数选择算法**

将所有样本数据划分为训练集和测试集
for $j = 1 : k$

从训练集中随机选择一定数目的样本组成一个子训练集 $D(j)$；
end
for 对于 SVM 特定核函数的参数的每个取值
    for $i=1:$ SampleN （SampleN 为测试集中的样本个数）
        for $j=1:k$
            用 $D(j)$ 训练 SVM 分类器 $f_{D(j)}$
            SV_N($j$) =支持向量的数目
            用分类器 $f_{D(j)}$ 测试样本 $\boldsymbol{x}_i$
        end
        计算测试样本 $\boldsymbol{x}_i$ 的 $B(\boldsymbol{x}_i)$、$V_j(\boldsymbol{x}_i)$
    end
    计算 $E_x[B(\boldsymbol{x})]$、$E_x[V_j(\boldsymbol{x})]$
    计算测试样本的平均识别错误率
    计算训练样本的平均识别错误率
    计算平均支持向量个数 ASV_N = SV_N / $k$
end
根据计算结果选择最佳核函数及其参数

## 6.4.2 水声目标数据的 SVM 核函数及其参数选择实验

本节针对所用特征不同的三个水声目标样本集进行了核函数及其参数选择实验。首先，随机选择全部 1920 个水声目标样本中的一半，即 960 个样本作为核函数及其参数选择实验的数据。然后，随机地将所选的 960 个样本分成训练集（400 个样本）和测试集（560 个样本）。最后，用算法 6.1 进行特定核函数的参数选择。

本实验对三种常用的核函数进行了选择，发现径向基函数支持向量机（Radial Basis Function Support Vector Machine，RBFSVM）核函数具有更好的分类性能，因此下面仅列出在三个水声目标样本集上进行的 RBFSVM 核函数及其参数选择实验结果。由于 RBFSVM 核函数的参数 $\sigma$ 以及错分惩罚因子 $C$ 都对 RBFSVM 分类器的分类性能有重要影响，因此这里将这两个参数统称为核函数参数。RBFSVM 核函数参数选择实验的初始设置如表 6-1 所示。

表 6-1 参数选择实验的初始设置

| 名 称 | 数 值 |
|---|---|
| 测试集样本数目 | 560 个 |
| 训练集样本数目 | 400 个 |
| 子训练集样本数目 | 200 个 |
| 子测试集样本数目 | 100 个 |
| RBFSVM 核函数的参数 $\sigma$ | $2^{-5} \sim 2^{10}$（步进为 2） |
| 错分惩罚因子 $C$ | $2^{-6} \sim 2^{14}$（步进为 2） |

在三个水声目标样本集上进行 RBFSVM 核函数参数选择实验的实验结果如图 6-3（传统特征）、图 6-4（听觉特征）和图 6-5（混合特征）所示。

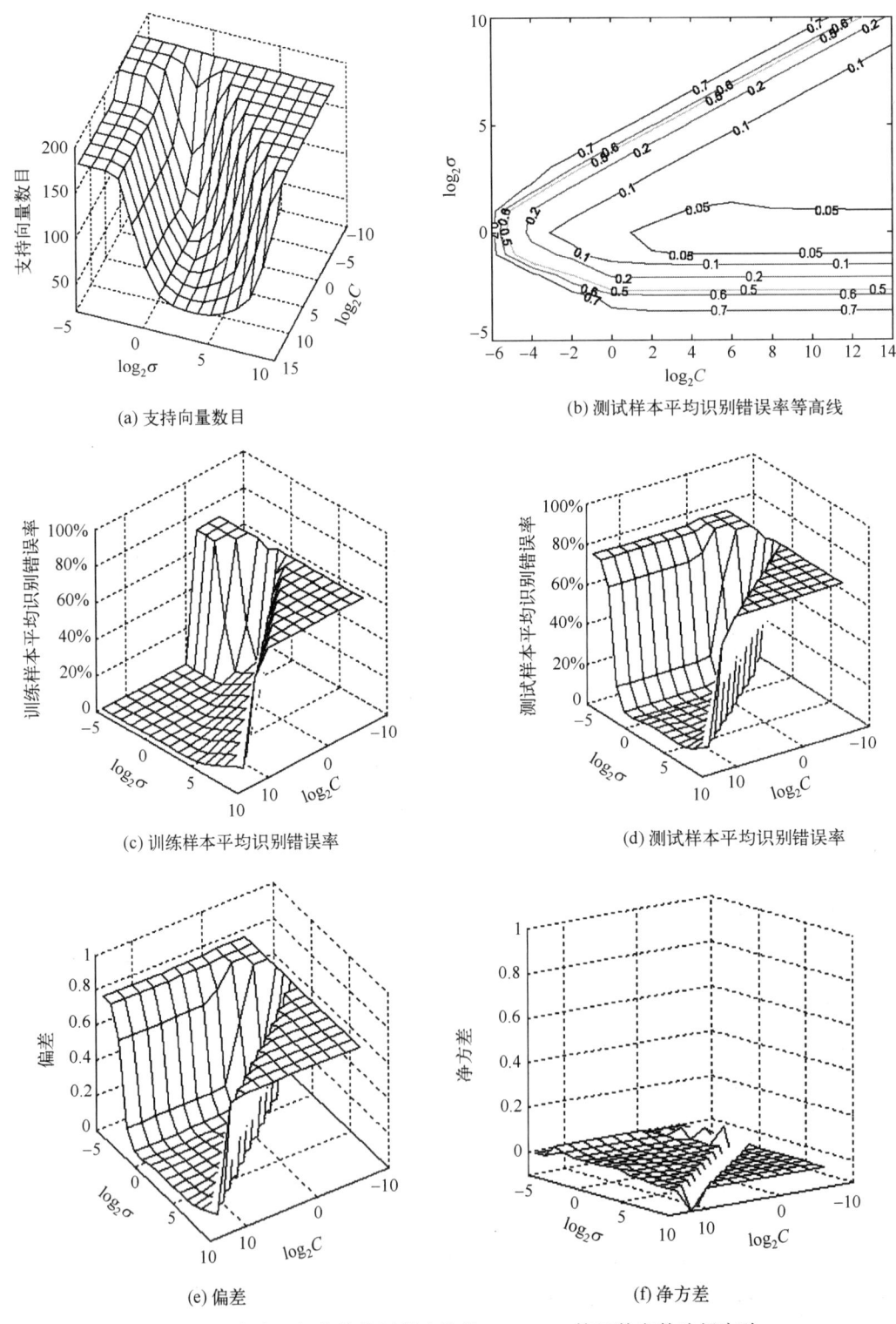

图 6-3 水声目标传统特征样本集的 RBFSVM 核函数参数选择实验

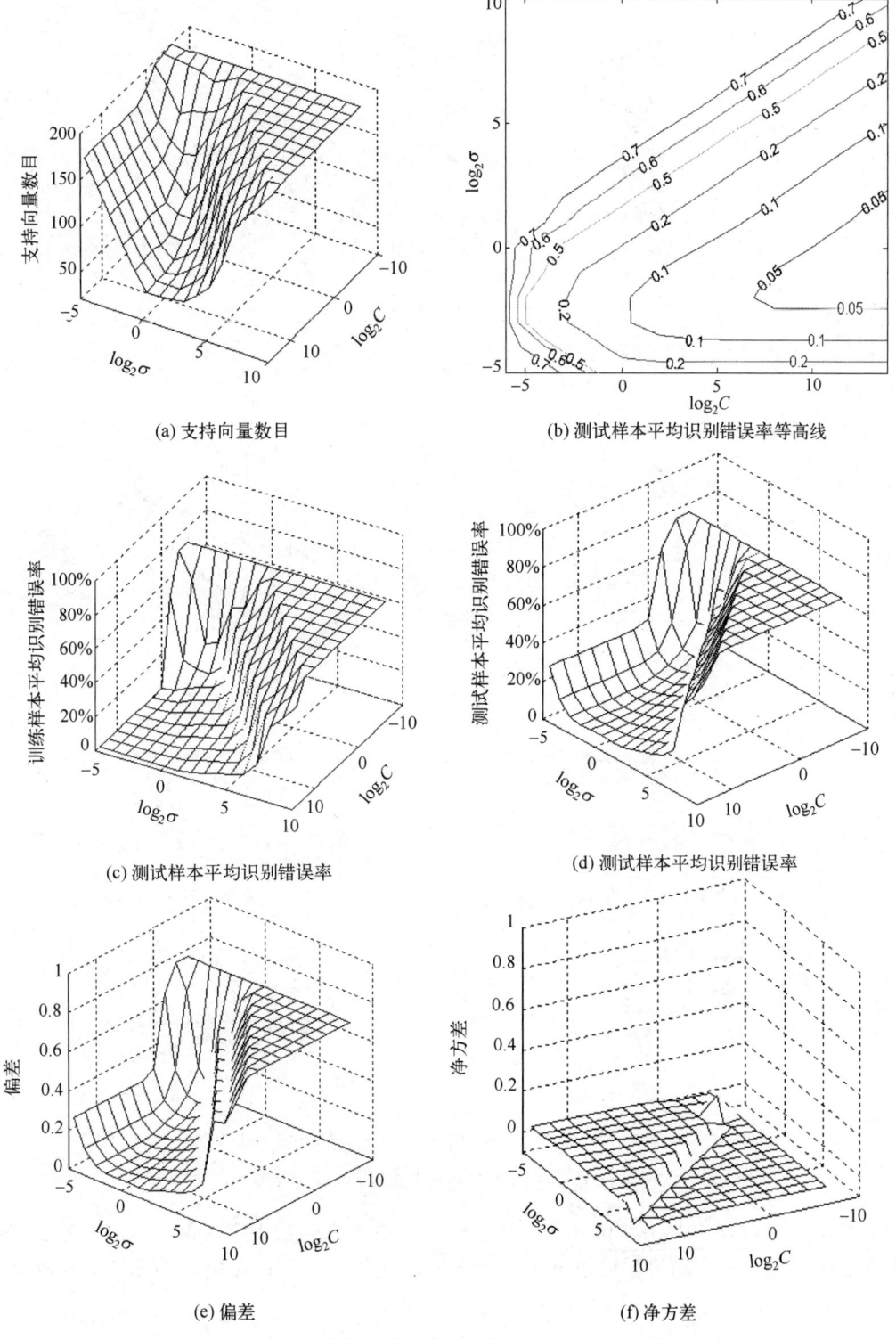

图 6-4 水声目标听觉特征样本集的 RBFSVM 核函数参数选择实验

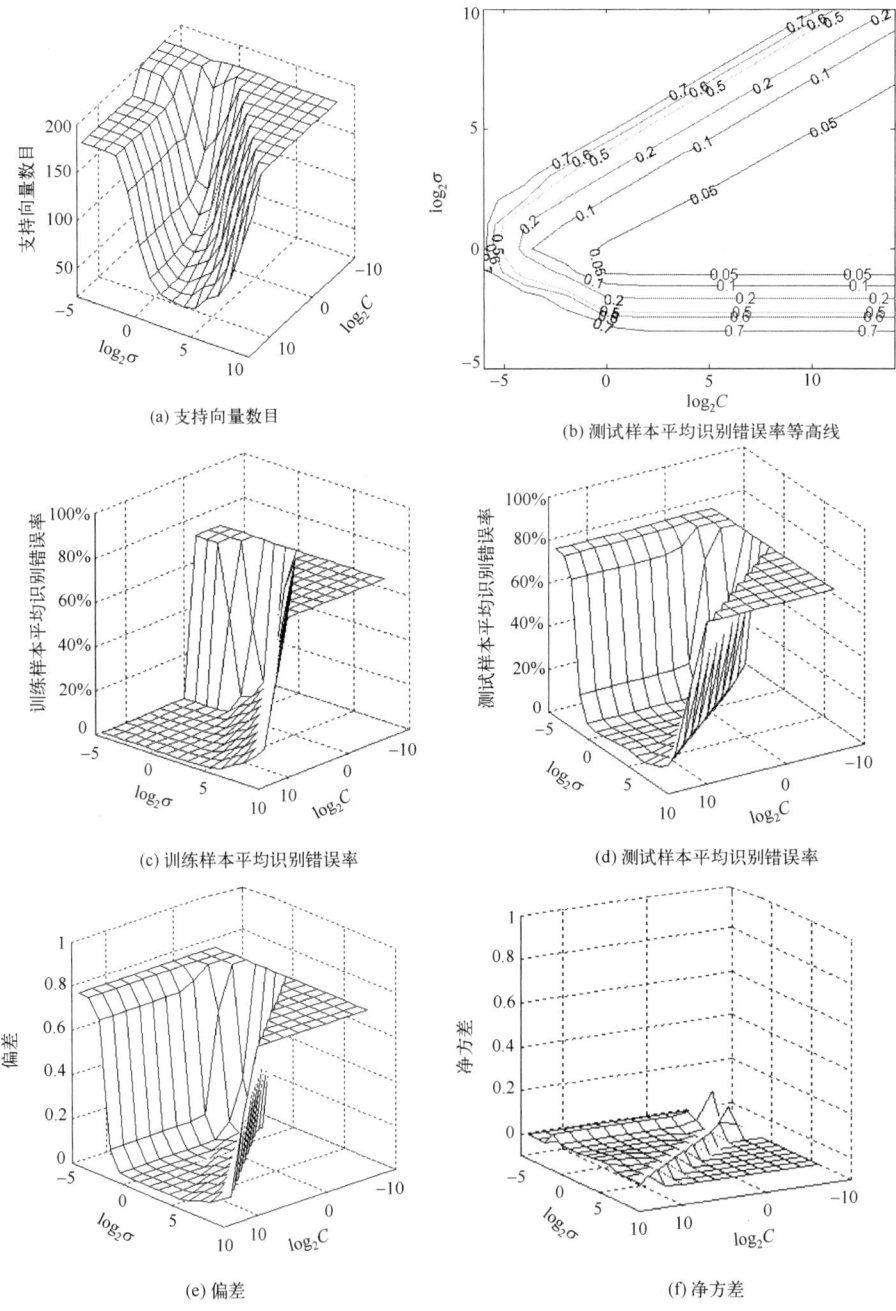

图 6-5 水声目标混合特征样本集的 RBFSVM 核函数参数选择实验

从图 6-3、图 6-4 和图 6-5 可看到，测试样本的平均识别错误率、偏差、净方差、支持向量数目都有一定的变化趋势，可以分为三个区间，这三个区间按照偏差的变化分为高值区、剧降区和低值区。

1）高值区

在这个区间，偏差高于 0.7，训练样本几乎都成为支持向量（子训练集的样本数目是 200 个，支持向量数目大于 170 个）。

当 $C$ 比较小的时候，学习算法没有有效地学习，处于欠学习状态。从图 6-3 可以看到，这时的训练样本的平均识别错误率和测试样本的平均识别错误率都很高,几乎都在70%左右。

当 $C$ 逐渐增大,$\sigma$ 值仍然很小时,学习算法处于过学习的状态。这时,训练样本的平均识别错误率很小(在1%左右),但是测试样本的平均识别错误率仍然很高,还在70%左右。

在高值区,偏差很大,净方差几乎为 0,所以高偏差导致了测试样本的平均识别错误率很高,这说明是学习算法本身的系统误差,即核函数参数的选择不合适导致了测试样本的平均识别错误率很高。

2)剧降区

在这个区间,偏差减小得很快,支持向量数目减小得也很快。

当 $\sigma$ 增大到一定值的时候,学习算法开始有效学习,支持向量数目开始迅速减小,支持向量数目从 190 个迅速减小到 100 个左右。而此时,偏差也迅速减小,在图 6-5 中,虽然净方差有所增大,但是增大速度远不如偏差减小的速度,所以测试样本的平均识别错误率也减小了很多,同时训练样本的平均识别错误率几乎为 0。系统误差导致的偏差减小了,说明 SVM 分类器的核函数参数的选择趋于合理了。

3)低值区

在这个区间,偏差很小,支持向量数目也保持在一个较低的范围。这时,偏差、净方差都很小,所以测试样本的平均识别错误率也保持在很低的值。说明在这个范围内,SVM 分类器的核函数参数的选择是合理的。

从以上实验,可以得到以下结论。

(1)核函数参数的选择极为重要,对分类器性能的影响很大。当参数选择得合适时,SVM 分类器可以得到令人满意的识别准确率,而当参数选择不尽合理时,识别准确率和随机猜测的结果相近。

(2)核函数参数的选择有一个较大的范围,在这个范围内用选择参数构成的分类器都可以达到较高的识别准确率。

(3)SVM 分类器的分类性能由支持向量决定,非支持向量在最终的判决函数中没有作用。支持向量在训练样本中所占的比例可以用来估计 SVM 分类器的分类性能。

(4)传统特征和听觉特征以及二者构成的混合特征都是水声目标的有效特征。

根据以上分析,将测试样本的平均识别错误率低于 10%的参数取值范围定为有效参数取值范围。三种水声目标样本集的有效参数取值范围如图 6-6 所示。

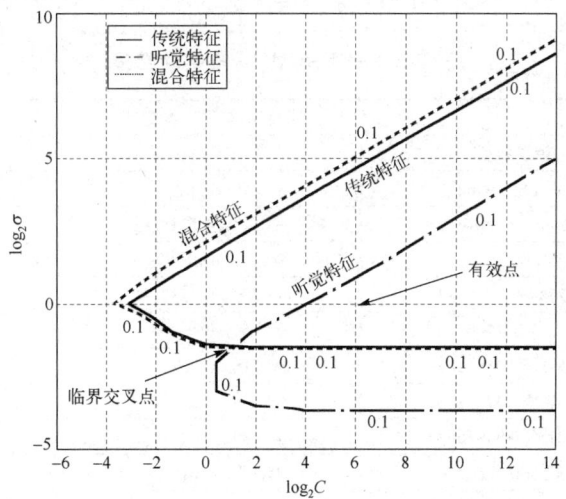

图 6-6 有效参数取值范围

## 6.5 水声目标识别实验

本实验的目的：在多个样本集（三个采用不同特征的水声目标样本集以及公共数据集）上验证核函数参数选择的重要性，并对比神经网络分类器的分类性能和推广能力。

### 6.5.1 水声目标数据的分类识别实验

实验数据如下。
（1）三个水声目标样本集；
（2）如表 6-2 所示，将 1920 个水声目标样本划分为 9 组训练集和测试集（测试集样本不包含训练样本）。为了避免样本选取的随机性给实验结果带来随机性，9 组实验分别进行 20 次，最终取 20 次实验结果的平均值。

表 6-2　实验样本

| 样本组 | 组1 | 组2 | 组3 | 组4 | 组5 | 组6 | 组7 | 组8 | 组9 |
|---|---|---|---|---|---|---|---|---|---|
| 训练集样本数目/个 | 192 | 384 | 576 | 768 | 960 | 1152 | 1344 | 1536 | 1728 |
| 测试集样本数目/个 | 1728 | 1536 | 1344 | 1152 | 960 | 768 | 576 | 384 | 192 |

实验所用的分类器如下。
1）支持向量机分类器

从图 6-6 可以清楚地看到针对水声目标的 SVM 分类器的有效参数取值范围。这里选择两个有代表意义的点，用其所对应的参数取值构造两个 SVM 分类器——RBFSVM1 和 RBFSVM2。第一个参数选择点是图 6-6 中的临界交叉点，这个点对于三个水声目标样本集来说都处于有效参数取值范围的临界点，并且是三个范围的交叉点。第二个参数选择点是三个有效参数取值范围的交集中的一点。两个 SVM 分类器的参数取值如下所示。

RBFSVM1：$\sigma = 0.35$，$C = 2$。
RBFSVM2：$\sigma = 1$，$C = 64$。

分类实验结果如表 6-3 和表 6-4 所示。

表 6-3　RBFSVM1 分类实验结果

| 样本组 | 识别准确率±均方差 | | |
|---|---|---|---|
| | 传统特征 | 听觉特征 | 混合特征 |
| 组 1 | 83.31%±0.3956e-3 | 87.05%±0.4805e-3 | 54.05%±8.2371e-3 |
| 组 2 | 91.20%±0.7781e-3 | 93.11%±0.1338e-3 | 73.85%±1.5126e-3 |
| 组 3 | 94.75%±0.0649e-3 | 95.41%±0.1180e-3 | 79.79%±4.4719e-3 |
| 组 4 | 96.27%±0.2630e-3 | 97.22%±0.0633e-3 | 83.21%±3.5437e-3 |
| 组 5 | 96.94%±0.4590e-3 | 97.35%±0.1130e-3 | 85.27%±3.5745e-3 |
| 组 6 | 97.59%±0.0131e-3 | 97.71%±0.0039e-3 | 86.85%±0.4012e-3 |
| 组 7 | 97.67%±0.0722e-3 | 98.19%±0.0521e-3 | 90.14%±0.4430e-3 |
| 组 8 | 97.81%±0.0496e-3 | 98.28%±0.0292e-3 | 90.00%±0.3714e-3 |
| 组 9 | 97.81%±0.1004e-3 | 98.85%±0.0190e-3 | 90.73%±0.2568e-3 |

表 6-4 RBFSVM2 分类实验结果

| 样本组 | 识别准确率±均方差 | | |
|---|---|---|---|
| | 传统特征 | 听觉特征 | 混合特征 |
| 组 1 | 95.24%±0.1920e-4 | 93.16%±0.0244e-3 | 86.74%±0.4156e-4 |
| 组 2 | 96.26%±0.1370e-4 | 94.83%±0.1782e-3 | 86.93%±0.0904e-4 |
| 组 3 | 96.63%±0.0664e-4 | 95.60%±0.0007e-3 | 87.11%±0.1126e-4 |
| 组 4 | 96.86%±0.0025e-4 | 97.61%±0.0008e-3 | 87.57%±0.1582e-4 |
| 组 5 | 97.01%±0.0026e-4 | 97.95%±0.0047e-3 | 90.09%±0.0326e-4 |
| 组 6 | 97.96%±0.0057e-4 | 98.01%±0.0073e-3 | 91.78%±0.0057e-4 |
| 组 7 | 98.04%±0.0090e-4 | 98.43%±0.0070e-3 | 92.83%±0.0301e-4 |
| 组 8 | 98.14%±0.0100e-4 | 98.90%±0.0271e-3 | 92.93%±0.0226e-4 |
| 组 9 | 98.34%±0.0160e-4 | 98.95%±0.0362e-3 | 93.83%±0.0904e-4 |

2）神经网络分类器

针对水声目标样本，设计了一个 3 层反向传播神经网络（Back Propagation Neural Network，BPNN）分类器，输入层单元数是样本特征维数，输出层神经元个数是目标的类别数，隐藏层神经元的个数用 10 折交叉确认法进行选择后设定为 30 个。各层的激励函数分别为 S 形激活函数和线性激活函数。该 BPNN 的训练参数为最大循环次数 1000 次，期望误差的最小值为 0.01，修正权重的学习率是 0.01。

BPNN 分类实验结果如表 6-5 所示。

表 6-5 BPNN 分类实验结果

| 样本组 | 识别准确率±均方差 | | |
|---|---|---|---|
| | 传统特征 | 听觉特征 | 混合特征 |
| 组 1 | 88.85%±0.4056e-3 | 83.04%±0.2500e-3 | 71.26%±5.3678e-3 |
| 组 2 | 93.26%±0.2660e-3 | 85.54%±0.1400e-3 | 82.79%±0.4896e-3 |
| 组 3 | 93.99%±0.9001e-3 | 89.52%±0.0079e-3 | 86.77%±3.5563e-3 |
| 组 4 | 94.97%±1.7367e-3 | 89.62%±0.0078e-3 | 87.43%±0.3728e-3 |
| 组 5 | 95.27%±0.6021e-3 | 90.16%±0.0058e-3 | 87.60%±2.1286e-3 |
| 组 6 | 95.83%±0.0968e-3 | 92.49%±0.3286e-3 | 90.05%±0.0661e-3 |
| 组 7 | 97.01%±0.4561e-3 | 95.31%±0.2087e-3 | 91.13%±0.1221e-3 |
| 组 8 | 97.81%±0.1029e-3 | 95.14%±2.3210e-3 | 91.29%±0.2262e-3 |
| 组 9 | 98.12%±0.1637e-3 | 95.83%±2.1006e-3 | 92.38%±0.0633e-3 |

## 6.5.2 公共数据集 SVM 分类识别实验

在进行公共数据集 SVM 分类识别实验前，对各个数据集也用算法 6.1 选择了合适的 RBFSVM 核函数参数。为了检验训练样本数目对 RBFSVM 以及 BPNN 两种分类器的分类性能的影响，分别选训练样本较多和较少的两种情况进行对比。样本数目如表 6-6 所示，表 6-7 给出了两种分类器对各个公共数据集的分类识别实验结果。

表 6-6　分类识别实验的样本数目

| 公共数据集名称 | $\sigma$ | $C$ | 组 1 | | 组 2 | |
| --- | --- | --- | --- | --- | --- | --- |
| | | | 训练样本数目/个 | 测试样本数目/个 | 训练样本数目/个 | 测试样本数目/个 |
| Wine | 0.3 | 8 | 58 | 118 | 88 | 88 |
| Sonar | 1.4 | 100 | 34 | 170 | 102 | 102 |
| Vehicle | 0.125 | 128 | 141 | 705 | 423 | 423 |
| Iris | 1 | 8 | 30 | 120 | 90 | 60 |

表 6-7　分类识别实验结果

| 公共数据集名称 | 识别准确率±均方差（组 1） | | 识别准确率±均方差（组 2） | |
| --- | --- | --- | --- | --- |
| | BPNN | RBFSVM | BPNN | RBFSVM |
| Wine | 83.97%±0.0040 | 92.04%±0.0028 | 90.56%±0.0090 | 92.85%±0.0090 |
| Sonar | 50.47%±0.0079 | 73.76%±0.0013 | 73.13%±0.0049 | 84.90%±0.0005 |
| Vehicle | 71.57%±0.0016 | 75.69%±0.3597e-3 | 75.84%±0.0013 | 85.82%±0.2124e-3 |
| Iris | 79.33%±0.0075 | 95.50%±0.0208e-3 | 84.01%±0.0052 | 96.67%±0.6944e-3 |

## 6.5.3　实验结论

根据实验结果，可以得到如下结论。

（1）SVM 核函数及其参数的选择极为重要，对 SVM 分类器分类性能的影响很大。有效参数取值范围临界点所对应的分类器的分类性能不如在有效参数取值范围中间所对应的分类器的分类性能。

（2）在水声目标识别实验中，当 SVM 分类器的核函数及其参数选择适当时，RBFSVM 分类器比 BPNN 分类器具有更好的分类性能。要达到相同的识别准确率，BPNN 分类器比 RBFSVM 分类器需要更多的训练样本。

（3）当学习样本数目较小时，即在小样本情况下，RBFSVM 分类器对测试样本的识别准确率显著高于 BPNN 分类器对测试样本的识别准确率，这说明 RBFSVM 分类器在小样本情况下比 BPNN 分类器具有更好的泛化性。

（4）在公共数据集的分类识别实验中，SVM 分类器具有比 BPNN 分类器更好的分类能力和推广能力。

（5）对相同的水声目标信号提取不同的特征，从而构成了三种水声目标样本集。尽管传统特征、听觉特征以及二者构成的混合特征都是水声目标的有效特征，但是不同特征对分类器的有效参数取值范围、分类性能有很大的影响。同时，要达到同样的识别准确率，用混合特征样本集训练的分类器比用传统特征样本集以及听觉特征样本集训练的分类器需要更多的训练样本，这就产生了一个问题：在混合特征里，哪些特征的存在会导致学习算法对类别的概念学习不正确，从而降低了分类器的分类性能呢？解决这一问题的有效方法就是对目标数据的识别特征进行选择，剔除目标数据中的不相关特征和冗余特征，减小识别特征的维数。有关特征选择的研究详见第 5 章。

（6）水声目标特征的增多使得分类问题变得更加复杂，有时会降低分类器的识别准确率。除了特征选择，分类器集成也可以提高分类器的分类性能。有关 SVM 分类器集成的研究也将在后续章节详细讲述。

## 6.6 本章小结

本章研究了基于统计学习理论的通用而有效的机器学习算法：支持向量机。分析了支持向量机的基本性质。分析了水声目标识别支持向量机识别错误率的偏差和方差分解原理，并基于学习算法识别错误率的偏差和方差分解原理提出了支持向量机核函数及其参数选择方法。深入研究了 SVM 的分类性能与核函数类型、核函数参数、支持向量、训练样本数目等之间的关系。对三个水声目标样本集和公共数据集进行了分类识别实验，实验结果表明，在选择合适的核函数及其参数的情况下，SVM 分类器具有比 BPNN 分类器更好的分类能力和推广能力。实验结果进一步表明，特征选择工作具有重要意义，同时凸显了持续提升 SVM 分类器分类性能的重要性。

# 第7章 基于单类分类支持向量机的水声目标半监督识别方法

在现代海战实践中,准确、及时地识别水下目标是克敌制胜的极其重要的环节。利用水下目标辐射噪声信号的特性进行分类识别,在安全性与隐蔽性方面有着很大的优势。

至今,水下目标辐射噪声信号的分类识别主要指利用训练有素的声呐员的人耳听觉系统来识别目标。利用人识别目标面临着两个主要的问题。一方面水下目标类别很多,同类目标间的特征离散性以及异类目标间的特征相似性使得水声目标识别非常困难,现代水下目标的降噪处理更是雪上加霜。但人的能力是有限的,这使得即便是训练有素的声呐员在识别目标时也越来越困难且需要较长的时间。另一方面,判断结果还受声呐员本身的身体状况、心理因素等的影响较大。因此,水下目标自动识别方法的研究、实施水下目标自动识别、防止水下目标突袭是当代战争的核心需求。对水下目标辐射噪声信号的识别方法的研究成果不仅可以应用于国防,还可以用于其他领域,如海洋生物研究、海底资源开发、语音信号识别、机械故障诊断以及临床医疗诊断等。因此,水下目标自动识别方法的研究工作对国民经济和国防建设都具有重要的理论意义。

传统水声目标识别方法一般需要多个类别的样本,从而设计两分类和多分类的分类器。而在水下目标识别(如敌我识别等)应用领域会遇到极端情况,即只有一类样本可用于训练分类器,而两分类和多分类方法不能很好地适应这种分类问题。所以只能从已采样的目标类样本中进行学习并形成一个对该类别的数据描述,然后根据给定或设计的相似性度量,设定阈值来判别新样本的归属。因只使用一类实例,故称为单类分类(One Class Classification)。在水下目标识别研究中,相对于两分类和多分类分类器的设计研究,单类分类器设计相关的研究并不多见,因此,探索单类分类算法在水下目标识别中的应用具有重要的国防意义。

## 7.1 单类分类支持向量机原理与算法实现

单类分类支持向量机分类算法是标准支持向量机针对单类样本分类问题的一种扩展。单类分类支持向量机算法包括:单类分类支持向量机(One-Class SVM,OCSVM)算法和支持向量数据描述(Support Vector Data Description,SVDD)算法。目前,针对上述两种算法,国内外研究人员在算法本身的改进和算法的实际应用方面展开了研究。

### 7.1.1 单类分类支持向量机算法

2001 年,Schölkopf 等人基于统计学习理论深入研究了单类分类问题,为了对支持向量机的 VC 维进行估计,提出了基于 SVM 的分类超平面和最大分类间隔思想的 OCSVM 算法,算法在训练时寻找一个由支持向量表示的超平面,并最大化超平面和原点之间的间隔,它巧妙地利用了原点作为负类的代表,可以作为两分类问题的一个特殊情况。

给定训练集 $\{x_i \mid x_i \in \mathbb{R}^n, i=1,2,\cdots,n\}$,通过一个非线性映射 $\phi$ 将训练样本映射到特征空间

$F$ 中。超平面将样本与原点以间隔 $\rho$ 分开,通过最大化原点到目标数据间的欧氏距离 $\rho/\|w\|$ 来寻找最优超平面,其中 $w$ 为超平面的法向量,$\rho$ 为超平面的截距,使超平面尽可能远离原点,从而最小化大部分目标数据所在的正半空间。

为使算法具有一定的鲁棒性,引入松弛因子 $\xi_i \geq 0$,此时 OCSVM 的目标函数如下

$$\begin{cases} \min \dfrac{1}{2}\|w\|^2 - \rho + \dfrac{1}{vN}\sum_{i=1}^{n}\xi_i \\ \text{s.t.} \ \ w^\mathrm{T} \cdot \phi(x) \geq \rho - \xi_i \\ \xi_i \geq 0, \ i = 1, 2, \cdots, n \end{cases} \tag{7-1}$$

式中,$N$ 是训练集中的样本数目;$v \in (0,1]$ 是预先定义的百分比参数估计,与标准支持向量机中的错分惩罚因子 $C$ 的作用相似,只是它具有更丰富的几何意义,即该变量与支持向量个数密切相关,是边界支持向量个数的上界、全部支持向量个数的下界,因此也称为 $v$ 属性。

为了求解二次规划问题,引入拉格朗日(Lagrange)函数

$$L(w,\xi,\alpha,\beta) = \frac{1}{2}w^\mathrm{T}w - \rho + \frac{1}{vN}\sum_{i=1}^{n}\xi_i - \sum_{i=1}^{n}\alpha_i(w^\mathrm{T} \cdot \phi(x) - \rho + \xi_i) - \sum_{i=1}^{n}\beta_i\xi_i \tag{7-2}$$

式中,拉格朗日乘子 $\alpha_i, \beta_i > 0$,对式(7-2)进行优化

$$\begin{cases} \dfrac{\partial L}{\partial w} = 0 \rightarrow w = \sum_{i=1}^{n}\alpha_i\phi(x_i) \\ \dfrac{\partial L}{\partial \rho} = 0 \rightarrow \sum_{i=1}^{n}\alpha_i = 1 \\ \dfrac{\partial L}{\partial \xi_i} = 0 \rightarrow \alpha_i = \dfrac{1}{vN} - \beta_i \end{cases} \tag{7-3}$$

将式(7-3)代入式(7-2),可得到式(7-1)的对偶问题

$$\begin{cases} \min\limits_{\alpha_i} \ \sum_{i,j=1}^{n}\alpha_i\alpha_j K(x_i, x_j) \\ \text{s.t.} \ \sum_{i=1}^{n}\alpha_i = 1 \\ 0 \leq \alpha_i \leq \dfrac{1}{vN} \end{cases} \tag{7-4}$$

对于任意满足 $\alpha_k > 0$ 且 $\xi_k = 0$ 的样本点,根据式(7-4)的约束条件,$\rho$ 可以表示为

$$\rho = w^\mathrm{T} \cdot \phi(x_k) = \sum_{i=1}^{n}\alpha_i K(x_i, x_k) \tag{7-5}$$

求解式(7-5)的优化问题,可得决策函数

$$f(x) = \mathrm{sign}(w \cdot \phi(x) - \rho) \tag{7-6}$$

## 7.1.2 支持向量数据描述算法

1999年,David M. J. Tax在SVM理论的基础上提出了一种数据描述算法——支持向量数据描述(Support Vector Data Description,SVDD)算法。该算法通过非线性变换将目标样本映射到一个高维特征空间,在这个特征空间中建立一个封闭紧凑的$\Omega$域,使得被描述的目标样本全部或尽可能多地在$\Omega$域内。支持向量数据描述示意图如图7-1所示。

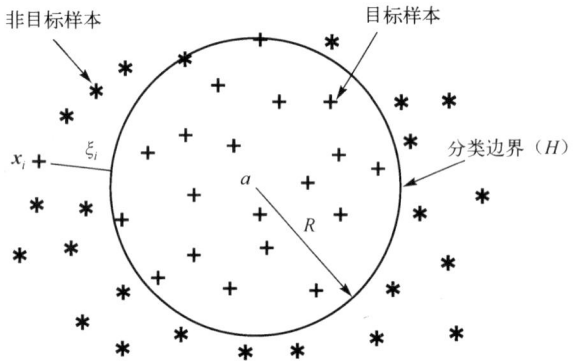

图7-1 支持向量数据描述示意图

支持向量数据描述的基本思想是把要描述的对象作为一个整体,在高维特征空间中建立一个最小的超球体,使被描述的对象全部或尽可能多地落在该超球体内,而非该类对象没有或尽可能少地位于该超球体内。超球体内的点被认为属于目标类,而超球体外的点则被认为不属于该类,从而达到两类分开的目的。SVDD是一种典型的单类分类器,通过建立包围目标类的超球体来拒绝非目标类数据,可以应用于人脸检测、车牌识别等多类识别问题之中。

假设训练样本$X$包含$N$个目标样本,$X=\{x_1,x_2,\cdots,x_n\}$,SVDD的目的是寻找一个最小体积的球以包含大多数乃至所有的样本对象,这种方法对于那些远离目标样本的奇异样本非常敏感。当训练集中有一个或一些奇异样本时,将会得到一个不能很好地描述样本的相当大的球,为此引入松弛因子$\xi_i$,允许部分样本落在超球体之外。

寻找一个由球心$a$和半径$R$描述的最小超球体的过程可以转换为如下的优化问题

$$\begin{cases} \min R^2 + C\sum_{i=1}^{n}\xi_i \\ \text{s.t. } (\boldsymbol{x}_i-a)^{\text{T}}(\boldsymbol{x}_i-a) \leq R^2+\xi_i \\ \xi_i \geq 0, i=1,2,\cdots,n \end{cases} \tag{7-7}$$

式中,参数$C$对错分样本进行惩罚,实现在球的大小和错分样本之间的平衡。该问题的对偶问题为

$$\begin{cases} \max \sum_{i=1}^{n}\alpha_i(\boldsymbol{x}_i\times\boldsymbol{x}_i)-\sum_{i,j=1}^{n}\alpha_i\alpha_j(\boldsymbol{x}_i\times\boldsymbol{x}_j) \\ \text{s.t. } 0\leq\alpha_i\leq C, \sum_{i=1}^{n}\alpha_i=1 \end{cases} \tag{7-8}$$

求解上述对偶问题,可得到最小超球体。超球面上的点对超球体的确定起着关键作用,

称为支持向量,这些支持向量所对应的 $\alpha_i$ 不为 0。

通常情况下,即使排除了偏远的样本,数据也不会呈球形分布,所以一般无法取得一个较好的描述。这时可以通过引入核函数 $K(x_i, x_j)$ 将样本映射到高维特征空间。式(7-8)可转换为对偶问题

$$\begin{cases} \max \sum_{i=1}^{n} \alpha_i K(x_i, x_i) - \sum_{i,j=1}^{n} \alpha_i \alpha_j K(x_i, x_j) \\ \text{s.t.} \quad 0 \leqslant \alpha_i \leqslant C, \sum_{i=1}^{n} \alpha_i = 1 \end{cases} \tag{7-9}$$

通过计算待测数据 $z$ 到球心的距离可以得知此数据是否位于超球体内,当该距离满足式(7-10)时,待测数据 $z$ 被接受为目标数据

$$(z-a)^{\mathrm{T}}(z-a) \leqslant R^2 \tag{7-10}$$

当使用核函数将待测数据映射到高维特征空间并以支持向量的形式表示球心时,式(7-10)可改写为

$$K(z,z) - 2\sum_{i=1}^{n} \alpha_i K(z, x_i) + \sum_{i,j=1}^{n} \alpha_i \alpha_j K(x_i, x_j) \leqslant R^2 \tag{7-11}$$

### 7.1.3 等价条件分析

观察 OCSVM 的对偶问题[式(7-4)]和 SVDD 的对偶问题[式(7-9)],分析两者的等价条件。式(7-9)可以表示成如下形式

$$\min -\sum_{i=1}^{n} \alpha_i K(x_i, x_i) + \sum_{i,j=1}^{n} \alpha_i \alpha_j K(x_i, x_j) \tag{7-12}$$

此时,如果都采用 RBF 核函数 $K(x_i, x_j) = \exp[-\|x_i - x_j\|^2 / 2\sigma^2]$,则 $K(x_i, x_i) = 1$,并且设有 $C = 1/vN$,式(7-12)简化为

$$\begin{cases} \min -1 + \sum_{i,j=1}^{n} \alpha_i \alpha_j K(x_i, x_j) \\ \text{s.t.} \quad 0 \leqslant \alpha_i \leqslant \frac{1}{vN}, \sum_{i=1}^{n} \alpha_i = 1 \end{cases} \tag{7-13}$$

此时,由式(7-13)可知 OCSVM 的对偶问题[式(7-4)]与 SVDD 的对偶问题[式(7-9)]等价,同样它们的决策函数也是等价的。图 7-2 给出了二维空间内采用 RBF 核函数时 OCSVM 算法与 SVDD 算法的几何关系示意图。

从图 7-2 可以看出,SVDD 中心的范数 $\|a\|$ 等于 OCSVM 的分类超平面与原点的间隔 $\rho$,此时可以得到如下结论

$$\|\phi(x) - a\|^2 \leqslant R^2 \Leftrightarrow w_{\text{SVDD}} \cdot \phi(x) - \rho_{\text{SVDD}} \geqslant 0 \tag{7-14}$$

$$w_{\text{SVDD}} = \frac{a}{\|a\|}, \quad \rho_{\text{SVDD}} = \|a\| \tag{7-15}$$

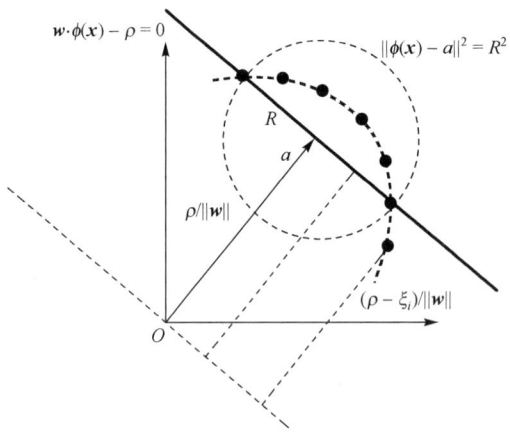

图 7-2　OCSVM 算法与 SVDD 算法的几何关系示意图

## 7.2　参数 $C$、$\sigma$ 对分界面的影响

支持向量数据描述算法中使用得较多的是 RBF 核函数，也称为高斯核函数。这是因为：(1) 高斯核函数具有一般核函数的各种特性；(2) 高斯核函数独立于数据与原点之间的相对位置关系，而仅与数据之间的距离有关；(3) 使用高斯核函数时，模型边界的紧致性较好。它可以将样本非线性映射到无限高维空间，可以处理任意分布的样本，且仅有一个参数 $\sigma$，是应用得最广泛的核函数。所以本节采用 RBF 核函数作为研究对象。下面分两节讨论错分惩罚因子 $C$ 与 RBF 核函数参数 $\sigma$ 对分界面的影响。

### 7.2.1　错分惩罚因子 $C$ 对分界面的影响

以一组人工生成的二维数据为训练样本（样本数量为 100 个），采用 RBF 核函数，固定核函数参数 $\sigma$ 为常数 2，得到图 7-3 所示的 SVDD。NSV（Normal Support Vector）为普通支持向量，BSV（Boundary Support Vector）为边界支持向量，SVs（Support Vectors）为支持向量。

由式（7-4）与式（7-9）得知，$\alpha_i$ 的上限为 $C$（$C = 1/\nu N$，$N$ 为样本总数），支持向量总数的下限为 $1/C$，当 NSV 存在时，支持向量的总数总大于 $1/C$。

由式（7-7）得知，$C$ 作为松弛因子 $\xi_i$ 的系数，用来控制分界面的尺度。考虑两种极端情况，当 $C$ 极大时（本例中，$C > 0.5$ 即可），优化的结果为 $\xi_i = 0$，SVDD 分界面尺度最大，所有样本点都包含在分界面之内；当 $C$ 极小时（本例中，$C < 0.02$ 即可），绝大部分支持向量为 BSV，位于 SVDD 分界面之外，仅有不到 $(N-1)/C$ 个非支持向量样本在分界面之内，SVDD 分界面尺度最小。

由上述分析可以得出，当 $C$ 值较大时，所有的样本都包含在 SVDD 分界面之内，如果有个别远离主样本群，则为了包含这样的样本，分界面内势必会包括大片的空白区域，使得描述精度下降、误检率增大。当 $C$ 值较小时，大量的 BSV 被排除在 SVDD 分界面之外，又会造成漏检率较高。为了达到较高的描述精度和较低的漏检率，要对参数 $C$ 进行合理的选择。

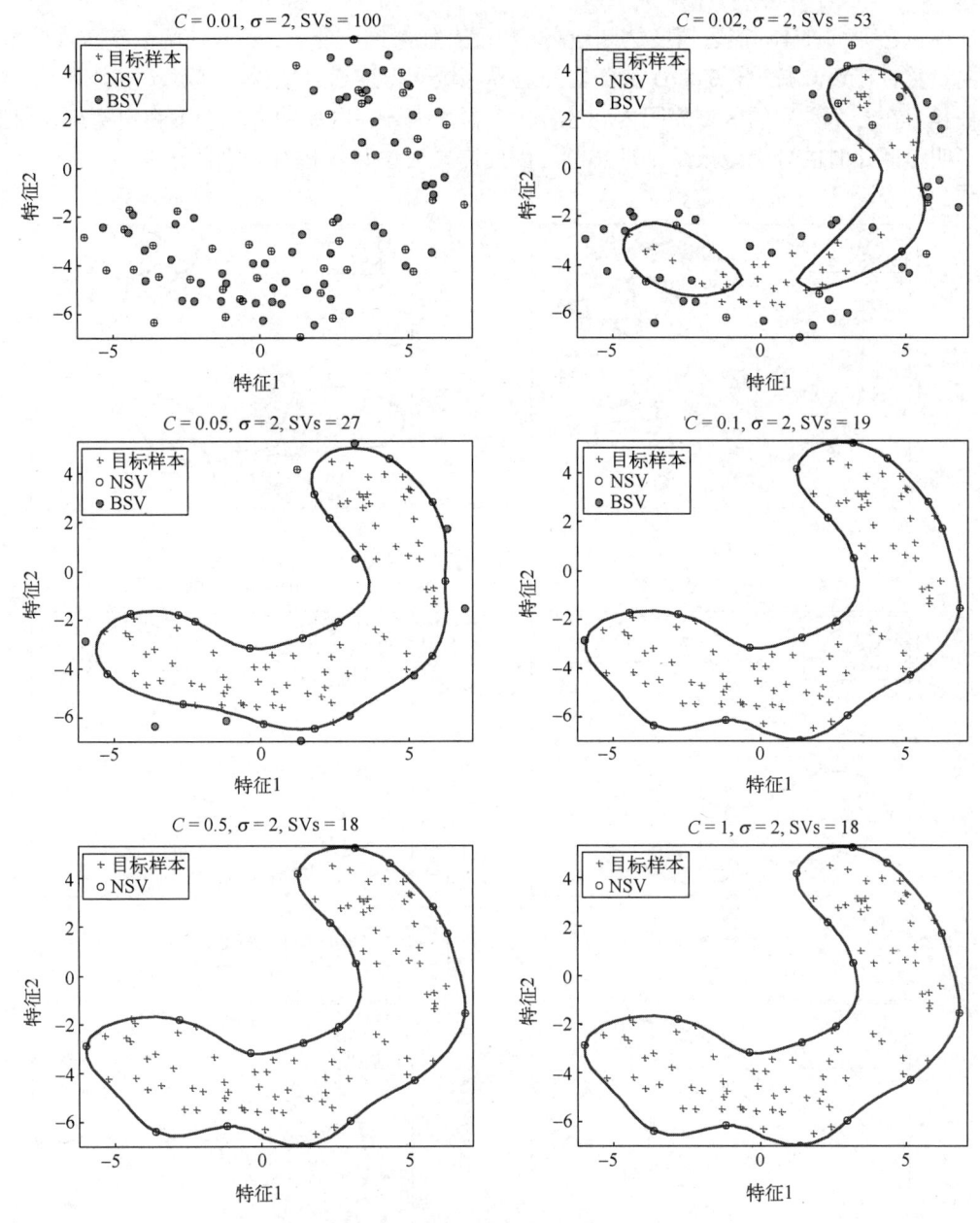

图 7-3 参数 $C$ 取不同值时得到的 SVDD

## 7.2.2 RBF 核函数参数 $\sigma$ 对分界面的影响

RBF 核函数可以将样本非线性映射到无限高维空间,可以处理任意分布的样本,且仅有一个参数 $\sigma$,是应用最广泛的核函数之一。参数 $\sigma$ 取不同值时得到的 SVDD 如图 7-4 所示。

同样以图 7-3 中人工生成的二维数据为训练样本,固定错分惩罚因子 $C$ 为常数 0.05,可得到图 7-4 所示的 SVDD。由图 7-4 可以看出,核函数参数 $\sigma$ 决定了 SVDD 分界面的复杂程度,对 SVDD 分类器性能的好坏起着关键作用。$\sigma$ 减小时,支持向量的数量增大,分界面更加贴近训练样本,虽然提高了描述精度,但是损失了一定的推广能力。取极端情况,当 $\sigma$ 足够小时,

SVDD 仅包含训练样本，描述精度达到最高，却没有任何推广能力。随着核函数参数 $\sigma$ 的增大，支持向量数目在逐渐减小，SVDD 分类器的边界区域变得连通且宽松，直至 $\sigma$ 使得所有的样本全部被包含在一个独立的区域界限内和边界上，再增大 $\sigma$，区域边界只会变得更宽松，图形的变化不明显，此时的分类效果是不理想的，因此需要对参数 $\sigma$ 进行合理的选择。

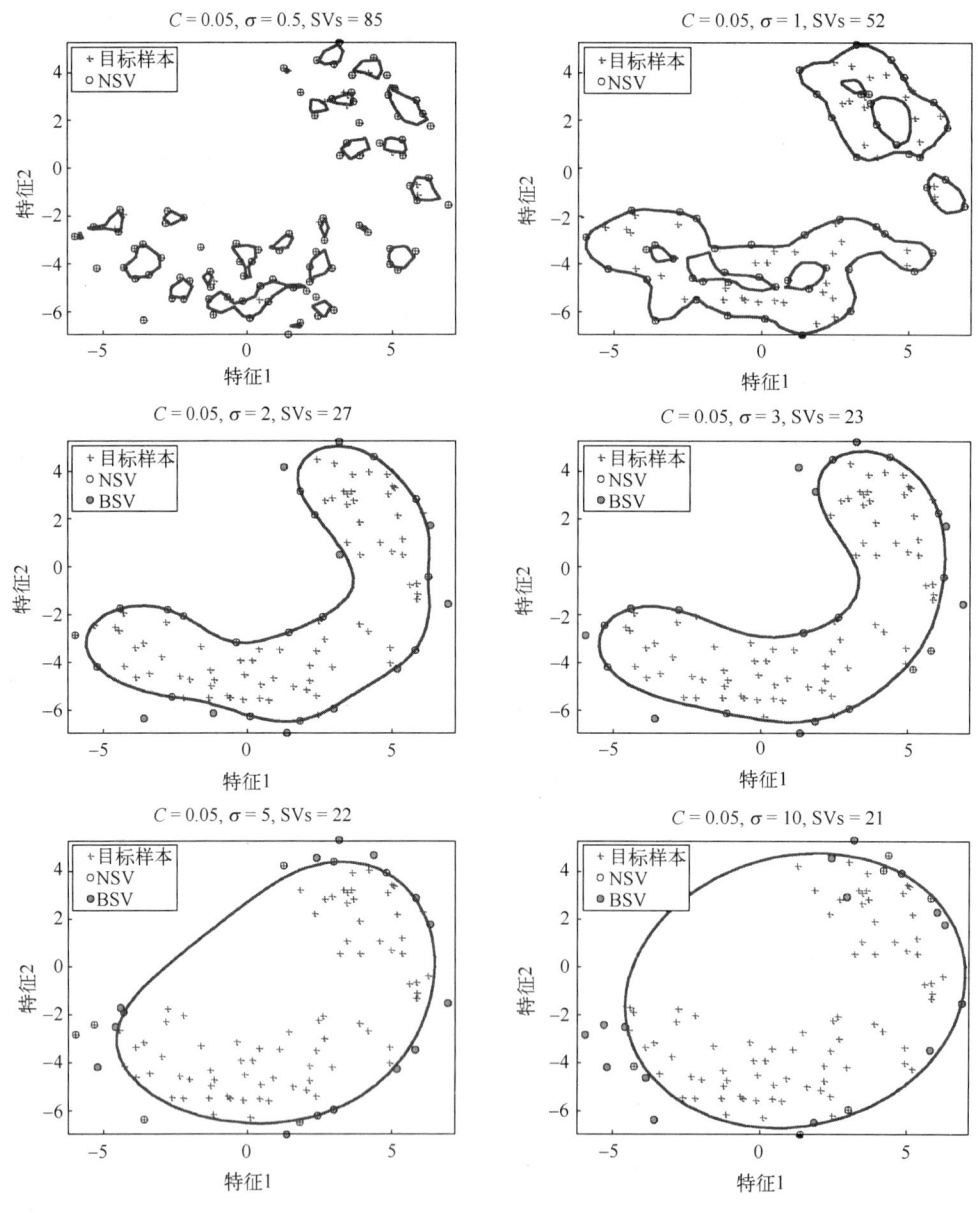

图 7-4 参数 $\sigma$ 取不同值时得到的 SVDD

### 7.2.3 SVDD 参数选择实验

本组实验采用的数据集为人工数据集。所有数据都为二维的，样本数目分别为 300 个、100 个，分别命名为 A 类、B 类。从 A 类数据集中随机抽取 200 个样本作为训练集，用于训练 SVDD 单类分类器和进行参数选择，将剩余 A 类样本与 B 类样本合并作为测试集（样本数目分别为 100 个、100 个），用于测试分类器获得实际识别准确率。

本节主要采用网格搜索法选取最优参数，将 $C$ 和 $\sigma$ 分别取 $M$ 个值和 $N$ 个值，对 $M \times N$ 个 $(C,\sigma)$ 组合分别进行训练，采用 5 折交叉确认法估计其推广识别率（模型在测试集上正确识别样本的比例，又称识别准确率）。在 $M \times N$ 个 $(C,\sigma)$ 组合中选取识别准确率最高的一个作为最优参数。设置 $(C,\sigma)$ 的取值分别为 $C \in [0.1, 0.2, \cdots, 4.9, 5]$、$\sigma \in [0.1, 0.2, \cdots, 4.9, 5]$。采用 5 折交叉确认法评估 SVDD 单类分类器的推广能力，得到图 7-5 和图 7-6 所示的结果。

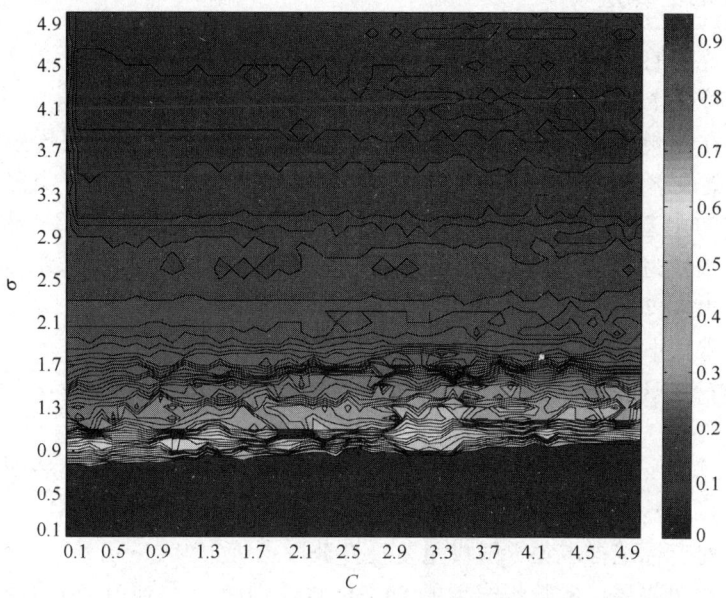

图 7-5　识别准确率随 $C$、$\sigma$ 变化的等值线分布图

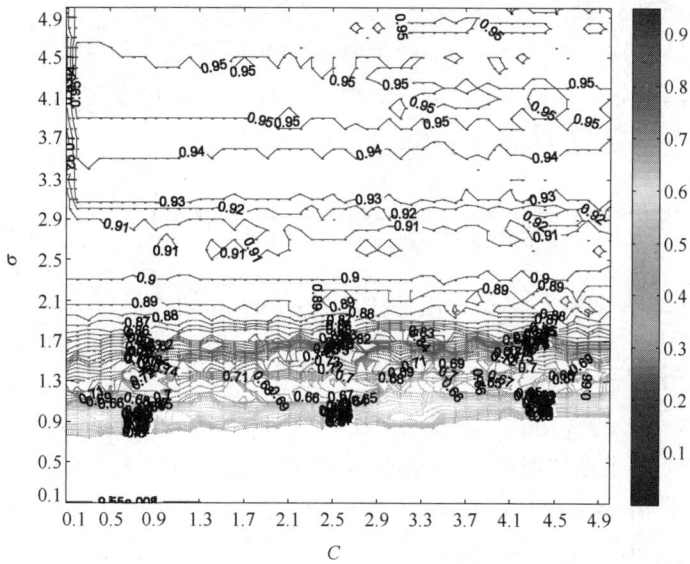

图 7-6　识别准确率随 $C$、$\sigma$ 变化的等值线数值图

从实验结果可以看出，最优参数组合为：$C = 0.2$，$\sigma = 4$。用该参数组合训练 SVDD 单类分类器，在测试集上得到 A 类与 B 类样本的识别准确率为 93% 与 88%。说明选取的最优

参数组合能保证训练的单类分类器准确地识别目标样本、拒绝非目标样本,故采用网格搜索法能选取合理的 $(C,\sigma)$ 参数组合,保证 SVDD 单类分类器的分类性能。

## 7.3 基于 Tri-training 的半监督 SVDD 算法与实验

### 7.3.1 Tri-SVDDE 算法

Tri-training 算法的初始分类器的差异性由不同的初始训练集体现,通过从原始有标记数据集随机重复抽样三个不同的训练集初始化分类器,在算法的迭代过程中分类器不断被优化,直到退出算法。在对测试数据集进行预测时,Tri-training 算法同样采用投票的方式判断样本的类别,类似于集成学习的做法。采用 Tri-training 算法对 SVDD 单类分类器进行协同训练的算法即为 Tri-SVDDE 算法。由于 SVDD 单类分类器的分类性能对错分惩罚因子 $C$ 及 RBF 核函数参数 $\sigma$ 的选取较为敏感,为了保证单类分类器能够正确识别目标样本、拒绝非目标样本,利用有标记样本集 $L$ 对 SVDD 算法的最优参数 $(C,\sigma)$ 进行选择。

具体算法步骤如下。

输入:$L$—有标记样本集(只有一类样本);$U$—无标记样本集(包含多类样本);SVDD—单类分类算法;

Step1:利用有标记样本集 $L$ 及网格搜索法获取 SVDD 算法的最优参数组合 $(C,\sigma)$;

Step2:for $i=1,2,3$ do

    Step2.1:对有标记样本集 $L$ 随机重复抽样获取训练集 $S_i$;

    Step2.2:用选取最优参数组合后的 SVDD 算法训练 $S_i$ 得到单类分类器 $C_i$;

    Step2.3:令 $e_i'=0.5$,$l_i'=0$;

Step3:for $i=1,2,3$ do

    Step3.1:计算识别错误率 $e_i$,$e_i=\text{MeasureError}(C_j \& C_k)(j,k\neq i)$,并令 $L_i=[\,]$;

    Step3.2:若 $e_i<e_i'$,则对 $U$ 中的任意样本 $x\in U$,如果 $C_j$ 和 $C_k$ 对 $x$ 的分类结果一致,那么将样本 $x$ 加入 $L_i$,$L_i=L_i\cup\{(x,C_j(x))\}$。

    Step3.3:如果 $l_i'=0$,则 $l_i'=\left\lfloor\dfrac{e_i}{e_i'-e_i}+1\right\rfloor$;如果 $l_i'<|L_i|$ 并且满足 $e_i|L_i|<e_i'l_i'$,算法继续迭代;如果 $l_i'>\dfrac{e_i}{e_i'-e_i}$,则对 $L_i$ 进行二次抽样,$L_i=\text{Subsample}\left(L_i,\left\lceil\dfrac{e_i'l_i'}{e_i}-1\right\rceil\right)$,算法继续迭代,如果 $l_i'\geq|L_i|$,算法停止迭代。

    Step3.4:for $i=1,2,3$ do

        Step3.4.1:如果迭代继续,则令 $e_i'=e_i$,$l_i'=|L_i|$,$S_i'=S_i\cup L_i$;

        Step3.4.2:用 SVDD 算法训练 $S_i'$ 得到新的单类分类器 $C_i$;对三个分类器重新训练,重复迭代直至没有变化,训练过程结束。

Step4:对于测试集,根据三个分类器 $C_1$、$C_2$、$C_3$ 的分类结果用多数投票法确定类别;

Step5:返回分类结果 $C^*$。

输出:分类结果 $C^*$。

## 7.3.2 基于 Tri-SVDDE 的水声目标识别实验

**1. 实验数据**

本实验采用某水声数据集，分为 A、B、C、D 共 4 类，71 个特征，样本总数为 1920 个，每类 480 个样本。将数据集按类别分为有标记样本集 $L(L_A、L_B、L_C、L_D)$、无标记样本集 $U$ 和测试集。有标记样本集的样本数为 480 个（120、120、120、120），无标记样本集的样本数为 960 个（240 个、240 个、240 个、240 个），测试集的样本数为 480 个（120 个、120 个、120 个、120 个）。

**2. 实验方法**

从有标记样本集 $L(L_A、L_B、L_C、L_D)$ 的 4 类样本中取一类样本，利用网格搜索法获取该类样本的最优参数组合 $(C,\sigma)$，接着有放回抽取样本总数的 4/5 作为训练集，抽取 3 次获得 3 个训练集 $S_1$、$S_2$、$S_3$，用获取最优参数组合的 SVDD 训练集生成 3 个分类器 $C_1$、$C_2$、$C_3$。设样本 $x$ 是无标记样本集 $U$ 中的任意一点，$C_2$ 和 $C_3$ 对 $x$ 的分类结果一致，那么将样本 $x$ 加入 $C_1$ 的训练集，形成 $C_1$ 的新训练集 $S_1'$，$S_1' = S_1 \bigcup \{x | x \in U \& C_2(x) = C_3(x)\}$。类似地，$C_2$ 和 $C_3$ 的训练集扩充为 $S_2'$ 和 $S_3'$，对三个分类器重新训练，重复迭代直至没有变化，训练过程结束。对于测试集，根据 3 个分类器 $C_1$、$C_2$、$C_3$ 的分类结果用多数投票法确定类别。对参数选择后的实验过程重复 50 次实验。有标记样本集 $L(L_A、L_B、L_C、L_D)$ 经过多次迭代后更新为样本集 $L'(L_A'、L_B'、L_C'、L_D')$。

**3. 实验结果**

$L_A$ 的最优参数组合 $(C,\sigma)$ 为 $(3.9, 2.7)$，$L_B$ 的最优参数组合 $(C,\sigma)$ 为 $(1.9, 4.4)$，$L_C$ 的最优参数组合 $(C,\sigma)$ 为 $(0.3, 1.6)$，$L_D$ 的最优参数组合 $(C,\sigma)$ 为 $(0.4, 5)$。图 7-7 为 Tri-SVDDE 算法对测试集中目标样本的实验结果，图 7-8 为 Tri-SVDDE 算法对测试集中非目标样本的实验结果。

将 50 次的实验结果进行平均，得到图 7-9 所示的结果，Tri-SVDDE 算法实验结果如表 7-1 所示。

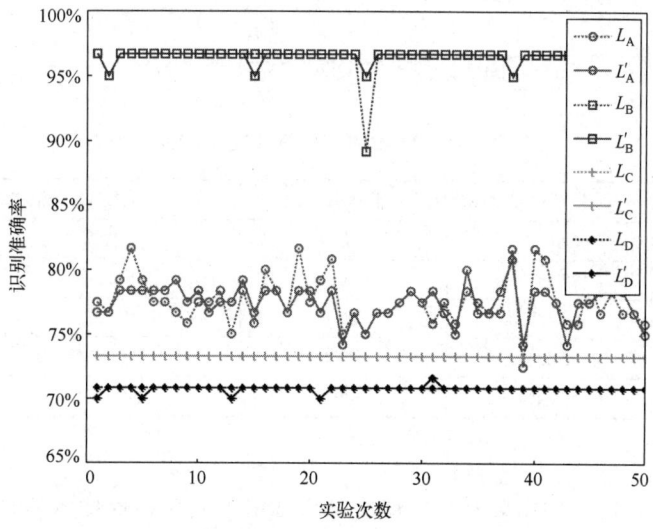

图 7-7　Tri-SVDDE 算法实验结果（目标样本）

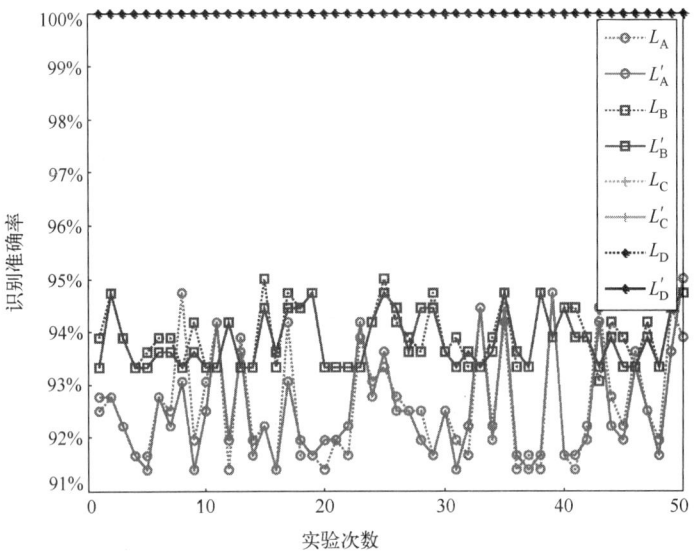

图 7-8 Tri-SVDDE 算法实验结果（非目标样本）

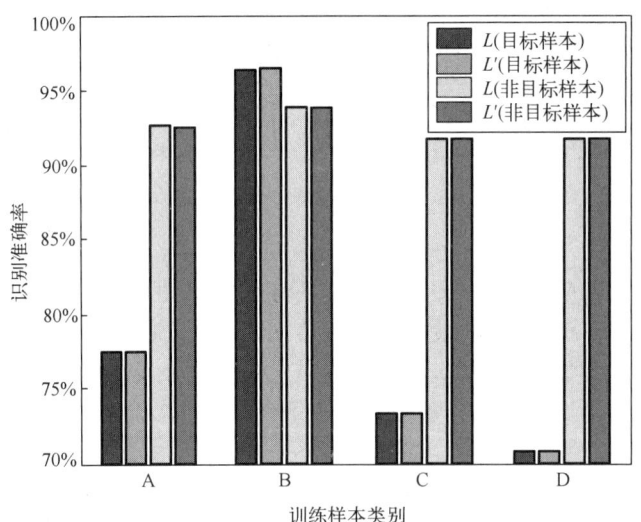

图 7-9 Tri-SVDDE 算法实验结果

表 7-1 Tri-SVDDE 算法实验结果

| 训练样本类别 | 测试集目标样本识别准确率 | | 测试集非目标样本识别准确率 | |
| :---: | :---: | :---: | :---: | :---: |
| | $L$ | $L'$ | $L$ | $L'$ |
| A | 77.58% | 77.45% | 92.61% | 92.52% |
| B | 96.45% | 96.53% | 93.91% | 93.83% |
| C | 73.33% | 73.33% | 100% | 100% |
| D | 70.82% | 70.78% | 100% | 100% |

**4. 实验结果分析**

观察 Tri-SVDDE 算法的实验结果，算法对测试集中的非目标样本的拒绝率较高，对测试集中的目标样本的识别准确率不够高，主要是因为在训练单类分类器时选取的参数组合影响了对目标样本的识别准确率。基于Tri-training的半监督SVDD算法在对无标记样本集学习前、后的识别准确率相差不大，但是利用该算法能够从无标记样本集中获取一定数量的目标样本，用于改善基于有监督与半监督学习理论的分类器的学习性能，实现水下目标的多类分类。

## 7.4 本章小结

本章重点介绍了两种单类分类支持向量机算法：单类分类支持向量机（OCSVM）算法与支持向量数据描述（SVDD）算法，对算法原理进行了详细介绍，分析了两种算法的等价条件，可知在采用RBF核函数时，两种算法等价；对影响单类分类界面的两个参数（错分惩罚因子$C$与RBF核函数参数$\sigma$）做了相关实验分析，并利用网格搜索法获取SVDD最优参数组合；根据Tri-training算法与SVDD算法机理，提出了基于半监督学习理论的Tri-SVDDE算法，该算法可以从大量无标记样本中获取有用的目标样本，改善基于有监督与半监督学习理论的分类器的学习性能，实现水下目标的多类分类。

# 第8章 水声目标集成学习识别方法

本章内容包括分类器集成概述、经典分类器集成方法、用于水声目标识别的分类器选择性集成算法及实验和基于 SVDD 集成的水下目标识别,并针对特定方法分析特定集成策略,结合相关实验案例进行了分析与讨论,以帮助读者理解本章内容。

## 8.1 分类器集成概述

在目标识别领域,多年来的实践表明:对于一个复杂的分类识别问题,单一的方法难以获得令人满意的分类效果,而不同的分类方法之间往往存在着互补性。因此,充分利用每个个体分类器的长处,既可以克服个体分类器的弱点,又可以发挥它们的最佳性能,从而达到最优的目标分类效果。集成学习通过训练和集成多个准确而有差异的个体分类器,为提高分类模型的泛化处理能力提供一条新的途径,成为近十年来机器学习领域最主要的研究方向之一。集成学习的思路是在对新的样本进行分类时,把若干个体分类器集成起来,通过对多个个体分类器的分类结果采用特定方式进行集成以确定最终分类结果,从而获得优于个体分类器的性能。

分类器集成在什么情况下可以比个体分类器的分类性能更好呢?根据有关这个问题的研究得出了下述结论。

对于两类分类问题,如果每个个体分类器的识别准确率是 $p$,所有个体分类器的多数投票的识别准确率是 $M$,当 $p>0.5$ 时,则一定有 $M>p$。当个体分类器的数目趋于无穷大时,则 $M$ 逼近于 1。

个体分类器的识别错误率与分类器集成的识别错误率之间的关系是

$$e_{\text{fin}} = \frac{1+\rho(T-1)}{T}e + e_{\text{bayes}} \tag{8-1}$$

式中,$T$ 是个体分类器的个数;$e_{\text{bayes}}$ 是贝叶斯分类器(所有条件概率已知)的识别错误率;$e_{\text{fin}}$ 是分类器集成的识别错误率;$e$ 是个体分类器的识别错误率;$\rho$ 是个体分类器的识别错误率之间的相关系数,当 $\rho=0$ 时,表明分类器集成的识别错误率随个体分类器个数的增大而增大,当 $\rho=1$ 时,表明分类器集成的识别错误率与个体分类器的识别错误率相等。

Hansen 和 Salamon 证明了,当且仅当个体分类器具有较高的识别准确率且相互独立时,分类器集成的识别准确率总高于个体分类器的识别准确率。这里具有较高识别准确率的分类器是指分类器的识别准确率高于随机猜测。Hansen 和 Salamon 还证明了,如果个体分类器的识别准确率高于随机猜测,那么分类器集成的识别准确率将随着个体分类器数目的增大而增大。

假定有 $T$ 个个体分类器 $f_1, f_2, \cdots, f_t, \cdots, f_T$,在对测试样本 $x$ 的类标进行预测时,如果每个个体分类器都是完全相同的,那么由多个分类器组成的集成模型对样本 $x$ 的测试结果就和每个个体分类器的测试结果相同,分类器集成就失去了意义。如果每个个体分类器是独立且具有差异的,当其中一个个体分类器做出错误判断时,其他个体分类器有可能做出正确的判断。

综上所述，分类器集成的识别准确率主要取决于个体分类器的识别准确率和个体分类器之间的差异性。分类器集成算法可分成两个重要的部分。

(1) 如何构造个体分类器；

(2) 如何集成个体分类器。

分类器集成的主要方法有 Bagging、Boosting、Stacking 及它们的改进算法等。AdaBoost（Adaptive Boosting）算法是由 Y Freund 提出的 Boosting 算法的改进算法，主要通过改变数据分布来实现，是一种十分经典的算法。

研究结果表明，分类器集成可以显著提高 SVM 分类器的分类性能，但同时有以下问题：算法的复杂性变大，集成算法的一些重要参数（如个体分类器的数目）需要通过经验人工确定，算法含有冗余个体分类器等。因此，分类器集成的研究具有重要的理论价值和实际意义。下面重点介绍几种经典分类器集成方法和分类器选择性集成算法。

## 8.2 经典分类器集成方法

### 8.2.1 个体分类器构成

个体分类器的分类性能、个体分类器之间的差异性大小，以及学习算法都对分类器集成后的分类性能有很重要的影响。个体分类器的分类性能越好，个体分类器之间的差异越大，由多个分类器组成的集成模型的分类性能越好。因此，通常用以下方法来构造差异性大的个体分类器。

#### 8.2.1.1 训练样本重复采样

训练样本重复采样的基本思想是从给定训练集中随机抽取一定数目的样本构成新的训练集，这个过程重复多次，得到一组训练集。这一组不同的训练集就可以训练多个有差异的个体分类器。训练样本的重复采样还分为独立重复采样和联合重复采样。独立重复采样是指每次抽取样本组成的新的训练集都是独立、随机的；联合重复采样是指先给每个样本赋予一个初始权重，样本被抽中的概率由权重决定。一旦某个样本被抽中参与训练个体分类器后，权重就按照分类器的分类性能而更新。

Bagging（Bootstrap Aggregating）算法是应用独立重复采样方法构建个体分类器的具有代表性的算法，Bagging 算法的具体步骤如下所示。AdaBoost 算法是采用联合重复采样构建个体分类器的具有代表性的算法。

---

**算法 8.1：Bagging 算法**

输入：$X = \{(x_i, y_i) | x_i \in \mathbb{R}^d, y_i \in \{-1, 1\}, i = 1, 2, \cdots, n\}$（训练集）

　　　　$T$（个体分类器数目）

输出：$f_1, f_2, \cdots, f_t, \cdots, f_T$（个体分类器集）

for $t = 1:T$

　　从 $X$ 中随机抽取 $n$ 个样本构成训练集 $X_t$；

　　学习算法学习 $X_t$ 得到分类器 $f_t$

end

return $f_1, f_2, \cdots, f_t, \cdots, f_T$（输出个体分类器集）

---
**算法 8.2：AdaBoost 算法**

输入：$\boldsymbol{X} = \{(\boldsymbol{x}_i, y_i) \mid \boldsymbol{x}_i \in \mathbb{R}^d, y_i \in \{-1, 1\}, i = 1, 2, \cdots, n\}$（训练集）

$w_0(i) = \dfrac{1}{n}, i = 1, 2, \cdots, n$（训练样本的初始加权系数）

输出：$f_1, f_2, \cdots, f_T$（个体分类器集）

for $t = 1, 2, \cdots, T$

按照概率 $P_t(i)$ 从 $\boldsymbol{X}$ 中抽取 $n$ 个样本构成新的训练集 $\boldsymbol{X}_t$，每个样本被抽中的概率 $P_t(i)$ 的计算公式是：

$$P_t(i) = \dfrac{w_t(i)}{\sum\limits_{i=1}^{n} w_t(i)}$$

用 $\boldsymbol{X}_t$ 训练 SVM 得到分类超平面 $f_t(\boldsymbol{X}_t)$，计算 $f_t(\boldsymbol{X}_t)$ 的加权识别错误率 $\varepsilon_t = \sum\limits_{i=1}^{n} e(i)$，当 $f_t(\boldsymbol{X}_t(i)) \neq y_i$ 时，$e(i) = w_t(i)$；当 $f_t(\boldsymbol{X}_t(i)) = y_i$ 时，$e(i) = 0$。

如果 $\varepsilon_t \geq 0.5$ 或 $\varepsilon_t = 1$，则设 $T = t - 1$ 并结束循环；

计算下一轮循环的样本权重：

如果 $f_t(\boldsymbol{X}_t(i)) = y_i$，则 $w_{t+1}(i) = w_t(i) \times \xi_t$，式中 $\xi_t = \varepsilon_t / (1 - \varepsilon_t)$；

如果 $f_t(\boldsymbol{X}_t(i)) \neq y_i$，则 $w_{t+1}(i) = w_t(i)$；

并进行归一化 $w_{t+1}(i) = \dfrac{w_{t+1}(i)}{\sum\limits_{i=1}^{n} w_{t+1}(i)}$。

end

return $f_1, f_2, \cdots, f_t, \cdots, f_T$（输出个体分类器集）

---

从以上步骤可以看出，AdaBoost 算法在每次循环中，按照个体分类器的识别错误率调整训练样本的权重，更新权重的准则是减小被正确识别样本的权重、增大被错分样本的权重，这样在下次重复采样的过程中，被错误识别的样本被抽中的概率增大，从而使个体分类器聚焦于分类难度高的样本。

#### 8.2.1.2 训练样本不重复采样

在这种方法中，将训练集划分为样本数目相等且不相交的 $L$ 个样本子集，每个样本子集训练一个个体分类器。在交叉确认（Cross Validation，CV）法中也用到类似方法，因此这组个体分类器也被称为 $L$ 折交叉确认分类器组（$L$-fold Cross-Validated Committees，CVC）。

#### 8.2.1.3 输出编码处理

当分类问题的类别数目较大时，可以采用输出纠错编码（Error Correcting Output Code）的方法来集成分类器。假定分类类别数目是 $K$，先随机地将 $K$ 类划分为两类 $A_t$、$B_t$，并将所有训练样本重新赋予类标 0 或 1，学习算法学习这两类样本得到分类器 $f_t$。将这个过程重复 $T$ 次（每次划分为不同的 $A_t$、$B_t$），可得 $T$ 个个体分类器 $f_1, f_2, \cdots, f_t, \cdots, f_T$。对于新的测试样本，用所有 $T$ 个个体分类器 $f_1, f_2, \cdots, f_t, \cdots, f_T$ 进行测试，获得票数最多的类标就是这个测试样本的类标。另一种相同的方法就是将类标 $j$ 转换为一个 $T$ 位编码 $C_j$，当 $j \in B_t$ 时，第 $t$ 位为 1，当 $j \in A_t$ 时，第 $t$ 位为 0。第 $t$ 个分类器预测编码的第 $t$ 位，对一个新的测试样本，$T$ 个个体分类器的输出是一个 $T$ 位编码。哪个类标编码和 $T$ 位编码最接近，哪个样本就被判为哪类。这种方法可以构成差异性较大的个体分类器，并可针对类别数目较大的分类问题。

#### 8.2.1.4 随机法

随机（Injecting Randomness，IR）法就是在学习算法中加入随机因子。例如，多次运行 BP 神经网络算法时，可以赋予各个 BP 神经网络不同的随机的初始权重。SVM 学习算法随机采用不同的核函数参数，也可以提高个体分类器之间的差异性。

### 8.2.2 个体分类器集成

#### 8.2.2.1 简单多数投票（Simple Majority Vote，SMV）法

简单多数投票法是最简单的一种方法，测试样本被认为是在所有个体分类器中得到票数最多的类别。

设 $f_1, f_2, \cdots, f_t, \cdots, f_T$ 是一组个体分类器，$j$ 代表第 $j$ 类，$j = 1, 2, \cdots, K$。如果 $N_j = \#\{t | f_t(x) = j\}$ 是所有个体分类器将测试样本 $x$ 判为 $j$ 的次数，则分类器集成对测试样本 $x$ 的类别的预测为

$$f_{\text{fin}} = \underset{j=1,2,\cdots,K}{\arg\max}\, N_j \tag{8-2}$$

#### 8.2.2.2 加权多数投票（Weighted Majority Vote，WMV）法

根据每个个体分类器的识别准确率估计值，赋予每个个体分类器投票权重。所有个体分类器对测试样本做出预测，测试样本的类别是获得最大值的类别。

设 $f_1, f_2, \cdots, f_t, \cdots, f_T$ 是一组个体分类器，$j$ 代表第 $j$ 类，$j = 1, 2, \cdots, K$。如果 $w_1, \cdots, w_t, \cdots, w_T$ 是个体分类器的投票权重，则分类器集成对测试样本 $x$ 的类别的预测为

$$f_{\text{fin}} = \underset{j=1,2,\cdots,K}{\arg\max} \sum_{t: f_t(x)=j} w_t \tag{8-3}$$

投票权重 $w_1, \cdots, w_t, \cdots, w_T$ 的产生方法不同，就会产生不同的加权多数投票法。除了个体分类器的识别准确率估计值可作为个体分类器的投票权重外，还可用最小二乘法进行投票权重曲线拟合。

算法 8.2 所示的 AdaBoost 算法的分类器集成为

$$f_{\text{fin}} = \underset{j=1,2,\cdots,K}{\arg\max} \sum_{t: f_t(x)=j} \log_2 \frac{1}{\xi_t} \tag{8-4}$$

对于算法 8.2 所示的 AdaBoost 算法，Freund 证明了如下定理。

如果个体分类器 $f_1, f_2, \cdots, f_t, \cdots, f_T$ 的识别错误率为 $\varepsilon_1, \varepsilon_2, \cdots, \varepsilon_t, \cdots, \varepsilon_T$，令 $\gamma_t = \frac{1}{2} - \varepsilon_t$，则分类器集成的识别错误率有如下的上界存在

$$\frac{1}{n} \left| \{i : f_{\text{fin}}(x_i) \neq y_i\} \right| \leq \prod_{t=1}^{T} \sqrt{1 - 4\gamma_t^2} \leq \exp\left(-2 \sum_{t=1}^{T} \gamma_t^2\right) \tag{8-5}$$

#### 8.2.2.3 分类器级联法

这种方法的基本思路是：将所有个体分类器视为一级分类器，将一级分类器的输出作为二级分类器的输入。以此类推，可以构成多级分类器集成。每级个体分类器的类型可以是相

同的，也可以是不同的。设 $f_1, f_2, \cdots, f_t, \cdots, f_T$ 是一级个体分类器，第二层分类器是 $F$，则对于一个测试样本 $x$，双层分类器（Double Layer Ensemble，DLE）集成的判定结果是

$$f = F(f_1(x), f_2(x), \cdots, f_T(x)) \tag{8-6}$$

## 8.3 用于水声目标识别的分类器选择性集成算法及实验

集成学习的作用包括以下 4 个方面。

### 1. 提高预测结果的准确性

实际应用中高精度的个体分类器往往很难构造，而产生若干比随机猜想略好的分类器却很容易。将多个分类器进行集成后得到的分类器的预测精度明显高于个体分类器的精度，甚至比最好的个体分类器的精度更高。

### 2. 解决过适应问题

在对已知的数据集进行学习后，我们常常选择性能最好的一个分类器作为最后的结果。但是，有时选择的分类器会产生过拟合现象，也就是说，这个分类器在训练数据上能够获得很好的性能，而在测试集或者其他数据集上的性能并不理想。为了解决这一问题，按照集成学习的思想，可以选择多个分类器作为结果，对每个分类器赋予相应的权重，从而集成合适的结果，提高预测精度。

### 3. 提高预测结果的稳定性

有些学习算法单次的预测结果时好时坏，不具有稳定性，不能一直保持高精度，因此，可以通过分类器的集成提高预测结果的稳定性，从而提高系统的预测精度。

### 4. 解决参数选择问题

许多算法（如 SVM 及神经网络）在实际应用时必须先选择一系列的算法参数。但是，这些算法参数的选择并没有确定性的规则可以依据，研究人员只能根据自己的经验进行选择。而且这些算法的结果对于参数很敏感，也就是说，参数细微的变化也可能导致结果有很大的差异，具有很大的不稳定性。通过建立多个不同参数的分类器，可以有效地解决参数选择的难题。同时，将不同分类器的结果按照一定的方式集成也可以提高学习系统的分类性能。

但是集成学习会带来系统复杂性的提高，因此，从分类器集合中选择最优分类器子集具有重要的应用价值。选择性集成算法由于在适应性、推广能力、组合性等方面具有优势，成为集成学习的一种重要算法。选择性集成算法分为静态选择性集成和动态选择性集成。在静态分类器选择性集成算法中选择一组分类器子集，每个被选择的个体分类器都参与测试样本的判断，判断结果用加权多数投票法等准则进行集成；动态分类器选择性集成算法则针对每个测试样本选择特定的分类器子集，分类器可以根据不同的特征子集生成，或者具有不同的决策范围。

下面给出一种静态分类器选择性集成的算法实例。

### 1. SSVME-DCF 算法的原理

本节考虑到构建分类器子集的多样性与个体分类器的精确性，给出一种基于组合适宜度（Degree of Combination Fitness，DCF）的选择性 SVM 分类器集成（A Selective SVM Classifier

Ensemble Method based on Degree of Combination Fitness，SSVME-DCF）算法。该算法通过计算个体分类器两两之间的输出相关系数及每个个体分类器的组合适宜度来进行选择性集成。

SSVME-DCF 算法的原理框图如图 8-1 所示。从训练集中随机抽取样本生成若干个体分类器，计算个体分类器两两之间的输出相关系数和每个个体分类器的组合适宜度；根据组合适宜度的高低，依次选取不同数目的个体分类器构成分类器子集，并用加权多数投票法进行集成，计算不同集成分类器的识别准确率，选择识别准确率最高的集成分类器为最优化的分类集成模型并输出。

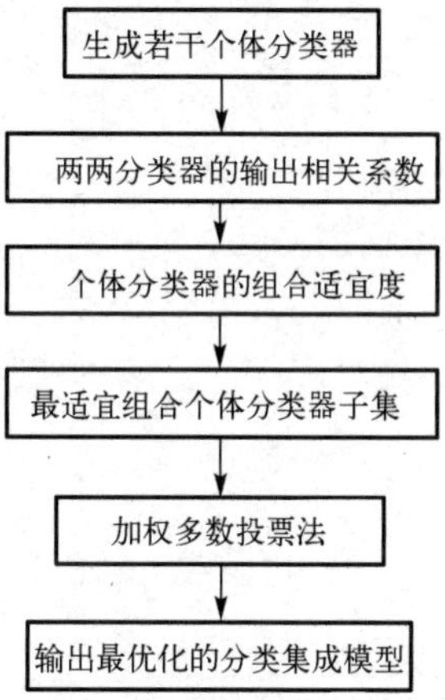

本算法中所用的输出相关系数与组合适宜度的定义如下。

（1）输出相关系数：一种成对度量分类器集多样性的方法。设两个个体分类器分别为 $C_i$ 和 $C_j$，其输出相关系数如式（8-7）所示，式中，$a$ 为 $C_i$ 与 $C_j$ 同时识别正确的样本数，$b$ 为 $C_i$ 识别正确而 $C_j$ 识别错误的样本数，$c$ 为 $C_i$ 识别错误而 $C_j$ 识别正确的样本数，$d$ 为 $C_i$ 与 $C_j$ 同时识别错误的样本数

$$\rho_{ij} = \frac{ad - bc}{\sqrt{(a+b)(c+d)(a+c)(b+d)}}, -1 \leq \rho_{ij} \leq 1 \quad (8\text{-}7)$$

当两个个体分类器的分类结果完全一致时，$\rho_{ij}$ 为 1；当两个个体分类器的分类结果完全不一致时，$\rho_{ij}$ 为 –1。用两个个体分类器间的平均输出相关系数来表征一个分类器集的差异程度，平均输出相关系数越大，个体分类器越相似，平均输出相关系数越小，分类器集的多样性越好。

图 8-1 SSVME-DCF 算法的原理框图

（2）组合适宜度：将个体分类器与整个分类器集的组合适宜程度定义为组合适宜度，如下

$$\begin{cases} \mathrm{DCF}_i = \dfrac{\mathrm{e}^{R_i}}{\mathrm{e}^{C\bar{\rho}_i}} \\ \bar{\rho}_i = \dfrac{1}{T} \sum_{j=1}^{T} \rho_{ij} \end{cases} \quad (8\text{-}8)$$

式中，$R_i$ 表示个体分类器在验证集上的分类精度；$\bar{\rho}_i$ 表示分类器集中每个个体分类器的平均输出相关系数；$C$ 为大于 0 的常数，本节中 $C$ 取 0.2。当 $R_i$ 越大、$\bar{\rho}_i$ 越小时，个体分类器与分类器集的组合适宜度就越高。最后只选择组合适宜度高的若干个体分类器进行集成。

SSVME-DCF 算法的步骤如下所示。

Step1：从训练集中随机抽取样本训练 $n$ 个个体分类器；
Step2：计算个体分类器两两之间的输出相关系数；
Step3：计算每一个体分类器的组合适宜度并按降序排列；
Step4：选取前 $t$ 个组合适宜度高的个体分类器构成分类器子集；
Step5：用加权多数投票法集成该分类器子集，计算识别准确率；
Step6：$t$ 从 0 到 $n$，选所有分类器子集中识别准确率最高的一组；
Step7：输出最优化的分类器集成模型。

## 2. SSVME-DCF 算法实验

本实验采用声呐数据来分析 SSVME-DCF 算法的性能。实验从声呐数据中利用 Bagging 算法随机抽取一半样本训练个体分类器，个体分类器的个数是 30。

图 8-2 所示为 30 个不同分类器的归一化组合适宜度。

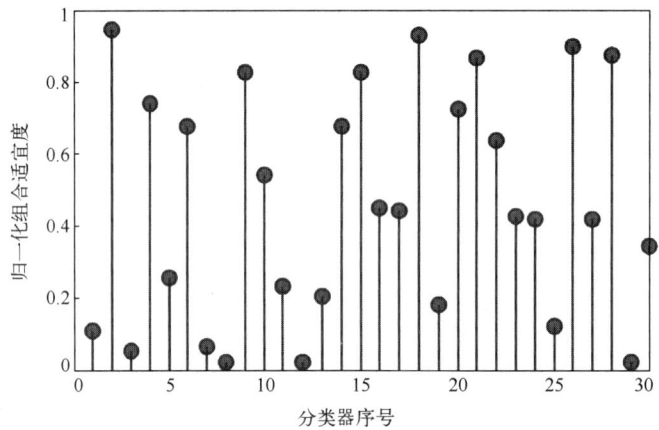

图 8-2　不同分类器的归一化组合适宜度

从图 8-2 可以看出，不同分类器的组合适宜度有明显的差别，这说明 SSVME-DCF 算法可以充分利用组合适宜度有效地选择出更优的个体分类器。

根据组合适宜度，依次由高到低选取 1~30 个个体分类器进行集成。用全部声呐数据作为测试样本测试集成的分类器性能。选取不同个数分类器集成后的识别准确率如图 8-3 所示。

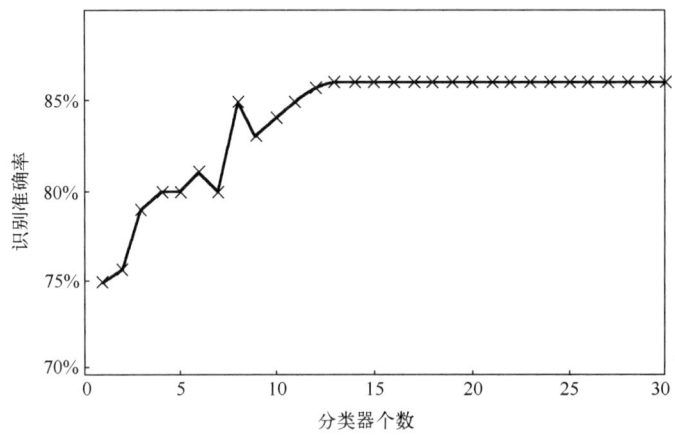

图 8-3　选取不同个数分类器集成后的识别准确率

从图 8-3 可以看出，当分类器个数小于 10 个时，识别准确率较低，大于 10 个之后趋于平稳，再增大分类器个数，识别准确率也没有明显的提高，因此，SSVME-DCF 算法可以有效地选择出最优的分类器、去除冗余的分类器，具有良好的分类性能。

## 8.4　基于 SVDD 集成的水下目标识别

在水下目标识别等应用领域，当只有一类样本可用于训练分类器时，只能从已采样的目标类样本中进行学习，形成一个对该类别的数据描述，然后根据给定或设计的相似性度量，并设定阈值来判别新样本的归属，探索单类分类算法在水下目标识别中的应用具有重要的国防意义。

现有的水下目标多类分类算法多建立在有监督学习理论的基础上。有监督学习的水下目标识别系统利用已知类别目标样本训练识别系统，系统在测试时，会将没有学习过的类别的样本强行归于学习过的某类类别，不能实现拒判。但是，水下目标类别的多样性以及类别数目的不断增大会给建立完整的学习样本数据库带来非常大的困难，因此构建可以实现拒判的识别系统具有实际意义。

SVDD 是一种典型的单类分类器，通过建立包围目标类的超球体来拒绝非目标类数据。相比于由二类 SVM 推广得到的多类分类器，基于距离测度的 SVDD 分类器具有算法复杂度低、扩充性强、对训练样本数据规模要求不高等优点，但是也存在误判率较高的缺点。由于 SVDD 仅采用单类数据进行学习，有不少研究者将其扩展为多类分类器来解决多类分类问题。本节首次将 SVDD 引入水下目标的识别过程，通过对 SVDD 单类分类器的集成来实现对水下目标的多类分类，并实现对水下目标的拒判。

### 8.4.1 SVDD 分类器的 Bagging 集成

本节将描述和讨论基于 SVDD 单类分类器 Bagging 集成的多类水下目标识别（Multi-B-SVDDE）算法。

#### 8.4.1.1 B-SVDDE 算法

SVDD 集成的实现主要包括个体分类器的生成和结论综合判断两部分。对于个体分类器的生成策略，Bagging 算法采用的是有放回的随机采样技术，通过选取训练子集提高个体分类器的差异度，从而提高泛化能力。由于 Bagging 算法的个体分类器之间不存在强依赖关系，因此算法可以并行。

本节采用 Bagging 算法来生成个体分类器，在生成多个个体分类器后，采用多数投票法进行最终输出结果的生成。这种采用 Bagging 算法对 SVDD 单类分类器进行集成的算法即为 B-SVDDE 算法。对 SVDD 单类分类器进行 Bagging 集成，可以提高算法对水下目标识别的精度，减小训练样本的规模。

具体算法步骤如下：

输入：一类训练集 $S=\{x_1,y\},\{x_2,y\},\cdots,\{x_m,y\}$，$m$ 为样本数目，$y$ 为样本类别；SVDD 为分类算法；$w$ 为样本采样个数；$T$ 为训练次数（个体分类器的个数）

Step1：确定 $w$ 和 $T$；

Step2：for $i=1$ to $T$ do

    Step 2.1 对训练集 $S$ 中的每类样本有放回取 $w$ 个样本，获得训练子集 $S_i$；

    Step 2.2 用 SVDD 算法训练 $S_i$ 得到一个单类分类器 $C_i$；

Step3：对于待分类样本 $x$，根据 $T$ 个单类分类器 $C_1,C_2,\cdots,C_T$ 的分类结果用多数投票法确定类别；

Step4：返回分类结果 $C^*$，输出分类结果 $C^*$。

#### 8.4.1.2 Multi-B-SVDDE 算法

将 B-SVDDE 算法应用于多类水下目标识别,构成基于 SVDD 单类分类器 Bagging 集成的多类水下目标识别(Multi-B-SVDDE)算法。其核心思想是:在训练阶段给每类训练样本利用 B-SVDDE 算法构建多个单类分类器,从而构成可以实现拒判的多类水下目标集成识别系统,在测试阶段,识别系统可以拒判不属于已学习类别的样本。

具体算法如下。

1)训练阶段

利用 $N$ 类训练样本和 B-SVDDE 算法,每类训练 $T$ 个单类分类器,共得到 $N \times T$ 个单类分类器。

2)测试阶段

用训练得到的 $N \times T$ 个单类分类器测试样本 $X$,共得到 $N \times T$ 个识别结果,对每类的 $T$ 个单类分类器识别结果进行简单投票,可以获得每类单类分类器集成判断样本 $X$ 的置信度,共 $N$ 个置信度。置信度的计算方法为:判别测试样本 $X$ 为目标类样本的分类器的个数除以单类分类器的个数 $T$。

算法分以下两种情况给出最后的判别结果。

(1)若 $M$ 类($1 \leq M \leq N$)单类分类器集成的置信度大于 0.5,则判别 $X$ 为置信度最大的一类样本;

(2)若全部的置信度都小于 0.5,则 $X$ 被拒判。

#### 8.4.1.3 实验结果与分析

**1. 实验数据**

本实验所用数据集为某实测的水声数据集:数据集分为 4 类目标样本,共 1920 个样本,每个样本由 71 个特征描述,每类样本的个数为 480 个。依照采集的先后顺序将 4 类样本标记为 A、B、C、D。

**2. 实验方法**

用 Multi-B-SVDDE 算法对实测多类水下目标样本进行识别。将 A、B、C 三类样本作为已知类别样本,D 类样本作为未知类别样本进行实验。

实验过程如下。

第一步,将已知类别样本每类随机平分成两部分:训练集($A_{tr}$、$B_{tr}$、$C_{tr}$)和测试集($A_{ts}$、$B_{ts}$、$C_{ts}$),将 D 类样本数据集全体作为测试集($D_{ts}$);

第二步,利用 B-SVDDE 算法生成 $3 \times 25$ 个单类分类器;

第三步,测试 $A_{ts}$、$B_{ts}$、$C_{ts}$、$D_{ts}$ 这 4 组测试集,得到 4 组识别准确率。

上述实验过程重复 30 次,对 30 个识别准确率取平均可以获得 4 组平均识别准确率。

**3. 实验结果**

实验结果如表 8-1 所示。当训练集为 A 类,即目标类为 A 时,B、C、D 为非目标类,表 8-1 中的识别性能包含两部分:目标类样本识别为目标类的平均识别准确率、非目标类样本识别为非目标类的平均识别准确率。

表 8-1  水下目标识别的平均识别准确率

| 训练集 | | 测试集 | | | |
| --- | --- | --- | --- | --- | --- |
| | | $A_{ts}$ | $B_{ts}$ | $C_{ts}$ | $D_{ts}$ |
| $A_{tr}$ | 集成 | 81.60% | 77.47% | 98.58% | 100% |
| | 未集成 | 79.79% | 71.08% | 98.43% | 100% |
| $B_{tr}$ | 集成 | 82.53% | 96.12% | 87.31% | 100% |
| | 未集成 | 81.97% | 95.83% | 87.07% | 100% |
| $C_{tr}$ | 集成 | 97.38% | 80.42% | 76.54% | 100% |
| | 未集成 | 97.56% | 79.00% | 75.40% | 100% |

**4. 实验结果分析**

从实验结果可以看出，对 SVDD 单类分类器集成可以有效提高单类分类器的识别准确率，B-SVDDE 算法是非常有效的；从结果中还可以看出 D 类样本能够被 A、B、C 三类分类器集成判断为非目标类样本，即实现拒判。实验结果表明 Multi-B-SVDDE 算法能够正确识别已学习类别的水下目标样本，并拒绝不属于已学习类别的水下目标样本。

## 8.4.2 基于 SVDD 的多类水下目标识别算法

本节将描述并讨论两种基于 SVDD 的多类水下目标识别算法：1-SVDD 算法与 $N$-SVDD 算法。利用两种算法构建多类水下目标识别系统，并对两种算法的识别性能进行比较。

### 8.4.2.1 1-SVDD 算法

1-SVDD 算法的基本原理：对水下目标中已知类别的所有训练集利用 SVDD 算法训练一个高分类性能的单类分类器，该单类分类器能有效识别已学习类别的测试样本并拒绝未学习类别的测试样本。用该单类分类器测试未知类别测试样本 $X$，如果 $X$ 被该单类分类器拒绝，则判定未知类别测试样本不属于已学习目标；如果 $X$ 被该单类分类器接受，则判定未知类别测试样本 $X$ 属于已学习目标之一，利用已学习目标的训练集训练 SVM 多类分类器，测试未知类别测试样本，可以最终判定测试样本 $X$ 的类别归属。

1-SVDD 算法流程如图 8-4 所示。

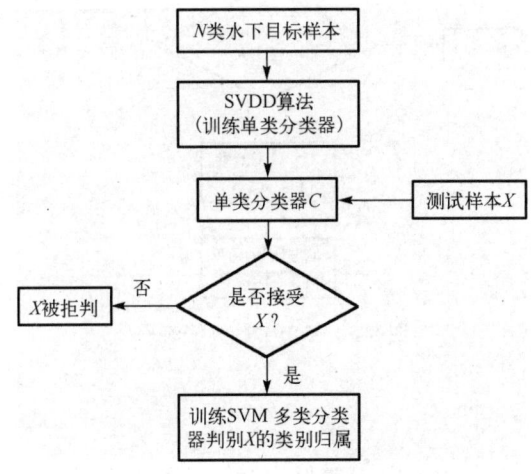

图 8-4  1-SVDD 算法流程

算法步骤如下。

1）训练阶段

用 $N$ 类类别已知训练集全体作为训练集训练一个 SVDD 单类分类器。该单类分类器能够识别已学习类别的样本、拒绝未学习类别的样本。

2）测试阶段

用训练得到的单类分类器测试未知类别测试样本 $X$，根据测试的两种结果来判别 $X$ 的类别。

（1）若测试结果显示 $X$ 被单类分类器拒绝，则判别 $X$ 不属于已学习目标，实现水下目标样本的拒判；

（2）若测试结果显示 $X$ 被单类分类器接受，则判定未知类别测试样本属于已学习目标之一，可以利用已知的 $N$ 类水下目标训练集训练 SVM 多类分类器来判定 $X$ 的类别。

单类分类器要能够正确识别目标样本、拒绝非目标样本，这对单类分类器参数选择的要求极高，因此 1-SVDD 算法的性能有待提高，但是该算法的时间消耗少、过程简单，对于较易拒判的非目标样本，该算法的时效性最优。

#### 8.4.2.2 $N$-SVDD 算法

$N$-SVDD 算法的基本原理：对水下目标中已知类别的每类训练集利用 SVDD 算法训练分类性能高的单类分类器，每个单类分类器能有效识别目标样本或拒绝非目标样本。用训练得到的全部单类分类器构成集成识别系统，测试未知类别测试样本，如果样本被全部单类分类器拒绝，则判定未知类别测试样本不属于已学习目标；如果样本被 $M$（$1 \leqslant M \leqslant N$）个单类分类器接受，则判定未知类别测试样本属于识别准确率最高的一类已学习目标。$N$-SVDD 算法流程如图 8-5 所示。

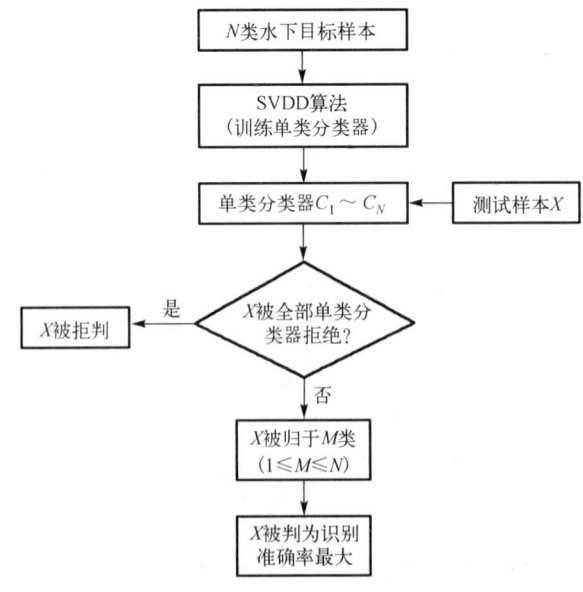

图 8-5 $N$-SVDD 算法流程

算法步骤如下。

1）训练阶段

单类分类器为 $C_1 \sim C_N$，每个单类分类器都能够有效识别目标样本或拒绝非目标样本。

2) 测试阶段

用训练得到的 $C_1 \sim C_N$ 构成分类器集成系统,测试未知类别测试样本 $X$,共得到 $N$ 个测试结果,综合 $N$ 个测试结果给出集成系统的最终判别结果。

分以下两种情况给出最后的判别结果。

(1) 若测试结果显示 $X$ 被全部单类分类器拒绝,则判定 $X$ 不属于已学习目标,实现水下目标的拒判;

(2) 若测试结果显示 $X$ 被 $M$($1 \leqslant M \leqslant N$)个单类分类器接受,则将 $X$ 判为识别准确率最高的一类已学习目标。

#### 8.4.2.3 实验结果与分析

**1. 实验数据**

本实验所用数据集为某实测水声数据集:它们被分为 4 类目标样本,共 1920 个样本,每个样本由 71 个特征描述,每类样本的个数为 480 个。依照采集的先后顺序将 4 类样本标记为 A、B、C、D。

**2. 实验方法**

将 4 类样本 A、B、C、D 取出三类作为已知类别样本,另一类作为未学习类别样本,如表 8-2 所示。

实验过程如下。

第一步,将已知类别样本每类随机分成两部分:训练集($A_{tr}$、$B_{tr}$、$C_{tr}$)和测试集($A_{ts}$、$B_{ts}$、$C_{ts}$),测试集大小为训练集大小的 1/3,将 D 类样本全体作为测试集($D_{ts}$)。

第二步,(1) SVDD 算法:用训练集($A_{tr}$、$B_{tr}$、$C_{tr}$)全部样本训练一个 SVDD 单类分类器,用该单类分类器测试未知类别测试样本($A_{ts}$、$B_{ts}$、$C_{ts}$、$D_{ts}$)。(2) N-SVDD 算法:用三类已知类别训练集($A_{tr}$、$B_{tr}$、$C_{tr}$)分别训练三个 SVDD 单类分类器,构成多类水下目标识别系统,用识别系统测试未知类别测试样本($A_{ts}$、$B_{ts}$、$C_{ts}$、$D_{ts}$)。

第三步,SVDD 算法:用单类分类器测试未知类别测试样本($A_{ts}$、$B_{ts}$、$C_{ts}$、$D_{ts}$),获得识别准确率。

(1) 若测试结果显示未知类别测试样本被单类分类器拒绝,则未知类别测试样本不属于三类已学习目标中的任何一类,实现拒判;

(2) 若测试结果显示未知类别测试样本被单类分类器接受,则利用已学习训练集($A_{tr}$、$B_{tr}$、$C_{tr}$)训练 SVM 多个单类分类器测试未知类别测试样本,判定其类别。

N-SVDD 算法:用训练得到的三个分类器测试未知类别测试样本($A_{ts}$、$B_{ts}$、$C_{ts}$、$D_{ts}$),获得识别准确率。

(1) 若测试结果显示未知类别测试样本被全部分类器拒绝,则未知类别测试样本不属于三类已学习目标中的任何一类,实现拒判;

(2) 若测试结果显示未知类别测试样本被多个分类器接受,则未知类别测试样本属于识别准确率最高的一类。

**3. 实验结果**

实验结果如表 8-2 所示。

表 8-2  1-SVDD 与 N-SVDD 算法的实验结果

|  | 训练集 | 1-SVDD 算法的测试集识别准确率 | | | | N-SVDD 算法的测试集识别准确率 | | | |
|---|---|---|---|---|---|---|---|---|---|
|  |  | $A_{ts}$ | $B_{ts}$ | $C_{ts}$ | $D_{ts}$ | $A_{ts}$ | $B_{ts}$ | $C_{ts}$ | $D_{ts}$ |
| 第一组 | $A_{tr}$ | 90.00% | 83.33% | 24.17% | 100% | 80.00% | 93.33% | 93.33% | 100% |
|  | $B_{tr}$ |  |  |  |  | 92.50% | 79.17% | 90.00% | 100% |
|  | $C_{tr}$ |  |  |  |  | 100% | 100% | 72.50% | 100% |
|  | 训练集 | $A_{ts}$ | $B_{ts}$ | $D_{ts}$ | $C_{ts}$ | $A_{ts}$ | $B_{ts}$ | $D_{ts}$ | $C_{ts}$ |
| 第二组 | $A_{tr}$ | 90.00% | 91.67% | 24.17% | 76.88% | 80.00% | 93.33% | 100% | 93.13% |
|  | $B_{tr}$ |  |  |  |  | 92.50% | 79.17% | 100% | 90.42% |
|  | $D_{tr}$ |  |  |  |  | 91.67% | 90.83% | 90.00% | 97.71% |
|  | 训练集 | $A_{ts}$ | $C_{ts}$ | $D_{ts}$ | $B_{ts}$ | $A_{ts}$ | $C_{ts}$ | $D_{ts}$ | $B_{ts}$ |
| 第三组 | $A_{tr}$ | 99.17% | 65.00% | 58.33% | 20.00% | 80.00% | 93.33% | 100% | 95.00% |
|  | $C_{tr}$ |  |  |  |  | 100% | 72.50% | 100% | 100% |
|  | $D_{tr}$ |  |  |  |  | 91.67% | 97.50% | 90.00% | 90.00% |
|  | 训练集 | $B_{ts}$ | $C_{ts}$ | $D_{ts}$ | $A_{ts}$ | $B_{ts}$ | $C_{ts}$ | $D_{ts}$ | $A_{ts}$ |
| 第四组 | $B_{tr}$ | 84.17% | 29.17% | 61.67% | 31.67% | 79.17% | 90.00% | 100% | 93.75% |
|  | $C_{tr}$ |  |  |  |  | 100% | 72.50% | 100% | 99.79% |
|  | $D_{tr}$ |  |  |  |  | 90.83% | 97.50% | 90.00% | 90.63% |

当训练集为 A 类，即目标类为 A 时，B、C、D 为非目标类。

表 8-2 中的实验结果可分为以下两部分。

（1）训练集与测试集同类：测试集识别准确率为分类器正确识别目标样本的识别准确率；

（2）训练集与测试集不同类：测试集识别准确率为分类器正确拒绝非目标样本的正确拒绝率。

**4．实验结果分析**

对表 8-2 中的 1-SVDD 算法的实验结果进行分析。

第一组，单类分类器不能正确识别已学习类别的测试样本，主要原因是：为了保证 SVDD 分类器的推广能力，允许部分目标样本落在超球体外，而 C 类训练样本由于远离主样本群 A、B，因此对 C 类训练样本的错误拒绝率高，这导致对 C 类测试样本的识别准确率低。

第二组，与第一组同样的原因导致对 D 类测试样本的识别准确率低。

第三组，单类分类器不能正确拒判未学习类别测试样本，且对已学习类别测试样本的识别准确率不高。主要原因是：A、C、D 类样本的群间距离大，分类器分界面包括大片空白区域，使得对 B 类测试样本的识别准确率低；C、D 类训练样本由于较多地落在超球体外，因此对 C、D 类测试样本的识别准确率低。

第四组，与第三组同样的原因导致单类分类器不能正确拒判未学习类别测试样本，且对已学习类别测试样本的识别准确率不高。

对表 8-2 中的 N-SVDD 算法的实验结果进行分析。

从实验结果可以看出，每类单类分类器能正确地识别目标类测试样本、拒绝非目标类测试样本。以第一组为例，D 类测试样本被全部单类分类器拒绝，根据判别规则，由三个单类分类器构成的分类器集成系统实现对 A、B、C 三类已学习类别测试样本的正确识别，并实现对 D 类未学习类别测试样本的拒判。

从 4 组实验结果可以看出，$N$-SVDD 算法能有效地识别已学习类别测试样本并拒绝未学习类别测试样本，与 1-SVDD 算法相比，其实验结果更加准确可信。然而由于 $N$-SVDD 算法需要对每类已学习类别测试样本训练单类分类器，与 1-SVDD 算法相比，时间消耗大，过程复杂。对于已学习类别较多、数据样本较多、样本的群间距离较小的识别问题，1-SVDD 算法的时效性更优；对于已学习类别较少、数据样本较少的识别问题，$N$-SVDD 算法的性能更优，需要根据不同的实际问题选择合适的算法。

## 8.5 本章小结

本章讲述了 B-SVDDE 算法，并在该算法的基础上讲述了多类水下目标识别算法。Multi-B-SVDDE 算法利用多类水下目标进行实验，证明该算法可以有效识别多类水下目标，并实现水下目标的拒判。本章还讨论了两种基于 SVDD 的多类水下目标识别算法：1-SVDD 算法与 $N$-SVDD 算法。利用两种算法构建多类水下目标识别系统，并对两种算法的识别性能进行了比较，实验证明 $N$-SVDD 算法能有效识别已学习类别测试样本并拒绝未学习类别测试样本，与 1-SVDD 算法相比，其实验结果更加准确可信。然而，$N$-SVDD 算法与 1-SVDD 算法相比，时间消耗大，识别过程复杂，需要根据不同的实际问题选择合适的算法。

# 第 9 章 深度学习识别模型基础

人工神经网络（Artificial Neural Network，ANN）简称神经网络，是模拟人脑特点进行信息处理的一个重要研究方向，是 20 世纪 80 年代以来人工智能领域兴起的研究热点。神经网络模型可以模拟人脑神经细胞的工作方式，即神经元间的广泛连接、并行分布式的信息存储与处理、自适应学习能力等。神经网络在模式识别、信号处理、大数据分析等领域有着广泛的应用。

深度学习自提出以来，在数据降维、机器视觉、自然语言处理、语音识别等领域都取得了令人瞩目的成果，引发了人们巨大的研究热情。深度学习理论打破了过去依赖大量的先验知识和专家知识来设计特征提取方法、特征选择方法以及分类器的固定模式，通过深层神经网络对数据逐层进行非线性变换，可直接从原始数据中自动学习和提取潜在的与机器学习任务相关的特征。

本章将介绍深度神经网络基本算法模块、深度神经网络常用的激活函数和损失函数，阐述深度神经网络的优化算法，并介绍深度学习识别算法的评价指标。

## 9.1 深度神经网络基本算法模块

### 9.1.1 人工神经元

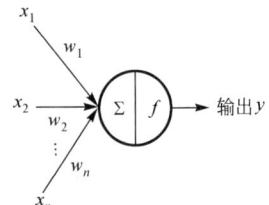

图 9-1 人工神经元示意图

人工神经网络是一种模仿动物神经网络行为特征，进行分布式并行信息处理的算法数学模型。人工神经元示意图如图 9-1 所示，其输入数据 $x_i$ 与输出值 $y$ 之间的关系如式（9-1）所示

$$y = f\left(\sum_{i=1}^{n} w_i x_i + b\right) \quad (9-1)$$

式中，$w_i$ 为权重，$b$ 为偏置，$f(\cdot)$ 为激活函数，$n$ 为输入数据的个数，$i=1,2,\cdots,n$ 为输入数据的选择。

对于一个神经元而言，它可以接收多个输入数据，再通过权重与其计算得到该神经元的状态值，再经过激活函数计算后，获得该神经元的输出值。神经元依靠其与输入数据间的权重和偏置从输入数据中提取特征。

### 9.1.2 全连接神经网络

单个神经元的数据拟合能力十分有限，通过设置多个神经元同时对输入数据进行拟合，可以提取更加丰富的特征。通常将接收同一组输入数据的所有神经元作为同一层神经元，依此搭建的神经网络称为全连接神经网络。全连接神经网络包含输入层、隐藏层、输出层，包含一层隐藏层的全连接神经网络示意图如图 9-2 所示。

对于识别任务而言，通常输入数据与其类标之间的对应关系具有高度非线性，在全连接神经网络中往往设置多层隐藏层,每层隐藏层从其输入数据中提取一组非线性特征,再将该组特征作为下一层神经元的输入数据传递下去,最终实现对输入数据与其类标之间非线性关系的拟合。

### 9.1.3 自编码器

自编码器是一种无监督学习模型,由编码器和解码器组成,常被用于数据或特征降维、去除随机噪声等任务。在自编码器中,编码器通过压缩输入数据提取低维度深度特征表示,解码器从低维度深度特征表示中重构出输入数据。当输入数据 $x$ 经过编码器 $E$ 和解码器 $D$ 计算时,输出 $\hat{x}$ 可以表示为 $\hat{x}=D(E(x))$。其中,编码器和解码器通常由一层或多层神经网络组成,这些神经网络可以是全连接神经网络、卷积神经网络、循环神经网络等,采用何种类型的网络取决于具体的机器学习任务。

图 9-3 为自编码器结构示意图,其中编码器和解码器分别采用一层全连接神经网络来实现其功能。

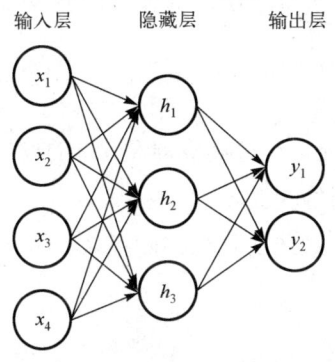

图 9-2　全连接神经网络示意图

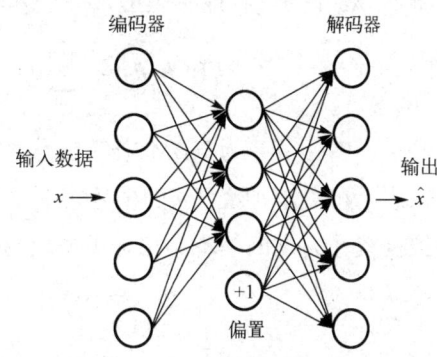

图 9-3　自编码器结构示意图

### 9.1.4 受限玻耳兹曼机

玻耳兹曼机(Boltzmann Machine,BM)是一种应用统计力学的随机神经网络。BM 包含一个可见层和一个隐藏层,神经元间全连接,神经元的输出只有激活与未激活两种状态,分别用 1 和 0 表示。BM 有强大的无监督学习能力,但无法准确计算 BM 所表示的分布。研究人员为了限制层内神经元之间的连接,引入了受限玻耳兹曼机(Restricted Boltzmann Machine,RBM)。在给定可见层神经元状态时,隐藏层神经元的激活条件独立;反之,在给定隐藏层神经元状态时,可见层神经元的激活条件独立。尽管 RBM 所表示的分布仍然无法有效计算,但通过吉布斯采样可以得到服从 RBM 所表示分布的随机样本。研究结果表明,RBM 在隐藏层神经元数目足够的情况下能够拟合任意离散分布。Hinton 于 2002 年提出了基于对比散度(Contrastive Divergence,CD)的 RBM 快速学习算法之后,掀起了一波研究热潮。

#### 9.1.4.1 受限玻耳兹曼机模型

RBM 是一个两层无向的概率图模型,由可见层和隐藏层组成,层间全连接,层内无连接。RBM 的网络结构如图 9-4 所示。

其中,可见层代表观测数据,隐藏层代表学习到的特征。如果一个 RBM 有 $m$ 个隐藏层

神经元和 $n$ 个可见层神经元,那么可用向量 $\boldsymbol{v}=(v_1,v_2,\cdots,v_n)^{\mathrm{T}}$ 和 $\boldsymbol{h}=(h_1,h_2,\cdots,h_m)^{\mathrm{T}}$ 表示可见层和隐藏层的状态,其中 $v_i$ 表示可见层神经元 $i$ 的状态,$h_j$ 表示隐藏层神经元 $j$ 的状态,所有节点的联合分布均服从玻耳兹曼分布。

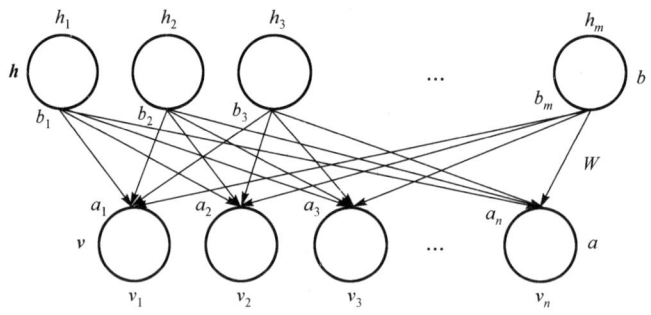

图 9-4　RBM 的网络结构

将 RBM 作为一种能量模型,并引入概率测度对能量模型进行求解,其能量函数为

$$E(\boldsymbol{v},\boldsymbol{h}|\boldsymbol{\theta})=-\sum_{i=1}^{n}a_iv_i-\sum_{j=1}^{m}b_jh_j-\sum_{i=1}^{n}\sum_{j=1}^{m}v_iW_{ij}h_j \tag{9-2}$$

式中,$\boldsymbol{\theta}=\{W_{ij},a_i,b_j\}$ 为 RBM 中的参数,$W_{ij}$ 表示可见层神经元 $i$ 与隐藏层神经元 $j$ 的连接权重,$a_i$ 表示可见层神经元 $i$ 的偏置,$b_j$ 表示隐藏层神经元 $j$ 的偏置。

根据统计力学的基本结论,当系统与外界达到热平衡时,系统所处状态的概率,即 $(\boldsymbol{v},\boldsymbol{h})$ 的概率分布为

$$P(\boldsymbol{v},\boldsymbol{h}|\boldsymbol{\theta})=\frac{\mathrm{e}^{-E(\boldsymbol{v},\boldsymbol{h}|\boldsymbol{\theta})}}{Z(\boldsymbol{\theta})} \tag{9-3}$$

式中,$Z(\boldsymbol{\theta})=\sum_{\boldsymbol{v}}\sum_{\boldsymbol{h}}\mathrm{e}^{-E(\boldsymbol{v},\boldsymbol{h}|\boldsymbol{\theta})}$ 为配分函数,用来进行归一化。

然而在实际应用中,关心的是 $P(\boldsymbol{v},\boldsymbol{h}|\boldsymbol{\theta})$ 的边缘分布

$$P(\boldsymbol{v}|\boldsymbol{\theta})=\frac{1}{Z(\boldsymbol{\theta})}\sum_{\boldsymbol{h}}\mathrm{e}^{-E(\boldsymbol{v},\boldsymbol{h}|\boldsymbol{\theta})} \tag{9-4}$$

当给定可见层上所有神经元的状态时,隐藏层上某个神经元被激活的概率为 $P(h_j=1|\boldsymbol{v},\boldsymbol{\theta})$,根据贝叶斯公式和统计力学公式

$$P(h_j=1|\boldsymbol{v},\boldsymbol{\theta})=\sigma\left(b_j+\sum_{i=1}^{n}v_iW_{ij}\right) \tag{9-5}$$

其中,$\sigma(x)=\dfrac{1}{1+\mathrm{e}^{-x}}$。

同理,当给定隐藏层上所有神经元的状态时,可见层上某个神经元被激活的概率为

$$P(v_i=1|\boldsymbol{h},\boldsymbol{\theta})=\sigma\left(a_i+\sum_{j=1}^{m}W_{ij}h_j\right) \tag{9-6}$$

#### 9.1.4.2 高斯-伯努利受限玻耳兹曼机

RBM 中的隐藏层神经元和可见层神经元可以是任意的指数族单元，如 Softmax 单元、高斯单元、泊松单元等。对于可见层是自然图像数据或语音数据的情况，可使用加入独立高斯白噪声的线性单元代替原来的二值单元，即高斯-伯努利受限玻耳兹曼机（Gaussian-Bernoulli RBM，GB-RBM），其能量函数为

$$E(\bm{v},\bm{h}|\bm{\theta}) = \sum_{i=1}^{n}\frac{(v_i-a_i)^2}{2} - \sum_{j=1}^{m}b_jh_j - \sum_{i=1}^{n}\sum_{j=1}^{m}v_iW_{ij}h_j \tag{9-7}$$

在已知可见层上所有神经元的状态时，隐藏层各神经元的激活函数仍为

$$P(h_j=1|\bm{v},\bm{\theta}) = \sigma\left(b_j + \sum_{i=1}^{n}v_iW_{ij}\right) \tag{9-8}$$

而对于隐藏层状态已知的情况，可见层各神经元的激活函数为

$$P(v_i=1|\bm{h},\bm{\theta}) = N\left(a_i + \sum_{j=1}^{m}W_{ij}h_j, 1\right) \tag{9-9}$$

式中，$N(\mu,V)$ 表示均值为 $\mu$、方差为 $V$ 的高斯分布。

### 9.1.5 循环神经网络及其变体

#### 9.1.5.1 循环神经网络

循环神经网络（Recurrent Neural Network，RNN）是能够用先前的状态预测后来的状态，能够记忆先前状态的一类深度神经网络模型。RNN 是一类专门用来处理序列数据的神经网络。循环神经网络可以扩展到更长的序列，多数循环神经网络可以处理可变长度的序列。

RNN 的输入数据为时间步×输入维度的形式，网络依次处理每个时间步的输入数据，各个时间步共享相同的权重。RNN 的隐藏层不仅接收当前时刻的输入 $\bm{x}_t$，还接收了上一时刻隐藏层的输出 $\bm{h}_{t-1}$，即隐藏层的节点间不再是无连接而是有连接的，这使得隐藏层当前时刻的输出不仅与当前时刻的输入有关，也与先前时刻的输出有关，形成"记忆"功能。RNN 前向传播的数学表达式如下所示

$$\bm{h}_t = f_h(\bm{x}_t \cdot \bm{V} + \bm{h}_{t-1} \cdot \bm{U} + \bm{b}_h) \tag{9-10}$$

$$\bm{y}_t = f_0(\bm{h}_t \cdot \bm{W} + \bm{b}_0) \tag{9-11}$$

式中，$\bm{h}_t$ 和 $\bm{h}_{t-1}$ 分别是时间步 $t$ 和 $t-1$ 的隐藏层输出，$\bm{V}$、$\bm{U}$ 和 $\bm{W}$ 分别是对应输入层、隐藏层和输出层的权重矩阵，$\bm{b}_h$ 和 $\bm{b}_0$ 分别是隐藏层和输出层的偏置，$f_h(\cdot)$ 和 $f_0(\cdot)$ 分别是隐藏层和输出层使用的激活函数。

RNN 的结构图如图 9-5 所示。

#### 9.1.5.2 双向循环神经网络

RNN 的循环结构只对所有的过去状态存在依赖关系。相应地，当前的状态也可能和未来的信息存在依赖关系。双向循环神经网络（Bi-directional RNN，BRNN），能够在两个时间方

向上学习上下文,其包含两个不同的隐藏层,在两个方向上分别对输入进行处理。比如预测一句话中缺失的单词不仅需要根据前文来判断,还需要考虑它后面的内容,真正做到基于上下文判断。BRNN 由两个 RNN 上下叠加在一起组成,对于每个时刻 $t$,输入会被同时传入结构相同、处理方向相反的两个 RNN,最终的输出由这两个 RNN 输出的状态共同计算确定。BRNN 的结构图如图 9-6 所示。

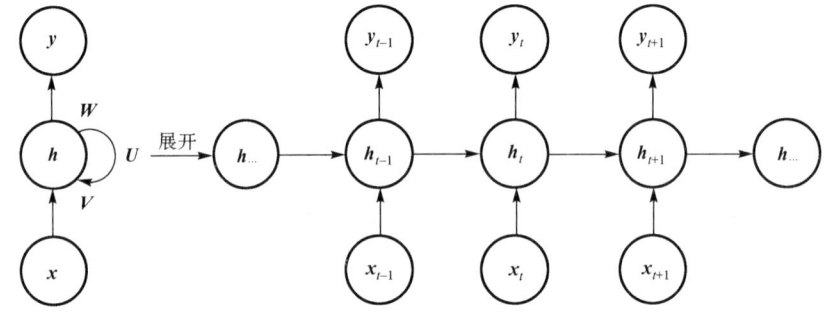

图 9-5　RNN 的结构图

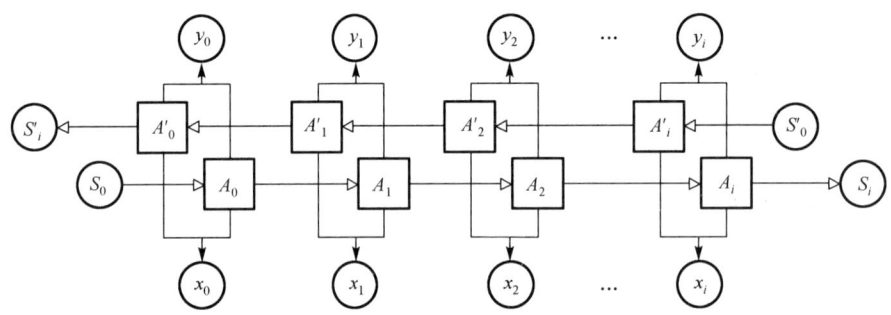

图 9-6　BRNN 的结构图

BRNN 的基本思想是,每一个训练序列向前和向后分别是两个 RNN,而且这两个都连接着一个输出层。这个结构可向输出层提供输入序列中每个时间点完整的历史(过去)和前瞻(未来)上下文信息,使输出层能基于序列全时序关联做出决策。图 9-7 展示的是一个沿着时间展开的 BRNN 示意图。6 个权重在每一个时间步被重复地利用,6 个权重分别对应:输入到向前和向后隐藏层($w_1, w_3$),隐藏层到隐藏层自己($w_2, w_5$),向前和向后隐藏层到输出层($w_4, w_6$)。值得注意的是:向前和向后隐藏层之间没有信息流,这保证了展开图是非循环的。最终的输出是由这两个处理方向相反的 RNN 输出的状态共同计算确定的。

#### 9.1.5.3　长短时记忆网络

长短时记忆(Long Short-Term Memory,LSTM)网络是对 RNN 的一种改进,以缓解 RNN 在反向传播过程中的梯度消失问题。LSTM 网络在 RNN 的基础上加入了输入门、遗忘门、输出门和细胞单元,LSTM 网络记忆块结构原理图如图 9-8 所示。

LSTM 网络依靠门结构,能使网络当前时刻的输入不仅依赖当前输入,还和先前时刻的输出有关,形成"记忆"功能。利用 LSTM 网络的这种特性,可以对舰船辐射噪声时频谱中的时序结构进行建模与特征提取,并能够学习信号中哪些数据是要保留的重要信息,哪些是要丢弃的冗余信息。LSTM 网络的基本单元称为"记忆块",其中包含一个或多个记忆细胞以及三个可调整的门结构（输入门、遗忘门和输出门）。三个门结构通过非线性激活函数控制细胞的激活，能够使 LSTM 网络处理长期的信息。在 LSTM 网络的门结构和细胞状态的计算中，对于当前 $t$ 时刻的输入和 $t-1$ 时刻的隐藏状态，计算公式如下所示

$$h_t = H([h_{t-1}, x_t] \cdot W + b) \tag{9-12}$$

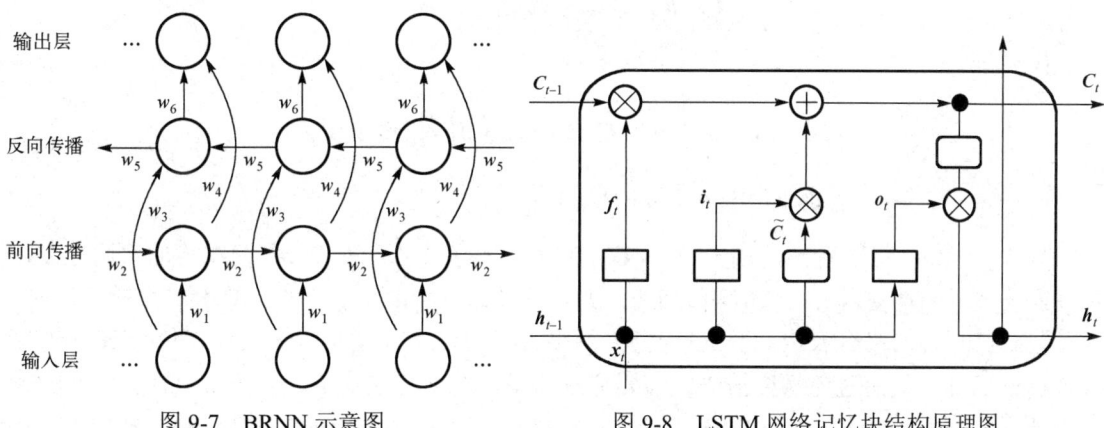

图 9-7　BRNN 示意图　　　　　图 9-8　LSTM 网络记忆块结构原理图

式中，$W$ 和 $b$ 分别代表权重矩阵和偏置，$[\cdot,\cdot]$ 为两个向量的合并操作，$H(\cdot)$ 是 LSTM 网络内部所有操作的复合函数，可由如下公式表达

$$f_t = \sigma([h_{t-1}, x_t] \cdot W_f + b_f) \tag{9-13}$$

$$i_t = H([h_{t-1}, x_t] \cdot W_i + b_i) \tag{9-14}$$

$$\tilde{C}_t = \tanh([h_{t-1}, x_t] \cdot W_C + b_C) \tag{9-15}$$

$$C_t = f_t \cdot C_{t-1} + i_t \cdot \tilde{C}_t \tag{9-16}$$

$$o_t = H([h_{t-1}, x_t] \cdot W_o + b_o) \tag{9-17}$$

$$h_t = o_t \cdot \tanh(C_t) \tag{9-18}$$

式中，$f_t$ 代表遗忘门，$i_t$ 和 $\tilde{C}_t$ 共同组成输入门，$o_t$ 代表输出门，$C_t$ 代表细胞状态。$\tanh(\cdot)$ 和 $\sigma(\cdot)$ 代表门结构中使用的激活函数。

在 LSTM 网络中，输入门决定允许多少新的输入信息加入细胞单元，遗忘门决定细胞单元保留多少上一时刻的状态或者丢弃多少信息。细胞状态的更新是由两部分组成的，分别是当前时刻的输入信息和上一时刻的细胞状态，分别由上述的输入门和遗忘门控制。最终输出的隐藏层神经元的激活值将基于当前时刻的细胞状态来确定，输出门则控制具体的输出比例。当输入门的权重为 0 时，没有信息可以进入细胞单元；当遗忘门的权重为 0 时，细胞上个状态的信息被遗忘，不会传递到下一时刻；当输入门的权重为 0 时，细胞单元的信息不产生输出；当输入门和输出门同时关闭，即权重都为 0 时，细胞单元的信息则被关住，且通过遗忘门控制其是否传递到下一时刻。

那么，LSTM 网络是如何避免梯度消失问题的呢？在 RNN 中，梯度消失和梯度爆炸是由递归偏导 $\partial h_t / \partial h_{t-1}$ 造成的。在 LSTM 网络中，同样存在这样形式的递归偏导 $\partial C_t / \partial C_{t-1}$，可

以通过链式法则对式（9-16）求导得出

$$\frac{\partial C_t}{\partial C_{t-1}} = \frac{\partial C_t}{\partial f_t}\frac{\partial f_t}{\partial h_{t-1}}\frac{\partial h_{t-1}}{\partial C_{t-1}} + \frac{\partial C_t}{\partial i_t}\frac{\partial i_t}{\partial h_{t-1}}\frac{\partial h_{t-1}}{\partial C_{t-1}} + \frac{\partial C_t}{\partial \tilde{C}_t}\frac{\partial \tilde{C}_t}{\partial h_{t-1}}\frac{\partial h_{t-1}}{\partial C_{t-1}} + \frac{\partial C_t}{\partial C_{t-1}}$$ （9-19）

化简得

$$\frac{\partial C_t}{\partial C_{t-1}} = C_{t-1}\sigma'(\cdot)W_f o_{t-1}\tanh'(C_{t-1}) + \tilde{C}_t\sigma'(\cdot)W_i o_{t-1}\tanh'(C_{t-1}) + i_t\tanh'(\cdot)W_C o_{t-1}\tanh'(C_{t-1}) + f_t$$ （9-20）

从式（9-20）可以看出，偏导 $\partial C_t/\partial C_{t-1}$ 的值受到 $f_t$、$i_t$、$\tilde{C}_t$、$o_{t-1}$ 门结构的共同控制，可以取大于 1 的值或取 0~1 范围内的值，因此经过多个时间步累计后，网络不容易收敛到 0 或发散。例如，当网络有收敛到 0 的趋势时，网络可以通过增大遗忘门 $f_t$ 的值将偏导 $\partial C_t/\partial C_{t-1}$ 拉到趋近于 1，从而避免梯度消失。需要注意的是，门结构 $f_t$、$i_t$、$\tilde{C}_t$ 和 $o_{t-1}$ 的值是 LSTM 网络结合当前时刻输入数据和隐藏状态学习得到的。因此，网络可以通过控制门结构学习信号中哪些数据是要保留的信息，哪些是要丢弃的信息。

#### 9.1.5.4 门控循环单元

门控循环单元（Gated Recurrent Unit，GRU）是 RNN 的一种简化结构，用以克服 RNN 在反向传播过程中的梯度消失和 LSTM 网络参数过多的缺点，更适用于较小数据集的训练，GRU 的结构示意图如图 9-9 所示。

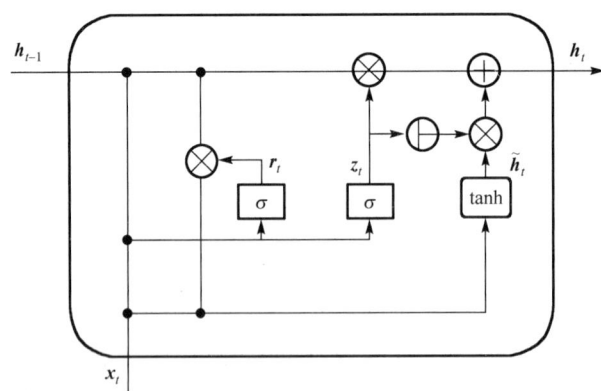

图 9-9 GRU 的结构示意图

GRU 网络依靠门结构，能使网络当前时刻的输出不仅依赖当前输入，还和先前时刻的输出有关，形成"记忆"功能。利用 GRU 网络的这种特性可以对海洋哺乳动物叫声的时频谱中的时序结构进行建模与特征提取，并能够学习信号中哪些数据是要保留的重要信息，哪些是要丢弃的冗余信息。

GRU 网络的门结构和隐藏状态的计算如下。

对于当前 $t$ 时刻的隐藏状态 $h_t$，首先计算 $t$ 时刻的重置门激活值 $r_t$

$$r_t = \sigma([h_{t-1}, x_t] \times W_r + b_r)$$ （9-21）

式中，$\sigma$ 为 Sigmoid 激活函数，$x_t$ 和 $h_{t-1}$ 分别为当前时刻的输入和上一时刻的隐藏状态，$x_t$ 和 $b_r$ 分别为需要训练的权重和偏置。

同样，对于 $t$ 时刻的更新门激活值 $z_t$ 有

$$z_t = \sigma([h_{t-1}, x_t] \times W_z + b_z) \tag{9-22}$$

最终，当前时刻的隐藏状态 $h_t$ 是上一时刻隐藏状态 $h_{t-1}$ 和当前时刻候选隐藏状态 $\tilde{h}_t$ 的线性组合

$$h_t = z_t \odot h_{t-1} + (1 - z_t) \odot \tilde{h}_t \tag{9-23}$$

$$\tilde{h}_t = \tanh([r_t \odot h_{t-1}, x_t] \cdot W_h + b_h) \tag{9-24}$$

式中，$\odot$ 表示 Hadamard 乘积。

#### 9.1.5.5 加速算法类循环神经网络

加速算法类循环神经网络（Quasi Recurrent Neural Network，QRNN）是一种交替使用卷积层的序列建模方法。QRNN 可以视为介于 RNN 和 CNN 之间的特殊结构。由于卷积操作没有循环结构时间上的依赖性，因此，QRNN 的计算并行度高。

$$Z = \tanh(W_z \times X) \tag{9-25}$$

$$F = \sigma(W_f \times X) \tag{9-26}$$

$$O = \tanh(W_o \times X) \tag{9-27}$$

式中，输入 $X \in \mathbb{R}^{T \times n}$ 是一个长度为 $T$ 的序列（其中每个向量的维度为 $n$），$W_z$、$W_f$、$W_o$ 都是 $\mathbb{R}^{k \times m \times n}$ 的张量，$k$ 表示卷积操作在时间跨度上的维度，$m$ 表示滤波器的个数。假设当前时间步为 $t$，那么卷积操作的范围为 $x_{t-k+1} \sim x_t$。

### 9.1.6 卷积层及其变体

#### 9.1.6.1 卷积层

卷积是对两个实变函数的一种数学运算，定义离散时间信号 $x(n)$ 和 $w(n)$ 的卷积 $s(n)$ 为

$$s(n) = x(n) * w(n) = \sum_{a=-\infty}^{\infty} x(a) w(n-a) \tag{9-28}$$

式中，$x$ 为输入信号，$w$ 为卷积核，$n$ 表示时间序列，$s$ 表示输出。若输入信号为二维数组 $I$，则使用二维卷积核 $K$ 进行卷积运算

$$s(i, j) = I(i, j) * K(i, j) = \sum_m \sum_n I(m, n) K(i-m, j-n) \tag{9-29}$$

式（9-29）等效于

$$s(i, j) = K(i, j) * I(i, j) = \sum_m \sum_n I(i-m, j-n) K(m, n) \tag{9-30}$$

为简化计算，在卷积神经网络计算时通常忽略卷积核的翻转，如下

$$s(i,j) = I(i,j) * K(i,j) = \sum_m \sum_n I(i+m, j+n) K(m,n) \tag{9-31}$$

根据傅里叶变换的时域卷积定理，序列在时域的卷积对应频域的相乘，对于具有一维时间序列的水声信号，进行一维卷积运算，可以实现对水声信号的时域滤波。时频分析也是水声目标识别中常用的信号处理方法。对于时频分析后的二维水声数据，在时频平面内利用二维卷积进行滤波，可以提取水声信号的时频分布特征。

在卷积神经网络中，第 $l-1$ 层的第 $i$ 个特征映射 $x_i^{l-1}$ 与卷积核 $k_{ij}^l$ 进行卷积，再对全部或部分卷积后的输入特征映射求和，并加上偏置 $b_i^l$，最后通过激活函数 $f$ 可得到第 $l$ 层卷积层的第 $j$ 个特征映射 $x_j^l$，如下所示

$$x_j^l = f\left( \sum_i (x_i^{l-1} * k_{ij}^l) + b_j^l \right) \tag{9-32}$$

#### 9.1.6.2 一维卷积层

当输入为时域水声信号、水声信号功率谱等序列时，因为其输入的各通道为一维序列，所以需要使用一维卷积对输入进行特征提取。一维卷积的卷积核与二维卷积的卷积核相比少了一个维度，但其工作方法与二维卷积类似，一维卷积的示意图如图 9-10 所示。

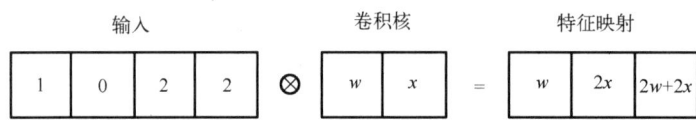

图 9-10　一维卷积的示意图

#### 9.1.6.3 逐点卷积层

逐点卷积（1×1 卷积）：如需要将特征映射分为 $N$ 个通道，可在最后用 $N$ 个 1×1 卷积层将 $M$ 个通道的特征映射转换为 $N$ 个通道的特征映射。通过这种方式，既可以增大或者减小特征映射的数量，也可以减小输入的通道数，从而达到减少计算参数的目的。逐点卷积的示意图如图 9-11 所示。

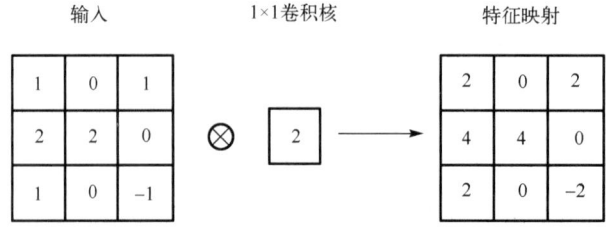

图 9-11　逐点卷积的示意图

#### 9.1.6.4 扩张卷积层

扩张卷积（Dilated Convolution）与正常的卷积不同的是，扩张卷积引入了一个称为"扩张率"的超参数，扩张率越高，感受野越大。卷积核的感受野越大，表示其能接触到的原始

图像范围就越大,也意味着它可能包含更具全局性、语义层次更高的特征,且能保持特征图不变,能利用多空间信息;相反,该值越小,表示它所包含的特征越趋向局部和细节。

扩张卷积增大了卷积核的感受野,使得每层进行卷积时,包含的空间信息相比采用非扩张卷积的空间信息更多,这使得扩张卷积可以采用更少的层数得到与非扩张卷积一样的空间信息,达到减少计算参数的目的。扩张卷积的示意图如图 9-12 所示。

#### 9.1.6.5 分离卷积层

若卷积核尺寸为 3×3,则特征映射对输入的感受野同样为 3×3。对于一个 5×5 的输入来说,若有 4 个通道的卷积核,当填充方式选择为 same(通过在输入周围补零的方式来保持输入与特征映射间的尺寸一致)时,则该层需要进行的乘法次数为 3×3×5×5×4 = 900 次。如果采用两层的卷积层代替这一层的卷积层,其中第一层采用 1×3 的卷积核,第二层采用 3×1 的卷积核,这两层输出的特征映射对于输入的感受野同样为 3×3,然而,在保持输入尺寸、卷积核通道数与填充方式不变的情况下,这两层卷积层共需要进行的乘法次数为 3×5×5×4 + 3×5×5×4 = 600 次,小于单层 3×3 卷积核需要的计算次数。

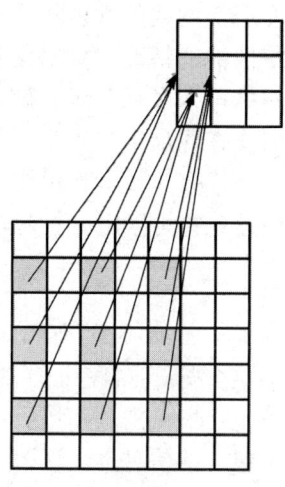

图 9-12 扩张卷积的示意图

通常将一层采用 $n×n$ 卷积核代替为一层具有 $1×n$ 卷积核与一层具有 $n×1$ 卷积核的形式,从而达到在感受野不变的情况下减小计算次数的目的。分离卷积与普通卷积不同,分离卷积使得不同通道间的特征映射可以有更加丰富的感受野同时实现更小的计算次数。分离卷积结构图如图 9-13 所示。分离卷积结构举例如图 9-14 所示。

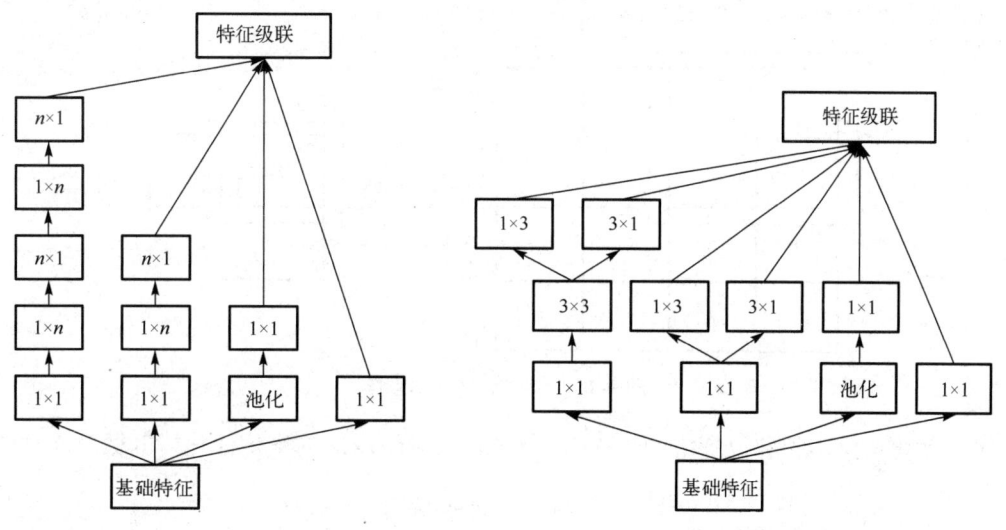

图 9-13 分离卷积结构图　　　　　图 9-14 分离卷积结构举例

#### 9.1.6.6 残差连接

按照卷积神经网络的深度理论,深度卷积神经网络的识别性能将会随着卷积层数量的增大而相应地提高,如 VGG16 到 VGG19 的提高相似。然而实际上,在层数增大到一定程度后,网络的性能不再随着网络深度的增大而提高,反而会出现深层网络性能不如浅层网络性能的情况。针对这种情况,有如下解释:随着深度的增大以及激活函数特性的影响,网络陷入了局部最优解之中;可视化结果显示了深层的特征映射仅有较浅层的相似性,即网络在深层中并未学到新的深度特征。因此,为解决这种问题,残差连接被提出。

假设在普通卷积神经网络结构中,卷积层输入与输出关系可以写为 $X_{i+1} = \text{Conv}(X_i)$,则残差连接可以用如下公式表示

$$X_{i+n} = \text{Conv}(\cdots\text{Conv}(X_i)) + X_i \tag{9-33}$$

式中,$X_i$ 表示第 $i$ 层特征映射。残差连接让第 $i+n$ 层中的特征映射既包含第 $i$ 层的特征映射,也包含第 $i$ 层的特征映射经过 $n$ 层卷积层后得到的特征映射。这样的操作使得深层的卷积层不仅可以得到深度特征,也可以建立深度特征与浅层特征之间的关联,从而增大了深层输入中包含的信息量,这增大了卷积神经网络的层数。

### 9.1.7 池化层

卷积神经网络的一个典型层包含三级。在第一级中,这一层多个卷积并行计算,产生一组线性激活响应。在第二级中,每一个线性激活响应将会通过一个非线性激活函数,这一级也被称为探测级。在第三级中,使用池化函数(Pooling Function)来进一步整合这一层输出的信息。在卷积神经网络中,池化可以用于提取特征映射的信息,并减小计算量。

最大池化:给出相邻位置中的最大值,对输出进行 $m \times m$ 的最大池化,其数学表达式为

$$y_{ij} = \max(x_{i,j}, x_{i+1,j}, x_{i,j+1}, x_{i+1,j+1}, \cdots, x_{i+m,j+m}) \tag{9-34}$$

最大池化的示意图如图 9-15 所示。

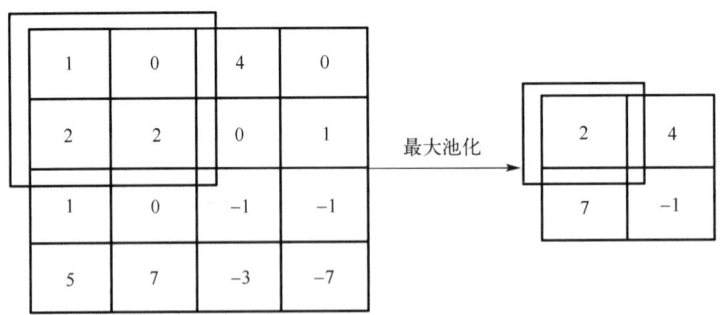

图 9-15 最大池化的示意图

平均池化:给出相邻位置中的平均值,对输出进行 $m \times m$ 的平均池化,其数学表达式为

$$y_{i,j} = \text{average}(x_{i,j}, x_{i+1,j}, x_{i,j+1}, x_{i+1,j+1}, \cdots, x_{i+m,j+m}) \tag{9-35}$$

式中,$y_{i,j}$ 为输出特征映射中某通道中第 $i$ 行第 $j$ 列的值,$x_{i,j}$ 为输入特征映射中对应通道第 $i$ 行第 $j$ 列的值,max 与 average 分别为求最大值与求平均值的函数。平均池化的示意图如图 9-16 所示。

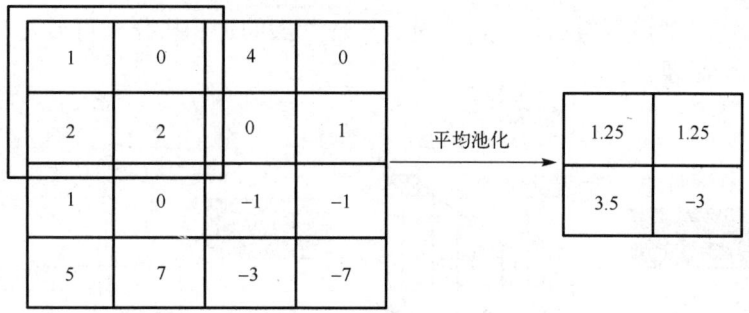

图 9-16　平均池化的示意图

### 9.1.8　全局池化层

全局池化就是池化的滑窗尺寸和该层输入的特征映射的尺寸一样大。这样，每个 $D_W \times D_H \times D_C$（宽度、高度、通道数量）的特征映射输入就会被转化为 $1 \times 1 \times D_C$ 的输出。全局池化同样分为全局平均池化与全局最大池化，其计算公式分别如下

$$y_{i,j,k} = \max(x_{1,1,1}, x_{1,2,1}, \cdots, x_{D_W, D_H, 1}, \cdots, x_{D_W, D_H, D_C}) \quad (9\text{-}36)$$

$$y_{i,j,k} = \text{average}(x_{1,1,1}, x_{1,2,1}, \cdots, x_{D_W, D_H, 1}, \cdots, x_{D_W, D_H, D_C}) \quad (9\text{-}37)$$

式中，$y_{i,j,k}$ 为第 $k$ 个通道输出特征映射中第 $i$ 行第 $j$ 列的值，$x_{i,j,k}$ 为输入特征映射中对应第 $k$ 个通道的第 $i$ 行第 $j$ 列的值，max 与 average 分别为求全局最大值与求全局平均值的函数。

### 9.1.9　注意力模块

在深度卷积神经网络中，每一个卷积核都对应着一个通道的特征，通过每层的卷积操作可以得到数个通道的特征映射。在不采用注意力机制的深度卷积神经网络中，各通道的特征映射作为下一层的输入，其权重是一致的，即各特征映射对于下一层的影响是平等的。这种做法使深度卷积神经网络在训练过程中平等地学习了所有特征，并将所有特征作为识别的依据。实际上，在通过卷积操作所提取得到的特征中，并不是所有特征都是具有意义的，有些特征可能仅仅是输入训练集中无关紧要的部分，而其他的特征则对识别目标起着重要作用，因此深度卷积神经网络平等地学习所有特征，并不一定能取得对目标识别的最好效果。

通道注意力通过对特征映射进行全局平均池化与全局最大池化并行操作，可以在最大程度上对各个通道特征的信息进行描述。因此，可以得到通道注意力实现公式如下

$$W_c(X) = f(\text{MLP}(\text{AvgPool}(X)) + \text{MLP}(\text{MaxPool}(X))) \quad (9\text{-}38)$$

式中，$f$ 为激活函数，这里指 Sigmoid 激活函数；MLP 为一个两层的共享全连接层，其激活函数为 ReLU；AvgPool 为全局平均池化函数；MaxPool 为全局最大池化函数；$X$ 为输入特征映射；$W_c$ 为通道注意力权重。

通道注意力的逻辑框图如图 9-17 所示。

由图 9-17 可得，通道注意力通过全局最大池化和全局平均池化分别处理输入特征映射得到两组初始权重的集合。将得到的两组初始权重分别输入同一个激活函数为 ReLU 的两层全

连接层中。接着将处理后两组的权重集合进行对应元素的加和操作，再通过 Sigmoid 激活函数得到通道注意力权重。

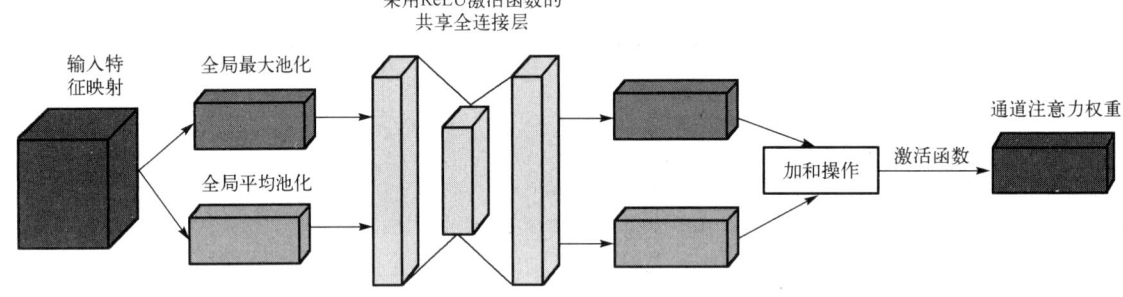

图 9-17　通道注意力的逻辑框图

空间注意力是一种能够获取特征在输入上的位置信息，并通过对输入局部区域加权从而达到强调特征的注意力机制。在无空间注意力的深度卷积神经网络中，每一层的输入中所有区域位置的权重相等，即所有的区域以及区域所包含的信息平等地影响着下一层的学习。但输入中并非所有区域都能帮助深度卷积神经网络去正确识别目标，或者说只有输入中包含特征的区域才能帮助深度卷积神经网络更好地识别目标。所以，空间注意力希望通过为包含特征的区域增加权重的方式以帮助深度卷积神经网络提升识别准确率。

空间注意力生成了一个维度与每个通道的输入维度一致的权重集合。通过将权重集合与各通道输入的对应位置元素一一相乘，得到了带有空间注意力的输入。选定合理的滑窗尺寸为 7×7 的条件下，根据空间注意力原理，可以得到如下公式表达空间注意力

$$W_s(X) = \sigma(f^{7\times7}(\text{AvgPool}(X);\text{MaxPool}(X))) \tag{9-39}$$

式中，$\sigma$ 为激活函数，这里指 Sigmoid 激活函数；$f^{7\times7}$ 为滑窗尺寸为 7×7 的卷积操作；AvgPool 为全局平均池化函数；MaxPool 为全局最大池化函数；$X$ 为输入特征映射；$W_s$ 为空间注意力权重。

根据空间注意力原理以及公式，可以得到空间注意力的逻辑框图如图 9-18 所示。

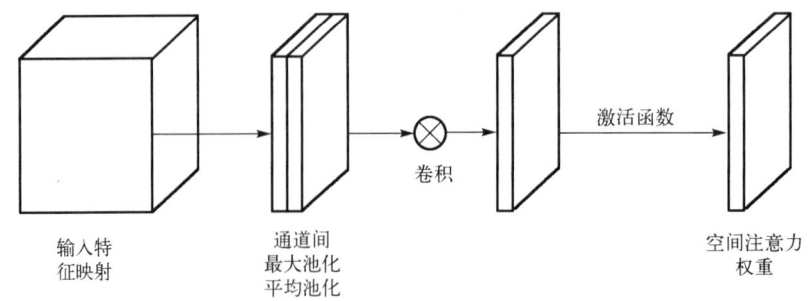

图 9-18　空间注意力的逻辑框图

在添加空间注意力时，首先对输入特征映射进行通道间的最大池化以及平均池化，除了能描述多通道特征映射在同一位置的信息，也使得最终得到的空间注意权重的集合与输入特征映射的维度相一致。接着将其经过卷积后并利用 Sigmoid 激活函数学习得到最终的空间注意力权重。

## 9.1.10 生成对抗网络

### 9.1.10.1 生成对抗网络基本原理

生成对抗网络（Generative Adversarial Network，GAN）是一种深度学习模型，其主要灵感来源于博弈论中的零和博弈思想。生成对抗网络自2014年被提出以来，便在深度学习领域引起了广泛的关注和研究，已成为近年来复杂分布上无监督学习应用前景非常广泛的模型之一。该模型通过框架中的生成模型和判别模型之间的互相博弈学习，产生相当好的输出。在输入样本数据以后，生成对抗网络会通过生成模型和判别模型之间的对抗，不断使生成模型学习样本数据的分布，让生成模型生成一系列的样本数据，并且将生成的样本数据输入判别模型来判断真假并反馈，使生成模型生成的样本数据分布与实际的样本数据分布越来越相近。

生成对抗网络主要由生成模型（Generative Model）和判别模型（Discriminative Model）组成。它的工作原理是通过框架下两个模型的互相博弈学习产生高质量的输出，如图9-19所示。

生成模型和判别模型一般由包含卷积层或全连接层的多层网络实现，并且生成模型和判别模型的激活函数必须是可微函数。将生成模型视为一个将隐空间映射到数据空间的函数，通过这种方式，生成模型可以生成数据，而生成对抗网络中的判别模型的任务是准确判别生成模型生成的数据与真实数据间的差异。

生成对抗网络的训练包括两个方向：一个是调整判别模型的参数，最大化判别模型的识别准确率；另一个是找到生成模型的参数，使生成模型生成的数据可以最大程度地混淆判别模型。

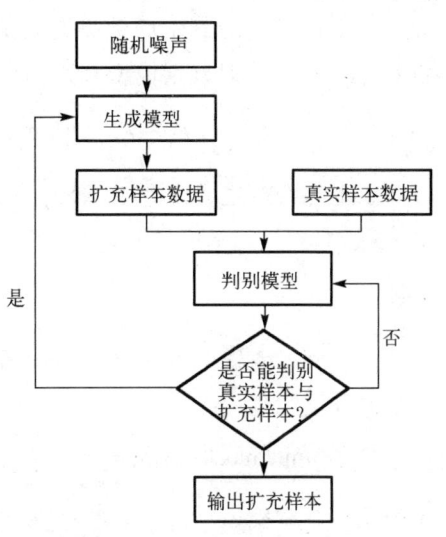

图9-19 生成对抗网络的工作原理

下面以训练网络生成图片为例，说明生成对抗网络的训练过程。假设有两个网络模型 G（Generator）和 D（Discriminator）。G 是一个生成模型，它接收一个随机的噪声 z，并利用噪声 z 生成图片，记作 G(z)。D 是一个判别模型，判别一张图片是不是"真实的"。它的输入是 x，x 代表一张图片，输出 D(x) 代表 x 为真实图片的概率，如果为1，就代表100%是真实的图片，如果为0，就代表不可能是真实的图片。在训练过程中，生成模型 G 的目标就是尽量生成真实的图片去欺骗判别模型 D，而 D 的目标就是，尽量把 G 生成的图片和真实的图片分隔开来。这样，G 和 D 构成了一个动态的"博弈过程"。经过不断的学习训练，在最理想的状态下，G 可以生成足以"以假乱真"的图片。对于 D 来说，它难以判定 G 生成的图片究竟是不是真实的，此时 $D(G(z)) = 0.5$，即得到一个生成模型 G，用来生成想要的图片。

### 9.1.10.2 生成对抗网络训练过程

对于判别模型而言，需要能同时识别出真实数据和生成数据，在数学公式上分别用 $D(x)=1$ 和 $D(x)=0$ 来表示，分别构造真实数据和生成数据的对数损失函数。

生成模型 $G$ 的对数损失函数为

$$\log(1-D(G(z)))  \tag{9-40}$$

判别模型 $D$ 的对数损失函数为

$$-(\log D(x)+\log(1-D(G(z))))  \tag{9-41}$$

生成模型和判别模型对抗的目的是使得各自的对数损失函数最小，即生成模型的训练使得 $D(G(z))$ 趋近于 1，这样生成模型 $G$ 的对数损失函数就会较小。判别模型的训练目标是完成一个二分类任务，目的是让真实数据 $x$ 的判别概率 $D(x)$ 趋近于 1，而生成数据 $G(z)$ 的判别概率 $D(G(z))$ 趋近于 0。

当判别模型遇到真实数据时，$E_x \sim P_{\text{data}(x)}[\log D(x)]$ 的期望要取最大。只有当 $D(x)=1$ 时，表示判别模型判别出真实数据为真。

当判别模型遇到生成数据时，$E_x \sim P_{z(z)}[\log(1-D(G(x)))]$ 的期望也要取最大，此时需要 $D(G(z))=0$，此时判别模型判别出生成数据为假。

$$E_x \sim P_{\text{data}(x)}[\log D(x)]+E_z \sim P_{z(z)}[\log(1-D(G(x))] \tag{9-42}$$

以上为给定生成模型 $G$，求最优的判别模型 $D^*_G$，即求判别模型的最大值，此时定义一个函数 $V(G,D)$。最优化的公式则为

$$D^*_G = \arg\max_D V(G,D) \tag{9-43}$$

而对于生成模型 $G$ 而言，则希望目标函数 $V(G,D)$ 最小化，最后整个训练优化过程就是一个循环迭代过程

$$\min_G \max_D V(G,D) = E_x \sim P_{\text{data}(x)}[\log D(x)]+E_z \sim P_{z(z)}[\log(1-D(G(x)))] \tag{9-44}$$

式中，$D$ 是判别模型，$x$ 是真实数据，$D(x)$ 是判别真实数据的概率，$D(G(z))$ 是判别生成数据的概率。

在优化目标函数 $V(G,D)$ 时，为了避免判别器区分真伪样本性能过好而导致生成器生成样本性能较差，一般采取一轮循环中多次训练判别器而只训练一次生成器的策略。为了解决生成器产生梯度消失的问题，最小化损失函数 $E_x \sim P_{z(z)}[\log(1-D(G(x)))]$ 可以替换为最大化损失函数 $E_z \sim P_{z(z)}[\log D(G(z))]$。当生成对抗网络达到纳什平衡时，判别模型 $D$ 收敛到一个最优解 $D^*_G(x)$，如下

$$D^*_G(x) = \frac{P_{\text{data}}(x)}{P_{\text{data}}(x)+P_G(x)} \tag{9-45}$$

### 9.1.10.3 深度卷积生成对抗网络

现如今，虽然研究者提出了很多应对不同场景的生成对抗网络训练的解决方法，但是生成对抗网络训练依然具有挑战性。因为生成对抗网络训练过程具有多种导致不稳定的原因，所以在训练时普遍存在以下三个问题。

（1）生成模型和判别模型训练过程难以收敛；

（2）生成模型会出现"模式崩溃"现象，即当输入不同时，输出样本却依然相同，使生成数据缺乏多样性与准确性；

（3）判别模型易快速收敛到零，无法为生成模型提供可靠的参考信息。

与此同时，基于卷积神经网络的有监督学习大量应用在计算机可视化领域。与之相反，基于卷积神经网络的无监督学习受到的关注相对较少。

为了改善生成对抗网络问题，人们在研究中也提出了很多改进的生成对抗网络模型。同时为了增强卷积神经网络在无监督学习上应用的效果，研究者研究发现了深度卷积生成对抗网络（Deep Convolutional Generative Adversarial Network，DCGAN）。它有着明确的结构约束，并且在无监督学习上有着极高的置信度。深度卷积生成对抗网络成功将卷积神经网络和生成对抗网络进行了融合，利用卷积神经网络强大的特征提取能力改善生成对抗网络的学习效果，使得生成对抗网络可以生成质量更高的样本。在众多图像数据集上的训练中，无论是对部分的还是对整体的场景，深度卷积生成对抗网络都可以提取到较好的特征。同时，深度卷积生成对抗网络所学习到的特征在一般图像的表示上也具有通用性。

深度卷积生成对抗网络主要在网络结构上对生成对抗网络进行了改进，融合了卷积神经网络。在深度卷积生成对抗网络中，生成模型相当于一个反卷积神经网络，判别模型相当于一个卷积神经网络。深度卷积生成对抗网络的主要结构特点主要是：它去掉了生成模型和判别模型中的池化层、全连接层以及在生成模型和判别模型中使用批量归一化技术，同时对各模型中使用的激活函数进行了说明。在判别模型中，使用步幅卷积函数代替确定性的空间池化函数。

研究发现，虽然全连接层提高了模型的稳定性，但是降低了收敛速度。不使用全连接层，而在提取最高卷积特征的中间部分直接连接生成模型的输入和判别模型的输出，深度卷积生成对抗网络也能很好地工作。在生成对抗网络的第一层，以统一的噪声分布为输入，将噪声重组为一个多维的张量后，以此作为卷积层进行操作叠加的初始输入。对于判别模型，最后一个卷积层要求是平滑的。

在生成模型和判别模型中使用批量归一化技术，通过将输入的每个样本标准化使网络训练更加稳定。这解决了神经网络的训练结果依赖初始链接矩阵权重设置和偏向权重设置的问题。同时可以防止在反向传播过程中出现梯度消失和梯度爆炸。然而，直接对所有的层采用批量归一化技术，会导致样本振荡和模型不稳定。为避免这种情况，对生成模型的输出层和判别模型的输入层不采用批量归一化技术。

研究表明，使用有界限的激活函数可以使模型更快地学习，并且更好地覆盖训练分布的空间。除了输出层使用 tanh 激活函数，生成模型使用 ReLU 激活函数，在判别模型中，leaky ReLU 激活函数的工作效果更好。但是深度卷积生成对抗网络仍然采用原始生成对抗网络的目标函数，所以无法避免训练过程中的不稳定、梯度消失、模式崩溃和生成样本质量存在局部缺陷等问题。

#### 9.1.10.4 Wasserstein 生成对抗网络

为了解决原始生成对抗网络中 KL（Kullback-Leibler）散度和 JS（Jensen-Shannon）散度造成的模式崩溃和梯度消失，Wasserstein 生成对抗网络（Wasserstein Generative Adversarial Network，WGAN）创造性地提出用 Wasserstein 距离代替 KL 散度和 JS 散度来度量真实样本分布 $P_{\text{data}}(x)$ 和生成样本分布 $P_G(x)$ 的距离，并且用 Lipschitz 约束（利普希

茨约束）对判别器的梯度进行限制。Wasserstein 距离的物理意义是在 $P_{\text{data}}(x)$ 和 $P_G(x)$ 的联合分布的集合中求真实样本 $x$ 和生成样本 $y$ 的距离期望的下界。当高维空间的真实样本分布 $P_{\text{data}}(x)$ 和生成样本分布 $P_G(x)$ 没有重叠或重叠很小时，KL 散度和 JS 散度无法提供足够的梯度去更新网络模型参数，造成了模式崩溃和梯度消失，而 Wasserstein 距离可以通过衡量两个分布之间的距离进而解决这一问题。

利用 Kantorovich-Rubinstein 对偶方法去优化 Wasserstein 距离，$\|D\|_{L \leq K}$ 表示对判别模型施加常数为 $K$ 的 Lipshitz 约束，此时 Wasserstein 距离就转化为求解满足条件下真实样本分布和生成样本分布的距离期望的上界。在 WGAN 中，直接将判别模型的权重参数限定在固定的范围内，这种方法就叫权重裁剪（Weight Clipping），最后得到 WGAN 的目标函数。在训练时应最小化生成模型损失函数，最大化判别模型损失函数，判别器最后一层去掉 Sigmoid 激活函数。随着生成模型损失函数值的不断下降，生成样本质量越来越好，这一特性使得在生成对抗网络训练时不用花费过多的精力去判断模式崩溃或梯度消失。但是用权重裁剪的方法实现 Lipshitz 约束存在不足，如裁剪参数（Clipping Parameter）过大会使判别模型很难训练到最优状态。此外，裁剪参数很小并且判别模型层数大或者没有使用批量归一化时，易出现梯度消失。

$$W(P_{\text{data}}, P_G) = \sup_{\|D\|_{L \leq K}} E_{x \sim P_{\text{data}}(x)}[D(x)] - E_{z \sim P_{z(z)}}[D(G(z))] \tag{9-46}$$

$$|D(x_1) - D(x_2)| \leq K|x_1 - x_2| \tag{9-47}$$

$$L = E_{x \sim P_{\text{data}}(x)}[D(x)] - E_{z \sim P_{z(z)}}[D(G(z))] \tag{9-48}$$

$$G: -E_{z \sim P_{z(z)}}[D(G(z))] \tag{9-49}$$

$$D: E_{x \sim P_{\text{data}}(x)}[D(x)] - E_{z \sim P_{z(z)}}[D(G(z))] \tag{9-50}$$

WGAN-GP 是 WGAN 的改进模型，解决了 WGAN 中依赖裁剪阈值（Clipping Threshold）调整而导致的梯度消失、梯度爆炸、样本生成质量不好的问题。针对 WGAN 施加的 Lipshitz 约束不合理的问题，WGAN-GP 引入梯度惩罚代替 WGAN 的权重裁剪，将判别模型的梯度作为正则项加到目标函数中。同时采用双边梯度惩罚，这样就不用把权重只限制在（−1,1）内，而只要 $\|\nabla_{\tilde{x}} D(\tilde{x})\|_2$ 接近 1 即可。WGAN-GP 中的梯度惩罚的约束条件在整个真实样本空间难以得到严格满足，此时，可以采用在真实样本和生成样本间进行随机插值的办法来处理。

#### 9.1.10.5 信息最大化生成对抗网络

在原始的生成对抗网络中，生成模型的输入通常是几乎没有约束的噪声 $z$，而噪声 $z$ 是高维无序的。因而生成模型只能以一种高度混乱的方式使用噪声，导致无法从噪声 $z$ 的独立维度中对应出数据的语义特征，以至于不能生成有指定特征的图像。

信息最大化生成对抗网络（Information Maximizing Generative Adversarial Network，Info GAN）的提出是为了利用无监督学习得到可分解的特征表示。Info GAN 提出将输入噪声分解为两部分，其中 $z$ 作为不可压缩的噪声源，$c$ 作为隐含编码，对数据分布的潜在结构进行导向，而生成模型产生的输出为 $G(z,c)$。原始生成对抗网络忽视了隐含编码 $c$，而 Info GAN 提出了 $G(z,c)$ 和 $c$ 之间的互信息 $I(c;G(z,c))$。互信息一般用来度量一个随机变量中包含的关于另一个随机变量的信息量。为了使得 $x$ 和 $c$ 之间关联密切，应最大化 $G(z,c)$ 和 $c$ 的互信息。

互信息的离散形式由下式表示

$$I(X;Y) = \sum_{x \in X} \sum_{y \in Y} p(x,y) \log \frac{p(x,y)}{p(x)p(y)} \tag{9-51}$$

其具备如下特性

$$I(X;Y) = H(Y) - H(Y|X) = H(X) - H(X|Y) \tag{9-52}$$

$H(Y)$ 表示 $Y$ 的信息熵，$H(Y|X)$ 表示在 $X$ 确定的情况下 $Y$ 的信息熵。本节中 $c$ 和 $G(z,c)$ 之间的互信息为 $I(c;G(z,c))$，Info GAN 的优化目标为

$$\min_G \max_D \{V_{\text{GAN}}(D,G) - \lambda I(G(z,c);c)\} \tag{9-53}$$

Info GAN 具有互信息的变分正则化和超参数 $\lambda$ 的优化目标为

$$\min_{G,Q} \max_D V_{\text{Info GAN}}(D,G,Q) = V(D,G) - \lambda L_I(G,Q) \tag{9-54}$$

式中，$Q$ 表示辅助模型，$L_I(G,Q)$ 表示与互信息 $I$ 计算相关的损失函数。

### 9.1.11 批量归一化

批量归一化（Batch Normalization）是一种自适应的重参数化的方法，意图克服当深度神经网络加深时训练的困难，也是一种几乎可以重参数化所有深度神经网络的方法。

重参数化显著减少了多层之间协调更新的问题，可以用于各输入层或者隐藏层。设 $H$ 是需要标准化的某层的小批量激活函数所需要的输入构成的矩阵。为了归一化 $H$，对其进行如下操作

$$H' = \frac{H - \mu}{\sigma} \tag{9-55}$$

式中，$\mu$ 是包含每个神经元均值的向量，$\sigma$ 是包含每个神经元标准差的向量。网络其余部分 $H'$ 的操作方式和原操作 $H$ 的方式一样。

在训练阶段

$$\mu = \frac{1}{m} \sum_{i=1}^{m} H_i \tag{9-56}$$

$$\sigma = \sqrt{\delta + \frac{1}{m} \sum_{i=1}^{m} (H - \mu)_i^2} \tag{9-57}$$

式中，$\delta$ 是一个很小的正数，用来避免遇到 $\sqrt{z}$ 在 $z$ 取 0 时未定义的问题。通过这些操作来计算均值和标准差，并将其应用于标准化。批量归一化会去除这一操作的影响，以避免不完全的归一化，批量归一化更节省时间。

## 9.1.12 随机失活

在深度神经网络训练过程中,随机失活让某个神经元的激活值以一定的概率 $p$ 停止工作。如此一来,模型不会太依赖某些局部的特征,从而使模型的泛化性更强。

它的具体过程为:首先遍历深度神经网络的每一层节点,设置节点保留概率;然后根据节点保留概率,选择是否删除深度神经网络中的某些节点且删除节点之间的连接;最后输入样本,对简化后的网络进行训练,每次输入样本都要重复上述步骤。

# 9.2 经典激活函数的功能与特点

在多层深度神经网络中,上层节点的输出和下层节点的输入之间具有一个函数关系,这个函数被称为激活函数(Activation Function)。如果不采用激活函数,每一个节点之间是 $z=\sum_i w_i x_i + b$ 的线性函数,其中 $x_i$ 为各节点的输入,$w_i$ 为对应的权重,$b$ 为对应的偏置,这样的神经元只能拟合线性函数。但绝大多数实际情况下,输入与输出之间的关系都是非线性关系,这种情况下,采用非线性激活函数可以更好地拟合输入与输出之间的关系。

### 9.2.1 Sigmoid 激活函数

Sigmoid 激活函数是常用的非线性激活函数,其数学表达式为

$$\sigma(z) = \frac{1}{1+\mathrm{e}^{-z}} \tag{9-58}$$

式中,$z = \sum_i w_i x_i + b$。

Sigmoid 激活函数将输入映射到 0~1 之间。函数的导数值随 $z$ 值先增大后减小,在 $z=0$ 处取最大值,在 $z \to +\infty$ 时,函数取 1,导数 $\approx 0$,在 $z \to -\infty$ 时,函数取 0,导数 $\approx 0$。

Sigmoid 激活函数如图 9-20 所示。Sigmoid 激活函数的导数如图 9-21 所示。

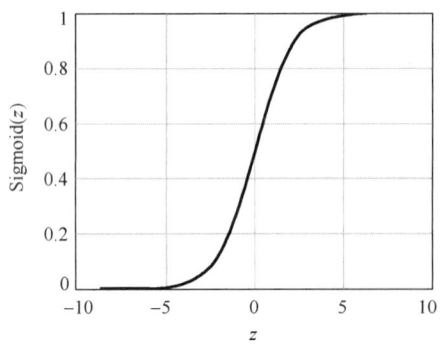

图 9-20 Sigmoid 激活函数

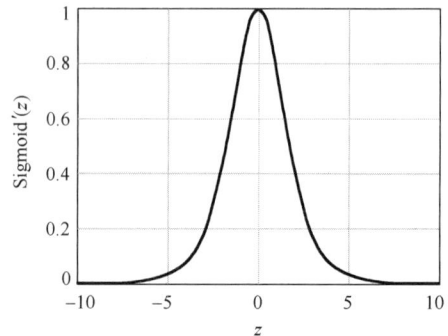

图 9-21 Sigmoid 激活函数的导数

### 9.2.2 tanh 激活函数

tanh 激活函数的数学表达式为

$$\tanh(z) = \frac{e^z - e^{-z}}{e^z + e^{-z}} \quad (9\text{-}59)$$

tanh 函数大致上与 Sigmoid 函数相似，但不同点在于函数取值为 $(-1, 1)$，在 $z \to +\infty$ 时，函数取 1，导数 $\approx 0$，在 $z \to -\infty$ 时，函数取 $-1$，导数 $\approx 0$。

tanh 激活函数如图 9-22 所示。tanh 激活函数的导数如图 9-23 所示。

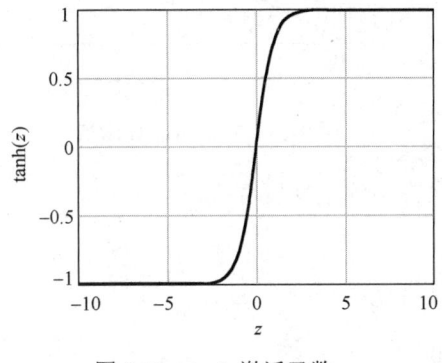

图 9-22　tanh 激活函数

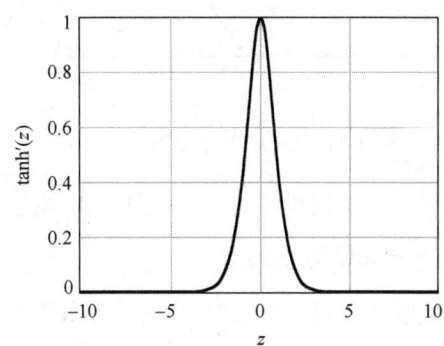

图 9-23　tanh 激活函数的导数

因为 tanh 激活函数整体与 Sigmoid 激活函数相似，所以 tanh 激活函数有着与 Sigmoid 激活函数相似的特点。

### 9.2.3　ReLU 激活函数及其变体

#### 1. ReLU 激活函数

ReLU 激活函数的数学表达式为

$$f(z) = \max(0, z) \quad (9\text{-}60)$$

ReLU 激活函数如图 9-24 所示。与 Sigmoid 激活函数和 tanh 激活函数不同，ReLU 激活函数在 $x \geqslant 0$ 阶段的斜率不再发生改变，恒为 1，因此计算速度非常快，只需要判断输入是否大于 0。采用 ReLU 激活函数的神经网络往往收敛得更快，正区间上不会出现梯度消失，且 ReLU 激活函数能更好地训练深度神经网络。

只采用 ReLU 激活函数可能导致某些神经元永远不会被激活，导致相应的参数永远不能被更新。有两个主要原因可能导致这种情况产生：（1）参数初始化时导入特定值导致参数无法更新；（2）学习率过高时，训练过程中的参数会因更新幅度过大，导致网络无法收敛到预期的稳定训练状态。

为解决这种问题，许多新的 ReLU 激活函数的变体被提出。

#### 2. leaky ReLU 激活函数

带泄露线性整流（leaky ReLU）激活函数的数学表达式为

$$f(z) = \begin{cases} z, & x > 0 \\ \lambda z, & x \leqslant 0 \end{cases}, \lambda \in (0, 1) \quad (9\text{-}61)$$

leaky ReLU 激活函数如图 9-25 所示。

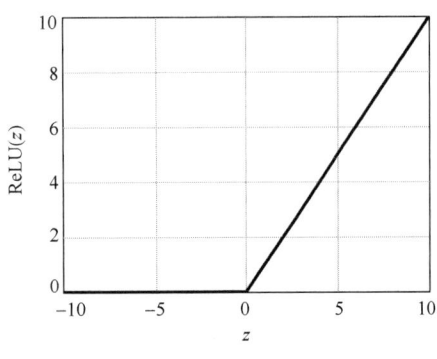
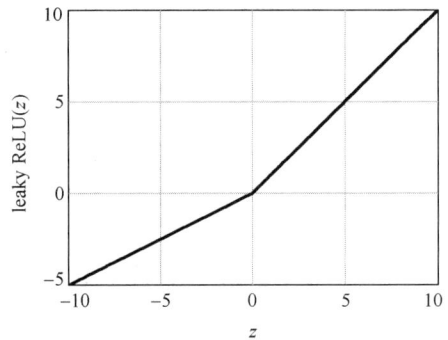

图 9-24 ReLU 激活函数　　　　　　　图 9-25 leaky ReLU 激活函数

当神经元未被激活时，leaky ReLU 激活函数允许小的正梯度存在。

### 3. P ReLU 激活函数

参数线性整流（P ReLU）激活函数的数学表达式为

$$f(z)=\begin{cases} z, & z>0 \\ \alpha z, & z\leq 0 \end{cases} \tag{9-62}$$

与 leaky ReLU 激活函数不同的是，$\alpha$ 为一个可通过 BP 神经网络学习的变量。对于 $\alpha \leq 1$ 的情况，$f(z)=\max(z,\alpha z)$。

### 4. Randomized leaky ReLU 激活函数

带泄露随机线性整流（Randomized leaky ReLU，RReLU）激活函数的数学表达式为

$$f(z)=\begin{cases} z, & z>0 \\ \lambda z, & z\leq 0 \end{cases} \tag{9-63}$$

与 leaky ReLU 激活函数不同的是，此处的 $\lambda$ 是可学习的参数，而非固定数值。

### 5. noise ReLU 激活函数

噪声线性整流（noise ReLU）激活函数的数学表达式为

$$f(z)=\max(0,z+Y), \quad Y \sim N(0,\sigma(z)) \tag{9-64}$$

noise ReLU 激活函数如图 9-26 所示。

## 9.2.4 Softmax 激活函数

Softmax 激活函数可以用于二分类与多分类任务，常用于神经网络输出层，其数学表达式为

$$S_i = \frac{e^{z_i}}{\sum_k z_k} \tag{9-65}$$

式中，$S_i$ 为输出值，表示第 $i$ 个分类的概率，所有 $S_i$ 相加的结果应为 1。$z_i$ 为第 $i$ 个神经元加权后的线性输出。Softmax 激活函数作用的示意图如图 9-27 所示。

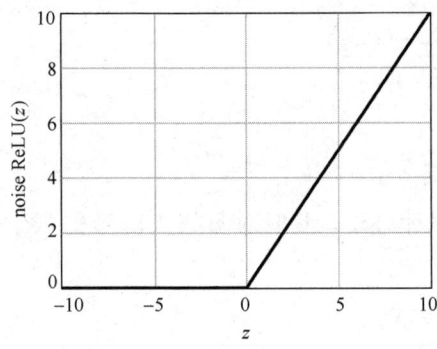
图 9-26 noise ReLU 激活函数

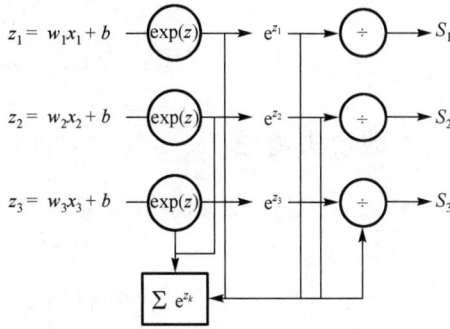
图 9-27 Softmax 激活函数作用的示意图

## 9.3 经典损失函数构建方法与性能

损失函数用来评价模型的预测值和真实值之间的差异程度。$m$ 表示样本数，$Y$ 表示所有真实值的集合，$y_i$ 表示第 $i$ 个样本的真实值，$f(x_i)$ 表示模型对样本 $x_i$ 的预测输出值。

### 9.3.1 平方损失

平方损失是所有样本误差的平方和，数学表达式为

$$L_{sq}(Y, f(x)) = \sum_{i=1}^{m} (y_i - f(x_i))^2 \tag{9-66}$$

### 9.3.2 均方误差

均方误差是所有样本误差的平方和的均值，数学表达式为

$$L_{mse}(Y, f(x)) = \frac{1}{m}\sum_{i=1}^{m} (y_i - f(x_i))^2 \tag{9-67}$$

### 9.3.3 绝对误差

绝对误差是所有样本误差的绝对值的和，数学表达式为

$$L_{ae}(Y, f(x)) = \sum_{i=1}^{m} |y_i - f(x_i)| \tag{9-68}$$

### 9.3.4 平均绝对误差

平均绝对误差是所有样本误差的绝对值的均值，数学表达式为

$$L_{mae}(Y, f(x)) = \frac{1}{m}\sum_{i=1}^{m} |y_i - f(x_i)| \tag{9-69}$$

### 9.3.5 平均绝对百分比误差

平均绝对百分比误差是所有样本误差的绝对值占真实值的比值，数学表达式为

$$L_{\text{mape}}(Y, f(x)) = \frac{100}{m} \times \sum_{i=1}^{m} \left| \frac{y_i - f(x_i)}{y_i} \right| \quad (9\text{-}70)$$

### 9.3.6 对数损失函数

假设样本误差符合高斯分布,采用极大似然估计方法,此时对数损失函数的数学表达式为

$$L(Y, P(Y|X)) = -\log P(Y|X) \quad (9\text{-}71)$$

### 9.3.7 交叉熵

(1) 二分类交叉熵

当需要处理二分类问题时,可以选择二分类交叉熵,数学表达式为

$$L_{\text{bce}}(Y, f(x)) = -\frac{1}{m} \sum_{i=1}^{m} [y_i \times \log(f(x_i)) - (1 - y_i) \log(1 - f(x_i))] \quad (9\text{-}72)$$

(2) 多分类交叉熵

当需要处理多分类问题时,每个神经元节点的输出表示其对应类的得分,可以选择多分类交叉熵,数学表达式为

$$L_{\text{ce}}(Y, f(x)) = -\frac{1}{m} \sum_{i=1}^{m} y_i \times \log(f(x_i)) \quad (9\text{-}73)$$

(3) 稀疏交叉熵

稀疏交叉熵是一种稀疏化的多分类交叉熵损失函数。多分类交叉熵是允许有概率存在的,例如,一个四分类问题中每类的正确预测概率可以是[0.3,0.4,0.2,0.1],而稀疏交叉熵中用[0,1,0,0]来预测是否为该类。

## 9.4 深度神经网络的优化算法

在深度学习中有很多优化算法,这些优化算法需要在极高维度(参数常常超过数百万个)的参数空间进行梯度下降。从最开始的初始点,寻找最优化的参数。

梯度的定义为:某一函数在该点处的方向导数沿着该方向取得最大值,即函数在该点处沿着该方向(此梯度的方向)变化得最快,变化率(梯度的模)最大。

### 9.4.1 梯度下降算法

---

**算法 9.1:梯度下降算法**

参数设置:学习率 $\varepsilon$
while $\nabla_x f(x) \neq 0$ do
    更新参数: $x \leftarrow x - \varepsilon \nabla_x f(x)$
end while

## 9.4.2 批量梯度下降算法

**算法 9.2：批量梯度下降（Batch Gradient Descent，BGD）算法**

参数设置：学习率 $\varepsilon$
初始参数 $\theta$
while 停止准则未满足 do
    训练集中全部 $m$ 个样本 $\{x^{(1)},\cdots,x^{(m)}\}$
    计算梯度估计：$\hat{g} \leftarrow \hat{g} + \frac{1}{m}\nabla_\theta \sum_i L(f(x^{(i)};\theta), y^{(i)})$
    参数更新：$\theta \leftarrow \theta - \varepsilon\hat{g}$
end while

优点：
（1）一次迭代是对所有样本进行计算，此时利用矩阵进行运算，实现了并行；
（2）由数据集确定的方向能够更好地代表样本总体，从而更准确地朝向极值所在的方向。当目标函数为凸函数时，使用批量梯度下降算法一定能够得到全局最优解。

缺点：
有时会遇到样本个数很大（几十万、上百万甚至上亿）的训练集合。这意味着每执行一次批量梯度下降算法，都要对所有样本进行求和。这样会导致运算量很大，训练过程很慢，花费时间较长。

## 9.4.3 随机梯度下降算法

每次只使用单个样本的优化算法被称为随机梯度下降（Stochastic Gradient Descent，SGD）算法。

**算法 9.3：随机梯度下降算法**

参数设置：学习率 $\varepsilon$
初始参数 $\theta$
while 停止准则未满足 do
    训练集中全部 $m'$ 个样本 $\{x^{(1)},\cdots,x^{(m')}\}$ 的小批量
    计算梯度估计：$\hat{g} \leftarrow \hat{g} + \frac{1}{m'}\nabla_\theta \sum_i L(f(x^{(i)};\theta), y^{(i)})$
    参数更新：$\theta \leftarrow \theta - \varepsilon\hat{g}$
end while

优点：
该算法随机优化某一条训练数据上的损失函数输出值，这样每一轮参数更新速度会大大加快。

缺点：
（1）准确度下降，即使在目标函数为强凸函数的情况下，其也无法做到线性收敛；
（2）易陷入局部最优，这是因为单个样本无法代表全体样本的趋势；
（3）不易于并行实现。

## 9.4.4 小批量梯度下降算法

小批量梯度下降（Mini-Batch Gradient Descent，MBGD）算法是对批量梯度下降算法以

及随机梯度下降算法的一个折中算法。其具体思路是：每次迭代使用 1 个 batch 内的样本对参数进行更新。它既克服了上述算法的缺点，又兼具它们的优点。

---
**算法 9.4：小批量梯度下降算法**
---
参数设置：学习率 $\varepsilon$
初始参数 $\theta$
while 停止准则未满足 do
  训练集中共包含 $m'$ 个样本，每次迭代使用 batch\_size 个样本
  计算梯度估计：$\hat{g} \leftarrow \hat{g} + \frac{1}{\text{batch\_size}} \nabla_\theta \sum_{i}^{i+\text{batch\_size}-1} L(f(x^{(i)}, \theta), y^{(i)})$
  参数更新：$\theta \leftarrow \theta - \varepsilon \hat{g}$
end while

---

优点：

（1）通过矩阵运算，每次在一个 batch 内优化神经网络参数并不会比单个数据慢。

（2）每次使用一个 batch 可以大大减少收敛所需要的迭代次数，同时可以使收敛到的结果更加接近梯度下降的效果。

（3）可实现并行。

缺点：

对 batch 的选择较为敏感。

### 9.4.5 动量梯度下降算法

---
**算法 9.5：动量梯度下降（Momentum Optimzation）算法**
---
参数设置：学习率 $\varepsilon$
    初始参数 $\theta$
    动量参数 $\alpha$
    初始速度 $v$
while 停止准则未满足 do
  训练集中全部 $m'$ 个样本 $\{x^{(1)}, \cdots, x^{(m')}\}$ 的小批量
  计算梯度估计：$\hat{g} \leftarrow \hat{g} + \frac{1}{m'} \nabla_\theta \sum_{i} L(f(x^{(i)}; \theta), y^{(i)})$
  计算速度更新：$v \leftarrow \alpha v - \varepsilon g$
  参数更新：$\theta \leftarrow \theta - \varepsilon \hat{g}$
end while

---

优点：动量梯度下降引入了"动量"概念，它会累积之前的梯度方向，类似于物体运动时的惯性。如果这次的梯度下降方向与之前相同，则会因为之前的速度继续加速；如果这次的梯度下降方向与之前相反，则会因为之前存在速度的作用不会产生一个急转弯，而是尽量把路线向一条直线拉过去。该算法解决了在普通梯度下降中存在的下降路线纵轴摆动较大的问题，同时加快了横轴方向的学习速率。

### 9.4.6 涅斯捷罗夫梯度加速算法

作为动量算法的一个变种，Nesterov（涅斯捷罗夫）动量在标准的动量算法中添加了一个校正因子。Nesterov 是对 Momentum 的一种改进：先对参数进行估计，然后使用估计后的参数来计算误差。

## 算法 9.6：涅斯捷罗夫梯度加速（Nesterov Accelerated Gradient）算法

参数设置：学习率 $\varepsilon$
　　　　　初始参数 $\theta$
　　　　　动量参数 $\alpha$
　　　　　初始速度 $v$
while 停止准则未满足 do
　　训练集中全部 $m'$ 个样本 $\{x^{(1)},\cdots,x^{(m')}\}$ 的小批量
　　临时参数更新：$\tilde{\theta} \leftarrow \theta + \alpha v$
　　计算梯度估计：$g \leftarrow \dfrac{1}{m'} \nabla_{\tilde{\theta}} \sum_i L(f(x^{(i)};\tilde{\theta}), y^{(i)})$
　　计算速度更新：$v \leftarrow \alpha v - \varepsilon g$
　　参数更新：$\theta \leftarrow \theta + v$
end while

### 9.4.7 自适应的梯度下降算法

学习率对模型性能有显著影响，学习率也是难以设置的超参数之一。算法的损失通常对参数空间的某些方向很敏感，对其他方向不敏感。动量算法可以在一定程度上缓解以上问题，但是动量算法又引入了另一个超参数。自适应的梯度下降（Adaptive Gradient，AdaGrad）算法为每个参数设置不同的学习率，在整个学习过程中自动适应这些学习率。

AdaGrad 算法独立地适应所有模型参数的学习率，具有大损失偏导的参数相应有较大的学习率，而具有小损失偏导的参数相应有较小的学习率。这样做的效果是，在参数空间中更为平缓的下降方向取得更大的下降步长。

在凸优化背景中，AdaGrad 算法具有良好的效果。对于训练深度神经网络，从训练开始时就积累的梯度平方会导致学习率过早和过量减小。

## 算法 9.7：自适应的梯度下降算法

参数设置：全局学习率 $\varepsilon$
　　　　　初始参数 $\theta$
　　　　　小常数 $\delta$，约为 $10^{-7}$
　　　　　初始化梯度累计变量 $r=0$
while 停止准则未满足 do
　　训练集中全部 $m$ 个样本 $\{x^{(1)},\cdots,x^{(m)}\}$ 的小批量，对应目标为 $y^{(i)}$
　　计算梯度：$g \leftarrow \dfrac{1}{m} \nabla_{\theta} \sum_i L(f(x^{(i)};\theta), y^{(i)})$
　　累计平方梯度：$r \leftarrow r + g \odot g$
　　计算更新：$\Delta\theta \leftarrow -\dfrac{\varepsilon}{\delta + \sqrt{r}} \odot g$　（逐元素地应用除和求平方）
　　参数更新：$\theta \leftarrow \theta + \Delta\theta$
end while

### 9.4.8 均方根传递

均方根传递（Root Mean Square Prop，RMSProp）算法改进了 AdaGrad 算法，RMSProp 算法可应用于非凸设定下且具有良好的效果。RMSProp 算法使用指数衰减平均方法，丢弃了迭代次数靠前的历史数据，在遇到凸状结构后会快速收敛。

以下是 RMSProp 算法和使用 Nesterov 动量的 RMSProp 算法。RMSProp 算法使用指数加权的移动平均引入了超参数 $\rho$。

**算法 9.8：RMSProp 算法**

参数设置：全局学习率 $\varepsilon$
　　　　　衰减速率 $\rho$
　　　　　小常数 $\delta$，约为 $10^{-6}$（用于被小数除时的数值稳定）
　　　　　初始化梯度累计变量 $r=0$
while 停止准则未满足 do
　　训练集中全部 $m$ 个样本 $\{x^{(1)},\cdots,x^{(m)}\}$ 的小批量，对应目标为 $y^{(i)}$
　　计算梯度：$g \leftarrow \dfrac{1}{m}\nabla_\theta \sum_i L(f(x^{(i)};\theta),y^{(i)})$
　　累计平方梯度：$r \leftarrow \rho r+(1-\rho)g \odot g$
　　计算更新：$\Delta\theta \leftarrow -\dfrac{\varepsilon}{\delta+\sqrt{r}}\odot g$（逐元素地应用除和求平方）
　　参数更新：$\theta \leftarrow \theta+\Delta\theta$
end while

---

**算法 9.9：使用 Nesterov 动量的 RMSProp 算法**

参数设置：全局学习率 $\varepsilon$
　　　　　衰减速率 $\rho$
　　　　　小常数 $\delta$，约为 $10^{-6}$（用于被小数除时的数值稳定）
　　　　　初始化梯度累计变量 $r=0$
　　　　　初始参数 $\theta$，$v$
while 停止准则未满足 do
　　训练集中全部 $m$ 个样本 $\{x^{(1)},\cdots,x^{(m)}\}$ 的小批量，对应目标为 $y^{(i)}$
　　临时参数更新：$\tilde{\theta} \leftarrow \theta+\alpha v$
　　计算梯度：$g \leftarrow \dfrac{1}{m}\nabla_{\tilde\theta}\sum_i L(f(x^{(i)};\tilde\theta),y^{(i)})$
　　累计平方梯度：$r \leftarrow \rho r+(1-\rho)g \odot g$
　　计算更新：$v \leftarrow \alpha v-\dfrac{\varepsilon}{\sqrt{r}}\odot g$
　　参数更新：$\theta \leftarrow \theta+\Delta\theta$
end while

### 9.4.9 自适应矩估计算法

**算法 9.10：自适应矩估计（Adaptive Moment Estimation，Adam）算法**

参数设置：全局学习率 $\varepsilon$
　　　　　初始参数 $\theta$
　　　　　用于数值稳定的小常数 $\delta$，约为 $10^{-8}$
　　　　　矩估计的指数衰减速率 $\rho_1$ 和 $\rho_2$ 在区间 $[0,1)$ 内（建议默认为 0.9 和 0.999）
　　　　　初始化一阶矩和二阶矩变量 $s=0$、$r=0$
　　　　　初始化时间步 $t=0$
while 停止准则未满足 do
　　训练集中全部 $m'$ 个样本 $\{x^{(1)},\cdots,x^{(m')}\}$ 的小批量
　　计算梯度估计：$g \leftarrow \dfrac{1}{m'}\nabla_{\tilde\theta}\sum_i L(f(x^{(i)};\tilde\theta),y^{(i)})$，$t \leftarrow t+1$
　　更新有偏一阶矩估计：$s \leftarrow \rho_1 s+(1-\rho_1)g$
　　更新有偏二阶矩估计：$r \leftarrow \rho_2 r+(1-\rho_2)g \odot g$
　　修正一阶矩的偏差：$\hat{s} \leftarrow \dfrac{s}{1-\rho_1^t}$

修正二阶矩的偏差：$\hat{r} \leftarrow \dfrac{r}{1-\rho_2^t}$

计算更新：$\Delta\theta \leftarrow -\varepsilon \dfrac{\hat{s}}{\sqrt{\hat{r}}+\delta}$ （逐元素应用操作）

参数更新：$\theta \leftarrow \theta + \Delta\theta$

end while

## 9.5 深度学习识别算法的评价指标

### 9.5.1 混淆矩阵

混淆矩阵是一种可视化工具，主要用于可视化模型预测结果和真实值，如表 9-1 所示。真正：预测为真，实际为真；假正：预测为真，实际为假；假负：预测为假，实际为真；真负：预测为假，实际为假。

表 9-1 混淆矩阵

| 真实结果 | 预测结果 ||
|---|---|---|
| | 真 | 假 |
| 真 | TP（真正） | FN（假负） |
| 假 | FP（假正） | TN（真负） |

### 9.5.2 P-R 曲线

P-R 曲线是根据一系列不同的二分类方式（决定阈），以召回率 R 为横坐标、精确率 P 为纵坐标绘制的曲线。

精确率的计算公式如下

$$P = \dfrac{TP}{TP+FP} \times 100\% \qquad (9\text{-}74)$$

召回率的计算公式如下

$$R = \dfrac{TP}{TP+FN} \times 100\% \qquad (9\text{-}75)$$

P-R 曲线如图 9-28 所示。P-R 曲线直观显示出学习器在总体样本上的召回率和精确率。若学习器 A 的 P-R 曲线完全"包住"学习器 C，则学习器 A 的性能优于学习器 C，若两个学习器发生了交叉，则可通过比较平衡点(P=R 时的取值)来判断两者的性能。

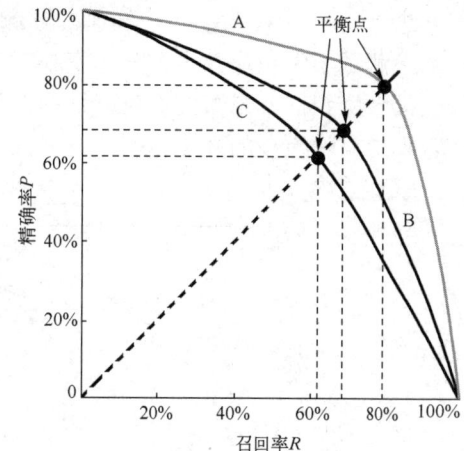

图 9-28 P-R 曲线

### 9.5.3 F1 分数

F1 分数是一种综合考虑召回率和精确率的评价指标。F1 分数的计算公式如下

$$F1\text{分数} = \dfrac{2PR}{P+R} \times 100\% \qquad (9\text{-}76)$$

Fβ 度量允许通过改变参数，调整召回率和精确率的影响权重，Fβ 度量的计算公式如下

$$F\beta = \frac{(1+\beta^2)PR}{(\beta^2 P)+R} \tag{9-77}$$

式中,$\beta>0$ 度量了召回率对精确率的相对重要性;$\beta=1$ 为标准的 F1 分数;$\beta>1$ 时召回率有更大的影响;$\beta<1$ 时精确率有更大的影响。

### 9.5.4 ROC 曲线

ROC 曲线是根据一系列不同的二分类方式,以假正例率 FPR 为横坐标、真正例率 TPR 为纵坐标绘制的曲线。

假正例率的计算公式如下

$$\text{FPR} = \frac{\text{FP}}{\text{TN}+\text{FP}} \tag{9-78}$$

真正例率的计算公式如下

$$\text{TPR} = \frac{\text{TP}}{\text{TP}+\text{FN}} \tag{9-79}$$

ROC 曲线上的各点是在两种不同的判定条件下,对同一信号刺激的反应。它的绘制方法如下。

(1)假设已经得出一系列样本被划分为正类的概率值 Score,按照大小排序。

(2)依次将 Score 作为阈值,当测试样本属于正样本的概率大于或等于这个阈值时,认为它为正样本,否则为负样本。

(3)每次选取一个不同的阈值,得到一组 FPR 和 TPR,以 FPR 为横坐标,以 TPR 为纵坐标,即 ROC 曲线上的一点。

(4)根据每个坐标点,连点画图。

在进行模型比较时,若一个模型的 ROC 曲线完全"包住"另一个模型的 ROC 曲线,则说明前者性能优于后者;若两个模型的 ROC 曲线发生了交叉,则对 AUC(ROC 曲线下方面积)进行比较。AUC 越大,模型的预测效果越好。

当测试集中正反样本的分布变换时,ROC 曲线能保持不变,但精确率、识别准确率、F1 分数都会受到样本分布的影响。这些指标在评估某个样本性能时会对输入样本产生依赖,无法客观地反映模型的性能。

ROC 曲线如图 9-29 所示。

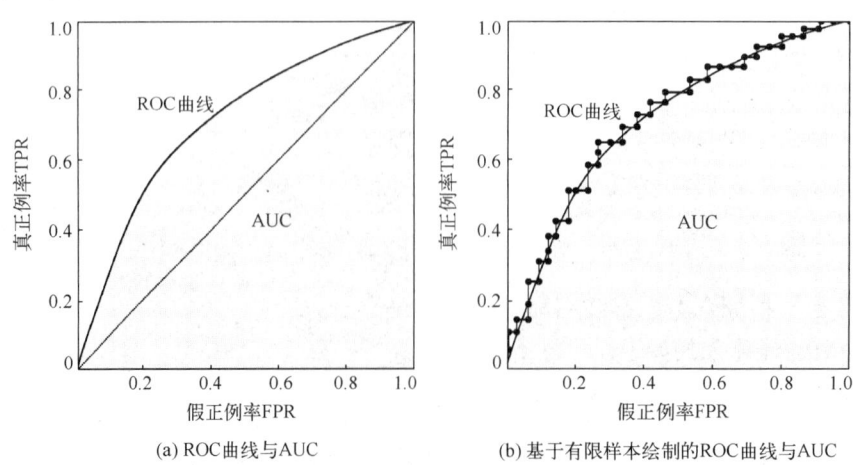

(a) ROC曲线与AUC  (b) 基于有限样本绘制的ROC曲线与AUC

图 9-29 ROC 曲线

## 9.5.5 AUC

假设 ROC 曲线由坐标 $\{(x_1,y_1),(x_2,y_2),\cdots,(x_m,y_m)\}$ 的点按序连接而形成，则 AUC 为 ROC 曲线下方与横轴所围的区域面积。

# 参 考 文 献

[1] MCULLOCH W S, PITTS W. A logical calculus of the ideas immanent in nervous activity[J]. Biol Math Biophys, 1943, 52(1): 99-115.

[2] KIRUTHIKA K, KHILAR R. Retraction note: segmentation of lung on CXR images based on CXR-auto encoder segmentation with MRF[J]. Optical and Quantum Electronics, 2024, 56(11): 1818.

[3] RUI D, SHUNMING L, JIANTAO L, et al. A novel stacked auto encoders sparse filter rotating component comprehensive diagnosis network for extracting domain invariant features[J]. Applied Sciences, 2020, 10(17): 6084-6085.

[4] EUNPYO P, SUYEON J, NOH GICHANG JO, et al. Indium-gallium-zinc oxide-based synaptic charge trap flash for spiking neural network-restricted boltzmann machine[J]. Nano letters, 2023, 23(20): 9626-9633.

[5] CHUAN L, SANCHEZ R V, GROVER Z, et al. Fault diagnosis for rotating machinery using vibration measurement deep statistical feature learning[J]. Sensors, 2016, 16(6): 895.

[6] YONG Y, XXIAOSHENG S, CHANGHUA H, et al. A review of recurrent neural networks: LSTM cells and network architectures[J]. Neural computation, 2019, 31(7): 1235-1270.

[7] LI Z, LIU F, YANG W, et al. A survey of convolutional neural networks: analysis, applications, and prospects.[J]. IEEE Transactions on Neural Networks and Learning Systems, 2021, 33(12): 6999-7019.

[8] KARMAKAR P, TENG W S, LU G. Thank you for attention: a survey on attention-based artificial neural networks for automatic speech recognition[J]. Intelligent Systems with Applications, 2024, 23: 200406.

[9] XIAN W, KUN X, PETER H. A survey of image synthesis and editing with generative adversarial networks[J]. Tsinghua Science and Technology, 2017, 22(6): 660-674.

[10] YAN W U, LI M Z. A survey of research work on neural network generalization and structure optimization algorithms[J]. Application Research of Computers, 2002, 19(6): 21-23.

[11] ANDREA A, FRANCESCO D, FRANCESCO I, et al. A survey on modern trainable activation functions[J]. Neural Networks, 2021, 138: 14-32.

[12] HAOYUE B, JIAGENG M H C G. A survey on deep learning-based single image crowd counting: network design, loss function and supervisory signal[J]. Neurocomputing, 2022, 508: 1-18.

# 第10章 用于水声目标识别的深度学习方法、算法及实验

本章将讲述用于水声目标识别的深度神经网络框架，分别论述深度置信网络、深度卷积神经网络、注意力模型、自注意力模型、深度递归神经网络的原理及方法，并给出基本网络结构以及水声目标识别的应用实例。

## 10.1 基于深度置信网络的水声目标识别

舰船辐射噪声的数据采集、清洗、标注需要耗费巨大的人力、时间、经济成本，这使得水声目标识别面临小样本识别问题。受限玻耳兹曼机可以利用大量未标注的数据，从中自动提取特征，这适用于诸如水声目标识别这样的小样本识别问题。

### 10.1.1 基于深度置信网络的水声目标识别原理

受限玻耳兹曼机（Restricted Boltzmann Machine，RBM）是深度置信网络（Deep Belief Network，DBN）的核心组件。DBN 的训练过程主要包括 RBM 的逐层贪婪预训练和基于反向传播神经网络（Back Propagation Neural Network，BPNN）的全局有监督微调。其中，RBM 的逐层贪婪预训练不仅是对 BPNN 参数的初始化，也是特征学习的过程。在获得学习到的特征后，可以有多种方式构造水声目标分类器。

#### 10.1.1.1 逐层贪婪预训练

利用大量无类标水声数据无监督预训练 RBM，将水声数据作为 RBM 可见层的输入，RBM 隐藏层的输出表示该 RBM 学习到的水声目标特征。在第一个 RBM 训练结束后，将其隐藏层的输出作为第二个 RBM 的输入，训练第二个 RBM。根据上述步骤可逐层贪婪预训练多个 RBM，每一个 RBM 都将输入特征向量映射到不同的特征空间，并尽可能多地保留输入数据的信息。

利用无类标水声数据进行无监督预训练不仅可以作为一种特征知识迁移方法，也可以认为是一种数据驱动的正则化机制。

从特征学习的角度来说，利用无类标水声数据进行无监督预训练，有利于发现大量无类标数据中隐藏的与识别目标相似的频谱结构，从而获得对水声目标普遍特性的描述，是一种特征知识迁移的方法。

从数据驱动的正则化的角度来说，无监督预训练将网络初始化到更易于优化的参数空间，使得深度置信网络能够解决因随机初始化权重参数而容易导致的陷入局部最优以及随着网络层数的增大而出现的梯度扩散的问题。假设有界参数空间为 $S \subset \Delta^d$，将 $S$ 划分为 $k$ 个区域，分别记作 $R_1 \sim R_k$。有 $\bigcup_k R_k = S$，且对任意的 $i \neq j$，$R_i \cap R_j = \varnothing$。使用 $v_k = \int 1_{\theta \in R_k} \mathrm{d}\theta$ 表示区域 $R_k$ 的体积。$r_k$ 表示使用网络参数随机初始化的方法使得参数收敛到区域 $R_k$ 的概率，$\pi_k$ 表示通过无监督预训练使得网络参数收敛到区域 $R_k$ 的概率，且有 $\sum_k r_k = \sum_k \pi_k = 1$，将网络参数的初始化方法表示为正则化的形式

$$\text{regularizer} = -\log P(\theta) \tag{10-1}$$

无监督预训练相当于在参数空间外部施加了一个特殊的惩罚，通过无监督预训练获得由数据驱动的参数 $\theta$ 的先验概率，对于预训练的模型，该先验概率为

$$P_{\text{pre-training}}(\theta) = \sum_k 1_{\theta \in R_k} \pi_k / v_k \tag{10-2}$$

对于未使用预训练的模型，其先验概率为

$$P_{\text{no-pre-training}}(\theta) = \sum_k 1_{\theta \in R_k} r_k / v_k \tag{10-3}$$

使用无监督预训练的方法初始化参数，当 $\pi_k$ 很小且 $\theta \in R_k$ 时，对参数空间的约束很大。将无监督预训练后的参数空间视为隐式的约束函数，由于指定了目标函数期望达到的极小点，从而跳出大量的局部极小点，因此使得后续的有监督随机梯度下降算法可以顺利搜索到全局最优参数。不同于传统的正则化方法使用范数对权重和偏置进行惩罚，采用无监督预训练的方法假设目标数据的条件分布与输入数据的分布结构共享，是一种数据驱动的正则化方法。

#### 10.1.1.2 全局有监督微调

利用逐层贪婪预训练的多个 RBM 的参数初始化 BPNN 的参数，然后用少量的有类标数据有监督地训练网络。首先进行前向传播，将输入数据沿网络由输入端传播至输出端。然后计算目标函数对网络参数的梯度，并将误差从输出端反向传播至输入端，从而微调整个 DBN。利用 BPNN 进行全局有监督微调的公式推导过程如下。

设某层的神经元 $j$ 的输入为 $\text{net}_j$，输出为 $y_j$，与 $j$ 相邻的前一层中神经元 $i$ 的输出为 $y_i$，则有

$$\text{net}_j = \sum_i w_{ij} y_i \tag{10-4}$$

$$y_j = f(\text{net}_j) \tag{10-5}$$

式中，$w_{ij}$ 为神经元 $i$ 与神经元 $j$ 之间的连接权重，$f(\cdot)$ 为激活函数。

$$y_j = f(\text{net}_j) = \frac{1}{1 + e^{-(\text{net}_j - \theta_j)/h_0}} \tag{10-6}$$

式中，$\theta_j$ 为神经元 $j$ 的阈值，影响激活函数在水平方向的位置；$h_0$ 用于调整输出函数的形状。设输出层的第 $k$ 个神经元的实际输出为 $y_k$，输入为 $\text{net}_k$，与输出层相邻的隐藏层中任意神经元 $j$ 的输出为 $y_j$，则 $\text{net}_k$ 和 $y_k$ 分别为

$$\text{net}_k = \sum_j w_{jk} y_j \tag{10-7}$$

$$y_k = f(\text{net}_k) \tag{10-8}$$

对于输入样本 $X_p$，若输出层的第 $k$ 个神经元的实际输出为 $y_{pk}$，期望输出为 $d_{pk}$，则输出层的均方误差为

$$E_p = \frac{1}{2}\sum_k (d_{pk} - y_{pk})^2 \tag{10-9}$$

若输入 $N$ 个样本,则输出层的平均均方误差为

$$E = \frac{1}{2N}\sum_p \sum_k (d_{pk} - y_{pk})^2 = \frac{1}{N}\sum_p E_p \tag{10-10}$$

连接权重 $w_{jk}$ 的优化应使得 $E$ 或 $E_p$ 最小,因此 $w_{jk}$ 应沿 $E_p$ 的负梯度方向变化,$w_{jk}$ 的修正增量 $\Delta_p w_{jk}$ 应与 $(-\partial E_p / \partial w_{jk})$ 成正比,即

$$\Delta_p w_{jk} = -\eta \frac{\partial E_p}{\partial w_{jk}} \tag{10-11}$$

其中,$(-\partial E_p / \partial w_{jk})$ 可以记作

$$-\frac{\partial E_p}{\partial w_{jk}} = -\frac{\partial E_p}{\partial \text{net}_k} \times \frac{\partial \text{net}_k}{\partial w_{jk}} \tag{10-12}$$

由式(10-12)得到

$$\frac{\partial \text{net}_k}{\partial w_{jk}} = \frac{\partial}{\partial w_{jk}}\sum_j w_{jk} y_{pj} = y_{pj} \tag{10-13}$$

令 $\delta_{pk} = -\partial E_p / \partial \text{net}_k$,经推导得输出层的误差和修正增量分别为

$$\delta_{pk} = (d_{pk} - y_{pk}) y_{pk}(1 - y_{pk}) \tag{10-14}$$

$$\Delta_p w_{jk} = \eta \delta_{pk} y_{pj} \tag{10-15}$$

对于与输出层相邻的隐藏层中的神经元 $j$ 和比该隐藏层低一层中的神经元 $i$,可推导得误差和修正增量分别为

$$\delta_{pj} = y_{pj}(1 - y_{pj})\sum_k \delta_{pk} w_{jk} \tag{10-16}$$

$$\Delta_p w_{ij} = \eta \delta_{pj} y_{pj} \tag{10-17}$$

根据上述公式推导,误差反向传播算法的具体步骤如下:

第一步,将连接权重和阈值初始化为(0,1)内分布的随机数;

第二步,输入样本,设置输出层的期望输出 $d_1, d_2, \cdots, d_M$;

$$d_k = \begin{cases} +1, & X \in c_k \\ -1, & X \notin c_k \end{cases}, \quad k = 1, 2, \cdots, M \tag{10-18}$$

式中,$d_k$ 为输出层第 $k$ 个神经元的期望输出,$c_k$ 表示第 $k$ 类;

第三步,根据式(10-8)依次计算每层网络的输出,以及输出层的实际输出 $y_1, y_2, \cdots, y_M$;

第四步,从输出层开始,逐步向低层递推从而修正连接权重,公式如下

$$w_{ij}(t+1) = w_{ij}(t) + \eta \delta_j y_j \tag{10-19}$$

式中,$w_{ij}$ 是 $t$ 时刻神经元 $i$(输入层神经元或隐藏层神经元)与高一层的神经元 $j$(隐藏层神

经元或输出层神经元）的连接权重；$y_j$ 是 $t$ 时刻神经元 $j$ 的输出；$\eta$ 是学习率，$0<\eta<1$。

当高一层的神经元 $j$ 为输出层神经元时，则

$$\delta_j = y_j(1-y_j)(d_j - y_j) \tag{10-20}$$

当高一层的神经元 $j$ 为隐藏层神经元时，则

$$\delta_j = y_j(1-y_j)\sum_k \delta_k w_{jk} \tag{10-21}$$

式中，$y_j$ 是 $t$ 时刻神经元 $j$ 的输出，$k$ 是神经元 $j$ 在上一层（靠输出层方向）神经元的编号。

第五步，转到第 2 步，循环直至网络的参数趋于稳定。

#### 10.1.1.3 利用深度置信网络进行水声目标识别

利用水声数据完成 DBN 的训练后，有多种方法可以将训练好的 DBN 应用于水声目标识别，比如可以将全局有监督微调后的 BPNN 作为分类器，将测试样本作为 BPNN 的输入，在输出层直接获得对该测试样本的识别结果。另外，可以将隐藏层的输出作为特征，利用其他分类器构建识别模型，该方法相当于将 DBN 作为自学习的特征提取器，该方法代替了传统水声目标识别中人工设计特征提取方法的步骤。本节将 DBN 学习到的特征称为深度特征。由于 DBN 为包含多个隐藏层的神经网络，不同隐藏层的输出包含不同的分类信息，因此通过对各层特征加以融合，可以获得更好的识别结果。

利用受限玻耳兹曼机的自由能计算测试样本属于不同类别时的概率，也是一种有效的识别方法。使用训练集中的每类样本单独训练一个 RBM，然后计算测试样本对应的每个 RBM 的自由能。设 $\text{RBM}_c$ 表示用第 $c$ 类样本训练的 RBM，$F_c(t)$ 表示测试样本 $t$ 对应的 $\text{RBM}_c$ 的自由能，因此测试样本 $t$ 对应的 $\text{RBM}_c$ 的对数概率为

$$\log p(t|c) = -F_c(t) - \log Z_c \tag{10-22}$$

式中，$Z_c$ 为该 RBM 的配分函数。不同类别的 RBM 的配分函数不同，由于不能直接计算出配分函数的值，因此不能直接使用自由能进行分类。可以通过训练 Softmax 模型来解决配分函数的计算问题，从而实现分类识别的功能

$$\text{Softmax}(\log p(t|c)) = \frac{e^{-F_c(t)-\log \hat{Z}_c}}{\sum_d e^{-F_d(t)-\log \hat{Z}_d}} \tag{10-23}$$

式中，$\hat{Z}_c$、$\hat{Z}_d$ 是通过最大似然学习的 Softmax 模型的参数，其结合用 CD 算法得到的网络参数，可优化每个 RBM 的连接权重和偏置。其中用 CD 算法得到的梯度作为正则化矩阵可避免过拟合，Softmax 模型参数的梯度使得模型能够进行水声目标识别。

此外，还可以使用 RBM 训练一个包含两个可见层的联合密度模型，其中一个可见层表示输入数据，另一个可见层表示类标，在类标可见层中使用 Softmax 激活函数。在对测试样本进行分类时，对测试样本赋予不同的类标并一同作为网络的输入，可得到最低自由能的类别，作为对该测试样本的识别结果。

#### 10.1.1.4 深度置信网络的水声目标特征识别性能评价

本节将 DBN 应用于水声目标识别，结合对 DBN 及其基本组件 RBM 的理论分析和对网

络输出特征的实验观察，发现隐藏层神经元输出的深度特征中部分特征的识别性能较差，并且存在大量的冗余特征，这些冗余特征的存在使得直接使用深度特征进行识别难以获得满意的识别结果。

采用无监督学习的方式训练 RBM 的目标是最大化训练数据的似然度，而并非目标分类。因此，在 RBM 的训练过程中，隐藏层神经元趋于最大程度地保留原始数据的信息。当输入数据包含大量的背景干扰信息时，网络学习到的很多特征的识别性能较差。对于水声目标识别，随着舰船与水听器相对距离的变化，以及受海洋环境噪声的影响，目标舰船辐射噪声中包含不同程度的干扰信号。通过对神经网络重构数据的观察发现，神经网络会学习到有干扰信息的特征。由于不同类别的水声目标数据共享网络的信息，因此神经网络会学习到不同类别数据的共同点，来自不同类别的水声目标数据共享了部分特征。在分类识别的过程中把所有隐藏层神经元的输出都看作有用的特征，虽然可以很好地表征输入数据，但可能并不适用于分类。当结合多个隐藏层的输出特征时，由于特征维度较高，不仅分类器的训练效率低下，而且噪声特征对识别准确率有负面影响。因此，本节希望这些特征蕴含更加丰富的目标类别信息，从而更好地度量不同类别样本间的差异。

可使用特征与类标之间的互信息评价特征的识别性能。互信息作为度量两个变量间相关性的优良指标，可以很方便地应用于特征选择中的特征子集评价。互信息和信息的熵紧密相关，其中，熵用于度量随机变量取值的不确定性，使用 $H(X)$ 表示离散随机变量 $X$ 的熵

$$H(X) = -\sum p(x)\log p(x) \quad (10\text{-}24)$$

式中，$p(x)$ 为概率质量函数，表示 $X$ 在特定取值 $x$ 上的概率，即 $p(x) = \Pr(X = x)$。计算熵时，一般取以 2 为底的对数，此时熵的单位是 bit 且 $H(X) \geq 0$。假定一组离散随机变量 $(X,Y)$ 的联合分布为 $p(x,y)$，则联合熵 $H(X,Y)$ 定义为

$$H(X,Y) = -\sum_{x\in\chi}\sum_{y\in\gamma} p(x,y)\log p(x,y) \quad (10\text{-}25)$$

式中，$\chi$、$\gamma$ 分别为随机变量 $X$、$Y$ 的取值空间。在给定一个随机变量的情况下，另一个随机变量的不确定性可用条件熵表示，如果 $(X,Y) \sim p(x,y)$，则条件熵 $H(Y|X)$ 表示在给定变量 $X$ 的情况下变量 $Y$ 的不确定性，条件熵定义为

$$\begin{aligned}H(Y|X) &= \sum_{x\in\chi} p(x)H(Y|X=x) \\ &= -\sum_{x\in\chi} p(x)\sum_{y\in\gamma} p(y|x)\log p(y|x) \\ &= -\sum_{x\in\chi}\sum_{y\in\gamma} p(x,y)\log p(y|x)\end{aligned} \quad (10\text{-}26)$$

熵、条件熵和联合熵之间满足 $H(X,Y) = H(X) + H(Y|X)$。互信息表示两个变量共有的信息量，离散随机变量 $X$ 和 $Y$ 的互信息定义如下

$$I(X;Y) = H(X) - H(X|Y) = \sum_{x,y} p(x,y)\log\frac{p(x,y)}{p(x)p(y)} \quad (10\text{-}27)$$

同样地，可以得到 $I(X;Y) = H(Y) - H(Y|X)$，因此互信息也可以表示为在已知一个变量的情况下另一个变量不确定性的减小量。两个变量的互信息越大，表示这两个变量共有的信

息越多,因此两个变量越相关。

可使用特征与类标之间的标准化互信息(Normalized Mutual Information,NMI)作为特征重要性指数评价特征的分类性能。定义 NMI($F,L$) 为

$$\text{NMI}(F,L) = \frac{H(F) - H(F|L)}{\max(H(F), H(L))} \quad (10\text{-}28)$$

式中,$F$ 为特征,$L$ 为类标,$H(F)$ 表示特征的熵,$H(L)$ 表示类标的熵,条件熵 $H(F|L)$ 表示在已知类标 $L$ 的情况下特征 $F$ 的熵。NMI 的取值范围为 0~1,NMI 越大,表示特征包含的分类信息越多,当两个变量相同时 NMI 为 1,当两个变量独立时 NMI 为 0。

使用两类水声目标数据无监督预训练 RBM,以 2048 维频谱数据作为输入,通过 RBM 将特征维度压缩至 100 维,将隐藏层神经元的输出作为特征,使用特征与类标的 NMI 作为特征的重要性指数,如图 10-1 所示。从图中可以看出,不同特征的重要性指数差异较大,部分特征与类标的标准化互信息较大,因此包含较多的分类信息,这些特征有利于水声目标的识别,而其余特征与类标的标准化互信息较小,可将其认为是噪声特征,噪声特征的存在容易对识别造成干扰。因此,有必要对 RBM 隐藏层神经元的输出特征进行特征选择,筛选出分类信息更强的特征,同时剔除噪声特征从而减小特征的维度。

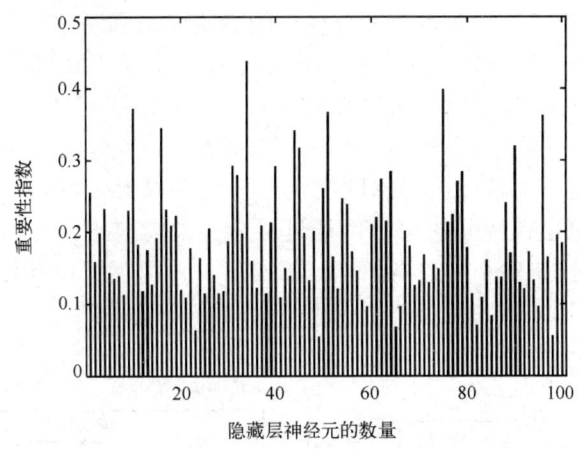

图 10-1 隐藏层神经元的特征的重要性指数

根据 RBM 的参数更新过程,给定训练数据 $v^{(1)}$ 和重构数据 $v^{(2)}$,则隐藏层神经元 $j$ 对应的连接权重 $W_j$ 采用下式进行更新

$$\Delta W_j = P(h_j^{(1)} = 1|v^{(1)}) \cdot v^{(1)} - P(h_j^{(2)} = 1|v^{(2)}) \cdot v^{(2)} \quad (10\text{-}29)$$

式中等号右侧的第一项旨在降低 RBM 的能量函数在训练数据 $v^{(1)}$ 处的能量,即增大 $v^{(1)}$ 在 RBM 所定义的分布中的似然度,因此使得下次隐藏层神经元 $j$ 遇到训练数据 $v^{(1)}$ 时会有更高的激活概率,因此该隐藏层神经元对应的连接权重与该类训练数据有相似的分布。由于给定训练数据,RBM 中的隐藏层神经元的激活概率条件独立,因此各隐藏层神经元均可由激活概率 $P(h_j^{(1)} = 1|v^{(1)}, \theta)$ 独立地表示训练数据。采用无监督学习的方式训练 RBM,部分隐藏层神经元会学习到相似的特征,从而导致隐藏层神经元输出大量的冗余特征。利用多个 RBM 初始化 DBN,导致提取到的深度特征之间也有一定的相关性。当两个特征之间有较强的相关性时,这两个特征所表示的信息有一定的重叠。

## 10.1.2 竞争深度置信水声目标识别原理

传统水声目标识别方法中的特征提取和特征选择能够利用先验知识和专家知识，然而不能有效利用大量无类标水声数据，其泛化能力存在局限性。DBN 具有强大的学习能力，能够利用大量无类标水声数据进行无监督预训练，从而实现水声目标特征自学习，但是特征包含的噪声和冗余特征会影响分类器的性能。受人类大脑神经元的分组和组间侧抑制的竞争机制的启发，本节构建竞争受限玻耳兹曼机（Competitive Restricted Boltzmann Machine，CRBM）和竞争深度置信网络（Competitive Deep Belief Network，CDBN），从而构建竞争深度置信水声目标识别模型。针对少量有类标水声数据情况下的水声目标识别任务，采用大量无类标水声数据预训练模型，并使用神经元分组竞争策略增强隐藏层神经元输出特征的类别信息。基于特征选择方法对学习到的特征进行分类性能评价，并优化网络的结构。

#### 10.1.2.1 模型整体框架

竞争深度置信水声目标识别模型的结构如图 10-2 所示，图 10-2（a）表示竞争深度置信网络的整体结构，其中深色节点表示保留的隐藏层神经元，浅色节点表示剔除的隐藏层神经元；图 10-2（b）表示竞争受限玻耳兹曼机的竞争学习和网络结构优化的流程。模型的训练步骤如下。第一步，使用大量无类标水声数据以无监督学习的方式预训练 RBM，完成模型参数的初始化。第二步，根据 RBM 隐藏层神经元的激活程度，按类别对隐藏层神经元进行分组。通过增加分组隐藏层神经元之间的横向连接，构建具有组内增强和组间侧抑制的神经元竞争机制。竞争学习后采用梯度优化算法更新 RBM 的参数，构建 CRBM。第三步，利用互信息对隐藏层神经元的输出特征进行分类性能评价，保留具有分类信息的隐藏层神经元，从而实现对 CRBM 的结构优化。第四步，采用逐层贪婪预训练算法，利用结构优化后的 CRBM 构建 CDBN，并对整个模型进行有监督微调。

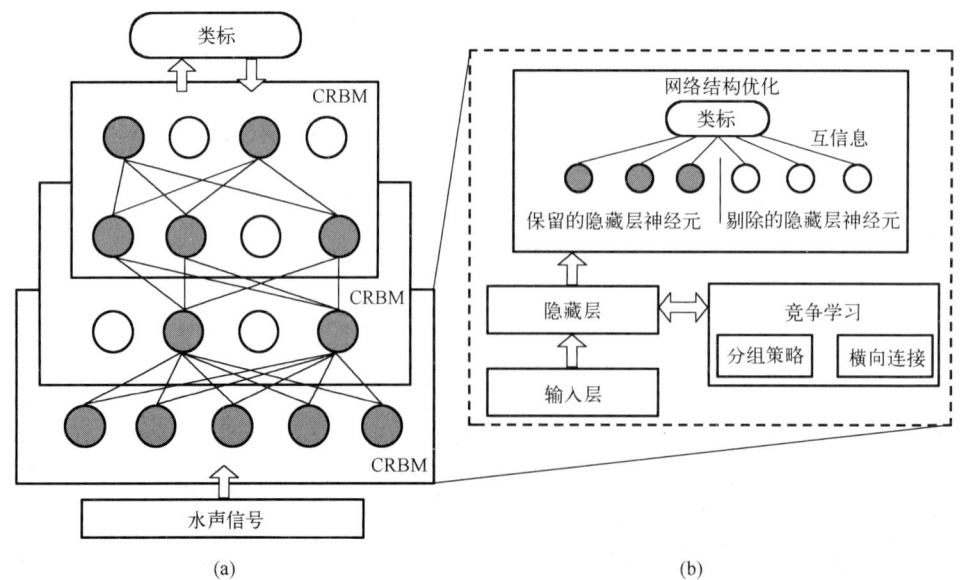

图 10-2 竞争深度置信水声目标识别模型的结构

#### 10.1.2.2 竞争受限玻耳兹曼机

对样本间的距离进行建模，是解决小样本识别问题的有效途径。借鉴竞争神经网络的学习机制，将竞争学习引入 RBM 的学习过程，使得 RBM 的特征学习能够对样本间的距离建模，从而提高隐藏层神经元的分类性能。

RBM 的隐藏层神经元间条件独立，同一个隐藏层神经元对不同类别的样本有不同的响应，使得隐藏层神经元成组出现，同一组隐藏层神经元表达同类目标的特征。本节根据隐藏层神经元的激活程度对隐藏层神经元按类别进行分组。找出使得给定隐藏层神经元具有最大激活值的类别，即可确定每个类别的特异性特征提取神经元。一般情况下，只有输入样本的部分子集可以激活给定的隐藏层神经元，为了获得表征同一类别水声目标的本质特征，应用统计的方法计算任意一个给定隐藏层神经元被不同类别样本激活的评分。使用包含 $L$ 类的训练数据训练 RBM，设 RBM 有 $n$ 个可见层神经元和 $m$ 个隐藏层神经元，其中 $H=(h_1,h_2,\cdots,h_m)$ 表示隐藏层神经元，$k=1,2,\cdots,L$ 表示类别序号，用 $h_j(v,\theta)$ 表示隐藏层神经元 $j$ 的激活值。设第 $k$ 类为目标类，其余类为非目标类。对隐藏层神经元 $j$，提出如下评分公式

$$\text{score}(h_{jk}) = \frac{1}{X_k}\sum_{p=1}^{X_k} h_j(v_k^p,\theta) - \frac{1}{X_{/k}}\sum_{q=1}^{X_{/k}} h_j(v_{/k}^q,\theta) \tag{10-30}$$

式中，$v_k$ 是第 $k$ 类的一个样本，$X_k$ 是该类样本的个数；$v_{/k}$ 是非目标类样本，$X_{/k}$ 是该类样本的个数，$h_{jk}$ 是第 $k$ 类目标对应的第 $j$ 个隐藏层神经元的激活值。该评分可以表示为：目标类样本对给定隐藏层神经元的平均激活值与非目标类样本对该隐藏层神经元的平均激活值的差。在对所有类别和隐藏层神经元进行计算后，可以获得维度为 $L\times m$ 的评分矩阵。使得给定隐藏层神经元的评分取得最大值的类别，被认为是该隐藏层神经元对应的类别。将取得最大值的隐藏层神经元划分到第 $k$ 类专属组。通常设计一个类别对应一组专属的隐藏层神经元。一般来说，每个类别对应一组专属的隐藏层神经元，并且每个隐藏层神经元仅专属于一个类别组，否则，RBM 对部分类别处于欠拟合状态。

在对 RBM 的隐藏层神经元完成分组后，通过在隐藏层神经元间添加横向连接来构建竞争层，从而可形成 CRBM。竞争层中的每一组分别对应一个类别，并且在训练中它们互相竞争。组内神经元通过连接权重 1 与其余神经元连接，不同组的神经元间通过负连接权重相连，因此可以构建神经元组内自身加强和组间横向抑制的竞争机制。CRBM 的结构图如图 10-3 所示，其中虚线表示负连接权重。

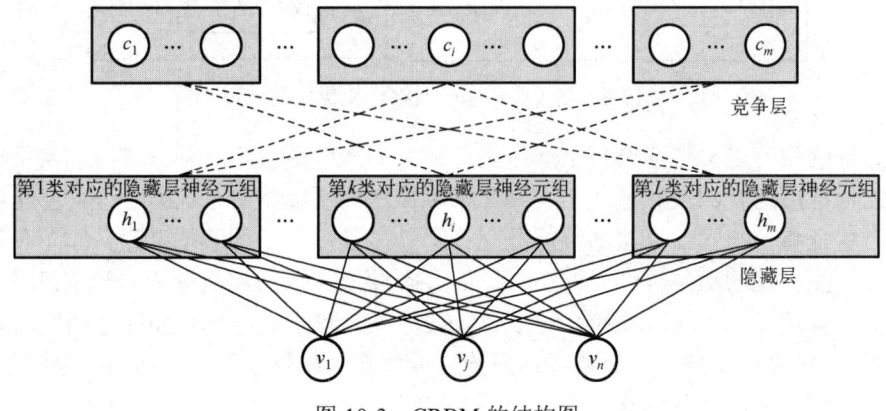

图 10-3　CRBM 的结构图

根据上述竞争学习机制，对于每一个类别，隐藏层神经元中将会只有一个组在竞争中获胜。将竞争后的隐藏层作为目标隐藏层，采用误差反向传播算法进一步更新 RBM 的参数，从而使得 RBM 的连接权重包含更多的分类信息。对单个训练样本 $v$，目标函数为

$$O = \frac{1}{2}\sum_{j=1}^{m}[c_j - h_j(v)]^2 \qquad (10\text{-}31)$$

式中，$C=(c_1,c_2,\cdots,c_m)$ 表示竞争层，$H=(h_1,h_2,\cdots,h_m)$ 表示隐藏层。网络收敛后即可获得训练好的 CRBM，其中获胜神经元的连接权重与其对应类别的样本有相似的分布，并接近其对应类别的聚类中心，因此 CRBM 具有对不同类别样本的聚类功能。

#### 10.1.2.3　竞争深度置信网络及其水声目标特征优化

采用逐层贪婪预训练方法，通过对 CRBM 进行逐层堆栈可构建 CDBN。训练 RBM 的目标是使得网络表达全部输入数据的信息。为了能够准确地重构水声目标数据，隐藏层神经元包含数据中与水声目标类别无关的信息，这些无关的信息会不可避免地对目标分类具有负面影响。为了进一步避免隐藏层神经元中的噪声特征对识别产生的负面影响，并减小隐藏层神经元输出的特征维度，在 CRBM 训练完成后，在网络中引入特征选择机制。提出基于互信息的网络结构优化方法，对隐藏层神经元输出的特征进行优化选择，将特征选择后的隐藏层神经元作为更高一层 CRBM 的输入，重复上述步骤直到网络的输出层。最后通过误差反向传播算法对结构优化后的网络进行有监督微调，继续优化剩余隐藏层神经元的连接权重，并将其作为最终的网络参数。图 10-4 所示为基于互信息的网络结构优化的原理，图的左边部分表示计算隐藏层神经元输出特征的重要性指数，图的右边部分表示对连续特征的离散化预处理。

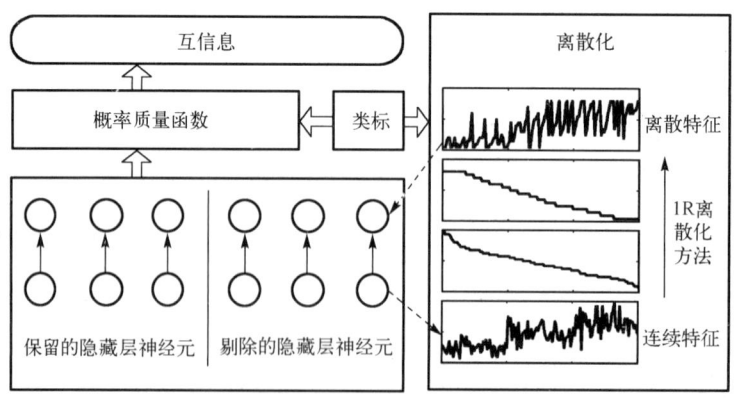

图 10-4　基于互信息的网络结构优化的原理

从信息论的角度定义特征选择是从原始特征集中选取蕴含绝大部分信息的特征子集。由于被丢弃的特征所包含的信息量较小，因此学习算法的性能将几乎保持不变，甚至除掉冗余特征和噪声特征将使得学习算法的性能提高。互信息是信息论的基本概念，本节使用特征和类标间的互信息评价隐藏层神经元输出特征的分类性能。特征和类标间的互信息越大，表示特征包含的分类信息越多。通过计算每个隐藏层神经元输出的特征与类标之间的 NMI，对所有特征按照 NMI 降序排列，然后依次选择特征构建新的特征子集。将所有 NMI 低于阈值的特征对应的隐藏层神经元从网络中剔除。

计算互信息前，需要对连续特征进行离散化。本节采用 1R 离散化方法，根据划分边界上的样本类别信息对连续特征进行离散化。对连续特征值进行排序，将值的范围分成许多不相交的间隔，并根据与值相应的类标调整边界。例如，每个间隔包含至少 6 个样本，而最后一个间隔包含未分配到任何间隔的剩余样本。如果下一个样本的类标与该间隔中位于该样本之前的大部分类标相同，则不进行分割；如果下一个样本的类标与该间隔中位于该样本之前的大部分类标不同，则进行分割。

在网络训练的过程中加入上述特征选择机制，能够使得网络自适应地提取更有益于分类的特征，同时能够优化网络的结构。优化后网络的结构简单并且计算效率高，同时能够缓解模型对少量有类标样本过拟合的问题。随着网络层数的增大，网络能够逐渐提取到包含更多分类信息的特征。由于互信息的计算独立于学习算法，因此该特征选择算法属于过滤式特征选择，计算量小，易于满足实时性的要求，且避免了特征选择对识别算法的过拟合问题。

## 10.1.3 实验结果及分析

为了说明网络结构优化的阈值与特征维度的关系，将各组特征的 NMI 按降序排列，如图 10-5 所示。

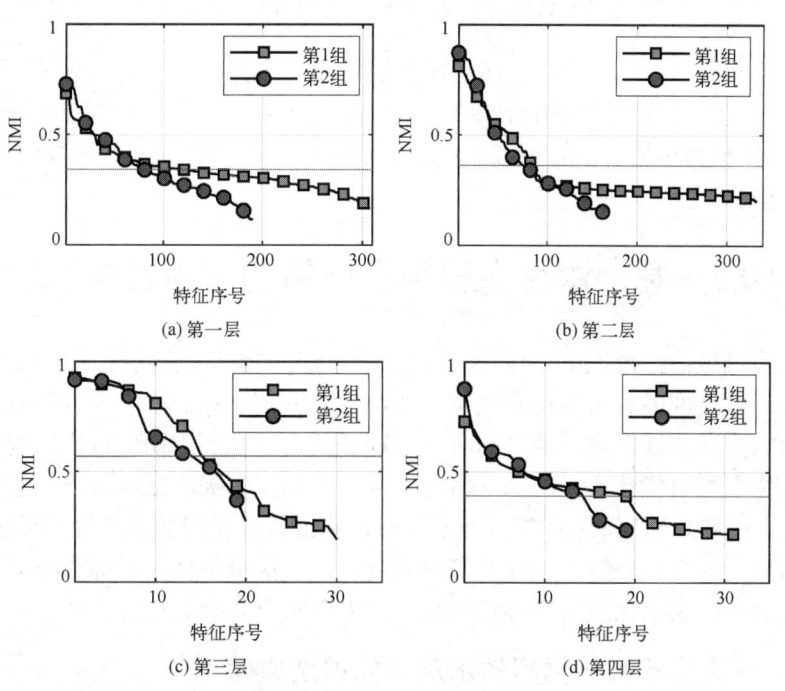

(a) 第一层　　(b) 第二层
(c) 第三层　　(d) 第四层

图 10-5　网络结构优化的阈值与特征维度的关系

各图中的水平线表示该层网络中隐藏层神经元输出特征的平均 NMI。每层网络中两类样本对应的隐藏层神经元的个数均不相同，将该层网络中隐藏层神经元输出特征的平均 NMI 作为阈值进行网络结构优化后，不同组的隐藏层神经元数量比较均衡。随着网络层数的增大，隐藏层神经元输出特征的平均 NMI 逐渐增大，说明网络的浅层部分中的噪声特征较多，而网络的深层部分中的噪声特征较少，此实验也说明了随着网络层数的增大，网络能够逐渐提取到水声目标中有更多分类信息的特征。

利用不同的阈值对各层网络的结构进行优化，将输出的特征作为支持向量机（Support Vector Machine，SVM）的输入，讨论阈值的设定对识别准确率的影响，如图10-6所示，其中竖直线表示各层的平均NMI。

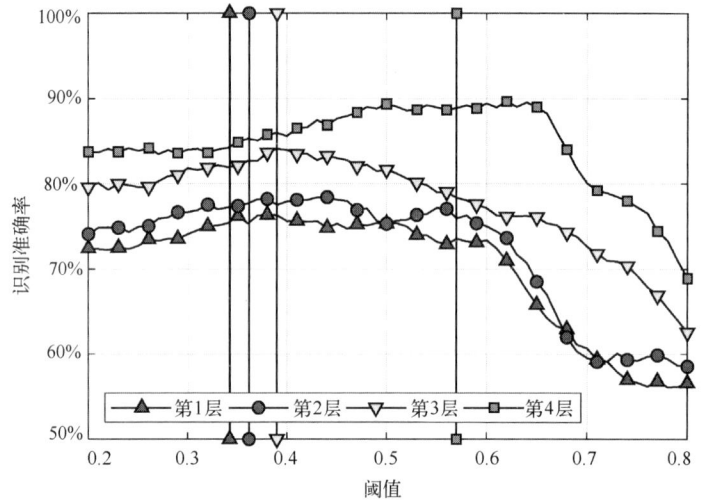

图10-6 网络结构优化的阈值与识别准确率的关系

从图中可以看出，识别准确率先随着阈值的增大而增大，当阈值过高时，识别准确率开始减小。实验表明使用适当的阈值对网络结构进行优化，识别准确率会有所增大。使用每层特征的平均NMI作为阈值可以获得较高的识别准确率，因此可使用平均NMI作为阈值来帮助优化网络结构。

## 10.2 基于深度卷积神经网络的水声目标识别

水声信号的时频特征体现了目标频域特性及其随时间变化的特性，比如舰船辐射噪声时频图包含表征舰船属性的频谱结构和线谱特征，不同调制方式的水声信号的时频图包含表征其调制方式的时频域特征。水声信号的时频域特征具有二维的周期性特征结构，卷积神经网络因其周期性特征提取优势可以从水声信号的各类时频图中提取目标特征。卷积神经网络具有的局部连接、权重共享、降采样等特点不仅可以降低特征学习的复杂性，而且具有对位移、缩放及其他形变的不变性的特点。针对海洋环境复杂、信道多途、目标类别多样等因素对水声目标识别的影响，利用深度卷积神经网络可以提取水声目标的稳健特征。

### 10.2.1 基于深度卷积神经网络的水声目标识别原理

#### 10.2.1.1 水声信号卷积原理

卷积层是CNN中最重要的组成部分之一，每个卷积层都由一组卷积核与该卷积层的输入采用局部连接和权重共享的方式进行卷积操作得到一组特征映射图，通过卷积操作提取输入数据中的特征，卷积层的计算示意图如图10-7所示。CNN中的卷积操作的数学表达式如下

$$x_j^{(l)} = f\left(\sum_{i \in M} x_i^{(l-1)} * k_{ij}^{(l)} + b_j^{(l)}\right), j = 1, 2, \cdots, G \quad (10\text{-}32)$$

式中，$x_j^{(l)}$ 代表第 $l$ 层卷积层的第 $j$ 个特征映射图，且第 $l$ 层卷积层共有 $G$ 个特征映射图；$x_i^{(l-1)}$ 代表第 $l-1$ 层卷积层的第 $i$ 个特征映射图，且第 $l-1$ 层卷积层共有 $M$ 个特征映射图；$k_{ij}^{(l)}$ 代表第 $l$ 层卷积层使用的第 $j$ 个卷积核；$b_j^{(l)}$ 代表偏置项；*代表卷积操作；$f$ 代表激活函数，通常在 CNN 中采用线性整流单元（Rectified Linear Unit，ReLU）激活函数 $f(x) = \max(0, x)$。在实际的实践应用中，还会进行一些其他（如补零、跨步长等）附加操作。

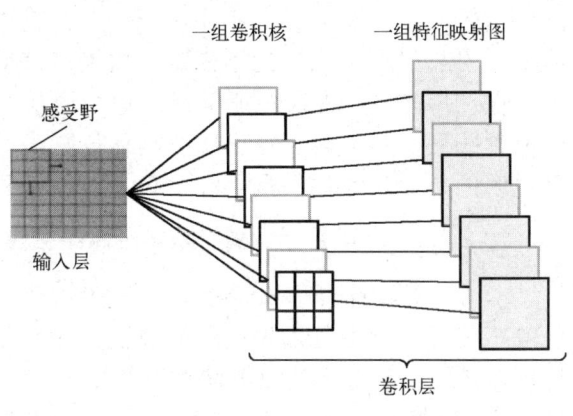

图 10-7　CNN 的卷积层的计算示意图

在时频域利用二维卷积进行滤波，可以提取舰船辐射噪声信号中的时频分布特征。在每个卷积层，多个卷积核分别与舰船辐射噪声信号时频图进行卷积，相当于用不同的滤波器对信号进行滤波，从而将舰船辐射噪声信号分解为不同的成分。由于舰船辐射噪声信号包含复杂的频率成分，采用 CNN 能够对其进行逐层分解，并对分解后的信号再次组合，如此反复计算，可以辨识舰船辐射噪声信号的固有频率成分，从而提取更具鲁棒性的特征。

卷积层中的局部连接和权重共享机制一方面有利于提取输入数据中更小的特征模式，另一方面大大减小了网络的参数数量。感受野的大小表示卷积核相对输入数据的感受范围大小，由于卷积层采用局部连接的方式进行卷积，因此每个卷积核的感受野只是输入数据的局部。图 10-7 中对输入数据进行卷积的第一层卷积层的卷积核的尺寸为 3×3，因此该层卷积层的感受野大小为 3×3。随着卷积层数的增大，特征映射图越来越小，相同尺寸的卷积核对应的感受野将会越来越大。感受野从小到大的变化反映了 CNN 特征提取过程中由局部到全局的分层机制。权重共享是指在一个模型的多个函数中使用相同的参数。在 CNN 中，卷积核的每个元素都作用在输入的每个位置上，从而能够学习到输入数据不同位置的特征。而在传统神经网络中，输入层的任意一个神经元和输出层的任意一个神经元之间有唯一的连接权重。卷积层权重共享的性质保证了只需要学习一个参数集合，而无须对特征映射的每个位置都学习一个单独的参数集合。对于舰船辐射噪声信号中变化的频谱结构，权重共享机制易于发现信号中频谱之间的结构关系。同时，权重共享也使得 CNN 在存储需求方面极大地优于传统神经网络。

#### 10.2.1.2　水声信号特征池化原理

图像像素矩阵中相邻的像素相比距离远的像素更加具有相关性，池化层利用图像的这种局部相关性原理进行降采样，从而在减小数据量的同时保留有用信息，能够在一定程度上防止过拟合的发生。CNN 中一般会在每个卷积层后加上一个池化层。池化操作的计算方法有很多种，其中最常用的两种池化操作是最大池化（Max Pooling）和平均池化（Average Pooling）。最大池化利用特征映射中某一尺寸邻域内所有元素的最大值代替整个邻域的值，平均池化利用邻域内元素的平均值代替整个邻域的值。但是，无论采用何种池化操作，当输入数据像素有少量平移时，池化操作的输出并不会发生太大的变化，这就是 CNN 局部平移不变性的由来。当我们关心某个特征出现与否而不关心它出现的具体位置时，局部平移不变性是一个非常有用的性质。对于舰船辐射噪声信号，有多种因素会引起其频率成分的不稳定，如水声信道不均匀性、多途效应以及机械部件的抖动等。在利用 CNN 进行特征学习过程中通常关心数据中某个特征是否出现以及特征的相对位置关系，并不关心它出现的具体位置，局部平移不变性很好地解决了这个问题。需要说明的是，在池化层是不涉及可训练参数的。

#### 10.2.1.3 水声目标识别卷积神经网络搭建

本节针对舰船辐射噪声信号时频图设计了基于 CNN 的舰船个体识别模型。舰船辐射噪声信号时频图包含表征舰船属性的频谱结构和线谱特征，对于这类频谱结构和线谱特征，采用人工特征提取方法进行提取时，尚未形成统一的标准或定论。CNN 的权重共享、局部连接和局部感受野机制使其更加适合提取二维时频图中的深度特征。CNN 模型的输出为舰船个体的代号，这样可以通过监督学习的方式学习输入时频图中表征舰船属性的深度特征。

为了设计出最佳的网络模型，需要根据输入时频图的尺寸设计卷积神经网络的超参数，这些超参数包括卷积核的大小、卷积核步长、池化核的大小、池化核步长、激活函数和卷积层数等。基于 CNN 的舰船个体识别模型结构如图 10-8 所示。

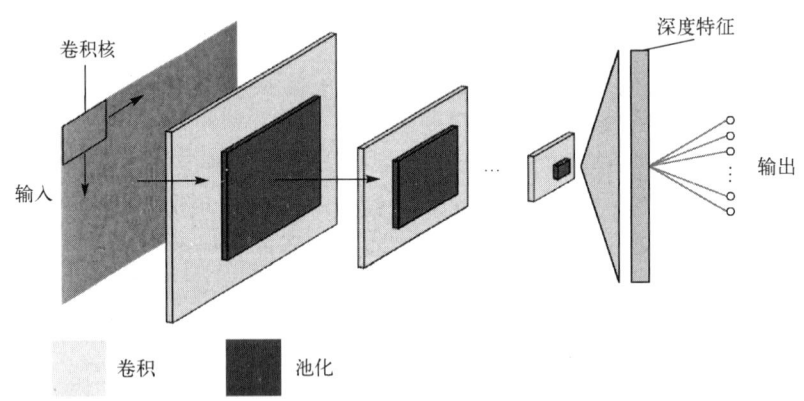

图 10-8 基于 CNN 的舰船个体识别模型结构

### 10.2.2 舰船个体识别实验

为了验证基于 CNN 的舰船个体识别模型对个体识别的有效性，本节使用 2.8 节介绍的实测舰船辐射噪声数据进行实验。实验分为训练过程和测试过程两大部分。在训练过程中，首先获取舰船辐射噪声训练集和每个训练样本对应的标签（每个训练数据对应的船只代号），然后使用训练集和对应的标签以有监督学习的方式对提出的基于 CNN 的舰船个体识别模型进行训练，最终获得在训练集上识别准确率较高的网络参数。在测试过程中，将测试样本逐个输入训练好的模型进行前向传播，最终由分类器给出每个测试样本的识别结果。基于 CNN 的舰船个体识别实验流程图如图 10-9 所示。

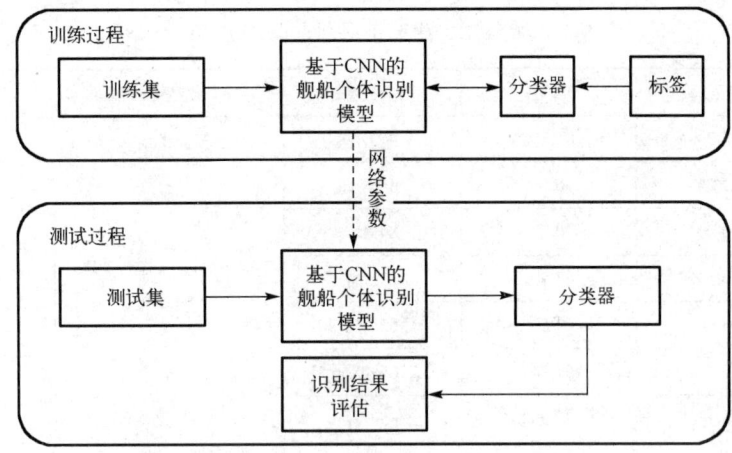

图 10-9　基于 CNN 的舰船个体识别实验流程图

## 10.2.3　舰船个体识别实验结果及分析

表 10-1 展示了基于 CNN 的舰船个体识别模型在测试集上实验结果的混淆矩阵，混淆矩阵的每一列代表模型预测为某艘个体船只的数量，每一列的总数表示模型预测为某艘个体船只的总数；混淆矩阵的每一行代表测试数据实际为某艘个体船只的数量，每一行的总数表示该个体船只的数据实例的总数。混淆矩阵中主对角线上的数的总和越大，代表该模型在测试集上的总体识别准确率越高。

表 10-1　在测试集上实验结果的混淆矩阵

| 实际个体船只 | 预测个体船只 | | | | | | | |
|---|---|---|---|---|---|---|---|---|
| | A | B | C | D | E | F | G | H |
| A | **1279** | 2 | 5 | 0 | 6 | 4 | 39 | 1 |
| B | 13 | **958** | 81 | 108 | 28 | 60 | 84 | 4 |
| C | 32 | 12 | **1069** | 17 | 81 | 72 | 53 | 0 |
| D | 54 | 566 | 0 | **448** | 52 | 6 | 206 | 4 |
| E | 16 | 10 | 24 | 101 | **892** | 290 | 3 | 0 |
| F | 48 | 23 | 5 | 29 | 318 | **904** | 8 | 1 |
| G | 11 | 12 | 1 | 12 | 4 | 9 | **1284** | 3 |
| H | 21 | 0 | 0 | 7 | 17 | 0 | 8 | **1283** |

表 10-2 展示了测试集中每艘个体船只的召回率、精确率、F1 分数、F1 分数平均值和总体识别准确率。其中，召回率指的是在测试集中某艘个体船只被正确识别的样本数除以该个体船只的总样本数；精确率指的是在测试集中某艘个体船只被正确识别的样本数除以所有被识别成该个体船只的样本数；F1 分数是综合召回率和精确率得到的调和平均数，用于评价模型的识别性能。F1 分数越大，说明模型的稳健性越好，具体计算公式如下

$$\text{F1}\,\text{分数} = \frac{2PR}{P+R} \times 100\% \quad (10\text{-}33)$$

式中，$P$ 和 $R$ 分别代表精确率和召回率。

表 10-2　测试集识别性能评价

| 个体船只 | 召回率 | 精确率 | F1 分数 | F1 分数平均值 | 总体识别准确率 |
|---|---|---|---|---|---|
| A | 95.7% | 86.8% | 91.0% | 75.0% | 75.9% |
| B | 71.7% | 60.5% | 65.6% | | |
| C | 80.0% | 90.2% | 84.8% | | |
| D | 33.5% | 62.0% | 43.5% | | |
| E | 66.8% | 63.8% | 65.3% | | |
| F | 67.7% | 67.2% | 67.4% | | |
| G | 96.1% | 76.2% | 85.0% | | |
| H | 96.0% | 99.0% | 97.5% | | |

结合表 10-1 和表 10-2 可以看出，基于 CNN 的舰船个体识别模型在测试集上的总体识别准确率达到了 75.9%。具体到每艘个体船只，A、C、H 三艘个体船只的精确率和召回率均达到很高的水平，其中 A 和 C 为类型相同的个体船只，而两者的尺寸和主机类型不同，因此该模型具备辨识相同类型但不同个体船只之间差异性的能力。B、D 个体船只都属于拖船，它们的精确率和召回率比较低，虽然它们的尺寸和主机类型都存在差异，但是由于拖船在实际工作中在不同作业状态下的航行工况有很大的差异，模型未能很好地学习到拖船的特征。E、F 个体船只为两艘"姊妹船"，其舰船结构和动力系统相同，在识别时易相互混淆，但是该模型在对两者的识别方面仍体现出了一定的性能，召回率和精确率均达到 60% 以上，对"姊妹船"具有一定的识别能力，说明该模型能够提取出舰船结构相同、动力系统相同的个体船只之间的差异性特征。由于模型易将 D 个体船只识别为 G 个体船只，造成 G 个体船只的精确率下降，但其召回率较高，原因可能是 D、G 个体船只的尺寸相近。

### 10.2.4　水声通信调制识别实验

实验所采用的水声通信信号样本由 MATLAB 仿真生成，调制类型包含 BFSK、QFSK、MPSK、SSB。为模拟实际水声通信信号，将仿真信号分别输入 A、B、C 和 D 这 4 个信道，经信道传输后获得接收信号。4 种信号的频率范围为 $1\sim15\text{kHz}$，信噪比范围为 $-5\sim15\text{dB}$，每类样本的个数为 2000 个，水声通信信号的仿真参数如表 10-3 所示。

表 10-3　水声通信信号的仿真参数

| 仿真参数 | BFSK | QFSK | MPSK | SSB |
|---|---|---|---|---|
| 频率/kHz | \multicolumn{4}{c|}{1~15} |
| 信噪比/dB | \multicolumn{4}{c|}{-5、-3、0、3、5、8、10、13、15} |
| 样本个数/个 | \multicolumn{4}{c|}{2000} |
| 信道 | \multicolumn{4}{c|}{A、B、C、D} |

信道中的声源和接收点的深度为 50m，4 组水声信道（A、B、C 和 D）之间的距离分别为 0.5km、2km、5km 和 10km。多径传播条件下信道 A~D 的频率选择性衰落曲线如图 10-10~

图 10-13 所示。从图 10-10～图 10-13 可以看出，4 个信道的频率选择性衰落曲线都类似于"梳状滤波器"，通带和阻带交替出现，都表现出了一定的频率选择性衰落特性。实际接收到的水声通信信号除受到频率选择性衰落的影响外，不可避免地还会受到海洋环境噪声的影响，通常在浅海水声研究过程中，一般假设噪声符合高斯分布，用均值和方差来描述噪声的统计特征，然而在实测的噪声数据中有显著的脉冲，波动较大，它们并不符合高斯分布，可以认为浅海信道噪声是一种具有无限方差特性的随机过程。由于信道噪声来自很多噪声源，根据广义中心极限定理，可用 $\alpha$ 稳态分布过程来模拟这种噪声。大量的 $\alpha$ 参数估计实验表明，大部分海洋噪声的 $\alpha$ 的平均值为 1.8，本节选取 $\alpha=1.8$ 的稳态分布噪声作为仿真信道的噪声，噪声波形如图 10-14 所示。

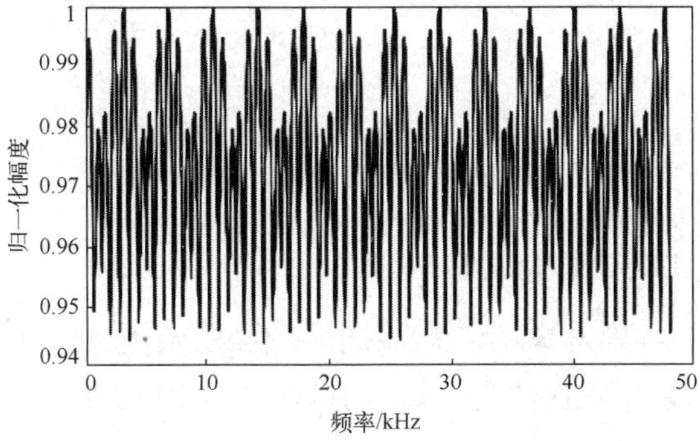

图 10-10　信道 A 的频率选择性衰落曲线

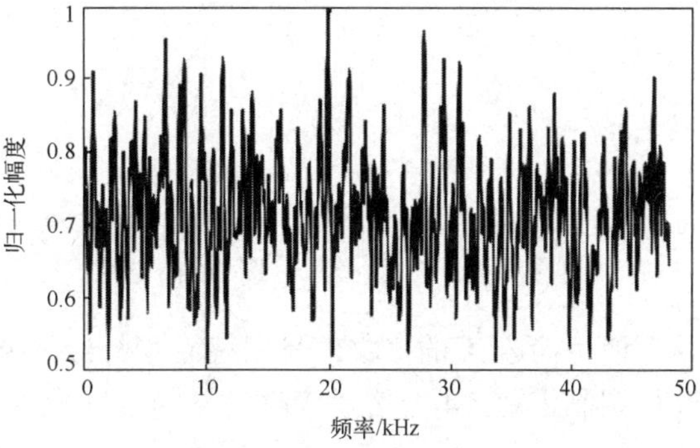

图 10-11　信道 B 的频率选择性衰落曲线

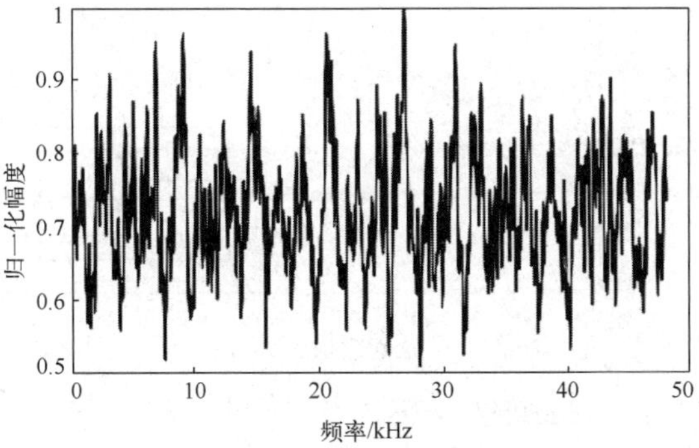

图 10-12　信道 C 的频率选择性衰落曲线

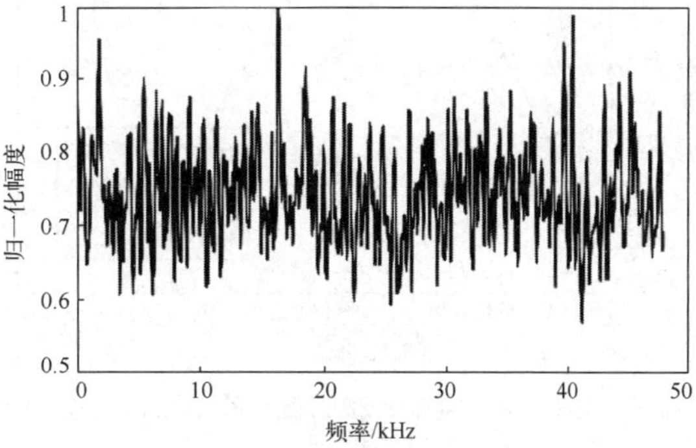

图 10-13　信道 D 的频率选择性衰落曲线

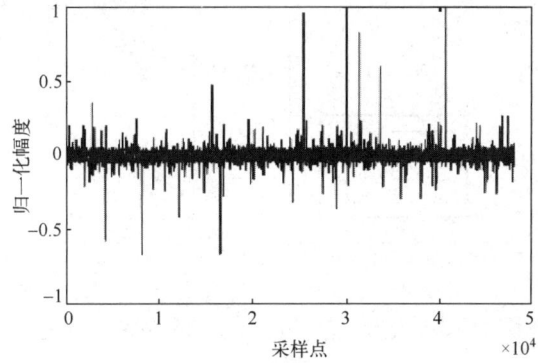

图 10-14　$\alpha=1.8$ 的稳态分布噪声波形

## 10.2.5 水声通信调制识别实验结果及分析

水声通信调制识别实验在仿真条件下进行，使用信道 A 的接收信号作为训练数据训练基于卷积神经网络的水声通信调制识别系统。

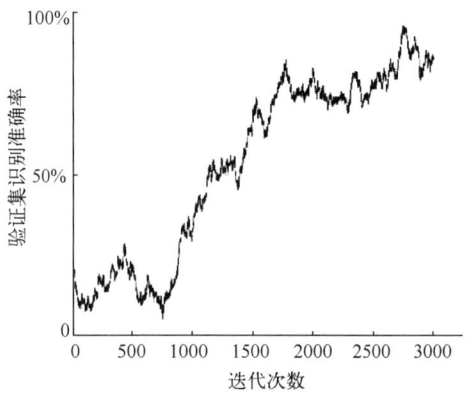

图 10-15 卷积神经网络的训练迭代过程

使用信道 A 的接收信号训练卷积神经网络，分别对 A、B、C、D 共 4 个信道的接收信号进行调制识别，4 个信道接收信号的识别准确率随信噪比的变化如图 10-16～图 10-19 所示。

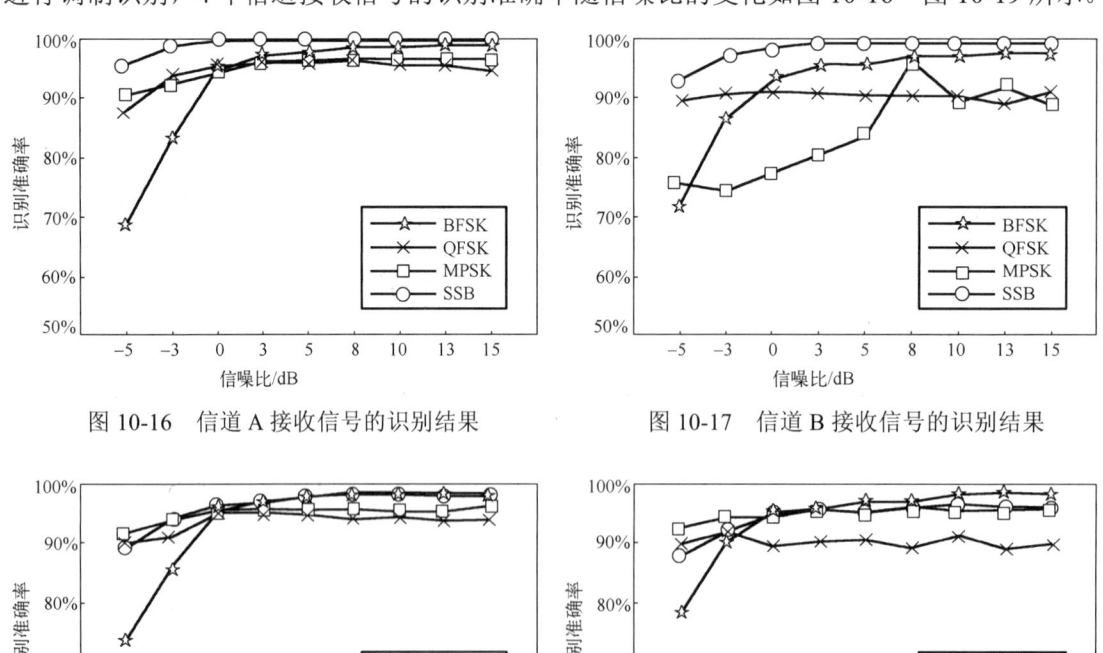

图 10-16 信道 A 接收信号的识别结果　　　　图 10-17 信道 B 接收信号的识别结果

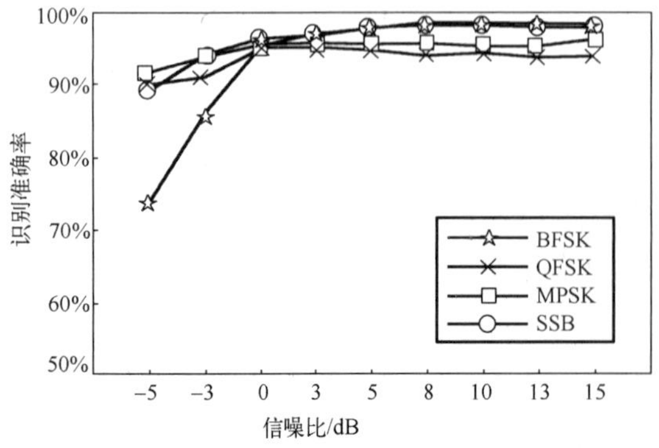

图 10-18 信道 C 接收信号的识别结果 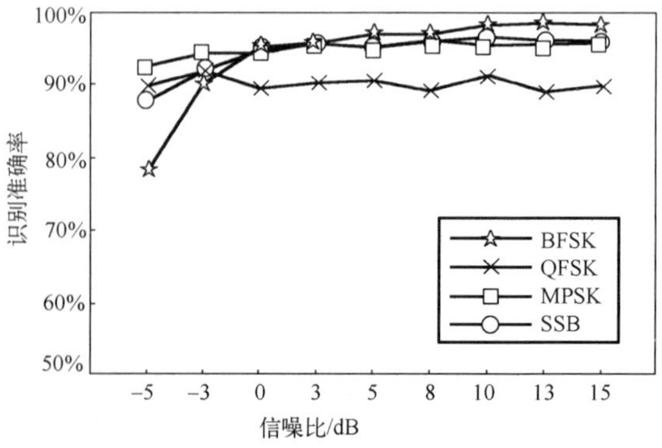　　　　图 10-19 信道 D 接收信号的识别结果

从图 10-16～图 10-19 可以看出，使用信道 A 的接收信号训练水声通信调制识别系统，

对 4 个信道 A、B、C、D 的接收信号分别进行调制识别，可以有效识别 4 种调制方式。

综合 4 个信道接收信号的识别结果，可以得到 4 个信道中的调制识别的识别准确率随信噪比的变化，如图 10-20 所示。

从图 10-20 可以看出，在信噪比为-5dB 时，使用信道 A 的接收信号对不同信道的接收信号进行调制识别，识别准确率均为 85%左右。当信噪比大于 0dB 时，信道 A 和信道 C 的识别准确率高于 95%，信道 B 和信道 D 的识别准确率高于 90%，说明使用信道 A 的接收信号训练的调制识别系统可以有效识别不同信道的接收信号，即调制识别系统在不同的信道环境下具有良好的适应性。

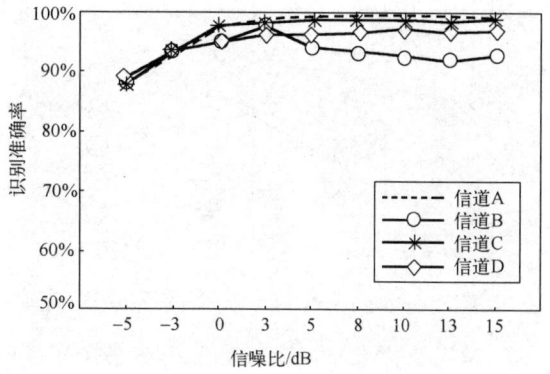

图 10-20　不同信道接收信号的识别结果

## 10.3　用于水声目标识别的时、频、空域注意力深度学习

为了更好地关注与机器学习任务相关的特征，研究者在深度神经网络中引入注意力机制以提升其特征选择、增强的能力。在水声目标识别任务中，为了更有效地关注舰船辐射噪声特征中与类别相关的特征，可以在深度神经网络中引入注意力模块，实现对舰船辐射噪声的深度时频特征的增强和冗余深度特征的抑制，以获得更好的识别性能。本节将分别讨论 4 种注意力机制的动机、原理，并开展水声目标识别实验。

### 10.3.1　基于通道注意力的水声目标识别原理

在基于深度卷积神经网络的水声目标识别任务中，以舰船辐射噪声的时频特征作为深度卷积神经网络的输入时，卷积核可以被看作时频滤波器。已有研究的实验结果显示，每个卷积核开启一个通道，一组卷积核可以看作具有不同时频滤波参数的滤波器组。通道注意力通过计算各个通道的注意力权重，对所有通道进行加权，对那些有利于提取到分类信息的通道进行增强，反之则进行抑制。通过通道注意力模块，实现了对特征通道维度的注意。

基于通道注意力机制的水声目标识别方法示意图如图 10-21 所示。

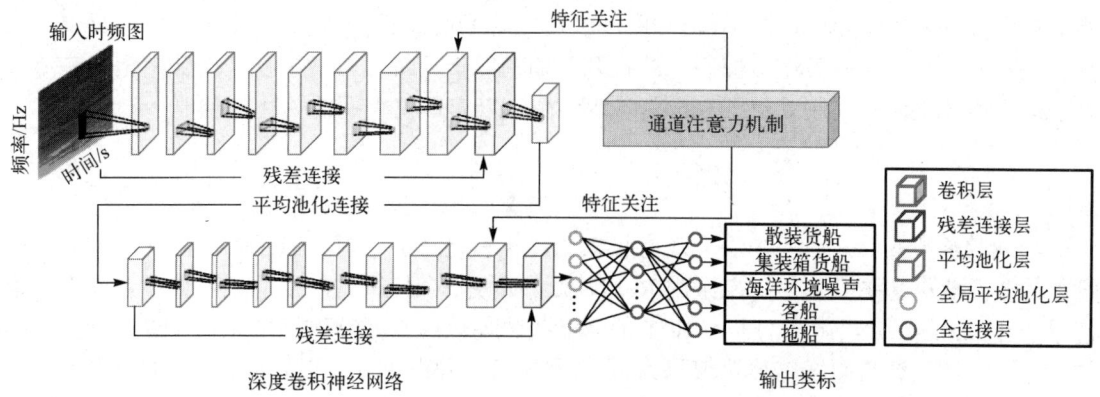

图 10-21　基于通道注意力机制的水声目标识别方法示意图

通道注意力的核心是如何计算得到各通道间的权重。这里给出了一种计算权重的方法，如图 10-22 所示。

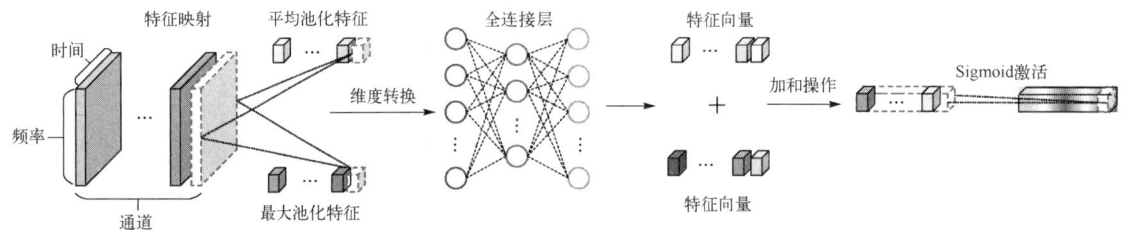

图 10-22　水声特征通道注意力机制的结构示意图

首先，选择了两种全局池化函数用于压缩并提取代表每个通道的特征向量

$$\boldsymbol{X}'_c = \text{mean}(\boldsymbol{X}_c) \tag{10-34}$$

$$\overline{\boldsymbol{X}}_c = \text{max}(\boldsymbol{X}_c) \tag{10-35}$$

式中，mean(·) 与 max(·) 分别是计算算术平均值与统计最大值的函数。

全局平均池化与全局最大池化分别从两个角度提取了各通道的信息，为后续生成通道注意力的权重提供了丰富的信息。在一些注意力机制中，也可以采用全连接层、卷积层等替代全局池化。相比而言，全局池化函数具有计算简单、不引入额外参数的特点，这使得这种注意力机制在嵌入深度卷积神经网络时不会带来大量的额外计算量。

完成池化后，该机制将提取的信息输入多层全连接层进行前向传递，完成对各通道自信息的计算，这部分的计算生成了初步的权重

$$y = \partial \left( \sum_i w_i x_i + b \right) \tag{10-36}$$

式中，$w_i$ 为各输入 $x_i$ 对应的权重，$b$ 为整体偏置。然而，初步的权重并不能直接与特征映射相乘或相加从而实现对舰船辐射噪声特征的关注，因为这时此处的数值存在两个问题。第一，数值爆炸问题，直接将此处的权重与特征映射相乘会导致数值爆炸，即该层特征映射中存在着部分数值过高的问题。网络中某一层的部分数值过高会导致深度卷积神经网络的识别过度依赖这部分过高的数值，这种情况将直接导致网络的识别结果严重依赖这部分数值的激活程度，从而影响网络的泛化性，即噪声变化将严重影响网络的识别结果。第二，这部分权重不能够实现权重间的差异化，即不能拉开关注区域与抑制区域的差距。注意力机制根据定义需要实现对不同特征间的关注与抑制，即拉开舰船辐射噪声特征与其余特征在数值上的差距。为了达到该效果，该机制采用了 Sigmoid 激活函数以实现权重间的关注与抑制

$$\text{Sigmoid}(x) = \frac{1}{1 + e^{-x}} \tag{10-37}$$

当激活函数接收来自各神经元或卷积核的输出后进行激活时，Sigmoid 激活函数会使得输出的激活值更加离散化。如果采用 ReLU 激活函数则会使得输入中非正值失活，而正值维持原值。Sigmoid 激活函数的非 0 即 1 的激活趋势使该函数能够很好地对输入进行差异化操作，因此，该函数常用于以独热编码为拟合对象的输出层中以及需要生成权重的情况下。

ReLU 激活函数的曲线显示出该函数具有维持输入中正值不变的性质，这使得该函数的

数值不具有上限,容易导致激活函数的输出数值过大。另外,在该激活函数的正值区间内激活函数的输出均匀分布,无法拉开不同输入间的数值差距,其输出数值区间也与权重需求不同,使得该激活函数无法被应用于注意力机制的权重生成层中。然而 ReLU 激活函数具有在正值区间内梯度恒定的优点,该函数不会出现类似 Sigmoid 激活函数那样数值过大或者过小时梯度消失的情况以及数值处于中间区域内梯度爆炸的情况。该优点使得该函数更适用于深度卷积神经网络的中间层,以帮助深度卷积神经网络进行更有效的反向传递参数更新过程。

### 10.3.2 基于空间注意力的水声目标识别原理

空间注意力机制从时间与频率维度对舰船辐射噪声的时频特征进行捕捉与关注,以提高深度卷积神经网络的水声目标识别性能,因此空间注意力机制又称为时频空间注意力机制。在水声特征时频空间注意力机制的深度水声目标识别方法中,同样选择了深度卷积神经网络作为网络模型的主干,在此基础上嵌入时频空间注意力机制。通过时频空间注意力模块,实现了对水声特征时频空间维度的注意。时频空间注意力机制生效机理如图 10-23 所示。

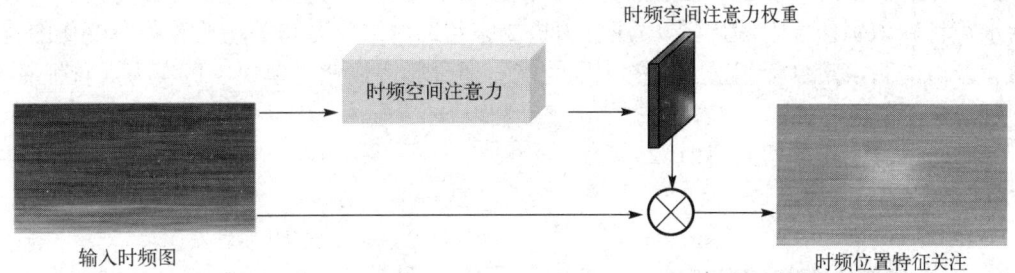

图 10-23　时频空间注意力机制生效机理

水声特征时频空间注意力机制的结构示意图如图 10-24 所示。

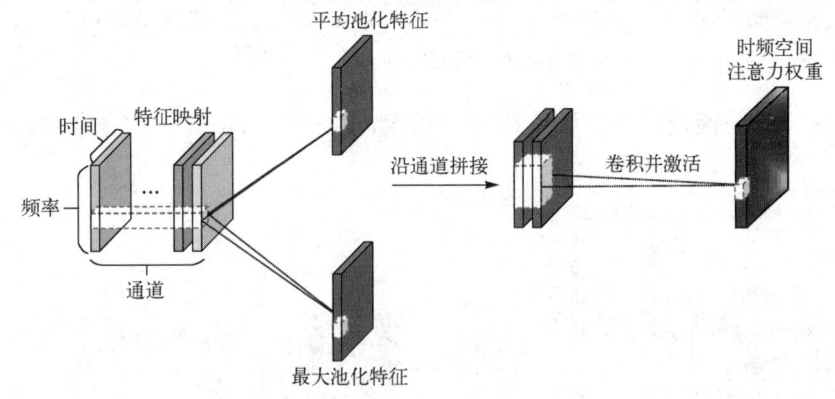

图 10-24　水声特征时频空间注意力机制的结构示意图

首先,利用平均池化和最大池化压缩并提取能够代表所有通道统计特征的深度时频特征图

$$X'_{(f,t)} = \mathrm{mean}(X_{(f,t)}) \tag{10-38}$$

$$\tilde{X}_{(f,t)} = \mathrm{max}(X_{(f,t)}) \tag{10-39}$$

式中，$X_{(f,t)}$ 是特征映射中的定位为 $(f,t)$ 处的特征向量，其维度为 $1 \times 1 \times D_{\text{Channel}}$。

然后，拼接得到两张时频特征图。利用一层卷积层提取得到用于加权的时频空间注意力权重，选择用卷积层提取权重是因为：一方面，卷积引入的参数量远小于全连接层中数量庞大的神经元带来的参数量，这使得卷积带来的计算量远小于全连接带来的计算量；另一方面，卷积神经网络的空间不变性的特点适用于提取舰船辐射噪声的时频特征。

通过水声特征时频空间注意力机制，$D_{\text{Time}} \times D_{\text{Frequency}} \times 1$ 为其得到的权重的具体维度，而对应输入特征映射的维度为 $D_{\text{Time}} \times D_{\text{Frequency}} \times D_{\text{Channel}}$。可以看出，特征映射与时频空间注意力权重在通道维度上并不一致，因此在进行特征映射加权时，需要对时频空间注意力权重进行维度扩充。将时频空间注意力权重扩充为维度与特征映射的维度一致后，再进行对应位置的相乘，从而实现对特征映射中舰船辐射噪声特征的加权关注。

### 10.3.3 基于频率注意力的水声目标识别原理

在水声目标识别中，舰船辐射噪声中的低频线谱蕴含着与目标类别相关的特征，因此在深度水声目标识别任务中，通过频率注意力机制来帮助网络学习和关注随着频率变化的特征，能够有效地提高水声目标识别方法的识别性能。通过频率注意力模块，可实现对特征频率维度的注意。

频率注意力工作机理如图 10-25 所示。

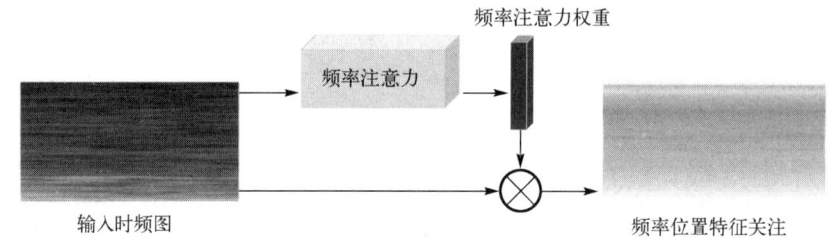

图 10-25 频率注意力工作机理

频率注意力的关键是计算在频率维度的权重，这里给出了一种计算方法，如图 10-26 所示。

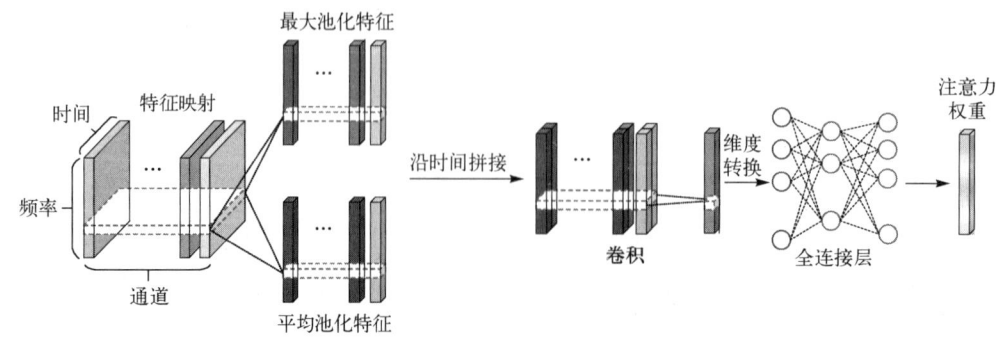

图 10-26 水声特征频率注意力机制的结构示意图

首先，水声特征频率注意力机制采用两种池化将能够表征各通道与频率位置处的信息进行提取，池化计算如式（10-40）和式（10-41）所示

$$X'_{(f,c)} = \text{mean}(X_{(f,c)}) \tag{10-40}$$

$$\bar{X}'_{(f,c)} = \text{max}(X_{(f,c)}) \tag{10-41}$$

式中，$X_{(f,c)}$是特征映射中的第$c$通道的频率$f$处的特征向量，其维度为$D_{\text{Time}} \times 1 \times 1$；$X'_{(f,c)}$为池化后特征映射中的第$c$通道的频率$f$处的张量，其尺寸为$1\times 1 \times 1$。沿着时间维度拼接后，得到维度为$2\times D_{\text{Frequency}} \times D_{\text{Channel}}$的张量。

然后，通过卷积进行通道压缩以及将两种信息混合实现对各频率位置处包含的信息的提取，生成维度为$1\times D_{\text{Frequency}} \times 1$的包含各频率位置处信息的张量。

最后，该张量通过全连接层计算得到水声特征频率注意力权重，并根据图 10-26 帮助网络实现对频率上分布的各水声目标特征的关注。

通过水声特征频率注意力机制计算得到注意力权重的维度为$1\times D_{\text{Frequency}} \times 1$，其对应输入的特征映射的维度为$D_{\text{Time}} \times D_{\text{Frequency}} \times D_{\text{Channel}}$。可以看出，特征映射与权重的形状在时间与通道维度上并不一致，因此在进行特征映射加权时，需要对注意力权重的维度进行扩充。进行扩充时，首先将注意力权重复制$D_{\text{Time}} \times D_{\text{Channel}}$次，然后将其按照时间与通道维度拼接为维度为$D_{\text{Time}} \times D_{\text{Frequency}} \times D_{\text{Channel}}$的频率注意力权重，最后进行对应位置的相乘，从而实现水声特征频率维度的注意。

### 10.3.4 基于倍频注意力的水声目标识别原理

舰船辐射噪声线谱是由多组不同倍频关系的谐波组成的，单纯的频率注意力机制在缺乏物理信息的指引时，难以对倍频线谱进行有效的关注。不同舰船辐射噪声包含的不同倍频线谱特征可以作为识别不同类别舰船辐射噪声的有效特征，从而取得良好的识别性能。通过倍频注意力模块，可实现对舰船辐射噪声倍频线谱的注意。

倍频注意力工作机制的示意图如图 10-27 所示。

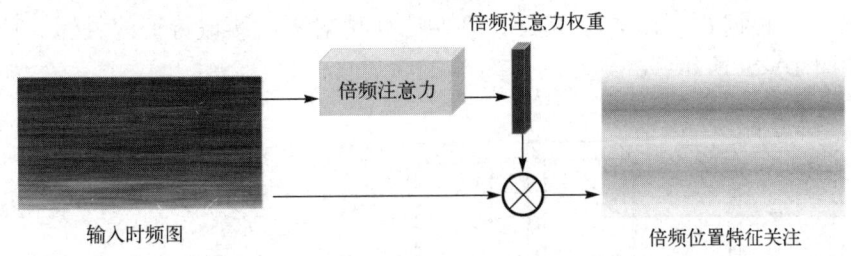

图 10-27　倍频注意力工作机制的示意图

为了让水声特征倍频注意力机制能够注意到目标信号中的深度倍频线谱特征，该机制不能采用 Sigmoid 激活函数。Sigmoid 激活函数虽然能够差异化地表征不同特征的激活强度，但该激活函数在生成权重时，各部分的权重之间不能匹配水声目标信号的倍频线谱特征以及频率衰减规律。因此，在水声特征倍频注意力机制中引入了衰减振动方程，构建了倍频注意力激活函数

$$\partial(f) = A \times e^{-\omega f} \times [\cos(\alpha f + \beta) + 1] \tag{10-42}$$

式中，$A$ 为倍频注意力权重的幅值；$\omega$ 为频率衰减因子，决定了关注程度整体随频率衰减的趋势；$\alpha$、$\beta$ 为超参数，决定了需要关注倍频线谱的位置；$f$ 为具体频率。

通过该激活函数产生的权重包含频率衰减的趋势以及对倍频线谱特征的关注，从而达到帮助识别网络学习和关注倍频线谱特征并学习到目标信号频率衰减规律的目的。水声特征倍频注意力机制的工作原理如下

$$X^{l_A} = X^l \times W_H = X^l \times \partial(f) \tag{10-43}$$

式中，$X^l$ 表示第 $l$ 层的特征映射，$W_H$ 表示注意力机制生成的权重，$X^{l_A}$ 表示经注意力机制关注后的特征映射。

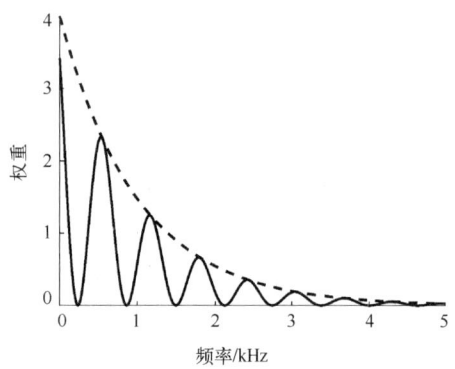

图 10-28 水声特征倍频注意力机制的激活函数权重曲线示意图

水声特征倍频注意力机制的激活函数权重曲线示意图如图 10-28 所示。该激活函数能够较好地帮助识别网络学习和关注倍频线谱特征以及这些线谱特征的频率衰减规律。

水声特征倍频注意力机制通过提取和计算输入特征映射中各频率位置包含的特征信息，从而得到式（10-42）中的 $A$、$\alpha$、$\beta$、$\omega$ 参数，如下

$$\begin{aligned}&\text{MLP}(\text{Conv}^{1\times n_1}(\cdots \text{Conv}^{1\times n_s}(X^l))) \\ &\Rightarrow A, \alpha, \beta, \omega(X^l)\end{aligned} \tag{10-44}$$

其中，$\text{Conv}^{1\times n_1}(\cdots \text{Conv}^{1\times n_s})$ 为多层卷积层结构，用以提取并计算各频率处的频率信息以输入多层感知机（Multi-Layer Perceptron，MLP）从而得到目标参数 $A$、$\alpha$、$\beta$、$\omega$。

水声特征倍频注意力机制的设计思路与频率注意力机制相似。首先，水声特征倍频注意力机制采用多层池化将能够表征各频率位置处的信息进行提取和计算后得到维度为 $1 \times D_{\text{Frequency}} \times 1$ 的张量。然后，该张量通过多层感知机得到了式（10-44）中的 $A$、$\alpha$、$\beta$、$\omega$ 这 4 个参数，并根据式（10-44）帮助识别网络实现对倍频线谱特征的关注。倍频注意力机制结构如图 10-29 所示。

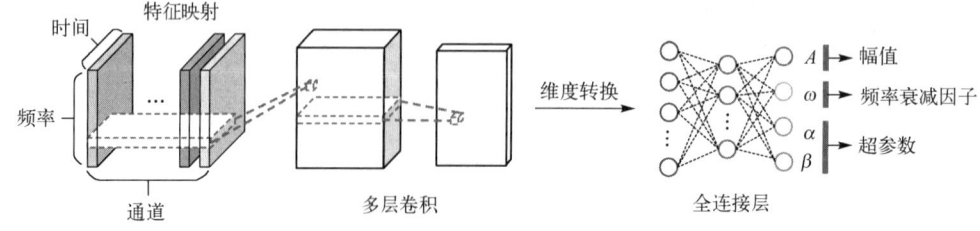

图 10-29 倍频注意力机制结构

通过水声特征倍频注意力机制，$1 \times D_{\text{Frequency}} \times 1$ 为其得到的倍频注意力权重的具体维度，而对应输入的特征映射的维度为 $D_{\text{Time}} \times D_{\text{Frequency}} \times D_{\text{Channel}}$。在进行特征映射加权时，需要对倍频注意力权重进行维度扩充。进行扩充时，首先将倍频注意力权重复制 $D_{\text{Time}} \times D_{\text{Channel}}$ 次，然后按照时间与通道维度拼接为维度为 $D_{\text{Time}} \times D_{\text{Frequency}} \times D_{\text{Channel}}$ 的倍频注意力权重，最后进行对应位置的相乘，从而实现对特征映射中舰船辐射噪声特征的加权关注。

## 10.3.5 实验数据及实验设置

本节设置了水声目标识别消融实验,以验证各注意力机制在水声目标识别任务中的有效性并对比各注意力机制。本实验中采用的数据为海中水听器实测的舰船辐射噪声与海洋环境噪声。数据集的具体信息如表 10-4 所示。

表 10-4　5 类水声目标数据集的具体信息

| 类别 | 单个数据时长/s | 采样频率/Hz |
| --- | --- | --- |
| 散装货船 | 2 | 32000 |
| 集装箱货船 | 2 | 32000 |
| 海洋环境噪声 | 2 | 32000 |
| 客船 | 2 | 32000 |
| 拖船 | 2 | 32000 |

输入数据均为时域数据,为了让网络能够从输入中同时捕捉目标的时域与频域特征,对输入数据进行短时傅里叶变换得到各类目标信号的时频图。短时傅里叶变换的过程是将一长段信号通过加窗的方法截取为数段长度一致的信号片段,并对每个信号片段进行傅里叶变换得到该段的频谱,将各段的频谱按照顺序拼接后得到信号的时频图。

图 10-30 为处理后的水声目标时频图示例,各类舰船辐射噪声与海洋环境噪声的时频图在低频位置有着明显的线谱差异,深度卷积神经网络如果想更好地识别舰船辐射噪声与海洋环境噪声,需要有效地关注时频图中的线谱结构。

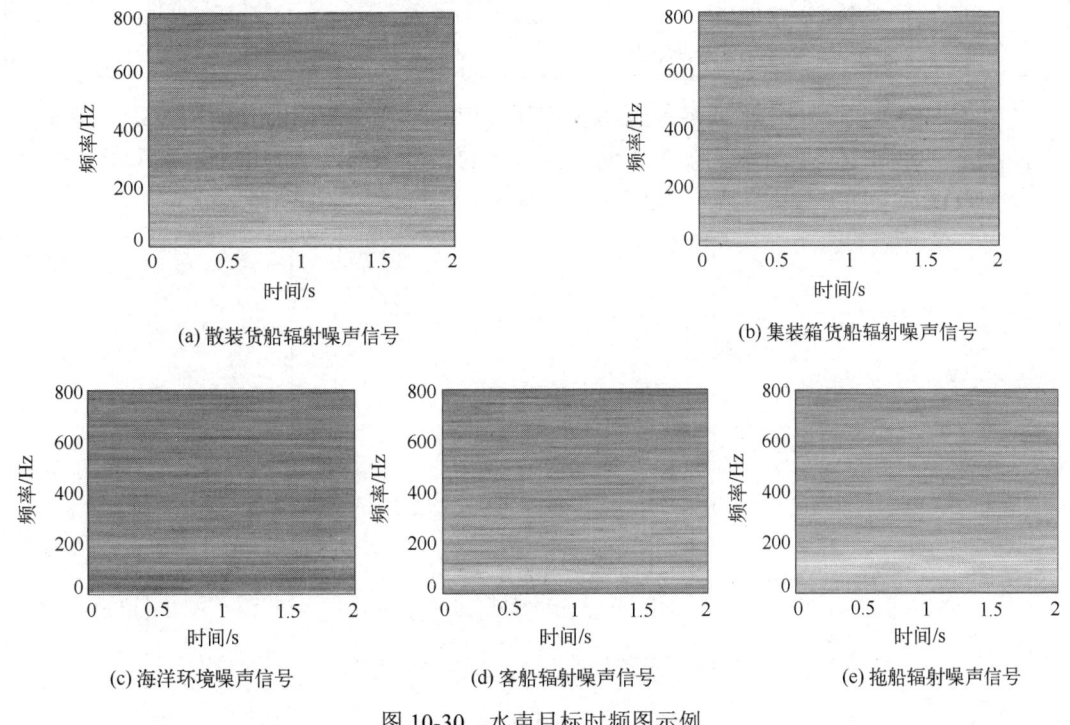

(a) 散装货船辐射噪声信号　　(b) 集装箱货船辐射噪声信号

(c) 海洋环境噪声信号　　(d) 客船辐射噪声信号　　(e) 拖船辐射噪声信号

图 10-30　水声目标时频图示例

消融实验整体流程如图 10-31 所示,在实验中,包含各类注意力机制的深度卷积神经网络将使用同样的训练集进行训练。在各网络训练完成后，再使用测试集对网络进行测试，对各注意力机制的识别性能进行评价。

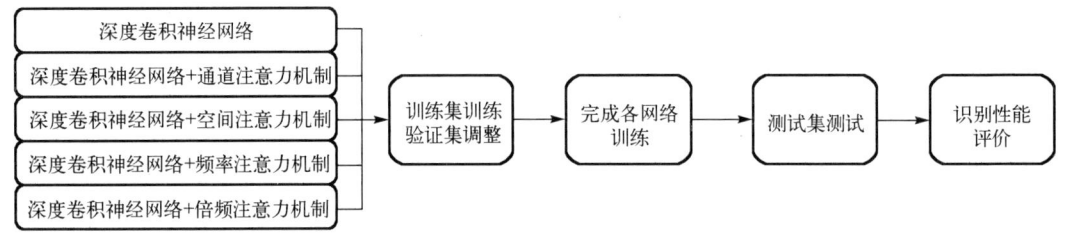

图 10-31　消融实验整体流程

## 10.3.6　实验结果及分析

在本节将对多种深度水声目标识别模型的识别性能进行分析，各个识别模型的平均识别准确率的结果如表 10-5 所示。

表 10-5　深度水声目标识别模型的平均识别准确率

| 识别模型的类型 | 平均识别准确率 |
|---|---|
| 深度卷积神经网络（a） | 68.01% |
| 深度卷积神经网络+通道注意力机制（b） | 74.90% |
| 深度卷积神经网络+空间注意力机制（c） | 70.91% |
| 深度卷积神经网络+频率注意力机制（d） | 70.47% |
| 深度卷积神经网络+倍频注意力机制（e） | 74.32% |

除平均识别准确率外，将训练得到的各识别模型的识别准确率的其他相关统计学数据用箱型图展示，如图 10-32 所示。该箱型图包括得到的多个识别模型的识别准确率的中位数、上四分位数以及下四分位数，具体数值如表 10-6 所示。

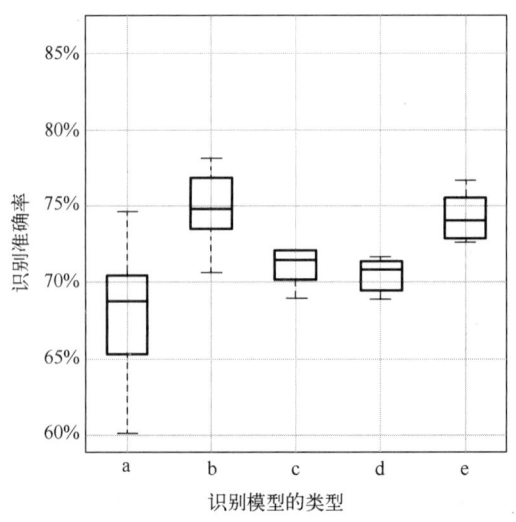

图 10-32　各识别模型的识别准确率的统计学数据

表 10-6  各识别模型的识别准确率的统计学数据

| 识别模型的类型 | 中位数 | 上四分位数 | 下四分位数 |
| --- | --- | --- | --- |
| 深度卷积神经网络（a） | 68.80% | 70.47% | 65.13% |
| 深度卷积神经网络+通道注意力机制（b） | 74.82% | 76.84% | 73.49% |
| 深度卷积神经网络+空间注意力机制（c） | 71.48% | 72.16% | 70.16% |
| 深度卷积神经网络+频率注意力机制（d） | 70.82% | 71.45% | 69.41% |
| 深度卷积神经网络+倍频注意力机制（e） | 74.06% | 75.57% | 72.87% |

从各识别准确率统计结果中可以看出，基于各类水声特征注意力机制均取得了比不加入注意力机制的深度水声目标识别方法更优的识别性能。其中，基于水声特征通道注意力机制与倍频注意力机制的深度水声目标识别方法取得了最好的综合识别性能，其识别准确率的各项统计数据均优于其他方法；而基于水声特征空间注意力机制的深度水声目标识别方法略优于基于水声特征频率注意力机制的深度水声目标识别方法。针对各类方法对具体目标类别的识别情况，各类方法及其对应训练得到的模型在测试集上的混淆矩阵如表 10-7～表 10-11 所示。

表 10-7  深度卷积神经网络模型识别结果的混淆矩阵

| 水声目标信号类别 | | 模型预测类别 | | | | |
| --- | --- | --- | --- | --- | --- | --- |
| | | 散装货船 | 集装箱货船 | 海洋环境噪声 | 客船 | 拖船 |
| 真实类别 | 散装货船 | 1088 | 0 | 7 | 1 | 0 |
| | 集装箱货船 | 26 | 1060 | 0 | 10 | 0 |
| | 海洋环境噪声 | 9 | 0 | 1027 | 41 | 19 |
| | 客船 | 823 | 12 | 0 | 261 | 0 |
| | 拖船 | 208 | 0 | 58 | 404 | 426 |

表 10-8  深度卷积神经网络+通道注意力机制的模型识别结果的混淆矩阵

| 水声目标信号类别 | | 模型预测类别 | | | | |
| --- | --- | --- | --- | --- | --- | --- |
| | | 散装货船 | 集装箱货船 | 海洋环境噪声 | 客船 | 拖船 |
| 真实类别 | 散装货船 | 1021 | 31 | 34 | 9 | 1 |
| | 集装箱货船 | 14 | 1066 | 0 | 16 | 0 |
| | 海洋环境噪声 | 33 | 44 | 759 | 7 | 253 |
| | 客船 | 624 | 5 | 5 | 460 | 2 |
| | 拖船 | 24 | 7 | 34 | 56 | 975 |

表 10-9  深度卷积神经网络+空间注意力机制的模型识别结果的混淆矩阵

| 水声目标信号类别 | | 模型预测类别 | | | | |
| --- | --- | --- | --- | --- | --- | --- |
| | | 散装货船 | 集装箱货船 | 海洋环境噪声 | 客船 | 拖船 |
| 真实类别 | 散装货船 | 1092 | 0 | 1 | 3 | 0 |
| | 集装箱货船 | 35 | 1057 | 0 | 4 | 0 |
| | 海洋环境噪声 | 2 | 0 | 986 | 0 | 108 |
| | 客船 | 754 | 0 | 0 | 342 | 0 |
| | 拖船 | 236 | 11 | 81 | 295 | 473 |

表 10-10 深度卷积神经网络+频率注意力机制的模型识别结果的混淆矩阵

| 水声目标信号类别 | | 模型预测类别 | | | | |
|---|---|---|---|---|---|---|
| | | 散装货船 | 集装箱货船 | 海洋环境噪声 | 客船 | 拖船 |
| 真实类别 | 散装货船 | 1082 | 0 | 0 | 7 | 7 |
| | 集装箱货船 | 20 | 1050 | 0 | 16 | 10 |
| | 海洋环境噪声 | 40 | 0 | 986 | 15 | 67 |
| | 客船 | 685 | 0 | 0 | 400 | 11 |
| | 拖船 | 108 | 0 | 9 | 558 | 421 |

表 10-11 深度卷积神经网络+倍频注意力机制的模型识别结果的混淆矩阵

| 水声目标信号类别 | | 模型预测类别 | | | | |
|---|---|---|---|---|---|---|
| | | 散装货船 | 集装箱货船 | 海洋环境噪声 | 客船 | 拖船 |
| 真实类别 | 散装货船 | 772 | 87 | 33 | 166 | 38 |
| | 集装箱货船 | 5 | 1057 | 5 | 29 | 0 |
| | 海洋环境噪声 | 0 | 0 | 1090 | 0 | 6 |
| | 客船 | 329 | 5 | 3 | 555 | 204 |
| | 拖船 | 0 | 0 | 196 | 168 | 732 |

由混淆矩阵可以得到用各类方法训练出的识别模型对各类目标识别的精确率与召回率，分别如图 10-33 与图 10-34 所示。

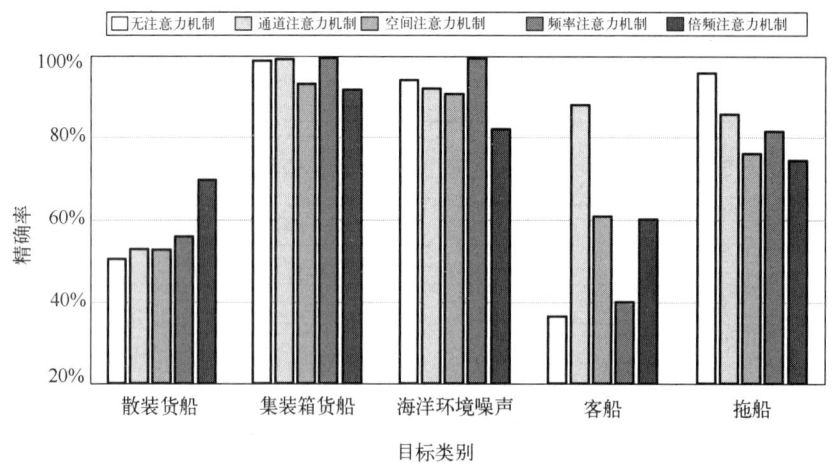

图 10-33 各类识别方法对测试集的精确率

对于整体测试集的精确率较低的散装货船类信号，加入了水声特征注意力机制的深度水声目标识别方法相较于不加入注意力机制的深度水声目标识别方法而言，散装货船的精确率提升了 1.41%~19.29%。其中，基于水声特征倍频注意力机制的深度水声目标识别方法相较于不加入注意力机制的深度水声目标识别方法而言，散装货船的精确率提升了 19.29%。

对于召回率较低的拖船类信号，加入了水声特征通道、空间与倍频注意力机制的深度水声目标识别方法相较于不加入注意力机制的深度水声目标识别方法而言，拖船的召回率提升了 19.62%~40.78%。其中，基于水声特征注意力机制的深度水声目标识别方法相较于不加入注意力机制的深度水声目标识别方法而言，拖船的召回率提升了 40.78%。

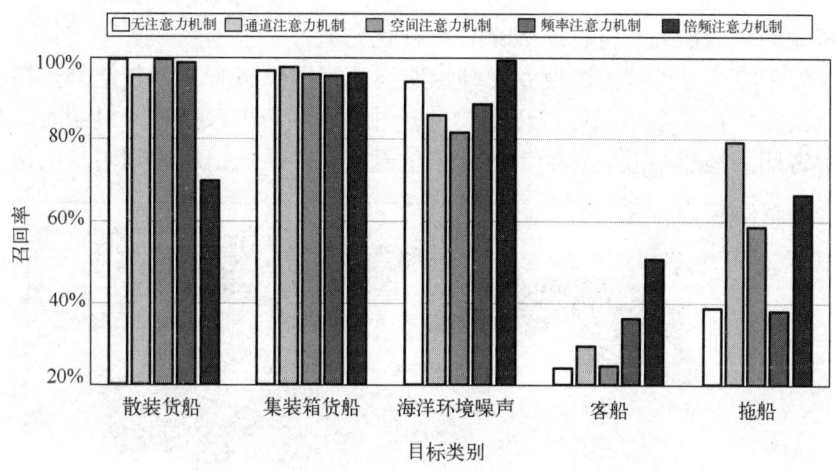

图 10-34　各类识别方法对测试集的召回率

对于测试集的精确率与召回率均不高的客船类信号，加入了水声特征注意力机制的深度水声目标识别方法相较于不加入注意力机制的深度水声目标识别方法而言，客船的精确率提升了 3.76%~51.64%，召回率提升了 1.01%~26.82%。其中，基于水声特征通道注意力机制的深度水声目标识别方法相较于不加入注意力机制的深度水声目标识别方法而言，客船的精确率提升了 51.64%，而基于水声特征倍频注意力机制的深度水声目标识别方法相较于不加入注意力机制的深度水声目标识别方法而言，客船的召回率提升了 26.82%。实验中各方法在测试集上的精确率与召回率证明加入了水声特征注意力机制的深度水声目标识别方法能够有效提升水声目标的识别性能。

图 10-35 为各类识别方法在测试集上的 F1 分数，由图可以发现，在引入了注意力机制后，除了集装箱货船以及海洋环境噪声，在前述发现识别效果不佳的散装货船、客船以及拖船辐射噪声信号识别中，各水声特征注意力机制帮助深度卷积神经网络的 F1 分数分别提升了 1.25%~4.44%、6.51%~26.22%以及 10.9%~27.18%，验证了提出的基于各类水声特征注意力机制的深度水声目标识别方法的有效性。

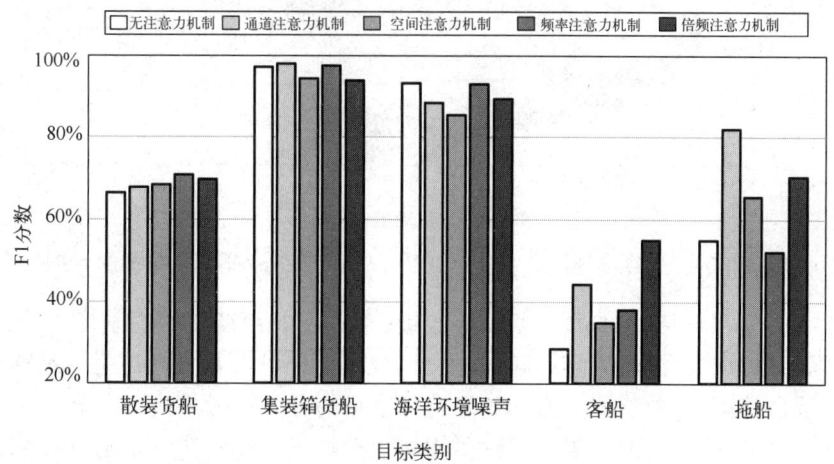

图 10-35　各类识别方法在测试集上的 F1 分数

为进一步验证提出的基于各类水声特征注意力机制的深度水声目标识别方法中各类水声

特征注意力机制的生效情况,进行了 t-SNE 可视化实验。

图 10-36 为无注意力机制的深度卷积神经网络的识别模型的 t-SNE 结果,该特征可视化结果与前述混淆矩阵相匹配。由可视化结果可以看出,在未引入注意力机制时,识别模型无法有效地聚类客船、拖船与散装货船辐射噪声信号特征,从而出现识别错误的情况。

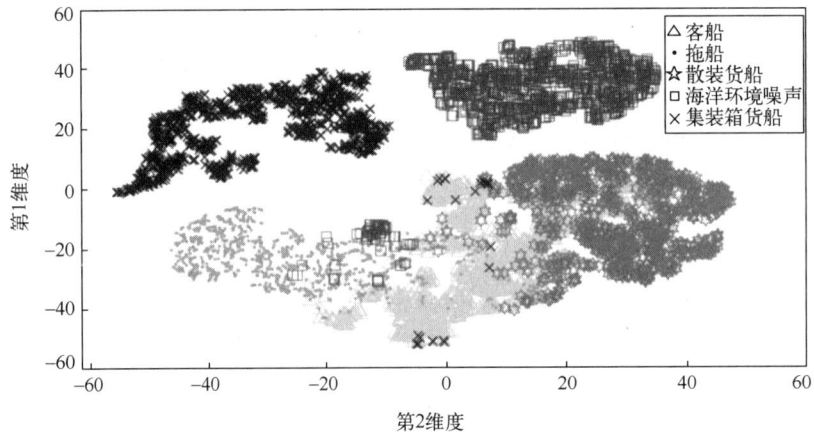

图 10-36　无注意力机制的深度卷积神经网络的识别模型的 t-SNE 结果

图 10-37 为具有水声特征通道注意力机制的深度卷积神经网络的识别模型的 t-SNE 结果,该特征可视化结果与前述混淆矩阵相匹配。由可视化结果可以看出,在引入水声特征通道注意力机制后,识别模型因为能够学习和关注有效水声特征,有效地提升了客船、拖船与散装货船辐射噪声信号特征的聚类效果,并相应地提升了识别性能。

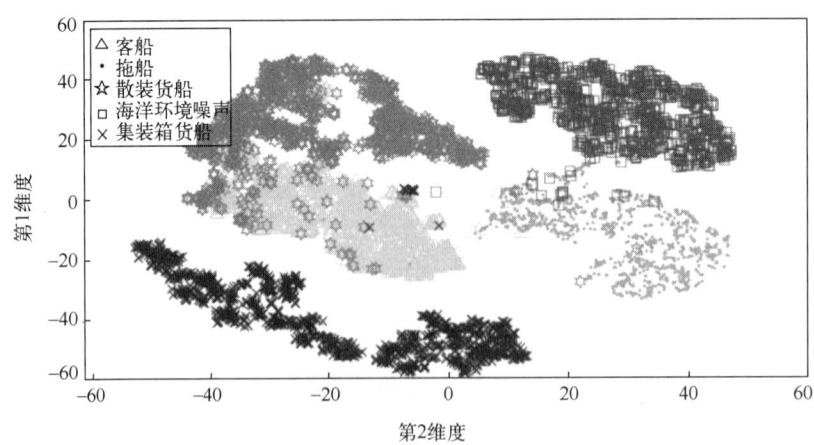

图 10-37　具有水声特征通道注意力机制的深度卷积神经网络的识别模型的 t-SNE 结果

图 10-38 为具有水声特征时频注意力机制的深度卷积神经网络的识别模型的 t-SNE 结果,该特征可视化结果与前述混淆矩阵相匹配。由可视化结果可以看出,在引入水声特征时频注意力机制后,识别模型因为能够学习和关注有效水声特征,有效地提升了客船、拖船与散装货船辐射噪声信号特征的聚类效果,但聚类效果提升幅度不如水声特征通道注意力机制。

图 10-39 为具有水声特征频率注意力机制的深度卷积神经网络的识别模型的 t-SNE 结果,该特征可视化结果与前述混淆矩阵相匹配。由可视化结果可以看出,在引入水声特征频率注意力机制后,识别模型因为能够学习和关注有效水声特征,有效地提升了拖船与散装货船辐

射噪声信号特征的聚类效果，但客船辐射噪声信号的特征仍然会与散装货船以及拖船发生混淆，导致该方法在测试集上的散装货船的低精确率以及拖船的低召回率。

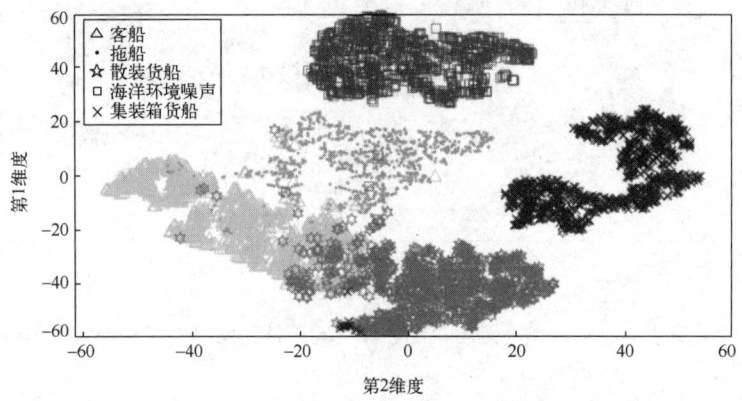

图 10-38　具有水声特征时频注意力机制的深度卷积神经网络的识别模型的 $t$-SNE 结果

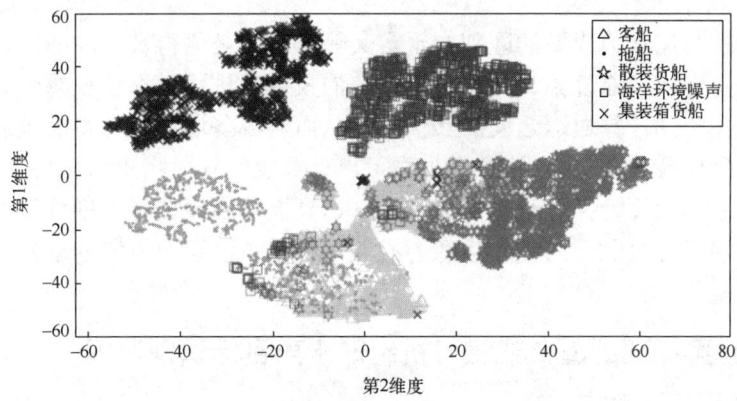

图 10-39　具有水声特征频率注意力机制的深度卷积神经网络的识别模型的 $t$-SNE 结果

图 10-40 为具有水声特征倍频注意力机制的深度卷积神经网络的识别模型的 $t$-SNE 结果，该特征可视化结果与前述混淆矩阵相匹配。由可视化结果可以看出，在引入水声特征倍频注意力机制后，识别模型因为能够学习和关注有效水声特征，有效地提升了客船、拖船与散装货船辐射噪声信号特征的聚类效果。与通道注意力机制不同的是，虽然会将个别信号误识别为其他类别，但整体上倍频注意力机制实现了更加均衡的聚类效果。在倍频注意力机制的物理信息驱动下，倍频注意力机制能够帮助识别模型有效学习到信号中的倍频线谱特征，从而有效地区分原始深度卷积神经网络难以区分的拖船、客船以及散装货船辐射噪声信号。

综上所述，本节提出的基于各类水声特征注意力机制的深度水声目标识别方法的有效性得到了验证，在平均识别准确率上比无注意力机制高 2.46%～6.89%，并在其他评价指标与可视化结果中也展示出了基于水声特征注意力机制的识别方法具有的有效性。在这些方法中，基于水声特征通道和倍频注意力机制的深度水声目标识别方法取得了最好的识别性能。其中，基于水声特征通道注意力机制取得了整体最优的识别性能，其平均识别准确率略高于水声特征倍频注意力机制 0.58%。但由混淆矩阵、精确率、召回率、F1 分数以及特征可视化结果可以看出，基于水声特征倍频注意力机制有效地提高了识别模型中难以区分的拖船、客船以及散装货船辐射噪声信号的识别性能，取得了综合最优的识别效果。

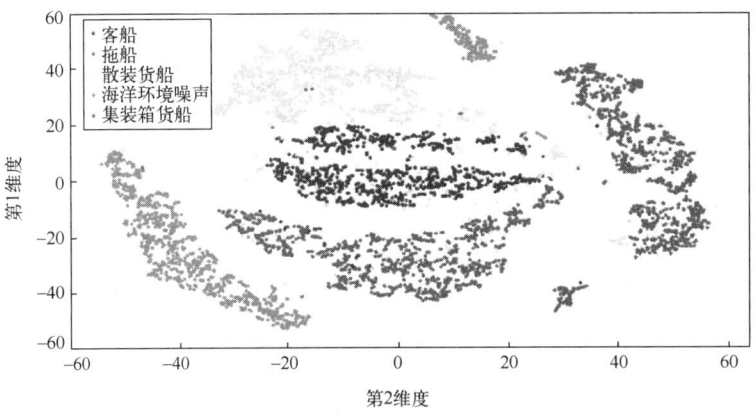

图 10-40 具有水声特征倍频注意力机制的深度卷积神经网络的识别模型的 $t$-SNE 结果

## 10.4 用于水声目标识别的时、频、空域自注意深度学习

自注意力模型与注意力模型的区别在于定义哪些特征是值得被关注的。以在通道维度进行关注为例,注意力模型通过独立计算各个通道的权重,进而对那些权重较大的通道进行关注。而自注意力模型则计算通道之间的互信息,从而对哪些通道是值得被关注的进行计算。对于水声目标识别任务而言,用自注意力模型可以计算舰船辐射噪声深度特征之间的互信息,进而对有助于识别的深度特征进行选择性注意,达到提高水声目标识别性能的目的。本节将分别讨论通道自注意力机制、时频自注意力机制和频率自注意力机制的动机、原理,并开展水声目标识别实验。

### 10.4.1 基于水声特征通道自注意力机制的水声目标识别原理

在基于水声特征通道自注意力机制的水声目标识别中,通道自注意力机制通过计算输入特征映射间各通道水声特征的互信息,并根据通道水声特征互信息生成自注意力权重,使得网络能够关注到有效的水声特征卷积核通道。基于水声特征通道自注意力机制的水声目标识别原理示意图如图 10-41 所示。

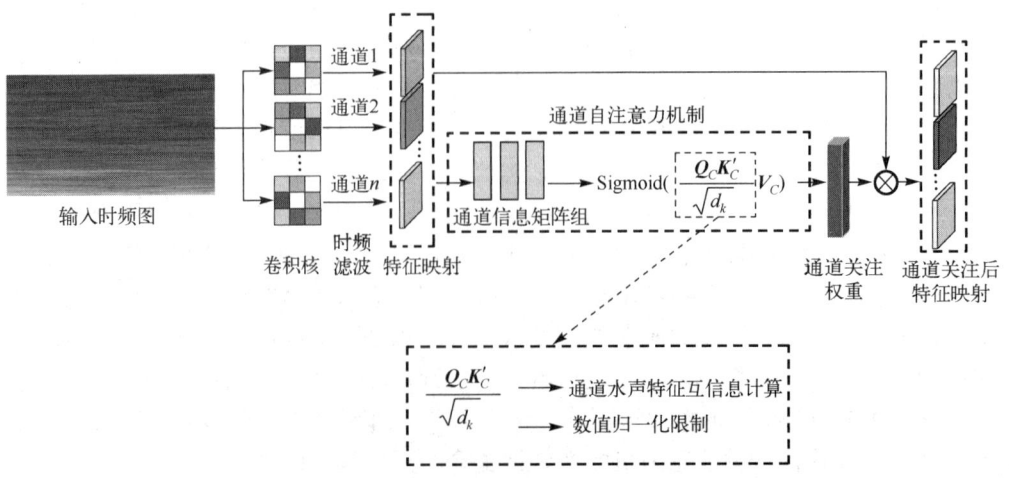

图 10-41 基于水声特征通道自注意力机制的水声目标识别原理示意图

基于水声特征通道自注意力机制的原理如下

$$X^{l_A} = X^l \cdot W_{\mathrm{CMA}}$$
$$= X^l \cdot \left( \mathrm{Sigmoid} \left( \frac{Q_C K'_C}{\sqrt{d_k}} V_C \right) \right) \quad (10\text{-}45)$$

式中，$X^l$、$X^{l_A}$ 分别为关注前、后的特征映射；$W_{\mathrm{CMA}}$ 为水声特征通道自注意力权重；$\sqrt{d_k}$ 为归一化项，用以防止矩阵相乘导致的数值过大的情况；$Q$、$K$、$V$ 为查询矩阵、键矩阵与值矩阵，由各个向量 $x_i$ 拼接组成，其中上标 $'$ 表示对矩阵的转置，下标 $C$ 对应通道维度。

计算各个通道的查询矩阵、键矩阵与值矩阵是通道自注意力机制的核心。本节给出了两种计算方法，分别如图10-42与图10-43所示。

图10-42是基于全连接层的通道信息矩阵获取方法，将各通道的平均池化与最大池化结果分别输入三个参数不同的全连接层，三个参数不同的全连接层分别用于将单通道信息转换为对应查询矩阵、键矩阵与值矩阵的通道向量，再将通道向量按行拼接得到包含各通道内特征信息的查询矩阵、键矩阵与值矩阵，用于进行互信息计算。

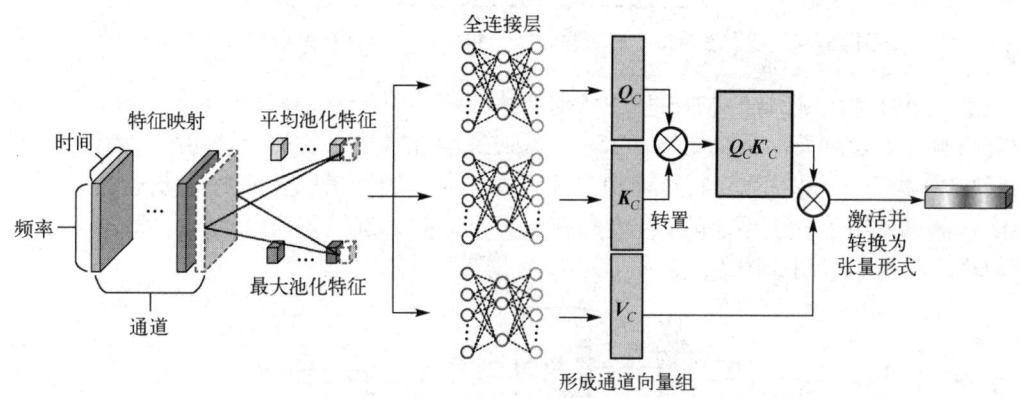

图10-42 基于全连接层的通道信息矩阵获取方法

图10-43是基于卷积的通道信息矩阵获取方法，将特征映射中各通道分别输入三个参数不同的卷积层，三个参数不同的卷积层分别用于将单通道信息转换为对应查询矩阵、键矩阵与值矩阵的通道向量，再将通道向量按行拼接得到包含各通道内特征信息的查询矩阵、键矩阵与值矩阵，用于进行互信息计算。

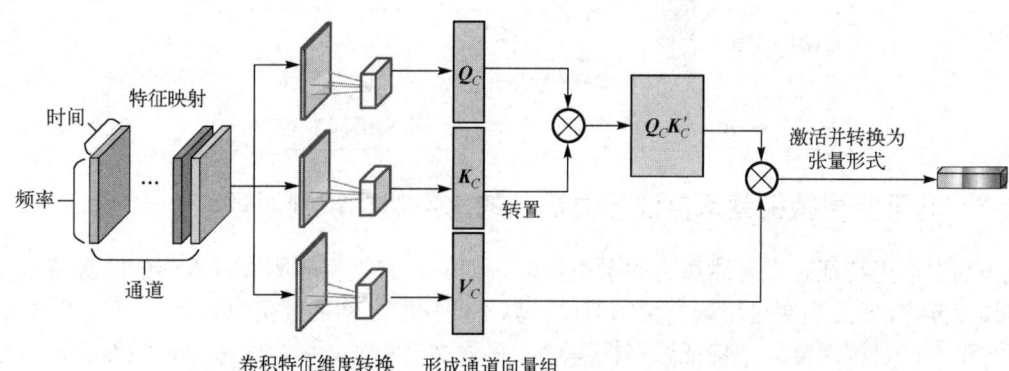

图10-43 基于卷积的通道信息矩阵获取方法

## 10.4.2 基于水声特征时频自注意力机制的水声目标识别原理

在基于水声特征时频自注意力机制的水声目标识别中，时频自注意力机制通过计算深度时频特征图的时频特征之间的互信息得到权重，进而实现水声目标深度时频特征选择性注意。基于水声特征时频自注意力机制的水声目标识别原理示意图如图 10-44 所示。

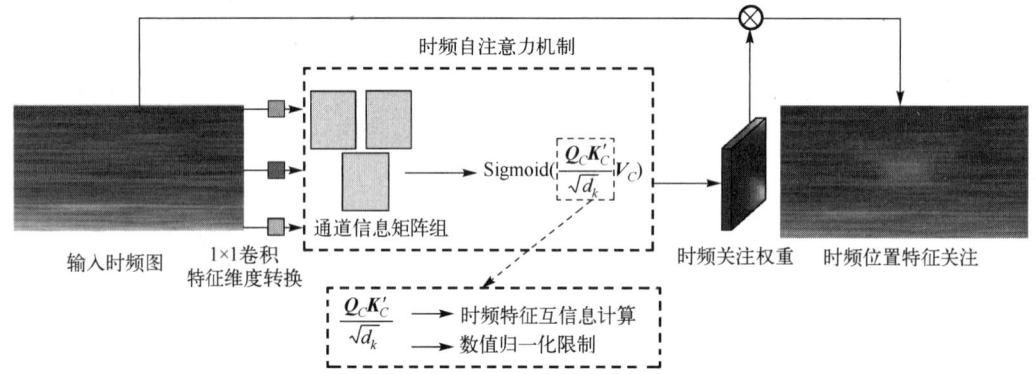

图 10-44　基于水声特征时频自注意力机制的水声目标识别原理示意图

基于水声特征时频自注意力机制包含时频信息的查询矩阵、键矩阵与值矩阵，因为其行、列均有明确的物理意义，所以在进行水声特征时频自注意力机制的查询矩阵、键矩阵与值矩阵的获取时，不同于基于水声特征通道自注意力机制将通道信息转换为行向量再拼接为矩阵的做法，本节使用了三组不同的 1×1 卷积获取查询矩阵、键矩阵与值矩阵，水声特征时频自注意力机制结构示意图如图 10-45 所示。

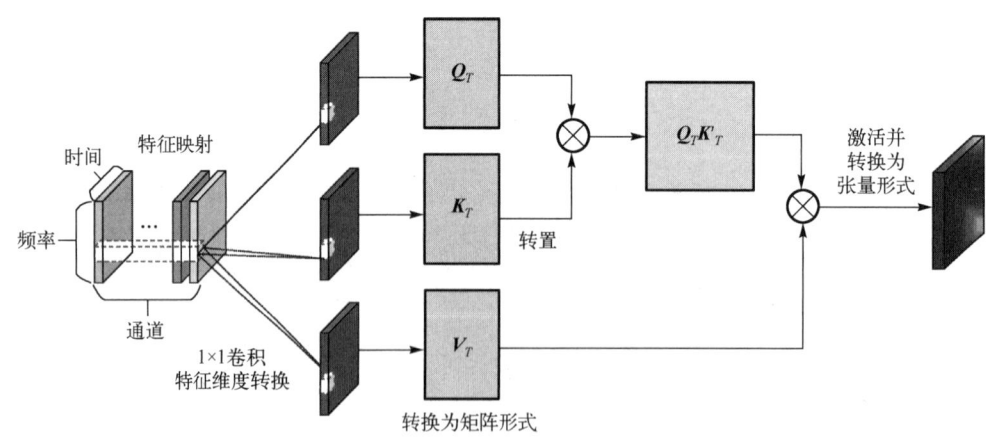

图 10-45　水声特征时频自注意力机制结构示意图

## 10.4.3 基于水声特征频率自注意力机制的水声目标识别原理

在基于水声特征频率自注意力的水声目标识别中，首先将舰船辐射噪声的时频特征按照不同频段分开，然后频率自注意力机制通过计算不同频段之间的互信息得到对应频段的权重，进而实现水声目标深度频率特征选择性注意。基于水声特征频率自注意力机制的水声目标识别原理示意图如图 10-46 所示。

# 第 10 章 用于水声目标识别的深度学习方法、算法及实验

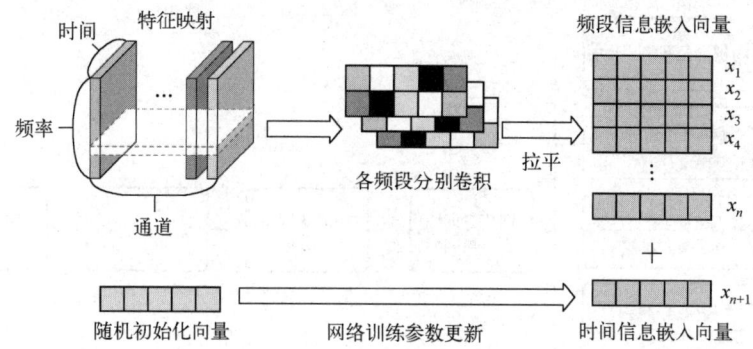

图 10-46 基于水声特征频率自注意力机制的水声目标识别原理示意图

首先，特征映射按频段进行区域划分。然后，对各频段分别进行卷积操作，经拉平后转换为嵌入向量，各嵌入向量分别对应特征映射中的不同频段。将嵌入向量按行拼接后输入基于水声特征频率自注意力机制并得到频率互信息特征用于选择性注意。基于水声特征频率自注意力机制的原理如下

$$W_{\text{FMA}} = \text{Softmax}\left(\frac{Q_{F_s} K'_{F_s}}{\sqrt{d_k}}\right) V_F \quad (10\text{-}46)$$

式中，$W_{\text{FMA}}$ 为水声特征频率自注意力机制得到的权重；$\sqrt{d_k}$ 为归一化项，用以防止矩阵相乘导致数值过大的情况；$Q$、$K$、$V$ 分别为对应生成的三个查询矩阵、键矩阵与值矩阵，由各个向量 $q$、$k$、$v$ 拼接组成；下标 $F$ 代表该变量对应的频率维度；下标 $s$ 对应多头注意力中的第 $s$ 组获取矩阵。通过基于水声特征频率自注意力机制，可以得到包含水声信号的深度频率互信息特征。基于水声特征频率自注意力机制如图 10-47 所示。

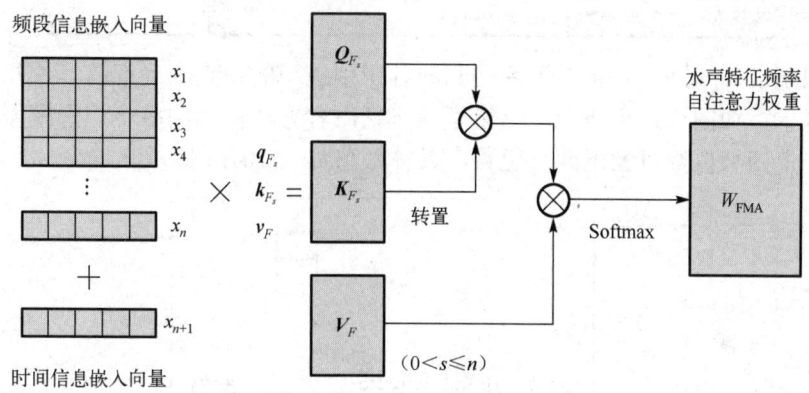

图 10-47 基于水声特征频率自注意力机制

## 10.4.4 实验数据及实验设置

本节实验采用的数据为海中水听器实测的舰船辐射噪声与海洋环境噪声，采用的训练集、验证集和测试集以及实验环境与 10.3 节一致。本节实验流程如图 10-48 所示。

在实验中，包含各类自注意力机制的深度卷积神经网络将使用同样的训练集进行训练。在各网络训练完成后，再使用测试集对网络进行测试，从而得到对各类自注意力机制的识别性能评价。

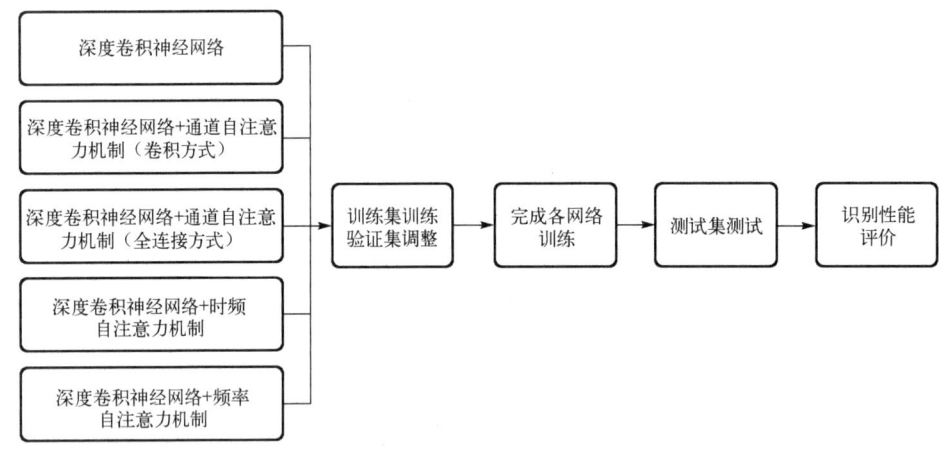

图 10-48 本节实验流程

## 10.4.5 实验结果及分析

消融实验各识别模型的平均识别准确率如表 10-12 所示。

表 10-12 消融实验各识别模型的平均识别准确率

| 识别模型的类型 | 平均识别准确率 |
| --- | --- |
| 深度卷积神经网络（a） | 68.01% |
| 深度卷积神经网络+通道自注意力机制（卷积方式）（b） | 71.72% |
| 深度卷积神经网络+通道自注意力机制（全连接方式）（c） | 71.56% |
| 深度卷积神经网络+时频自注意力机制（d） | 77.46% |
| 深度卷积神经网络+频率自注意力机制（e） | 71.47% |

除平均识别准确率外，将本节训练得到的各识别模型的识别准确率的其他相关统计学数据用箱型图展示，如图 10-49 所示。该箱型图包括用各方法得到的多个识别模型的识别准确率的中位数、上四分位数以及下四分位数，具体数值如表 10-13 所示。

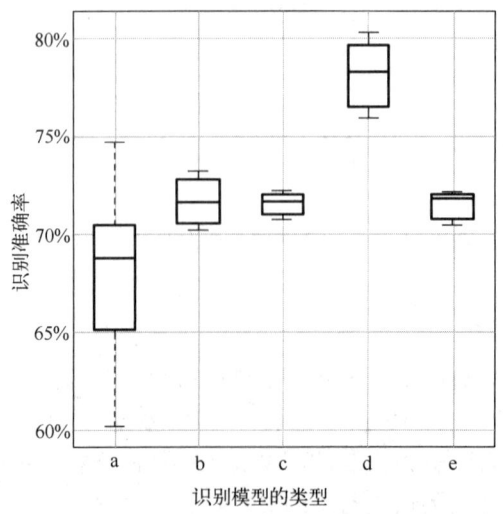

图 10-49 各识别模型的识别准确率的统计学数据

表 10-13　用各方法得到的识别模型的识别准确率的统计学数据

| 识别模型的类型 | 中位数 | 上四分位数 | 下四分位数 |
|---|---|---|---|
| 深度卷积神经网络（a） | 68.80% | 70.47% | 65.13% |
| 深度卷积神经网络+通道自注意力机制（卷积方式）（b） | 71.62% | 72.84% | 70.63% |
| 深度卷积神经网络+通道自注意力机制（全连接方式）（c） | 72.07% | 71.66% | 71.03% |
| 深度卷积神经网络+时频自注意力机制（d） | 79.64% | 78.33% | 76.51% |
| 深度卷积神经网络+频率自注意力机制（e） | 72.03% | 71.84% | 70.80% |

从各识别模型的识别准确率的统计学数据中可以看出，基于各类水声特征自注意力机制的深度水声目标识别方法比不加入自注意力机制的深度水声目标识别方法取得了更优的识别性能。其中，基于深度卷积神经网络+时频自注意力机制的深度水声目标识别方法取得了最好的综合识别性能，其识别准确率的各项统计学数据均优于其他方法，在平均识别准确率上优于其他方法 5.74%～9.45%。而基于水声特征通道自注意力机制与基于水声特征频率自注意力机制的深度卷积神经网络的水声目标识别方法则取得了相似的综合识别性能，其各项统计学数据均相差不大。整体而言，优于不加入自注意力机制的方法 3.46%～9.54%。对于各类方法及其对应训练得到的识别模型，其在测试集上的混淆矩阵如表 10-14～表 10-18 所示。

表 10-14　深度卷积神经网络的模型识别结果的混淆矩阵

| 水声目标信号类别 | | 模型预测类别 | | | | |
|---|---|---|---|---|---|---|
| | | 散装货船 | 集装箱货船 | 海洋环境噪声 | 客船 | 拖船 |
| 真实类别 | 散装货船 | 1088 | 0 | 7 | 1 | 0 |
| | 集装箱货船 | 26 | 1060 | 0 | 10 | 0 |
| | 海洋环境噪声 | 9 | 0 | 1027 | 41 | 19 |
| | 客船 | 823 | 12 | 0 | 261 | 0 |
| | 拖船 | 208 | 0 | 58 | 404 | 426 |

表 10-15　深度卷积神经网络+通道自注意力机制（卷积方式）的模型识别结果的混淆矩阵

| 水声目标信号类别 | | 模型预测类别 | | | | |
|---|---|---|---|---|---|---|
| | | 散装货船 | 集装箱货船 | 海洋环境噪声 | 客船 | 拖船 |
| 真实类别 | 散装货船 | 1059 | 1 | 14 | 21 | 1 |
| | 集装箱货船 | 17 | 972 | 0 | 107 | 0 |
| | 海洋环境噪声 | 0 | 1 | 1080 | 0 | 15 |
| | 客船 | 697 | 1 | 18 | 380 | 0 |
| | 拖船 | 35 | 0 | 321 | 217 | 523 |

表 10-16　深度卷积神经网络+通道自注意力机制（全连接方式）的模型识别结果的混淆矩阵

| 水声目标信号类别 | | 模型预测类别 | | | | |
|---|---|---|---|---|---|---|
| | | 散装货船 | 集装箱货船 | 海洋环境噪声 | 客船 | 拖船 |
| 真实类别 | 散装货船 | 1005 | 2 | 1 | 84 | 4 |
| | 集装箱货船 | 84 | 809 | 0 | 196 | 7 |
| | 海洋环境噪声 | 419 | 0 | 610 | 49 | 18 |
| | 客船 | 249 | 0 | 0 | 810 | 37 |
| | 拖船 | 287 | 0 | 6 | 80 | 723 |

表 10-17　深度卷积神经网络+时频自注意力机制的模型识别结果的混淆矩阵

| 水声目标信号类别 | | 模型预测类别 | | | | |
| --- | --- | --- | --- | --- | --- | --- |
| | | 散装货船 | 集装箱货船 | 海洋环境噪声 | 客船 | 拖船 |
| 真实类别 | 散装货船 | 1078 | 15 | 0 | 3 | 0 |
| | 集装箱货船 | 19 | 975 | 0 | 102 | 0 |
| | 海洋环境噪声 | 0 | 1 | 1062 | 0 | 33 |
| | 客船 | 399 | 6 | 0 | 691 | 0 |
| | 拖船 | 16 | 101 | 286 | 102 | 594 |

表 10-18　深度卷积神经网络+频率自注意力机制的模型识别结果的混淆矩阵

| 水声目标信号类别 | | 模型预测类别 | | | | |
| --- | --- | --- | --- | --- | --- | --- |
| | | 散装货船 | 集装箱货船 | 海洋环境噪声 | 客船 | 拖船 |
| 真实类别 | 散装货船 | 905 | 101 | 0 | 90 | 0 |
| | 集装箱货船 | 328 | 708 | 0 | 60 | 0 |
| | 海洋环境噪声 | 5 | 3 | 1038 | 11 | 40 |
| | 客船 | 55 | 133 | 2 | 902 | 4 |
| | 拖船 | 0 | 9 | 330 | 259 | 398 |

由混淆矩阵可以得到各类方法训练出的识别模型对测试集不同类别数据的精确率与召回率，如图 10-50 与图 10-51 所示。

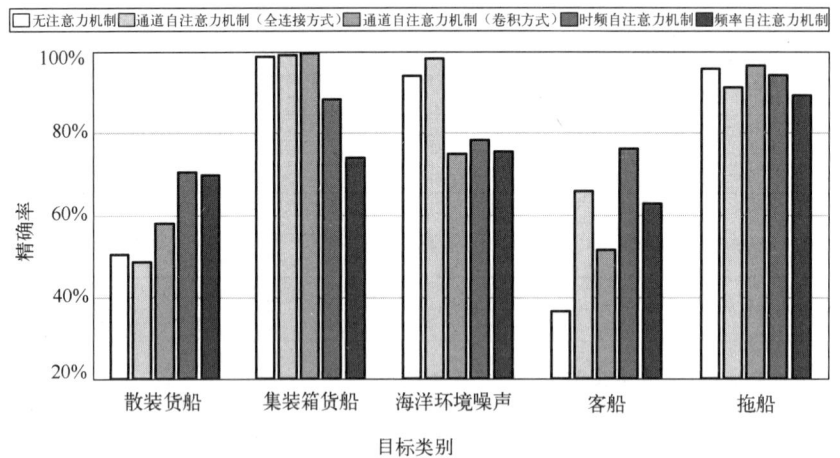

图 10-50　各识别模型对测试集不同类别数据的精确率

对于测试集精确率较低的散装货船类信号，基于水声特征时频自注意力机制的深度水声目标识别方法相比不加入自注意力机制的识别方法的精确率提升了 20.78%。

对于召回率较低的拖船类信号，基于水声特征通道自注意力机制与时频自注意力机制的深度水声目标识别方法相较于不加入自注意力机制的深度水声目标识别方法而言，拖船的召回率提升了 8.85%～27.10%。其中，基于水声特征通道自注意力机制（全连接方式）的深度水声目标识别方法相较于不加入自注意力机制的深度水声目标识别方法而言，拖船的召回率提升了 27.10%。

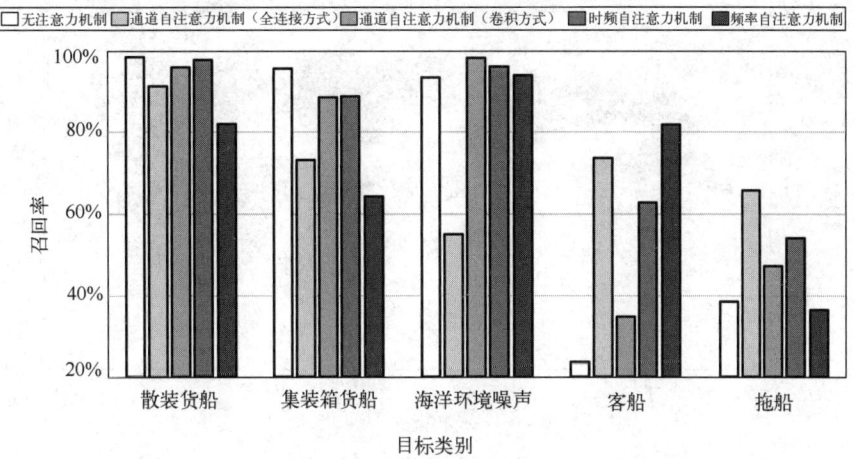

图 10-51　各识别模型对测试集不同类别数据的召回率

对于测试集精确率与召回率均不高的客船类信号，基于水声特征自注意力机制的深度水声目标识别方法相较于不加入自注意力机制的深度水声目标识别方法而言，客船的精确率提升了 16.01%～40.56%，召回率提升了 10.86%～58.49%。实验中各方法在测试集上的精确率与召回率结果证明水声特征自注意力机制能够有效提升深度水声目标识别方法的识别性能。

图 10-52 为各识别模型对测试集不同类别数据的 F1 分数，由图可以发现，在加入了自注意力机制后，除 F1 分数很高的集装箱货船类信号与海洋环境噪声类信号外，在前面所提及的识别效果欠佳的散装货船、客船以及拖船类信号识别中，各基于水声特征自注意力机制的深度卷积神经网络水声目标识别方法相较于不加入自注意力机制的识别方法，其 F1 分数分别提升了 5.98%～15.71%、12.94%～42.85%以及 8.69%～21.42%。

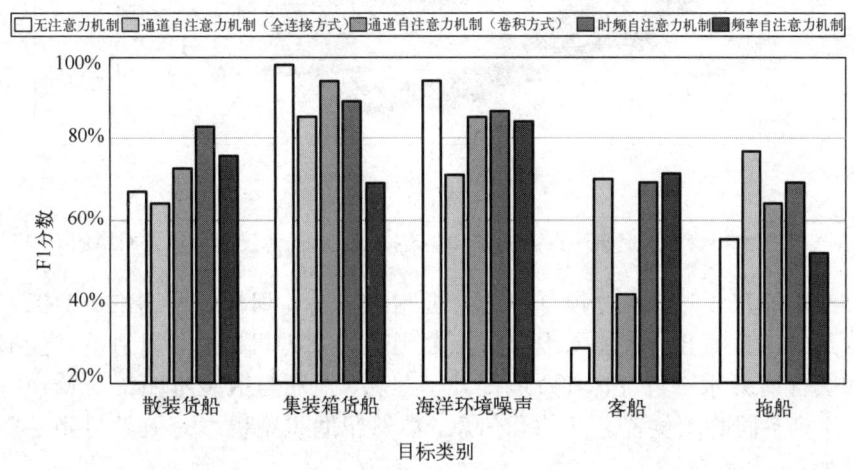

图 10-52　各识别模型对测试集不同类别数据的 F1 分数

为验证各类水声特征自注意力机制的生效情况，进行了 t-SNE 可视化实验。

图 10-53 为未加入自注意力机制的深度卷积神经网络的 t-SNE 结果，该特征可视化结果与前述混淆矩阵相匹配。由可视化结果可以看出，在未加入自注意力机制时，识别模型无法有效地聚类客船、拖船与散装货船辐射噪声特征，识别模型会将这三类信号的特征混淆导致出现识别错误的情况。

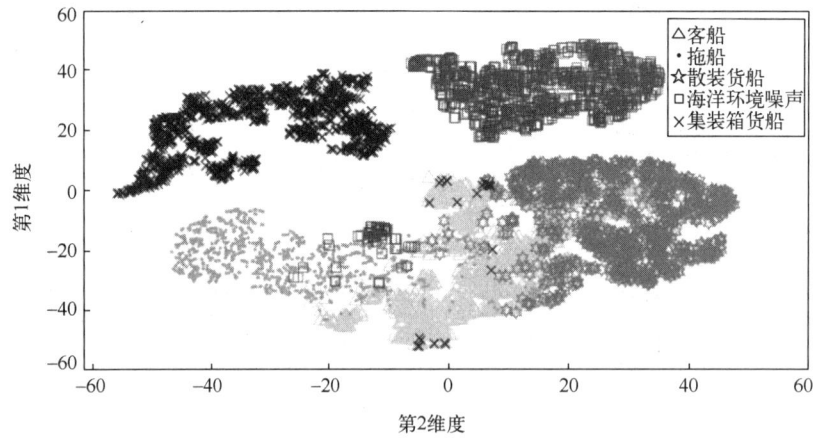

图 10-53　未加入自注意力机制的深度卷积神经网络的 $t$-SNE 结果

图 10-54 为基于水声特征通道自注意力机制（全连接方式）的深度卷积神经网络的 $t$-SNE 结果，该特征可视化结果与前述混淆矩阵相匹配。特征可视化结果与前述 F1 分数结果互相印证，基于水声特征通道自注意力机制（全连接方式）的深度水声目标识别方法的有效性得到了进一步验证。

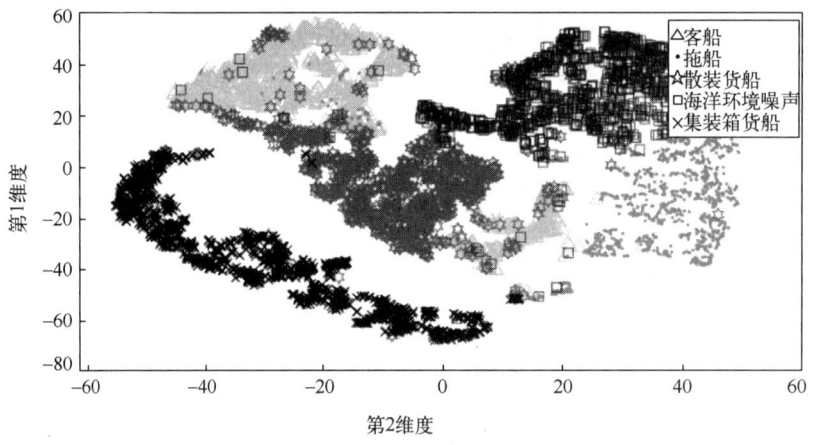

图 10-54　基于水声特征通道自注意力机制（全连接方式）的深度卷积神经网络的 $t$-SNE 结果

图 10-55 为基于水声特征时频自注意力机制的深度卷积神经网络的 $t$-SNE 结果。由该特征可视化结果可以看出，在加入水声特征通道自注意力机制后，识别模型能够在时频维度中学习和关注有效水声特征，有效地提升了客船、拖船与散装货船辐射噪声特征的聚类效果。通过计算不同时频位置之间的互信息，能够帮助识别模型有效学习到各类信号中的有效的时频特征。

综上所述，提出的各类基于水声特征自注意力机制的深度水声目标识别方法的有效性得到了验证，在平均识别准确率上比无自注意力机制时高 3.46%～9.45%。在这些方法中，基于水声特征时频自注意力机制的深度水声目标识别方法取得了最好的识别性能。从混淆矩阵、精确率、召回率、F1 分数以及特征可视化结果可以看出，水声特征时频自注意力机制有效地提高了识别模型中难以区分的拖船、客船以及散装货船类信号的识别性能，取得了综合最优的识别效果。

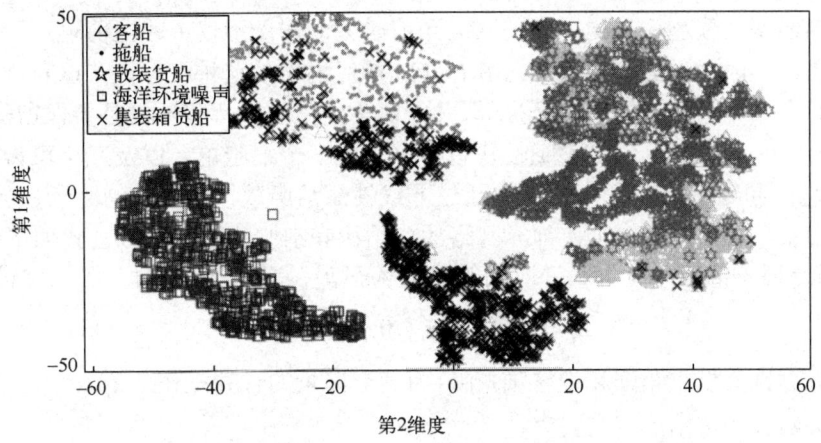

图 10-55　基于水声特征时频自注意力机制的深度卷积神经网络的 t-SNE 结果

## 10.5　基于深度递归神经网络的水声目标识别

舰船辐射噪声在低频具有复杂的线谱成分，其线谱能量受到舰船设备状态、工况、海况等因素的影响，进而随时间变化。挖掘舰船辐射噪声的线谱能量随时间的变化规律可以得到舰船目标的固有属性。循环神经网络及其变体被设计用于挖掘序列之间的关联性特征，也适用于挖掘舰船辐射噪声的线谱能量随时间的变化特性。本节将分析和讨论基于深度长短时记忆神经网络的水声目标识别方法。考虑到舰船辐射噪声中存在大量干扰噪声，这会导致线谱能量变化规律难以提取，因此本节将分析并讨论将深度自编码器用于舰船辐射噪声去噪的方法。

### 10.5.1　基于深度递归神经网络的水声目标识别原理

长短时记忆（Long Short-Term Memory，LSTM）神经网络是对 RNN 的一种改进，以避免 RNN 在反向传播过程中的梯度消失问题。LSTM 神经网络在 RNN 的基础上加入了输入门、遗忘门、输出门和细胞单元，LSTM 神经网络的基本单元称为 LSTM 记忆块，LSTM 记忆块的结构原理图如图 10-56 所示。

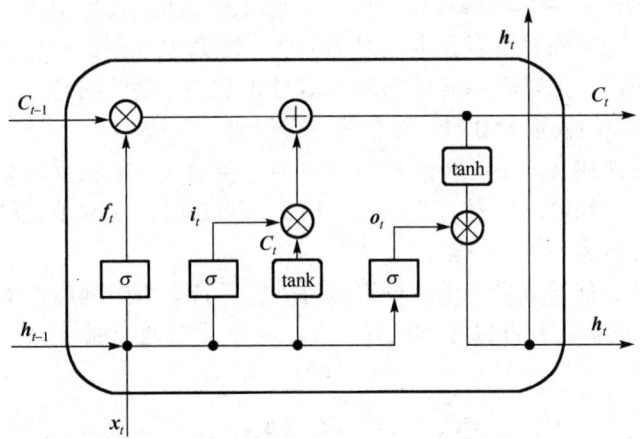

图 10-56　LSTM 记忆块的结构原理图

LSTM 神经网络依靠门结构，能使网络当前时刻的输入不仅依赖当前输入，还和先前时刻的输出有关，形成"记忆"功能。利用 LSTM 神经网络的这种特性，可以对舰船辐射噪声时频谱中的时序结构进行建模与特征提取，并能够学习信号中哪些数据是要保留的重要信息，哪些是要丢弃的冗余信息。LSTM 记忆块包含一个或多个细胞单元以及三个可调整的门结构（输入门、遗忘门和输出门），三个门结构通过非线性激活函数控制细胞的激活，能够使 LSTM 神经网络处理长期的信息。LSTM 神经网络的门结构和细胞状态的计算公式如下。

对于当前 $t$ 时刻的输入 $x_t$ 和 $t-1$ 时刻的隐藏状态 $h_{t-1}$，LSTM 有如下迭代公式

$$h_t = \mathcal{H}([h_{t-1}, x_t] \cdot W + b) \tag{10-47}$$

式中，$W$ 和 $b$ 分别为权重矩阵和偏置项，$[\cdot, \cdot]$ 为两个向量的合并操作，$\mathcal{H}(\cdot)$ 为 LSTM 内部所有操作的复合函数，可由如下公式表达

$$f_t = \sigma([h_{t-1}, x_t] \cdot W_f + b_f) \tag{10-48}$$

$$i_t = \sigma([h_{t-1}, x_t] \cdot W_i + b_i) \tag{10-49}$$

$$\tilde{C}_t = \tanh([h_{t-1}, x_t] \cdot W_C + b_C) \tag{10-50}$$

$$C_t = f_t \cdot C_{t-1} + i_t \cdot \tilde{C}_t \tag{10-51}$$

$$o_t = \sigma([h_{t-1}, x_t] \cdot W_o + b_o) \tag{10-52}$$

$$h_t = o_t \cdot \tanh(C_t) \tag{10-53}$$

式中，$f_t$ 代表遗忘门，$i_t$ 和 $\tilde{C}_t$ 共同组成了输入门，$o_t$ 代表输出门，$C_t$ 代表细胞状态，$b_f$、$b_i$、$b_C$、$b_o$ 分别代表遗忘门的偏置项、输入门的偏置项、更新细胞状态的偏置项、输出门的偏置项，$W_f$、$W_i$、$W_C$、$W_o$ 分别代表遗忘门的权重矩阵、输入门的权重矩阵、更新细胞状态的权重矩阵、输出门的权重矩阵。$\tanh(\cdot)$ 和 $\sigma(\cdot)$ 代表门结构中使用的激活函数，$\sigma(\cdot)$ 代表 Sigmoid 激活函数，其表达式为

$$\sigma(x) = \frac{1}{1 + e^{-x}} \tag{10-54}$$

从 LSTM 记忆块的结构原理图可以看出，输入门可以决定让多少新的输入信息加入细胞单元，遗忘门决定细胞单元保留多少上一时刻的状态或者丢弃多少信息。而细胞状态的更新是由两个部分组成的，分别是当前时刻的输入信息和上一时刻的细胞状态，分别由输入门和遗忘门控制。当输入门的权重为 0 时，没有信息可以进入细胞单元；当遗忘门的权重为 0 时，细胞上一时刻的状态被遗忘，不会传递到下一时刻；当输入门的权重为 0 时，细胞单元的信息不能输出；当输入门和输出门同时关闭，即权重都为 0 时，细胞单元的信息则被关住，通过遗忘门控制其是否传递到下一时刻。

那么，LSTM 是如何避免梯度消失问题的呢？在 RNN 中，梯度消失和梯度爆炸是由递归偏导 $\partial h_t / \partial h_{t-1}$ 造成的。在 LSTM 中，同样存在这样形式的递归偏导 $\partial C_t / \partial C_{t-1}$，可以通过链式法则求偏导得出

$$\frac{\partial C_t}{\partial C_{t-1}} = \frac{\partial C_t}{\partial f_t} \frac{\partial f_t}{\partial h_{t-1}} \frac{\partial h_{t-1}}{\partial C_{t-1}} \tag{10-55}$$

化简得

$$\frac{\partial C_t}{\partial C_{t-1}} = C_{t-1}\sigma'(\cdot)W_f o_{t-1}\tanh'(C_{t-1}) + \tilde{C}_t\sigma'(\cdot)W_i o_{t-1}\tanh'(C_{t-1}) + \\ i_t\tanh'(\cdot)W_C o_{t-1}\tanh'(C_{t-1}) + f_t$$ （10-56）

从式（10-56）可以看出，偏导 $\partial C_t/\partial C_{t-1}$ 的值受到 $f_t$、$i_t$、$\tilde{C}_t$、$o_t$ 门结构的共同控制，可以取大于 1 的值或 0～1 范围内的值，因此历经多个时间步长的迭代累计后，网络难以快速收敛。例如，当网络有收敛到 0 的趋势时，网络可以通过增大遗忘门 $f_t$ 的值将偏导 $\partial C_t/\partial C_{t-1}$ 拉到趋近于 1，从而避免梯度消失。需要注意的是，$f_t$、$i_t$、$\tilde{C}_t$ 和 $o_t$ 门结构的值是 LSTM 神经网络结合当前时刻输入数据和隐藏状态学习得到的。因此，网络可以通过控制门结构学习信号中哪些数据是要保留的重要信息，哪些是要丢弃的冗余信息。

舰船辐射噪声时频谱不仅包含频率位置、幅值等特征，还包含这些信息随时间变化的时序结构特征，这些时序结构特征有助于舰船辐射噪声的特征提取和分类识别。舰船辐射噪声时频图能够反映信号的各频率成分随时间变化的关系，是典型的时间序列信号。根据以上对 LSTM 神经网络的理论分析，本节针对传统神经网络无法提取时间特征以及 RNN 易造成梯度消失的问题，并结合舰船辐射噪声时频图特性，设计了基于 LSTM 的舰船个体识别模型。图 10-57 所示为一个以 3 层 LSTM 神经网络为例构建的舰船个体识别模型，在实际应用中，LSTM 神经网络的层数可以根据实际情况改变。

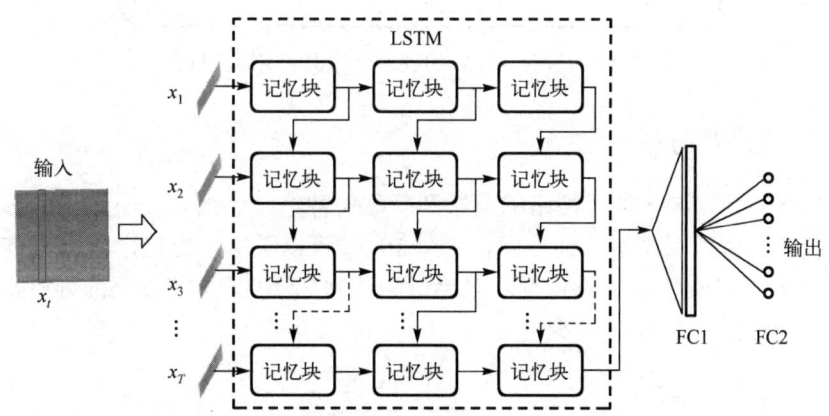

图 10-57  基于 LSTM 的舰船个体识别模型

LSTM 神经网络虽然不像 RNN 那样容易发生梯度消失，但一般情况下网络中 LSTM 的层数不会太大，本实验分别采用 1～3 层 LSTM 构建了 4 种不同的模型，具体参数如表 10-19 所示。在 4 个模型中，LSTM 层后都连接神经元个数为 64 个的全连接层和神经元个数为舰船个体数（8 个）的全连接层，对应的激活函数分别为 ReLU 和 Softmax。

表 10-19  不同 LSTM 模型对比

| 模型 | LSTM 神经元个数/个 | FC1 神经元个数/个 | FC2 神经元个数/个 |
| --- | --- | --- | --- |
| 模型 1 | 128 | 64 | 8 |
| 模型 2 | 256 | | |
| 模型 3 | 256/128 | | |
| 模型 4 | 256/128/128 | | |

## 10.5.2 水声目标识别实验

为了验证基于 LSTM 的舰船个体识别模型对个体识别的有效性，本节使用实测舰船辐射噪声数据进行实验。实验分为训练过程和测试过程两大部分。在训练过程中，首先获取舰船辐射噪声训练集和每个训练数据对应的标签，然后使用训练集和标签以有监督学习的方式对提出的基于 LSTM 的舰船个体识别模型进行训练，最后获得在训练集上识别准确率较高的网络参数。在测试过程中，将测试数据逐个输入训练好的网络模型进行前向传播，最终由分类器给出每个测试数据的识别结果。基于 LSTM 的舰船个体识别实验流程图如图 10-58 所示。

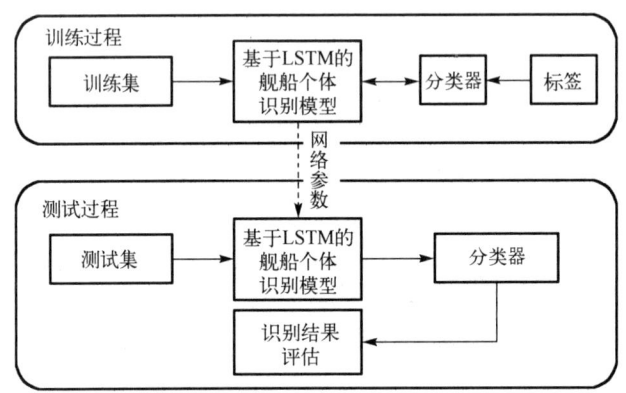

图 10-58 基于 LSTM 的舰船个体识别实验流程图

## 10.5.3 实验结果及分析

实验首先对比了 LSTM 神经网络的层数和隐藏层神经元个数对实验结果的影响，以使基于 LSTM 的舰船个体识别模型达到最优。从图 10-59 可以看出，当包含两层 LSTM（对应模型 3）时，模型在测试集上的总体识别准确率最高达到 72.6%。本节以下的分析都基于模型 3 进行。

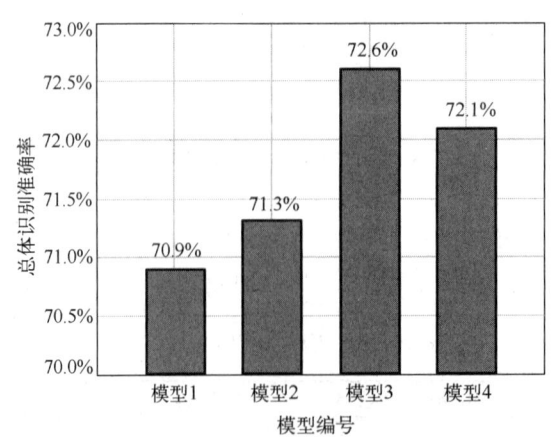

图 10-59 不同 LSTM 神经网络模型的实验结果对比

表 10-20 展示了模型 3 在测试集上识别结果的混淆矩阵，表 10-21 展示了在测试集上每

艘个体船只的召回率、精确率、F1 分数、F1 分数平均值和总体识别准确率。

表 10-20　测试集上识别结果的混淆矩阵

| 实际个体船只 | 预测个体船只 | | | | | | | |
|---|---|---|---|---|---|---|---|---|
| | A | B | C | D | E | F | G | H |
| A | **1304** | 1 | 11 | 0 | 2 | 0 | 18 | 0 |
| B | 0 | **793** | 1 | 354 | 16 | 23 | 147 | 2 |
| C | 47 | 1 | **1160** | 52 | 25 | 46 | 5 | 0 |
| D | 49 | 391 | 16 | **590** | 29 | 6 | 255 | 0 |
| E | 14 | 0 | 151 | 4 | **912** | 255 | 0 | 0 |
| F | 53 | 0 | 195 | 0 | 375 | **710** | 3 | 0 |
| G | 1 | 5 | 7 | 44 | 2 | 8 | **1266** | 3 |
| H | 7 | 2 | 56 | 145 | 12 | 4 | 85 | **1025** |

表 10-21　测试集上识别性能的评价

| 实际个体船只 | 召回率 | 精确率 | F1 分数 | F1 分数平均值 | 总体识别准确率 |
|---|---|---|---|---|---|
| A | 97.6% | 88.4% | 92.8% | 72.0% | 72.6% |
| B | 59.4% | 66.5% | 62.7% | | |
| C | 86.8% | 72.6% | 79.1% | | |
| D | 44.2% | 49.6% | 46.7% | | |
| E | 68.3% | 66.4% | 67.3% | | |
| F | 53.1% | 67.5% | 59.5% | | |
| G | 94.8% | 71.2% | 81.3% | | |
| H | 76.7% | 99.5% | 86.6% | | |

结合表 10-20 和表 10-21 可以看到，基于 LSTM 的舰船个体识别模型在实测舰船辐射噪声测试集上的总体识别准确率达到了 72.6%，证明了 LSTM 神经网络在对舰船辐射噪声时频图的特征提取和识别方面具有一定的优势。

## 10.6　本章小结

本章重点介绍了用于水声目标识别的深度置信网络、深度卷积神经网络、4 种注意力模型、4 种自注意力模型以及深度递归神经网络。对每种识别方法的原理、步骤、实验方法进行了详细阐述，并开展了基于实测水声数据的水声目标识别实验。

# 第 11 章 基于深度集成学习的水声目标识别方法

本章将论述深度神经网络集成学习理论和方法，分析机器学习集成学习的方法、结合方法及集成模型的性能影响因素，论述深度神经网络集成学习的评价准则，然后提出基于多样性度量选择性集成的深度水声目标识别方法，并给出水声目标识别的应用实验。

## 11.1 深度神经网络集成学习理论和方法

### 11.1.1 机器学习集成学习方法

在机器学习的监督学习算法中，目标是学习出一个稳定的且在各个方面表现都较好的模型，但实际情况往往不这么理想，有时只能得到多个有偏好的模型（弱监督模型，其在某些方面表现得比较好）。集成学习就是组合多个弱监督模型以期得到一个更好、更全面的强监督模型。集成学习潜在的思想是即使某一个弱分类器预测错误，其他的弱分类器也可以将错误纠正过来。

集成学习的思想是将若干弱学习器（分类器和回归器）组合之后产生一个新学习器，这里弱学习器指那些识别准确率未达到预期阈值的分类器或回归器。集成学习方法的成功在于保证弱分类器的多样性（Diversity），而且集成不稳定的方法也能够得到比较明显的性能提升，集成学习工作原理示意图如图 11-1 所示。

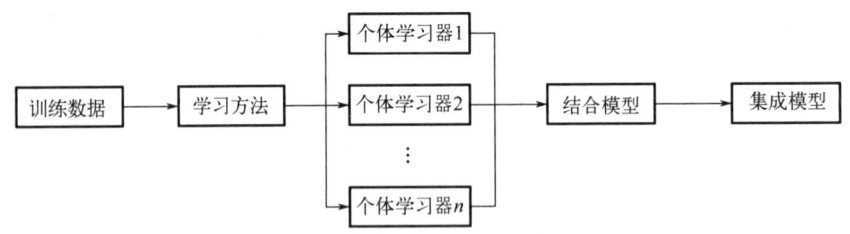

图 11-1 集成学习工作原理示意图

集成学习方法按照目的可以分为三类：①用于减小偏差的 Boosting；②用于减小方差的 Bagging；③用于提升预测结果的 Stacking。按照组合方式，可以分为并行式集成学习和串行式集成学习。

### 11.1.2 结合方法

**1. 绝对多数投票法**

绝对多数投票法中，集成后得到的结果为得票超半数的结果。

**2. 相对多数投票法**

设 $f_1, f_2, \cdots, f_T$ 是一组已经完成训练的机器学习模型，$N_j = \sum \{t | f_t(x) = j\}$ 为各模型对输

入的统计,下标 $j$ 为标签编号,在相对多数投票法中,集成后得到的预测结果为

$$P_{\text{re}} = \arg\max_{j=1\sim k} N_j \tag{11-1}$$

**3. 加权投票法**

根据每一个机器学习模型的识别结果,结合不同模型的具体表现,对不同机器学习模型赋予不同的权重,用所有机器学习模型对样本数据集进行预测。集成后的模型对测试样本类别的预测为

$$P_{\text{re}} = \arg\max_{j=1\sim k}(WN_j) \tag{11-2}$$

式中,$W$ 为权重向量,且

$$WN_j = \sum_{t=1\sim T} w_t\{t|f_t(x)=j\} \tag{11-3}$$

式中,$w_t$ 为第 $t$ 个机器学习模型所被赋予的权重,$j$ 表示模型对测试样本的预测类别。

**4. 简单平均法**

对多个个体学习器的输出结果取平均值可得到集成结果,一般用于数值型输出的模型。

**5. 加权平均法**

对多个个体学习器的输出结果取加权平均值可得到集成结果,一般用于数值型输出的模型。

**6. 学习法**

将所有个体学习器视为初级学习器,次级学习器作为一种整合初级学习器输出的上层模型,它以初级学习器对样本的预测结果作为输入特征,通过训练学习如何最优地组合初级学习器的输出,从而提升整体预测性能。

### 11.1.3 集成模型的性能影响因素

将集成学习思想引入深度学习领域,能够增强识别模型的泛化能力。通过结合策略对多个个体识别模型的预测结果进行集成,可得到集成模型,输出集成结果。深度神经网络集成模型推理的流程如图 11-2 所示。

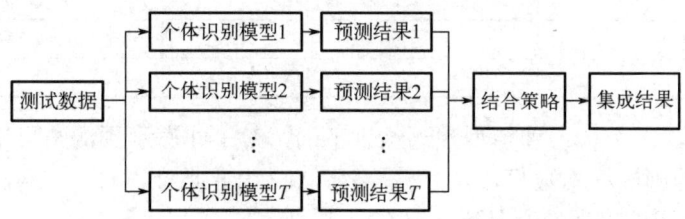

图 11-2 深度神经网络集成模型推理的流程图

对于一个简单的两类分类识别问题,表 11-1 显示了使用不同个体识别模型集成学习的效果,假设已有 4 个个体识别模型 $h_1$、$h_2$、$h_3$、$h_4$ 和 3 个测试样本,个体识别模型和部分集成模型的分类结果如表所示。其中,3 个个体识别模型都只有 66.7% 的识别准确率;集成个体识别模型 $h_1$、$h_2$、$h_3$ 时,用投票法集成后识别准确率就提高到了 100%;但是集成个体识别模型 $h_2$、$h_3$、$h_4$ 时,效果较差。

表 11-1 个体识别模型的集成学习的效果

| 样本 | 模型 | | | | | |
|---|---|---|---|---|---|---|
| | 个体识别模型 $h_1$ | 个体识别模型 $h_2$ | 个体识别模型 $h_3$ | 个体识别模型 $h_4$ | $h_1$、$h_2$、$h_3$ 集成效果 | $h_2$、$h_3$、$h_4$ 集成效果 |
| 测试样本 1 | √ | √ | × | × | √ | × |
| 测试样本 2 | × | √ | √ | × | √ | √ |
| 测试样本 3 | √ | × | √ | × | √ | × |
| 识别准确率 | 66.7% | 66.7% | 66.7% | 0% | 100% | 33.3% |

可以看出,将性能相当的多个个体识别模型集成会获得一个性能比个体识别模型更好的集成模型,但是当某个个体识别模型的性能较差时,就有可能拖累其他学习得好的个体识别模型。因此要获得好的集成效果,个体识别模型应具有准确性和多样性,即单个个体识别模型的性能高于随机猜测,并且当某个个体识别模型不能识别样本时,其他个体识别模型能够正确识别。

个体识别模型之间的多样性对集成模型的识别性能的影响是十分关键的。由于个体识别模型的生成采用相同的训练集,或者对同一个训练集进行不同方式的采样来让网络进行学习,所以个体识别模型之间是相互关联的。因此,只能尽量使个体识别模型的相关性小,换句话说,个体识别模型需要具有多样性。

综上所述,通过训练和集成多个准确而有差异的个体识别模型,能够增强集成模型的泛化能力。影响集成模型性能的影响因素有:个体识别模型的数量、识别准确率以及个体识别模型之间的多样性。

## 11.2 深度神经网络集成学习的评价准则

可采用多样性度量(Diversity Measure)指标来评价集成过程中个体识别模型的多样性程度。首先给出个体识别模型 $h_i$、$h_j$ 在样本数为 $m$ 的测试集上的预测结果列联表(Contingency Table),如表 11-2 所示。

表 11-2 预测结果列联表

| $h_j$ | 预测结果 | |
|---|---|---|
| | $h_i = +1$ | $h_i = -1$ |
| $h_j = +1$ | a | c |
| $h_j = -1$ | b | d |

$h_i = +1$ 表示第 $i$ 个体识别模型预测结果正确,$h_i = -1$ 表示预测结果错误,$a$ 表示分类器 $h_i$、$h_j$ 均预测准确的样本数目,$b$、$c$、$d$ 的含义由此类推,且 $a+b+c+d=m$。基于预测结果列联表,常用的多样性度量指标定义如下。

1. 不合度量

该评价指标的表达式为

$$\text{dis}_{ij} = \frac{b+c}{m} \tag{11-4}$$

该值越大,代表参与的深度神经网络越丰富。

## 2. 相关系数

相关系数与不合度量的含义相反，用以评价参与集成的个体识别模型之间的相关程度，其表达式为

$$\rho_{ij} = \frac{ad-bc}{\sqrt{(a+b)(a+c)(c+d)(b+d)}} \quad (11\text{-}5)$$

该评价指标的值域为 $[-1,1]$，其绝对值越小，深度神经网络的多样性越强。

## 3. Q-统计量

其表达式如下

$$Q_{ij} = \frac{ad-bc}{ad+bc} \quad (11\text{-}6)$$

同相关系数一样，该值越小，深度神经网络的多样性越强，且 $|Q_{ij}| < |\rho_{ij}|$。

## 4. $k$-统计量

其表达式如下

$$k = \frac{p_1 - p_2}{1 - p_2} \quad (11\text{-}7)$$

式中

$$\begin{cases} p_1 = \dfrac{a+d}{m} \\ p_2 = \dfrac{(a+b)(a+c)+(c+d)(b+d)}{m} \end{cases} \quad (11\text{-}8)$$

若个体识别模型 $h_i$、$h_j$ 的预测结果完全一致，则 $k=1$。若它们仅偶然达成一致，则 $k=0$。$k$ 的值越大，多样性越弱。

## 11.3 基于多样性度量选择性集成的深度水声目标识别方法

### 11.3.1 选择性集成学习方法

考虑到集成模型的复杂度和性能影响因素，识别模型中可能存在冗余，并不需要将所有识别模型都进行集成，而是挑选出一个用于集成的识别模型子集，对子集中的识别模型进行集成，称为选择性集成学习方法。识别模型子集中的各识别模型在保证一定识别性能的同时应有多样性，可以基于多样性来选择识别模型子集进行集成。

选择性集成学习方法的一般流程是：通过深度学习算法构建深度神经网络，在训练集上进行学习，生成一组识别模型，经过识别模型子集选择算法选择出待集成的识别模型，再通过投票法得到集成模型。本节提出基于多样性度量的深度水声目标识别模型选择性集成学习方法，基于多样性度量指标的选择性集成学习方法流程图如图 11-3 所示。

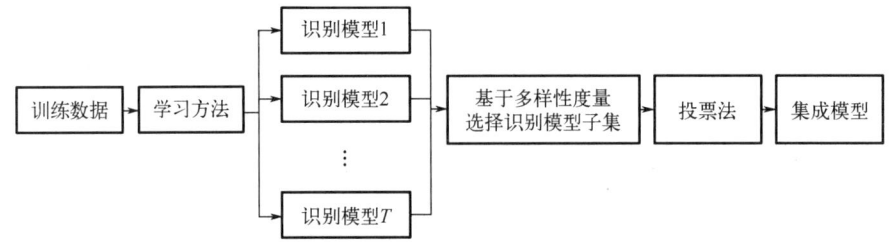

图 11-3　基于多样性度量指标的选择性集成学习方法流程图

## 11.3.2　基于多样性度量的识别模型子集选择算法

基于多样性度量的识别模型子集选择算法框架如图 11-4 所示,算法流程如算法 11.1 所示。

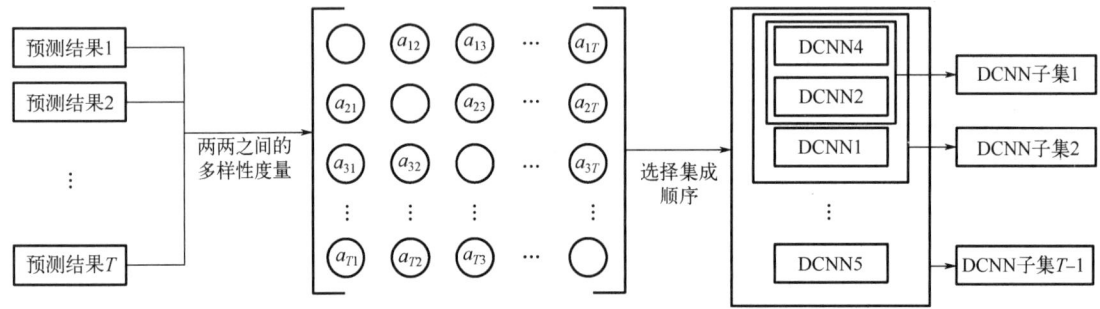

图 11-4　基于多样性度量的识别模型子集选择算法框架

---

**算法 11.1　基于多样性度量的识别模型子集选择算法流程**

---

输入：$T$ 个识别模型的预测结果。

输出：$T$ 个识别模型子集。

step1：根据两两识别模型的预测结果,计算两者之间的多样性度量,得到对称的多样性度量矩阵；

step 2：在多样性度量矩阵中进行搜索

　2.1：选取性能测试最好的识别模型,作为 1 号；

　2.2：选择与 1 号识别模型的不合度最大的作为 2 号,以此类推,将 $T$ 个识别模型进行排序；

step 3：按顺序依次选取不同数目的识别模型构成多个识别模型子集。

---

其中 step2 搜索过程如图 11-5 所示,假设 $T=5$,初始多样性度量矩阵是一个对称矩阵,矩阵中的每个元素 $a_{ij}$ 代表第 $i$、$j$ 两个识别模型之间的多样性度量。初始选择第 4 个识别模型作为 1 号,在第 4 列进行搜索,与其多样性度量最大的是第 2 个识别模型,作为 2 号,并将第 4 行的多样性置 0,在第 2 行进行搜索,以此类推,确定多样性度量最大的顺序为 4、2、3、5、1。

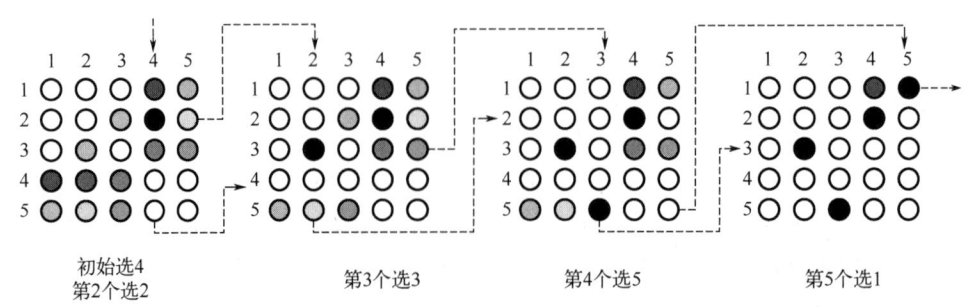

图 11-5　step2 搜索过程

## 11.4 基于多样性度量选择性集成的深度水声目标识别实验

### 11.4.1 实验方法

本节介绍三种轻量化 CNN 识别模型选择性集成的实验，使用随机集成和基于多样性度量的选择性集成学习方法，对三类轻量化 MobileNet、ShuffleNet、Xception 识别模型进行集成，并分别对两种集成学习方法的集成模型的识别性能进行评价和对比。

识别模型集成实验流程图如图 11-6 所示，首先将水声目标数据集分为初始训练集和测试集，初始训练集有 1495 个样本，测试集有 1495 个样本。对于单个深度学习网络的初始训练集数据，采取 Bagging 算法对初始训练集随机地有放回采样 1495 次并作为子训练集，提供给深度学习网络进行学习从而得到识别模型，未被选择的样本组成验证集，验证识别模型的识别准确率，如果验证集的识别准确率太低，则抛弃该识别模型，重新训练一个深度神经网络，直到识别模型的数量达到 $T$。测试集用来输入识别模型，得到预测结果，使用相对多数投票法进行结合，最终集成为一个集成模型。在集成实验中，设置 $T=20$。训练得到 20 个 MobileNet、20 个 ShuffleNet 和 20 个 Xception 识别模型，分别对 3 类识别模型进行同质集成实验；然后从 MobileNet、ShuffleNet、Xception 共 60 个识别模型中挑选出 20 个识别模型进行异质集成实验。

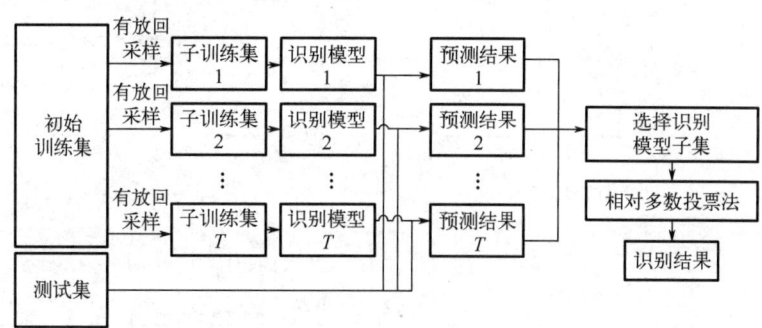

图 11-6　识别模型集成实验流程图

集成实验中，选择识别模型子集的方式有两种：一种是随机选择集成顺序，按顺序选取识别模型构成不同数目的识别模型子集，进行 10 次，计算不同数目的集成模型的识别准确率的最大值、最小值、平均值和方差；另一种是基于多样性度量确定一种多样性度量最大的顺序，按这种顺序选取识别模型构成不同数目的识别模型子集，使用了 4 种不同的多样性度量指标进行选择性集成实验。

### 11.4.2 实验结果及分析

三类轻量化 CNN 识别模型的识别准确率的平均值及方差如表 11-3 所示。

表 11-3　三类轻量化 CNN 识别模型的识别准确率的平均值及方差

| 模型 | 识别准确率的平均值 | 识别准确率的方差 |
| --- | --- | --- |
| MobileNet | 86.82% | 0.0625% |
| ShuffleNet | 84.86% | 0.0356% |
| Xception | 79.34% | 0.0366% |

模型识别准确率：将测试集样本输入识别模型得到预测结果，将预测结果与样本标签一致的数目除以总样本数，得到的就是模型识别准确率。模型识别错误率为100%减去模型识别准确率。

（1）识别模型的多样性度量结果：图 11-7(a)～图 11-7(d)是各类 20 个识别模型两两之间的多样性度量指标与平均误差分布图，4 张图上，3 类识别模型由不同形状、不同颜色、深浅不一的图例进行区分表示，纵坐标为两个识别模型的平均误差，平均误差为两个识别模型的识别错误率的均值，数据点越靠近下边，表示两个识别模型之间的平均识别错误率越低，识别准确率越高。图 11-7(a)～图 11-7(d)的横坐标分别为两个识别模型的相关系数、$k$-统计量、不合度量、$Q$-统计量。其中相关系数、$k$-统计量、$Q$-统计量三个指标越大，表示识别模型的多样性越弱，而如果不合度量越大，则表示识别模型的多样性越强。集成模型性能的重要影响因素包括识别模型的数量、识别准确率以及识别模型之间的多样性，多样性度量指标与平均误差分布图上的数据点的平均误差越低越好，多样性越强越好，集成模型的识别性能将会越好。

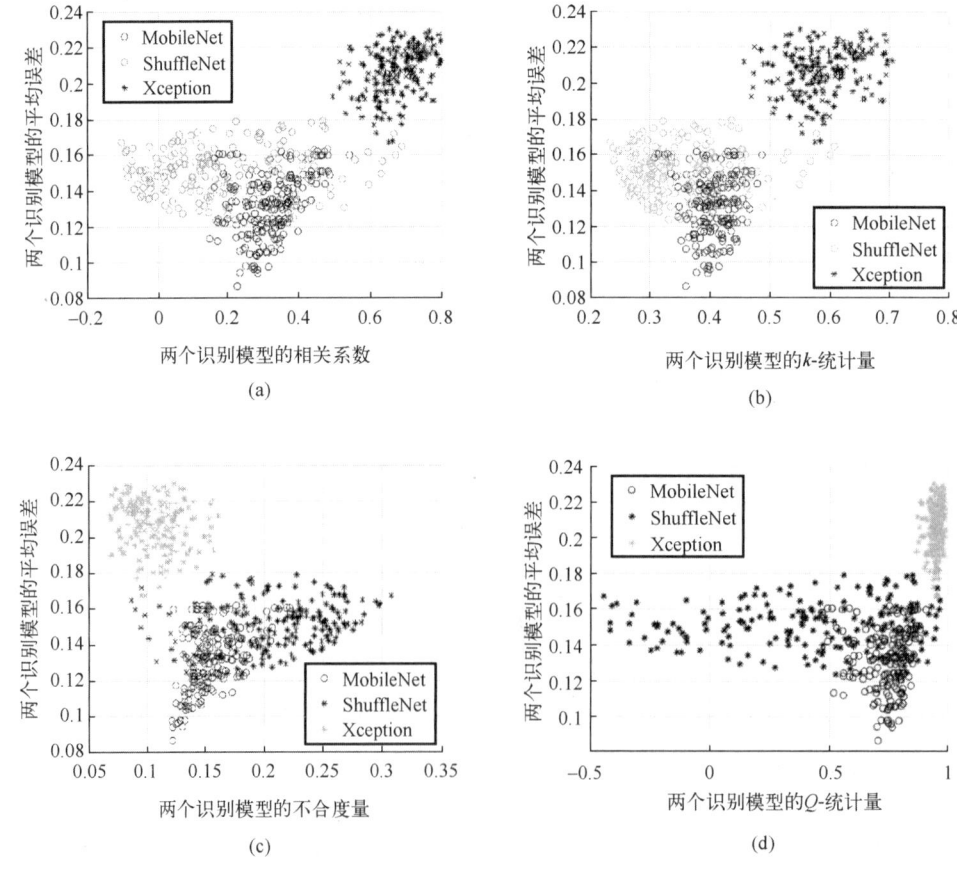

图 11-7 各类深度 CNN 两两模型的多样性度量

从图 11-7 中三类识别模型的多样性度量指标与平均误差分布图可以看出，MobileNet、ShuffleNet 两类识别模型之间的平均误差较低，多样性较强；Xception 则在识别准确率和多样性上相对较差，而识别模型多样性是影响集成模型性能的重要因素，这可能导致 Xception 识别模型的集成性能较差。

(2)识别模型随机选择集成实验结果:图 11-8(a)~图 11-8(c)分别为 MobileNet、ShuffleNet 和 Xception 同质集成模型准确率曲线,图 11-8(d)为异质集成模型准确率曲线。图中横坐标为集成模型的集成数目,纵坐标是集成模型准确率;中间曲线是随机选择 10 次的集成模型准确率均值,上下两条曲线分别为最大值、最小值。

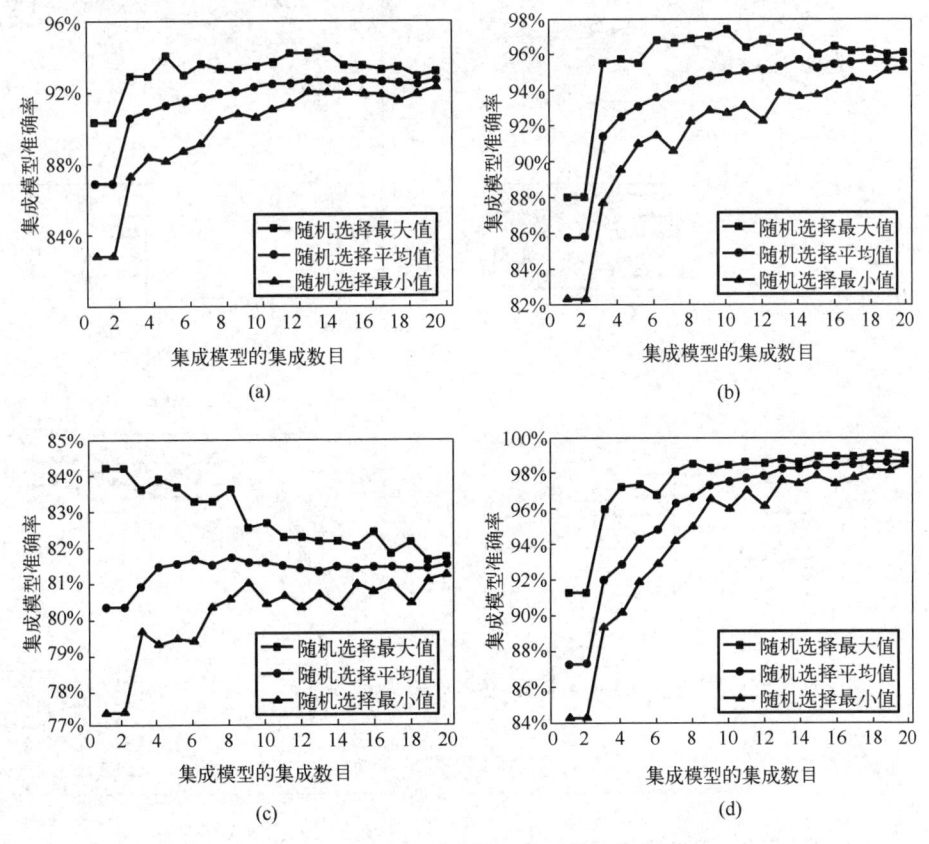

图 11-8　随机选择的集成模型准确率曲线

(3)基于多样性度量的识别模型选择性集成实验结果:图 11-9(a)~图 11-9(c)分别为 MobileNet、ShuffleNet 和 Xception 同质集成模型准确率曲线,图 11-9(d)为异质集成模型准确率曲线。

图 11-9 中各图的横坐标为集成模型的集成数目,纵坐标是集成模型准确率;各子图最下方曲线是随机选择 10 次的集成模型准确率平均值,基于相关系数、不合度量、$k$-统计量、$Q$-统计量的选择性集成学习方法识别结果由 4 种不同形状的线型表示,如图例所示。

从图 11-9 可以看出,选择性集成的集成模型的准确率随集成数目的增大而增大,当集成数目较小时,准确率比随机选择集成高;当集成数目达到 6~10 个时,随机选择集成的准确率提升得很少,选择性集成的准确率达到最优;当集成数目较大时,随机选择集成和选择性集成的准确率相近。

基于两点来选择最优的识别模型子集,最优识别模型子集数目越小越好,集成准确率越高越好,即当准确率随数目提升得很少甚至降低的时候,选择该子集作为最优的识别模型子集。3 类轻量化 CNN 识别模型的集成结果如表 11-4 所示。其中,最好的是 MobileNet 同质集成,集成数目为 8,准确率约为 95.4%;ShuffleNet 同质集成,集成数目为 7,准确率约为 97.05%;

而 Xception 同质集成随着集成数目的增大,性能下降明显,其原因是 Xception 识别模型之间的多样性较差,多个模型反而降低了识别性能好的模型的准确率。

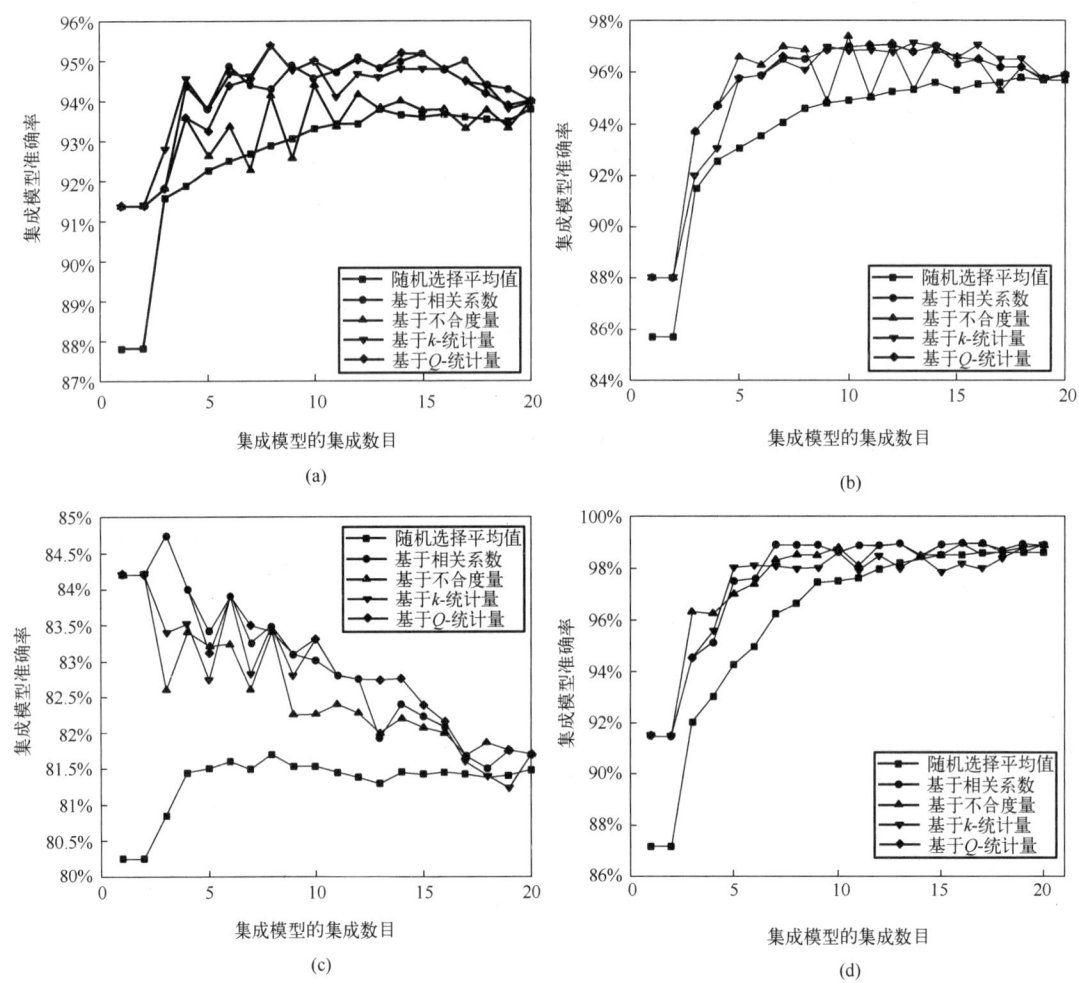

图 11-9　随机选择集成和选择性集成的集成模型准确率曲线

表 11-4　3 类轻量化 CNN 识别模型的集成结果

|  | 集成数目 | 多样性度量 | 准确率 |
| --- | --- | --- | --- |
| MobileNet 同质集成 | 8 | 基于 $Q$-统计量 | 95.45% |
| ShuffleNet 同质集成 | 7 | 基于不合度量 | 97.05% |
| Xception 同质集成 | 2 | 基于相关系数 | 84.75% |
| 3 类深度 CNN 异质集成 | 7 | 基于 $Q$-统计量 | 98.79% |

所以在进行异质集成实验时,随机选择 9 个 MobileNet 模型、9 个 ShuffleNet 模型、两个 Xception 模型来进行选择性集成。异质集成性能最好的识别模型子集的集成数目为 7,准确率约为 98.79%,异质集成的准确率相比 MobileNet 同质集成来说更加稳定。

模型集成提高了模型的复杂性,集成模型的参数量、计算量和推理时间都将成倍增加,所增加的倍数是识别模型子集的数目。

## 11.5 本章小结

本章讲述了深度神经网络集成学习理论和方法，分析了机器学习集成学习的方法、结合方法及集成模型的性能影响因素，提出了基于多样性度量的深度水声目标识别模型选择性集成学习方法，并进行了水声目标识别实验分析。

首先分析了三类识别模型的 4 种多样性度量指标与平均误差分布图，发现 MobileNet、ShuffleNet 两类识别模型的平均误差较低，多样性较强。Xception 识别模型则在准确率和多样性上相对较差，这可能导致 Xception 识别模型的集成性能较差。

然后进行识别模型的随机选择集成实验，集成模型的测试结果表明 MobileNet、ShuffleNet 同质集成模型的准确率随着集成模型数目的增大而不断增大，达到一定数目后，准确率增大得较少，证明识别模型中存在冗余，不需要集成所有个体识别模型。不过 Xception 同质集成模型的识别性能有所降低，与 Xception 多样性较差有关。因此异质集成中，选择较少的 Xception 加入，结果显示，异质集成模型的识别性能比同质集成好。

实验结果表明，选择性集成学习方法相较于随机选择集成，能够在集成更少识别模型的情况下，实现更高的准确率，并且波动幅度相对较小，证明了基于多样性度量的识别模型选择性集成学习方法的有效性，该方法不仅能够提高识别模型的泛化能力，并且有着更好的识别稳定性。

## 参 考 文 献

[1] BREIMAN L. Random forest[J]. Machine Learning, 2001, 45: 5-32.
[2] WOLPERT D H. Stacked generalization[J]. Neural Networks, 1992, 5(2): 241-259.
[3] WILLIAMS S, WATERMAN A, PATTERSON D A. Roofline: an insightful visual performance model for multicore architectures[J]. Commun. ACM, 2009, 52(4): 65-76.
[4] HE Y, DONG X, KANG G, et al. Asymptotic soft filter pruning for deep convolutional neural networks[J]. IEEE Transactions on Cybernetics, 2019(99): 1-11.

# 第 12 章　基于图神经网络的水声目标识别方法

本章将讲述图神经网络基本原理、水声目标特征图构建、基于图神经网络的水声目标识别多特征融合及识别系统，并在上述内容的基础上开展基于图神经网络的水声目标识别实验。

## 12.1　图神经网络基本原理

### 12.1.1　图的表示和性质

#### 1. 图的表示

图可以表示为 $G=(\mathcal{V},\mathcal{E})$，其中 $\mathcal{V}=\{v_1,v_2,\cdots,v_N\}$ 是节点的集合，数量为 $N$，边的集合为 $\mathcal{E}=\{e_1,e_2,\cdots,e_M\}$，数量为 $M$，边描述的是节点间的关系。一条连接节点 $v_i$ 与 $v_j$ 的边记为 $(v_i,v_j)$ 或 $e_{ij}$。

图依据不同性质，有不同类型，根据边是否存在方向，可以分为有向图和无向图。有向图和无向图的示意图如图 12-1 所示。如果图中的边存在方向性，则称这样的边为有向边 $(v_i,v_j)$，其中 $v_i$ 是这条有向边的起点，$v_j$ 是这条有向边的终点，包含有向边的图称为有向图。在无向图中，一条边中的两个节点没有顺序之分，即 $(v_i,v_j)=(v_j,v_i)$。无向图中的边没有方向，也可以认为无向边同时包含两个方向。

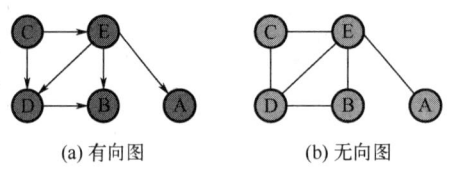

图 12-1　有向图和无向图

图 $G=(\mathcal{V},\mathcal{E})$ 可以等价地用邻接矩阵（Adjacency Matrix）的形式进行表示，用于描述节点之间的关系。借助邻接矩阵可以方便地存储图的结构，用线性代数的方法研究图的问题。邻接矩阵表示节点间的关系，是 $N$ 阶方阵，图 $G=(\mathcal{V},\mathcal{E})$ 的邻接矩阵可表示为 $A\in\{0,1\}^{N\times N}$，第 $i$ 行第 $j$ 列的元素 $A_{ij}$ 表示节点 $v_i$ 与 $v_j$ 的连接关系，如果 $v_i$ 与 $v_j$ 相连接，则 $A_{ij}=1$，否则 $A_{ij}=0$。

无向图的邻接矩阵一定是对称的，无权重的无向图的邻接矩阵为

$$|A(G)|_{ij}=\begin{cases}1, & (v_i,v_j)\in\mathcal{E}\\ 0, & \text{其他}\end{cases} \tag{12-1}$$

有权重的无向图的邻接矩阵可表示为

$$|A(G)|_{ij}=\begin{cases}w_{ij}, & (v_i,v_j)\in\mathcal{E}, w_{ij}\text{是边的权重}\\ 0, & \text{其他}\end{cases} \tag{12-2}$$

根据节点和边种类是否相同，图可以分为同质图、异质图和属性图。

同质图也称同构图，只包含一种类型的节点以及一种类型的边。异质图也称异构图，包含多种类型的节点和多种类型的边。若在异质图的基础上，给节点和边添加额外的标签和属性，标签指明节点或者关系的类型，属性是节点或关系的附加描述信息，则构成了属性图。同质图、异质图和属性图的示意图如图12-2所示。

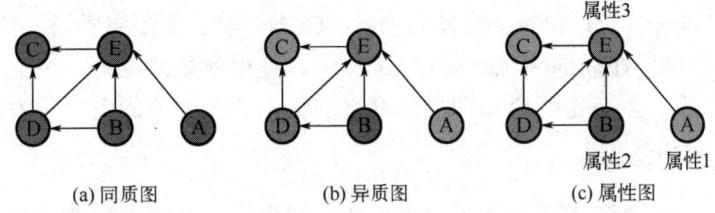

图12-2 同质图、异质图和属性图的示意图

**2. 图的性质**

图$G=(\mathcal{V},\mathcal{E})$中与一个节点相关联的边的数目，称为该节点的度。图$G=(\mathcal{V},\mathcal{E})$的度矩阵$\boldsymbol{D}$为对角矩阵。节点的度$d(v_i)$可以用邻接矩阵计算，计算过程可表示为

$$d(v_i) = \sum_{j=1}^{N} A_{ij} \tag{12-3}$$

在图中，可使用节点中心性来衡量节点在图中的重要性。节点中心性主要包含度中心性、特征向量中心性、Katz中心性和介数中心性。度中心性使用节点的度测量该节点的中心性，可定义为

$$c_d(v_i) = d(v_i) = \sum_{j=1}^{N} A_{ij} \tag{12-4}$$

特征向量中心性使用邻接节点的中心性来定义该节点的中心性，$c_e$为包含所有节点的特征向量中心性的向量，可以表示为

$$c_e(v_i) = \frac{1}{\lambda} \sum_{j=1}^{N} A_{ij} c_e(v_j) \tag{12-5}$$

使用矩阵形式表达为

$$c_e = \frac{1}{\lambda} A c_e \tag{12-6}$$

可以看出，$c_e$是邻接矩阵的特征向量，$\lambda$是其对应的特征值，为了使特征向量的元素全为正，一般选择大的特征值对应的特征向量作为特征向量中心性的向量。

Katz中心性是特征向量中心性的一个变体，不仅考虑邻居节点的中心性，而且包含一个常数来考虑节点本身的中心性。

此外，还有用于度量节点所在图中位置重要性的介数中心性，节点的介数中心性可表示为

$$c_b(v_i) = \sum_{v_s \neq v_i \neq v_t}^{N} \frac{\sigma_{st}(v_i)}{\sigma_{st}} \tag{12-7}$$

式中，$\sigma_{st}$ 表示所有从节点 $v_s$ 到 $v_t$ 的最短路径的数目，$\sigma_{st}(v_i)$ 表示这些路径中经过节点 $v_i$ 的数目。

### 12.1.2 基于谱的图卷积方法

图卷积网络（Graph Convolutional Networks，GCN）用于从图中学习特征，与 CNN 不同的是，CNN 的卷积操作在局部区域。而在 GCN 中，使用卷积计算每个节点的响应时需要基于该节点的邻接节点。本节主要介绍图神经网络的输入和基于谱的图卷积方法。

#### 1. 图神经网络的输入

卷积神经网络中的卷积本质是一种加权求和，利用一个共享参数的滤波器，通过计算中心像素点以及相邻像素点的加权和来构成特征图实现空间特征的提取，加权系数就是卷积核的权重系数。GCN 的输入为图的节点特征构成的特征矩阵和图的邻接矩阵。节点的特征向量构成一个特征矩阵 $X \in \mathbb{R}^{n \times d}$，$X$ 的每一行是一个节点的特征，$n$ 为节点数目，$d$ 是节点特征的长度。邻接矩阵 $A$ 和特征矩阵 $X$ 相乘可以得到节点的邻接节点的特征向量信息。由于直接相乘会遗失所计算节点本身的信息，因此构建自连的邻接矩阵 $\tilde{A}$ 可以表示为

$$\tilde{A} = A + \lambda I_N \tag{12-8}$$

式中，$\lambda$ 是一个可训练的参数，$I_N$ 是 $N$ 阶单位矩阵。当 $\lambda = 1$ 时，该节点的权重与其邻接节点相同。

计算过程中可能导致梯度爆炸或梯度消失的问题，是因为使用加和函数的时候，具有较大度的节点会有很大的聚合向量，而具有较小度的节点会有较小的聚合向量，故使用平均值函数或者更好的加权平均值函数而非直接加和来处理邻接节点的特征向量。常见的处理方式是对结果矩阵再乘上一个对角矩阵以实现矩阵的标准化，对求和得到的特征向量取平均值，或者根据节点的度对结果矩阵进行标准化。而度矩阵刚好是对角矩阵，考虑取平均值的情况，有自连的度矩阵的逆 $\tilde{D}^{-1}$ 能够满足要求。

节点本身及其邻接节点的特征向量的均值可以表示为 $\tilde{D}^{-1}(\tilde{A}X)$。根据矩阵乘法的结合律 $\tilde{D}^{-1}(\tilde{A}X) = (\tilde{D}^{-1}\tilde{A})X$，可以将 $\tilde{D}^{-1}$ 看作 $\tilde{A}$ 的缩放因子，对矩阵的行、列均进行标准化需使用 $\tilde{D}^{-1}\tilde{A}\tilde{D}^{-1}X$，这是一种加权平均。由于使用了两次缩放因子，即进行了两次标准化，因此使用 $\sqrt{\tilde{D}_{ii}\tilde{D}_{jj}}$ 替代 $\tilde{D}_{ii}\tilde{D}_{jj}$，即使用 $\tilde{D}^{-1/2}\tilde{A}\tilde{D}^{-1/2}X$ 替代 $\tilde{D}^{-1}\tilde{A}\tilde{D}^{-1}X$，对称归一化矩阵的计算过程如下

$$\hat{A} = \tilde{D}^{-\frac{1}{2}}\tilde{A}\tilde{D}^{-\frac{1}{2}}X \tag{12-9}$$

式（12-9）的物理含义为对节点的一阶邻接信息进行加权聚合，权重与节点的度成反比。

#### 2. 基于谱的图卷积方法

基于谱的图卷积即在图上进行谱卷积，对于图上的输入 $x \in \mathbb{R}^N$，它的图傅里叶变换定义为

$$F(x) = U^T x \tag{12-10}$$

图上的谱卷积定义为一个输入 $x \in \mathbb{R}^N$ 和一个滤波器 $g_\theta = \text{diag}(\theta)$ 在频域的乘积

$$g_\theta \times x = U g_\theta U^{\mathrm{T}} x \tag{12-11}$$

式中，$U$ 是对归一化拉普拉斯矩阵 $L = I_N - D^{-1/2} A D^{-1/2}$ 特征分解得到的正交特征向量矩阵，$g_\theta$ 是参数为 $\theta$ 的滤波器。$U^{\mathrm{T}} x$ 是 $x$ 的图傅里叶变换，指利用正交矩阵对图信号进行了一次线性变换得到的新的图信号。图卷积包括拉普拉斯矩阵的谱分解和切比雪夫多项式近似过程两个步骤。

1）拉普拉斯矩阵的谱分解

拉普拉斯矩阵的谱分解指拉普拉斯矩阵的特征分解，对计算图卷积有重要意义。拉普拉斯矩阵的谱分解是基于拉普拉斯算子计算得来的。拉普拉斯算子 $\Delta f$ 计算了周围点与中心点的梯度差，得到的是对中心点进行微小扰动后可能获得的总增益（总变化）。对于连续函数，拉普拉斯算子是 $n$ 维欧氏空间中对多元函数所有自变量的非混合二阶偏导数之和，对于 $n$ 维函数 $f(x_1, x_2, \cdots, x_n)$ 来说，拉普拉斯算子可表示为

$$\Delta f = \frac{\partial^2 f}{\partial x_1^2} + \frac{\partial^2 f}{\partial x_2^2} + \cdots + \frac{\partial^2 f}{\partial x_n^2} = \sum_{i=1}^{n} \frac{\partial^2 f}{\partial x_i^2} \tag{12-12}$$

对于离散函数 $f(x)$，相邻两个自变量为 1，得到 $f(x)$ 的拉普拉斯算子为

$$\Delta f = f(x+1) + f(x-1) - 2f(x) \tag{12-13}$$

在二维坐标中，一个点只与其上下左右 4 个采样点相邻，则在二维坐标上离散函数 $f(x, y)$ 的拉普拉斯算子为

$$\Delta f = f(x+1, y) + f(x-1, y) + f(x, y+1) + f(x, y-1) - 4f(x, y) \tag{12-14}$$

将拉普拉斯算子 $\Delta f$ 推广到图上，在图上定义一个函数 $f = (f_1, f_2, \cdots, f_N)$，$f_i$ 表示函数 $f$ 在节点 $i$ 处的函数值，两个节点之间的增益为 $f_i - f_j$，与节点 $i$ 相邻的节点为 $j \in N_i$，$N_i$ 表示节点 $i$ 的一阶邻域，则节点 $i$ 处的拉普拉斯算子为

$$\Delta f_i = \sum_{j \in N_i} (f_i - f_j) \tag{12-15}$$

由于图的边可以有权重，节点 $i$ 和节点 $j$ 之间的边 $e_{ij}$ 的权重为 $a_{ij}$，拉普拉斯算子可以计算节点 $i$ 在它所有连接点上的扰动带来的增益

$$\Delta f_i = \sum_{j \in N_i} a_{ij}(f_i - f_j) = \sum_{j \in N_i} a_{ij} \cdot (f_i) - \sum_{j \in N_i} (a_{ij} \cdot f_j) = d_i f_i - \boldsymbol{a}_i \cdot \boldsymbol{f} \tag{12-16}$$

式中，$d_i = \sum_{j \in N_i} a_{ij}$ 表示节点 $i$ 的度，$\boldsymbol{a}_i$ 表示邻接矩阵的第 $i$ 行的行向量，$\boldsymbol{f} = (f_1, f_2, \cdots, f_N)^{\mathrm{T}}$ 表示所有节点的值构成的 $N$ 维列向量。

对于所有节点

$$\Delta f = \begin{pmatrix} \Delta f_i \\ \vdots \\ \Delta f_N \end{pmatrix} = \begin{bmatrix} d_1 & \cdots & 0 \\ \vdots & & \vdots \\ 0 & \cdots & d_N \end{bmatrix} \cdot \begin{bmatrix} f_1 \\ \vdots \\ f_N \end{bmatrix} - \begin{bmatrix} \boldsymbol{a}_1 \\ \vdots \\ \boldsymbol{a}_N \end{bmatrix} \cdot \boldsymbol{f} = \mathrm{diag}(d_i) \cdot \begin{bmatrix} f_1 \\ \vdots \\ f_N \end{bmatrix} - A\boldsymbol{f}$$

$$= \mathrm{diag}(d_i)\boldsymbol{f} - A\boldsymbol{f} = (D - A)\boldsymbol{f} = L\boldsymbol{f} \tag{12-17}$$

图的拉普拉斯矩阵为 $L = D - A$，拉普拉斯矩阵反映了当前节点对周围节点产生扰动时所产生的累积增益，拉普拉斯矩阵的第 $i$ 行实际上反映了第 $i$ 个节点对其他所有节点产生扰动时

所带来的增益积累。在图中，不同节点之间边的权重差异可能很大，为了学习到相对的模式，将边的权重缩放到大致相同的区间。对拉普拉斯矩阵进行对称归一化

$$L_{sym} = D^{-\frac{1}{2}} L D^{-\frac{1}{2}} = I - D^{-\frac{1}{2}} A D^{-\frac{1}{2}} \tag{12-18}$$

拉普拉斯矩阵的谱分解指拉普拉斯矩阵的特征分解。对于无向图来说，拉普拉斯矩阵是实对称矩阵，实对称矩阵可以用正交矩阵进行正交相似对角化

$$L = U \Lambda U^T \tag{12-19}$$

式中，$\Lambda$ 为由特征值构成的对角矩阵，$\Lambda$ 的特征值就是拉普拉斯矩阵的谱；$U$ 为由特征向量构成的正交矩阵，$U$ 的每一列都是一个特征向量。$g_\theta$ 为对 $L$ 分解得到的 $\Lambda$ 的特征值的函数，$g_\theta(\Lambda)$ 就是图卷积的卷积核。

2）切比雪夫多项式近似过程

在图卷积的过程中存在两个问题：对于大规模训练的图，训练参数量过大，容易过拟合；矩阵 $U$ 的计算需要对拉普拉斯矩阵进行正交分解，矩阵的正交分解算法的计算复杂度较高。为了解决上述问题，可以用拉普拉斯矩阵的特征值矩阵 $\Lambda$ 的 $K$ 阶多项式进行替代，可学习的参数只有 $K$ 个，理论上只要参数足够多，就可以近似任意 $g_\theta$ 特征值矩阵 $\Lambda$ 的 $K$ 阶多项式

$$g_\theta(\Lambda) = \sum_{k=0}^{K} \theta_k \Lambda^k \tag{12-20}$$

为了保证网络的收敛性，使用切比雪夫多项式 $T_k(x)$ 作为多项式函数的形式来近似，切比雪夫多项式的优点在于它的输入在 $[-1,1]$ 之间，无论进行几轮迭代，该多项式的值域范围都不会超出 $[-1,1]$，保证了无论网络层数如何堆叠，都不会出现对某个值进行指数级放大的现象，形成了一种"压缩映射"，而一般的多项式无法保证这种性质。同时对称归一化的拉普拉斯矩阵的特征值 $\lambda$ 的范围为 $[0,2]$，因此 $L - I_N = D^{-1/2} A D^{-1/2}$ 的特征值在 $[-1,1]$ 之间，符合对于切比雪夫多项式输入的期望。用切比雪夫多项式来近似 $g_\theta$

$$g'_\theta(\Lambda) \approx \sum_{k=0}^{K} \theta'_k T_k(\tilde{\Lambda}) \tag{12-21}$$

式中，$\tilde{\Lambda}$ 是重新缩放后得到的特征值矩阵

$$\tilde{\Lambda} = \frac{2}{\lambda_{max}} \Lambda - I_N \tag{12-22}$$

式中，$\lambda_{max}$ 是最大的特征值。进行这个缩放的原因是切比雪夫多项式 $T_k(x) = \cos(k \cdot \arccos(x))$ 的输入主要在 $[-1,1]$ 之间。$\theta' \in \mathbb{R}^K$ 是切比雪夫系数向量，即网络训练中迭代更新的参数，如式（12-23）所示

$$g'_\theta \times x \approx U \sum_{k=0}^{K} \theta'_k T_k(\tilde{\Lambda}) U^T x = \sum_{k=0}^{K} \theta'_k T_k(U \tilde{\Lambda} U^T) x = \sum_{k=0}^{K} \theta'_k T_k(\tilde{L}) x \tag{12-23}$$

式中，$\tilde{L}$ 可表示为

# 第 12 章 基于图神经网络的水声目标识别方法

$$\tilde{L} = \frac{2}{\lambda_{\max}} L - I_N \qquad (12\text{-}24)$$

式（12-24）使得计算过程中无须再对拉普拉斯矩阵进行特征分解。最大特征值 $\lambda_{\max}$ 可以利用幂迭代法（Power Iteration）求出，也无须进行特征分解。实际运算过程中，可以利用切比雪夫多项式的性质进行递推

$$T_k(\tilde{L}) = 2\tilde{L} T_{k-1}(\tilde{L}) - T_{k-2}(\tilde{L}) \qquad (12\text{-}25)$$

$$T_0(\tilde{L}) = I, \quad T_1(\tilde{L}) = \tilde{L} \qquad (12\text{-}26)$$

式中，$I_N + D^{-1/2} A D^{-1/2}$ 的特征值范围为 [0,2]，随着图神经网络层数的增大，大于 1 的特征值会被指数级放大，引起数值上的不稳定，带来梯度消失或梯度爆炸问题，所以 GCN 有一个归一化技巧，$I_N + D^{-1/2} A D^{-1/2} \to \tilde{D}^{-1/2} \tilde{A} \tilde{D}^{-1/2}$，其中 $\tilde{A} = A + I_N$，$\tilde{D}_{ii} = \sum_j \tilde{A}_{ij}$，此时得到图卷积公式

$$g_\theta \times x = \theta \left( \tilde{D}^{-\frac{1}{2}} \tilde{A} \tilde{D}^{-\frac{1}{2}} \right) x \qquad (12\text{-}27)$$

以上分析针对单通道信号，并且每次只学习了一个滤波器。假设滤波器的数量增大到 $F$，并且从单通道图信号扩展到多通道图信号（$C$ 个输入通道，即每个节点有 $C$ 维特征向量），节点特征矩阵 $X \in \mathbb{R}^{N \times C}$。滤波器参数 $\theta$ 变为滤波器参数矩阵 $\boldsymbol{\Theta} \in \mathbb{R}^{C \times F}$，得到图卷积层 $Z \in \mathbb{R}^{N \times F}$ 的定义为

$$Z = \tilde{D}^{-\frac{1}{2}} \tilde{A} \tilde{D}^{-\frac{1}{2}} X \boldsymbol{\Theta} \qquad (12\text{-}28)$$

## 12.2 水声目标特征图构建

### 12.2.1 水声目标识别深度特征提取

水声目标识别的深度特征包含从信号时域和功率谱特征学习的深度特征表达。使用深度自编码器（Deep Auto Encoder，DAE）提取信号时域和功率谱的深度特征，用于水声目标识别深度特征提取的 DAE 网络结构如图 12-3 所示，使用卷积层构建 DAE 的网络层。

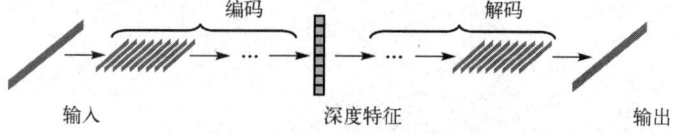

图 12-3　用于水声目标识别深度特征提取的 DAE 网络结构

用于时域和功率谱特征学习的 DAE 网络结构及参数设置如图 12-4 所示。时域和功率谱的维度分别为 6000×2 和 4096×1，深度特征的长度为 128。用于提取时域深度特征的 DAE 网络可训练参数量为 305159，用于提取功率谱深度特征的 DAE 网络可训练参数量为 192114。

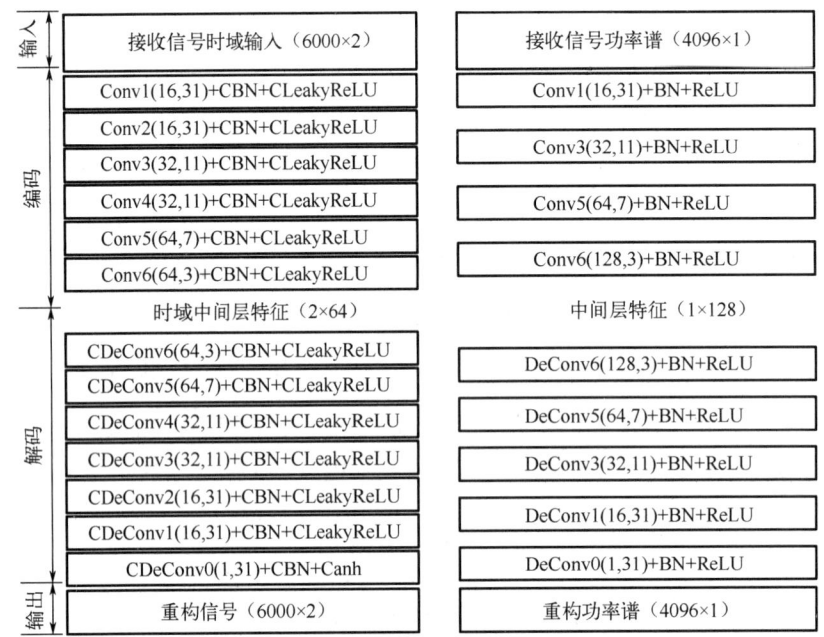

图 12-4 用于时域和功率谱特征学习的 DAE 网络结构及参数设置

## 12.2.2 水声目标识别人工提取特征

在水声目标识别的调制识别任务中，常用的人工特征提取方法主要有：瞬时特征、高阶累积量特征、循环平稳特征、高次方谱特征、谱特征、小波特征等。选择高阶累积量特征、循环平稳特征和高次方谱特征作为水声目标识别的人工提取特征与深度特征进行特征融合。

**1. 高阶累积量特征**

高阶累积量特征是通信信号调制识别常用的统计特征之一，由于高斯分布的三阶以上的累积量为零，因此在高斯白噪声环境下高阶累积量特征有较好的抗噪性。对于给定的信号 $x(t)$，$p$ 阶混合矩 $M_{pq}$ 可以表示为

$$M_{pq} = E[x(t)^{p-q} x'(t)^q] \tag{12-29}$$

式中，$E[]$ 表示期望值，$'$ 表示取共轭，$p$、$q$ 分别表示信号 $x(t)$ 与共轭信号 $x'(t)$ 的阶次（或幂次）。选择了 9 种不同的高阶累积量特征构建水声目标识别特征图，9 种高阶累积量特征 $C$ 可以表示为

$$C_{20} = M_{20} \tag{12-30}$$

$$C_{21} = M_{21} \tag{12-31}$$

$$C_{40} = M_{40} - 3M_{20}^2 \tag{12-32}$$

$$C_{41} = M_{41} - 3M_{21}M_{20} \tag{12-33}$$

$$C_{42} = M_{42} - M_{20}^2 - 2M_{21}^2 \tag{12-34}$$

$$C_{60} = M_{60} - 15M_{20}M_{40} + 30M_{20}^2 \tag{12-35}$$

$$C_{61} = M_{61} - 5M_{40}M_{21} - 10M_{20}M_{41} + 30M_{21}M_{20}^2 \tag{12-36}$$

$$C_{63} = M_{63} - 9M_{42}M_{21} - 9M_{20}^2 M_{21} + 12M_{21}^3 \tag{12-37}$$

$$C_{80} = M_{80} - 28M_{20}M_{60} - 35M_{40}^2 + 420M_{20}^2 M_{40} - 630M_{20}^4 \tag{12-38}$$

这些高阶累积量特征之间的关系可以用于构建特征图谱，从式（12-30）～式（12-38）可以看出，所有特征都与 $x(t)$ 有直接的联系。这些特征内部之间的关系如表 12-1 所示。

表 12-1　高阶累积量特征内部之间的关系

| | $C_{20}$ | $C_{21}$ | $C_{40}$ | $C_{41}$ | $C_{42}$ | $C_{60}$ | $C_{61}$ | $C_{63}$ | $C_{80}$ |
|---|---|---|---|---|---|---|---|---|---|
| $C_{20}$ | - | | | | | | | | |
| $C_{21}$ | ○ | - | | | | | | | |
| $C_{40}$ | • | ○ | - | | | | | | |
| $C_{41}$ | • | • | ○ | - | | | | | |
| $C_{42}$ | • | • | ○ | ○ | - | | | | |
| $C_{60}$ | • | • | • | ○ | ○ | - | | | |
| $C_{61}$ | • | • | • | • | ○ | ○ | - | | |
| $C_{63}$ | • | • | ○ | • | • | ○ | ○ | - | |
| $C_{80}$ | • | ○ | • | ○ | • | • | ○ | ○ | - |

注："○"表示没有关系，"•"表示特征之间相关联，"-"表示特征自身。

**2. 循环平稳特征**

循环平稳信号指不能被准确地描述为平稳信号，但是信号的统计特性会呈现周期性变化的信号，它的这种特性被称为信号的循环平稳性。通信信号通常可以看作循环平稳信号。由于噪声一般不具备循环平稳性，使得循环平稳特征具有较强的抗噪声能力，已经被广泛应用于水声目标识别的调制识别。本节使用的循环平稳特征为二阶循环平稳特征，包含谱相关密度（Spectral Correlation Density，SCD），记为 $S_X^\alpha(f)$，给定信号 $x(t)$ 的自相关函数 $R_x(t,\tau)$

$$R_x(t,\tau) = E[x(t+\tau/2)x'(t-\tau/2)] \tag{12-39}$$

式中，$E[\,]$ 表示期望。其傅里叶系数 $R_x^\alpha(\tau)$ 为

$$R_x^\alpha(\tau) = \frac{1}{T}\int_{-T/2}^{T/2} R_x(t,\tau)e^{-j2\pi\alpha t}\,dt \tag{12-40}$$

式中，$\alpha$ 为循环频率。则谱相关密度 $S_X^\alpha(f)$ 为

$$S_X^\alpha(f) = \lim_{T\to\infty}\lim_{\Delta T\to\infty}\frac{1}{\Delta T}\int_{-\frac{1}{\Delta T}}^{\frac{1}{\Delta T}}\frac{1}{T}X_T\!\left(t,f+\frac{\alpha}{2}\right)X_T'\!\left(t,f-\frac{\alpha}{2}\right)dt \tag{12-41}$$

式中

$$X_T(t,f) = \int_{t-\frac{T}{2}}^{t+\frac{T}{2}} x(u)e^{j2\pi fu}\,du \tag{12-42}$$

式中，$f$ 是频率。对 $S_X^\alpha(f)$ 进行归一化，可以得到谱相关函数（Spectral Correlation Function，

SCF），记为 $C_X^\alpha(f)$

$$C_X^\alpha(f) = \frac{S_X^\alpha(f)}{\left[S_X^0\left(f+\frac{\alpha}{2}\right) \times S_X^0\left(f-\frac{\alpha}{2}\right)\right]^{\frac{1}{2}}} \quad (12\text{-}43)$$

可以看出，$S_X^\alpha(f)$ 和 $C_X^\alpha(f)$ 是以 $f$ 和 $\alpha$ 为坐标轴的二维图。使用循环频率剖面 $I(\alpha)$ 和频率剖面 $I(f)$ 作为简化的循环平稳特征，$I(\alpha)$ 和 $I(f)$ 的定义如下

$$I(\alpha) = \max_f |C_X^\alpha(f)| \quad (12\text{-}44)$$

$$I(f) = \max_\alpha |C_X^\alpha(f)| \quad (12\text{-}45)$$

**3. 高次方谱特征**

高次方谱特征是一种谱特征，常用于相位调制信号中的不同调制阶数信号之间的调制识别。信号 $x(t)$ 的 $K$ 阶高次方谱特征可表示为

$$\mathcal{U}^K(f) = \mathcal{F}(x^K(t)) \quad (12\text{-}46)$$

式中，$\mathcal{F}(\cdot)$ 表示傅里叶变换。当 $K$ 为调制阶数的整数倍时，高次方谱特征中就会出现谱线，作为信号调制识别的特征。本节使用 2 阶高次方谱特征 $\mathcal{U}^2(f)$ 和 4 阶高次方谱特征 $\mathcal{U}^4(f)$ 与其他人工提取特征和深度特征进行融合。

### 12.2.3 水声目标识别特征图的构建方法

水声目标识别特征图中节点间的关系（特征之间的关系）基于特征提取算法建立。特征图的可视化如图 12-5 所示，使用了无向图构建特征图，图中的黑色连接线表示不同种类信号之间的关系，灰色连接线表示同类特征提取算法中不同特征之间的关系。

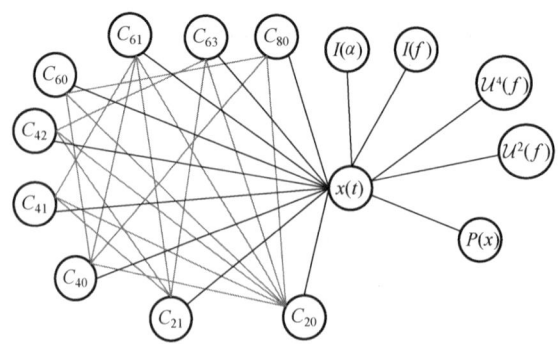

图 12-5 利用人工提取特征与深度特征构建的特征图

使用无向图构建水声目标识别的特征图，特征图共有 15 个节点，包含信号的时域波形 $x(t)$、功率谱 $P(x)$、9 种不同阶数的高阶累积量特征（$C_{20}$、$C_{21}$、$C_{40}$、$C_{41}$、$C_{42}$、$C_{60}$、$C_{61}$、$C_{63}$、$C_{80}$）、两种循环平稳特征（频率剖面 $I(f)$ 和循环频率剖面 $I(\alpha)$）、两种高次方谱特征（2 阶高次方谱特征 $\mathcal{U}^2(f)$ 和 4 阶高次方谱特征 $\mathcal{U}^4(f)$），特征图的节点 $v_i$ 与特征之间的对应关系如表 12-2 所示。

表 12-2 水声目标识别特征图的节点与特征之间的对应关系

| 节点 | 特征 | 节点 | 特征 | 节点 | 特征 |
| --- | --- | --- | --- | --- | --- |
| $v_1$ | $x(t)$ | $v_6$ | $C_{41}$ | $v_{11}$ | $C_{80}$ |
| $v_2$ | $P(x)$ | $v_7$ | $C_{42}$ | $v_{12}$ | $I(f)$ |
| $v_3$ | $C_{20}$ | $v_8$ | $C_{60}$ | $v_{13}$ | $I(\alpha)$ |
| $v_4$ | $C_{21}$ | $v_9$ | $C_{61}$ | $v_{14}$ | $U^2(f)$ |
| $v_5$ | $C_{40}$ | $v_{10}$ | $C_{63}$ | $v_{15}$ | $U^4(f)$ |

## 12.3 基于图神经网络的水声目标识别多特征融合及识别系统

基于 GCN 的水声目标识别多特征融合及识别原理如图 12-6 所示。特征图基于人工提取特征和深度特征之间的关系建立，使用高阶累积量特征、循环平稳特征和高次方谱特征作为人工提取特征。GCN 的输入主要包含特征矩阵、度矩阵和邻接矩阵。

基于 GCN 的水声目标识别多特征融合及识别系统主要包含节点特征的提取、GCN 输入的构建和水声目标识别多特征融合及识别。

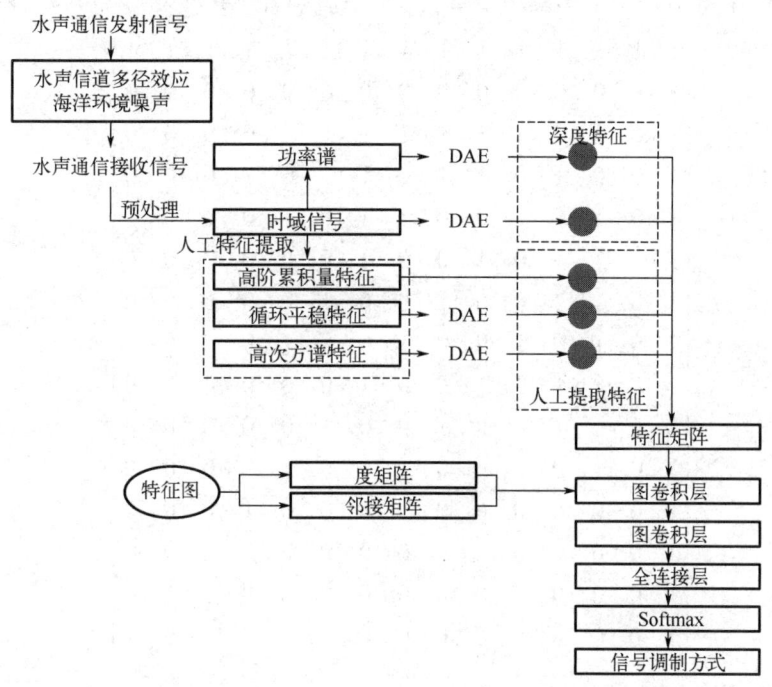

图 12-6 基于 GCN 的水声目标识别多特征融合及识别原理

### 12.3.1 图神经网络结构及参数设置

在基于 GCN 的水声目标识别多特征融合及识别系统中，GCN 的结构和参数设置如图 12-7 所示，网络可训练参数量为 16001。

图中 GraphConv1 为图卷积层，GraphConv1(N)中的 N 为图卷积核数量；BN 为批标准化层；ReLU 为激活函数；Dense1 和 Dense2 为全连接层；Softmax 为分类器。

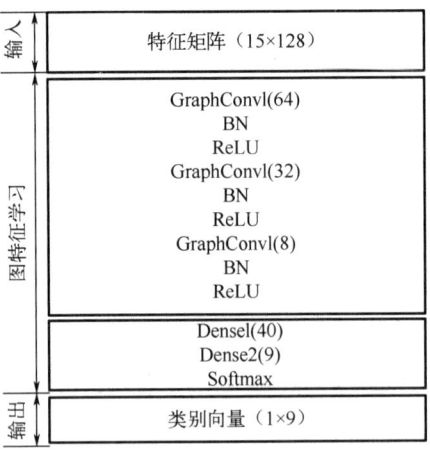

图 12-7　GCN 的结构和参数设置

## 12.3.2　构建图神经网络的输入

GCN 的输入包含三个矩阵，分别是：邻接矩阵 $\tilde{A}$、特征矩阵 $X$ 和度矩阵 $\tilde{D}$。$\tilde{A}$ 和 $\tilde{D}$ 可以直接从特征图中得出，特征图的节点数为 15，邻接矩阵 $\tilde{A}$ 如式（12-47）所示

$$\tilde{A} = \begin{bmatrix} 1 & 1 & 1 & 1 & 1 & 1 & 1 & 1 & 1 & 1 & 1 & 1 & 1 & 1 & 1 \\ 1 & 1 & 0 & 0 & 0 & 0 & 0 & 0 & 0 & 0 & 0 & 0 & 0 & 0 & 0 \\ 1 & 0 & 1 & 0 & 1 & 1 & 1 & 1 & 1 & 1 & 1 & 0 & 0 & 0 & 0 \\ 1 & 0 & 0 & 1 & 0 & 1 & 1 & 0 & 1 & 1 & 0 & 0 & 0 & 0 & 0 \\ 1 & 0 & 1 & 0 & 1 & 0 & 0 & 1 & 1 & 0 & 1 & 0 & 0 & 0 & 0 \\ 1 & 0 & 1 & 1 & 0 & 1 & 0 & 1 & 0 & 1 & 0 & 0 & 0 & 0 & 0 \\ 1 & 0 & 1 & 1 & 0 & 0 & 1 & 0 & 0 & 1 & 0 & 0 & 0 & 0 & 0 \\ 1 & 0 & 1 & 0 & 1 & 0 & 0 & 1 & 0 & 0 & 1 & 0 & 0 & 0 & 0 \\ 1 & 0 & 1 & 1 & 1 & 1 & 0 & 0 & 1 & 0 & 0 & 0 & 0 & 0 & 0 \\ 1 & 0 & 1 & 1 & 0 & 1 & 1 & 0 & 0 & 1 & 0 & 0 & 0 & 0 & 0 \\ 1 & 0 & 1 & 0 & 1 & 0 & 0 & 1 & 0 & 0 & 1 & 0 & 0 & 0 & 0 \\ 1 & 0 & 0 & 0 & 0 & 0 & 0 & 0 & 0 & 0 & 0 & 1 & 0 & 0 & 0 \\ 1 & 0 & 0 & 0 & 0 & 0 & 0 & 0 & 0 & 0 & 0 & 0 & 1 & 0 & 0 \\ 1 & 0 & 0 & 0 & 0 & 0 & 0 & 0 & 0 & 0 & 0 & 0 & 0 & 1 & 0 \\ 1 & 0 & 0 & 0 & 0 & 0 & 0 & 0 & 0 & 0 & 0 & 0 & 0 & 0 & 1 \end{bmatrix} \qquad (12\text{-}47)$$

$\tilde{D}$ 为对角矩阵，可表示为

$$\tilde{D} = \mathrm{diag}(15,2,9,6,6,5,5,5,6,5,5,2,2,2,2) \qquad (12\text{-}48)$$

特征矩阵 $X$ 的维度为 $15 \times 128$，在构建 $X$ 的过程中，将所有特征的长度都设定为 128。对高阶累积量特征，可使用补零的方法增大其特征的长度。对循环平稳特征和高次方谱特征使用 DAE 进行压缩，得到长度为 128 的特征表示，所用 DAE 与功率谱特征提取的 DAE 的网络结构设置相同。

### 12.3.3 多特征融合及调制方式识别

使用两层的 GCN 从特征图和多种特征中进行深度表达学习。将 GCN 的输出变换为一维向量，再使用全连接层将 GCN 的输出与 Softmax 分类器相连接。在网络的训练过程中可对 GCN 的权重进行更新。

## 12.4 基于图神经网络的水声目标识别实验

通过以下实验验证基于 GCN 的水声目标识别的调制识别性能。
（1）不同特征子集对识别性能的影响分析实验；
（2）特征图边关系对识别性能的影响分析实验；
（3）实测数据上的调制识别实验。

本节构建的水声通信信号数据集主要包括仿真水声信号与实测水声信号，基于 GCN 的水声目标识别多特征融合及调制识别实验数据如表 12-3 所示。

表 12-3 基于 GCN 的水声目标识别多特征融合及调制识别实验数据

| 调制方式种类 | 信道 | 噪声类型 | 样本总数 |
| --- | --- | --- | --- |
| 9 种（2FSK、4FSK、8FSK、BFSK、QPSK、8PSK、16QAM、32QAM、64QAM） | 信道 A、B、C、D | 高斯白噪声、SaS 噪声（$\alpha=1.8$）、海洋环境噪声 | 100 万个 |

### 12.4.1 不同特征子集对识别性能的影响分析实验

使用消融实验来分析不同特征子集对识别性能的影响，同时验证基于 GCN 的水声目标识别的调制识别性能。从信号中分别提取高阶累积量特征、循环平稳特征和高次方谱特征作为水声目标识别的多域特征。使用高斯白噪声分别替换从不同域提取的特征来分析几种特征对识别性能的影响。

**1. 使用特征全集时的识别性能**

使用特征全集验证基于 GCN 的水声目标识别的调制识别性能，同时作为消融实验的比较基准，在 4 个水声信道中的 GCN 识别性能如图 12-8 所示。

4 个信道中的平均识别准确率分别为 76.9%、74.2%、71.8%和 69.2%，总体平均识别准确率约为 73%。

表 12-4 对比了本节提出的基于 GCN 的水声目标识别的调制识别方法与其他调制识别方法，模型可训练参数为 GCN 网络和 DAE 网络的参数总和，模型对单个测试样本进行前向传播（预测）所需的计算耗时为每个样本的测试时间。本节所提出的方法显著提升了水声目标识别的调制识别性能，深度神经网络模型更加轻量化，样本的测试时间包含多种特征提取过程，识别效率有所降低。

为了分析不同调制类型信号的识别性能，使用 t-SNE 对识别模型全连接层的特征进行可视化，如图 12-9 所示（信道为 C、D，噪声为海洋环境噪声）。从图中可以看出，在多径信道中，水声目标识别的调制识别错误主要发生在相同调制方式的不同调制阶数之间，如 QPSK 和 8PSK 之间，以及 16QAM、32QAM 和 64QAM 之间。QAM 信号之间的识别比 FSK 和 PSK 信号之间的识别难度大。

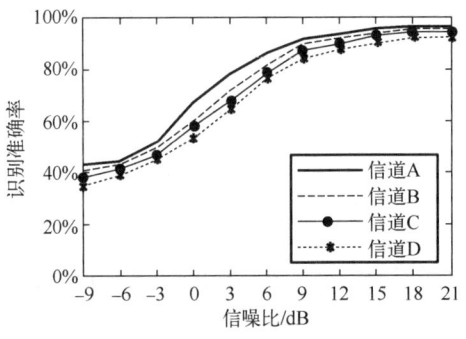

图 12-8　在 4 个水声信道中使用特征全集的 GCN 识别性能

表 12-4　基于 GCN 的水声目标识别的调制识别方法与其他调制识别方法的性能对比

| 模型 | 平均识别准确率 | 模型规模（可训练参数量） | 样本的测试时间 |
|---|---|---|---|
| CNN | 61.9% | 946441 | 0.57ms |
| GCN | 73% | 705388 | 1.51ms |

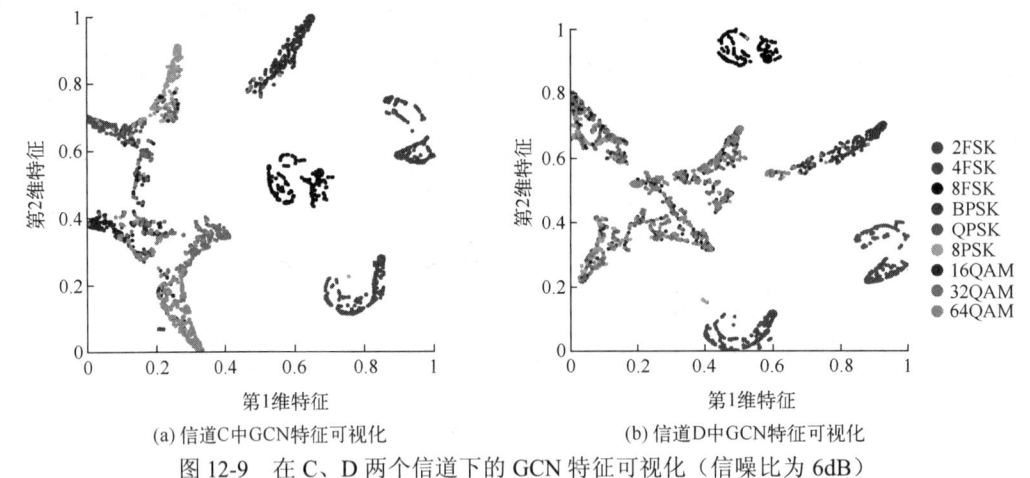

(a) 信道C中GCN特征可视化　　(b) 信道D中GCN特征可视化

图 12-9　在 C、D 两个信道下的 GCN 特征可视化（信噪比为 6dB）

### 2. 时域深度特征对识别性能的影响

使用高斯白噪声替换时域信号的深度特征来分析时域深度特征对识别性能的影响，其他特征保持不变。与特征无缺失条件下的识别性能进行对比，有无时域深度特征的识别性能对比结果如图 12-10 所示。

在缺失时域深度特征的情况下，4 个信道中的平均识别准确率为 46.2%，与完整特征条件下的识别准确率相比降低了 26.8%，说明了时域深度特征是水声目标识别的调制识别中重要的分类特征。

### 3. 功率谱深度特征对识别性能的影响

使用高斯白噪声替换信号功率谱的深度特征来分析功率谱深度特征对识别性能的影响，其他特征保持不变。与特征无缺失条件下的识别性能进行对比，有无功率谱深度特征的识别性能对比结果如图 12-11 所示。

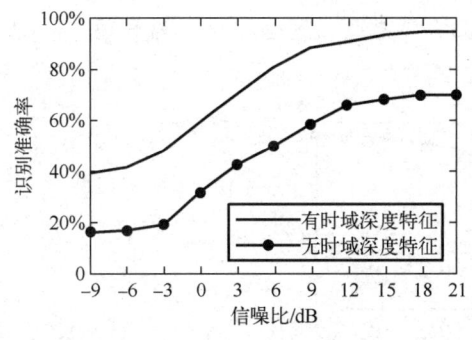 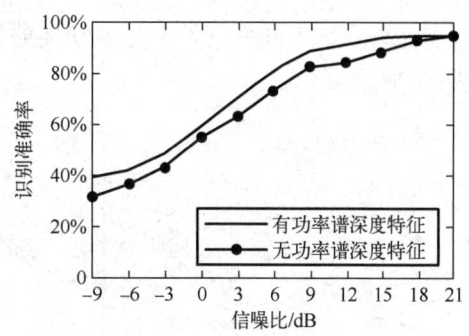

图 12-10 有无时域深度特征的识别性能对比结果　　图 12-11 有无功率谱深度特征的识别性能对比结果

在无功率谱深度特征的情况下，4 个信道中的平均识别准确率为 66.8%，与完整特征条件下的识别准确率相比降低了 6.2%，说明了功率谱深度特征的缺失也会影响水声目标识别的调制识别性能，但对于调制识别的贡献次于时域深度特征。

**4. 高阶累积量特征对识别性能的影响**

使用高斯白噪声替换高阶累积量特征来分析高阶累积量特征对识别性能的影响，其他特征保持不变。与特征无缺失条件下的识别性能进行对比，有无高阶累积量特征的识别性能对比结果如图 12-12 所示。

在无高阶累积量特征的情况下，4 个信道中的平均识别准确率为 66.7%，与完整特征条件下的识别准确率相比降低了 6.3%，说明了高阶累积量特征的缺失也会影响水声目标识别的调制识别性能。

**5. 循环平稳特征对识别性能的影响**

使用高斯白噪声替换循环平稳特征来分析循环平稳特征对识别性能的影响，其他特征保持不变。与特征无缺失条件下的识别性能进行对比，有无循环平稳特征的识别性能对比结果如图 12-13 所示。

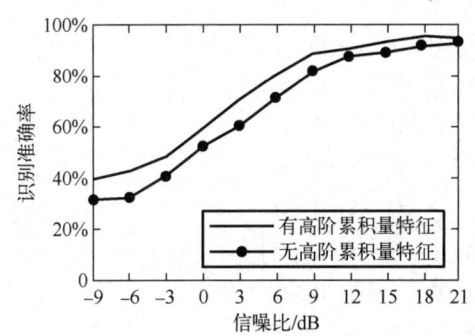 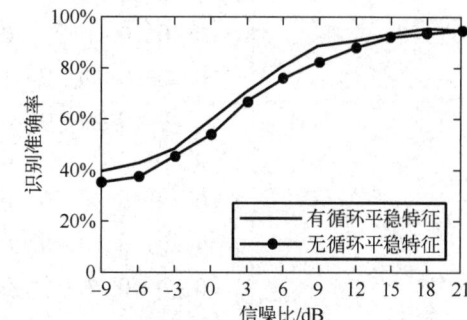

图 12-12 有无高阶累积量特征的识别性能对比结果　　图 12-13 有无循环平稳特征的识别性能对比结果

在无循环平稳特征的情况下，4 个信道中的平均识别准确率为 69.8%，与有循环平稳特征下的识别准确率相比降低了 3.2%，说明了循环平稳特征的缺失会影响水声目标识别的调制识别性能，但影响相对较小。

**6. 高次方谱特征对识别性能的影响**

使用高斯白噪声替换高次方谱特征来分析高次方谱特征对识别性能的影响，其他特征保持不变。与特征无缺失条件下的识别性能进行对比，有无高次方谱特征的识别性能对比结果如图 12-14 所示。

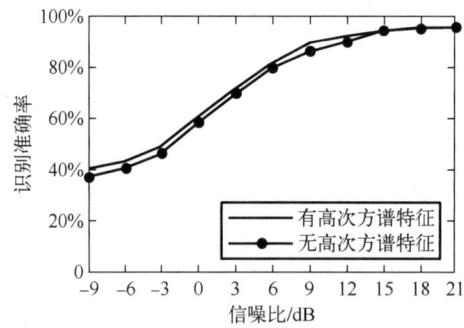

图 12-14　有无高次方谱特征的识别性能对比结果

在无高次方谱特征的情况下，4 个信道中的平均识别准确率为 70.9%，与完整特征条件下的识别准确率相比降低了 2.1%，说明了高次方谱特征的缺失会影响水声目标识别的调制识别性能，但是影响小于其他特征。

### 12.4.2　特征图边关系对识别性能的影响分析实验

在人工提取特征中，选取了 9 种高阶累积量特征，9 种特征之间存在复杂的关系，为了分析这些关系对识别性能的影响，开展了对比实验。去除特征图边关系后的邻接矩阵 $\tilde{A}_1$ 可表示为

$$\tilde{A}_1 = \begin{bmatrix} 1 & 1 & 1 & 1 & 1 & 1 & 1 & 1 & 1 & 1 & 1 & 1 & 1 & 1 & 1 \\ 1 & 1 & 0 & 0 & 0 & 0 & 0 & 0 & 0 & 0 & 0 & 0 & 0 & 0 & 0 \\ 1 & 0 & 1 & 0 & 0 & 0 & 0 & 0 & 0 & 0 & 0 & 0 & 0 & 0 & 0 \\ 1 & 0 & 0 & 1 & 0 & 0 & 0 & 0 & 0 & 0 & 0 & 0 & 0 & 0 & 0 \\ 1 & 0 & 0 & 0 & 1 & 0 & 0 & 0 & 0 & 0 & 0 & 0 & 0 & 0 & 0 \\ 1 & 0 & 0 & 0 & 0 & 1 & 0 & 0 & 0 & 0 & 0 & 0 & 0 & 0 & 0 \\ 1 & 0 & 0 & 0 & 0 & 0 & 1 & 0 & 0 & 0 & 0 & 0 & 0 & 0 & 0 \\ 1 & 0 & 0 & 0 & 0 & 0 & 0 & 1 & 0 & 0 & 0 & 0 & 0 & 0 & 0 \\ 1 & 0 & 0 & 0 & 0 & 0 & 0 & 0 & 1 & 0 & 0 & 0 & 0 & 0 & 0 \\ 1 & 0 & 0 & 0 & 0 & 0 & 0 & 0 & 0 & 1 & 0 & 0 & 0 & 0 & 0 \\ 1 & 0 & 0 & 0 & 0 & 0 & 0 & 0 & 0 & 0 & 1 & 0 & 0 & 0 & 0 \\ 1 & 0 & 0 & 0 & 0 & 0 & 0 & 0 & 0 & 0 & 0 & 1 & 0 & 0 & 0 \\ 1 & 0 & 0 & 0 & 0 & 0 & 0 & 0 & 0 & 0 & 0 & 0 & 1 & 0 & 0 \\ 1 & 0 & 0 & 0 & 0 & 0 & 0 & 0 & 0 & 0 & 0 & 0 & 0 & 1 & 0 \\ 1 & 0 & 0 & 0 & 0 & 0 & 0 & 0 & 0 & 0 & 0 & 0 & 0 & 0 & 1 \end{bmatrix} \quad (12\text{-}49)$$

度矩阵 $\tilde{D}_1$ 可表示为

$$\tilde{D}_1 = \mathrm{diag}(15,2,2,2,2,2,2,2,2,2,2,2,2,2,2) \quad (12\text{-}50)$$

识别系统的其他部分和训练过程保持不变，有无特征图边关系的识别性能对比结果如

图 12-15 所示。

在 4 种信道条件下，不使用特征图边关系条件下的识别准确率为 70.2%。不使用 9 种特征图边关系的条件下，4 个水声信道中的识别准确率降低了 3.0%。

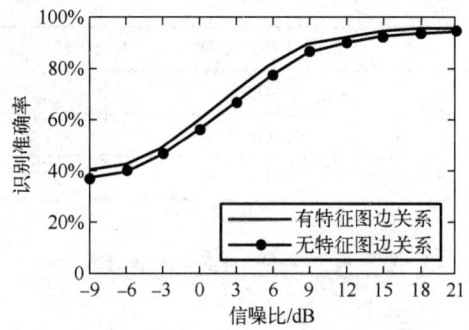

图 12-15　有无特征图边关系的识别性能对比结果

## 12.4.3　实测数据上的调制识别实验

利用水池采集信号和海试采集信号开展基于 GCN 的水声目标识别的调制识别系统的性能验证实验。首先对所有信号进行重采样和下变频，使其采样频率为 12kHz。水池采集信号的调制识别结果如表 12-5 所示。

表 12-5　水池采集信号的调制识别结果

| 信号类型 | 样本数/个 | 识别准确率（−5dB） | 识别准确率（0dB） | 识别准确率（10dB） |
| --- | --- | --- | --- | --- |
| 2FSK | 110 | 95% | 100% | 100% |
| 4FSK | 110 | 92% | 95% | 100% |
| 8FSK | 110 | 89% | 92% | 97% |
| BPSK | 70 | 96% | 98% | 100% |
| QPSK | 70 | 89% | 92% | 100% |
| 8PSK | 70 | 87% | 90% | 97% |
| 16QAM | 70 | 88% | 92% | 100% |
| 32QAM | 70 | 90% | 94% | 100% |
| 64QAM | 70 | 86% | 88% | 96% |

水池采集信号的平均识别准确率为 94.2%。

海试采集信号的调制识别结果如表 12-6 所示。

表 12-6　海试采集信号的调制识别结果

| 信号类型 | 样本数/个 | 正确识别样本数 | 识别准确率 |
| --- | --- | --- | --- |
| 2FSK | 81 | 77 | 95% |
| 4FSK | 100 | 89 | 89% |
| BPSK | 100 | 87 | 87% |
| QPSK | 100 | 84 | 84% |
| 16QAM | 50 | 42 | 84% |
| 32QAM | 50 | 43 | 86% |

基于 GCN 的水声目标识别的调制识别方法与其他方法在实测数据上的识别准确率对比如表 12-7 所示。

表 12-7　基于 GCN 的水声目标识别的调制识别方法与其他方法在实测数据上的识别准确率对比

| 模型 | 水池采集信号 | | | 海试采集信号 |
| --- | --- | --- | --- | --- |
| | −5dB | 0dB | 10dB | 0~5dB |
| CNN | 78.1% | 80.8% | 87.5% | 72% |
| GCN | 90.2% | 93.4% | 98.9% | 87.7% |

## 12.5　本章小结

本章讲述了图神经网络的概念，并利用水声通信调制领域的专家知识构建了水声通信特征图谱，充分利用人工提取特征和深度特征之间的关系将多域特征和深度特征进行融合，开展了基于 GCN 的多特征融合及调制识别系统的仿真和实测数据实验，结果表明：（1）所提出的基于 GCN 的特征融合算法可以使识别系统取得更好的识别结果；（2）本章所提出的深度神经网络模型更加轻量化，但需要提取多种人工提取特征；（3）基于 GCN 的特征融合算法可以有效融合多种人工提取特征和深度特征，所使用的特征包含有效的调制识别信息。时域波形包含水声目标识别的调制识别最重要的分类信息，去除时域特征后识别准确率降低了 26.8%，当功率谱深度特征、高阶累积量特征、循环平稳特征和高次方谱特征缺失时，识别准确率分别降低了 6.2%、6.3%、3.2%和 2.1%；（4）特征图边关系有助于提升识别性能，识别准确率提升了 3%；（5）基于 GCN 的水声目标识别多特征融合及调制识别系统在实测数据（水池采集信号和海试采集信号）上的平均识别准确率分别为 94.2%和 87.7%；（6）所提出的基于 GCN 的特征融合方法有效结合了深度学习理论与人工特征提取方法，使模型规模显著减小。

## 参 考 文 献

[1] 邵浩，张凯，李方圆，等. 从零构建知识图谱[M]. 北京：机械工业出版社，2021.

[2] GOLDBERG K, ROEDER T, et al. Eigentaste: a constant time collaborative filtering algorithm[J]. Information Retrieval, 2001, 4(2): 133-151.

[3] WANG X, HE X, WANG M, et al. Neural graph collaborative filtering[C]. New York, USA: Association for Computing Machinery, 2019: 165-174.

[4] XUAN Q, ZHOU J, QIU K, et al. AvgNet: adaptive visibility graph neural network and its application in modulation classification[J]. IEEE Transactions on Network Science and Engineering, 2022, 9(3): 1516-1526.

[5] YAO X, YANG H, SHENG M. Feature fusion based on graph convolution network for modulation classification in underwater communication[J]. Entropy, 2023, 25(7): 1-21.

[6] 刘忠雨，李彦霖，周洋. 深入浅出图神经网络：GNN 原理解析[M]. 北京：机械工业出版社，2019.

[7] LONG Y, WU J, LU B, et al. Relational graph learning on visual and kinematics embeddings for accurate gesture recognition in robotic surgery[C]. 2021 IEEE International Conference on Robotics and Automation. Xi'an, China, 2021, 13346-13353.

[8] DAVIS R, SHROBE H, SZOLOVITS P. What is a knowledge representation[J]. AI Magazine, 1993, 14(1): 17-33.

[9] HE K, ZHANG X, REN S, et al. Deep residual learning for image recognition[C]. 2016 IEEE Conference on Computer Vision and Pattern Recognition, Las Vegas, NV, USA, 2016, 770-778.

# 第13章 水声目标深度识别网络可视化与可解释

本章将讲述水声目标深度识别网络的可视化与可解释,分别论述可视化与可解释概述、可视化与可解释方法和实验,并给出相关理论以及水声目标识别应用实例。

## 13.1 水声目标深度识别网络的可视化与可解释概述

### 13.1.1 深度学习可视化与可解释的目的及意义

深度神经网络结构的"黑盒"特性,一方面让使用者在设计网络结构时需要不停地调试,调整网络层数、每层神经元数量等相关参数,大量精力花在试错上;另一方面,即使在识别任务中表现出色的网络,依然会犯一些人类不能理解的错误,这些错误在深度学习的应用上会给相关人员带来极大不便甚至危险,如应用在自动驾驶上,或应用在医学影像诊断识别及水声目标识别上。

深度神经网络可以自动提取与任务相关的特征,已经广泛应用于多个领域,如语音识别、自动驾驶、自动机器翻译等,并且在多个领域取得了优异的成果。在图像识别、图像检测和语音识别的基准测试中,基于深度学习的目标识别精度甚至可以超越人类的水平。

深度学习的应用越来越广泛,但其中包含的一些问题仍待解决。例如:每一层网络提取到的是什么样的特征?特征有何特点?特征表达了何种信息?对于一部分深度学习模型来说,通过可视化中间节点很难获取到直接判别的有效信息,但对基于视觉概念表示的深度卷积神经网络来说,其结构比较易于可视化。

可视化技术的研究与应用可以帮助改善网络结构、减少深度学习在应用中的缺陷、提高准确率。通过可视化技术可以观察到网络提取的特征,从而帮助研究者更好地理解网络工作过程。

### 13.1.2 深度学习可视化与可解释的原理

假设具有特定类别 $c$ 的最终分类分数 $Y^c$ 可以写成最后一层卷积层的特征图 $A^k$ 经全局平均池化(Global Average Pooling,GAP)后的线性组合

$$Y^c = \sum_k w_k^c \sum_i \sum_j A_{ij}^k \tag{13-1}$$

式中,$A_{ij}^k$ 为第 $k$ 层的特征图中空间位置 $(i,j)$ 处的特征,$w_k^c$ 为类别 $c$ 对应的第 $k$ 层特征图的权重。然后计算每个空间位置 $(i,j)$ 特定类的显著性图 $L_{ij}^c$

$$L_{ij}^c = \sum_k w_k^c A_{ij}^k \tag{13-2}$$

$L_{ij}^c$ 与特定类别 $c$ 在空间位置 $(i,j)$ 的重要性直接相关,因此可用作模型预测类别的可视化解释。这种方法通过最后一个卷积层为给定输入信号生成激活图,为每个类别 $c$ 训练线性分类器来估计这些权重 $w_k^c$。它的缺点是只能在带有 GAP 层的 CNN 上使用,同时需在 CNN 模

型训练后重新训练多个线性分类器。考虑将特征图 $A^k$ 和类别 $c$ 的权重 $w_k^c$ 定义为

$$w_k^c = \frac{1}{Z}\sum_i\sum_j \frac{\partial Y^c}{\partial A_{ij}^k} \quad (13-3)$$

式中，$Z$ 是激活图中空间位置 $(i,j)$ 的数量，是一个常数。之后将显著性图上采样后和反向传播的结果逐点相乘，得到最终的激活映射图。此时该方法可以在没有 GAP 层的 CNN 中使用，同时无须在 CNN 模型训练完成后再重新训练。但是它的缺点是如果输入中包含多个类别，则无法正确地可视化输入中主要的对象。

考虑将权重 $w_k^c$ 重新定义为

$$w_k^c = \sum_i\sum_j \alpha_{ij}^{kc} \mathrm{ReLU}\left(\frac{\partial Y^c}{\partial A_{ij}^k}\right) \quad (13-4)$$

式中，$\alpha_{ij}^{kc}$ 是类别 $c$ 和特征图 $A^k$ 每个位置 $(i,j)$ 的梯度加权系数。当在显著性图 $L_{ij}^c$ 中检测到抽象的视觉模式时，$A_{ij}^k=1$，$\alpha_{ij}^{kc}$ 的计算如式（13-5）；当没有检测到视觉模式时，$A_{ij}^k=0$，$\alpha_{ij}^{kc}$ 为 0。

$$\alpha_{ij}^{kc} = \frac{1}{\sum_{l,m}\frac{\partial y^c}{\partial A_{lm}^k}} \quad (13-5)$$

此时 $w_k^c$ 捕捉了特征图 $A^k$ 的重要性，激活图上正的梯度代表对分数正的影响，则特定类别 $c$ 的分类分数 $Y^c$ 为

$$Y^c = \sum_k\left\{\sum_a\sum_b \alpha_{ab}^{kc} \cdot \mathrm{ReLU}\left(\frac{\partial Y^c}{\partial A_{ab}^k}\right)\right\}\left[\sum_i\sum_j A_{ij}^k\right] \quad (13-6)$$

这里 $(i,j)$ 和 $(a,b)$ 都是同一激活特征图 $A^k$ 上的位置编号，为了避免混淆，使用两种表示。对两边求偏导，得到

$$\frac{\partial Y^c}{\partial A_{ij}^k} = \sum_a\sum_b \alpha_{ab}^{kc}\cdot\frac{\partial Y^c}{\partial A_{ab}^k} + \sum_a\sum_b A_{ab}^k\left\{\alpha_{ij}^{kc}\cdot\frac{\partial^2 Y^c}{\left(\partial A_{ij}^k\right)^2}\right\} \quad (13-7)$$

此时显著性图 $L_{ij}^c$ 可以通过前向激活图和 ReLU 的线性组合计算得到

$$L_{ij}^c = \mathrm{ReLU}\left(\sum_k w_k^c A_{ij}^k\right) \quad (13-8)$$

## 13.2 水声目标深度识别网络可视化与可解释方法和实验

深度学习可视化与可解释方法如图 13-1 所示。

### 1. 网络参数可视化

深度神经网络的参数有网络层数、卷积核大小、卷积核滑动步长、学习率等。有些参数

是人为设置的，如卷积核大小、卷积核滑动步长等，有些参数是在训练过程中学习的，如卷积核内的权重。了解网络的参数可以帮助认识网络学习到了哪些内容。

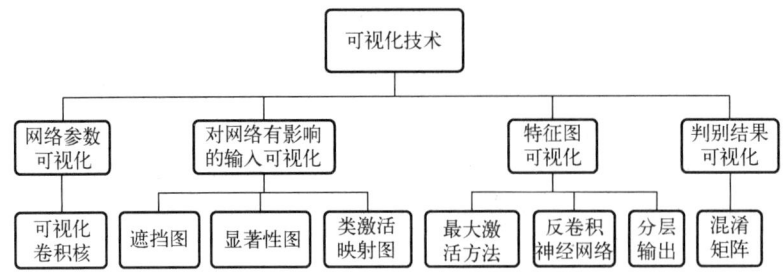

图 13-1　深度学习可视化与可解释方法

深度神经网络参数的可视化也就是将卷积核进行可视化，其可以帮助用户理解卷积核是如何感受数据的。卷积核是深度神经网络的基本组成部分，不同的卷积核会提取不同的特征，每个卷积层都由多个卷积核组成。通过可视化卷积核可以清楚地了解整个网络的学习过程，同时对于调整卷积核的大小及数量起到了参考作用。

**2．对网络有影响的输入可视化**

输入中包含的一些模式能够被卷积神经网络识别到，卷积神经网络根据这些模式对输入进行分类，寻找这些会影响卷积神经网络分类性能的输入模式可以帮助人类理解卷积神经网络在观察输入中的哪些部分。

加权梯度类激活映射作为一种生成热力图的技术，可以将输入图像中每个位置对分类任务的重要程度进行可视化。

加权梯度类激活映射是一种生成热力图的技术，类激活热力图表示图像的每个位置对该类别的重要程度。给定一张输入图像，对于一个卷积层的输出特征图，用类别相对于通道的梯度对这个特征图中的每个通道进行加权。直观理解就是用每个通道对特定类别的重要程度对不同通道的激活强度进行加权，从而得到输入图像对该类别的激活强度。

**3．特征图可视化**

卷积核对输入或上一层的输出进行卷积，就得到一张特征图。假设某一层有 10 个卷积核，10 个卷积核对上一层输出进行卷积，得到 10 个特征图，这 10 个特征图就组成了一层神经元。一个特征图就是卷积核从输入（或上一层输出）中提取的特征。

1）最大激活方法

卷积神经网络中，每个卷积层都在前一层的输出中寻找能够识别分类物体的模式。当输入包含其正在寻找的模式时，就能实现最大激活。为了理解神经网络的工作过程，在输入图像上应用卷积核，然后绘制其卷积后的输出，能够帮助理解卷积滤波器的特定激活模式。例如，有一个识别人脸的卷积核，当输入图像是人脸时，它就会被激活。在最大激活方法中，计算相对于输入的激活损失的梯度，然后相应地更新输入，以便最大限度地减少最大激活损失。在期望可视化方面，最常用的是 Bengio 等人在 2009 年提出的最大激活化方法，Simonyan 等人在 2014 年使用该方法可视化了深度卷积神经网络，并在 2015 年又通过引入正则化进一步优化了最大激活方法。对于已训练好的网络，寻找使给定的隐藏层神经元的激活值最大的输入值，该输入值就是特定卷积核识别的特征。

2）反卷积神经网络

反卷积神经网络的主要作用是把卷积神经网络从输入学到的特征还原到输入空间。反卷积可视化以各层得到的特征图作为输入，重复进行反池化、反激活、反卷积，得到的结果用以验证显示各层提取到的特征图。例如，原始图像的维度是 227×227 像素，在第 5 个卷积层输出后得到的特征图的维度是 13×13，对特征图进行反卷积可视化，最后得到与原始输入图像一样大小的图像。这张图像显示的内容就是原始输入图像中能产生该特征图的输入。Matthew Zeiler 等在 2012 年基于反卷积的方法可视化了 CNN 的中间层特征，它是第一个在真正意义上实现 CNN 特征可视化的方法。反卷积可视化方法通过把卷积神经网络每一层的特征图作为输入，进行反卷积、反池化操作，将特征映射回原数据，从而观察到每一个卷积层从输入数据中学习到的特征，即输入数据中被网络所学习到的特征。

3）分层输出

将模型不同层输出的特征图可视化，对每层输出的特征图进行 $t$-SNE 聚类，$t$-SNE 方法将特征从高维降到二维，相似的点会靠近。从点的聚集情况可以看出该层的特征学习情况，特征学习好的层，输出的点聚集明显。

卷积神经网络最早为了解决图像识别的问题，现在也被用在时间序列数据和文本数据处理中，卷积神经网络对于数据特征的提取不用额外进行，在对网络训练的过程中，网络会自动提取主要的特征。本节主要研究用最大激活方法可视化模型的期望，用反卷积神经网络的可视化方法研究输入中重要的部分，用 $t$-SNE 方法研究卷积神经网络不同层的学习效果，用混淆矩阵等方法可视化模型分类效果。

$t$-SNE 是一种用于降维的机器学习算法。为了体现卷积神经网络所提取特征的相关性，利用 $t$-SNE 对其进行降维，并在二维平面显示出来。相似特征的样本点会聚集，观察样本点的聚集情况，可以看出卷积神经网络不同层的学习效果。

4．判别结果可视化

混淆矩阵是分类模型性能评估的核心工具，可通过一个 $N×N$ 的矩阵（$N$ 为类别数）直观对比预测结果与真实标签。矩阵统计了四类基础结果：真正例（TP，预测与真实均为正类）、真反例（TN，预测与真实均为负类）、假正例（FP，负类误判为正类）、假反例（FN，正类误判为负类）。基于这些数据可计算识别准确率、精确率、召回率、F1 分数等指标，帮助定位模型在特定类别上的误判倾向（如医疗诊断需最小化 FN）、分析类别混淆规律（如多分类中类别间的易混淆性），并支持业务场景驱动的优化（如金融风控中权衡 FP/FN 代价）。其局限性在于样本不均衡时可能会掩盖模型缺陷，需结合具体需求综合评估。

## 13.2.1 加权梯度类激活映射方法

### 13.2.1.1 加权梯度类激活映射原理

加权梯度类激活映射会依据任意目标概念的梯度，把相关数据传至最后的卷积层，进而生成一张粗略的定位图，用于凸显图像中对于预测相关概念至关重要的区域。

在深度卷积神经网络中输入图像，正向传播，取特定卷积层的特征图，然后将该特征图中的每个通道通过与该通道相关的类的梯度进行加权，加权梯度类激活映射公式如下

$$S^c = \frac{1}{Z} \sum_i \sum_j \sum_k \frac{\partial y^c}{\partial A_{ij}^k} A_{ij}^k \qquad (13\text{-}9)$$

通过式（13-9）可计算特定类别的特征空间得分 $S^c$，即热力图。首先，对类别输出得分 $y^c$ 关于特征图 $A_{ij}^k$ 的偏导进行全局平均池化操作。然后，将结果与特征图沿其通道轴 $k$ 相乘。最后，将结果在通道上求平均池化。因此，特征空间的大小是 $i \times j$，$\Sigma$ 符号用于描述池化和平均操作。

通过加权梯度类激活映射得到热力图，将特征图与原始图像进行图像混合加权，可以清晰地看出网络对图像关注的焦点。

#### 13.2.1.2 水声目标识别应用实例

在本节利用加权梯度类激活映射方法对海洋哺乳动物声音识别的 CNN 模型提取的深度特征进行可视化，分析所用的节点特征是否学习到了海洋哺乳动物声音中对识别来说重要的成分。

本节可视化了海洋哺乳动物声音识别 CNN 模型从原始输入中提取的特征。首先将每类海洋哺乳动物的一段音频输入已经训练好的 CNN 模型，得到最后一个卷积层的特征图，然后计算特定类别输出得分 $y^c$ 与最后一个卷积层的特征图 $A_{ij}^k$ 之间的权重，最后为输入的音频生成一个可视化的解释。基于 CNN 特征的深度可解释实验流程如图 13-2 所示。

基于 5 类海洋哺乳动物声音的频域特征，将 CNN 模型提取的频域中有利于识别的成分进行可视化，实验结果如图 13-3～图 13-7 所示。位于图层上方的是海洋哺乳动物声音的频谱图，位于图层下方的是频域特征重要性可视化图，偏深颜色表示频域中该频率成分对海洋哺乳动物声音识别的 CNN 模型起到的作用较大，偏浅颜色表示频域中该频率成分对海洋哺乳动物声音识别的 CNN 模型起到的作用较小。

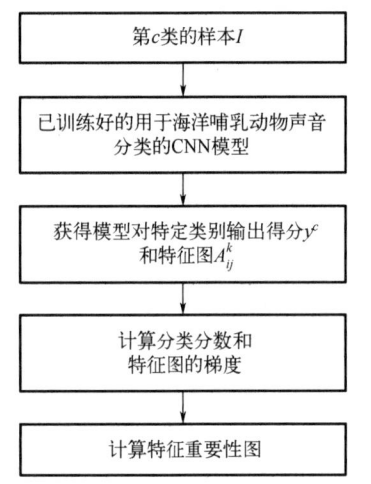

图 13-2　基于 CNN 特征的深度可解释实验流程

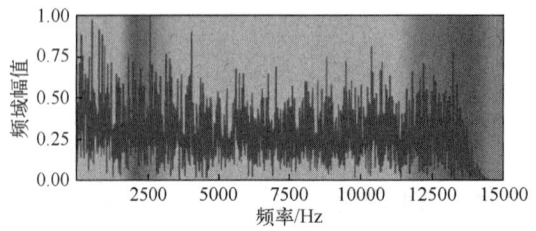

图 13-3　短吻飞旋原海豚声音时频图和频域特征重要性可视化图

从图 13-3 的频谱图可以看出，短吻飞旋原海豚发出的声音的频率范围主要为 10000～14000Hz，从频域特征重要性可视化图可以看到，用于海洋哺乳动物声音识别的 CNN 模型比较好地学习到了该动物的声音特征，对 2200～2600Hz 和 12000～14000Hz 的频率赋予较高的重要性。

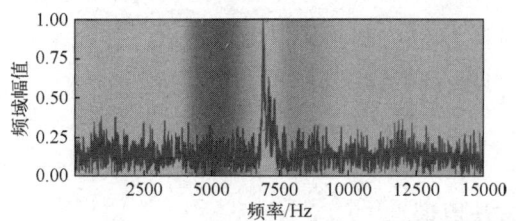

图 13-4　灰海豚声音时频图和频域特征重要性可视化图

从图 13-4 的频谱图可以看出，灰海豚发出的声音的频率范围主要为 4000～12000Hz，从频域特征重要性可视化图可以看到，用于海洋哺乳动物声音识别的 CNN 模型对 4000～6000Hz 和 7500～9000Hz 的频率赋予较高的重要性。

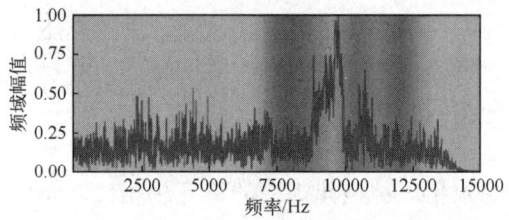

图 13-5　条纹原海豚声音时频图和频域特征重要性可视化图

从图 13-5 的频谱图可以看出，条纹原海豚发出的声音的频率范围主要为 7500～13000Hz，从频域特征重要性可视化图可以看到，用于海洋哺乳动物声音识别的 CNN 模型对 7500～13000Hz 的频率赋予较高的重要性。

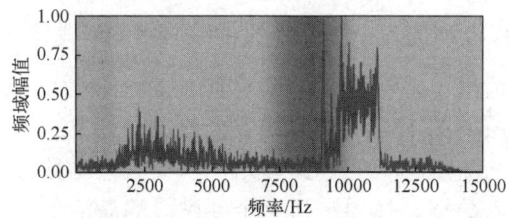

图 13-6　白吻斑纹海豚声音时频图和频域特征重要性可视化图

从图 13-6 的频谱图可以看出，白吻斑纹海豚发出的声音的频率范围主要为 9000～11000Hz，从频域特征重要性可视化图可以看到，用于海洋哺乳动物声音识别的 CNN 模型对 7300～10000Hz 的频率赋予较高的重要性。

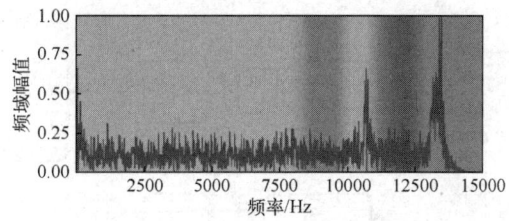

图 13-7　白腰斑纹海豚声音时频图和频域特征重要性可视化图

从图 13-7 的频谱图可以看出，白腰斑纹海豚发出的声音的频率范围主要为 7500～13000Hz，从频域特征重要性可视化图可以看到，用于海洋哺乳动物声音识别的 CNN 模型对 8000～10000Hz 和 11000～15000Hz 的频率赋予较高的重要性。

从特征重要性可视化图可以看到，频谱中被赋予较高重要性的频率成分和时频图中该动物发出声音的频率大致相同。从以上实验结果可以看出，用于海洋哺乳动物声音识别的 CNN 模型比较好地学习到了不同海洋哺乳动物的声音特征。

### 13.2.2 最大激活方法

#### 13.2.2.1 最大激活方法原理

最大激活方法的提出是为了可视化每层神经网络中使神经元激活值最大的输入。该输入可以指示神经元已经学习到的特征，这些学习到的特征由一个可以引起神经元激活最大化的综合输入模式表示。

猫的视皮层上存在简单细胞和复杂细胞，简单细胞会对感受野中特定朝向的线段做出反应，而复杂细胞对特定朝向的线段移动也能做出反应。简单细胞具有特征提取的功能，复杂细胞具有抗变形、对特征容错的功能。在卷积神经网络中，卷积层具有和简单细胞相同的作用，池化层具有和复杂细胞相同的作用。

当神经元提取特定特征，而输入数据包含该特定特征时，神经元就会兴奋，神经元此时被激活并进行输出。某个输入和该神经元提取的特征越相似，响应就越大。因此认为如果某个输入数据使神经元输出激励值最大，则表明该输入数据与该神经元所提取的特征在结构或模式上最匹配，即该神经元对这一输入数据的特征识别具有最强的响应。

最大激活方法的原理为

$$x^* = \arg \max_{x \, \text{s.t.} \|x\| = \rho} h_{ij}(\theta, x) \tag{13-10}$$

式中，$\theta$ 表示神经网络的权重和偏差，训练好的神经网络的 $\theta$ 是固定的；$h_{ij}(\theta, x)$ 表示在网络中给定层上给定单元的激活值；$x$ 表示输入的样本。

最大激活方法的流程图如图 13-8 所示。定义一个损失函数，这个函数将用于使某个指定卷积核的激活值最大化。从随机输入的数据开始，以最大化函数值为优化目标，将梯度下降应用于卷积神经网络的输入数据，目的是让某个卷积核的激活值最大，从而得到对选定卷积核具有最大响应的结果。

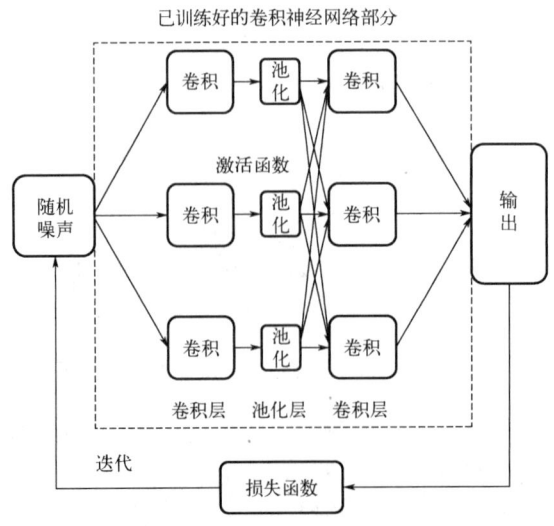

图 13-8 最大激活方法的流程图

#### 13.2.2.2 水声目标识别应用实例

本节提出并构建了基于最大激活可解释的水声目标识别模型。最大激活方法的思路是：寻找一个输入模式，它最大限度地激活给定的隐藏层神经元。

一种简单的实现方法是：对于给定的单元，找到来自训练集或测试集的能够产生单元最大激活的输入样本。但是选择每个单元保留多少样本以及如何"组合"这些样本很难决定。理想情况下，可以直观地发现这些样本有哪些共同之处。但是很有可能最大激活只对输入向量的某些子集有响应，很难确定输入中的哪些子集对最大激活有贡献。

从更广泛的角度来看，不从训练集或测试集中搜索输入模式，将最大限度地激活一个单元视为一个可优化问题。设 $\theta$ 为神经网络参数（权重和偏差），设 $h_{ij}(\theta,x)$ 为神经网络中给定层 $j$ 对给定单元 $i$ 的激活，$h_{ij}$ 是 $\theta$ 和输入样本 $x$ 的函数。假设 $\theta$ 固定（网络训练后的参数），可以将最大限度地激活一个单元视为寻找使 $h_{ij}(\theta,x)$ 最大化的输入 $x^*$。

对于这个问题，通过在输入空间中执行简单的梯度上升，即计算 $h_{ij}(\theta,x)$，并使 $x$ 沿着梯度的方向移动，当梯度为零时，$h_{ij}(\theta,x)$ 的激活值达到最大。

这种优化技术适用于任何可以计算上述梯度的网络。与任何梯度下降技术一样，它也包含超参数的选择，例如，学习速率和停止准则。

通过优化针对某个特定神经元的输入，输入和该神经元提取的特征越相似，响应就越大。因此认为如果某个输入数据使神经元的输出激励值最大，这个神经元就提取了和这个输入差不多的特征。

基于水声目标识别模型的最大激活可解释方法实现过程如图 13-9 所示。

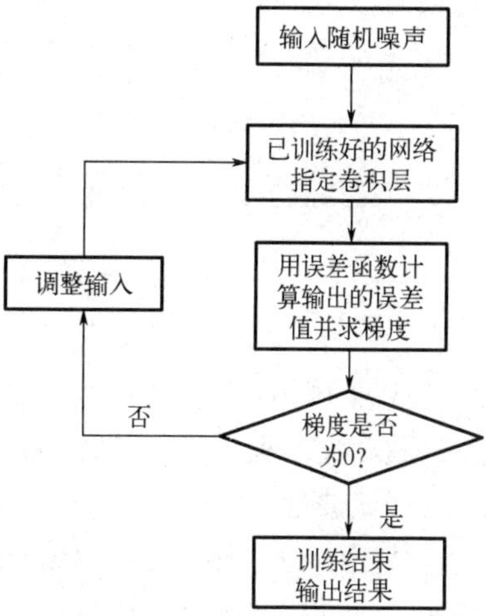

（1）训练专用深度水声目标识别模型，每经过一定训练周期均对模型进行保存；

（2）将随机噪声输入已训练好的水声目标识别模型；

图 13-9 基于水声目标识别模型的最大激活可解释方法实现过程

（3）将随机噪声从输入层输入，到指定卷积层输出；
（4）用误差函数计算卷积层输出的误差，并计算误差的梯度；
（5）如果梯度不为 0，调整输入，返回（2），直到梯度为 0 为止。

通过检测神经元的最大激活，可以观察到输入水声信号时频图中哪些输入部分能得到神经元的最大响应，这个输入部分和神经元提取的水声目标特征是最相似的。

表 13-1 展示的是海洋鲸鱼音频识别实验在经过不同的训练周期后训练集与测试集的准确率。在不同的训练周期结束后对模型进行保存，之后用最大激活方法对模型进行可视化。

表 13-1 经过不同训练周期后训练集与测试集的准确率

| 训练周期 | 训练集准确率 | 测试集准确率 |
| --- | --- | --- |
| 01 | 36% | 48% |
| 04 | 65% | 66% |
| 07 | 85% | 85% |
| 27 | 98% | 94% |

图 13-10 是最大激活第 2 个卷积层上第 37 个卷积核的时域信息。第一行是第 1 个训练周期结束后使该卷积核激活最大的输入；第二行是第 4 个训练周期结束后使该卷积核激活最大的输入；第三行是第 7 个训练周期结束后使该卷积核激活最大的输入；第四行是第 27 个训练周期结束后使该卷积核激活最大的输入。

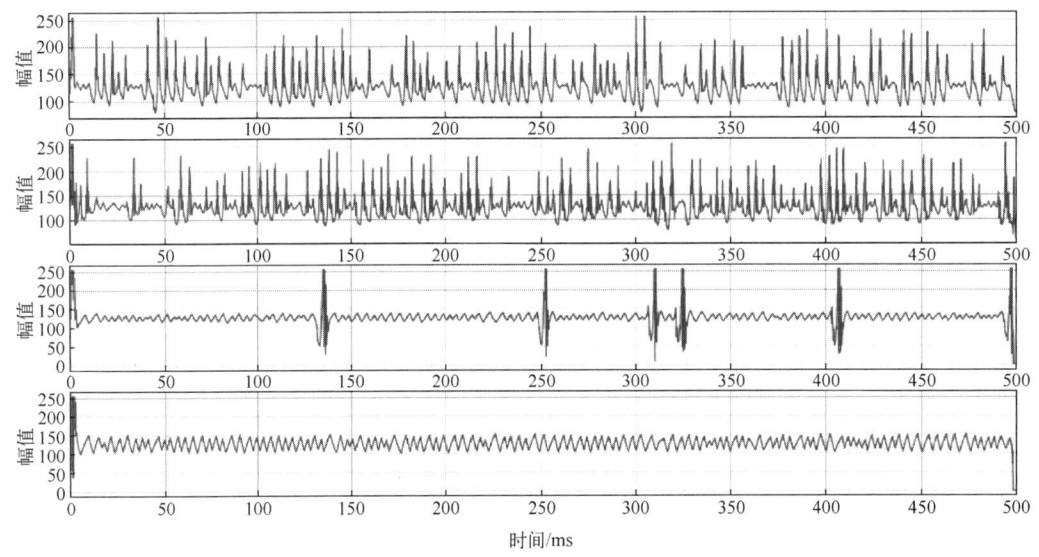

图 13-10　最大激活第 2 个卷积层上第 37 个卷积核的时域信息

从图 13-10 所示的时域信息观察，该卷积核在第 1 个训练周期结束后学习到的特征幅值大、波动大。训练周期增加后，一部分幅值较大的波受到抑制，幅值减小，整体平稳，无大的波峰或波谷。

从图 13-11 所示的频域信息观察，第 1 个训练周期提取的频率特征较复杂，主要集中在 1000Hz 以内，1000Hz 以外的频域也有微小的幅值。训练周期增加后，频域成分主要集中在 500Hz 以内，同时 500Hz 以外的幅值被抑制。

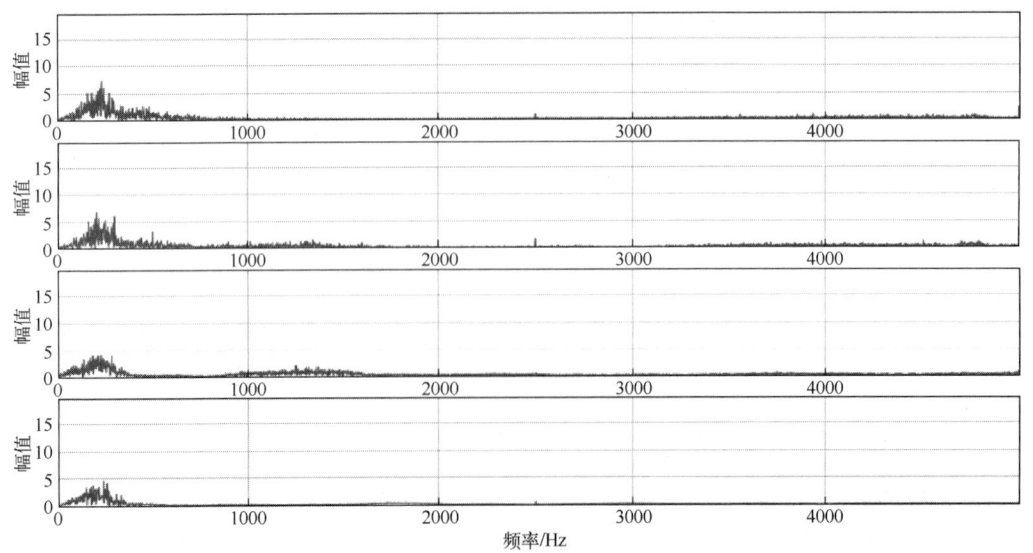

图 13-11　最大激活第 2 个卷积层上第 37 个卷积核的频域信息

### 13.2.3 反卷积方法

#### 13.2.3.1 反卷积原理

反卷积的步骤如图 13-12 所示,将池化处理后的图像从前向传播的卷积神经网络中提出,输入反卷积神经网络,先进行反池化处理,之后使用线性整流函数进行激活,最后经过反卷积处理得到该层的重构图。将重构图接着输入反卷积神经网络,直到输出的特征图和输入图像的尺寸相同。

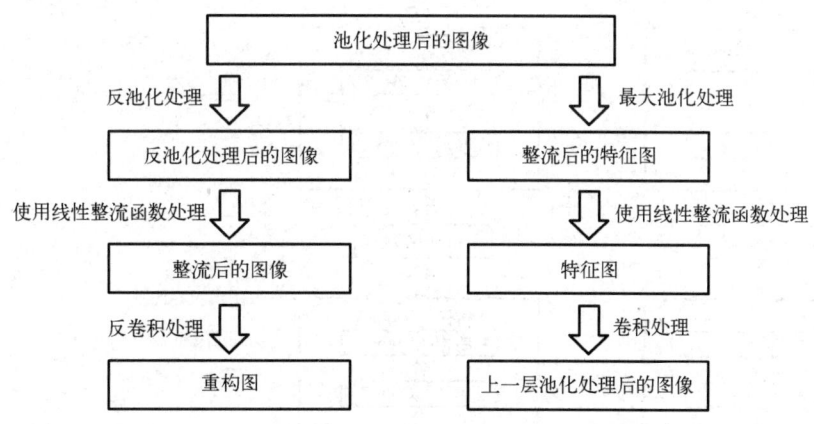

图 13-12  反卷积的步骤

图 13-13 所示为对卷积层 Conv4_3 的特征图的可视化处理流程图。先将图像按照深度卷积神经网络进行前向传播,在第四卷积区块后的最大池化层将池化结果提取出来,将该结果输入对应层次的反卷积神经网络中,在输出层得到重构图。

#### 1. 反卷积算子

如图 13-14 所示,原图像的维度为 4×4 像素,卷积核为 3×3,卷积步长为 1,特征图的维度为 2×2。对该特征图进行反卷积,则反卷积核为 3×3,反卷积步长为 1,需要对特征图进行两圈的补白(因为(4−1)×1+3−2=4,所以将特征图边长增大 4,即进行两圈补白),补白计算公式为:(原图像边长−1)×步长+卷积核边长−特征图边长。

#### 2. 反池化算子

在反池化的时候,只把池化过程中最大激活值所在的位置坐标的值激活,其他的值置为 0。当然该过程只是一种近似,因为在池化的过程中,除了最大值所在的位置,其他的值也是不为零的。

如图 13-15 所示,图中左边表示池化(Pooling)过程,右边表示反池化(Unpooling)过程。

假设初始特征图的维度为 3×3,经过维度为 3×3 的最大池化后,输出结果为初始特征图的最大值 9。而反池化与池化过程相反,它是一个上采样的过程,是池化的一个反向运算。当由一个神经元扩展到 3×3 个神经元的时候,需要借助池化过程记录最大值所在的位置坐标(0,1),然后在反池化过程中把(0,1)这个像素点的位置填上去,其他的神经元激活值全部为 0。

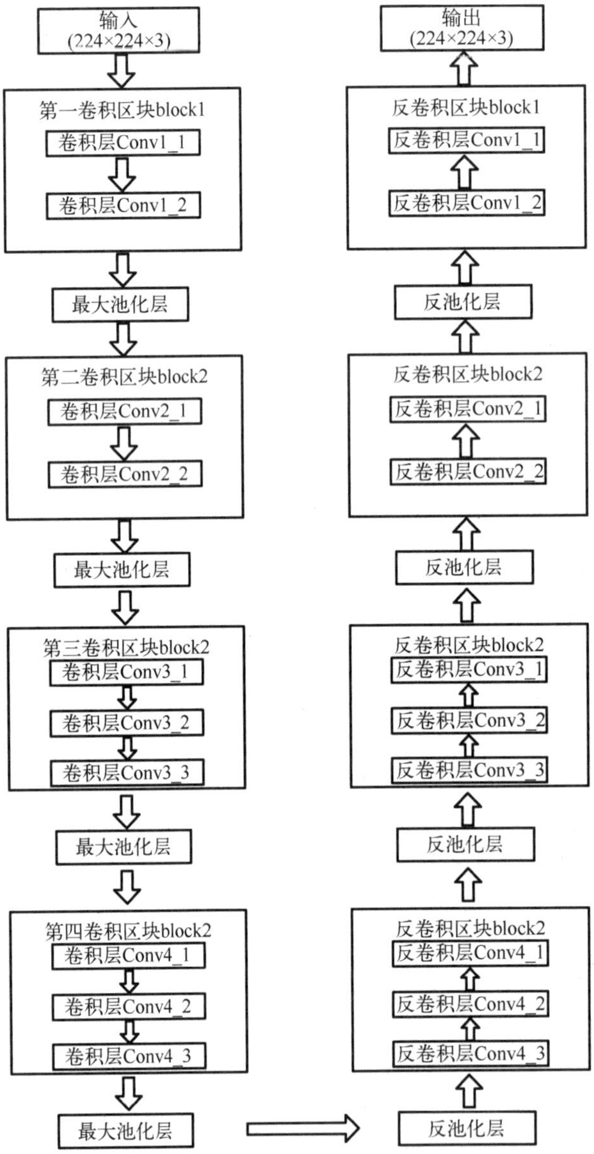

输入
(224×224×3)
第一卷积区块block1
卷积层Conv1_1
卷积层Conv1_2
最大池化层
第二卷积区块block2
卷积层Conv2_1
卷积层Conv2_2
最大池化层
第三卷积区块block2
卷积层Conv3_1
卷积层Conv3_2
卷积层Conv3_3
最大池化层
第四卷积区块block2
卷积层Conv4_1
卷积层Conv4_2
卷积层Conv4_3
最大池化层
输出
(224×224×3)
反卷积区块block1
反卷积层Conv1_1
反卷积层Conv1_2
反池化层
反卷积区块block2
反卷积层Conv2_1
反卷积层Conv2_2
反池化层
反卷积区块block2
反卷积层Conv3_1
反卷积层Conv3_2
反卷积层Conv3_3
反池化层
反卷积区块block2
反卷积层Conv4_1
反卷积层Conv4_2
反卷积层Conv4_3
反池化层

图 13-13 对卷积层 Conv4_3 的特征图的可视化处理流程图

图 13-14 反卷积示意图

9
提供位置坐标(0,1)
9
2 9 5
6 7 3
5 4 8
0 9 0
0 0 0
0 0 0
池化
反池化

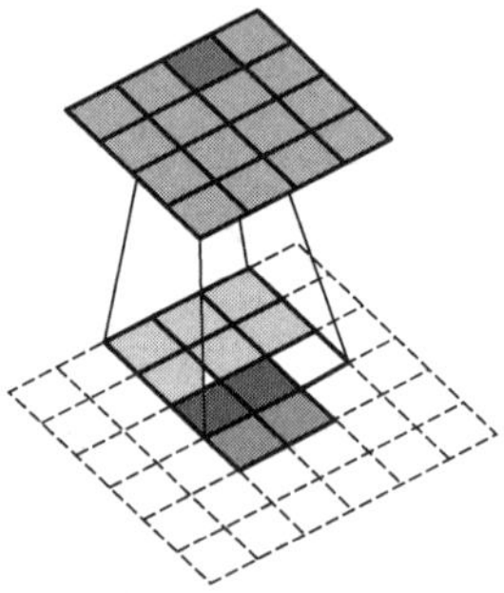

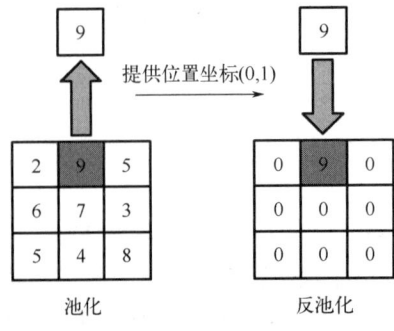

图 13-15 池化与反池化

## 3. 反激活算子

在深度卷积神经网络中，ReLU 函数用于保证每层输出的激活值都是正数，因此对于反向过程，同样需要保证每层的特征图为正值，也就是说，这个反激活过程和激活过程没有什么差别，都直接采用 ReLU 函数。

#### 13.2.3.2 水声目标识别应用实例

在用于水声目标识别的卷积神经网络中，通过卷积操作可以提取输入中的特征，高层的卷积层能够从低层的卷积层中学习到更复杂的特征，从而实现对输入水声信号的识别。

本节提出并构建基于反卷积可解释的水声目标识别模型，该模型如图 13-16 所示。

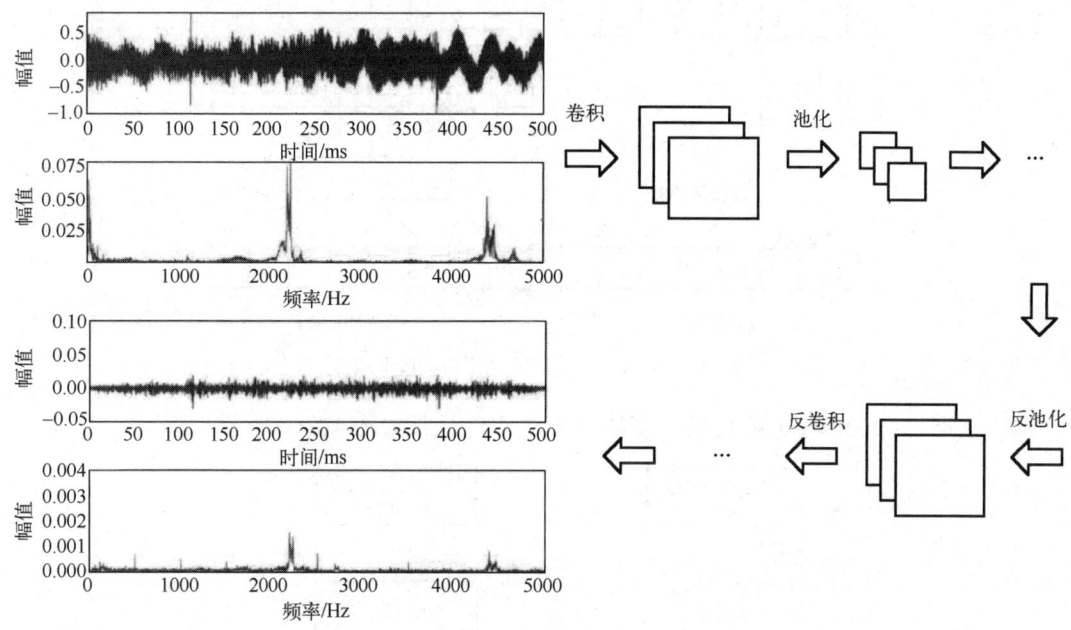

图 13-16 基于反卷积可解释的水声目标识别模型

基于反卷积可解释的水声目标识别模型可用于解释已经训练好的水声目标识别模型，将神经元提取到的特征映射到输入空间的像素。在卷积神经网络中，池化层的作用是减小卷积层产生的特征图的尺寸，池化过程有时候又被称为下采样过程。池化操作有最大池化、平均池化、随机池化等几种类型，最常用的是最大池化。最大池化是选取区域内的最大值作为新的特征图。最大池化操作通常是不可逆的，然而可以通过记录最大值的位置来近似执行它的反操作。

池化与反池化的过程如图 13-17 所示，在池化区域只保留最大值，其余数据忽略，同时记录该区域中最大值所在的位置；在反池化过程中，依据之前记录的最大值所在的位置，将特征图上的数字重新还原到新特征图上，除了最大值所在的位置，其余位置上的数值置 0。

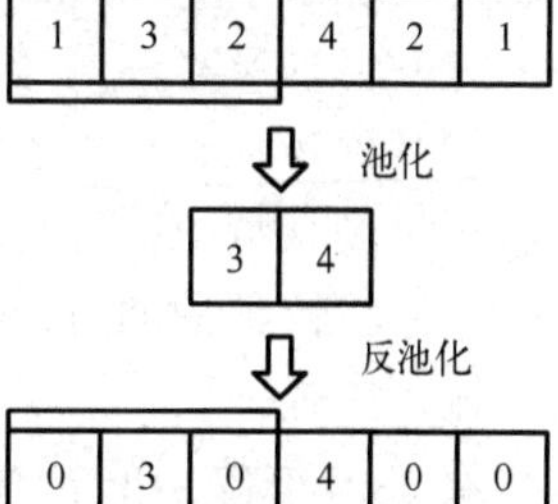

在卷积神经网络中，卷积层的作用是提取局部特征，卷积层的权重也称为卷积核。在卷积神经网络的卷积层中，一个神经元只与部分邻层神经元连接。卷积神经网络的一个卷积层通

图 13-17 池化与反池化的过程

常包含若干特征图,同一特征图的神经元共享权重,这里共享的权重就是卷积核。卷积核是一个矩阵,它是用来检测特定特征的。

卷积与反卷积的过程如图13-18所示,卷积操作可以看作输入样本和卷积核的内积运算。将可学习的卷积核与上一层的特征图进行卷积,为了近似地反转这个过程,反卷积层利用同一卷积核的转置矩阵(垂直和水平翻转)作为卷积核,对卷积神经网络输出的特征图同样进行卷积。卷积操作和反卷积操作的不同仅在于输入和卷积核不同。反卷积先按照一定比例通过补零来增大输入数据的尺寸,接着旋转卷积核(得到反卷积的卷积核),再进行正向卷积,得到反卷积结果。

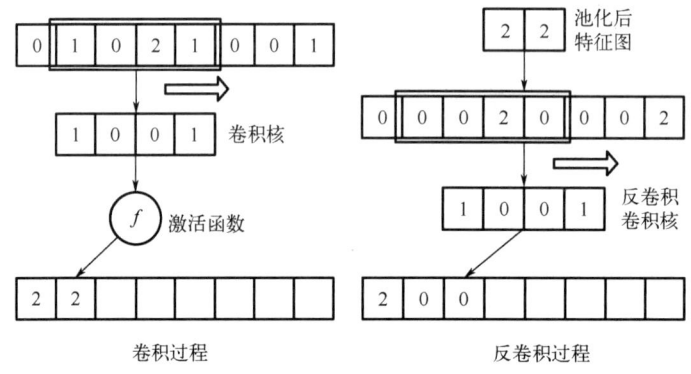

图 13-18　卷积与反卷积的过程

基于水声目标识别模型的反卷积可解释方法实现过程如图13-19所示。

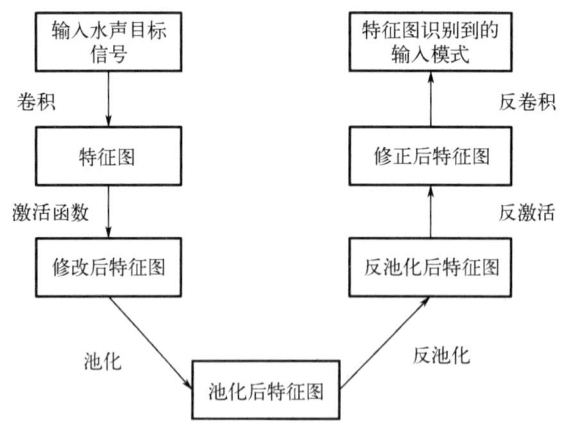

图 13-19　反卷积可解释方法实现过程

(1) 将水声目标信号输入已训练好的水声目标识别模型;

(2) 输入数据在水声目标识别模型中前向传播,经过卷积运算、激活函数运算和池化操作后产生多张特征图,每个卷积层有多少卷积核,在卷积后就会产生多少特征图;

(3) 将特征图通过反池化、反激活、反卷积运算后返回输入空间,此时得到特征图识别到的输入模式。

反卷积对数据的特征起还原的作用,可以还原每个卷积核关注的水声特征在输入数据中的分布情况,从而可以观察不同卷积核对特征提取的差异以及网络逐层的特征提取过程。

## 13.2.4 基于特征降维 t-SNE 可视化方法

### 13.2.4.1 t-SNE 原理

$t$ 分布-随机近邻嵌入（$t$-distributed Stochastic Neighbor Embedding，$t$-SNE）方法来源于 SNE 方法，SNE 方法的理论如下。

SNE 使用条件概率来描述两个数据之间的相似性，假设 $x$ 是高维空间的样本点，以点 $x_i$ 为中心构建方差为 $\sigma_i$ 的高斯分布，$p_{j|i}$ 表示 $x_j$ 是 $x_i$ 邻域的概率。如果 $x_j$ 离 $x_i$ 很近，那么 $p_{j|i}$ 很大，对 $p_{j|i}$ 定义如下

$$p_{j|i} = \frac{\exp\left(-\frac{\|x_i - x_j\|^2}{2\sigma_i^2}\right)}{\sum_{k \neq i}\exp\left(-\frac{\|x_i - x_k\|^2}{2\sigma_i^2}\right)} \tag{13-11}$$

$y$ 是低维空间的样本点，$q_{j|i}$ 表示 $y_j$ 是 $y_i$ 邻域的概率，对 $q_{j|i}$ 定义如下

$$q_{j|i} = \frac{\exp\left(-\|y_i - y_j\|^2\right)}{\sum_{k \neq i}\exp\left(-\|y_i - y_k\|^2\right)} \tag{13-12}$$

如果考虑 $x_i$ 与其他所有点之间的条件概率，那么会构成一个条件概率分布 $P_i$，同样在低维空间也会有与之对应的条件概率分布 $Q_i$。

当 $p_{j|i} = 0.9$，也就是 $x_j$ 离 $x_i$ 很近时，如果算法计算映射到低维空间的 $p_{j|i} = 0.1$，也就是映射后 $x_j$ 离 $x_i$ 很远，那么此时目标函数会有很大的损失，SNE 方法也因此保证了数据的局部性。

当 $p_{j|i} = 0.1$，也就是 $x_j$ 离 $x_i$ 很远时，如果算法计算映射到低维空间的 $p_{j|i} = 0.9$，也就是映射后 $x_j$ 离 $x_i$ 很近，那么此时目标函数会有很小的损失，实际上并不希望得到这样的结果，大的损失才是想要的结果，但由于 $K-L$ 散度本身具有不对称性，因此这一缺陷无法避免。

针对 $K-L$ 散度本身的不对称性和拥挤问题对 SNE 进行改进，原始 SNE 中，在高维空间中条件概率 $p_{j|i}$ 不等于 $p_{i|j}$，在低维空间中 $p_{j|i}$ 不等于 $p_{i|j}$，于是提出对称 SNE，采用更加通用的联合概率分布代替原始的条件概率，使得 $p_{i|j} = p_{j|i}$，$q_{i|j} = q_{j|i}$。在低维空间定义 $q_{ij}$

$$q_{ij} = \frac{\exp\left(-\|y_i - y_j\|^2\right)}{\sum_{k \neq l}\exp\left(-\|y_k - y_l\|^2\right)} \tag{13-13}$$

式中，$k$ 和 $l$ 是遍历整个数据集中所有点的索引，与分子中的和无关。

在高维空间定义 $p_{ij}$

$$p_{ij} = \frac{\exp\left(-\frac{\|x_i - x_j\|^2}{2\sigma_i^2}\right)}{\sum_{k \neq l}\exp\left(-\frac{\|x_k - x_l\|^2}{2\sigma_i^2}\right)} \tag{13-14}$$

式中，$k$ 和 $l$ 是遍历整个数据集中所有点的索引，与分子中的和无关。

此时会产生异常值问题，假设 $x_i$ 是一个异常点，$\|x_i - x_j\|$ 的平方会很大，对于所有的 $x_j$，$p_{j|i}$ 的值会很小，导致低维映射下的 $y_i$ 对整个损失函数的影响很小，但对于异常值，显然需要得到一个更大的惩罚，于是将高维空间中的联合概率修正为

$$p_{ij} = \frac{p_{i|j} + p_{j|i}}{2} \tag{13-15}$$

此时的梯度变为

$$\frac{\mathrm{d}C}{\mathrm{d}y_i} = 4\sum_j (p_{ij} - q_{ij})(y_i - y_j)$$
$$C = \sum_i \sum_j p_{ij} \log \frac{p_{ij}}{q_{ij}} \tag{13-16}$$

式中，$C$ 表示优化的目标函数。相比于原始 SNE，对称 SNE 的梯度更加简化，计算效率更高，但对称 SNE 的效果只略微优于原始 SNE 的效果。

由于高斯分布的尾部较低，对异常点比较敏感，因此为了顾及异常点，高斯分布的拟合结果会偏离大多数样本所在的位置，方差也较大。相比之下，$t$ 分布的尾部较高，对异常点不敏感，保证了其鲁棒性，因此其拟合结果更为合理，能够更好地提取数据的整体特征。因此在对称 SNE 中引入 $t$ 分布，在低维空间中，用自由度为 1 的 $t$ 分布重新定义

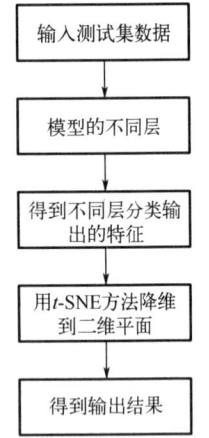

图 13-20　$t$-SNE 可视化方法的实现过程

$$q_{ij} = \frac{\left(1 + \|y_i - y_j\|^2\right)^{-1}}{\sum_{k \neq i}\left(1 + \|y_i - y_k\|^2\right)^{-1}} \tag{13-17}$$

然后与原始 SNE 一样，使用 $K-L$ 散度定义目标函数从而进行优化并求解。

基于水声目标识别模型 $t$-SNE 可视化方法的实现过程如图 13-20 所示。

（1）将训练好的水声目标识别模型从输入层到第 1 个卷积层保存为一个模型，依次将输入层到不同卷积层、输入层到不同全连接层保存为不同的模型；

（2）将测试集水声信号输入（1）保存的不同模型中，得到不同层对特征的分类输出；

（3）将不同层对特征的分类输出用 $t$-SNE 方法将高维特征降维到二维平面进行可视化，可以看出不同层的分类效果。

$t$-SNE 可视化方法可以直观评价水声目标识别卷积神经网络中任一层的学习效果，如果该层网络的学习效果好，提取的特征有利于识别，那么降维后在平面上不同类别的信号片段会分开，同一类别的信号片段会靠近。

#### 13.2.4.2　水声目标识别应用实例

为了直观体现水声目标识别模型不同层提取到的水声特征的相关性，本节提出并构建了不同层水声特征分类效果的 $t$-SNE 可视化方法，$t$-SNE 可视化方法的实现流程如图 13-21 所示。

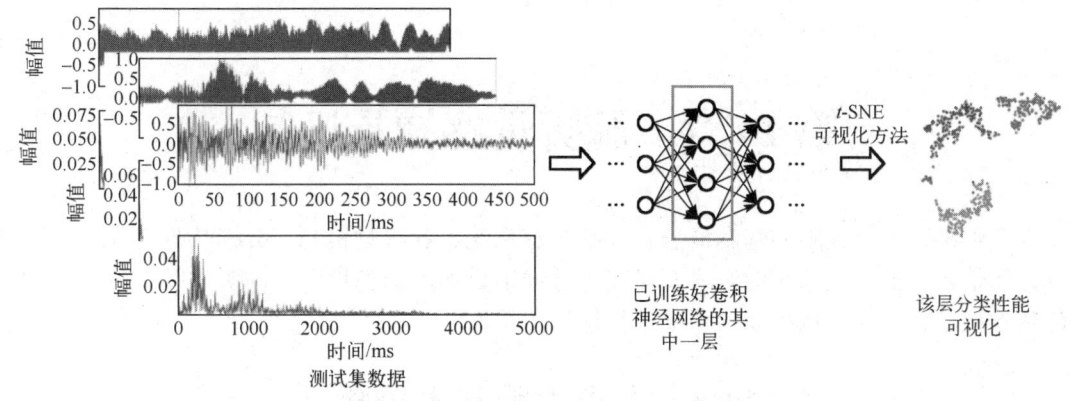

图 13-21 $t$-SNE 可视化方法的实现流程

利用 $t$-SNE 可视化方法将网络不同层的输出结果进行可视化，同一类别的信号片段的特征差异小，不同类别的信号片段的特征差异大。

## 13.3 本章小结

本章主要论述了对深度学习可视化与可解释的原理，并且采用各种方法对深度神经网络模型进行可视化实验，观察对应分类效果，并对深度神经网络模型分类性能评价可视化与可解释进行描述，进而用上述理论对模型进行了评价与可视化实验。

通过对模型的评价与可视化实验可以发现模型对哪一类别的数据识别得较好，对哪一类别的数据识别得较差。实验结果可以帮助研究人员了解模型学习到的特征主要是哪一类别的；可以帮助研究改进模型的性能，例如，增大分类识别不好类的样本数量等。

## 参 考 文 献

[1] ABDELHAMID O, MOHAMED A, JIANG H, et al. Applying convolutional neural networks concepts to hybrid NN-HMM model for speech recognition[C]. International Conference on Acoustics, Speech, and Signal Processing, 2012: 4277-4280.

[2] YANG H, XU G, YI S, et al. A new cooperative deep learning method for underwater acoustic target recognition[C/OL]. OCEANS 2019-Marseille. 2019: 1-4.

[3] 杨宏晖，李益青，姚晓辉. 基于深度卷积神经网络的水声通信调制识别[C]. 2018 年全国声学大会论文集：水声工程和水声信号处理. 中国声学学会，2018：58-59.

[4] 李玉鑑，张婷，单传辉，等. 深度学习卷积神经网络从入门到精通[M]. 北京：机械工业出版社，2018.

[5] 山下隆义. 图解深度学习[M]. 北京：人民邮电出版社，2018.

[6] ZEILER M D, TAYLOR G W, FERGUS R. Adaptive deconvolutional networks for mid and high level feature learning[C]. International Conference on Computer Vision. IEEE Computer Society, 2011: 2018-2025.

# 第 14 章　脑听觉感知及机制

本章将讲述人类大脑的基本概念、人脑听觉系统、脑听觉机制，分别从听觉外周与听觉中枢方面讲述人脑听觉系统的组成及功能，并详细讲述脑听觉机制下的听觉频率感知机制、音色感知机制、被动注意机制与主动选择性注意机制。

## 14.1　人类大脑基本概念

人类大脑是人体最复杂的器官之一，由多个关键结构和功能区域组成，共同协调身体的各种活动。大脑皮层作为大脑的最外层，主要包括额叶、顶叶、颞叶和枕叶。额叶主要负责高级认知功能；顶叶主要负责触觉、空间感知和身体定位；颞叶主要负责听觉、语言理解和记忆形成；枕叶主要负责视觉信息的处理。此外，边缘系统（包括海马体和杏仁核）在情绪调节和记忆形成中起重要作用。大脑内部还有丘脑和下丘脑。神经元作为大脑神经系统最基本的结构和功能单位，它们通过电信号和化学信号实现信息传递。大脑的功能系统包括感觉系统、运动系统、认知系统以及情绪调节系统。

## 14.2　人脑听觉系统

听觉系统是大脑感知世界的重要途径之一。声波由外耳收集后，经过中耳的放大和内耳耳蜗的转换，将振动信号转换为电信号。电信号再经听神经传递到耳蜗核和上橄榄核，进行声音的初步处理与定位。随后，电信号进一步传递到丘脑内侧膝状体，最终到达位于颞叶的初级听觉皮层进行声音基本特征的分析，次级听觉皮层和颞上回则处理复杂的声音信息。

### 14.2.1　听觉外周

听觉外周包括外耳、中耳和内耳，主要负责声信号的接收、增强、传递、能量转换、初步处理等，为听觉中枢的声音感知提供信息基础。在听觉外周中，当声音以压力波的形式到达人耳时会引起耳膜振动，然后通过位于中耳的听小骨（锤骨、砧骨和镫骨）将振动传递给内耳的耳蜗。耳蜗是外周听觉系统中最重要的听觉器官之一，具备两个基本功能。耳蜗的第一个功能是振动信号通过耳蜗内流体压强传递到基底膜，从而形成沿基底膜传播的行波。耳蜗的结构使基底膜的不同区域对特定频率的声音更加敏感。频率较高的声音引起镫骨附近的基底膜振动，而频率较低的声音引起基底膜顶部的振动。复杂声音蕴含着丰富的频率信息，这些声音会引起基底膜多个位置的振动，因此耳蜗能够根据不同的频率有效地分离出不同的声音成分。耳蜗的第二个功能是由分布在耳蜗上的内毛细胞将基底膜的振动转换成听觉神经发放信号。声音中各频率成分的强弱不同，会引起基底膜相应位置不同程度的振动，通过频谱刻画了声音不同频率成分对应的振动幅值，因此耳蜗能够将声音振动的频率、幅值等信息转换成人脑可处理的神经信息。耳蜗的结构和基底膜的频率分布如图 14-1 所示。

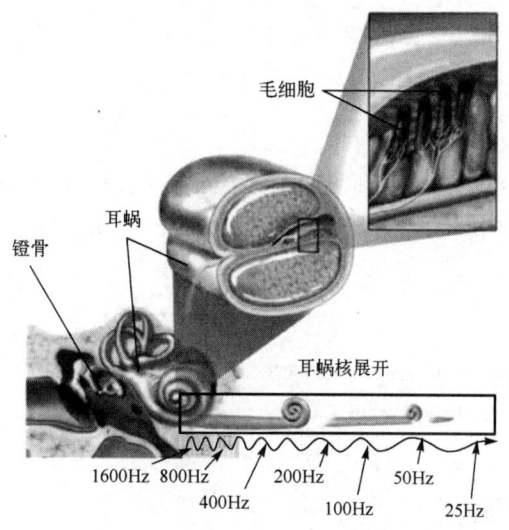

图 14-1 耳蜗的结构和基底膜的频率分布

## 14.2.2 听觉中枢

听觉中枢主要由耳蜗核、上橄榄核、下丘、丘脑内侧膝状体和听觉皮层组成，听觉中枢的结构示意图如图 14-2 所示。

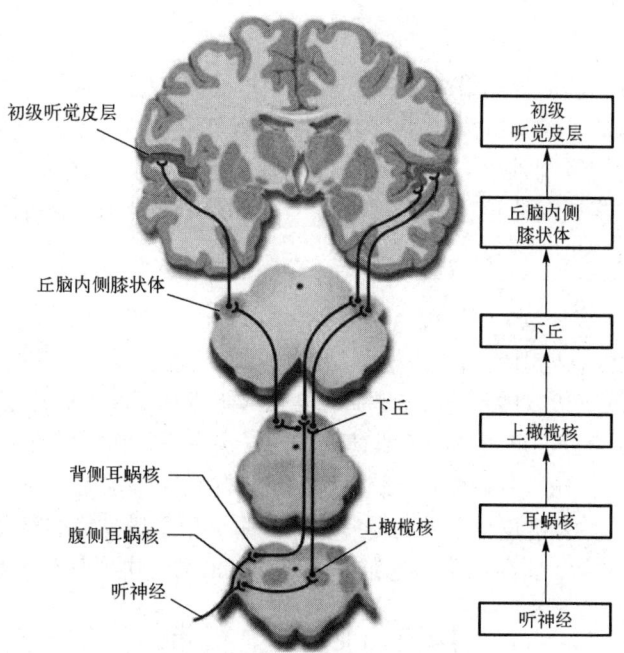

图 14-2 听觉中枢的结构示意图

听觉外周中的耳蜗通过基底膜不同部位的振动分离声音的频率成分，然后利用沿耳蜗分布的毛细胞将这些振动转换为神经发放信号，然后经过听神经到达听觉中枢。听觉中枢是感觉系统中最长的神经通路之一。耳蜗核的多个分区并行接收来自听神经的映射，并提取声信号的听觉谱。多条听觉通路并行从耳蜗核向上经过丘脑等结构到达听觉皮层。每条听觉通路都具有不同的神经结构，并反复与其他听觉通路交叉连接，这种复杂的结构有助于从声音中提取丰富多样的听觉特征。

### 1. 上橄榄核

上橄榄核位于脑桥，包括上橄榄外侧核、上橄榄内侧核、斜方体核及较分散的橄榄周核。它们一方面接收来自同侧或对侧蜗神经核的大部分传入纤维，另一方面发出纤维经外侧丘系上行至外侧丘系核或下丘。

### 2. 外侧丘系

外侧丘系位于被盖的腹外侧边缘，主要为神经纤维组成的上行通路，起自蜗神经核及上橄榄核，止于下丘。在上行纤维间有些分散的神经元，被统称为外侧丘系核，接收从蜗神经核及上橄榄核传入的纤维，其中一部分为纤维的终端，另一部分只是上行纤维的侧枝。外侧丘系核发出的纤维有少数交叉到对侧，上行止于下丘。

### 3. 下丘

下丘是中脑四叠体的一部分，它包括中央核（为主）、中央旁核群及外侧核，接收分别来自前面三级中枢神经元的传入纤维，发出的上行纤维大部分止于同侧的内侧膝状体，小部分止于丘脑的后核；另有一些纤维交叉至对侧的下丘。下丘还与一些体感中枢有纤维联系，是听觉系统与体感系统相互作用的重要中枢。

### 4. 内侧膝状体

内侧膝状体在丘脑，是听觉最高级的皮质下中枢之一。它分腹核、背核、内侧核三部分。腹核接收从下丘传入的纤维，并发出上行纤维组成听放射，终止于原发听皮质；背核主要接收从中脑被盖传入的神经纤维，它发出的上行纤维止于其他皮质区域，从原发听皮质也有下行纤维至内侧膝状体腹核及背核；内侧核的传入纤维也来自下丘。除听觉外，内侧膝状体与振动、前庭等感觉系统也有联系。

### 5. 听觉皮层

大脑皮层是听觉信息处理的高级中枢。初级听觉皮层位于颞叶，是听觉信息到达大脑皮层的第一站，接收从内侧膝状体传入的听放射纤维。初级听觉皮层和大脑皮层中更高级的整合中枢（如次级听觉皮层、颞上回）通过神经纤维建立连接，另有下行传出纤维分别到内侧膝状体、下丘、纹状体、网状核、上丘、中脑被盖及脑桥等部位。除初级听觉皮层外，还有与听觉有关的其他皮层区域，一般认为原发听皮质以外的颞叶皮层是听觉信息最高级的整合中枢，听觉的感知和辨别以及语言识别、说话、音乐欣赏、思维等高级功能活动，主要都在颞叶皮层内进行和完成。

## 14.3 脑听觉机制

### 14.3.1 听觉频率感知机制

人类具有强大的声信号分析和理解能力，这在很大程度上依赖听觉系统强大的听觉感知功能。听觉系统分为听觉外周和听觉中枢：听觉外周对声音进行初步的时频特征分解与传导，为听觉中枢的声音感知提供信息基础；听觉中枢具有的听觉频率感知机制是实现强大听觉感知功能的关键。从声信息处理角度来看，声音感知过程可以概括为：首先，声信号经过外耳、中耳传递至内耳的耳蜗，耳蜗作为听觉系统的第一级声处理单元将声信号转换为神经信号；然后，声信号的频率、强度、相位等信息以神经信号的形式被逐级传递到各级听觉中枢（耳蜗核、上橄榄核、下丘、内侧膝状体、初级听觉皮层等）；最后，这些信息经过层层听觉中枢的处理、加工、整合后在听觉皮层形成对声信号内容的分析与辨识的结果。

随着神经科学的发展，研究者发现在听觉系统中存在深层频率拓扑结构，即在同一级听觉处理单元中，特定位置的神经元仅对特定频率的声音信息产生反应，并且这些听觉处理单元包括耳蜗、听觉中脑、初级听觉皮层、次级听觉皮层等。听觉系统的深层频率拓扑结构形成最初的信息基础是由耳蜗基底膜的频率分解功能提供的。基底膜上不同区域由于其生理特性（阻尼、刚度、质量等）存在差异，对频率的敏感程度不同，这使得基底膜可以将声信号按照不同频率成分进行分解，并将这种频率分解功能通过听神经通路传递到深层的听觉中枢。如此一来，各级听觉中枢可以在提取声信号特征的同时保持区分一定频率的功能。在进行频率分析时，初级听觉皮层可以利用具有多尺度频率感受野的神经元将复杂的声信号分解为不同频率的成分，并且，不同的频率成分会同时激活对这些频率成分敏感的区域。另外，一些研究者针对听觉系统的可塑性开展了研究。研究发现听觉系统的结构和功能可以根据听觉任务的需要进行优化。在听觉中脑、听觉皮层等结构中，神经元会调整其频率感受范围或最适频率（对声音刺激反应最强烈的特定频率）以更好地完成听觉任务。

根据现有的神经科学对于听觉系统功能的揭示，针对舰船辐射噪声特性以及水声目标识别任务特点，从听觉系统的深度频率拓扑结构中归纳和总结了以下听觉频率感知机制：（1）频率分解机制；（2）深度频率成分感知机制；（3）可塑性机制。

频率分解机制是指在听觉系统中耳蜗起着频谱分析作用，基底膜上的每一位置都可等效成具有特定中心频率和带宽的带通滤波器，将包含复杂频率成分的声信号进行初步分解；深度频率成分感知机制是指对声信号的频率成分进行分解的功能并非仅存在于听觉外周，在各级听觉中枢中，在声信号被逐层处理、分析的同时依然保持了频率成分之间的相对独立。这意味着将声信号的深度特征按照频率进行分组是有必要的；可塑性机制是指整个听觉系统中的声信息处理的参数是根据声任务可调整、优化的，如各级声处理单元的中心频率、带宽等参数均是根据声任务优化得到的。

### 14.3.2 音色感知机制

音色被定义为一种听觉属性，它可以使听者在相同响度和音调的情况下区分不同的声音。研究者通常从时域、频域以及时频域角度提取声信号的特征以量化声音的音色属性。在频域，音色与信号的频率能量分布结构息息相关。对于舰船辐射噪声而言，其包含的机械噪声、螺旋桨噪声、水动力噪声等均具有复杂的线谱结构，这些复杂的线谱结构蕴含着舰船目标类别相关的特征。不同舰船目标的辐射噪声线谱具有相似的频率范围，但其线谱的频率能量分布结构存在差异，即它们具有不同的音色，这为从舰船辐射噪声的音色特征角度提取有效的目标固有属性特征提供了基础。

当听觉系统处理声信号时，声信号的强度、频域特性、时域特性等信息被传递到听觉皮层，与音色相关的特征初步形成于初级听觉皮层。在这个过程中，声音包含的复杂频率成分首先激活初级听觉皮层中的不同位置形成频率拓扑结构，如图14-3所示。然后，高级听觉皮层从初级听觉皮层中整合不同频率成分的激活模式来表达与音色相关的特征。当人关注某一种音色时,初级听觉皮层的激活模式与高级听觉皮层的激活模式存在显著差异。图 14-4 展示了初级听觉皮层与高级听觉皮层的不变性,其中白线范围内为初级听觉皮层。其不变性被定义为受试者在听"前景声"与"前景声+背景声"前、后脑区激活状态的相关性,相关性越强,不变性越强,反之亦然。其中,"前景声"包含人声、乐器声、动物叫声等日常生活中人会关注的声类型,"背景声"为真实世界的环境声,包括风声、雨声、人群声、水流声等。

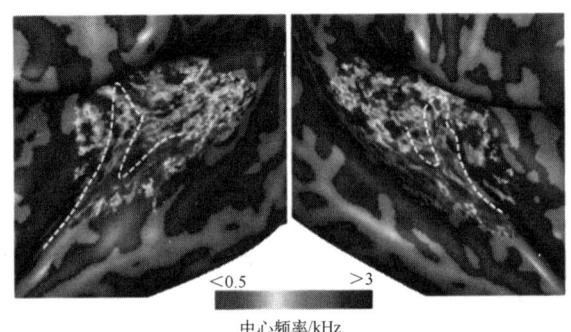

图 14-3 初级听觉皮层的频率拓扑结构(虚线范围为初级听觉皮层)

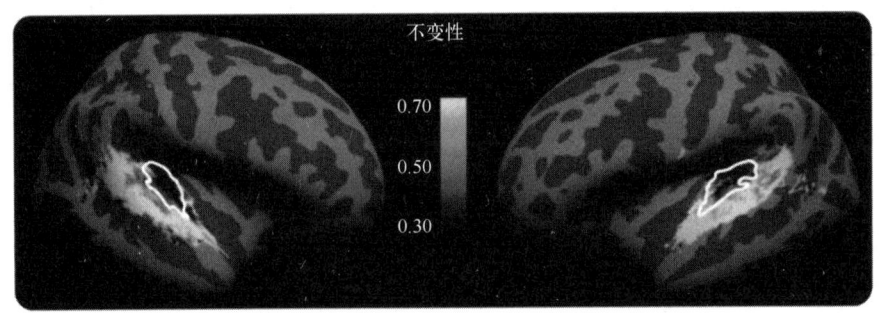

图 14-4 初级听觉皮层与高级听觉皮层的不变性

从图中可以看出初级听觉皮层对于"背景声"缺乏抑制作用,而高级听觉皮层不论在是否存在"背景声"的条件下都可以对"前景声"做出相当的激活反应。这或许暗示一种可能,初级听觉皮层更倾向于对声音中存在的频率成分都产生反应,而高级听觉皮层仅对关注的音色成分产生反应。

另外,听觉皮层对于音色相关特征的激活模式是随时间动态变化的,这意味着音色相关特征的激活模式是与声信号中频率能量分布结构的时频特征相关的。并且,在进行某个声任务时,与该声任务相关的多种音色特征都会相应地激活听觉皮层中的神经元。

根据以上神经科学研究的发现,结合水声目标辐射噪声特性和水声目标识别任务的特点,将其归纳为音色感知机制,内容包括:(1)从频域角度来看,音色特征可以体现为频率能量分布结构;(2)声信号的频率能量分布结构的提取是建立在频率成分分解的基础上的;(3)听觉系统对音色相关特征的响应是随时间变化的。

### 14.3.3 被动注意机制

人可以在嘈杂的背景声中分析、辨识感兴趣的声目标得益于听觉系统强大的声信号处理功能。听觉中枢的听觉频率感知机制是实现声信号感知功能的关键。听觉中枢可分为上行通路和下行通路，上行通路具有被动注意机制，可以分离声信号中混合的声音成分并形成每种声音成分"自下而上"的信息流；下行通路具有主动选择性注意机制，对分离后的声音成分进行感知，并调控各级听觉中枢来选择性地抑制干扰声音的信息流以及增强目标声音的信息流，听觉中枢的上、下行通路的示意图如图 14-5 所示。

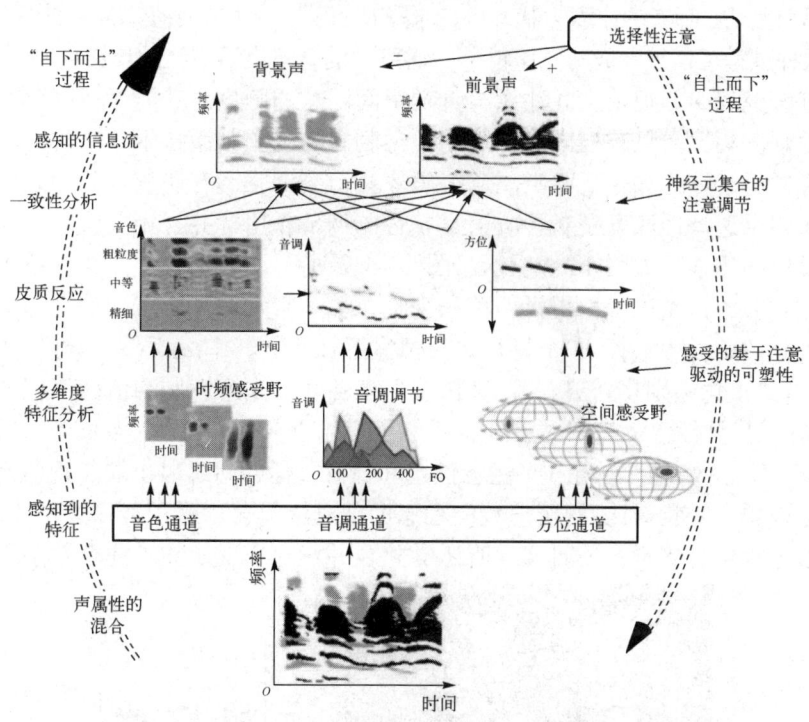

图 14-5　听觉中枢的上、下行通路的示意图

当蕴含多个声目标的声信号（见图 14-5 底部）在听觉中枢的上行通路上传输时，首先从声信号中提取一系列听觉特征（音色、音调、空间方位等），这些特征为形成不同声属性的听觉感知信息流提供基础。在这个过程中，听觉系统将低维度的声信号映射到了多维度特征空间，不同声音成分占据该特征空间的不同子特征空间，有效地分离了声信号中混叠的声成分。并且这个过程依赖"自下而上"听觉通路中神经元具有复杂的时-频-空选择性。一致性分析过程在几百毫秒量级的皮质时间常数上跟踪多维度特征的轨迹，并将共同变化的特征成分捆绑在一起，从而形成分离的"前景声"信息流和"背景声"信息流。在"自上而下"过程中，听觉系统通过选择性注意对各级听觉中枢施加反馈，从而调节、重塑神经元，实现"背景声"和"前景声"分离能力的增强。

从上述过程可以发现，在"自下而上"的处理过程中，复杂声音的各种声音成分会分别激活听觉中枢中的一系列神经元，并且这些神经元的激活模式是按照声音成分聚类或分组的。声音中属于相同属性的各级听觉特征会连接形成属于该属性的听觉感知信息流，这使得听觉系统可以将包含复杂声成分的声信号按照不同的属性进行分离，进而使得人可以在复杂声场景中对感兴趣的声目标进行注意、分析、辨识。

将听觉系统的各级听觉中枢都具有一定的声特征分组的能力总结为被动注意机制，研究水声目标深度特征的自组织方法，将水声目标深度特征按照不同的属性进行分组，实现干扰条件下的目标特征分离，模拟听觉系统"自下而上"的被动注意机制。

### 14.3.4 主动选择性注意机制

人可以利用他们学习到的内容以及当前环境中声音的物理属性，来进一步补充对复杂听觉场景的分析能力。这些学习到的内容包括听者对声源特点的熟悉程度、对特定声源的记忆、对环境状态的了解和预估、听者的注意力状态等，这些有助于引导大脑处理感兴趣的目标，同时忽略背景噪声。这种过程可以被看成听觉中枢下行通路中的"自上而下"的反馈机制。

另外，有研究表明，视觉空间注意与听觉空间注意的脑皮质功能激活区存在重叠区域。与单独的听觉刺激相比，只有当同步呈现的视觉刺激与听觉刺激指示相同时，在视觉皮层和听觉皮层进行的语义追踪加工及听觉注意编码才会得到增强。有研究者从神经信息编码和功能连接角度证明了选择性注意是对视听语义整合的调节作用，并且相关脑区在视听刺激下表现出了神经反应的增强，如图 14-6 所示。图 14-6 展示了 4 种选择性注意任务下的视听感觉整合能力，在实验中，受试者被提供了单一视觉、单一听觉或视听一致的动态面部刺激，并被指示在接收到的刺激中执行 4 个特征选择性注意任务。其中(a)、(b)、(c)、(d)分别是"注意数字"任务、"注意性别"任务、"注意情感"任务和"注意性别和情感"任务；(e)、(f)、(g)、(h)分别对应每种任务下的相关脑区激活信号变化百分比。从图 14-6 可以发现，在"注意性别"任务、"注意情感"任务和"注意性别和情感"任务中明显出现了视听感觉整合，并且与单一视觉或单一听觉对比,视听一致的动态面部刺激显著增强了被注意特征的神经表征。而当任务不考虑视觉、听觉特征时，视听感觉整合并没有出现（如"注意数字"任务）。

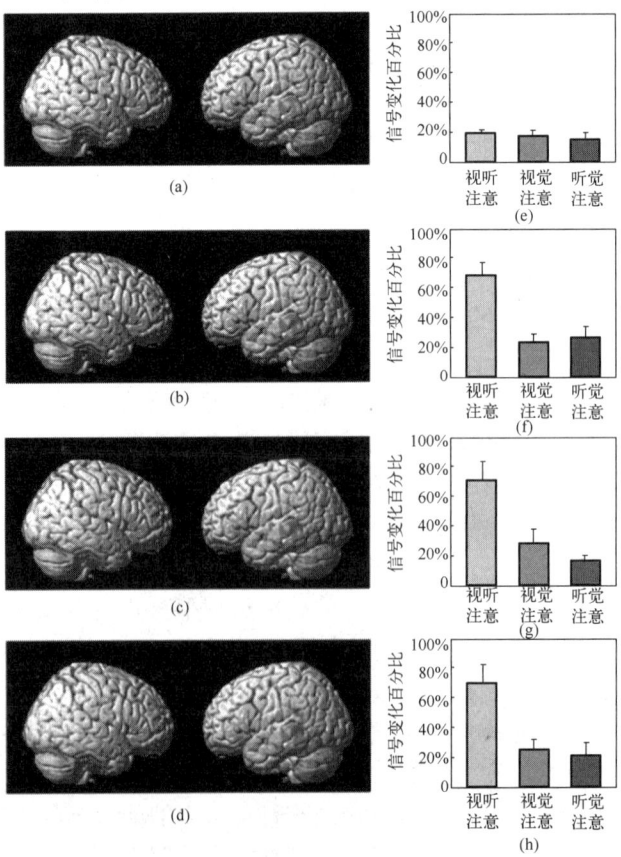

图 14-6 选择性注意任务下的视听感觉整合能力

总体来说，听觉中枢可以利用声信号之外的与听觉场景相关的信息（包括经验、知识、对环境的感知和多感官接收到的信息等）对听觉感知过程进行增强，以更准确地实现听觉任务。这种可以主动根据已有知识或听觉场景信息对听觉过程进行主动控制的机制被总结为主动选择性注意机制。

## 14.4 本章小结

本章介绍了人类大脑以及人脑听觉系统，进而论述了脑听觉机制，包括听觉频率感知机制、音色感知机制、被动注意机制以及主动选择性注意机制，这些机制可供水声目标识别方法借鉴以提升识别性能。

## 参 考 文 献

[1] MOEREL M, MARTINO D F, UGURBIL K, et al. Processing complexity increases in superficial layers of human primary auditory cortex[J]. Scientific Reports, 2019, 9(1): 5502

[2] MIDDLEBROOKS C J, SIMON Z J, POPPER N A, et al. The auditory system at the cocktail party[M]. New York: Springer, 2017.

[3] LI Y, LONG J, HUANG B, et al. Selective audiovisual semantic integration enabled by feature-selective attention[J]. Scientific Reports, 2016, 6(1):18914.

# 第15章 基于类脑听觉深度学习的水声目标识别方法、算法及实验

本章将论述基于神经竞争机制的深度水声目标识别、基于听觉滤波机制的深度水声目标识别、基于深度频率分解机制的深度水声目标识别、基于音色感知的深度水声目标识别、基于多属性协同感知的深度水声目标识别、类脑水声目标识别极深模型构建与优化、基于听觉被动注意机制的水声目标识别与基于听觉主/被动融合注意的深度水声目标识别,并在各节均给出了对应的算法、实验案例及分析。

## 15.1 基于神经竞争机制的深度水声目标识别

### 15.1.1 基于神经竞争机制的深度水声目标识别的原理

人脑神经系统包含大量的神经元,并分为不同的功能区,各功能区对刺激有不同的响应特性。生物神经网络中的神经元具有"中心激励,侧向抑制"的神经机制,邻近的神经元之间相互协调,较远的神经元之间相互竞争。人工神经网络中的激活函数、稀疏惩罚机制和竞争神经网络等都体现了生物神经元的竞争机制。竞争神经网络采用竞争学习算法,在网络的输出层神经元间加入侧抑制,使神经元自适应优化成针对不同类别目标的特征检测器。因此竞争学习可认为是一种无监督的聚类方法,能够对样本间的距离关系进行建模。

本节根据神经竞争机制构建了竞争深度置信网络(Competitive Deep Belief Network,CDBN),CDBN 的模型结构图如图 15-1 所示。网络的每一层都是一个改进的受限玻耳兹曼机(RBM),集成了竞争学习和网络修剪。训练过程描述如下。首先,采用无监督学习的方式,用大量无标记数据对 RBM 进行预训练。其次,通过增加分组隐藏层神经元之间的横向连接来构建竞争层;采用梯度算法对 RBM 的参数进行更新,构建竞争受限玻耳兹曼机(Competitive Restricted Boltzmann Machine,CRBM)。然后,利用互信息对冗余的隐藏层神经元和连接权重进行裁减,对 CRBM 进行压缩。最后,通过拟合压缩 CRBM 的堆栈构造压缩 CDBN,上一层的输出是下一层的输入。采用以类标签为目标的反向传播算法对整个模型进行判别微调。

RBM 的隐藏层神经元间条件独立,同一个隐藏层神经元对不同类别的样本有不同的响应,使得隐藏层神经元成组出现,同一组隐藏层神经元表达同类目标的特征。本节根据隐藏层神经元的激活程度对隐藏层神经元按类别进行分组,找出使得给定隐藏层神经元具有最大激活值的类别,即可确定每个类别的特异性特征提取神经元。一般情况下,只有输入样本的部分子集才可以激活给定的隐藏层神经元,为了获得表征同一类别水声目标的本质特征,应用统计的方法计算任意一个给定隐藏层神经元被不同类别样本激活的评分。使用包含 $L$ 类的训练数据训练 RBM,设 RBM 有 $n$ 个可见层神经元和 $m$ 个隐藏层神经元,其中 $H=(h_1,h_2,\cdots,h_m)$ 表示隐藏层神经元,$k \in (1,2,\cdots,L)$ 表示类别序号,该 RBM 包含 $m$ 个隐藏层神经元,用 $h_j(v,\theta)$ 表示隐藏层神经元 $j$ 的激活值,其中 $\theta$ 为 RBM 的参数。设第 $k$ 类为目标类,其余类为非目标类。对隐藏层神经元 $j$,提出如下评分公式

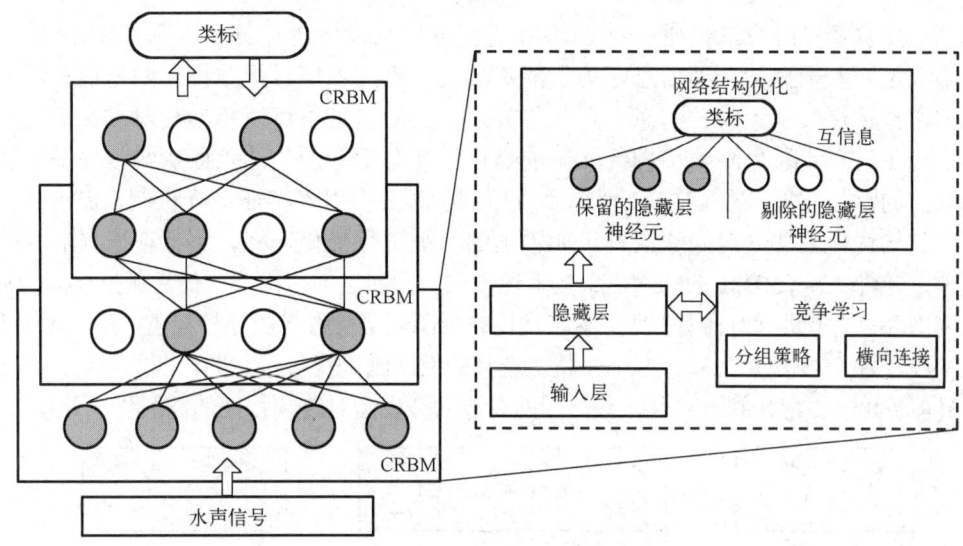

图 15-1　CDBN 的模型结构图

$$\text{score}(h_{jk}) = \frac{1}{X_k}\sum_{p=1}^{X_k} h_j(v_k^p,\theta) - \frac{1}{X_{/k}}\sum_{q=1}^{X_{/k}} h_j(v_{/k}^q,\theta) \tag{15-1}$$

式中，$p$ 是第 $k$ 类目标的样本总数的遍历指标，$v_k^p$ 是第 $k$ 类目标的第 $p$ 个样本，$X_k$ 是该类样本的个数，$q$ 是非目标类的样本总数的遍历指标，$v_{/k}^q$ 是非目标类的第 $q$ 个样本，$X_{/k}$ 是非目标类样本的个数，$h_{jk}$ 是第 $k$ 类目标对应的第 $j$ 个隐藏层神经元的激活值。该评分可以表示为：目标类样本对给定隐藏层神经元的平均激活值与非目标类样本对该隐藏层神经元的平均激活值的差。在对所有类别和隐藏层神经元进行计算后，可以获得维度为 $L \times m$ 的评分矩阵，使得给定隐藏层神经元的评分取得最大值的类别被认为是该隐藏层神经元对应的类别。将取得最大值的隐藏层神经元划分至第 $k$ 类专属组。通常设计一个类别对应一组专属的隐藏层神经元。一般来说，每个类别对应一组专属的隐藏层神经元，并且每个隐藏层神经元仅专属于一个类别组，否则，RBM 会对部分类别处于欠拟合状态。

在完成对 RBM 隐藏层神经元的分组后，可通过在隐藏层神经元间添加横向连接来构建竞争层，从而形成 CRBM。竞争层中的每一组分别对应一个类别，并且在训练中它们互相竞争。组内神经元通过权重与其余神经元连接，不同组的神经元间通过负权重相连，因此可以构建神经元组内自身加强和组间横向抑制的竞争机制。CRBM 的结构图如图 15-2 所示，其中虚线表示负权重。

根据上述竞争学习机制，对于每个类别，隐藏层神经元中将会只有一个组在竞争中获胜。将竞争后的隐藏层作为目标隐藏层，采用误差反向传播算法进一步更新 RBM 的参数，从而使得 RBM 的权重包含更多的识别信息。对单个训练样本 $v$，目标函数为

$$O = \frac{1}{2}\sum_{j=1}^{m}[c_j - h_j(v)]^2 \tag{15-2}$$

式中，$C = (c_1, c_2, \cdots, c_m)$ 表示竞争层，$H = (h_1, h_2, \cdots, h_m)$ 表示隐藏层。网络收敛后即可获得训练好的 CRBM，其中连接获胜神经元的权重与其对应类别的样本有相似的分布，并接近其对应类别的聚类中心，因此 CRBM 具有对不同类别样本的聚类功能。

采用逐层贪婪训练方法，通过对 CRBM 进行逐层堆栈构建 CDBN。训练 RBM 的目标是使得网络表达输入数据的全部信息。为了能够准确地重构水声目标数据，隐藏层神经元包含数据中与水声目标类别无关的信息，这些与类别无关的信息不可避免地会对目标识别具有负面影响。为了进一步避免隐藏层神经元中的噪声特征对识别产生的负面影响，并减小隐藏层神经元输出的特征维度，在 CRBM 训练完成后，在网络中引入特征选择机制，提出基于互信息的网络结构优化方法，对隐藏层神经元输出的特征进行优化选择，将特征选择后的隐藏层神经元作为更高一层 CRBM 的输入，重复上述步骤直到网络的输出层。最后通过反向传播算法对结构优化后的模型进行有监督微调，继续优化剩余隐藏层神经元的连接权重，并将其作为最终的模型参数。图 15-3 所示为基于互信息特征选择的网络结构优化示意图，图的左边部分表示计算隐藏层神经元输出特征的重要性指数，图的右边部分表示对连续特征的离散化预处理。

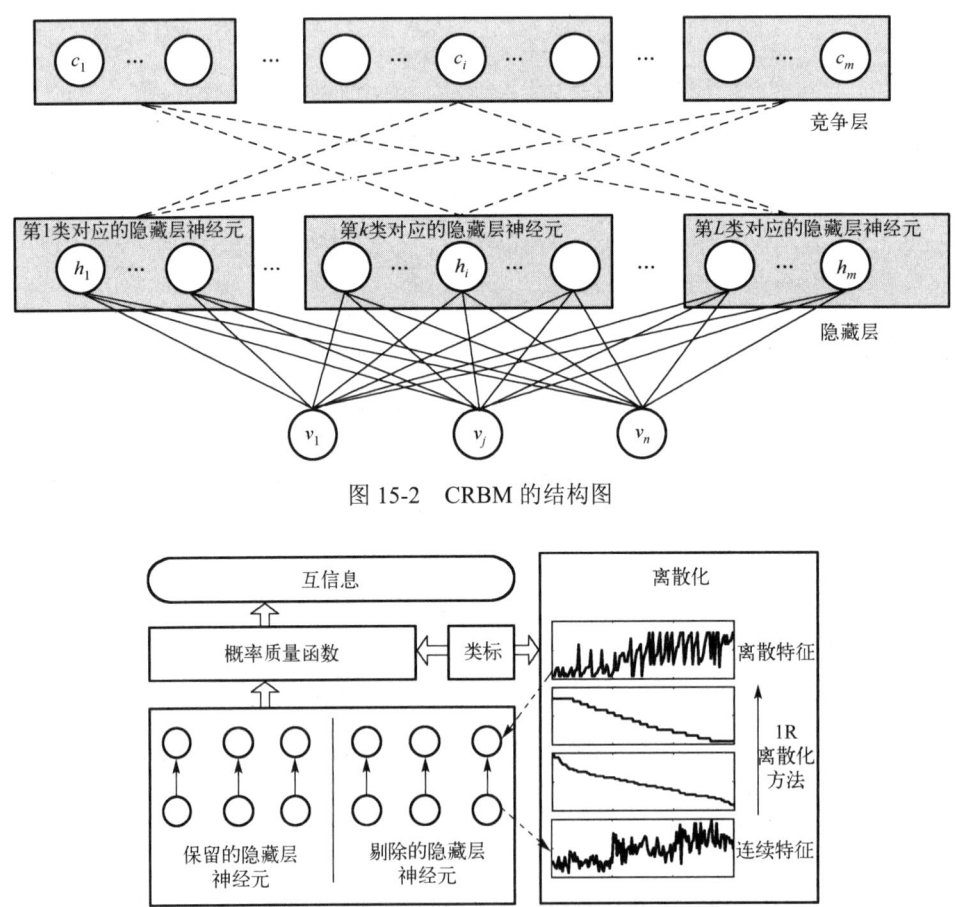

图 15-2 CRBM 的结构图

图 15-3 基于互信息特征选择的网络结构优化示意图

从信息论的角度定义特征选择是从原始特征集中选取蕴含绝大部分信息的特征子集。由于被丢弃的特征所包含的信息量较少，学习算法的性能将几乎保持不变，除掉冗余特征和噪声特征将使得学习算法的性能提高。互信息是信息论的基本概念，本节使用特征和类标间的互信息评价隐藏层神经元输出特征的识别性能。特征和类标间的互信息越大，表示特征包含的识别信息越多。本节计算每个隐藏层神经元输出的特征与类标之间的 NMI，对所有特征按照 NMI 降序排列，然后依次选择特征构建新的特征子集。将所有 NMI 低于阈值的特征对应的隐藏层神经元从模型中剔除。

计算互信息前首先需要对连续特征进行离散化。本节采用 1R 离散化方法,根据划分边界上的样本类别信息对特征进行离散化。首先对连续特征进行排序,将值的范围分成许多不相交的间隔,并根据与连续值相应的类标调整边界。例如,每个间隔包含至少 6 个样本,而最后一个间隔包含未分配到任何间隔的剩余样本。如果下一个样本的类标与该间隔中位于该样本之前的大部分类标相同,则不进行分割;如果下一个样本的类标与该间隔中位于该样本之前的大部分类标不同,则进行分割。

在模型训练的过程中加入上述特征选择机制,能够使得模型自适应地提取更有益于识别的特征,同时能够优化模型的结构。优化后的模型不仅结构更简洁、计算效率更高,还能够有效缓解因有类标样本数量较少而导致的过拟合问题。随着网络层数的加深,模型能够逐渐提取到包含更多识别信息的特征。由于互信息的计算独立于学习增大,该特征选择算法属于过滤式特征选择,计算量小、易于满足实时性的要求,且降低了特征选择对识别算法的过拟合风险。

## 15.1.2 水声目标识别实验设计

采用实测水声目标数据对竞争深度置信水声目标识别模型的性能进行验证,该数据包括无类标数据和有类标数据两部分,其中无类标数据包括海洋环境噪声和未知类别的舰船辐射噪声,信号时长为 4000s 左右,有类标数据包括小船和水下自主航行器两类水声目标的辐射噪声,两类水声目标的信号时长各为 400s 左右。数据采集时目标距离水听器约 3.5km,并沿同一路线以不同的速度航行。为了避免其他水声目标的干扰,水听器周围约 10km 范围内没有其他舰船航行。

首先对水声目标数据进行分帧处理,每帧 186ms,然后对每帧信号进行傅里叶变换,最后保留绝对值并进行归一化后作为样本,每个样本包含 2048 个频率点。因此,该数据集共有 21530 个无类标样本和 4210 个有类标样本。在有类标样本中,2100 个样本为水面小船目标,2110 个样本为水下自主航行器目标。有类标数据按时间先后顺序,前 50%的样本作为训练集,其余 50%的样本作为测试集。

使用如下步骤训练 CDBN:第一步,使用无类标样本预训练 RBM,学习率为 0.01,动量学习率为 0.5,批次大小为 50;第二步,使用有类标训练数据进行竞争学习,获得 CRBM,学习率为 0.001;第三步,使用平均 NMI 作为阈值优化 CRBM 的网络结构;第四步,重复上述步骤,进行逐层贪婪训练,然后使用有类标样本有监督微调整个网络,获得 CDBN,学习率为 0.01。网络的初始结构是 2048-500-500-50-50,优化后的网络结构为 2048-163-158-34-31。将隐藏层神经元的输出特征称为深度特征,将人工提取的特征称为传统特征,传统特征包括MFCC 特征、波形结构特征、听觉特征和小波特征。其中 MFCC 特征包括 MFCC、MFCC 一阶差分(Delta MFCC, DMFCC)和 MFCC 二阶差分(Delta-Delta MFCC, DDMFCC)。波形结构特征通过统计信号的过零点波长及其数目、峰间幅值以及过零点波的波长差等进行计算。听觉特征根据人耳分频特性和掩蔽效应进行特征提取。小波特征包括各级小波信号的过零点波长分布密度熵、各级小波信号的相似度以及小波分解的低频包络。

## 15.1.3 水声目标识别实验结果及分析

### 15.1.3.1 识别性能验证实验结果及分析

本节分别使用 BPNN、DBN、CDBN 和结构优化后的 CDBN 进行水声目标识别实验。其中,BPNN 使用有类标数据进行有监督训练。DBN、CDBN 和结构优化后的 CDBN 均使用无类标数据进行无监督预训练，然后用有类标数据进行有监督微调，识别结果如表 15-1 所示。DBN 比 BPNN 有更高的识别准确率，说明无监督预训练能够明显提高模型的识别性能。CDBN 比 DBN 有更高的识别准确率，说明竞争学习机制有助于获取水声目标的类间差异信息。结构优化后的 CDBN 获得了最高的识别准确率，说明通过对隐藏层神经元进行特征选择，剔除了有干扰信息的特征，并且减小了特征的维度，从而提高了识别准确率并缩短了测试时间。

表 15-1　识别结果

| 方法 | 识别准确率 | 测试时间/s |
| --- | --- | --- |
| BPNN | 75.5% | 0.1657 |
| DBN | 81.5% | 0.1624 |
| CDBN | 82.2% | 0.1632 |
| 结构优化后的 CDBN | 88.6% | 0.0974 |

使用 SVM 作为分类器，比较了深度特征和传统特征的识别结果，如表 15-2 所示。

表 15-2　SVM 作为分类器的识别结果

| 方法 | 特征 | 特征维度 | 识别准确率 | 方差（×10$^{-3}$） | 测试时间/s |
| --- | --- | --- | --- | --- | --- |
| 传统特征 | MFCC | 12 | 78.7% | 4.9 | 0.0139 |
| | DMFCC | 12 | 71.3% | 5.3 | 0.0135 |
| | DDMFCC | 12 | 70.8% | 5.6 | 0.0135 |
| | 波形结构特征 | 8 | 72.4% | 9.1 | 0.0552 |
| | 听觉特征 | 24 | 78.4% | 7.2 | 0.1071 |
| | 小波特征 | 14 | 73.8% | 7.4 | 0.0614 |
| CDBN 输出特征 | 第 1 层 | 500 | 71.2% | 4.4 | 3.8241 |
| | 第 2 层 | 500 | 74.6% | 4.5 | 3.8250 |
| | 第 3 层 | 50 | 79.4% | 3.9 | 0.1667 |
| | 第 4 层 | 50 | 82.4% | 3.7 | 0.1672 |
| 结构优化后的 CDBN 输出特征 | 第 1 层 | 163 | 75.4% | 4.6 | 0.8067 |
| | 第 2 层 | 158 | 77.8% | 4.4 | 0.7213 |
| | 第 3 层 | 34 | 83.0% | 3.8 | 0.1498 |
| | 第 4 层 | 31 | 89.1% | 3.4 | 0.1423 |

对于 CDBN 和结构优化后的 CDBN，随着网络层数的增大，识别准确率逐渐提高。利用结构优化后 CDBN 的第 4 层的输出特征得到了 89.1% 的识别准确率，利用第 3 层的输出特征得到了 83.0% 的识别准确率，明显好于利用传统特征和 CDBN 输出特征的识别准确率。此外，进行网络结构优化后，网络输出特征的维度减小，有效缩短了测试时间。假设水下自主航行器是正类，水面小船是负类，使用 SVM 对测试数据进行测试，然后利用识别结果绘制 ROC 曲线并计算 AUC，利用 SVM 进行识别实验的 ROC 曲线和 AUC 值如图 15-4 所示。比较图 15-4(a)～图 15-4(d) 中的两条曲线可以看出，利用特征选择进行网络结构优化能够提高网络输出特征的识别性能。结构优化后的 CDBN 的第 4 层的输出特征获得了最高的 AUC。与传统

特征相比，深度特征有更好的识别性能。

本节对深度特征和传统特征分别使用 NMI 进行特征选择，比较识别准确率随特征维度变化的情况。对训练集中的特征按 NMI 降序排列，然后逐个递增选取特征组成特征集训练 SVM 分类器，最后进行测试，对各特征集分别进行特征选择时识别准确率随特征维度的变化如图 15-5 所示。

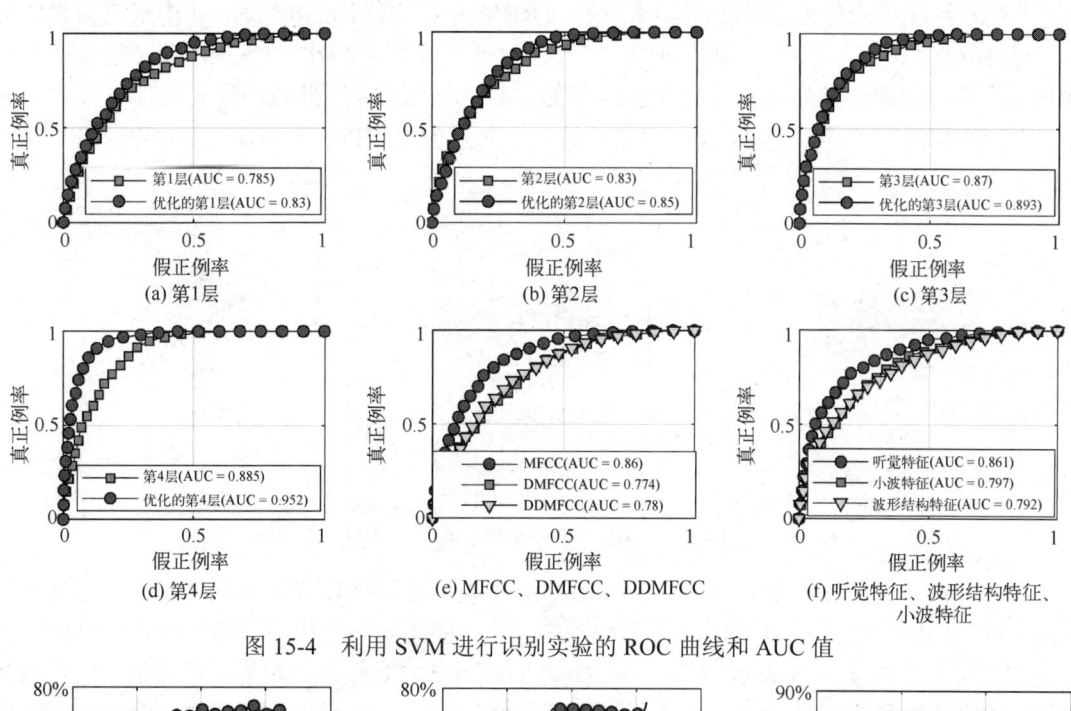

图 15-4　利用 SVM 进行识别实验的 ROC 曲线和 AUC 值

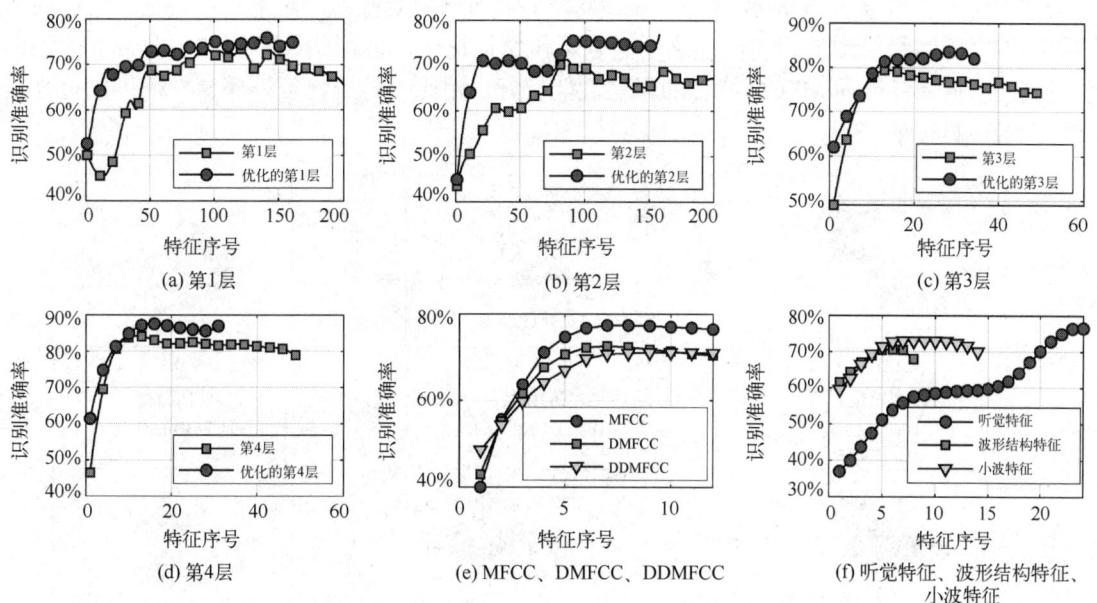

图 15-5　对各特征集分别进行特征选择时识别准确率随特征维度的变化

应用特征选择算法后，CDBN 输出特征最高可获得 84.6%的识别准确率，结构优化后的 CDBN 输出特征可获得 89.1%的识别准确率。而传统特征中获得的最高的识别准确率为 78.8%。当特征维度过大时，CDBN 输出特征的识别准确率开始下降。而随着特征维度的增大，结构优化后的 CDBN 输出特征的识别准确率几乎单调增大。

#### 15.1.3.2 特征可视化结果及分析

由于隐藏层神经元及其对应的权重表达了输入样本的特性，通过观察第一个隐藏层的两组隐藏层神经元对应的权重，分析竞争学习和网络结构优化是否能提高网络模型的识别性能。采用 $t$-SNE 特征可视化方法分别观察 RBM、CRBM 和结构优化后的 CRBM 中权重向量的分布，网络权重向量的 $t$-SNE 可视化如图 15-6 所示。与 RBM 相比，CRBM 和结构优化后的 CRBM 中两组隐藏层神经元对应的权重向量的分布更加离散，因此竞争学习机制可以增大特征中不同类别间的差异。与 CRBM 相比，结构优化后的 CRBM 可以用更少的特征表达相似的分布。

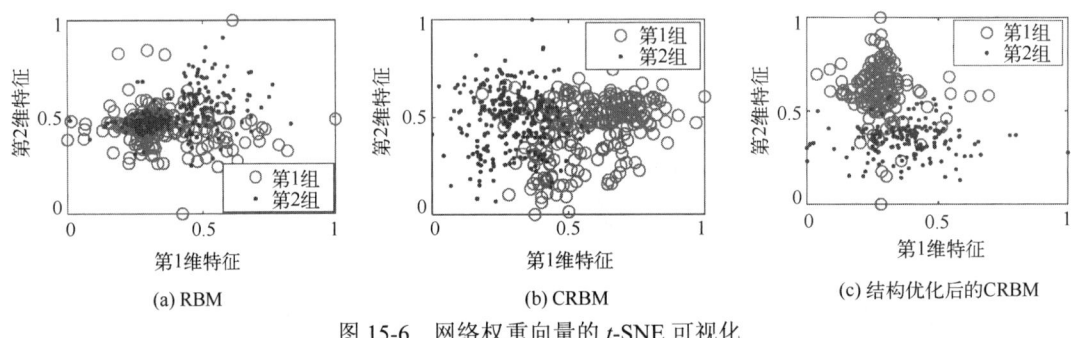

图 15-6 网络权重向量的 $t$-SNE 可视化

从两类水声目标数据中分别随机抽取 150 个样本，用 $t$-SNE 特征可视化方法观察深度特征和传统特征所描述样本的分布，利用 $t$-SNE 特征可视化方法对比不同特征的识别性能，如图 15-7 所示，其中第一类表示小船，第二类表示水下自主航行器。对于深度特征，随着网络层数的增大，网络模型的识别性能逐渐增强。传统特征中，波形结构特征和小波特征的识别性能较差，听觉特征和 MFCC 特征的识别性能较好。相比于传统特征，深度特征可以更好地反映类水声目标的差异。

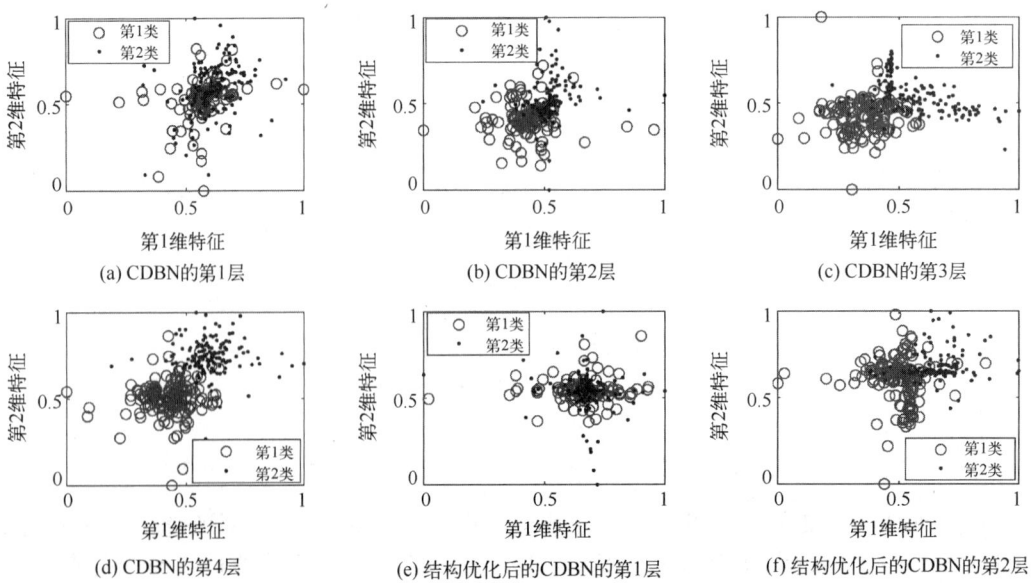

图 15-7 利用 $t$-SNE 特征可视化方法对比不同特征的识别性能

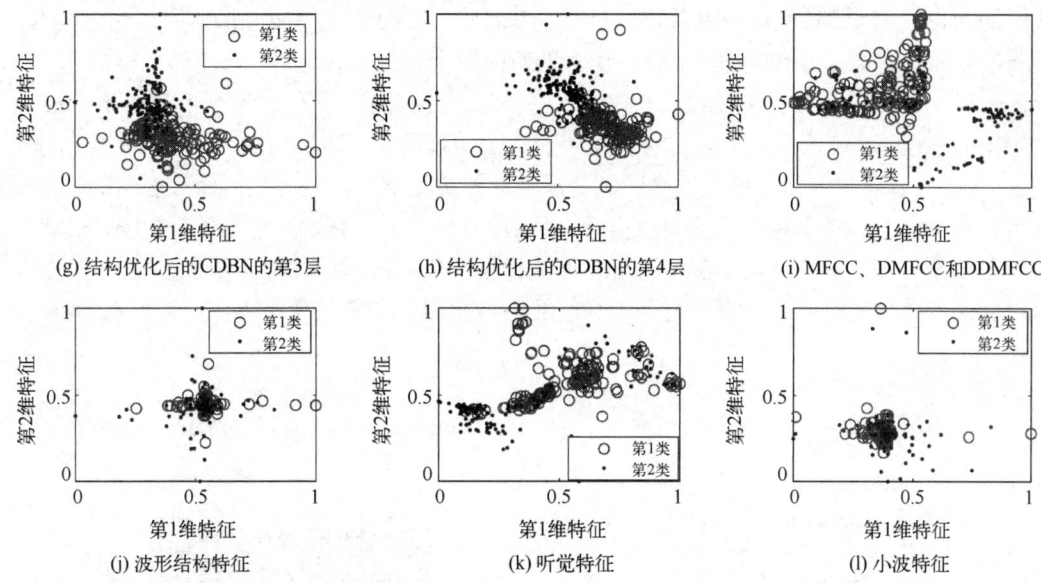

图 15-7 利用 t-SNE 特征可视化方法对比不同特征的识别性能（续）

## 15.2 基于听觉滤波机制的深度水声目标识别

### 15.2.1 基于听觉滤波机制的深度水声目标识别的原理

耳蜗的响应特性已被广泛研究。在耳蜗中，信号是由一组核编码的，这些核可以被看作沿着基底膜重叠的带通听觉滤波器阵列。这些滤波器的中心频率从耳蜗的顶端到底部逐渐增大。此外，较低频率的带宽要比高频的带宽小得多。鉴于舰船辐射噪声的能量主要集中在较低的频率上，这一特性适用于描述舰船辐射噪声。

Gammatone 核函数是耳蜗滤波器组的一种数学近似，它是用脉冲响应描述的线性滤波器，也被称为 Gammatone 滤波器。其脉冲响应 $g(t)$ 为

$$g(t) = at^{n-1} e^{-2\pi bt} \cos(2\pi ft + \phi) \tag{15-3}$$

$$\text{ERB}(f) = 24.7(4.37f/1000 + 1) \tag{15-4}$$

式中，$f$ 是中心频率，$\phi$ 是初始相位，$a$ 是幅度，$n$ 是滤波器的阶数，$t$ 是时间序列，$b$ 是带宽，$b = 1.019 \times \text{ERB}(f)$，此处 $\text{ERB}(f)$ 表示以 $f$ 为中心频率的等效矩形带宽（Equivalent Rectangular Bandwidth，ERB）滤波器。

图 15-8(a)显示了 4 个具有不同中心频率的 Gammatone 滤波器。图 15-8(b)为 128 个 Gammatone 滤波器的幅频响应，图 15-8(c)为 Gammatone 滤波器的中心频率和带宽的关系。

然而，由于以下原因，Gammatone 滤波器还需要进一步改进才能更好地用于舰船辐射噪声信号分析：(1) 对于给定的中心频率，有一个固定的带宽，这一假设与听觉反向相关数据不符，听觉反向相关数据显示了任意给定频率的带宽范围；(2) ERB 滤波器组耳蜗模型提供线性滤波器，未考虑听觉系统的非线性方面；(3) 听觉滤波器组的设计并非针对水声目标数据的特点。

在基于听觉滤波机制的深度模型中，第一层是时域卷积层。使用 Gammatone 滤波器初始

化该层的卷积核,因此卷积核可以看作一组对应基底膜不同位置的有限脉冲响应带通滤波器。时域卷积层以原始时域信号作为输入,仅在信号的时间轴上进行卷积运算,每个卷积核只有一个输出特征映射,每个输出特征映射的维度与输入信号的维度相同。设 $k_j$ 表示一个 Gammatone 滤波器初始化的卷积核,输入信号 $x$ 与 $k_j$ 进行卷积后加上偏置项 $b_j$,最后通过激活函数 $f$ 得到输出特征映射 $y_j$,$y_j$ 表示输入信号经过一个听觉滤波器滤波后的信号,输入信号经过不同的滤波器可以获得具有不同中心频率和带宽的输出信号。舰船辐射噪声中具有识别信息的机械噪声和螺旋桨噪声等主要集中在低频区域,而 Gammatone 滤波器组在低频区域的滤波器更加密集且带宽更小,因此对低频有更高的频率分辨率,有助于从舰船辐射噪声中提取包含更丰富识别信息的特征。

$$y_j = f(x * k_j + b_j) \tag{15-5}$$

式中,$f(\cdot)$ 为激活函数,$x$ 为输入信号,$k_j$ 为一个 Gammatone 滤波器初始化的卷积核,$b_j$ 表示偏置项。

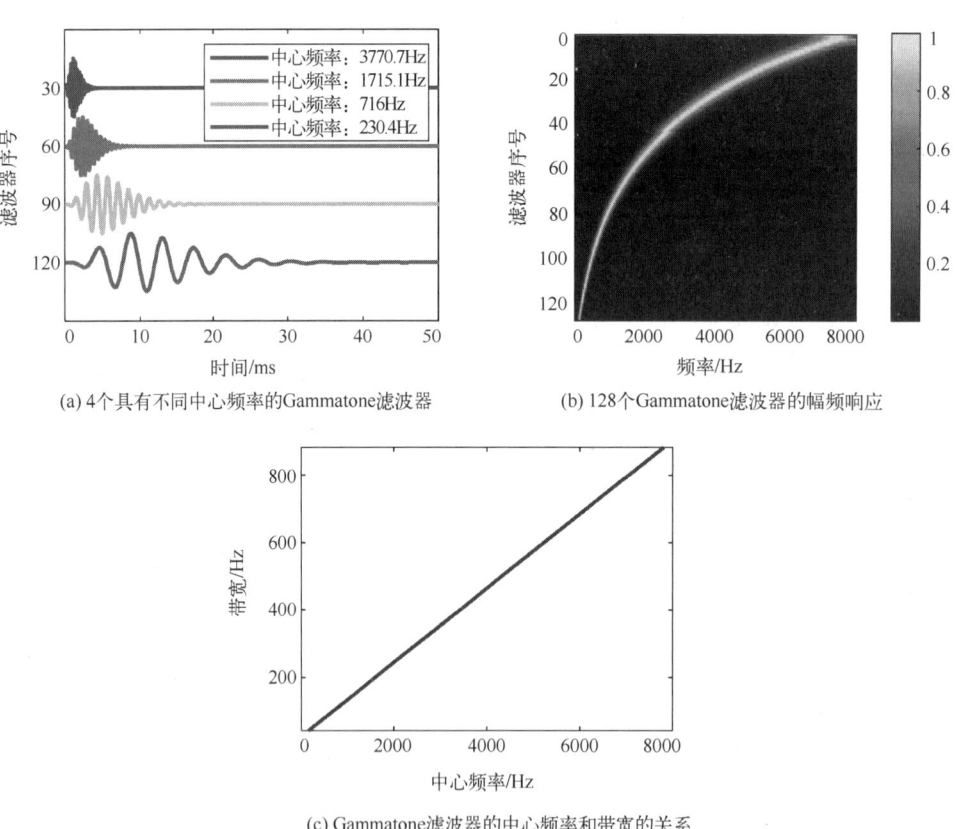

(a) 4个具有不同中心频率的Gammatone滤波器  (b) 128个Gammatone滤波器的幅频响应

(c) Gammatone滤波器的中心频率和带宽的关系

图 15-8 Gammatone 滤波器

将中心频率相近的 Gammatone 滤波器划分为一组,使得每一组具有相同数量的听觉滤波器。不同中心频率的 Gammatone 滤波器有不同的脉冲宽度,中心频率较高的滤波器的脉冲宽度较小。因此可按照滤波器的脉冲宽度确定卷积核的尺寸,从而构建多尺度的卷积核。使用多尺度的卷积核有以下优点:(1)多尺度卷积核可以覆盖多尺度的感受野,提取波长和幅值分布特征;(2)通过分组的滤波器可进行信号分量的相关统计分析;(3)多尺度卷积核可以减少网络参数,从而抑制过拟合。

## 15.2.2 水声目标识别实验设计

实验采用的水声目标数据为 Ocean sonic icListen AF 水听器采集的实测海试数据。水声目标数据的采样频率为 32kHz,目标为在水听器部署地点处半径 2km 范围内正常工作条件下的舰船。实验中所用的舰船类别包括客船、货船、油轮和拖船。部分舰船辐射噪声的时频图及宽带声压级如图 15-9 所示。

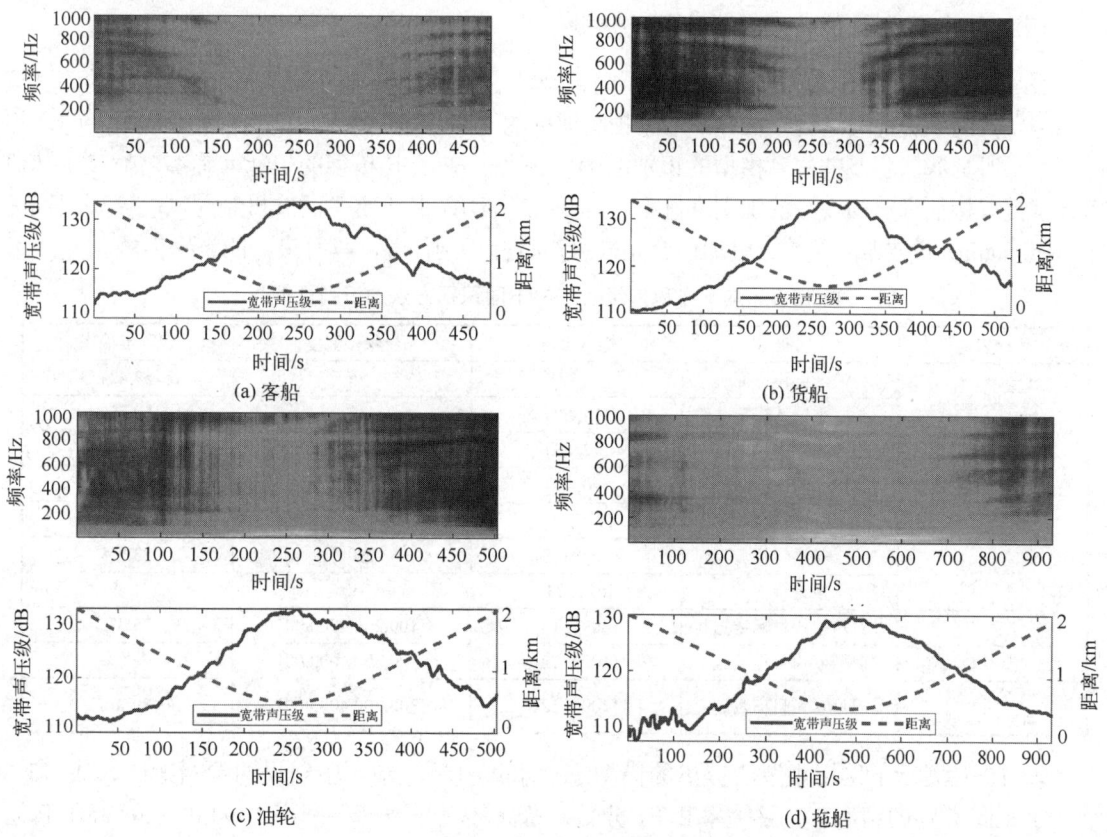

图 15-9 部分舰船辐射噪声的时频图及宽带声压级

采用深度听觉卷积水声目标识别模型进行识别实验,模型包括时域卷积层、时频转换层、频域卷积层和全连接层。其中,时域卷积层共使用 128 个 Gammatone 滤波器。超过 16 个 Gammatone 滤波器的滤波器组是超完备的,但是增大滤波器的数目可以获取更高的频谱精度。

同时,采用多种不同的水声目标识别模型作为对比模型并开展识别实验,这些模型包括利用人工提取特征训练的卷积神经网络,以及与提出的模型具有相同结构而初始化方法不同的卷积神经网络。将利用人工提取特征训练的卷积神经网络定义为模型 A,将与提出模型具有相同结构而随机初始化时域卷积层参数的模型定义为模型 B,将 Gammatone 滤波器初始化时域卷积层且参数固定的模型定义为模型 C。人工提取的特征包括波形结构特征、小波特征、MFCC 特征、Mel 频谱特征、非线性听觉特征、频谱特征和倒谱特征。波形结构特征通过统计过零点波的波长、波长差以及峰间幅值及其分布等进行提取;小波特征包括各级小波信号过零点波的波长分布、密度信息熵和小波分解的低频包络;Mel 频谱特征是水声目标数据频谱经过 Mel 滤波器后的对数;非线性听觉特征是利用 128 个通道的非线性听觉滤波器进行特征提取所获得的;倒谱特征是对水声目标数据进行倒谱分析后的前 512 个倒谱系数。在进行时频特征提取前首先对每个样本进行分帧，帧长为 256ms，相邻两帧重叠 128ms，将在各帧上提取的特征进行叠加或堆栈得到特征向量。使用 RMSprop 作为优化器训练卷积神经网络，初始学习率为 0.0001，批次大小为 50。最后利用以 Softmax 函数为激活函数的输出层预测水声目标类别。

### 15.2.3 水声目标识别实验结果及分析

#### 15.2.3.1 识别性能验证实验结果及分析

表 15-3 显示了基于卷积神经网络的不同识别方法的识别性能。基于听觉滤波机制的深度模型的识别准确率最高可达到 79.2%。用时频图训练的 CNN 模型的识别准确率为 73.2%。与之相比，基于听觉滤波机制的深度模型的识别准确率提高了 6%。该模型的识别准确率明显高于其他用人工提取特征训练的模型的识别准确率。实验结果表明，基于听觉滤波机制的深度模型通过优化 Gammatone 滤波器的参数，更加适合完成水声目标识别任务，具有最好的识别性能。

表 15-3 基于卷积神经网络的不同识别方法的识别性能

| 水声目标识别模型 | 特征 | 输入维度 | 卷积核宽度 | 识别准确率 |
| --- | --- | --- | --- | --- |
| 模型 A | 波形结构特征 | [8, 23] | 5 | 57.4% |
| | 小波特征 | [14, 23] | 5 | 69.7% |
| | MFCC 特征 | [12, 23] | 5 | 57.6% |
| | Mel 频谱特征 | [40, 23] | 5 | 68.5% |
| | 非线性听觉特征 | [128, 12] | 5 | 72.6% |
| | 频谱特征 | [2048, 23] | 100 | 73.2% |
| | 倒谱特征 | [512, 23] | 50 | 71.2% |
| 模型 B | 时域水声目标数据 | [4096, 12] | [100,200,400,800] | 75.3% |
| 模型 C | 时域水声目标数据 | [4096, 12] | [100,200,400,800] | 60.8% |
| 基于听觉滤波机制的深度模型 | 时域水声目标数据 | [4096, 12] | [100,200,400,800] | 79.2% |

表 15-4 展示了采用本节所提出的模型进行水声目标识别实验结果的混淆矩阵，表 15-5 给出了不同类别的精确率、召回率和 F1 分数。海洋环境噪声的召回率为 94.0%，远高于其他所有类别，而精确率为 73.2%，其中拖船和游艇被识别为海洋环境噪声的概率大于其他类型的舰船。这是因为相比其他类型的舰船，拖船和游艇的辐射噪声能量较低，因此探测也更加困难。货船和客船的 F1 分数最高，分别为 87%和 86%。拖船的识别结果最差，精确率为 71.8%，召回率为 54.4%，F1 分数仅为 62%，远低于其他类型的舰船，该现象可能是因为拖船在作业或非作业状态下声学特性有较大的差异。

表 15-4 水声目标识别实验结果的混淆矩阵

| 真实类别 | 识别结果 | | | | | |
| --- | --- | --- | --- | --- | --- | --- |
| | 海洋环境噪声 | 货船 | 客船 | 游艇 | 油轮 | 拖船 |
| 海洋环境噪声 | 2349 | 1 | 18 | 24 | 5 | 103 |
| 货船 | 25 | 1975 | 100 | 153 | 154 | 94 |
| 客船 | 74 | 12 | 2266 | 23 | 96 | 29 |
| 游艇 | 275 | 17 | 14 | 1794 | 137 | 263 |
| 油轮 | 88 | 15 | 131 | 80 | 2141 | 45 |
| 拖船 | 398 | 29 | 218 | 105 | 390 | 1360 |

表 15-5  水声目标识别实验结果的精确率、召回率和 F1 分数

| 类别 | 精确率 | 召回率 | F1 分数 |
| --- | --- | --- | --- |
| 海洋噪声环境 | 73.2% | 94.0% | 82% |
| 货船 | 96.4% | 79.0% | 87% |
| 客船 | 82.5% | 90.6% | 86% |
| 游艇 | 82.3% | 71.8% | 77% |
| 油轮 | 73.3% | 85.6% | 79% |
| 拖船 | 71.8% | 54.4% | 62% |

#### 15.2.3.2 听觉滤波器可视化实验结果及分析

通过 Gammatone 滤波器初始化 CNN 参数，CNN 在训练过程中能够优化脉冲响应。图 15-10 展示了 Gammatone 滤波器和优化后的 Gammatone 滤波器参数。该模型修改了 Gammatone 滤波器的幅值和脉冲宽度，但保留了符合听神经生理滤波特性的包络的时间不对称性和逐渐衰减特性。

为了说明优化后滤波器的谱特性，将卷积核补零到 800 项，然后计算幅值谱

$$W_i = |\text{DFT}(w_i)|, \quad 1 \leq i \leq 128 \tag{15-6}$$

将频谱中幅值的位置作为滤波器的中心频率 $f_c^i$，如下

$$f_c^i = \text{argmax}(W_i) \cdot \frac{f_s}{800} \tag{15-7}$$

式中，$f_s$ 为采样频率。通过等效噪声带宽可以计算滤波器的带宽 $f_b^i$，如下

$$f_b^i = \frac{\sum_j W_{ij}^2}{(\max_j W_{ij})^2} \cdot \frac{f_s}{800}, \quad 1 \leq j \leq 800 \tag{15-8}$$

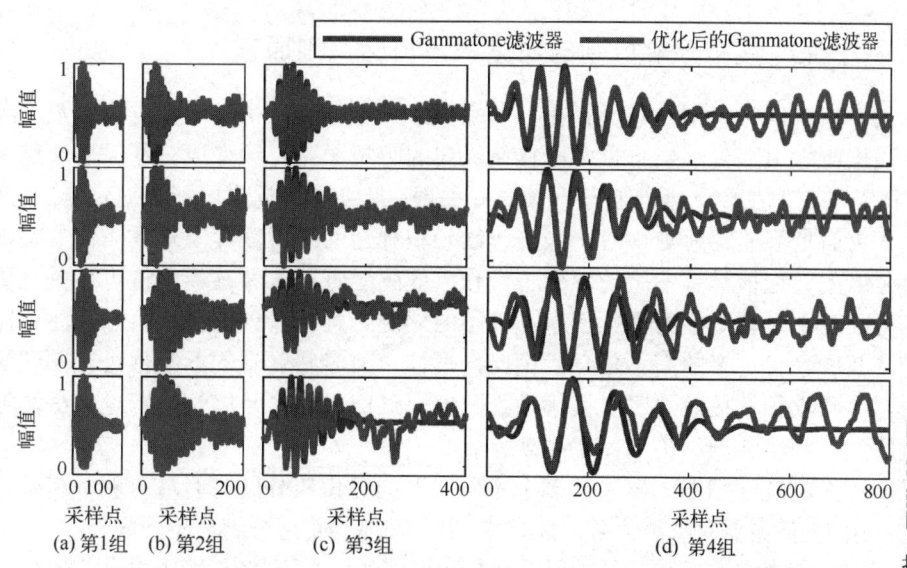

图 15-10  Gammatone 滤波器和优化后的 Gammatone 滤波器参数

经过上述计算获得滤波器的带宽和中心频率，绘制的散点图如图 15-11 所示。

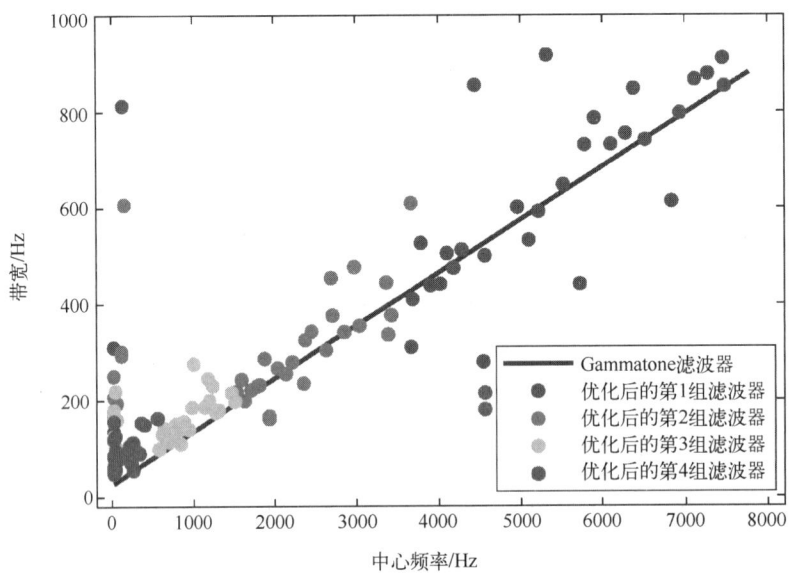

图 15-11　优化前、后 Gammatone 滤波器的中心频率和带宽的关系

经典的 Gammatone 滤波器的带宽和中心频率为线性关系，并且给定的中心频率有唯一的带宽与之对应。优化后的 Gammatone 滤波器在给定中心频率下有一定的带宽范围，并且优化后的 Gammatone 滤波器的中心频率与带宽并不呈严格的线性关系，非线性主要体现在低频区域。水声目标数据的能量主要集中在 1kHz 以下，不同类型舰船辐射噪声的差异也主要表现在低频区域，这可能是造成滤波器参数在低频区域呈现非线性的原因。

## 15.3　基于深度频率分解机制的深度水声目标识别

### 15.3.1　基于深度频率分解机制的深度水声目标识别原理

在听觉中枢中，频率拓扑广泛存在于耳蜗核、听觉中脑、初级听觉皮层以及次级听觉皮层中。从浅层听觉中枢到深层听觉中枢存在纵向的听觉通路，频率成分在纵向通路中被逐层提取，多种频率成分在多条纵向通路中被并行处理，最终在听觉皮层形成对声音成分的表达。

当输入为时域舰船辐射噪声时，深度一维卷积神经网络可以实现对水声信号特征的逐层提取。多尺度的卷积核具有不同的感受野，较大的感受野意味着该卷积核可以关注更长时间的时域信号，其中包含更多的低频信息；较小的感受野意味着该卷积核可以关注更短时间的时域信号，其中包含更多的高频信息。由此，设计一组多感受野的卷积核可以关注到丰富的频率成分，并将卷积核按照感受野大小进行分组，从而构建多尺度深度听觉卷积滤波器，多尺度深度听觉卷积滤波器结构如图 15-12 所示。

多尺度深度听觉卷积滤波器中的多个不同尺度的卷积核分别与时域舰船辐射噪声进行卷积，相当于不同的滤波器对水声信号进行滤波，从而将水声信号分解为不同成分。在其余的卷积层中，上一个卷积层的每个输出特征映射分别与卷积核进行卷积，将卷积后的输出对应元素求和，再加上偏置项，并通过激活函数获得一个特征映射。该特征映射是所有输入特征映射的组合，用于提取更为复杂的特征。由于水声信号包含复杂的频率成分，采用卷积神经网络能够对水声信号进行逐层分解,并对分解后的信号再次组合,如此反复计算,可以获得水声目标固有的频率成分,从而提取更具鲁棒性的水声目标特征。

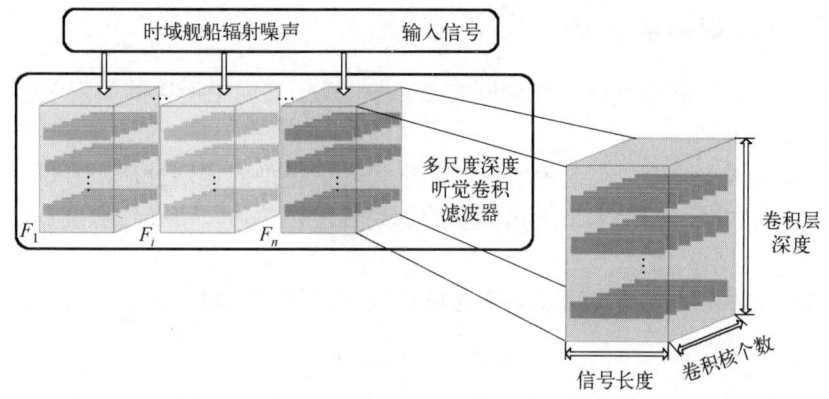

图 15-12 多尺度深度听觉卷积滤波器结构

经过多尺度深度听觉卷积滤波器将水声信号分解为不同频率成分的信号之后,将信号展开,再利用全连接神经网络从中提取不同频率成分的深度特征。接着融合不同频率成分的深度特征,利用全连接神经网络提取多通路融合的深度特征,模拟听觉皮层对多条纵向通路的最终整合。最后利用以 Softmax 函数为激活函数的输出层预测水声目标类别。

基于深度频率分解机制的深度水声目标识别原理构建了深度频率分解识别模型,深度频率分解识别模型结构图如图 15-13 所示。

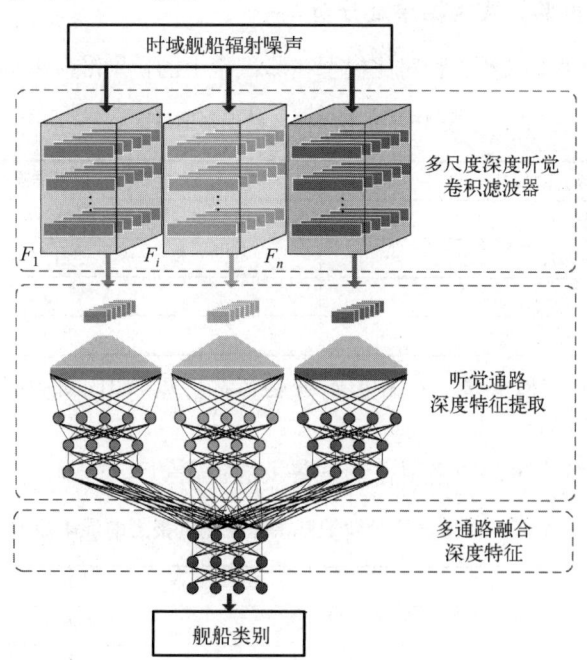

图 15-13 深度频率分解识别模型结构图

图中,每一列分别表示处理不同频率成分的模型结构,在多尺度深度听觉卷积滤波器中设置了多组用于模拟纵向通路的深度听觉卷积滤波器,不同列的卷积核具有不同的感受野,其中参数均为随机初始化并在水声信号驱动下优化,最终实现对水声信号中不同频率成分的分解。

深度频率分解识别模型中的频率分解功能在时域舰船辐射噪声的驱动下不断优化,其关注的频率成分对水声信号更具针对性。

### 15.3.2 水声目标识别实验设计

实验采用的舰船辐射噪声数据来源与15.2.2节一致。实验中所用的类别包括货船、客船、油轮以及海洋环境噪声。

在水声目标识别实验中,首先用实测的测试集验证模型的识别性能,分别利用识别准确率、混淆矩阵、召回率、精确率来量化模型的识别性能,然后,可视化深度滤波器分解的水声目标信号。

实验中选择3种对比模型与深度频率分解识别模型进行比较,如表15-6所示。

表15-6 实验模型

| 模型名称 | 模型输入 | 网络结构 |
| --- | --- | --- |
| 模型1 | MFCC特征 | 深度全连接神经网络 |
| 模型2 | 频域特征 | 深度全连接神经网络 |
| 模型3 | 原始时域信号 | 深度卷积神经网络 |
| 深度频率分解识别模型 | 原始时域信号 | 深度频率分解识别模型结构 |

### 15.3.3 水声目标识别实验结果及分析

#### 15.3.3.1 识别性能验证实验结果及分析

深度频率分解识别模型以及3种对比模型在测试集上的识别准确率如表15-7所示。

表15-7 不同模型的识别准确率

| 模型名称 | 识别准确率 |
| --- | --- |
| 模型1 | 78.92% |
| 模型2 | 81.27% |
| 模型3 | 77.01% |
| 深度频率分解识别模型 | 81.96% |

从表15-7可以看出,深度频率分解识别模型具有最高的识别准确率,即81.96%,高出对比模型0.69%~4.95%。

表15-8为深度频率分解识别模型在测试集上的混淆矩阵。

表15-8 深度频率分解识别模型在测试集上的混淆矩阵

| 真实类标 | 预测结果 | | | |
| --- | --- | --- | --- | --- |
| | 货船 | 客船 | 油轮 | 海洋环境噪声 |
| 货船 | 927 | 100 | 141 | 32 |
| 客船 | 39 | 1045 | 80 | 36 |
| 油轮 | 216 | 98 | 832 | 54 |
| 海洋环境噪声 | 4 | 52 | 14 | 1130 |

从表15-8可以看出,油轮和货船之间存在较多的错误识别,这是因为油轮和货船具有十

分相似的动力系统、船体尺寸等。

表 15-9 为深度频率分解识别模型在测试集上的召回率与精确率。

表 15-9 深度频率分解识别模型在测试集上的召回率与精确率

| 目标类别 | 召回率 | 精确率 |
|---|---|---|
| 货船 | 77.25% | 78.16% |
| 客船 | 87.08% | 80.69% |
| 油轮 | 69.33% | 77.98% |
| 海洋环境噪声 | 94.17% | 90.26% |

从表 15-9 可知海洋环境噪声是所有类别中被识别得最好的，其召回率为94.17%，精确率为90.26%，这说明判断舰船是否存在要比判断舰船类型更容易。各类舰船中，客船具有最高的召回率（87.08%）以及最高的精确率（80.69%）。

#### 15.3.3.2 深度频率分解可视化实验结果及分析

与 15.2 节中 Gammatone 滤波器参数初始化卷积核参数不同的是，深度频率分解识别模型中的深度听觉卷积滤波器参数是随机初始化并在水声目标辐射噪声驱动下优化得到的，优化后的滤波器参数是针对水声目标识别任务的。图 15-14 展示了其中 4 个滤波器滤波后信号的时域结构和频率成分。其中深度听觉卷积滤波器分解信号区块中，从上到下依次对应感受野逐渐增大的滤波器的滤波结果，可以观察到，其分解后的信号所包含的频率成分呈现逐渐向低频区域集中的趋势。

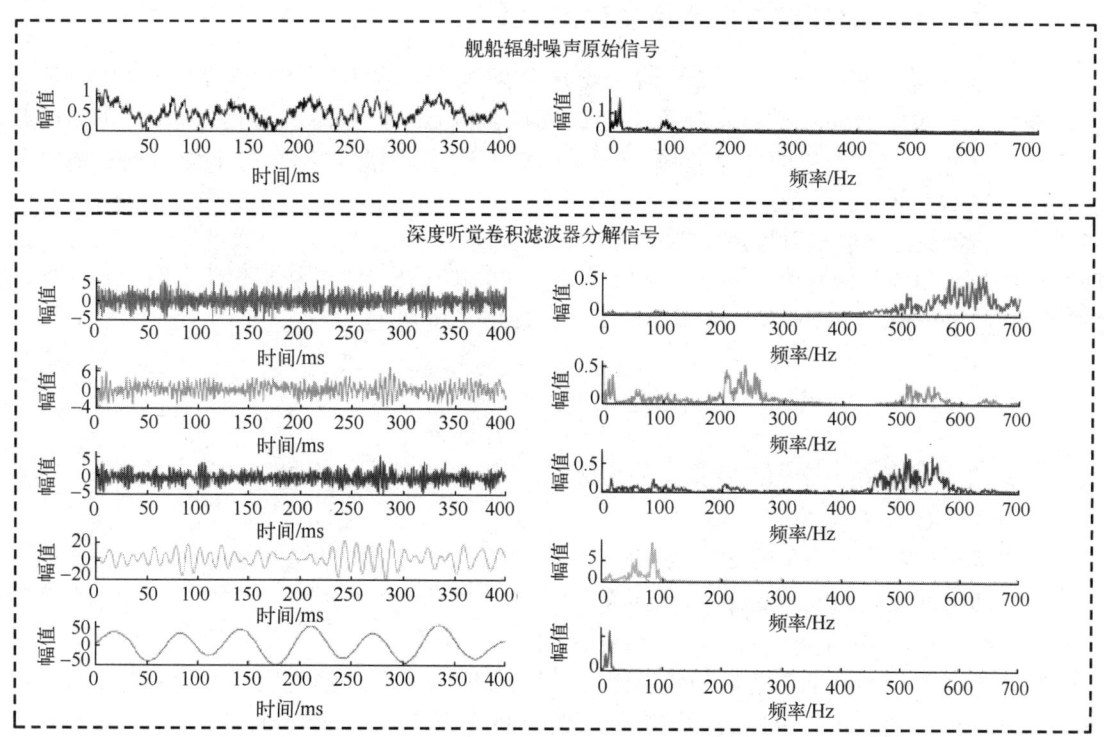

图 15-14 深度频率分解结果

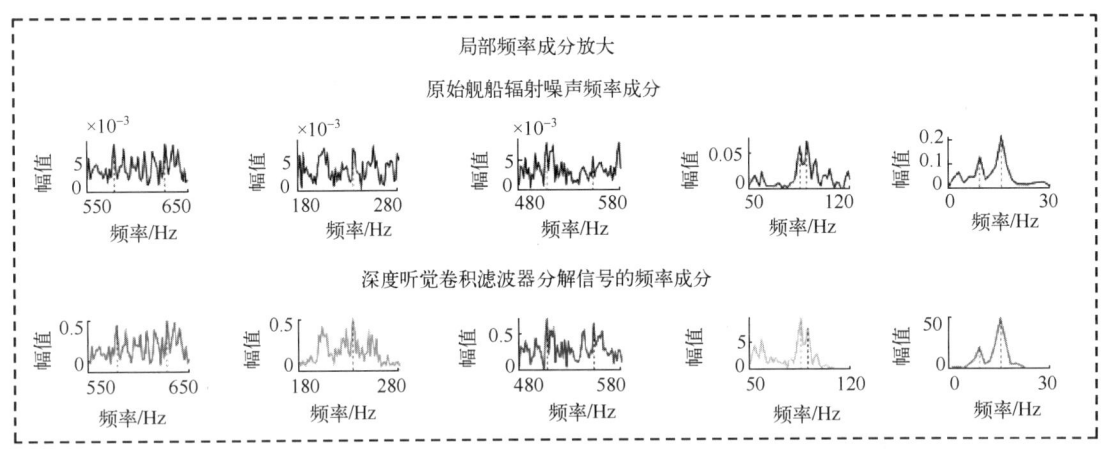

图 15-14 深度频率分解结果（续）

从图 15-14 的局部频率成分放大的结果中可以发现，原本信号中部分微弱的频率成分被选择性增强了，并且保留了其原本的频率结构。结合滤波器参数是根据水声目标识别任务的需要训练得到的，有理由判断深度听觉卷积滤波器关注的频段以及其频率成分增强的功能是更加针对水声目标识别任务的。

## 15.4 基于音色感知的深度水声目标识别

### 15.4.1 基于音色感知的深度水声目标识别原理

在深度听觉卷积滤波器将舰船辐射噪声分解为一组基信号 $S=\{S_1,S_2,\cdots,S_N\}$ 的基础上，构建一组可学习的权重对基信号进行加权整合得到一组频率组合信号 $S_{\mathrm{all}}$。不同的频率组合信号之间存在相似的频带范围，但由于权重不同，因此它们具有不同的频率能量分布结构，即音色不同。

为了避免原始舰船辐射噪声中能量衰减较严重的频率成分被忽略，通过批归一化（Batch Normalization，BN）层对所有频率组合信号进行标准化。在每个批次数据中，对一种频率组合信号 $S_{\mathrm{all}}^p$（$p=\{1,2,\cdots,c\times N\}$）经过 BN 层进行标准化得到 $\widehat{S}_{\mathrm{all}}^p$

$$\widehat{S}_{\mathrm{all}}^p = \frac{S_{\mathrm{all}}^p - \mu^p}{\sqrt{\sigma^{p^2} + \varepsilon}} \tag{15-9}$$

式中，$\mu^p$ 是该特征在一个批次数据内的均值，$\sigma^{p^2}$ 是该特征在一个批次数据内的方差，$\varepsilon$ 是一个常数。

标准化后的频率组合信号 $\widehat{S}_{\mathrm{all}}^p$ 在时频转化层中通过短时傅里叶变换进行时频分析，提取音色特征随时间变化的表示 map，$\mathrm{map} \in R^{i \times \mathrm{time} \times \mathrm{frequency} \times (c \times N)}$，其中 $R^{i \times \mathrm{time} \times \mathrm{frequency} \times (c \times N)}$ 为一个多维特征集，$i$、time、frequency、$c$、$N$ 分别是不同的特征维度。

经过逐点卷积和标准化之后的频率组合信号 $\widehat{S}_{\mathrm{all}}^p$ 建模了舰船辐射噪声的频率能量分布结构，表达了舰船辐射噪声音色的频域特性。谱质心（Spectral Centroid，SC）和谱质心带宽（Spectral Centroid Bandwidth，SCB）是常用来描述音色的物理参数。利用谱质心和谱质心带宽分析频率组合信号中线谱的频率分布以及能量分布信息，可以对比频率组合信号与原始舰船辐射噪声信号音色的频域特性差异。谱质心用于表示信号频谱能量集中的频率位置，谱质心越高，声音越明亮。谱质心带宽用于表示频谱能量集中的区域，谱质心带宽越大，声音能量集中的频带越宽。谱质心与谱质心带宽的计算公式如下

$$\mathrm{SC} = \frac{\sum_i f(i)E(i)}{\sum_i E(i)} \tag{15-10}$$

$$\mathrm{SCB} = \frac{\sum_i |\mathrm{SC} - f(i)|E(i)}{\sum_i E(i)} \tag{15-11}$$

式中，$f(i)$ 和 $E(i)$ 分别是第 $i$ 个频率点以及相对应的能量。

最后，利用深度的二维卷积神经网络从频率组合信号时频图中提取舰船辐射噪声音色的时频特性的深度特征。在得到深度特征 feature 之后，通过全局平均池化层对高维深度特征进行特征压缩得到用于识别的特征 $\mathrm{feature}_{\mathrm{final}}$。特征压缩后的特征最后通过以 Softmax 函数为激活函数的输出层预测水声目标类别。全局平均池化层的计算公式如下

$$\mathrm{feature}_{\mathrm{final}}^{i,c_n} = \frac{\sum_{w,h} \mathrm{feature}^{i,w,h,c_n}}{w \times h}, c_n = c_1, c_2, \cdots, c_{\mathrm{out}} \tag{15-12}$$

式中，$w$ 和 $h$ 分别为深层卷积神经网络特征图的宽和高。

### 15.4.2 水声目标识别实验设计

实验采用了舰船辐射噪声和海洋哺乳动物叫声数据验证算法的性能，其中舰船辐射噪声数据来源与 15.2.2 节一致，海洋哺乳动物叫声数据来自 Watkins Marine Mammal Sound Database。实验中所用的舰船类别包括货船、客船，海洋哺乳动物类别包括露脊鲸、座头鲸、领航鲸。根据基于音色感知的深度水声目标识别原理，构建音色感知深度模型。本节将该方法与直接利用原始信号时频图作为模型输入的识别方法进行对比，对比模型选择了多种成熟的深度模型。实验模型细节说明如表 15-10 所示。

表 15-10 实验模型细节说明

| 模型 | 输入数据形式 | 参数初始化方法 |
| --- | --- | --- |
| 音色感知深度模型 | 时域信号 | 随机初始化 |
| 听觉滤波深度模型 | | |
| Xception | 时频图<br>（短时傅里叶变换参数与音色感知深度模型中时频变换的参数一致） | 参数在 ImageNet 数据集上优化 |
| InceptionV3 | | |
| InceptionResNetV2 | | |
| DenseNet121 | | |
| DenseNet159 | | |

## 15.4.3 水声目标识别实验结果及分析

### 15.4.3.1 识别性能验证实验结果及分析

从表 15-11 可以看出，音色感知深度模型在测试集上的识别准确率最高，达到了 78.2%，比 6 个对比模型提高了 2.1%~13.5%。在 ImageNet 数据集上表现最好的 InceptionResNetV2 在测试集上的识别准确率最低。这可能是因为模型的深度太大（深度为 572 层，其余 5 个对比模型和音色感知深度模型都小于 200 层），训练数据量有限，不足以完全充分地优化所有模型参数，这导致模型在测试集上的识别准确率较低。水声目标识别任务存在数据量相对有限的障碍，因此对基于极深模型的识别方法存在一定的限制。

音色感知深度模型在测试集上的混淆矩阵、召回率、精确率和 F1 分数分别如表 15-12 和表 15-13 所示。

表 15-11 各模型的识别准确率

| 模型 | 输入数据形式 | 识别准确率 |
| --- | --- | --- |
| 音色感知深度模型 | 时域信号 | 78.2% |
| 听觉滤波深度模型 | 时域信号 | 72.6% |
| Xception | 时频图 | 76.1% |
| InceptionV3 | 时频图 | 72.8% |
| InceptionResNetV2 | 时频图 | 64.7% |
| DenseNet121 | 时频图 | 73.6% |
| DenseNet169 | 时频图 | 73.5% |

表 15-12 音色感知深度模型在测试集上的混淆矩阵

| 真实类别 | 识别结果 | | | | |
| --- | --- | --- | --- | --- | --- |
| | 露脊鲸 | 座头鲸 | 领航鲸 | 货船 | 客船 |
| 露脊鲸 | 130 | 731 | 70 | 68 | 554 |
| 座头鲸 | 6 | 3441 | 36 | 44 | 96 |
| 领航鲸 | 0 | 134 | 402 | 56 | 18 |
| 货船 | 0 | 54 | 11 | 1976 | 839 |
| 客船 | 0 | 220 | 57 | 468 | 4509 |

表 15-13 音色感知深度模型在测试集上的召回率、精确率和 F1 分数

| 类别 | 召回率 | 精确率 | F1 分数 |
| --- | --- | --- | --- |
| 露脊鲸 | 95.6% | 70.5% | 81.2% |
| 座头鲸 | 75.1% | 84.3% | 79.5% |
| 领航鲸 | 69.8% | 92.9% | 79.7% |
| 货船 | 75.7% | 81.6% | 78.5% |
| 客船 | 74.9% | 69.7% | 72.2% |

对于舰船辐射噪声样本，模型错误地将舰船识别为露脊鲸的概率是最大的。这是因为露脊鲸叫声的频率变化更为平缓，相比于座头鲸和领航鲸而言，其更接近舰船辐射噪声的线谱。并且露脊鲸声音能量的集中频带也与舰船辐射噪声的集中频带相似。此外，客船的 F1 分数最小，这可能是由于测试集中客船数据的组成更为复杂。客船的大小差别很大，小型客船的

长度为几十米,而大型客船的长度可达到两三百米。在识别实验中,客船类实验数据包括14艘大、中、小型客船,包括32个航次的舰船辐射噪声数据。它涵盖了各种典型的客船类型,但也给模型的识别性能带来了挑战。

#### 15.4.3.2 音色特征提取的可视化实验结果及分析

随机选取货船和露脊鲸的水声信号,各有4个信号样本,从每个样本中提取32个不同音色的频率组合信号,分别计算原始信号和频率组合信号在不同频段的谱质心和谱质心带宽,结果如图15-15所示。图15-15(a)为5000Hz范围内的货船信号谱质心和谱质心带宽散点图。图15-15(b)是5000Hz范围内的露脊鲸信号谱质心和谱质心带宽散点图。图15-15(c)为1000Hz内的货船信号谱质心和谱质心带宽散点图。图15-15(d)为1000Hz内的露脊鲸信号谱质心和谱质心带宽散点图。从图中可以看出,用音色感知深度模型提取的频率组合信号模拟了具有不同谱质心值的频率能量分布结构。而用音色感知深度模型提取的频率组合信号通常比原始信号具有更大的谱质心带宽,这主要是由于音色感知深度模型对1000Hz频率范围内的线谱能量进行了选择性增强。从图15-15(a)和图15-15(b)可以看出,在5000Hz以内的频率组合信号的谱质心大部分都低于原始信号的谱质心,当频率降到1000Hz以下时,情况就完全不同了。这表明,用音色感知深度模型提取的频率组合信号不仅提高了线谱能量,而且抑制了高频干扰噪声。

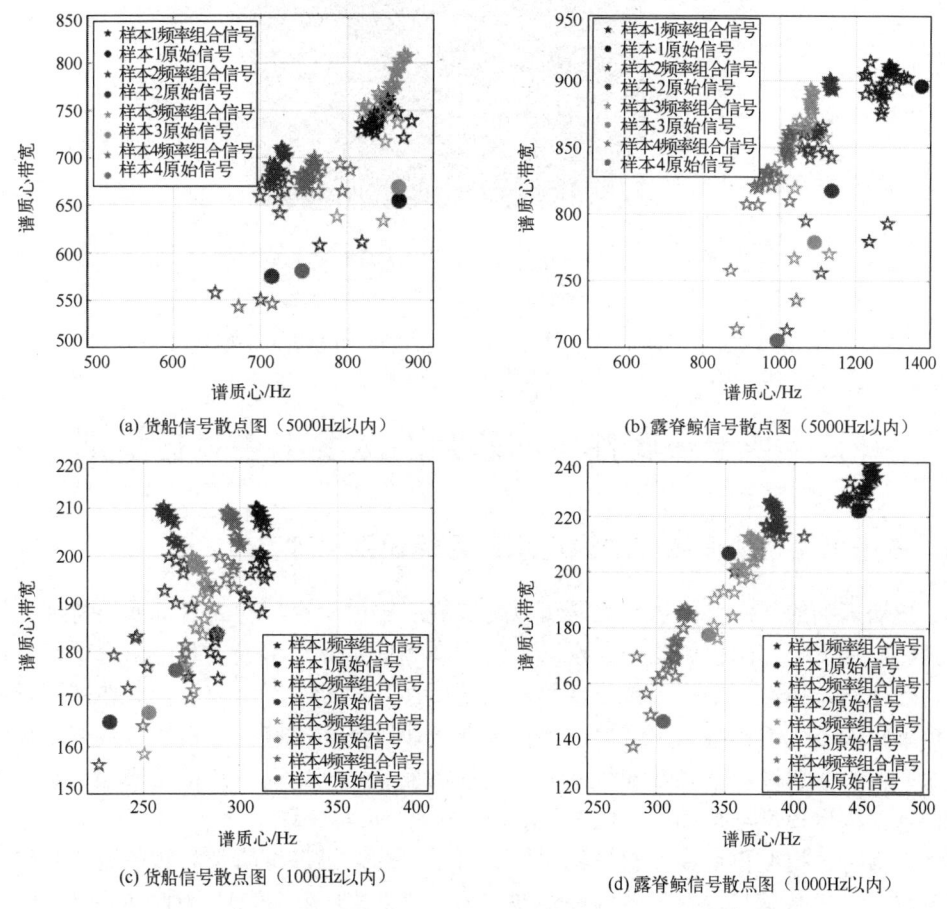

图 15-15 水声信号在不同频段内的谱质心和谱质心带宽散点图

选取实测信号时长为 20s 的露脊鲸叫声,用音色感知深度模型提取的频率组合信号的时频图如图 15-16 所示。图 15-16(a)是露脊鲸叫声的时频图,图 15-16(b)和图 15-16(c)为露脊鲸叫声频率组合信号的时频图。图 15-16(b)中露脊鲸叫声频率组合信号的时频图包含一组 100~1000Hz 的频率能量分布结构,图 15-16(c)中露脊鲸叫声频率组合信号的时频图主要包含 200Hz 左右的频率能量分布结构。

实验结果表明,用音色感知深度模型提取的频率组合信号的时频图表达了水声信号中各种频率能量分布结构的时变时频特性,实现了水声信号音色的时频特性建模。

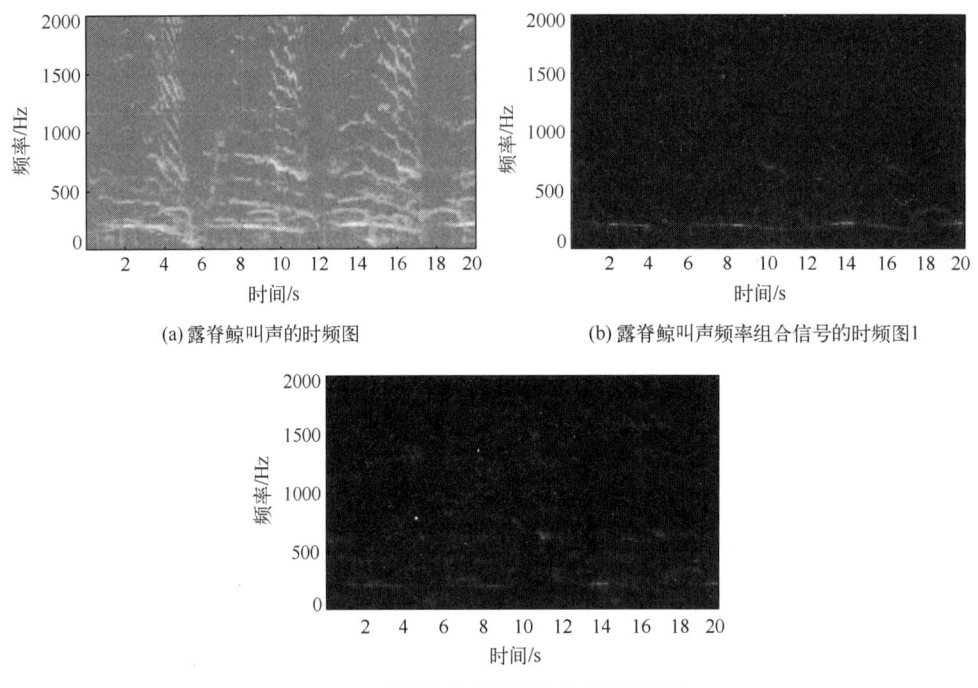

(a) 露脊鲸叫声的时频图   (b) 露脊鲸叫声频率组合信号的时频图1

(c) 露脊鲸叫声频率组合信号的时频图2

图 15-16　原始信号时频图以及提取的频率组合信号的时频图

## 15.5　基于多属性协同感知的深度水声目标识别

### 15.5.1　基于多属性协同感知的深度水声目标识别原理

基于被动声呐的水声目标识别方法可以提取舰船辐射噪声蕴含的目标属性特征并识别水声目标。舰船辐射噪声由机械噪声、水动力噪声、螺旋桨噪声组成,其中蕴含水声目标的类别属性、船体结构属性、动力系统属性等,这些属性共同刻画了水声目标。在深度频率分解以及音色感知的基础上,融入了多属性特征提取模块以及多属性增强模块,从舰船辐射噪声中挖掘水声目标多属性特征以及属性间的相关性特征,并利用这些特征来增强识别性能。多属性协同感知深度模型结构如图 15-17 所示。

在多属性特征提取模块中,首先构建一组可学习的一维深度听觉卷积滤波器组将舰船辐射噪声分解成一组基信号。在一维卷积滤波器中,第 $l$ 层的输入信号 $x(t)^{l-1}$ 与第 $l$ 层的卷积核 $k^l$ 进行卷积运算,并加上偏置 $b^l$,再通过激活函数进行非线性变换,最终形成第 $l$ 层的输出

信号 $x(t)^l$

$$x(t)_j^l = G\left(\sum_{i \in M_j} x(t)_i^{l-1} k_{ij}^l + b_j^l\right) \quad (15\text{-}13)$$

式中，$x(t)_i^l$ 代表第 $l$ 层输出信号的第 $i$ 个特征，$k_{ij}^l$ 代表连接 $x(t)_j^l$ 和 $x(t)_i^{l-1}$ 的卷积核，$b_j^l$ 是对应的偏置，$M_j$ 代表该层输入的所有特征。

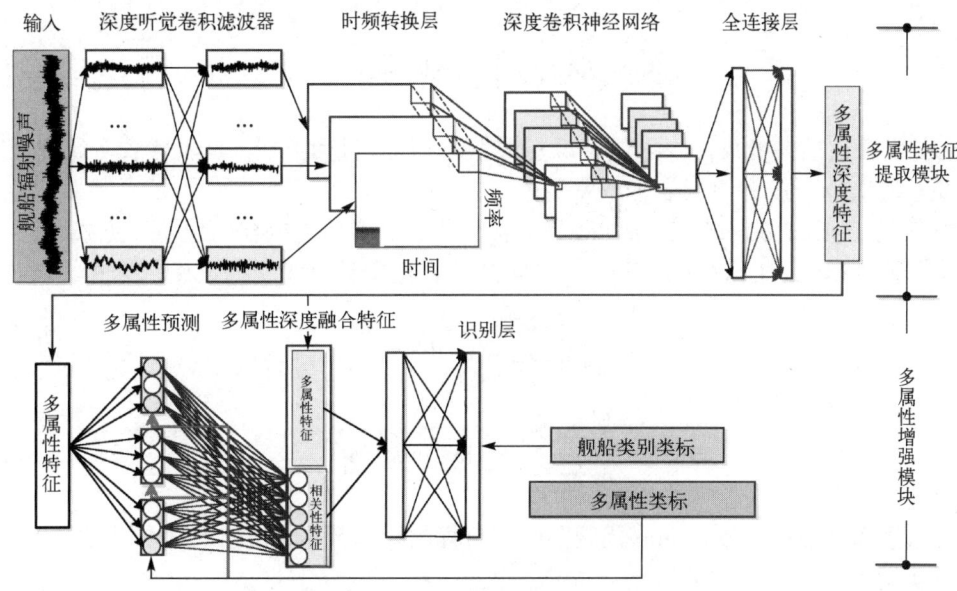

图 15-17　多属性协同感知深度模型结构

经过逐层滤波后得到一组基信号，接着利用 15.4 节中的音色感知方法，将信号转换到时频域并利用二维深度卷积神经网络从中提取舰船辐射噪声音色时频特性的深度特征。在二维深度卷积神经网络中，第 $m$ 层的输入信号 $p(t,f)^{m-1}$ 与第 $m$ 层的二维卷积核 $k^m$ 进行卷积运算，并加上偏置 $b^m$，再通过 ReLU 激活函数进行非线性变换，最终形成第 $m$ 层的输出信号 $p(t,f)^m$

$$p(t,f)_j^m = G\left[\sum_{i \in M_j} p(t,f)_i^{m-1} k_{ij}^m + b_j^m\right] \quad (15\text{-}14)$$

式中，$p(t,f)_i^m$ 代表第 $m$ 层输出信号的第 $i$ 个特征，$k_{ij}^m$ 代表连接 $p(t,f)_j^m$ 和 $p(t,f)_i^{m-1}$ 的卷积核，$b_j^m$ 是对应的偏置。

最后，利用全局池化层压缩深度时频特征的维度，并利用全连接层提取多属性特征。

在多属性增强模块中，首先将多属性特征映射到每种属性对应的类标上，在有监督训练下实现每种属性的初步预测。然后，构建一组可学习的权重来拟合多属性之间的相关性，提取相关性特征。最后，融合相关性特征与多属性特征得到多属性深度融合特征，并利用全连接层进一步压缩并提取特征，进而实现目标识别。

对于传统单属性水声目标识别任务而言，最终识别结果 $y_1$ 可以通过式（15-15）计算，而多属性增强的水声目标识别的识别结果 $y_2$ 可以通过式（15-16）计算

$$y_1 = \text{Softmax}(\boldsymbol{W} \cdot \boldsymbol{d}_f + b) \quad (15\text{-}15)$$

$$y_2 = \text{Softmax}\left(W \cdot \begin{bmatrix} d_f \\ c_f \end{bmatrix} + b\right) \tag{15-16}$$

式中，$W$ 代表最后一层全连接层的权重，$b$ 代表对应的偏置，$d_f$ 代表多属性特征，$c_f$ 代表相关性特征。

多属性协同感知深度模型参数的优化目标是最小化识别误差和多属性的预测误差。所以，总损失函数为

$$\text{loss} = \beta \text{loss}_r + \sum_i \alpha_i \cdot \text{loss}_i \tag{15-17}$$

式中，loss 代表总损失函数，$\text{loss}_r$ 代表识别误差，$r$ 代表目标类别，$\text{loss}_i$ 代表多属性误差，$i$ 代表多属性的选择，$\alpha_i$ 和 $\beta$ 代表加权常数。

均方误差（Mean Square Error，MSE）被用作计算多属性拟合的误差，见式（15-18）；多分类交叉熵（Multi-class Cross Entropy，MCE）被用于计算识别的误差，见式（15-19）

$$\text{MSE} = \frac{1}{m} \sum_{i=1}^{m} \sum_{j=1}^{\text{num}} (y^i - \text{pred}^i)^2 \tag{15-18}$$

$$\text{MCE} = \frac{1}{m} \sum_{i=1}^{m} \sum_{j=1}^{\text{num}} y^{i,j} \log(\text{pred}^{i,j}) \tag{15-19}$$

式中，$m$ 代表水声目标类别，num 代表某水声目标的样本数量，pred 代表模型的预测结果，$y$ 代表真实类标。

设置不同的 $\alpha_i$ 和 $\beta$ 会导致多属性协同感知深度模型朝着不同的方向优化。如果 $\alpha_i = 0$、$\beta = 1$，这意味着没有任何多属性信息被用于增强目标识别，即等同于单属性（类别属性）的识别任务；如果 $\alpha_i = 1$、$\beta = 0$，这意味着该模型只拟合了多种属性，而没有实现目标识别。

### 15.5.2 水声目标识别实验设计

实验采用的舰船辐射噪声数据来源与 15.2.2 节一致。实验中所用的类别包括海洋环境噪声、散装货船、集装箱货船、远洋游轮、客船、游艇。实验选择各类舰船的船长和船宽作为多属性。各类舰船的船长与船宽的分布如图 15-18 所示。

实验中构建了三种单属性预测深度模型，每种单属性预测深度模型的网络结构均为 15.5.1 节中的模型结构，三种单属性预测深度模型分别实现水声目标的类别预测、船长预测、船宽预测。另外，针对水声目标多属性协同感知问题，引入了评价其多属性联合预测性能的指标——无效识别率（Invalid Recognition Rate，IRR），计算公式如下

$$\text{IRR} = \frac{\text{num}_i}{\text{num}_t} \tag{15-20}$$

式中，$\text{num}_i$ 为不可靠的预测结果数量，$\text{num}_t$ 为样本总数。

不可靠的预测结果指的是，对某一类目标的多属性预测结果，不符合现实中该目标的多属性分布情况。根据专家知识针对每类舰船类别总结了以下不可靠预测结果的判定标准，如表 15-14 所示。当预测结果不满足表 15-14 中的内容时，即判定为不可靠的预测结果。

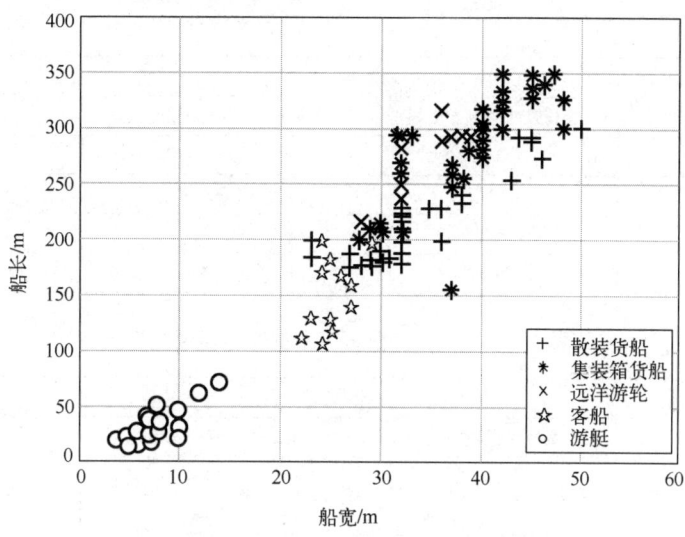

图 15-18　各类舰船的船长与船宽的分布

表 15-14　每类目标的不可靠预测结果的判定标准

| 类别 | 船长 | 船宽 |
|---|---|---|
| 海洋环境噪声 | 不存在（0m） | 不存在（0m） |
| 散装货船 | ≥100m | ≥20m |
| 集装箱货船 | ≥100m | ≥20m |
| 远洋游轮 | ≥100m | ≥20m |
| 客船 | ≥50m | ≥15m |
| 游艇 | ≤100m | ≤20m |

预测误差比被用来评价模型对船长和船宽的预测性能，计算公式如下

$$\text{error} = \frac{1}{n}\sum_{i=1}^{n}\frac{|\text{pred}_i - \text{true}_i|}{\text{true}_i} \tag{15-21}$$

式中，error 为预测误差比，$\text{pred}_i$ 为第 $i$ 个样本的预测船长或船宽，$\text{true}_i$ 为其第 $i$ 个样本的真实船长或船宽。

### 15.5.3　水声目标多属性协同感知实验结果及分析

#### 15.5.3.1　多属性协同感知性能验证实验结果及分析

模型在测试集上的船长预测结果如表 15-15 所示，船宽预测结果如表 15-16 所示。

表 15-15　模型在测试集上的船长预测结果

| 类别 | 预测误差比 | | 真实船长平均值/m |
|---|---|---|---|
| | 船长属性预测深度模型 | 多属性协同感知深度模型 | |
| 散装货船 | 16.60% | 15.20% | 205.75 |
| 集装箱货船 | 10.20% | 7.20% | 301.60 |

续表

| 类别 | 预测误差比 | | 真实船长平均值/m |
|---|---|---|---|
| | 船长属性预测深度模型 | 多属性协同感知深度模型 | |
| 远洋游轮 | 15.50% | 11.20% | 271.77 |
| 客船 | 3.00% | 0.30% | 153.25 |
| 游艇 | 49.90% | 29.60% | 32.81 |
| 平均预测误差比 | 19.04% | 12.70% | — |

表 15-16 模型在测试集上的船宽预测结果

| 类别 | 预测误差比 | | 真实船宽平均值/m |
|---|---|---|---|
| | 船宽属性预测深度模型 | 多属性协同感知深度模型 | |
| 散装货船 | 11.20% | 13.30% | 31.44 |
| 集装箱货船 | 13.50% | 7.60% | 39.39 |
| 远洋游轮 | 7.10% | 7.00% | 33.14 |
| 客船 | 4.60% | 0.20% | 27.00 |
| 游艇 | 48.30% | 19.70% | 7.18 |
| 平均预测误差比 | 16.94% | 9.56% | — |

可以发现多属性协同感知深度模型的预测误差比显著低于船长属性预测深度模型。其中客船类别的船长与船宽的预测误差比最小，分别为 0.3%和 0.2%，按照真实船长和船宽的平均值推算，船长和船宽的实际误差均小于1m。游艇类别的预测误差比最大，但按照真实船长和船宽的平均值推算，船长的实际误差约为 9.4m，船宽的实际误差约为 1.4m。

表 15-17 为水声目标识别结果，分别用识别准确率和无效识别率进行评价。多属性协同感知深度模型的识别准确率为 82.1%，高于联合三种单属性预测深度模型 2.2%，并且多属性协同感知深度模型的无效识别率显著更低，这意味着多属性协同感知深度模型学习到了目标多属性之间的关联。

表 15-17 水声目标识别结果

| 评价指标 | 联合三种单属性预测深度模型 | 多属性协同感知深度模型 |
|---|---|---|
| 识别准确率 | 79.90% | 82.10% |
| 无效识别率 | 11.60% | 1.90% |

表 15-18 为多属性协同感知深度模型在测试集上的召回率、精确率和 F1 分数，表 15-19 为识别结果的混淆矩阵，其中海洋环境噪声的识别性能最好。另外，从混淆矩阵中可以发现散装货船和集装箱货船之间存在较多的错误识别，这应该是因为散装货船和集装箱货船同属于货船大类，具有相似的动力系统以及船体尺寸。

表 15-18 多属性协同感知深度模型在测试集上的召回率、精确率和 F1 分数

| 类别 | 召回率 | 精确率 | F1 分数 |
|---|---|---|---|
| 海洋环境噪声 | 99.2% | 94.9% | 97.0% |
| 散装货船 | 71.9% | 63.2% | 67.3% |
| 集装箱货船 | 71.1% | 71.3% | 71.2% |

续表

| 类别 | 召回率 | 精确率 | F1 分数 |
|---|---|---|---|
| 远洋游轮 | 92.8% | 92.0% | 92.4% |
| 客船 | 89.5% | 82.3% | 85.8% |
| 游艇 | 68.2% | 94.2% | 79.1% |
| 平均结果 | 82.1% | 83.0% | 82.1% |

表 15-19　多属性协同感知深度模型识别结果的混淆矩阵

| 预测结果 | 真实类标 | | | | | |
|---|---|---|---|---|---|---|
| | 海洋环境噪声 | 散装货船 | 集装箱货船 | 远洋游轮 | 客船 | 游艇 |
| 海洋环境噪声 | 4975 | 46 | 0 | 39 | 10 | 166 |
| 散装货船 | 5 | 3636 | 1320 | 76 | 201 | 531 |
| 集装箱货船 | 0 | 1086 | 3560 | 155 | 108 | 94 |
| 远洋游轮 | 1 | 97 | 49 | 4654 | 99 | 154 |
| 客船 | 8 | 113 | 59 | 74 | 4511 | 712 |
| 游艇 | 11 | 22 | 12 | 2 | 71 | 3343 |

#### 15.5.3.2　多属性协同感知的可视化实验结果及分析

多属性协同感知深度模型学习到的船长与船宽之间连接权重的可视化结果如图 15-19 所示。其中，横坐标为船宽预测神经元，纵坐标为船长预测神经元，图中各点的确定方法为：当选定一个船宽预测神经元时，确定该神经元连接的所有船长预测神经元中最大的连接权重值（归一化后）对应的船长预测神经元。当该权重值越大时，图中的点尺寸越大，并且颜色越浅。从图中可以发现，多属性协同感知深度模型学习到的船长与船宽之间的分布关系和真实船长与船宽之间的分布关系高度相似（见图 15-18）。

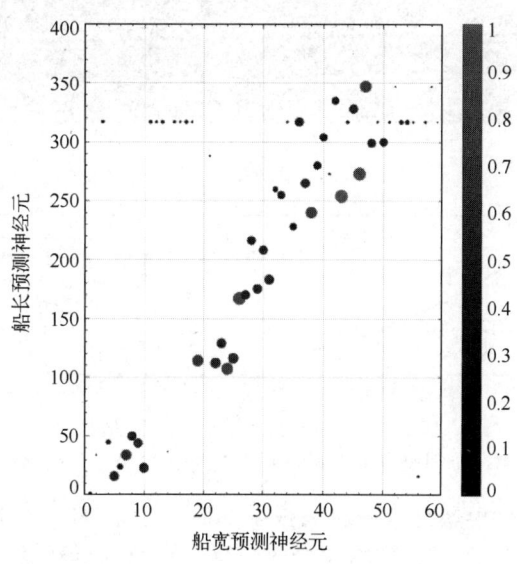

图 15-19　多属性协同感知深度模型学习到的船长与船宽之间连接权重的可视化结果

联合三种单属性预测深度模型对每个样本的船长和船宽预测结果与样本的真实船长和船宽分布如图 15-20(a)所示。多属性协同感知深度模型对每个样本的船长和船宽预测结果与样本的真实船长和船宽分布如图 15-20(b)所示。从中可以明显发现，多属性协同感知深度模型对样本多属性的拟合与真实分布更为相似，说明多属性协同感知深度模型学习到了多属性之间的关联。

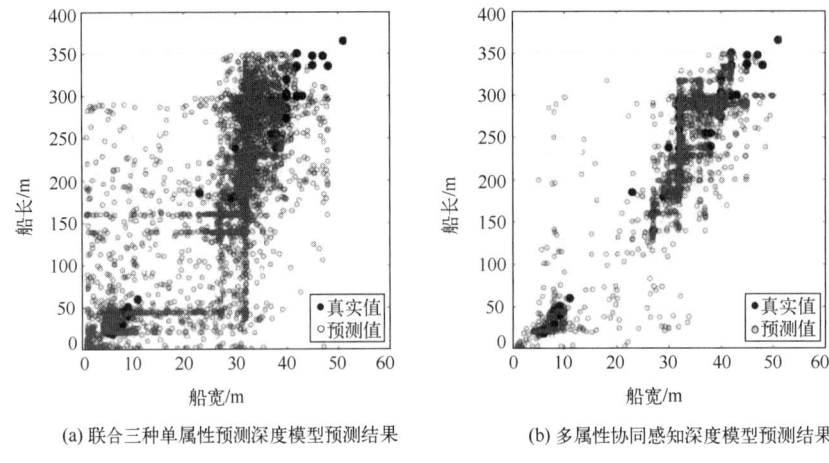

(a) 联合三种单属性预测深度模型预测结果　　(b) 多属性协同感知深度模型预测结果

图 15-20　船长与船宽预测结果分布图

#### 15.5.3.3　舰船目标监测实验结果及分析

利用一段较长时间的远洋游轮（船长为 160m、船宽为 27m）辐射噪声来验证多属性协同感知深度模型在整段实测信号上的多属性拟合性能，图 15-21 展示了整段辐射噪声的时频图以及目标在每个时刻与水听器的距离。

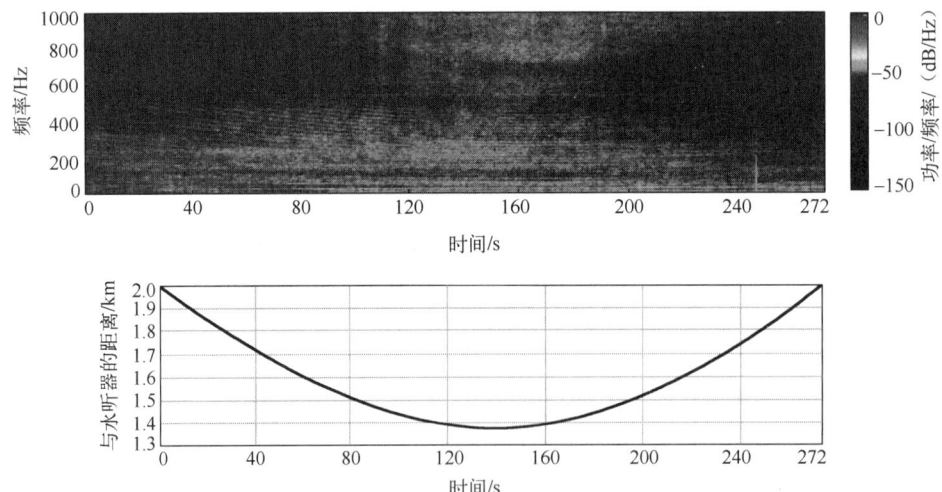

图 15-21　整段辐射噪声的时频图以及目标在每个时刻与水听器的距离

图 15-22(a)为联合三种单属性预测深度模型的监测结果，图 15-22(b)为多属性协同感知深度模型的监测结果。图中展示了模型将每个时刻样本预测为远洋游轮类别的置信度、预测的船长和预测的船宽。其中每个彩色点的位置是由样本对应的时间、预测的船长和预测的船宽共同确定的，预测为远洋游轮的置信度越高，点的尺寸越大，颜色越黄（扫描二维码可看彩图）。灰色点是彩色点在两个平面上的投影。从图中可以看出多属性协同感知深度模型的预测结果更加稳定，并且更加准确。

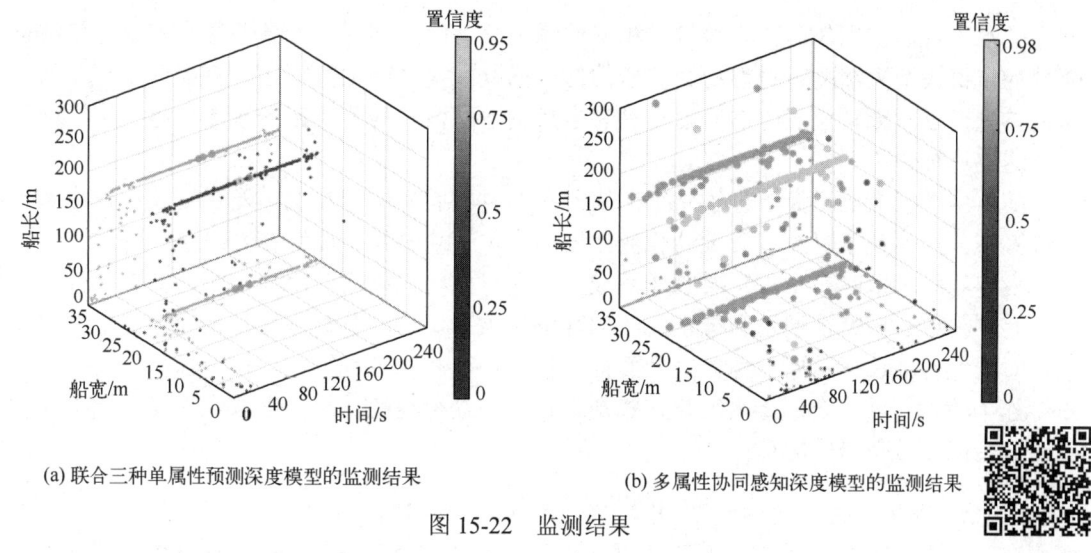

(a) 联合三种单属性预测深度模型的监测结果　　(b) 多属性协同感知深度模型的监测结果

图 15-22　监测结果

扫码看彩图

## 15.6　类脑水声目标识别极深模型构建与优化

### 15.6.1　类脑水声目标识别极深模型原理

听觉计算模型的本质是将原始的声学信号转换为对听觉任务有用的表示。本节将构建类脑水声目标识别极深模型，主要包括听觉外周模型和听觉中枢模型。

#### 15.6.1.1　用于舰船辐射噪声分析的听觉外周模型建模

听觉外周模型在 15.3.1 节的基础上做了改进。为了更好地适应舰船辐射噪声线谱在低频分布丰富的特点，深度听觉卷积滤波器中的卷积核应该具有更长时间的时域感受野，但是更大的卷积核尺寸意味着更多的参数，这可能导致模型过学习。扩张卷积层可以在增大感受野的同时不增加额外的参数，所以采用扩张卷积层替代了深度听觉卷积滤波器中的卷积层。图 15-23 给出了扩张卷积层对舰船辐射噪声的分解过程。

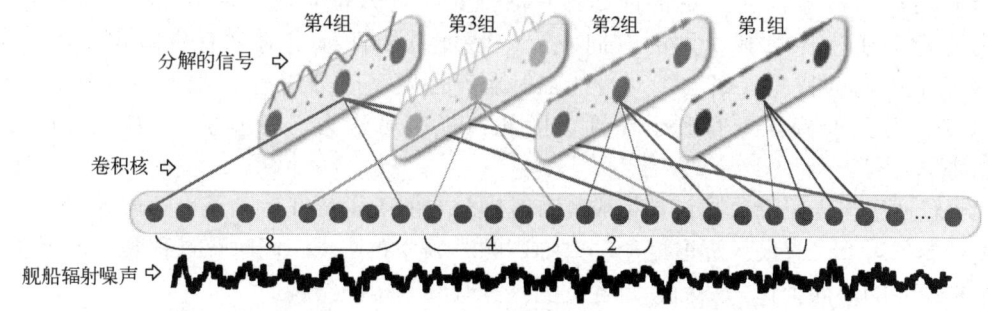

图 15-23　扩张卷积层对舰船辐射噪声的分解过程

#### 15.6.1.2　用于水声目标识别的听觉中枢模型建模

在利用改进后的听觉外周模型获得水声目标的听觉特征后，模拟听觉系统中听觉通路大量神经元复杂连接的深度结构，构建极深层卷积神经网络，对具有复杂分布的数据进行建模，并完成水声目标识别任务。将时域卷积层的输出分为两条路径,一条路径应用有监督特征重要性标定模块增大深度听觉卷积滤波器的优化梯度,并对听觉特征进行重要性标定;另一条路径首先通过时频转换层,然后通过具有多尺度卷积核和残差连接的极深层卷积神经网络对听觉通路进行建模。

随着网络层数的增大,位于整个网络前端的时域卷积层的参数更新梯度减小,导致该层训练不充分,不利于对深度听觉卷积滤波器的优化。同时为了能够在网络学习的过程中自适应地发现舰船辐射噪声中更重要的频率成分,在时域卷积层后应用有监督特征重要性标定模块,有监督地建模特征通道和类别间的相互依赖关系,自动获取每个特征通道的重要程度,然后对听觉特征进行重要性标定,从而抑制噪声特征和冗余特征。该模块以时域卷积层的输出 $T_1$ 作为输入,使用全局最大池化在整个帧长度上进行池化运算,获取经深度听觉卷积滤波器滤波后的时域信号的幅值,如下

$$r_m = \mathrm{maxpooling}(t_m), m = 1, 2, \cdots, M \tag{15-22}$$

式中,输出 $r_m \in \mathbb{R}^N$ 是 $t_m$ 中所有帧的幅值。该层的输出 $\boldsymbol{R}_1 = [r_1, r_2, \cdots, r_m]$,通过置换层将其维度变换为 $\boldsymbol{R}_2 = [r_1, r_2, \cdots, r_N]$,其中 $r_n \in \mathbb{R}^M$,然后,通过两个全连接层来捕获频率成分的依赖关系,如下

$$\mathrm{fc}_n = \sigma(v_n \mathrm{ReLU}(\omega_n r_n)), \quad n = 1, 2, \cdots, N \tag{15-23}$$

全连接层的输出 $\mathrm{Fc} = [\mathrm{fc}_1, \mathrm{fc}_2, \cdots, \mathrm{fc}_N]$,其中 $\mathrm{fc}_n \in \mathbb{R}^M$ 对应于第 $n$ 帧。两个全连接层的权重向量分别为 $\boldsymbol{w} = [\omega_1, \omega_2, \cdots, \omega_N]$ 和 $\boldsymbol{U} = [v_1, v_2, \cdots, v_N]$,激活函数分别为 ReLU 和 Sigmoid。然后全连接层的输出也分为两条路径。一条路径直接连接输出层,形成一个辅助分类器,将辅助分类器的优化梯度添加到整个网络的优化梯度。另一条路径将全连接层的输出与时频转换层的输出对应元素相乘,进行听觉特征的重要性标定,如下

$$\mathrm{fr}'_n = \mathrm{fc}_n \times \mathrm{fr}_n, n = 1, 2, \cdots, N \tag{15-24}$$

式中,$\mathrm{fr}'_n \in \mathbb{R}^{K \times M}$ 为 $\mathrm{fc}_n$ 与 $\mathrm{fr}_n$ 对应元素的相乘。该层的输出 $\boldsymbol{F}_{r'} = [\mathrm{fr}'_1, \mathrm{fr}'_2, \cdots, \mathrm{fr}'_N]$,$\boldsymbol{F}_{r'} \in \mathbb{R}^{K \times M \times N}$。将提出的有监督特征重要性标定模块应用于深度听觉卷积神经网络的时域卷积层,能够对时域卷积层的舰船辐射噪声分解赋予更多的修正增量,从而缓解由梯度扩散导致的深度听觉卷积滤波器优化不足的问题,并增强其学习效能,使得对舰船辐射噪声的频率分解向更有益于水声目标识别的方向发展。特征重要性标定对具有更多识别信息的频率成分赋予更高的权重,相当于对舰船辐射噪声的频率成分进行有监督特征选择,从而使得网络学习到的特征更有利于识别,因此该模块可作为一种有监督的听觉频率选择注意机制。

时频转换层将舰船辐射噪声转换成具有时频分布的听觉特征后,采用频域卷积层在时频空间进行卷积运算,有助于提取舰船辐射噪声的时频分布信息。同时该过程类似于听觉通路中大量神经元的协同工作,从而使得各听觉区具有频率拓扑结构。

水声目标的时频特征通常具有不同尺度的频谱分布,同一目标频谱的位置和关系等信息随着舰船航行工况和海洋环境的变化而具有差异。不同尺度的卷积核能够覆盖不同尺度的频谱结构,使用多尺度卷积核模块有助于提取多尺度时域或频域特征,从而可以获取全局性和局部性的频谱分布特征信息,并将这些信息进行合并,获得对水声目标更好的表征。本节在频域卷积层中使用残差多尺度卷积核模块构建深度神经网络,模拟听觉系统中多条听觉通路

并行和复杂交叉连接的机制，模型的结构如图 15-24 所示。初始特征提取模块的结构如图 15-25 所示，特征压缩模块采用 Inception 结构。

这些模块均采用多尺度卷积核，通过该模块不仅增大了模型的深度，而且有助于减小特征的维度，从而更容易构造极深层卷积神经网络。多尺度卷积核可以模拟听觉通路的不同神经结构，通过聚合多种不同尺度感受野上的特征来获得性能增益。多尺度卷积核能够用较少的网络参数学习舰船辐射噪声中不同尺度的频谱时间模式。残差连接模拟了不同听觉通路之间的交叉连接，该结构减小了误差反向传播的路径长度，使得卷积神经网络更易于优化。具有多尺度卷积核和残差连接的极深层卷积神经网络可以充分利用时间跨度大的大量舰船辐射噪声数据，降低模型对数据分布变化的敏感性，获得更加具有鲁棒性的识别结果。

将频域卷积层的输出作为全局平均池化层的输入，然后使用以 Softmax 函数为激活函数的输出层预测水声目标类别。与全连接层相比，全局平均池化层增强了特征映射和水声目标类别之间的对应关系。由于全局平均池化层没有需要优化的参数，因此降低了过拟合风险。

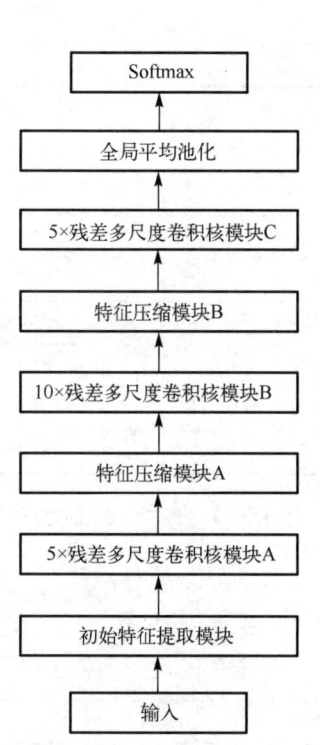

图 15-24 极深层卷积神经网络的结构

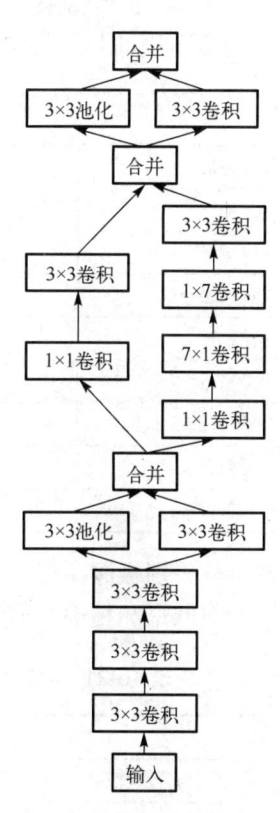

图 15-25 初始特征提取模块的结构

## 15.6.2 水声目标识别实验设计

实验采用的舰船辐射噪声数据来源与 15.2.2 节一致，实验中所用的舰船类别包括货船、油轮、客船、拖船。

为了评估该模型的识别性能的优越性，本节将其与 15.2.1 节的基于听觉滤波机制的深度水声目标识别方法以及一系列基于人工设计的特征的水声目标识别方法进行比较。这些人工设计的特征包括波形结构特征、MFCC 特征、小波特征、听觉特征。波形结构特征包括峰间振幅特征、过零波长特征和过零波长差特征；MFCC 特征通过基于非线性 Mel 频率标度下的对数功率谱的线性余弦变换提取得到；听觉特征通过人听觉系统的 Bark 域和掩蔽特性提取得到；小波特征包括小波分解的低频包络线和各级小波信号过零波长分布密度的熵。在进行短时间快速傅里叶变换后，采用双通道分割窗口（TPSW）进行谱计算。在提取特征之前，需将信号分帧为 256ms 的窗长，随后对提取的帧特征进行叠加或平均处理，并将其输入支持向量机（SVM）、反向传播神经网络（BPNN）或 CNN 进行水声目标识别。支持向量机的核函数为径向基函数（RBF）。通过网格搜索，确定了 RBF 的错分惩罚因子和核参数。支持向量机集成采用 AdaBoost 算法进行。

### 15.6.3 水声目标识别实验结果及分析

#### 15.6.3.1 识别性能验证实验结果及分析

如表 15-20 所示，实验结果表明类脑水声目标识别极深模型的识别性能明显优于人工设计的特征。与 15.2 节中的基于听觉滤波机制的深度模型相比，识别准确率得到了显著提升。

表 15-20 各种模型的识别结果

| 输入特征 | 识别模型 | 识别准确率 |
|---|---|---|
| 波形结构特征 | SVM | 68.2% |
| MFCC 特征 | BPNN | 72.1% |
| 多特征的融合 | SVM 集成 | 75.1% |
| 小波特征 | BPNN | 74.6% |
| 频谱特征 | SAE | 81.4% |
| 频谱特征 | CNN | 83.2% |
| 时域数据 | 基于听觉滤波机制的深度模型 | 81.5% |
| 时域数据 | 类脑水声目标识别极深模型 | 87.2% |

类脑水声目标识别极深模型的识别结果混淆矩阵如表 15-21 所示，类脑水声识别极深模型在测试集上的召回率和精确率如表 15-22 所示。

表 15-21 类脑水声目标识别极深模型的识别结果混淆矩阵

| 真实类别 | 识别结果 | | | | |
|---|---|---|---|---|---|
| | 海洋环境噪声 | 货船 | 油轮 | 客船 | 拖船 |
| 海洋环境噪声 | 15824 | 1 | 202 | 20 | 173 |
| 货船 | 16 | 13152 | 2424 | 560 | 155 |
| 油轮 | 120 | 1479 | 13283 | 881 | 610 |
| 客船 | 133 | 356 | 233 | 14908 | 748 |
| 拖船 | 334 | 317 | 590 | 1098 | 14083 |

海洋环境噪声的精确率和召回率均高于所有船型。这一结果表明，检测舰船存在比识别舰船类型更容易。货船和油轮类别间的模型识别结果的混淆程度相对其他类别更高，这可能是因为两类同属于一个大类，它们的推进系统、总吨位和船型都很相似。

表 15-22　类脑水声识别极深模型在测试集上的召回率和精确率

| 类别 | 召回率 | 精确率 |
| --- | --- | --- |
| 海洋环境噪声 | 97.6% | 96.30% |
| 货船 | 80.7% | 85.90% |
| 油轮 | 81.1% | 79.40% |
| 客船 | 91.0% | 85.40% |
| 拖船 | 85.8% | 89.30% |

#### 15.6.3.2　深度特征可视化实验结果及分析

为了观察优化后的深度听觉卷积滤波器在时间卷积层中的表现，从 4 组的每组中选择一个卷积核（优化后的滤波器），提取 4 个卷积核对应的输出特征图，如图 15-26 所示。

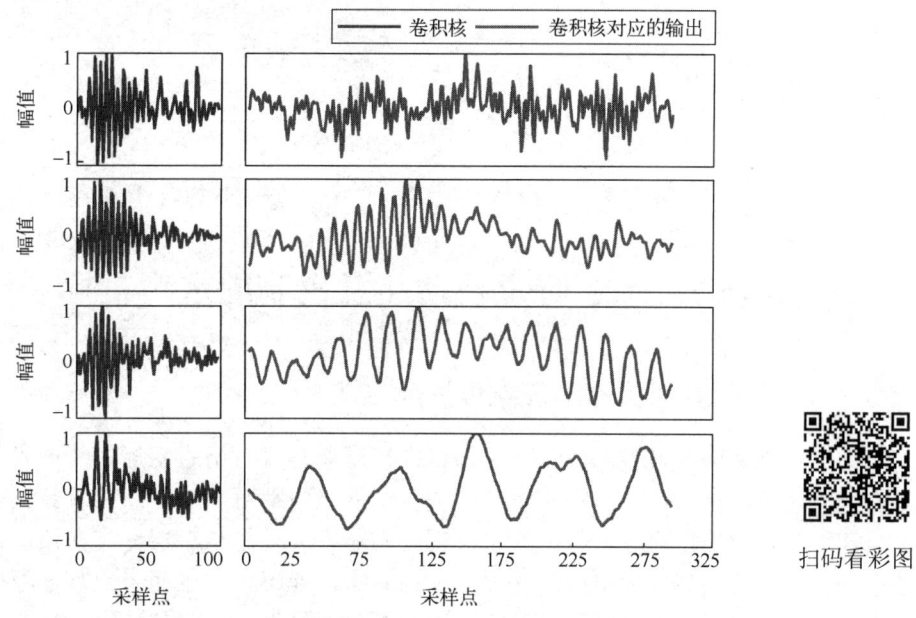

图 15-26　卷积层的卷积核及其输出特征映射的可视化

采用特征可视化方法 t-SNE（t-distributed Stochastic Neighbor Embedding），通过将高维特征映射到二维空间的指定位置，可将提取的特征可视化。图 15-27 显示了整个类脑水声目标识别极深模型的输出特征、时频转换层学习谱图特征和 Gammatone 谱图特征的可视化结果。如图 15-27(a)所示，其中大多数类与其他类分离。

与图 15-27(a)相比，图 15-27(b)、图 15-27(c)中类间有更大的重叠。图 15-27(b)中的样本分布略好于图 15-27(c)。结果表明，类脑水声目标识别极深模型能更好地提取舰船辐射噪声中的类别特性。

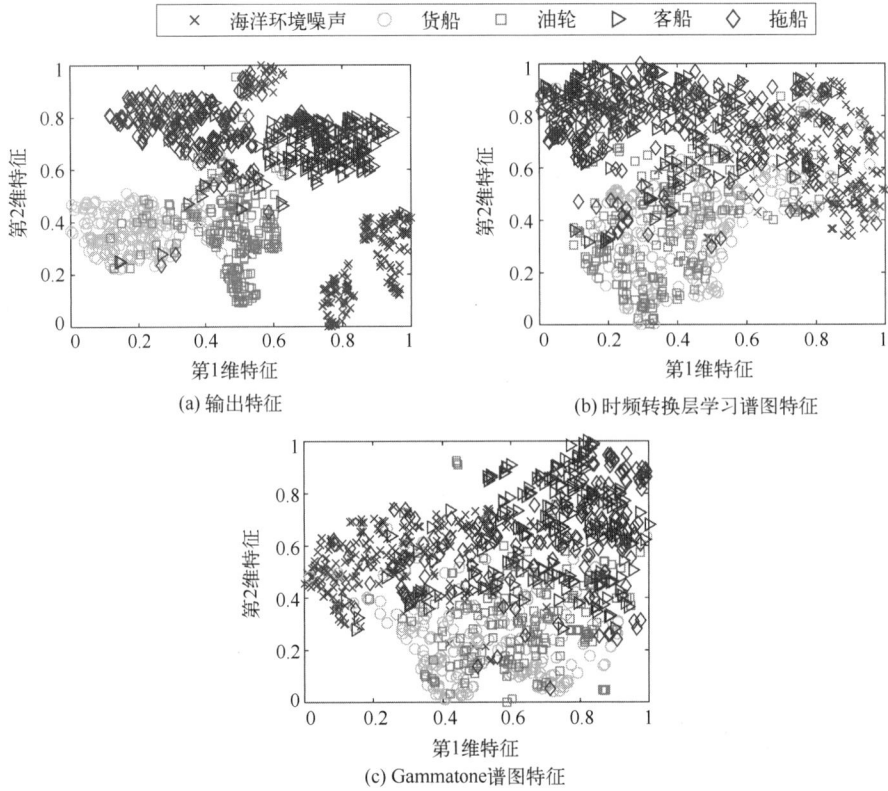

图 15-27　采用 t-SNE 特征可视化方法观察特征的识别性能

## 15.7　基于听觉被动注意机制的水声目标识别

### 15.7.1　水声目标听觉被动注意理论与方法

基于经典深度学习方法的水声目标识别模型通常只有用最深层的特征表示才能表现出较好的聚类性能，这与声信息在听觉中枢的各个层级中都可以被分组的现象具有显著的差异。经典深度学习模型出现这一问题在很大程度上是由误差是从深层逐层向浅层传播的这一特点造成的，并且这会导致大量中间深度特征的聚类性能不足，进而导致基于经典深度学习方法的水声目标识别模型的识别性能有限。将深度学习模型的中间层特征按照类别属性进行分组，正如听觉中枢的被动注意机制一样，可以提高模型的识别性能。听觉系统和经典深度学习模型的信息处理过程的对比示意图如图 15-28 所示。

对于基于深度学习的水声目标识别任务而言，当被动声呐接收信号同时包含干扰舰船辐射噪声和目标舰船辐射噪声时，将两者进行分离是准确识别目标舰船的基础。对于二者的混合信号而言，两个信号在频域具有可分离性，即存在一个频域滤波器，可以对其混合信号实施滤波分解操作，进而得到其中任意一个纯净信号。但不同的水声目标舰船辐射噪声都具有复杂多变的低频线谱结构，难以在频域或某一经典特征域完全分开。在现有的基于深度学习的水声目标识别方法中，舰船辐射噪声被映射到足够非线性的高维特征空间中（这主要是依靠非线性激活函数逐层对提取的特征进行非线性变换实现的）得到舰船辐射噪声的深度特征，然后将其映射到水声目标类别空间中。这暗示了一个事实,即在高维特征空间中不同水声目标之间是可分的。于是,可以在某个可以区分不同目标的深度特征域实现干扰条件下的目标舰船辐射噪声特征分离。

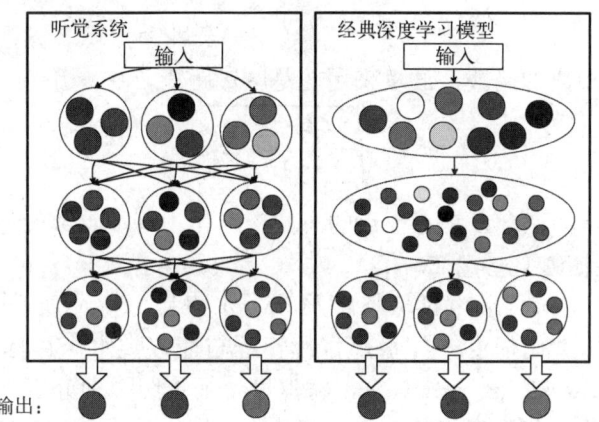

图 15-28 听觉系统和经典深度学习模型的信息处理过程的对比示意图

假设被动声呐接收信号为 $S(t)$,其包含干扰舰船辐射噪声信号 $S_1(t)$ 和目标舰船辐射噪声信号 $S_2(t)$,可以表示为

$$S(t) = S_1(t) + S_2(t) \tag{15-25}$$

这时存在一个特征空间 $V(f)$,并且存在一个参数为 $\theta$ 的模型可以将信号 $S(t)$ 映射到该特征空间 $V(f)$ 上,如下

$$V(f) = \theta(S(t)) = \theta(S_1(t) + S_2(t)) \tag{15-26}$$

干扰舰船辐射噪声信号 $S_1(t)$ 被该模型映射在特征空间上的表示为

$$V_1(f) = \theta(S_1(t)) \tag{15-27}$$

于是,通过最大化 $V(f)$ 和 $V_1(f)$ 之间的距离,该模型就可以在干扰舰船辐射噪声信号存在的条件下识别目标舰船是否存在,这意味着将目标舰船辐射噪声信号从混合信号中分离了出来。根据以上理论,构建合适的模型来实现目标舰船辐射噪声信号分离是研究的关键。

### 15.7.2 水声目标听觉被动注意模型的损失函数构建及优化方法

当在某一深度网络层中施加听觉被动注意损失时,首先,计算该层提取的每类水声目标的深度特征 $f_i$($i=1,2,3,\cdots,n$)的特征质心 $f_i^*$($i=1,2,3,\cdots,n$),计算公式如下

$$f_i^* = \frac{1}{d}\sum_{k=1}^{d} f_{i,k} \tag{15-28}$$

式中,$i$ 是水声目标的类别,$d$ 是第 $i$ 类水声目标深度特征的维度,$k$ 是特征点数的遍历指标,代表水声目标深度特征的第 $k$ 个维度,$f_{i,k}$ 是第 $i$ 类水声目标中的第 $k$ 个深度特征。

然后,计算所有水声目标类别的特征分别与每类水声目标特征质心的距离,得到的距离矩阵如下

$$G = \begin{bmatrix} D(f_1, f_1^*) & D(f_2, f_1^*) & \cdots & D(f_n, f_1^*) \\ D(f_1, f_2^*) & D(f_2, f_2^*) & \cdots & D(f_n, f_2^*) \\ \vdots & \vdots & & \vdots \\ D(f_1, f_n^*) & D(f_2, f_n^*) & \cdots & D(f_n, f_n^*) \end{bmatrix} \tag{15-29}$$

$D(\cdot)$ 是计算特征之间距离的函数,这里采用的是欧氏距离

$$D(x, y) = \sqrt{\frac{1}{Q} \sum_{q=1}^{Q} (x_q - y_q)^2} \tag{15-30}$$

式中,$x$ 和 $y$ 代表两组特征;$Q$ 是特征点的总数;$q$ 作为特征点数的遍历指标,代表水声目标深度特征的第 $q$ 个维度($q=1,2,3,\cdots,Q$)。

最后,通过最小化同类水声目标特征与该类水声目标特征质心之间的距离 $D(f_i, f_i^*)$($i=1,2,3,\cdots$),同时最大化任意一类水声目标特征与非该类水声目标特征质心之间的距离 $D(f_i, f_j^*)$($i=1,2,3,\cdots,j=1,2,3,\cdots,i \neq j$),将深度特征按照类别分组,进而模拟听觉被动注意机制。根据以上原理,接下来将从 3 个角度分别构建 3 种听觉被动注意模型的损失函数。

**1. 基于绝对距离损失的听觉被动注意方法**

本节提出了绝对距离损失(Absolute Distance Loss,ADL)函数。对于不同类别的特征来说,该损失可以用于最大化特征间的距离来增大不同类别特征之间的差异,其计算公式如下

$$\text{ADL}_1 = \frac{1}{\sum_{i \neq j} \sum_j D(f_i, f_j^*)} \tag{15-31}$$

对于同类水声目标深度特征而言,可以最小化特征间的差异从而提高类内特征的紧凑性,其计算公式如下

$$\text{ADL}_2 = \sum_i D(f_i, f_i^*) \tag{15-32}$$

综上,ADL 的计算公式可以写为

$$\text{ADL} = \sum_i D(f_i, f_i^*) + \frac{1}{\sum_{i \neq j} \sum_j D(f_i, f_j^*)} \tag{15-33}$$

假设有一个在 $d$ 层带有绝对距离损失的听觉被动注意模型(Auditory Passive Attention model with ADL at a layer d,APA-with-ADL-d),该模型通过将绝对距离损失和识别损失构成联合优化目标函数,驱动模型参数的迭代更新过程,其伪代码如算法 15.1 所示。

---

**算法 15.1:基于绝对距离损失的听觉被动注意模型的参数优化算法**

输入:训练数据 $\{x, y\}$,$n$ 为水声目标类别数,$T$ 为最大迭代次数,$m$ 为每个批次的样本,APA-with-ADL-d 的参数为 $\text{Net}(\theta)$,第 $d$ 层的深度特征 $f$ 的维度为 $Q$

参数初始化:初始化参数表示为 $\text{Net}^0(\theta)$

训练:

for $t = 0:T$

前向传播:

逐层计算得到第 $d$ 层的深度特征: $f = \text{Net}_d^t(x|\theta)$

逐层计算得到 APA-with-ADL-d 的预测结果: $\text{pre} = \text{Net}^t(x|\theta)$

损失计算:

$$\mathrm{ADL}(y,f) = \begin{cases} \sum_{i=1}^{n} \sqrt{\dfrac{1}{Q}\sum_{q=1}^{Q}(f_{i,q} - \dfrac{1}{m}\sum_{k=1}^{m}f_{i,k,q})^2} & , \quad i = j \\ \dfrac{1}{\sum_{j=1}^{n}\sum_{i=1}^{n}\sqrt{\dfrac{1}{Q}\sum_{q=1}^{Q}(f_{i,q} - \dfrac{1}{m}\sum_{k=1}^{m}f_{j,k,q})^2}} & , \quad i \neq j \end{cases}$$

$$\mathrm{RL}(y,\mathrm{pre}) = -\dfrac{1}{n}\sum_{i=1}^{n} y_i \cdot \log(\mathrm{pre}_i)$$

$$\mathrm{loss} = \alpha \cdot \mathrm{ADL} + \beta \cdot \mathrm{RL}$$

更新参数 $\theta$ 使得模型可以最小化 loss

end

返回：第 $T$ 时刻的模型参数 $\mathrm{Net}^T(\theta)$。

### 2. 基于相对距离损失的听觉被动注意方法

本节提出了相对距离损失（Relative Distance Loss，RDL）函数，该损失函数通过最大化水声目标类间深度特征之间的距离与水声目标类内深度特征之间的距离的比值来实现深度特征的分组。

首先，将类内深度特征与其和所有类特征质心之间的距离进行归一化，得到归一化后的距离矩阵，如式（15-34）所示，即将式（15-29）中的每列距离向量除以该列距离向量中的最大值

$$G_{\mathrm{Normalized}} = \begin{vmatrix} D_N(f_1, f_1^*) & D_N(f_2, f_1^*) & \cdots & D_N(f_n, f_1^*) \\ D_N(f_1, f_2^*) & D_N(f_2, f_2^*) & \cdots & D_N(f_n, f_2^*) \\ \vdots & \vdots & & \vdots \\ D_N(f_1, f_n^*) & D_N(f_2, f_n^*) & \cdots & D_N(f_n, f_n^*) \end{vmatrix} \quad (15\text{-}34)$$

归一化后的距离矩阵展示了所有特征之间的相对距离，可以通过使得 $D_N(f_i, f_j^*)(i \neq j)$ 远大于 $D_N(f_i, f_i^*)$ 来实现不同类别特征的分组。从基于交叉的相似度度量方法中获得灵感，构建了相对距离损失的计算方法，如下

$$\mathrm{RDL} = \begin{cases} \sum_{i,j} -\log(1 - D_N(f_i, f_j^*)) & , \quad i = j \\ \sum_{i,j} -\log(D_N(f_i, f_j^*)) & , \quad i \neq j \end{cases} \quad (15\text{-}35)$$

假设有一个在 $d$ 层带有相对距离损失的听觉被动注意模型（Auditory Passive Attention model with RDL at a layer d，APA-with-RDL-d），该模型通过将相对距离损失和识别损失构成联合优化目标函数，驱动模型参数的迭代更新过程，其伪代码如算法 15.2 所示。

**算法 15.2：基于相对距离损失的听觉被动注意模型的参数优化算法**

输入：训练数据 $\{x, y\}$，$n$ 为水声目标类别数，$T$ 为最大迭代次数，$m$ 为每个批次的样本数，APA-with-RDL-d 的参数为 $\mathrm{Net}(\theta)$，第 $d$ 层的深度特征 $f$ 的维度为 $Q$

参数初始化：初始化参数表示为 $\mathrm{Net}^0(\theta)$

训练：

for $t = 0:T$

前向传播：

逐层计算得到第 $d$ 层的深度特征：$f=\mathrm{Net}_d^t(x|\theta)$

逐层计算得到 APA-with-RDL-d 的预测结果：$\mathrm{pre}=\mathrm{Net}^t(x|\theta)$

损失计算：

$$D_N(f_i,f_j^*)=\frac{\sqrt{\frac{1}{Q}\sum_{q=1}^{Q}(f_{i,q}-\frac{1}{m}\sum_{k=1}^{m}f_{j,k,q})^2}}{\max(\sqrt{\frac{1}{Q}\sum_{q=1}^{Q}(f_{1,q}-\frac{1}{m}\sum_{k=1}^{m}f_{j,k,q})^2},\cdots,\sqrt{\frac{1}{Q}\sum_{q=1}^{Q}(f_{m,q}-\frac{1}{m}\sum_{k=1}^{m}f_{j,k,q})^2})}$$

$$\mathrm{RDL}(y,f)=\begin{cases}\sum_{j=1}^{n}\sum_{i=1}^{n}-\log(1-D_N(f_i,f_j^*)) & ,\ i=j \\ \sum_{j=1}^{n}\sum_{i=1}^{n}-\log(D_N(f_i,f_j^*)) & ,\ i\neq j\end{cases}$$

$$\mathrm{RL}(y,\mathrm{pre})=-\frac{1}{n}\sum_{i=1}^{n}y_i\cdot\log(\mathrm{pre}_i)$$

$$\mathrm{loss}=\alpha\cdot\mathrm{RDL}+\beta\cdot\mathrm{RL}$$

更新参数 $\theta$ 使得模型可以最小化 loss

end

返回：第 $T$ 时刻的模型参数 $\mathrm{Net}^T(\theta)$

### 3. 基于综合距离损失的听觉被动注意方法

同时兼顾绝对距离和相对距离，提出了综合距离损失（Comprehensive Distance Loss，CDL）函数。对于绝对距离而言，ADL 值的大小有时受特征值大小的影响较大，会导致其相对地减少了对特征之间相关性的表示。对于相对距离而言，RDL 在计算时首先需要对距离矩阵进行归一化，这可能会导致某些容易区分的特征之间距离过大，某些不容易区分的特征之间的差异被进一步压缩。

因此，绝对距离和相对距离应该同时被考虑，CDL 的计算公式如下

$$\mathrm{CDL}=\begin{cases}\sum_{i,j}-\log(1-D_N(f_i,f_j^*))+\sum_{i,j}D(f_i,f_j^*) & ,\ i=j \\ \sum_{i,j}-\log(D_N(f_i,f_j^*))+\dfrac{1}{\sum_i\sum_j D(f_i,f_j^*)} & ,\ i\neq j\end{cases} \quad (15\text{-}36)$$

假设有一个在 $d$ 层带有综合距离损失的听觉被动注意模型（Auditory Passive Attention model with CDL at a layer $d$，APA-with-CDL-d），该模型通过将综合距离损失和识别损失构成联合优化目标函数，驱动模型参数的迭代更新过程，其伪代码如算法 15.3 所示。

**算法 15.3：基于综合距离损失的听觉被动注意模型的参数优化算法**

输入：训练数据 $\{x,y\}$，$n$ 为水声目标类别数，$T$ 为最大迭代次数，$m$ 为每个批次的样本数，APA-with-CDL-d 的参数为 $\mathrm{Net}(\theta)$，第 $d$ 层的深度特征 $f$ 的维度为 $Q$

参数初始化：初始化参数表示为 $\mathrm{Net}^0(\theta)$

训练：

for $t=0:T$

前向传播：

逐层计算得到第 $d$ 层的深度特征：$f=\mathrm{Net}_d^t(x|\theta)$

逐层计算得到 APA-with-CDL-d 的预测结果：$\mathrm{pre}=\mathrm{Net}^t(x|\theta)$

损失计算：

$$D_N(f_i, f_j^*) = \frac{\sqrt{\frac{1}{Q}\sum_{q=1}^{Q}\left(f_{i,q} - \frac{1}{m}\sum_{k=1}^{m}f_{j,k,q}\right)^2}}{\max\left(\sqrt{\frac{1}{Q}\sum_{q=1}^{Q}(f_{1,q} - \frac{1}{m}\sum_{k=1}^{m}f_{j,k,q})^2}, \cdots, \sqrt{\frac{1}{Q}\sum_{q=1}^{Q}(f_{m,q} - \frac{1}{m}\sum_{k=1}^{m}f_{j,k,q})^2}\right)}$$

$$\mathrm{RDL}(y, f) = \begin{cases} \sum_{j=1}^{n}\sum_{i=1}^{n} -\log(1 - D_N(f_i, f_j^*)) & , \ i = j \\ \sum_{j=1}^{n}\sum_{i=1}^{n} -\log(D_N(f_i, f_j^*)) & , \ i \ne j \end{cases}$$

$$\mathrm{ADL}(y, f) = \begin{cases} \sum_{i=1}^{n}\sqrt{\frac{1}{Q}\sum_{q=1}^{Q}\left(f_{i,q} - \frac{1}{m}\sum_{k=1}^{m}f_{i,k,q}\right)^2} & , \ i = j \\ \dfrac{1}{\sum_{j=1}^{n}\sum_{i=1}^{n}\sqrt{\frac{1}{Q}\sum_{q=1}^{Q}\left(f_{i,q} - \frac{1}{m}\sum_{k=1}^{m}f_{j,k,q}\right)^2}} & , \ i \ne j \end{cases}$$

$$\mathrm{RL}(y, \mathrm{pre}) = -\frac{1}{n}\sum_{i=1}^{n} y_i \cdot \log(\mathrm{pre}_i)$$

$$\mathrm{loss} = \alpha \cdot \mathrm{ADL} + \beta \cdot \mathrm{RDL} + \gamma \cdot \mathrm{RL}$$

更新参数 $\theta$ 使得模型最小化 loss

end

返回：第 $T$ 时刻的模型参数 $\mathrm{Net}^T(\theta)$

## 15.7.3 单目标干扰条件下的水声目标识别实验设计

### 15.7.3.1 单目标干扰下的水声目标识别实验数据及模型

采用实测的舰船辐射噪声数据对提出的水声目标听觉被动注意识别方法的性能进行验证。舰船辐射噪声数据由海平面下 144m 的全向单水听器采集，该水听器的灵敏度为 –159dB re 1V/μPa（其中 dB 为水听器灵敏度的单位，并且以"1V/μPa"为参考基准），低频截止频率为 10Hz，采样频率为 32kHz。该数据集中舰船目标类别通过舰船自动识别系统（Automatic Identification System，AIS）确定。舰船辐射噪声的采集条件为 2km 内出现 1 艘舰船目标，且 3km 内不存在其余舰船目标，这时假定该段舰船辐射噪声中只存在一个目标。海洋环境噪声的采集条件为 6km 内不存在舰船目标。

在单目标干扰条件下的水声目标识别实验中，通过按照一定信干比（Signal to Interference Ratio，SIR）将干扰舰船辐射噪声和目标舰船辐射噪声相加，在实测的单目标辐射噪声的基础上生成了干扰条件下的目标舰船辐射噪声数据。在计算信干比时，对每段舰船辐射噪声总能量进行了归一化，即将所有目标舰船辐射噪声的声压级进行统一，然后按照干扰舰船和目标舰船之间的相对距离计算了信干比。训练数据和测试数据中干扰舰船和目标舰船之间的相对距离分布如图 15-29 所示。在训练数据中，假设干扰舰船在距离水听器 $d$ 处航行，而目标舰船随机出现在 $d/2 \sim 4d$ 范围内，此时信干比的范围为 –12~6dB。在测试数据中，干扰舰船同样假定在距离水听器 $d$ 处航行，目标舰船随机出现在 $d/2 \sim 8d$ 范围内，此时信干比的范围为 –18~6dB。

水声目标识别实验采用的被动声呐数据包括海洋环境噪声和 5 类舰船辐射噪声，5 类舰船的类别包括：散装货船、集装箱货船、远洋游轮、客船和游艇。将同一水听器在同一海域采集的被动声呐数据按照采集年份进行分割，得到训练数据和测试数据，这样训练数据和测试数据不完全是同分布的，可以更好地对模型的泛化性进行验证。在单目标干扰条件下的水声目标识别实验中,将远洋游轮作为目标舰船(由于远洋游轮的数据量较小,因此可以在一定程度上模拟真实感兴趣目标辐射噪声较为稀少的情况),其余 4 类舰船作为干扰舰船。待识别的类别为 3 类:海洋环境噪声、干扰舰船辐射噪声、干扰舰船存在时的目标舰船辐射噪声。

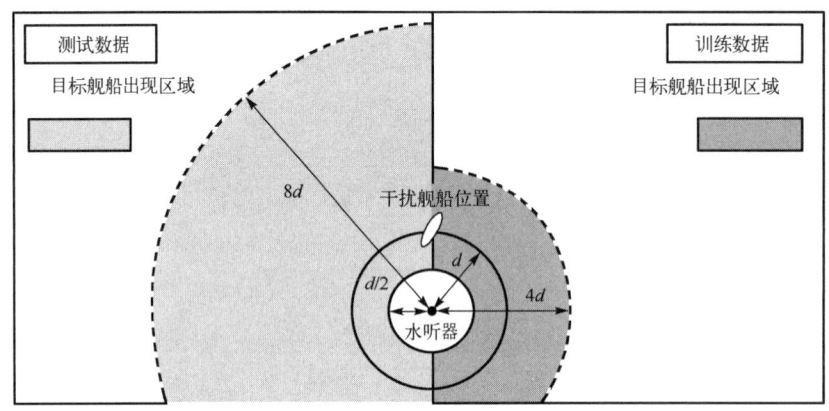

图 15-29 实验数据中干扰舰船和目标舰船的相对距离分布

在该实验中,首先对比深度音色识别模型(DTRM)、带有绝对距离损失的听觉被动注意模型(APA-with-ADL)、带有相对距离损失的听觉被动注意模型(APA-with-RDL)以及带有综合距离损失的听觉被动注意模型(APA-with-CDL)。这 3 种被动注意模型是在深度音色识别模型的基础上构建的,实验中构建的深度音色识别模型的结构以及如何引入听觉被动注意损失来构建被动注意模型,相关内容如表 15-23 所示。

表 15-23 深度音色识别模型结构以及如何引入听觉被动注意损失

| | 深度音色识别模型 | 如何引入听觉被动注意损失 |
|---|---|---|
| 1 | MDCFL(多尺度时域卷积核尺度为[8,128]) | — |
| 2 | MDCFL(多尺度时域卷积核尺度为[8,128]) | — |
| 3 | MDCFL(多尺度时域卷积核尺度为[8,128]) | — |
| 4 | MDCFL(多尺度时域卷积核尺度为[8,128]) | — |
| 5 | 时频转换层 | |
| 6 | 时频 CNN(卷积核维度为[64,3,3]) | GAP 层(可用于计算被动注意损失) |
| 7 | 时频 CNN(卷积核维度为[64,3,3]) | GAP 层(可用于计算被动注意损失) |
| 8 | 时频 CNN(卷积核维度为[128,3,3]) | GAP 层(可用于计算被动注意损失) |
| 9 | 时频 CNN(卷积核维度为[128,3,3]) | GAP 层(可用于计算被动注意损失) |
| 10 | 时频 CNN(卷积核维度为[256,3,3]) | GAP 层(可用于计算被动注意损失) |
| 11 | 时频 CNN(卷积核维度为[256,3,3]) | GAP 层(可用于计算被动注意损失) |
| 12 | 全连接层(神经元个数为 100) | — |
| 13 | 输出层(神经元个数为 3) | —(计算识别损失) |

这 3 种听觉被动注意模型中,每种模型都有 6 种深度特征皆可以计算听觉被动注意损失。在实验中,分别构建了 6 种子模型来讨论听觉被动注意损失计算的深度与最终识别性能之间的联系。另外,考虑到如果浅层的深度特征被被动注意了但其连接的深度特征又没有被注意,通过被动注意实现的特征聚类性能可能在深层不复存在了。于是,针对每种听觉被动注意模型分别构建了 6 种子模型,共 18 个模型,如表 15-24 所示。表中,深度从 6 到 1 逐层减小,第 6 层为最深层的深度时频特征。"√"为引入了听觉被动注意损失。

# 第 15 章 基于类脑听觉深度学习的水声目标识别方法、算法及实验

表 15-24 听觉被动注意模型中听觉被动注意损失计算的深度

| 模型 | APA-with-ADL | | | | | | APA-with-RDL | | | | | | APA-with-CDL | | | | | |
|---|---|---|---|---|---|---|---|---|---|---|---|---|---|---|---|---|---|---|
| | 1 | 2 | 3 | 4 | 5 | 6 | 1 | 2 | 3 | 4 | 5 | 6 | 1 | 2 | 3 | 4 | 5 | 6 |
| 深度 6 | √ | √ | √ | √ | √ | √ | √ | √ | √ | √ | √ | √ | √ | √ | √ | √ | √ | √ |
| 深度 5 | — | √ | √ | √ | √ | √ | — | √ | √ | √ | √ | √ | — | √ | √ | √ | √ | √ |
| 深度 4 | — | — | √ | √ | √ | √ | — | — | √ | √ | √ | √ | — | — | √ | √ | √ | √ |
| 深度 3 | — | — | — | √ | √ | √ | — | — | — | √ | √ | √ | — | — | — | √ | √ | √ |
| 深度 2 | — | — | — | — | √ | √ | — | — | — | — | √ | √ | — | — | — | — | √ | √ |
| 深度 1 | — | — | — | — | — | √ | — | — | — | — | — | √ | — | — | — | — | — | √ |

#### 15.7.3.2 单目标干扰下的水声目标识别结果的可视化方法

首先，计算每类目标之间的距离 $D(f_i, f_j^*)$（$i=1,2,3$，$j=1,2,3$），如图 15-30 所示。其中前 9 张子图从上到下从左到右分别是 $D(f_1, f_1^*)$、$D(f_1, f_2^*)$、$D(f_1, f_3^*)$、$D(f_2, f_1^*)$、$D(f_2, f_2^*)$、$D(f_2, f_3^*)$、$D(f_3, f_1^*)$、$D(f_3, f_2^*)$、$D(f_3, f_3^*)$。干扰舰船存在时的目标舰船类别记为"1"，仅有干扰舰船类别记为"2"，海洋环境噪声类别记为"3"。

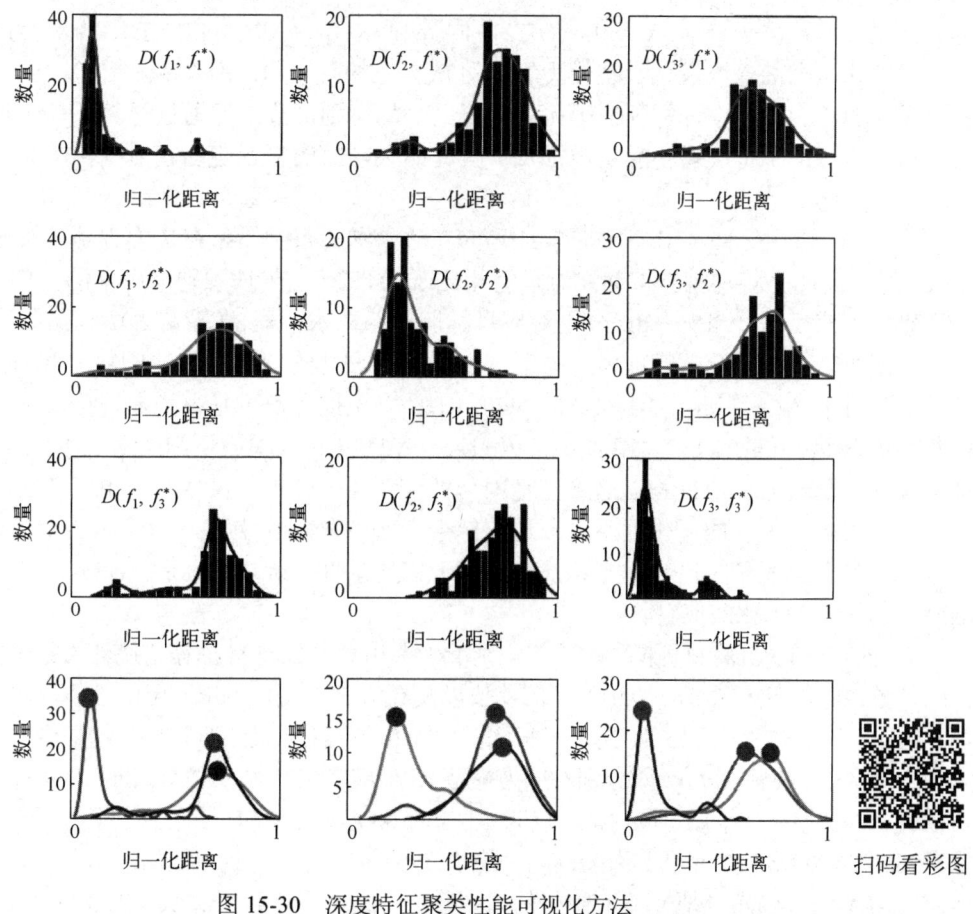

图 15-30 深度特征聚类性能可视化方法

然后，归一化不同类别特征与特征质心之间的距离。接着，利用核平滑拟合方法（Kernel

Smoothing Fitting Method,KSFM)拟合多个样本的特征距离分布。在图 15-30 的每张子图中,计算了每类 400 个样本的特征与特征质心之间的距离。黑色柱状图为原始距离分布,图中的曲线为分布的拟合曲线。核平滑拟合方法的计算公式如下

$$f(x) = \frac{\sum_{i=0}^{N} y_i K(x, x_i)}{\sum_{i=0}^{N} K(x, x_i)} \quad (15-37)$$

式中,$\{x_i, y_i\}$ 为观察到的分布,即原始距离分布;$K(x, x_i)$ 为高斯核函数。

最后,计算每条拟合曲线的峰值位置,并将同一类目标特征与不同类目标特征质心之间的距离绘制在同一张图上,如图 15-30 中最后一行 3 张子图所示。图中圆点即为对应曲线的峰值位置。峰值位置随信干比的变化曲线就是可视化实验中重要的观察信息,这可以反映不同信干比下特征之间的距离性能。

### 15.7.4 单目标干扰条件下的水声目标识别实验结果及分析

#### 15.7.4.1 识别性能验证实验结果及分析

首先,本节将分析 APA-with-ADL、APA-with-RDL、APA-with-CDL 以及 DTRM(不引入听觉被动注意的深度音色识别模型)在测试集上的平均识别准确率随信干比的变化曲线,如图 15-31 所示。其中,每种信干比条件下的平均识别准确率是通过计算该信干比条件下的海洋环境噪声、干扰舰船辐射噪声以及干扰舰船存在时的目标舰船辐射噪声的识别准确率的平均值得到的。

图 15-31(a)、图 15-31(b)、图 15-31(c)的左边子图为每种模型在 3 类识别结果上的平均识别准确率,右图为每种听觉被动注意模型相比于 DTRM 的平均识别准确率的差值,每张子图的横坐标为信干比(−18~6dB 分别对应目标舰船距离水听器 $8d \sim d/2$)。

从图 15-31 可以看出,总体上来说 APA 模型的平均识别准确率相比于 DTRM 都有所提升。但是对于 APA-with-ADL 和 APA-with-RDL 来说提升得不是很稳定,这表现为在低信干比条件下 APA-with-ADL-1、APA-with-ADL-5、APA-with-RDL-1、APA-with-RDL-5 的平均识别准确率甚至略低于 DTRM。这可能是因为低信干比条件下,仅从一种角度考虑特征间的距离对于增大类间差异的泛化性不足。通过综合考虑两种特征距离,APA-with-CDL 的平均识别准确率具有更明显的提升,尤其是在低信干比的条件下所有的 APA-with-CDL 的平均识别准确率相比于 DTRM 都有所提升。

以 0dB 为分界,将每种模型的平均识别准确率相对于 DTRM 的差值统计为整个信干比范围内的差值、低信干比(−18~0dB)下的差值以及高信干比(0~6dB)下的差值,其结果分别如图 15-32、图 15-33、图 15-34 所示。每张图中,左边为引入被动听觉损失的深度(例如,对于 APA-with-ADL 来说深度 1~6 分别对应为模型 APA-with-ADL-1~APA-with-ADL-6)。从图 15-32 可以看出,在整个信干比范围内,深度为 1~5 时 APA-with-CDL 要比其他模型具有更好的提升水平,其中 APA-with-CDL-4 具有最高的平均识别准确率差值。并且在低信干比条件下(如图 15-33 所示)APA-with-CDL 也普遍具有更好的识别性能,最高提升了 1.527%(APA-with-CDL-3)。而在高信干比条件下(如图 15-34 所示)APA-with-ADL 的性能与 APA-with-CDL 相当,甚至在深度为 1~3 时的性能更好,最高提升了 2.831%(APA-with-ADL-3)。

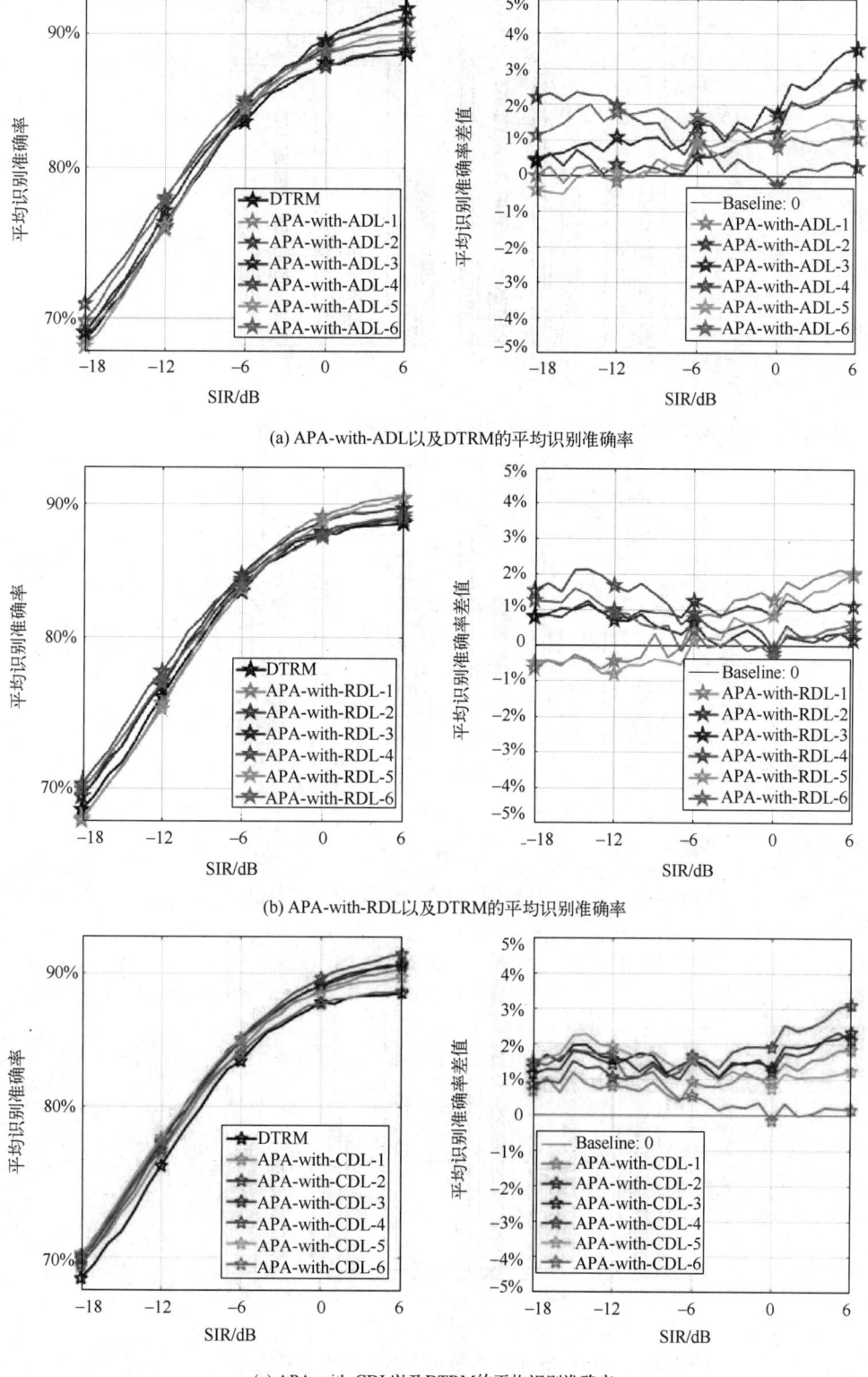

(a) APA-with-ADL以及DTRM的平均识别准确率

(b) APA-with-RDL以及DTRM的平均识别准确率

(c) APA-with-CDL以及DTRM的平均识别准确率

图 15-31　听觉被动注意模型及深度音色识别模型的平均识别准确率随信干比的变化曲线

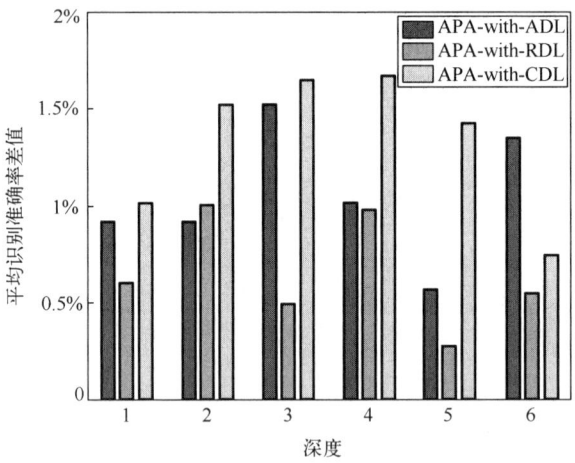

图 15-32 −18～6dB 范围内平均识别准确率的差值

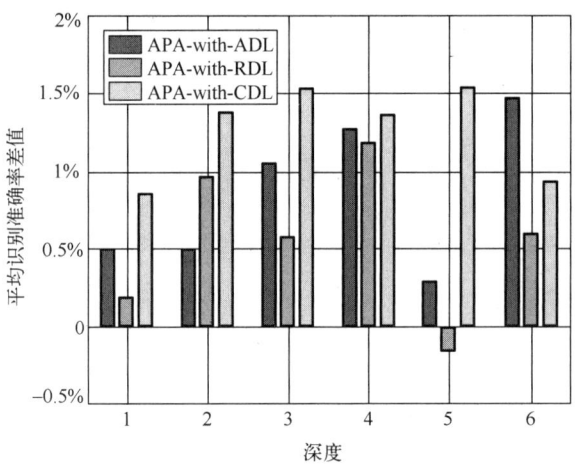

图 15-33 −18～0dB 范围内平均识别准确率的差值

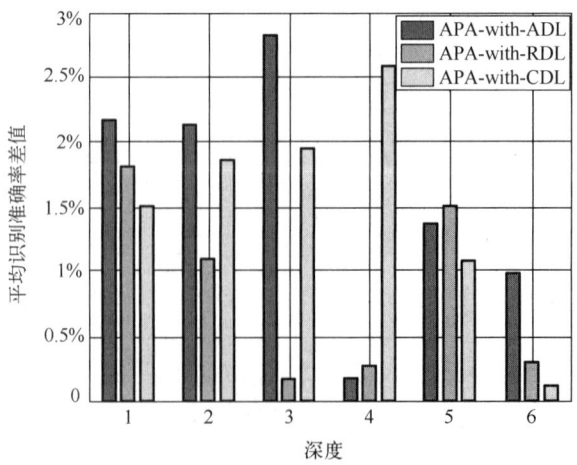

图 15-34 0～6dB 范围内平均识别准确率的差值

所有模型对于干扰条件下的目标舰船的平均识别准确率及其差值随信干比的变化曲线如图 15-35 所示。图 15-35(a)、图 15-35(b)、图 15-35(c)中左图为模型对目标舰船的平均识别准确率，右图为平均识别准确率相对于 DTRM 的差值。在图 15-35(a)中，只有 APA-with-ADL-4 和 APA-with-ADL-6 能够有稳定的平均识别准确率的提升。图 15-35(b)中，APA-with-RDL-2、APA-with-RDL-3、APA-with-RDL-4 的平均识别准确率在全部信干比范围内都有提升，APA-with-RDL-6 仅在低信干比条件下能够有所提升，这再次验证了仅从一种角度考虑特征间距离是不够的。而在图 15-35(c)中，APA-with-CDL 对于目标舰船的平均识别准确率相对于 DTRM 普遍有所提升，并且随着被动注意损失引入的深度加深，平均识别准确率的提升水平呈增长趋势。

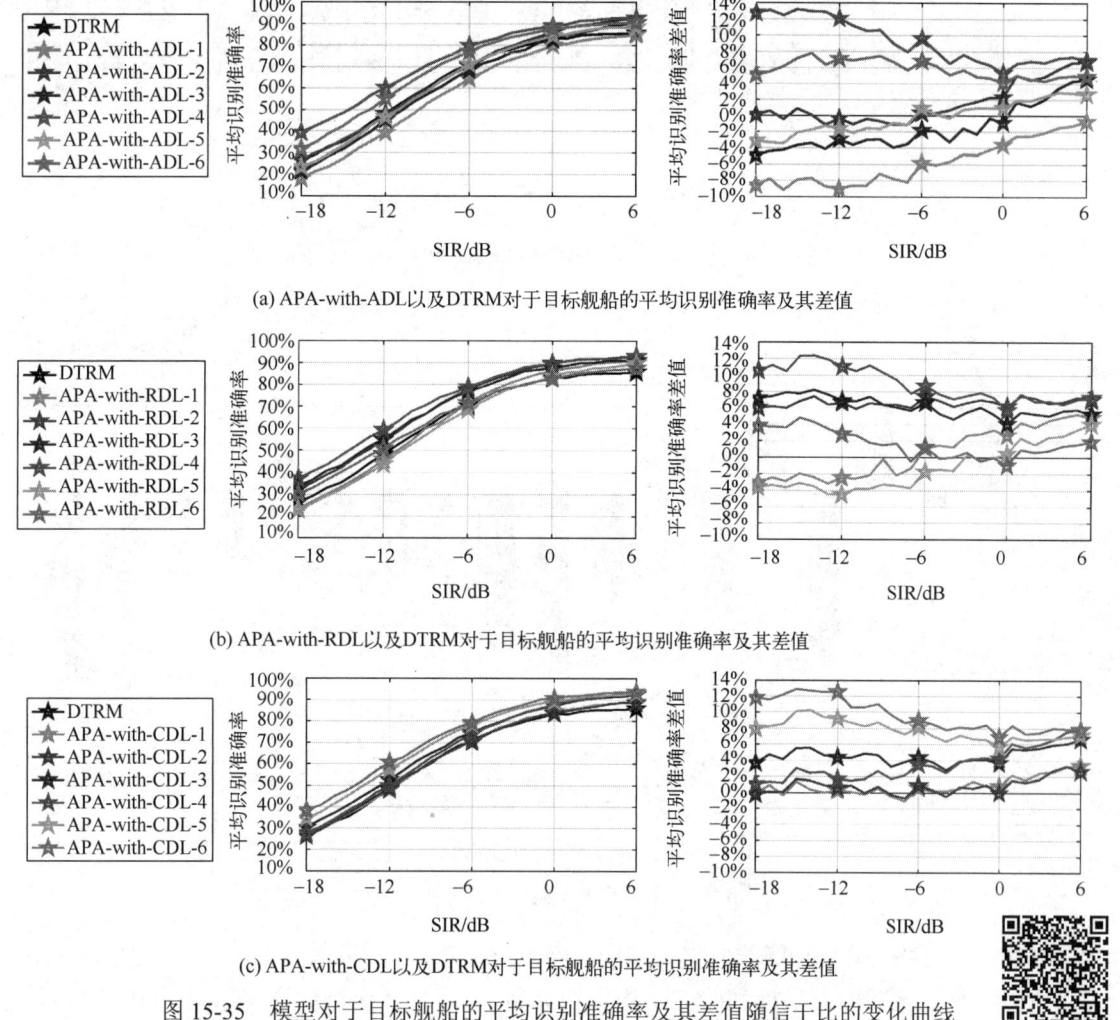

(a) APA-with-ADL以及DTRM对于目标舰船的平均识别准确率及其差值

(b) APA-with-RDL以及DTRM对于目标舰船的平均识别准确率及其差值

(c) APA-with-CDL以及DTRM对于目标舰船的平均识别准确率及其差值

图 15-35　模型对于目标舰船的平均识别准确率及其差值随信干比的变化曲线

扫码看彩图

所有模型对于干扰舰船的平均识别准确率及其差值被统计在图 15-36 中。图 15-36(a)为模型对每类干扰舰船的平均识别准确率，图 15-36(b)为相对于 DTRM 的差值。从图中可以发现，大部分模型相比于 DTRM 来说平均识别准确率都有所下降，这说明听觉被动注意方法提升模型对目标舰船的识别性能是以牺牲一部分对干扰舰船的识别性能为代价的。这时需要分析模型对干扰舰船与目标舰船的识别性能的平均水平，来体现所提出方法在区分这两类时的识别性能是否得到提升。

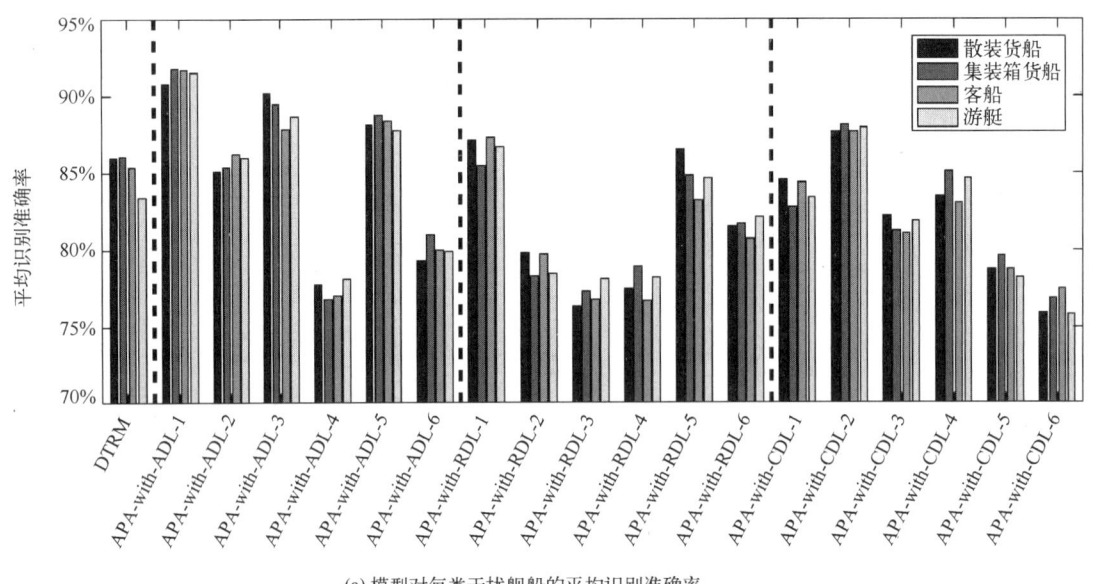

(a) 模型对每类干扰舰船的平均识别准确率

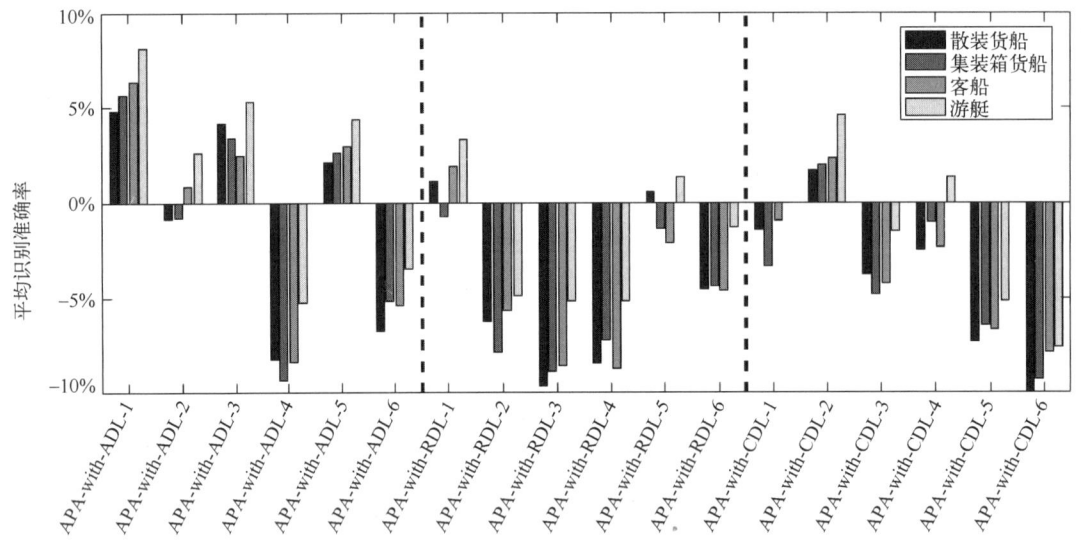

(b) 平均识别准确率相对于DTRM的差值

图 15-36 所有模型对于干扰舰船的平均识别准确率及其差值

模型对干扰舰船与目标舰船的平均识别准确率及其差值统计如图 15-37 所示。图 15-37(a) 为模型对每类干扰舰船与目标舰船的平均识别准确率，图 15-37(b)为平均识别准确率相对于 DTRM 的差值。可以看出，APA-with-ADL 和 APA-with-CDL 的大部分模型在 DTRM 的基础上有所提升，而 APA-with-RDL 对不同干扰舰船的类型较为敏感，这也许是因为相对距离的听觉被动注意损失对样本间的差异比较敏感所导致的。APA-with-CDL-2 在所有类型干扰舰船下都取得了性能提升。从干扰舰船的类型来看，当游艇作为干扰舰船来干扰远洋游轮（目标舰船）时，模型是最容易区分的。这是因为游艇在尺寸（通常船长小于 100m）、动力系统等上与远洋游轮（通常船长大于 200m）具有较大的差异，当其作为干扰舰船时对远洋游轮的特征的掩蔽是较弱的。

模型对海洋环境噪声类别的平均识别准确率及其差值被统计在表 15-25 中。几乎所有听觉被动注意模型都可以提升其对海洋环境噪声的识别性能。在 APA-with-ADL 模型中，

APA-with-ADL-6 取得了最好的海洋环境噪声识别性能，其平均识别准确率为 97.88%。在 APA-with-RDL 模型中，APA-with-RDL-6 具有最高的平均识别准确率，为 98.12%。几乎所有 APA-with-RDL 都要优于 APA-with-ADL，这与之前的识别结果表现出来的并不一致，这说明基于相对距离的听觉被动注意损失对于本身差异较大的类别具有更好的增强其差异的能力（海洋环境噪声与感兴趣目标间的差异要大于干扰舰船与目标舰船之间的差异）。这也验证了基于绝对距离和基于相对距离的听觉被动注意损失函数之间存在互补的可能，通过综合考虑两种距离度量方法，构建的基于综合距离的听觉被动注意损失函数可以更好地提升模型性能。实验结果也表明 APA-with-CDL-3 取得了所有听觉被动注意模型中的最高的平均识别准确率，为 98.38%。

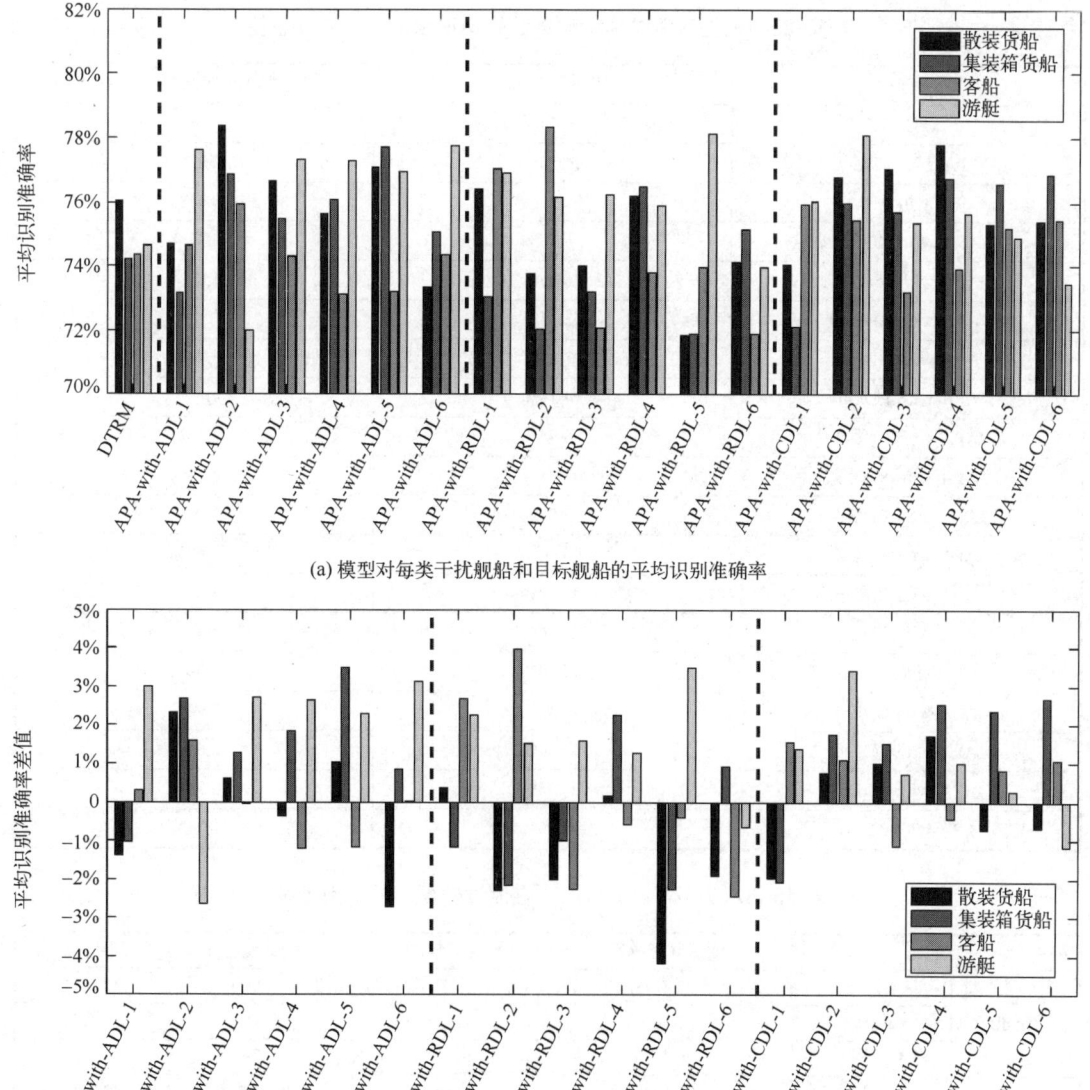

(a) 模型对每类干扰舰船和目标舰船的平均识别准确率

(b) 平均识别准确率相对于DTRM的差值

图 15-37　模型对干扰舰船和目标舰船的平均识别准确率及其差值

根据以上结果综合来看，APA-with-CDL-3 具有最好的识别性能，该模型在测试数据上的识别性能如表 15-26 所示。由于不同信干比条件仅影响模型对干扰舰船与存在干扰舰船时的目标舰船这两类之间的辨识难度，因此 APA-with-CDL-3 在不同信干比条件下对于海洋环境噪声的识别性能都十分稳定且足够优异。随着信干比的逐步提升，APA-with-CDL-3 对于目标舰船的 F1 分数从 40.95%提升到了 88.85%，对于干扰舰船的 F1 分数从 65.90%提升到了 86.83%。实验结果中有一个有意思的现象，在低信干比条件（–18dB、–12dB）下感性目标具有较低的召回率，这说明此时目标舰船受到了较大的干扰，模型难以判断信号中存在目标舰船辐射噪声。但是此时目标舰船的精确率尚可，这意味着一旦模型判断在如此低信干比条件下存在目标舰船，那么该判决的置信度就是可信的。

表 15-25 模型对海洋环境噪声的平均识别准确率及其差值

| 模型 | 平均识别准确率 | 平均识别准确率差值 |
| --- | --- | --- |
| DTRM | 94.44% | — |
| APA-with-ADL-1 | 96.75% | 2.31% |
| APA-with-ADL-2 | 95.25% | 0.81% |
| APA-with-ADL-3 | 96.75% | 2.31% |
| APA-with-ADL-4 | 96.06% | 1.62% |
| APA-with-ADL-5 | 93.31% | –1.13% |
| APA-with-ADL-6 | 97.88% | 3.44% |
| APA-with-RDL-1 | 94.19% | –0.25% |
| APA-with-RDL-2 | 96.94% | 2.50% |
| APA-with-RDL-3 | 97.75% | 3.31% |
| APA-with-RDL-4 | 95.81% | 1.37% |
| APA-with-RDL-5 | 96.94% | 2.50% |
| APA-with-RDL-6 | 98.12% | 3.68% |
| APA-with-CDL-1 | 98.06% | 3.62% |
| APA-with-CDL-2 | 95.50% | 1.06% |
| APA-with-CDL-3 | 98.38% | 3.94% |
| APA-with-CDL-4 | 97.06% | 2.62% |
| APA-with-CDL-5 | 97.38% | 2.94% |
| APA-with-CDL-6 | 95.75% | 1.31% |

表 15-26 APA-with-CDL-3 在测试数据上的识别性能

| 信干比 | | 海洋环境噪声 | 目标舰船 | 干扰舰船 | 平均值 |
| --- | --- | --- | --- | --- | --- |
| –18dB | 召回率 | 98.50% | 29.74% | 81.83% | 70.02% |
|  | 精确率 | 92.56% | 65.76% | 55.16% | 71.16% |
|  | F1 分数 | 95.44% | 40.95% | 65.90% | 67.43% |
| –12dB | 召回率 | 98.50% | 52.98% | 81.83% | 77.77% |
|  | 精确率 | 92.62% | 77.38% | 65.36% | 78.45% |
|  | F1 分数 | 95.47% | 62.90% | 72.68% | 77.01% |
| –6dB | 召回率 | 98.50% | 74.11% | 81.83% | 84.81% |
|  | 精确率 | 92.92% | 82.72% | 78.38% | 84.67% |
|  | F1 分数 | 95.63% | 78.18% | 80.07% | 84.62% |

续表

| | | | | | |
|---|---|---|---|---|---|
| 0dB | 召回率 | 98.50% | 87.58% | 81.83% | 89.30% |
| | 精确率 | 94.27% | 84.98% | 88.51% | 89.25% |
| | F1 分数 | 96.34% | 86.26% | 85.04% | 89.21% |
| 6dB | 召回率 | 98.50% | 92.31% | 81.83% | 90.88% |
| | 精确率 | 94.97% | 85.64% | 92.47% | 91.02% |
| | F1 分数 | 96.70% | 88.85% | 86.83% | 90.79% |

### 15.7.4.2 模型深度特征可视化实验结果及分析

目标舰船、干扰舰船以及海洋环境噪声的特征间距离分布的拟合曲线峰值代表了不同类型目标在特征空间的集中位置（见 15.7.3.2 节中的可视化方法），绘制该峰值位置随信干比的变化曲线可以对不同信干比下不同类别特征间的差异性进行可视化。DTRM、APA-with-ADL-3、APA-with-RDL-3、APA-with-CDL-3 的最深度特征的可视化结果分别如图 15-38、图 15-39、图 15-40 及图 15-41 所示。每张图的横坐标为信干比，纵坐标为归一化后特征间的距离，即归一化距离。图中红色曲线、绿色曲线以及蓝色曲线分别代表目标舰船、干扰舰船以及海洋环境噪声目标，深红色、深绿色、深蓝色的曲线为距离拟合曲线的峰值，对应的较浅的颜色范围为方差范围。每张图的子图(a)为所有类别特征与目标舰船的深度特征的质心之间的距离，子图(b)为所有类别特征与干扰舰船的深度特征的质心之间的距离，子图(c)为所有类别特征与海洋环境噪声目标的深度特征的质心之间的距离。

首先，对于所有图来说，每类特征距该类特征的质心之间的距离都是最小的，图 15-38(a)、图 15-38(b)、图 15-38(c)中最下方的曲线（距离最近）分别为目标舰船、干扰舰船以及海洋环境噪声。这说明无论是否引入被动注意损失，深度神经网络提取的特征都可以在一定程度上具有较好的类内紧凑性。但是，DTRM 的类间的差异性就尚显不足了。从图 15-38(a)可以看出，大约到-3dB 时目标舰船与干扰舰船之间的界限就开始模糊了。

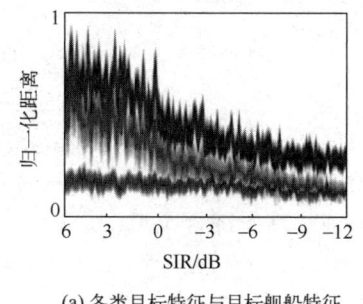 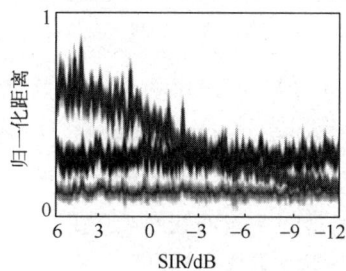 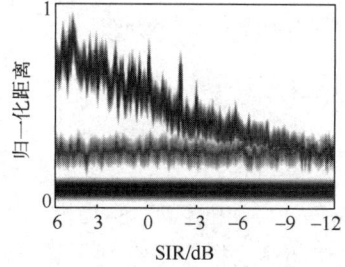

(a) 各类目标特征与目标舰船特征质心之间的距离  (b) 各类目标特征与干扰舰船特征质心之间的距离  (c) 各类目标特征与海洋环境噪声特征质心之间的距离

图 15-38　DTRM 的最深度特征的可视化结果

从图 15-39 可以发现，APA-with-ADL-3 相比于 DTRM 特征之间的差异性得到了显著提升，在-7dB 左右干扰舰船特征才与目标舰船特征之间变得容易混淆。

而图 15-40 中，APA-with-RDL-3 的特征似乎看起来混淆得较为严重，这也是在理论部分讨论过的可能，即某一类容易分开的特征会导致该类特征距离远大于另外两类，进而归一化方法反而使得另外两类差异不大的特征变得更加混淆。如果同时考虑绝对距离和相对距离，模型就可以在增大特征间的绝对距离的同时避免不同类别特征距离的差异大。

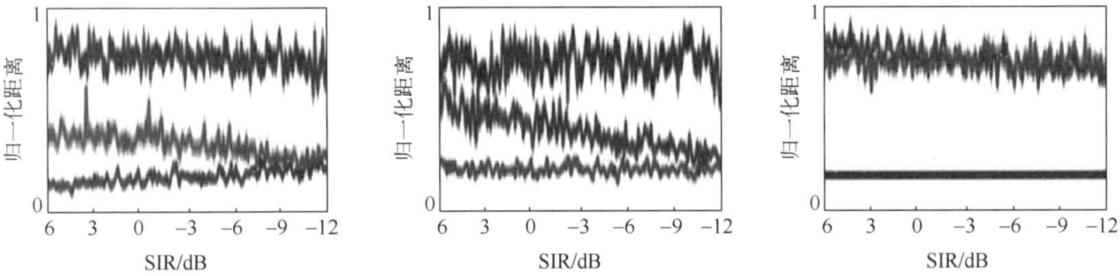


(a) 各类目标特征与目标舰船特征质心之间的距离 (b) 各类目标特征与干扰舰船特征质心之间的距离 (c) 各类目标特征与海洋环境噪声特征质心之间的距离

图 15-39 APA-with-ADL-3 的最深度特征的可视化结果

扫码看彩图

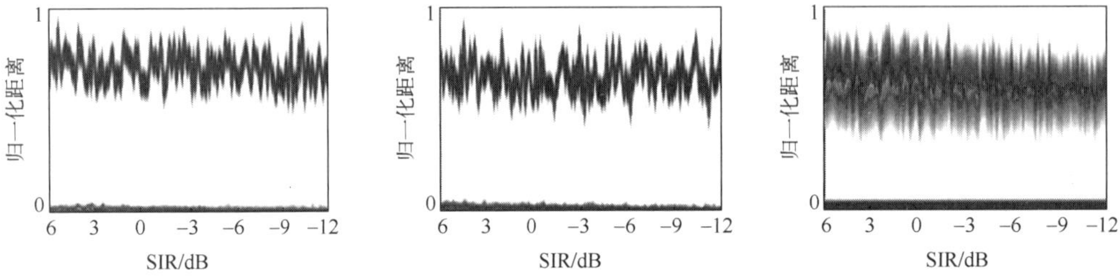


(a) 各类目标特征与目标舰船特征质心之间的距离 (b) 各类目标特征与干扰舰船特征质心之间的距离 (c) 各类目标特征与海洋环境噪声特征质心之间的距离

图 15-40 APA-with-RDL-3 的最深度特征的可视化结果

扫码看彩图

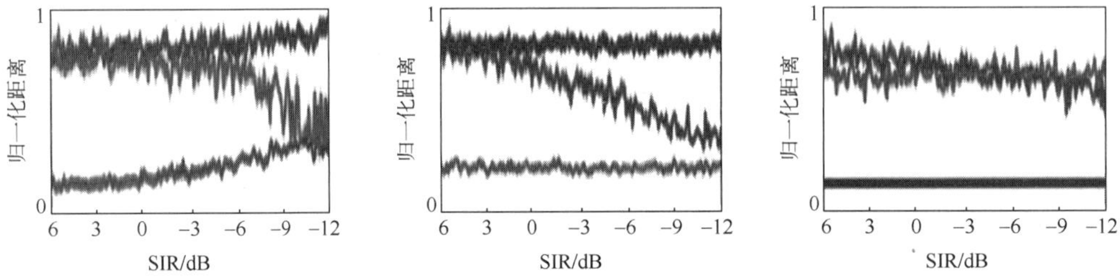


(a) 各类目标特征与目标舰船特征质心之间的距离 (b) 各类目标特征与干扰舰船特征质心之间的距离 (c) 各类目标特征与海洋环境噪声特征质心之间的距离

图 15-41 APA-with-CDL-3 的最深度特征的可视化结果

扫码看彩图

从图中可以发现不同类别之间的特征差异非常显著。从图 15-41(a)可以发现，基本在−9dB 以上时干扰舰船才与目标舰船出现混叠。对比每张图的子图(b)可以看出，APA-with-CDL-3 提取的特征是唯一没有出现混叠的，这验证了基于综合距离的被动注意损失更有利于提升深度模型的聚类性能。

对第三深度特征进行了可视化，结果如图 15-42 和图 15-43 所示。

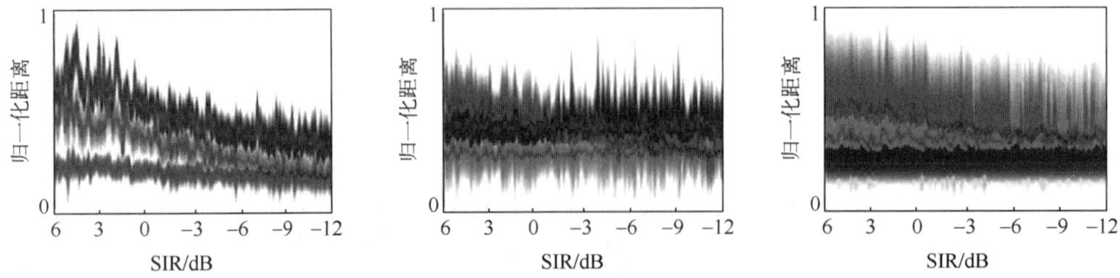


(a) 各类目标特征与目标舰船特征质心之间的距离 (b) 各类目标特征与干扰舰船特征质心之间的距离 (c) 各类目标特征与海洋环境噪声特征质心之间的距离

图 15-42 DTRM 的第三深度特征的可视化结果

扫码看彩图

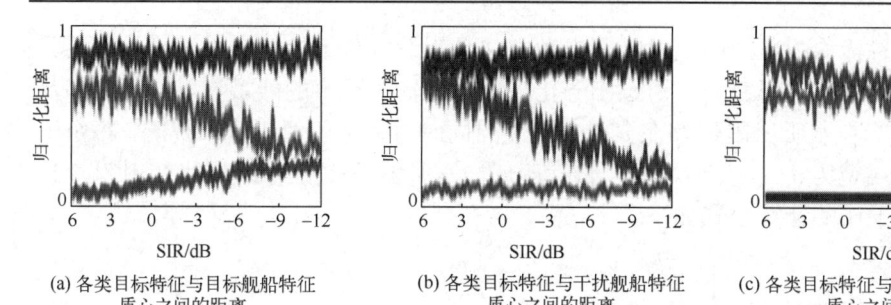

(a) 各类目标特征与目标舰船特征质心之间的距离

(b) 各类目标特征与干扰舰船特征质心之间的距离

(c) 各类目标特征与海洋环境噪声特征质心之间的距离

扫码看彩图

图 15-43　APA-with-CDL-3 的第三深度特征的可视化结果

可以发现，DTRM 模型中间层特征的聚类性能显著下降，甚至有的类别的类内紧凑性都已经十分有限了，而 APA-with-CDL-3 中间层提取的特征仍然具有较好的类间差异性以及类内紧凑性。

## 15.8　基于听觉主/被动融合注意的深度水声目标识别

### 15.8.1　多目标干扰条件下的水声目标识别问题

由于低频舰船辐射噪声在水中可以较长距离传播，被动声呐在接收到目标舰船辐射噪声的同时还会不可避免地接收到干扰舰船的辐射噪声，这就构成了多目标干扰条件下的水声目标识别场景。多目标干扰条件十分复杂，在真实场景中可能会存在多个位于不同空间位置的干扰舰船，对某个目标舰船同时形成干扰，真实场景中的干扰条件示意图如图 15-44 所示。

结合真实场景中的典型情况，复杂的真实场景中的干扰条件可以被总结为两种典型的基本干扰条件，干扰情况示意图如图 15-45 所示。

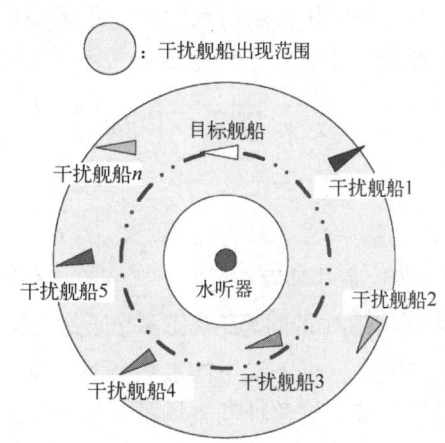

图 15-44　真实场景中的干扰条件示意图

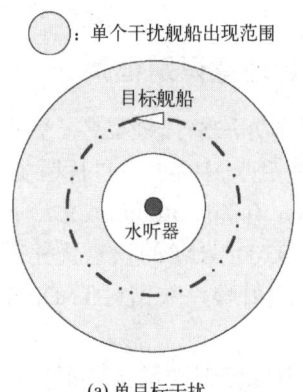
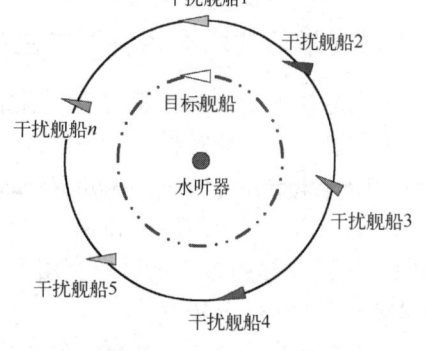

(a) 单目标干扰　　　　　　(b) 多目标干扰

图 15-45　干扰情况示意图

首先,假设每个目标均为理想的辐射噪声点源,并且假设每个干扰舰船以及目标舰船具有同样的声源级(在后续实验研究中,通过归一化每个目标辐射噪声的能量,以尽可能满足该假设)。如此一来,当在水听器附近存在 $n$ 个干扰舰船同时对目标舰船进行干扰时,每个干扰舰船距水听器的距离记为 $d_i(i=1,2,\cdots,n)$,目标舰船与水听器的距离为 $d^*$,当辐射噪声按照球面波扩展时,信干比的计算公式如下

$$\text{SIR} = 10\log\left(\frac{\dfrac{p}{d^{*2}}}{\sum_{i=1}^{n}\dfrac{p}{d_i^2}}\right) = -10\log\left(\sum_{i=1}^{n}\frac{d^{*2}}{d_i^2}\right) \quad (15\text{-}38)$$

式中,SIR 为信干比,$p$ 为每个目标在 1m 处的辐射噪声能量。

当干扰舰船 $i$ 与水听器的距离 $d_i$ 远小于其余干扰舰船与水听器的距离时,水听器接收信号中该干扰舰船能量将显著高于其余干扰舰船能量,此时

$$\text{SIR} = -10\log\left(\sum_{i=1}^{n}\frac{d^{*2}}{d_i^2}\right) \approx -10\log\left(\frac{d^{*2}}{d_i^2}\right) \quad (15\text{-}39)$$

复杂的声干扰场景就转化为了图 15-45(a)中的不同距离下的单目标干扰场景。

当有 $m$ 个干扰舰船与水听器的距离相近,但同时远小于其余干扰舰船与水听器的距离时,水听器接收信号中 $m$ 个干扰舰船贡献了主要的干扰噪声能量,此时

$$\text{SIR} = -10\log\left(\sum_{i=1}^{n}\frac{d^{*2}}{d_i^2}\right) \approx -10\log\left(\sum_{i=1}^{m}\alpha_i\frac{d^{*2}}{\hat{d}^2}\right) \quad (15\text{-}40)$$

$$\alpha_i = \frac{\hat{d}^2}{d_i^2}, i = 1, 2, \cdots, m \quad (15\text{-}41)$$

式中,$\hat{d}$ 为这 $m$ 个距离相近的干扰舰船与水听器的平均距离。当 $\alpha_i = 1$ 时,复杂的声干扰场景转化为了图 15-45(b)中的同等距离下多个干扰舰船的多目标干扰场景,此时 $\text{SIR} = -10\log(md^{*2}/\hat{d}^2)$。

复杂的多目标干扰下的水声目标识别场景可以被分解为上述的单目标干扰场景和多目标干扰场景,基于这两种基本场景,可开展水声目标识别研究。在单目标干扰场景中,单个干扰舰船对目标的干扰程度和其与水听器的距离相关,于是在单目标干扰条件下的水声目标识别任务中主要研究和分析了不同干扰距离下的模型识别性能。在多目标干扰场景中,影响干扰程度的因素主要是干扰舰船个数,在多目标干扰条件下的水声目标识别任务中主要研究和分析了不同干扰舰船数量下的模型识别性能。

### 15.8.2 基于深度学习的水声目标听觉主/被动融合注意识别框架

在基于深度学习的水声目标听觉主/被动融合注意识别方法总体框架中,受听觉中枢在复杂声场景中的声信息处理功能及机制启发,提出了基于深度学习的水声目标听觉主/被动融合注意识别模型(Deep learning based Auditory active/passive fusion attention Recognition Model for Underwater acoustic target,U-DARM)。然后,针对 U-DARM 的权重优化需要,构建了 U-DARM 参数优化的目标函数。最后,利用实测的舰船辐射噪声数据对 U-DARM 参数进行优化。U-DARM 架构如图 15-46 所示。

在图 15-46 中,首先构建了多目标干扰条件下的水声目标识别场景,根据多目标干扰条件利用目标舰船辐射噪声以及干扰舰船辐射噪声形成多目标干扰条件下的被动声呐接收信

号。然后，构建 U-DARM 对被动声呐接收信号进行逐层特征提取与分析，得到模型预测的水声目标类别。最后，构建多目标干扰条件下的优化目标。利用水声目标识别损失、干扰条件拟合损失以及被动听觉注意损失共同构建 U-DARM 的优化目标并据此更新模型参数。其中，紫色模块为具有可学习参数的模块，黄色模块为深度特征计算模块（不包含可优化的参数），蓝色模块为模型计算的结果，绿色模块为损失计算模块，黑色边框为真实类标，蓝色边框为模型输入。

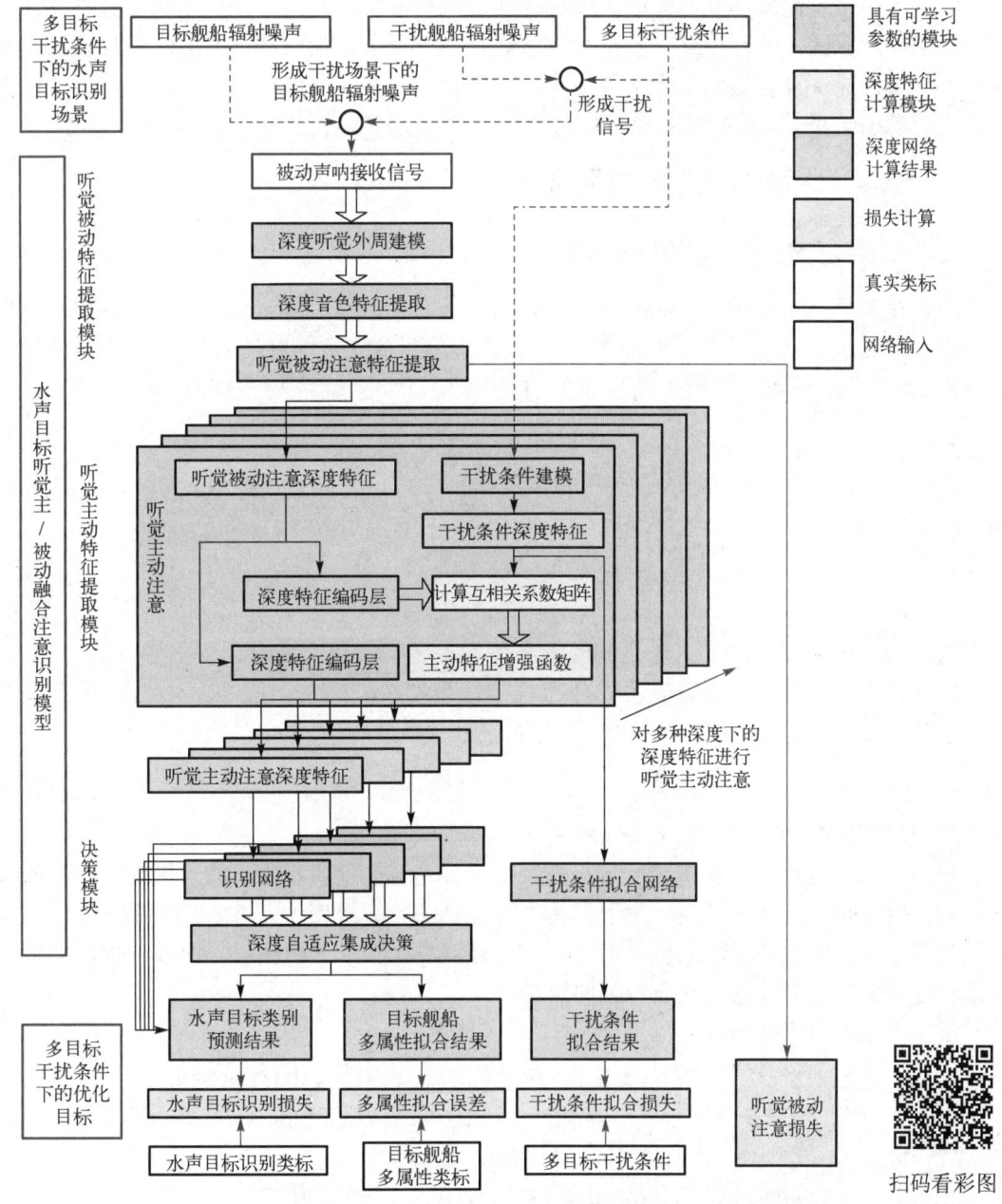

图 15-46 基于深度学习的水声目标听觉主/被动融合注意识别模型框架

在 U-DARM 中，主要可分为听觉被动特征提取模块、听觉主动特征提取模块以及决策模块。首先，在听觉被动特征提取模块中，时域的被动声呐接收信号依次通过深度听觉外周建模（深度频率分解，详见15.3节）、深度音色特征提取（详见15.4节）和听觉被动注意特征提取（详见15.7节）得到不同深度网络层的被动注意后的深度特征。然后，在听觉主动特征提取模块中，利用多组可学习的权重分别对听觉被动注意深度特征进行编码以及对干扰条件进行建模。接着，计算干扰条件深度特征与深度特征编码之间的互相关系数矩阵，作为听觉主动注意权重矩阵。并利用互相关系数矩阵对深度特征编码进行增强，实现针对干扰条件下的听觉主动注意深度特征的提取。最后，在决策模块中，利用多个识别网络将不同深度下的听觉主动注意深度特征分别映射到水声目标类别空间上，形成基于不同深度特征的初步目标识别。再构建深度自适应集成决策模块，在多个识别结果中进行自适应集成，形成最终的水声目标识别结果。

### 15.8.3　水声目标听觉主动注意算法

#### 15.8.3.1　听觉主动注意算法基本原理

当进行多目标干扰条件下的水声目标识别任务时，假设干扰条件有 $n$ 种可能，则干扰条件记为 $G=\{g_1,g_2,\cdots,g_n\}$，在干扰条件为 $g_i$ 时被动声呐接收信号为 $S^{g_i}(t)$，其包含干扰舰船辐射噪声 $S_1^{g_i}(t)$ 和目标舰船辐射噪声信号 $S_2(t)$

$$S^{g_i}(t)=S_1^{g_i}(t)+S_2(t) \tag{15-42}$$

根据听觉被动注意理论，存在一个特征空间 $V^{g_i}(f)$ 以及参数化模型 $\theta$，可以将 $S^{g_i}(t)$ 映射到该特征空间上，即

$$V^{g_i}(f)=\theta(S^{g_i}(t)) \tag{15-43}$$
$$V_1^{g_i}(f)=\theta(S_1^{g_i}(t)) \tag{15-44}$$

通过最大化 $V^{g_i}(f)$ 和 $V_1^{g_i}(f)$ 之间的距离即可实现听觉被动注意。

这时假设参数化模型 $\theta$ 可以独立分为 $m$ 个子模型 $\theta=\{\theta^1,\theta^2,\cdots,\theta^m\}$，并且每个子模型可独立将信号 $S^{g_i}(t)$ 映射到特征空间 $V^{g_i}(f)$ 中的特征子集上

$$V^{g_i}(f^j)=\theta^j(S^{g_i}(t)),\quad j=1,2,\cdots,m \tag{15-45}$$

式中，$[V^{g_i}(f^1),V^{g_i}(f^2),\cdots,V^{g_i}(f^m)]=V^{g_i}(f)$。

事实上，以上这一假设在深度学习模型中是普遍存在且容易成立的，例如，在卷积神经网络或全连接神经网络的任意一层中存在多个独立的特征处理单元（卷积核或神经元），这些特征处理单元因其参数是独立优化得到的，即可以看作独立的子模型，而该层提取的特征就是这些独立的特征处理单元提取特征的组合。

于是考虑所有干扰条件就可以得到

$$\begin{bmatrix} V^{g_1}(f) \\ V^{g_2}(f) \\ \vdots \\ V^{g_n}(f) \end{bmatrix} = \begin{bmatrix} \theta^1(S^{g_1}(t)) & \theta^2(S^{g_1}(t)) & \cdots & \theta^m(S^{g_1}(t)) \\ \theta^1(S^{g_2}(t)) & \theta^2(S^{g_2}(t)) & \cdots & \theta^m(S^{g_2}(t)) \\ \vdots & \vdots & & \vdots \\ \theta^1(S^{g_n}(t)) & \theta^2(S^{g_n}(t)) & \cdots & \theta^m(S^{g_n}(t)) \end{bmatrix} \tag{15-46}$$

此时发现，同样的参数 $\theta$ 需要兼容多种干扰条件，在深度学习框架下，通过反向传播过程对 $\theta$ 进行优化，可预见的是 $\{\theta^1,\theta^2,\cdots,\theta^m\}$ 会逐渐产生差异性，并且会呈现这样一种趋势：$g_i$

与 $\theta^i$ 产生差异性的关联，即不同的子模型会倾向于应对不同的干扰条件，否则参数 $\theta$ 的优化就是无效的。举一个极端情况的例子，如果所有 $\theta^i$ 都一致，从式（15-46）来看模型难以在多种 $g_i$ 条件下都实现识别目标。

于是通过计算干扰条件 $g_i$ 和子模型 $\theta^i$ 之间的相关性，并从中主动选择更适合 $g_i$ 的子模型组合，用于增强并提取在 $g_i$ 下目标的深度特征。

如果子模型可以根据不同的干扰条件形成组合，那么式（15-46）可以表示为

$$\begin{bmatrix} V^{g_1}(f) \\ V^{g_2}(f) \\ \vdots \\ V^{g_n}(f) \end{bmatrix} = \begin{bmatrix} \theta^{g_1}(S^{g_1}(t)) \\ \theta^{g_2}(S^{g_2}(t)) \\ \vdots \\ \theta^{g_n}(S^{g_n}(t)) \end{bmatrix} \tag{15-47}$$

式中，$\theta^{g_i}(x) = H(g_i, \theta^1(x), \theta^2(x), \cdots, \theta^m(x))(i=1,2,\cdots,n)$，$H(\cdot)$ 为不同干扰条件下的子模型组合函数。该函数可以根据当下的干扰条件 $g_i$，选择并提取适合的 $\theta^{g_i}$，并用于提取深度特征。于是，就可以实现根据干扰条件对深度特征进行主动注意的水声目标识别。

#### 15.8.3.2 水声目标深度特征的听觉主动注意算法

当对任意一层的听觉被动注意深度特征 $f$ 进行主动注意时，首先构建 $d_{ic}$ 个独立的权重，将干扰条件 $g$ 映射到干扰条件的特征空间，来实现对多种干扰条件的重组和编码

$$f_g^i = \text{ReLU}(g * W_1^i + b_1^i) \tag{15-48}$$

式中，$f_g$ 为干扰条件编码，$f_g = [f_g^1, f_g^2, \cdots, f_g^{d_{ic}}]$，$f_g \in \mathbb{R}^{d_{ic} \times d_f}$，$d_f$ 为干扰条件特征空间的特征维度，$d_{ic}$ 为不同干扰条件的维度；$W_1^i$ 为每个独立权重；$b_1^i$ 为其对应的偏置项。

然后，根据干扰条件的维度，分别构建一组包含 $d_{ic}$ 个独立可学习权重的特征提取子模型，将深度特征 $f$ 进行编码得到深度特征编码，将 $f$ 映射到与干扰条件编码 $f_g$ 维度一样的特征空间

$$f_c^i = \text{ReLU}(f * W_2^i + b_2^i) \tag{15-49}$$

式中，$f_c$ 为深度特征编码 1，$f_c = [f_c^1, f_c^2, \cdots, f_c^{d_{ic}}]$，$f_c \in \mathbb{R}^{d_{ic} \times d_f}$；$W_2^i$ 为每次计算得到深度特征编码 1 的独立权重；$b_2^i$ 为其对应的偏置项。

接着，计算深度特征编码与干扰条件编码之间的互相关系数矩阵 $C \in \mathbb{R}^{d_{ic} \times d_{ic}}$。

$$C = \text{Softmax}\left(\frac{f_c * f_g^\mathrm{T}}{\sqrt{d_f \times d_{ic}}}\right) \tag{15-50}$$

式中，$\text{Softmax}(\cdot)$ 用于归一化互相关系数矩阵的值。此时对于不同的干扰条件而言，$C$ 会存在差异性，这种差异性是由不同干扰条件与深度特征编码之间的相关性体现的，然后，构建 $d_{ic}$ 个独立可学习权重，将深度特征 $f$ 映射到 $d_{ic}$ 个特征子空间上得到 $f_b = [f_b^1, f_b^2, \cdots, f_b^{d_{ic}}]$，利用互相关系数矩阵进行主动注意，从中选择出适应不同干扰条件的主动注意深度特征 $f_{\text{active}}$。

$$f_b^i = \text{ReLU}(f * W_3^i + b_3^i) \tag{15-51}$$

$$f_{\text{active}} = C \times f_b = \text{Softmax}\left(\frac{f_c * f_g^\mathrm{T}}{\sqrt{d_f \times d_{ic}}}\right) \times f_b \tag{15-52}$$

式中，$f_b \in \mathbb{R}^{d_{ic} \times d_f}$，$W_3^i$ 为权重，$b_3^i$ 为其对应的偏置项。进而将 $f_{\text{active}}$ 展开得到

$$\begin{bmatrix} \boldsymbol{f}_{\text{active}}^1 \\ \boldsymbol{f}_{\text{active}}^2 \\ \vdots \\ \boldsymbol{f}_{\text{active}}^{d_{\text{ic}}} \end{bmatrix} = \text{Softmax} \left( \frac{\begin{bmatrix} \boldsymbol{f}_c^1 * \boldsymbol{f}_g^{1\text{T}} & \boldsymbol{f}_c^1 * \boldsymbol{f}_g^{2\text{T}} & \cdots & \boldsymbol{f}_c^1 * \boldsymbol{f}_g^{d_{\text{ic}}\text{T}} \\ \boldsymbol{f}_c^2 * \boldsymbol{f}_g^{1\text{T}} & \boldsymbol{f}_c^2 * \boldsymbol{f}_g^{2\text{T}} & \cdots & \boldsymbol{f}_c^2 * \boldsymbol{f}_g^{d_{\text{ic}}\text{T}} \\ \vdots & \vdots & & \vdots \\ \boldsymbol{f}_c^{d_{\text{ic}}} * \boldsymbol{f}_g^{1\text{T}} & \boldsymbol{f}_c^{d_{\text{ic}}} * \boldsymbol{f}_g^{2\text{T}} & \cdots & \boldsymbol{f}_c^{d_{\text{ic}}} * \boldsymbol{f}_g^{d_{\text{ic}}\text{T}} \end{bmatrix}}{\sqrt{d_f \times d_{\text{ic}}}} \right) \times \begin{bmatrix} \boldsymbol{f}_b^1 \\ \boldsymbol{f}_b^2 \\ \vdots \\ \boldsymbol{f}_b^{d_{\text{ic}}} \end{bmatrix} \quad (15\text{-}53)$$

用类似式（15-46）的表达形式，引入函数 $\phi(\cdot)$ 来进行表达，则

$$\begin{bmatrix} \boldsymbol{f}_{\text{active}}^1 \\ \boldsymbol{f}_{\text{active}}^2 \\ \vdots \\ \boldsymbol{f}_{\text{active}}^{d_{\text{ic}}} \end{bmatrix} = \begin{bmatrix} \phi^1(\boldsymbol{f}_b^1) \\ \phi^2(\boldsymbol{f}_b^2) \\ \vdots \\ \phi^{d_{\text{ic}}}(\boldsymbol{f}_b^{d_{\text{ic}}}) \end{bmatrix} \quad (15\text{-}54)$$

式中,

$$\phi^i(\boldsymbol{f}_b^i) = \sum_{j=1}^{d_{\text{ic}}} \alpha^{ij} \boldsymbol{f}_b^j \quad (15\text{-}55)$$

$$\alpha^{ij} = \frac{\mathrm{e}^{\frac{\boldsymbol{f}_c^i \boldsymbol{f}_g^{j\text{T}}}{\sqrt{d_f d_{\text{ic}}}}}}{\sum_{q,p=1}^{d_{\text{ic}}} \mathrm{e}^{\frac{\boldsymbol{f}_c^q \boldsymbol{f}_g^{p\text{T}}}{\sqrt{d_f d_{\text{ic}}}}}} \cdot \sqrt{d_f d_{\text{ic}}} \quad (15\text{-}56)$$

假设输入信号为 $S^i(t)$ ($i=1,2,\cdots,d_{\text{ic}}$)，并且听觉被动注意深度特征 $f^i = M(S^i(t))$，$M(\cdot)$ 为将输入信号映射到听觉被动注意深度特征的模型。此时构建函数 $\theta(\cdot)$ 进行表达，这样就得到了将不同干扰条件下的输入信号映射到主动注意特征的表达式

$$\begin{bmatrix} \boldsymbol{f}_{\text{active}}^1 \\ \boldsymbol{f}_{\text{active}}^2 \\ \vdots \\ \boldsymbol{f}_{\text{active}}^{d_{\text{ic}}} \end{bmatrix} = \begin{bmatrix} \theta^1((S^1(t))) \\ \theta^2((S^2(t))) \\ \vdots \\ \theta^{d_{\text{ic}}}((S^{d_{\text{ic}}}(t))) \end{bmatrix} \quad (15\text{-}57)$$

式中，忽略激活函数和偏置项后，$\theta(\cdot)$ 可表示为

$$\theta^i(S^i(t)) = \sum_{j=1}^{d_{\text{ic}}} \left( \frac{\mathrm{e}^{\frac{M(S^i(t))\boldsymbol{W}_2^i \boldsymbol{W}_1^{i\text{T}} \boldsymbol{g}^{\text{T}}}{\sqrt{d_f d_{\text{ic}}}}}}{\sum_{p,q=1}^{d_{\text{ic}}} \mathrm{e}^{\frac{M(S^q(t))\boldsymbol{W}_2^q \boldsymbol{W}_1^{p\text{T}} \boldsymbol{g}^{\text{T}}}{\sqrt{d_f d_{\text{ic}}}}}} \cdot \sqrt{d_f d_{\text{ic}}} \cdot M(S^j(t)) \cdot \boldsymbol{W}_3^j \right) \quad (15\text{-}58)$$

### 15.8.4 多目标干扰条件下的决策方法

#### 15.8.4.1 听觉主动注意深度特征的深度自适应集成策略方法

集成学习通常通过构建并综合多个子分类模型来实现识别任务。为了使集成学习能够发挥其有效性，需要尽量满足两个假设：（1）每个子分类模型的识别性能要至少高于随机猜测

的识别性能;(2)多个子分类模型之间需要存在差异。集成学习的核心技术是多个子分类模型的构建以及结合多个子分类模型识别结果的集成策略。

在 U-DARM 中,对多种深度下的听觉被动注意特征都通过听觉主动注意方法进行增强,提取了一组不同深度的听觉主动注意深度特征,按照深度由小到大记为 $f_{\text{active}_1}, f_{\text{active}_2}, \cdots, f_{\text{active}_p}$,其中 $p$ 为最深层的深度。不同深度的听觉主动注意深度特征是源自不同深度的深度时频特征,而深度时频特征随着模型深度的增大其非线性在逐层增强并且其时频维度在逐层压缩。这就意味着,其包含的与目标相关的特征具有不同的非线性以及具有不同的时频尺度。接着构建 $p$ 组独立的识别网络,分别将 $f_{\text{active}_1}, f_{\text{active}_2}, \cdots, f_{\text{active}_p}$ 映射到水声目标类别空间上,即构建了多个分类子模型并实现了水声目标的初步识别,识别结果记为 $y_1, y_2, \cdots, y_p$

$$y_i = \text{Softmax}(W_i^2 \cdot \text{ReLU}(W_i^1 \cdot f_{\text{active}_i} + b_i^1) + b_i^2) \tag{15-59}$$

如式(15-59)所示,每个识别网络由两层全连接层构成,$W_i^1$ 和 $b_i^1$ 分别为第一层全连接神经网络的权重和偏置项,$W_i^2$ 和 $b_i^2$ 分别为第二层全连接神经网络的权重和偏置项,$i = 1, 2, \cdots, p$ 对应不同深度的听觉主动注意特征。

如此一来,这 $p$ 组独立的识别网络可以被视为集成学习中具有差异性的子分类模型。

经典的基于加权平均的集成学习方法通过设置一系列权重 $\lambda_1, \lambda_2, \cdots, \lambda_p$ 将各个子分类模型的预测结果进行加权从而得到集成后的预测结果 $y_{\text{jc}}$

$$y_{\text{jc}} = \frac{1}{p} \sum_{i=1}^{p} \lambda_i y_i \tag{15-60}$$

在 U-DARM 的自适应集成学习方法中,构建了两种集成策略,如图 15-47 所示,首先将 $\lambda_1, \lambda_2, \cdots, \lambda_p$ 设置为可学习的参数,该参数在梯度反向传播过程中不断优化,最终学习到合适的加权策略,这相当于让网络自适应学习到每个子分类模型对最终识别性能的贡献权重。此外,还考虑到另一种集成策略,即让网络直接从 $y_1, y_2, \cdots, y_p$ 预测矩阵中学习到集成策略,这种集成策略相当于让网络自适应学习每个子分类模型对每类目标的识别结果将如何影响最终的识别性能

$$y_{\text{jc}} = W[y_1, y_2, \cdots, y_p]^{\text{T}} \tag{15-61}$$

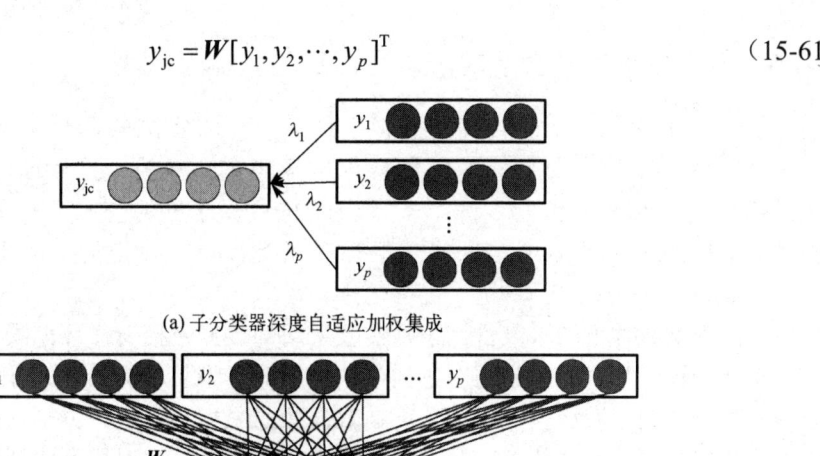

(a) 子分类器深度自适应加权集成

(b) 子分类器识别结果深度自适应集成

图 15-47 深度自适应集成示意图

#### 15.8.4.2 多目标干扰场景拟合方法

干扰场景中干扰舰船的数量、舰船类型、信干比等因素存在多种可能的组合方式,这会导致声干扰场景复杂多变。在水声目标识别任务中比起关注干扰条件类型,需要更注意声干扰场景对目标舰船识别性能的影响,即需要将复杂多变的声干扰场景按照对目标舰船识别性能的影响程度进行重新识别,实现从按照干扰因素区分声干扰场景到按照对识别性能影响程度区分声干扰场景。在 U-DARM 中,利用深度自编码结构对由不同干扰因素引起的声干扰场景进行编码。

通常情况下,自编码网络通过将高维输入数据压缩到非线性的低维特征空间中,以实现特征降噪和特征提取。但在 U-DARM 中,通过计算并利用干扰条件的干扰条件编码 $f_g$ 与深度特征之间的互相关系数矩阵来实现听觉主动注意,这意味着需要保证:(1) $f_g$ 要能对深度特征具有指导性;(2) $f_g$ 要足以反映干扰条件 $g$。这两点可以通过构建两个特征优化路径来实现。首先,多目标干扰条件通过干扰条件建模网络得到干扰条件编码 $f_g$,$f_g$ 在听觉主动特征提取模块中被用于计算互相关系数矩阵并用于增强深度特征,进而传送到决策模块直至实现水声目标类别的预测。然后,$f_g$ 同时经过干扰条件拟合网络来拟合多目标干扰条件。如此一来,$f_g$ 就会同时受拟合误差和识别误差的双重约束,以实现在对深度特征具有指导性的同时包含足够反映干扰条件的特征。多目标干扰场景拟合示意图如图 15-48 所示。

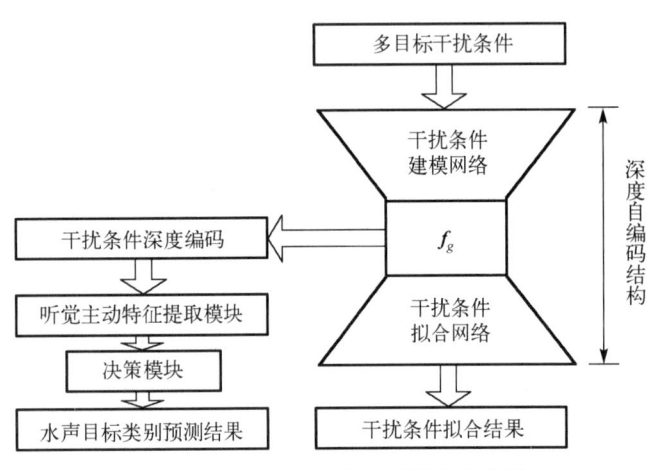

图 15-48 多目标干扰场景拟合示意图

### 15.8.5 多目标干扰条件下的水声目标实验数据及模型

在多目标干扰条件下的目标舰船识别任务中,将实测的单目标辐射噪声的能量归一化,这样就假设了每个单目标的辐射噪声声压级是一样的。并且目标舰船和多个干扰舰船到水听器的距离是一致的,多个干扰舰船与目标舰船的空间分布如图 15-49 所示。在实验中,干扰舰船个数为 1~8,每个干扰舰船类都也在设定的 4 种干扰舰船类别中随机选择。

多目标干扰条件下的水声目标识别实验采用的数据包括海洋环境噪声和 5 类舰船辐射噪声,5 类舰船辐射噪声的舰船类别包括:散装货船、集装箱货船、远洋游轮、客船和游艇。将同一水听器在同一海域采集的被动声呐数据按照采集年份进行分割,得到训练集和测试集,这样训练数据和测试数据就不完全是同分布的,可以更好地对模型的泛化性进行验证。在多目标干扰条件下的水声目标识别实验中,远洋游轮作为目标舰船,其余 4 类舰船作为干扰舰船。对于开展的水声目标识别任务来说,待识别的目标类别为 3 类:海洋环境噪声、干扰舰船辐射噪声、干扰舰船存在时的目标舰船辐射噪声。

# 第 15 章 基于类脑听觉深度学习的水声目标识别方法、算法及实验

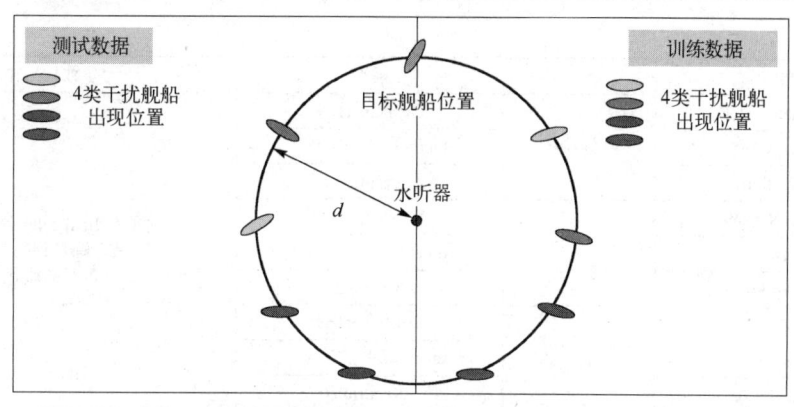

图 15-49 多目标干扰条件下的干扰舰船与目标舰船的空间分布

在该实验中，首先对比听觉被动注意模型（APA）和基于深度学习的水声目标听觉主/被动融合注意识别模型（U-DARM）。在选择 APA 模型时，采用了基于综合距离的听觉被动注意模型（APA-with-CDL-3），并且 U-DARM 中的听觉被动注意方法与 APA-with-CDL-3 中的一致。在 U-DARM 中，分别对比和分析不同深度的听觉主动注意特征的识别性能以及两种深度自适应集成决策方法的识别性能，各种方法的代号如表 15-27 所示。深度自适应集成决策方法 1 采用的是子分类器识别结果自适应集成学习方法，深度自适应集成决策方法 2 采用的是子分类器自适应加权集成学习方法。"√"为选择了某种听觉主动注意而引入的深度或者某种深度自适应集成决策方法，"—"为没有选择。

表 15-27 多种 U-DARM 结构与其对应代号

| 代号 | 听觉主动注意的深度 | | | | | | 深度自适应集成决策 | |
|---|---|---|---|---|---|---|---|---|
| | 1 | 2 | 3 | 4 | 5 | 6 | 方法 1 | 方法 2 |
| U-DARM-f1 | √ | — | — | — | — | — | — | — |
| U-DARM-f2 | — | √ | — | — | — | — | — | — |
| U-DARM-f3 | — | — | √ | — | — | — | — | — |
| U-DARM-f4 | — | — | — | √ | — | — | — | — |
| U-DARM-f5 | — | — | — | — | √ | — | — | — |
| U-DARM-f6 | — | — | — | — | — | √ | — | — |
| U-DARM-r1 | √ | √ | √ | √ | √ | √ | √ | — |
| U-DARM-r2 | √ | √ | √ | √ | √ | √ | — | √ |

开展多目标干扰条件下的水声目标识别性能对比实验。对比模型详情说明如表 15-28 所示。其中，时频特征的频率分辨率为 1Hz，时间分辨率为 40ms。Mel 频谱特征的 Mel 滤波器个数为 128。Mel 倒谱系数特征的维度为 60 维。

表 15-28 对比模型详情说明

| 代号 | 输入 | 模型 | 参数初始化 |
|---|---|---|---|
| APA | 时域波形 | APA | 随机初始化 |
| DTRM | | DTRM | |
| LDMRM | | LDMRM | |
| Time-domain DCNN | | DCNN | |

续表

| 代号 | 输入 | 模型 | 参数初始化 |
|---|---|---|---|
| T-F DenseNet169 | 时频特征 | DenseNet169 | 利用在 ImageNet 数据集上预训练得到的参数进行初始化 |
| T-F Inception | | InceptionResNetV2 | |
| T-F Xception | | Xception | |
| Mel DenseNet169 | Mel 频谱特征 | DenseNet169 | |
| Mel Inception | | InceptionResNetV2 | |
| Mel Xception | | Xception | |
| MFCC DenseNet169 | Mel 倒谱系数特征 | DenseNet169 | |
| MFCC Inception | | InceptionResNetV2 | |
| MFCC Xception | | Xception | |

### 15.8.6 多目标干扰条件下的水声目标识别实验结果及分析

实验分析了不同干扰舰船数量下的多种模型的识别性能,结果如图 15-50 所示。听觉被动注意模型作为基线模型,同时对比了 6 种不同听觉主动注意模型 U-DARM-f1、U-DARM-f2、U-DARM-f3、U-DARM-f4、U-DARM-f5、U-DARM-f6 以及两种深度自适应集成决策模型 U-DARM-r1 和 U-DARM-r2。图 15-50(a)展示了每种模型在不同干扰舰船数量下的平均识别准确率,以及相对于基线的平均识别准确率差值。图 15-50(b)展示了每种模型在不同干扰舰船数量下的目标舰船与干扰舰船的平均识别准确率,以及相对于基线的平均识别准确率差值。从图中可以看出,在较深层引入听觉主动注意时对识别是有益的,但在最深层引入听觉主动注意时性能反而略有下降。图 15-50(a)中,U-DARM-f3、U-DARM-f4 在所有干扰条件下的识别性能都要优于没有引入听觉主动注意的 APA,但 U-DARM-f5、U-DARM-f6 的识别性能逐渐下降。图 15-50(b)中,U-DARM-f3、U-DARM-f4、U-DARM-f5 总体上要优于 APA 模型。但 U-DARM-f6 的识别性能相比于 U-DARM-f3、U-DARM-f4、U-DARM-f5 依然有显著下降。

图 15-50 中,U-DARM-r1 以及 U-DARM-r2 的识别性能整体上高于除 U-DARM-f4 外的所有模型以及 APA。这说明深度自适应集成决策整体上是有效的,但是与单目标干扰情况不同的是集成后的模型性能并不是最优的,这或许是因为部分听觉主动模型的识别性能不足,因此当这些模型被集成时,整体识别结果未能超越表现最优的单个听觉主动模型,导致集成模型的性能未达到理论最优状态。

实验在 1~8 个干扰舰船条件下 1 次随机选择 2000 个样本计算平均识别准确率,并重复 100 次来绘制平均识别准确率箱图,来分析每个模型识别性能的稳定性,结果如图 15-51 所示。

在每张子图中,红色箱为听觉被动注意模型 APA 的平均识别准确率分布结果,6 个绿色箱从左到右分别是 U-DARM-f1、U-DARM-f2、U-DARM-f3、U-DARM-f4、U-DARM-f5、U-DARM-f6 的平均识别准确率分布结果,青色箱和紫色箱分别是 U-DARM-r1 和 U-DARM-r2 的平均识别准确率分布结果。每个箱的中间黑点为平均识别准确率分布的中位数,箱子上、下边分别对应平均识别准确率分布的上四分位数、下四分位数,箱子上、下边延长出去的柄的上、下界为平均识别准确率分布的最大值和最小值,远离箱分布范围的小圆圈为离群值。从图中可以发现,听觉主动注意模型的识别性能随着深度的加深存在明显的先上升再下降的趋势,并且在干扰舰船数量较小(1~3 个干扰舰船)时 U-DARM-f4 具有最好的识别性能,在有 8 个干扰舰船时 U-DARM-f3 具有最好的识别性能。同样地,在较少干扰舰船时模型平均识别准确率最大值和最小值的差要小于较多干扰舰船时模型平均识别准确率最大值和最小值的差,这说明随着干扰舰船数量的增加,不仅平均识别准确率在降低,识别稳定性也在下降。U-DARM-r1 和 U-DARM-r2 整体上相对于 APA 显著提升了多舰船干扰条件下的目标舰船识别性能。

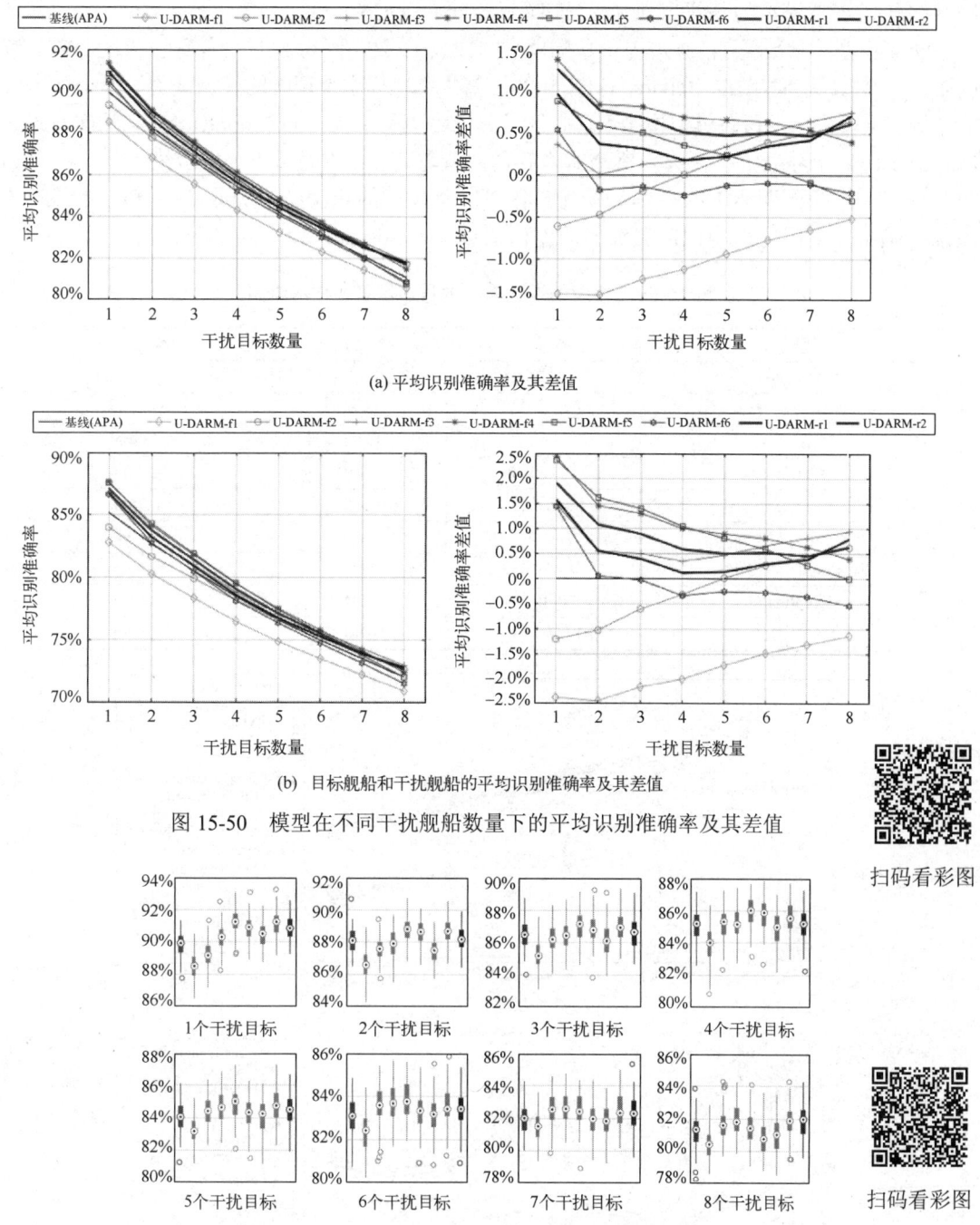

(a) 平均识别准确率及其差值

(b) 目标舰船和干扰舰船的平均识别准确率及其差值

图 15-50　模型在不同干扰舰船数量下的平均识别准确率及其差值

图 15-51　不同干扰舰船数量下的平均识别准确率箱图

在本节中,对比了 LDMRM、DTRM、APA 以及 U-DARM-f4 和 U-DARM-r1,还对比了以 MFCC 特征、Mel 频谱特征、时频特征作为输入,以 InceptionResNetV2、Xception、DenseNet169 为识别模型的方法,分别记为"MFCC Inception""Mel Inception""T-F

Inception""MFCC Xception""Mel Xception""T-F Xception""MFCC DenseNet169""Mel DenseNet169""T-F DenseNet169"。另外，构建了同样以时域数据作为输入、以深度卷积神经网络作为识别模型的基线方法（记为 Time-domain DCNN）。

所有模型的参数量、内存占用量和推理时间如表 15-29 所示。测试硬件环境为：8 核 i7-7700 的 CPU，GPU 为 NVIDIA GeForce GTX 1080。其中，单样本推理时间是测试了 1 万个样本后取的平均时间。提出的所有模型相比于现有的经典深度模型架构（InceptionResNetV2、Xception、DenseNet169）而言更加轻量，参数量和内存占用量与其相比降低了 1 个数量级。

图 15-52 为同距离下的多目标干扰条件下所有模型的识别结果曲线图，其中上图为平均识别准确率，下图为平均识别准确率的差值（以 Time-domain DCNN 为基准）。

表 15-29 模型的参数量、内存占用量及推理时间

| 模型 | 参数量 | 内存占用量 | 推理时间 |
| --- | --- | --- | --- |
| U-DARM-r1 | 2 976 679 | 35MB | 3.85ms |
| U-DARM-f4 | 2 927 372 | 35MB | 3.76ms |
| APA | 1 230 871 | 14MB | 2.94ms |
| DTRM | 1 192 630 | 14MB | 2.81ms |
| LDMRM | 576 415 | 7MB | 1.25ms |
| Time-domain DCNN | 580 963 | 7MB | 0.60ms |
| InceptionResNetV2 | 54 439 459 | 639MB | 4.02ms |
| Xception | 20 996 971 | 246MB | 1.95ms |
| DenseNet169 | 12 753 795 | 149MB | 7.67ms |

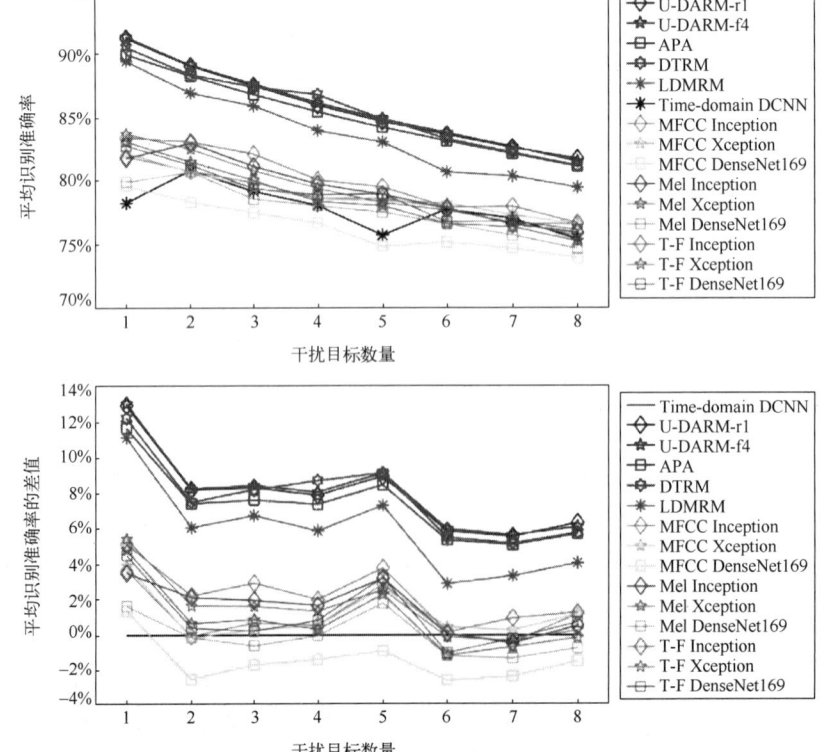

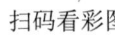

扫码看彩图

图 15-52 多目标干扰场景

由图中可见，LDMRM、DTRM、APA 以及 U-DARM 的平均识别准确率显著高于其他模型的平均识别准确率。

## 15.9 本章小结

本章提出了基于类脑听觉深度学习的水声目标识别方法，包括基于神经竞争机制的深度水声目标识别、基于听觉滤波机制的深度水声目标识别、基于深度频率分解机制的深度水声目标识别、基于音色感知的深度水声目标识别、基于多属性协同感知的深度水声目标识别、类脑水声目标识别极深模型构建与优化、基于听觉被动注意机制的水声目标识别以及基于听觉主/被动融合注意的深度水声目标识别。通过借鉴脑听觉机制改进的深度学习方法具有更好的识别性能，本章提出的方法为基于深度学习的水声目标识别提供了可行、可靠的新思路和新方法。

# 第16章 面向边缘设备的水声目标深度学习识别

本章将讲述用于水声目标识别的边缘计算平台理论框架，叙述轻量化水声目标识别深度学习模型的设计方法、深度水声目标识别模型网络剪枝方法、基于边缘计算平台的深度学习网络能耗剪枝方法、基于边缘计算平台的水声目标识别系统。

## 16.1 用于水声目标识别的边缘计算平台

搭载着声呐系统的无人系统越来越显现出小型化、灵活化的趋势，在这种趋势下，搭载平台留给计算系统的空间与能耗非常有限，边缘计算的发展给这种情况带来了新的希望。边缘计算是一种新型的计算模式，连通边缘计算平台与数据中心，在靠近智能设备或数据源头的一端提供网络、存储、计算、应用等能力，使得原始数据在采集点附近就能得到及时且高效的处理。边缘计算平台是在数据产生的地方直接进行数据处理分析且具有网络、计算、存储、应用等核心能力的平台。边缘计算平台体积小、时延低，为在无人航行器上部署深度水声目标识别模型提供了硬件平台。

边缘计算平台实质上属于嵌入式移动设备，它将一台完整的计算机集成到一个芯片上，称为片上系统（System on Chip，SoC），包含通用 CPU 核心、专用处理芯片图形处理单元（GPU）、内存、输入和输出控制器以及构成一台整体计算机的许多其他组件。现有两种策略能够提高边缘计算平台的性能，一种是添加更多的通用 CPU 核心，另一种是添加多个专用芯片来完成一些专门的任务，而专用芯片能够更快地完成任务，而且比通用 CPU 核心的耗电量更小。采用布置处理引擎阵列的方法，能够更加快速地处理卷积神经网络的数据流。但是，边缘计算平台上的计算、存储的资源仍然相对有限，这就使得在边缘计算平台上不能执行过于复杂的模型推理任务，直接应用深度学习网络受到巨大约束。由此，需要在边缘计算平台上部署轻量化深度学习模型，这种模型的计算量小，推理时间短，推理能耗低。

边缘计算平台包括亚马逊云端、华为云智能边缘平台（Intelligent Edge Fabric，IEF）、英伟达的 Jetson AGX Xavier 等。本章以英伟达的 Jetson AGX Xavier 为例，它的工业模块是专为将人工智能处理与嵌入式应用程序融合而设计的坚固耐用模块。Jetson AGX Xavier 工业模块扩展了 Jetson AGX Xavier 系统级模块的功能，为恶劣条件下的人工智能驱动系统提供了一个平台，它适用于机器人、人工智能、自动化、光学检测、视频分析和其他高级工业任务。虽然拥有极其紧凑的外形和极高的能效，但是 Jetson AGX Xavier 工业模块仍拥有高达每秒 30 万亿次操作（Tera Operations Per Second，TOPS）的人工智能计算性能。由于该强大的功能，Jetson AGX Xavier 非常适合在水下这样的恶劣条件下部署。

## 16.2 轻量化水声目标识别深度学习模型

深度学习应用于水声目标感知上的一个趋势是在边缘计算平台上部署高性能的神经网络模型，并能在真实场景中实时运行，如移动端/嵌入式设备，这些平台的特点是内存资源少，处理器性能不高,能耗受限,这使得即便是目前识别性能最高的模型也无法在这些平台进行部署和达到实时运行。受存储空间和算力资源的限制,神经网络模型在移动设备和嵌入式设备上的存储与计算仍然是一个巨大的挑战。轻量化模型聚焦于在维持模型高性能表现的前提下,大幅减小模型参数量、降低结构复杂度,现已成为深度学习领域备受瞩目的前沿研究方向。

### 16.2.1 深度神经网络轻量化

深度神经网络轻量化是指通过一定策略使神经网络变成参数量小、计算量小、推理时间短的网络,并且需要保持网络的识别性能。基于轻量化深度学习模型的水声目标识别则是指设计、构建轻量化深度学习模型,来实现水声目标识别。

深度神经网络轻量化的方法分为轻量化网络结构设计和神经网络模型压缩两大类,前者是指在模型设计时采用一些轻量化的思想,例如,采用深度可分离卷积、分组卷积等轻量化卷积方式,减小卷积过程的计算量。此外,利用池化层替代全连接层、利用1×1卷积实现特征的通道降维,也可以减小模型的计算量。利用1×1卷积实现降维的轻量化方法主要在保持网络识别性能的前提下,从体积和速度两个方面对训练的网络进行轻量化改造。轻量化网络结构设计主要从卷积层入手,采用的卷积形式有标准卷积、逐点卷积、分组卷积、深度可分离卷积和通道重组等。神经网络模型压缩又可细分为知识蒸馏、网络剪枝、参数量化与低秩分解等。

### 16.2.2 轻量化网络结构设计

标准卷积也被称为完全卷积,其操作过程如图16-1所示。卷积层中的某个卷积核对输入特征图进行卷积得到一个输出特征图的单个通道,也被称为滤波,因此,卷积层可以被视作一个滤波器组,其中的每个卷积核都是一个滤波器。

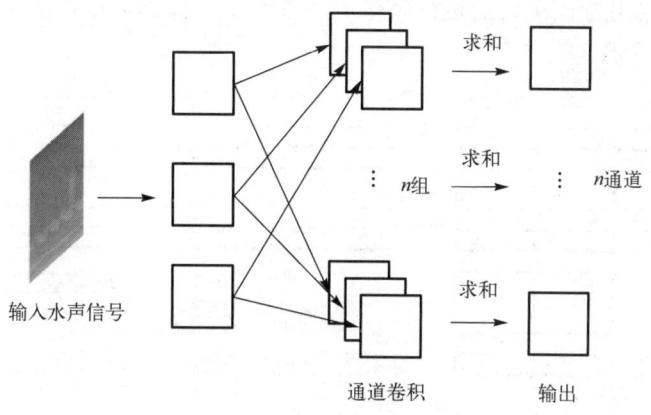

图16-1 标准卷积操作过程

逐点卷积是指采用大小为1×1的卷积核对输入的特征图进行卷积操作,并且使用不同的卷积核来生成不同的输出通道,可用于调整通道数、提取非线性水声特征和减小模型运算量。逐点卷积会引入线性操作,通过使用激活函数可对线性变换后的结果进行非线性映射。

深度可分离卷积由深度卷积和逐点卷积构成。相比于标准卷积,深度可分离卷积采用了按照通道进行分解卷积操作的思路,即每个通道都单独对应一个独立的卷积核。深度可分离卷积不仅可以更好地提取水声特征,还能显著减小模型的参数量,假设卷积核的大小为

$D_k \times D_k$,输入特征图的通道数为 $M$,输出特征图的通道数为 $N$,则标准卷积的参数量为 $D_k \times D_k \times M \times N$,深度可分离卷积的参数量为 $D_k \times D_k \times M + M \times N$,两者之比为

$$\frac{D_k \times D_k \times M + M \times N}{D_k \times D_k \times M \times N} = \frac{1}{N} + \frac{1}{D_k^2} \tag{16-1}$$

在网络中 $D_k$ 一般为 3,深度可分离卷积的参数量相比标准卷积减小了 1/9,网络的参数量随之显著减小。操作过程如图 16-2 所示。

分组卷积是标准卷积的变体,它将输入特征图分成多个组,并对每个组应用独立的卷积操作,具体操作是将输入特征图和卷积核在通道维度分为 $G$ 组,再将每一组特征图视作一个单独的输入特征图,与相应的卷积核进行卷积运算,最后将各组的卷积结果按通道连接起来,形成最终的输出特征图。

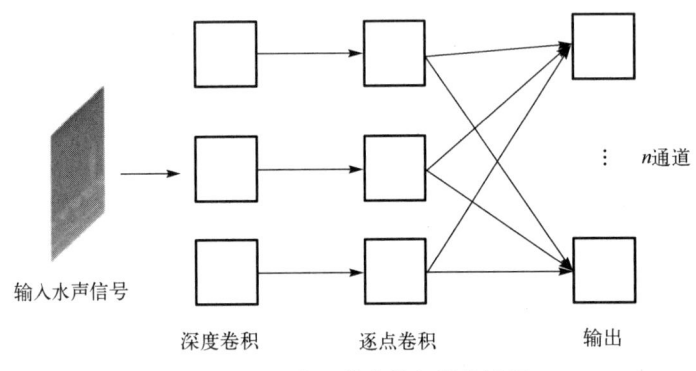

图 16-2 深度可分离卷积操作过程

通道重组通过张量的变形和转置来改变输出特征图通道的顺序。通道重组没有卷积计算,它只是将卷积后的输出特征图通道进行重排,将各输入特征图通道信息进行交互,分组卷积和通道重组如图 16-3 所示。

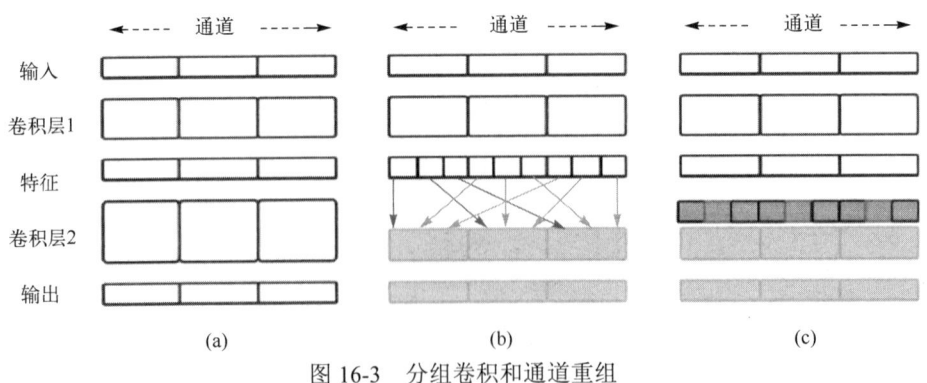

图 16-3 分组卷积和通道重组

### 16.2.3 神经网络模型压缩

神经网络模型压缩可以减小模型的参数量和输入特征的维度,能够有效降低模型的复杂度,其方法分为知识蒸馏、网络剪枝、参数量化以及低秩分解。本部分主要介绍网络剪枝和参数量化两种方法。

网络剪枝(Network Pruning):在卷积神经网络成千上万的权重中,存在着大量接近 0

的参数,这些属于冗余的参数,去掉后模型也可以基本达到相同的表达能力。因此研究者以此为出发点,研究将网络权重稀疏化、去除网络中的冗余卷积核等方法,被称为网络剪枝。

剪枝问题可以归纳为优化问题,其公式如下

$$\min L(D:\omega) + \lambda \|\omega\|_0, \quad \text{s.t.} \|\omega\|_0 \leq k \tag{16-2}$$

式中,$L(\cdot)$是损失函数,$D$是参数集,$\omega$是未知参数,$\|\omega\|_0$是$\omega$的$L_0$范数,$k$是期望的范数稀疏度,$\lambda$是超参数(用于控制$\|\omega\|_0$)。式(16-2)是一个带约束的优化问题。上述公式通过$L$范数使模型稀疏,进而筛选出稀疏参数来得到期望的$k$值。

对于一个深度学习网络的剪枝方法来说,需要分别确定网络剪枝的剪枝粒度、剪枝标准和剪枝策略。

(1)剪枝粒度(Pruning Granylarity)是指在神经网络模型轻量化过程中,对网络结构进行剪枝操作的基本结构单元级别。对于卷积层来说,各剪枝粒度示意图如图 16-4 所示。

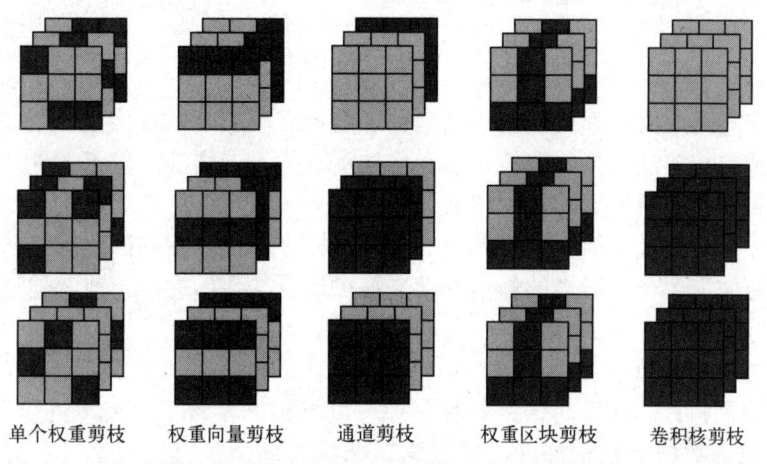

单个权重剪枝　权重向量剪枝　通道剪枝　权重区块剪枝　卷积核剪枝

图 16-4　不同粒度的卷积层剪枝粒度示意图

单个权重剪枝,也被称为细粒度剪枝和非结构化剪枝。剪枝更大的结构单元被称为粗粒度剪枝,剪枝间隔更加规则的权重或结构单元被称为结构化剪枝。权重剪枝直接对网络卷积核的权重进行剪枝,直接把那些权重数值接近 0 的权重赋为 0,权重数量并没有减小,权重中的 0 值较多,可以减小存储空间,但是在计算上通用硬件计算平台并不能对非结构化稀疏的卷积核矩阵进行加速,因此需要进行结构化剪枝。

权重向量剪枝、通道剪枝分别剪枝卷积核中的向量权重和卷积核通道。Anwar 等人研究了卷积核向量的剪枝技术,提出了卷积核向量等间隔剪枝方法,该方法等间隔划分卷积核向量,然后剪枝每段向量中固定位置的子向量。

权重区块剪枝,这种方法是指剪枝各个卷积核中选择的连续的权重区块。这样的规整操作能够有利于将卷积核剩余数据使用同样的方法进行放置、索引,重新变成密集矩阵,实现卷积运算的加速。

卷积核剪枝,是指剪枝卷积层中的某个或某些卷积核。

其实从模型最终的呈现形式来看,卷积核剪枝与通道剪枝的效果是一样的,两种剪枝的具体操作可以结合图 16-5 来看。

如图 16-5 所示,有两层卷积层,A、B、C 分别是特征图,通道剪枝的操作原理是通过剪枝第二层卷积层的输入特征图 B 的某些通道,可直接导致第二层卷积层的所有卷积核也需要剪枝相应的通道；它还会对上一层产生影响，每个卷积核对应输出特征图的一个输出通道，此时特征图 B 中减少了一些通道，上一层中相应的卷积核就无效了，即图中左边虚线对应的卷积核也被剪枝了。

图 16-5 中从左往右，先剪枝第一层卷积层的两个虚线内的卷积核，这会直接导致该层的输出特征图通道被剪枝，对于下一层卷积层来说，自然导致该层内的对应卷积核被剪枝。

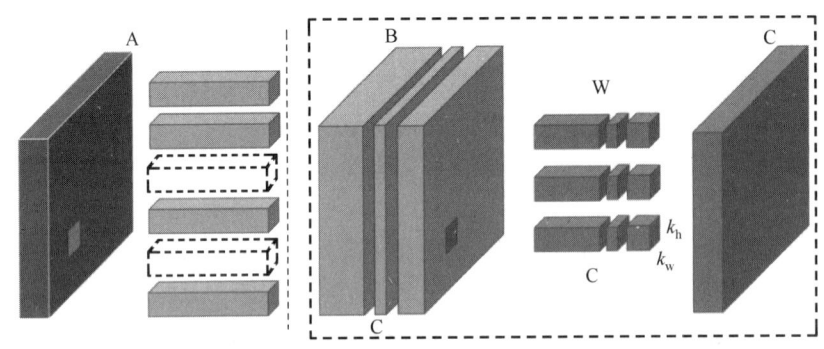

图 16-5　卷积核剪枝与通道剪枝示意图

卷积核剪枝与通道剪枝都属于粗粒度剪枝，剪枝后模型可以直接被应用在通用计算硬件与计算库。两种剪枝方法选择的剪枝粒度和剪枝标准是不一样的，但都会导致前一层卷积层的卷积核通道和后一层卷积层的卷积核通道被剪枝。

（2）剪枝标准指的是对剪枝结构单元的重要性排序标准，指导网络的哪些结构单元可以被剪枝。网络剪枝需要一个适当的修剪标准，这需要对参数、卷积核或其他剪枝结构单元的相对重要性进行排序。

对于权重的剪枝标准有：基于绝对值的排序，多余的权重被定义为绝对值较小的权重；基于梯度绝对值的排序，从反向传播的梯度或梯度导出的度量来对权重的重要性进行排序，或者在小批量训练数据上累积梯度，并根据该梯度与每个参数的相应权重之间的乘积进行修剪。

对于卷积核的剪枝标准有：基于 $L_1$ 范数的排序，$L_1$ 范数较小的卷积核被定义为不重要的卷积核；基于连接卷积层的激活值的排序，激活值绝对值较小的卷积核被定义为不重要的卷积核；基于卷积核对应输出特征图的通道的 $L_1$ 范数的排序，$L_1$ 范数较小的通道被定义为不重要的通道。

（3）剪枝策略指的是如何进行剪枝和训练网络，以及指导如何在不损害网络的情况下进行修剪。

经典的剪枝策略包含三个关键步骤：训练网络、剪枝网络和微调网络。它涉及：（1）训练好一个网络；（2）通过剪枝粒度和剪枝标准对网络进行剪枝，剪枝的这些参数之后无法恢复；（3）用最低的学习率继续训练网络几个轮次，使网络能从剪枝引起的性能损失中恢复过来。通常，最后两个步骤可以迭代，逐步剪枝更多的结构单元，通过迭代剪枝-微调这个过程来降低网络剪枝带来的性能损失。

参数量化（Parameter Quantization）是指将神经网络模型中高精度的参数转换为低精度的参数，从而加速模型推理速度的方法。将网络中某些权重参数近似成相同的数值，使模型的准确率性能基本不变，同时加快运算速度并减小模型的内存占用量。将卷积神经网络的 32 位浮点数权重 $N$ 定点量化，模型的内存占用量可以减小到原来的约 $\dfrac{N}{32}$。

神经网络模型压缩可以减少参数，减小内存占用量。图 16-6 展示了不同参数位宽的精度，神经网络中高精度的参数有更大的动态变化范围，能够表达更丰富的信息，因此在网络训练中通常使用 32 位浮点数作为网络参数的数据类型。但是训练后的模型计算量较大，推理能耗高。为了减小模型的内存占用量，通常需要将 32 位浮点数量化为 16 位浮点数或者 8 位整型数，甚至是 0/1 的二值类型，这种改变数据精度的方法被称为参数量化。

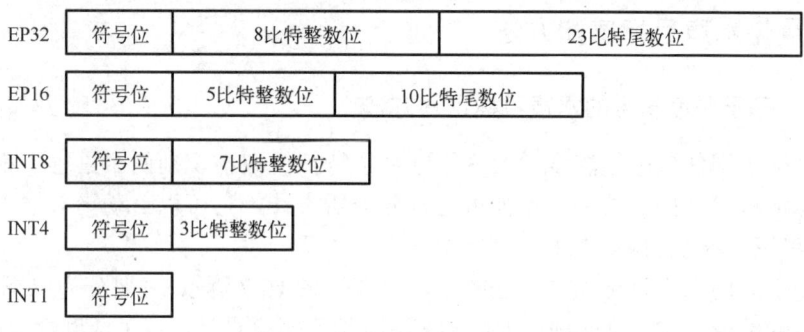

图 16-6　不同参数位宽的精度表示

参数量化可以通过用低精度值替换模型中高精度浮点数权重，在降低内存功耗的同时加速运算，在不改变网络原始结构的情况下可减小模型的内存占用量。此外，在权重值和激活值都量化为低精度值的情况下，可以使用具有更简单操作数和运算符的低精度运算，有效地实现权重值和激活值之间的矩阵乘法，显著缩短模型在计算平台上的推理延迟。神经网络模型量化通过用较低的比特宽度表示来近似网络中的权重值和激活值，成为对硬件加速适用的方法之一。表 16-1 展示了用不同精度操作所需的能量和硬件计算面积成本，从表 16-1 可知，精度为 8 比特的参数进行定点加法运算所需的能量仅是 32 比特浮点加法所需能量的 1/30。因此，对神经网络模型使用参数量化方法，可以显著降低卷积神经网络的存储成本和推理能耗。

表 16-1　不同精度操作所需的能量和硬件计算面积成本

| 计算操作方法 | 能量/pJ | 面积/μm² |
| --- | --- | --- |
| 32 比特浮点加法 | 0.9 | 4154 |
| 32 比特浮点乘法 | 3.7 | 7700 |
| 16 比特浮点加法 | 0.4 | 1360 |
| 16 比特浮点乘法 | 1.1 | 1640 |
| 8 比特定点加法 | 0.03 | 36 |
| 8 比特定点乘法 | 0.2 | 282 |
| 32 比特定点加法 | 0.1 | 137 |
| 32 比特定点乘法 | 3.1 | 3495 |

在参数量化中，通常指定整个网络的每层都使用同一较低的比特宽度。本书提出基于水声特征的混合比特位宽量化方法，其中每个通道或每层可以用不同的比特宽度进行量化。根据网络中每层提取的水声特征重要度，为每层分配不同的比特宽度。

知识蒸馏（Knowledge Distillation）：大的模型拥有更强的拟合能力和泛化能力，而小的模型的拟合能力较弱，且容易造成过拟合，使用大模型指导小模型训练可保留大模型的有效信息，使得小模型能够得到与大模型相近的特征和结果，实现知识蒸馏。

低秩分解（Low Rank Decomposition）：由于原始网络参数中存在大量冗余，除剪枝的方法外，还可以利用奇异值分解将原始特征矩阵分解为低秩的若干矩阵，以减小卷积的计算量，进而提升计算速度。

### 16.2.4 轻量化水声目标感知方法

#### 16.2.4.1 基于深度学习的水声目标识别方法

在水声目标识别任务中，深度学习网络融合了特征提取与识别两个过程，不必像传统的机器学习过程那样手动提取数据的特征再进行分类器设计，它可以自动提取输入数据的特征并进行识别，其智能化的特点为水声目标识别带来了新的发展。

基于深度学习的水声目标识别方法的基本框架如图16-7所示，主要分为以下5部分：（1）水声目标数据的获取；（2）数据预处理；（3）深度学习网络设计；（4）深度学习网络的训练；（5）模型的测试和部署过程。

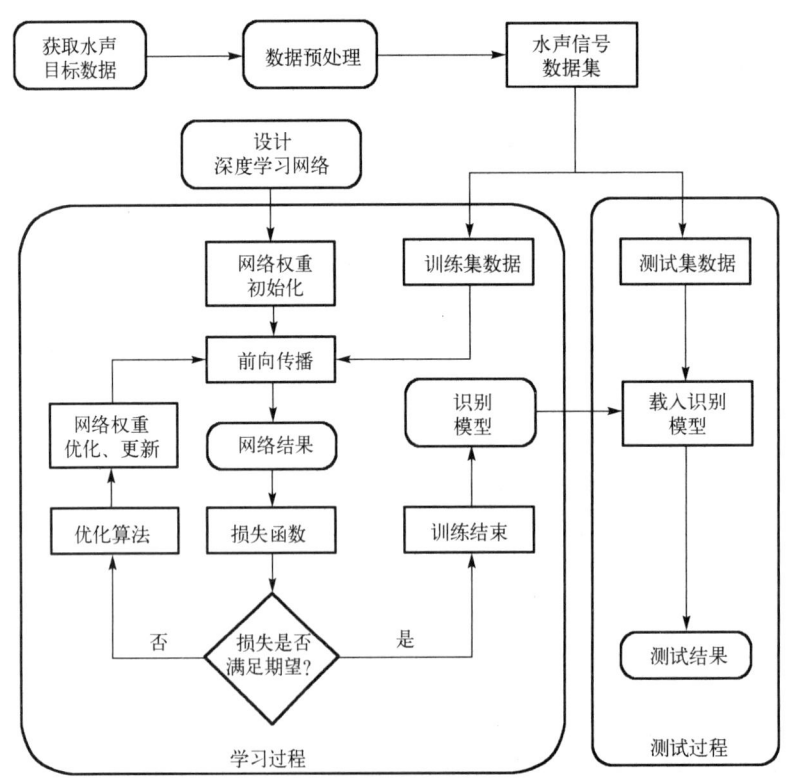

图 16-7 基于深度学习的水声目标识别方法的基本框架

水声目标数据获取是指使用水听器将舰船等目标的辐射噪声进行采集，并且通过滤波、放大、数模转换等处理方法转换成计算机所能接收的数据形式，通常通过信号采集传感器电路和滤波放大电路来实现。

数据预处理通常采用归一化、空域滤波、时域滤波、频域滤波等方法。

深度学习网络设计是指针对水声目标识别的任务进行模型结构设计，通过网络卷积层等结构自动提取水声目标数据的特征,然后进行识别,并能够输出模型对输入数据的识别结果。

深度学习网络的训练过程用设计的深度学习网络对训练集数据进行学习,训练过程主要包括:构建水声目标深度识别网络模型、权重初始化、输入训练集数据、迭代更新网络参数、保存识别模型。

模型的测试和部署过程的主要步骤是:载入经过学习的识别模型,输入测试集数据,得到识别结果,测试模型推理的性能和速度,然后使用一些评价指标来对模型进行评价,分为模型识别效率的评价和识别性能的评价。

水声目标深度识别网络模型如图 16-8 所示。

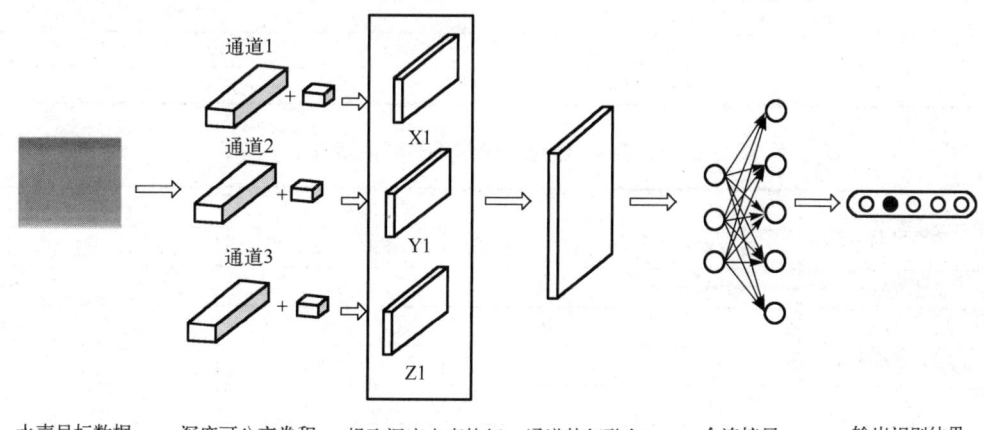

图 16-8 水声目标深度识别网络模型

#### 16.2.4.2 轻量化水声目标感知实验

1)实验设置

轻量化结构的水声目标深度识别网络模型的学习参数设置如表 16-2 所示。

表 16-2 学习参数设置

| 学习参数名称 | 具体参数 |
| --- | --- |
| 损失函数 | Cross Entropy Loss |
| 优化算法 | SGD |
| 学习率 | 0.01 |
| 训练轮次 | 50 |
| 批次大小 | 32 |

本小节介绍基于轻量化结构的水声目标深度识别的实验,深度学习实验平台的具体信息如表 16-3 所示。

2)实验结果与分析

轻量化结构的水声目标深度识别网络模型在测试集上实验结果的混淆矩阵如表 16-4 所示,例如,混淆矩阵第一行第一列的数据为 293,表示有 293 个散装货船样本被识别成散装货船,识别正确;混淆矩阵第一行第二列的数据为 1,表示有 1 个真实类标为散装货船的样本被识别成了第二列的类标集装箱货船。所以每一类的召回率为混淆矩阵对角线的数据除以该行的数据的和,每一类的精确率为混淆矩阵对角线的数据除以该列的数据的和。

表 16-3　深度学习实验平台的具体信息

| 类别 | 参数信息 | |
|---|---|---|
| 硬件 | CPU | 6 核 3.1GHz |
| | 内存 | 8GB |
| | GPU | 768 核 1.29GHz |
| | 显存 | 4GB |
| 软件 | 操作系统 | Windows |
| | CUDA | 10.1 |
| | Python | 3.8.4 |
| | TensorFlow | 2.3.0 |

表 16-4　模型实验结果的混淆矩阵

| 真实结果 | 预测结果 | | | | |
|---|---|---|---|---|---|
| | 散装货船 | 集装箱货船 | 海洋环境噪声 | 客船 | 拖船 |
| 散装货船 | 293 | 1 | 5 | 0 | 0 |
| 集装箱货船 | 6 | 293 | 0 | 0 | 0 |
| 海洋环境噪声 | 5 | 0 | 288 | 0 | 6 |
| 客船 | 32 | 9 | 1 | 252 | 5 |
| 拖船 | 28 | 2 | 6 | 24 | 239 |

混淆矩阵显示,搭建的水声目标深度识别网络模型对散装货船的误识别最少,仅有 6 只散装船被误识别为集装箱货船和海洋环境噪声,其他均识别为真实结果,拖船被识别为其他船只的概率最大,有 28 只拖船被识别为散装货船,24 只拖船被识别为客船。

表 16-5 展示了水声目标深度识别网络模型在验证集上各类目标数据的召回率、精确率和 F1 分数。

表 16-5　模型识别的性能评价

| 类别 | 召回率 | 精确率 | F1 分数 |
|---|---|---|---|
| 散装货船 | 98.00% | 80.00% | 88.09% |
| 集装箱货船 | 98.00% | 96.00% | 99.01% |
| 海洋环境噪声 | 96.00% | 96.00% | 96.00% |
| 客船 | 84.00% | 91.00% | 97.36% |
| 拖船 | 80.00% | 96.00% | 87.27% |

图 16-9 是水声目标深度识别网络模型的识别性能评价,从图中可以看到,搭建的水声目标深度识别网络模型对散装货船和拖船的 F1 分数较低,其他 3 类舰船的辐射噪声的 F1 分数较高。散装货船的精确率较低,但是召回率较高,说明模型对各类目标都容易错误识别成散装货船,对散装货船本身可以很好地正确识别。模型对 5 类目标的平均精确率为 91.30%,推理 1495 个样本所用的时间是 4.92s。

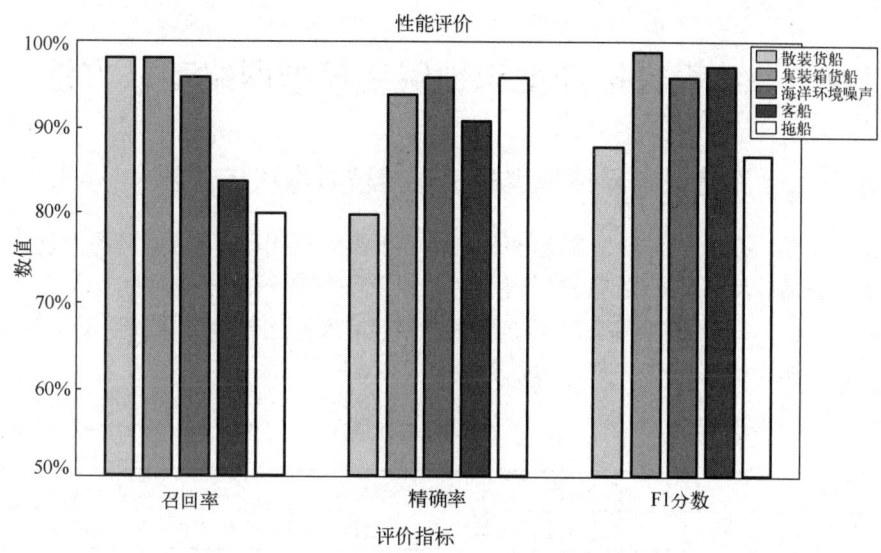

图 16-9 水声目标深度识别网络模型的识别性能评价

对水声目标深度识别网络模型进行 t-SNE 特征可视化，得到可视化结果如图 16-10 所示。本部分采用的水声目标数据集共有 5 类，因此识别结果也有 5 类。从图中可以直观地看出，识别网络模型的整体识别效果较好，各类水声目标都被较好地聚类在一起，少量拖船容易被误识别为客船和散装货船，客船少量被误识别为散装货船，其他各类水声目标的识别结果则基本相互独立，聚类效果显著，识别性能较好，与混淆矩阵结果互相印证了实验结果的可靠性。

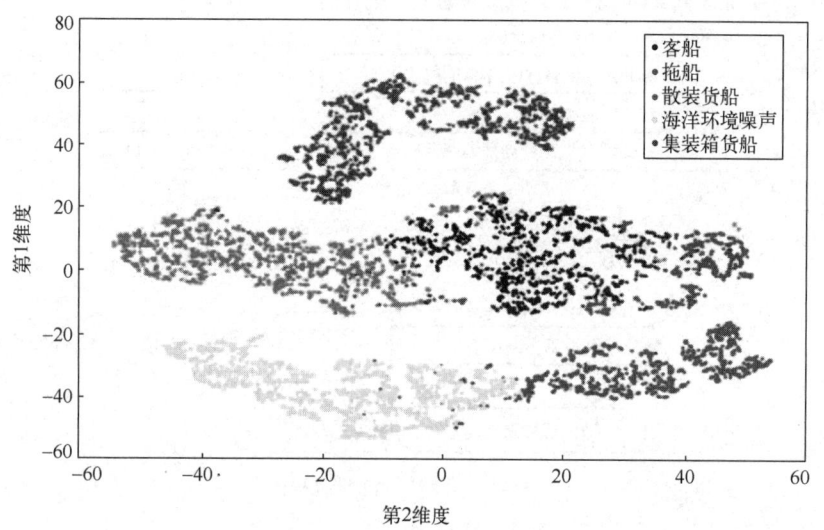

图 16-10 水声目标深度识别网络模型的可视化结果

轻量化水声目标深度识别网络模型的参数量和计算量、平均精确率和推理时间如表 16-6 所示。

表 16-6 水声目标深度识别网络模型的参数量、计算量、平均精确率和推理时间

| 参数量/×$10^6$ | 计算量/MFLOPs | 平均精确率 | 推理时间×1495/s |
|---|---|---|---|
| 19.90 | 2450 | 91.30% | 4.92 |

## 16.3 水声目标深度识别网络模型网络剪枝方法

### 16.3.1 水声目标深度识别网络模型的权重剪枝与卷积核剪枝

剪枝是一种非常有效的进一步加速和优化水声目标深度识别网络模型的方法，剪枝有一个重要的参数是稀疏度，指的是剪枝后网络中的权重数与原网络权重数的比值。

本节对水声目标深度识别网络模型进行网络剪枝，采用两种剪枝方法，以剪枝粒度命名，分别为权重剪枝和卷积核剪枝，剪枝方法说明如表 16-7 所示。

表 16-7 剪枝方法说明

| 剪枝方法 | 剪枝粒度 | 剪枝标准 | 剪枝策略 |
| --- | --- | --- | --- |
| 权重剪枝 | 单个权重 | 绝对值 | 权重剪枝-微调 |
| 卷积核剪枝 | 卷积核 | — | 卷积核剪枝-训练 |

权重剪枝的主要步骤是剪枝网络和模型微调。权重剪枝的流程图如图 16-11 所示。

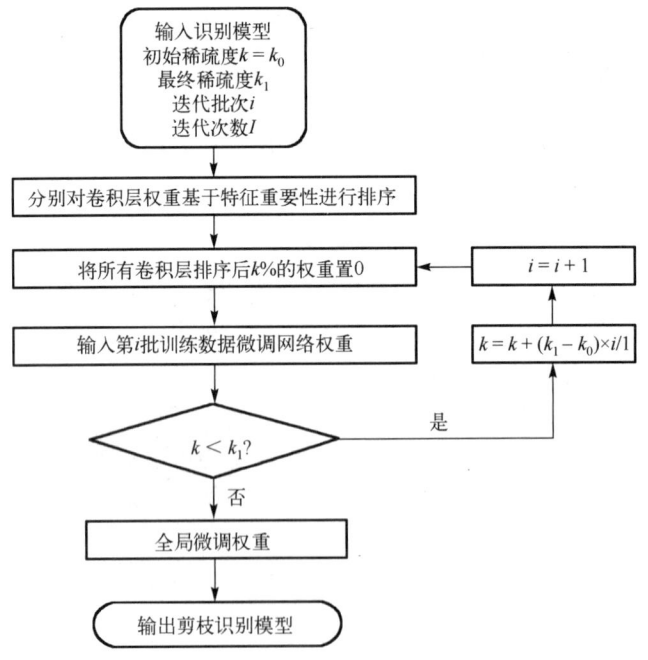

图 16-11 权重剪枝的流程图

权重剪枝的具体流程为：①剪枝网络权重，对于训练好的识别模型，对每一层卷积层的权重进行基于幅值的排序；②将幅值较小的权重置为 0；③模型微调，用较低的学习率继续训练网络几个轮次，使模型能从剪枝引起的性能损失中恢复过来。

通过步骤①和步骤②的不断迭代，逐步提高模型的稀疏度，避免一次剪枝大量权重造成大的性能损失。

为了实现高性能、低能耗的轻量化水声目标识别网络模型，需要对模型进行卷积核剪枝，普通的卷积核剪枝往往会导致模型的性能损失过大，得到的剪枝模型的识别准确率较低，因

## 第 16 章 面向边缘设备的水声目标深度学习识别

此本部分提出基于水声特征重要性的卷积核剪枝方法，基于水声特征重要性的卷积核剪枝操作如图 16-12 所示，使用批归一化层中的缩放因子 $\gamma$ 来评估特征图通道的重要性，稀疏性较高的通道所对应的卷积核被定义为不重要的卷积核，以此作为水声目标识别网络模型的剪枝标准。

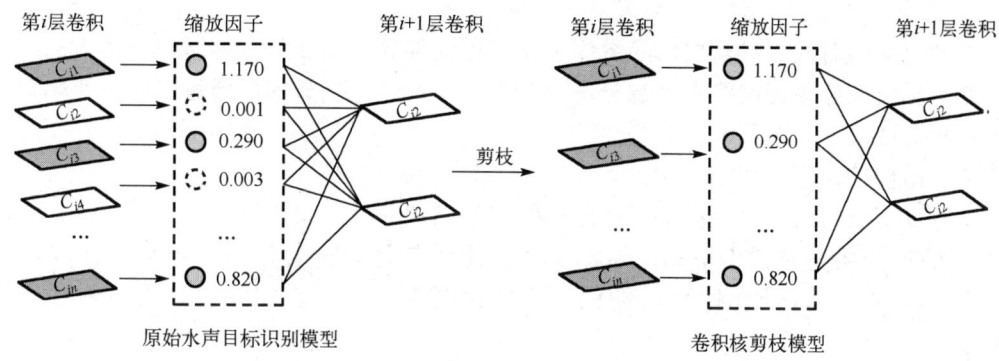

图 16-12 基于水声特征重要性的卷积核剪枝操作

卷积核剪枝的主要步骤是构建网络模型、剪枝网络和训练网络。卷积核剪枝的剪枝策略是初始化时的剪枝，即剪枝的网络是未经训练的网络，训练网络也不再是微调某一层，而是训练整个剪枝过的网络。剪枝网络首先要做的是实现网络稀疏化，所以这里将对采用的网络稀疏化方法进行简要概括。

首先对模型中基于通道或卷积核的缩放因子的正则项进行稀疏训练，即在原有模型的基础上增加 BN 层缩放因子的 $L_1$ 范数的正则项，再通过稀疏化系数因子同时最小化损失误差之后，实现缩放因子优化。同时利用 $L_1$ 范数的稀疏性，使得通过优化算法实现梯度下降后的部分缩放因子接近 0。而其中接近 0 的缩放因子表明对于之后的 BN 层权重较小，把权重小的参数舍弃，同时增加噪声从而达到防止过拟合的目的。然后进行卷积核剪枝，把稀疏化后的缩放因子为 0 的层逐层剪枝，从而获得一个轻量化的网络。同时在之前稀疏训练的基础上进行层剪枝，使得模型尺寸进一步减小，模型推理速度进一步提升。由于进行层剪枝后模型的性能损失较大，所以需要对模型进行微调。

先利用网络中 BN 层的缩放因子 $\gamma$ 来对卷积层中输出通道的重要性进行判断，在原来模型的损失函数的基础上增加基于水声特征重要性的 BN 层缩放因子 $\gamma$ 的正则项进行稀疏训练，具体为

$$L = L(W) + \lambda \sum_{\gamma \in \Gamma} R_g(\gamma) \tag{16-3}$$

式中，$L(W)$ 为模型的损失函数，$R_g(\gamma)$ 为稀疏正则项，$\Gamma$ 为 $\gamma$ 的集合，$\lambda$ 为稀疏因子。

前向传播结束后的参数计算公式如下

$$\gamma^* = \mathrm{argmin}_{\gamma}(L(W) + \lambda \sum_{\gamma \in \Gamma} R_g(\gamma)) \tag{16-4}$$

可求得梯度如下

$$\nabla \gamma^* = \nabla_{\gamma} \lambda \sum_{\gamma \in \Gamma} R_g(\gamma) \tag{16-5}$$

在设置学习率后进行参数更新，则参数更新如下

$$\nabla \gamma^* = \nabla_\gamma \lambda \sum_{\gamma \in \Gamma} R_g(\gamma)$$
$$= \gamma - \eta \lambda \nabla_\gamma \sum_{\gamma \in \Gamma} R_g(\gamma) \quad (16\text{-}6)$$

在参数更新的时候,只需要对参数添加正则项的偏导,而在整个网络中,增大的计算量可以忽略。稀疏训练使得网络中的部分参数接近 0,而将接近 0 的通道移出即可实现对应通道的卷积核剪枝。

卷积核剪枝的流程图如图 16-13 所示。

(1)构建一个用于水声目标识别的卷积神经网络模型,根据最终模型的稀疏度需求设置不同的卷积层剪枝比例 $p\%$,卷积层剪枝比例就是剪枝层数与总层数的比值。然后设置不同的卷积核剪枝比例 $k\%$,卷积核剪枝比例就是每层剪枝卷积核数与总卷积核数的比值。

(2)剪枝网络,对网络的不同卷积层进行卷积核剪枝,首先按照基于水声特征重要性的 BN 层缩放因子 $\gamma$ 对卷积层进行排序,选择缩放因子 $\gamma$ 较小的前 $p\%$ 的卷积层,剪枝掉这些层中 $k\%$ 的卷积核,得到剪枝网络。

(3)训练网络,让剪枝网络对训练集数据进行学习,学习过程的参数设置依据学习算法而定,可以选择设置较低的学习率,经过学习后,输出剪枝识别模型。

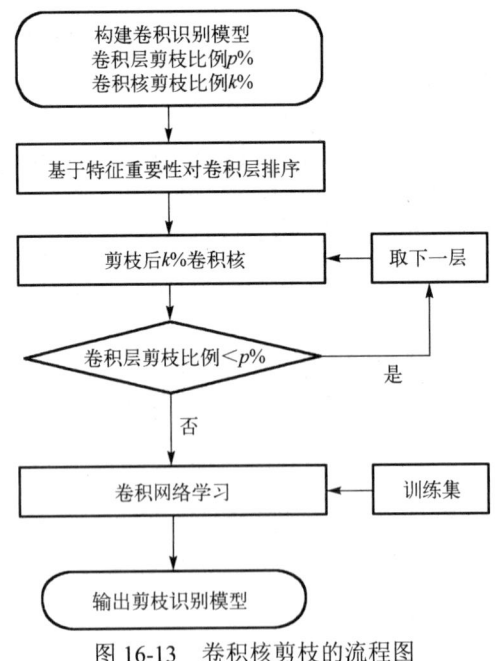

图 16-13 卷积核剪枝的流程图

### 16.3.2 剪枝识别模型的测试与评价

1)权重剪枝实验

权重剪枝识别模型的测试与评价:设置学习率为 0.01,优化函数采用 SGD,采用交叉熵损失函数计算模型的损失,设置不同的最终稀疏度为 0%、40%、50%、60%、70%、80%,其中 0%的模型为原始模型,对比不同最终稀疏度的权重剪枝识别模型在舰船水声目标数据测试集上的识别性能和推理时间。

权重剪枝识别模型在舰船水声目标数据测试集上的识别准确率和推理时间的测试结果如表 16-8 所示。

表 16-8　不同最终稀疏度的权重剪枝识别模型的识别准确率和推理时间

| 剪枝方式 | 最终稀疏度 | 识别准确率 | 1495 个样本的推理时间/s |
|---|---|---|---|
| 权重剪枝 | 0% | 91.30% | 3.19 |
| | 40% | 85.89% | 3.22 |
| | 50% | 92.09% | 3.21 |
| | 60% | 94.54% | 3.22 |
| | 70% | 84.54% | 3.25 |
| | 80% | 81.13% | 3.24 |

最终稀疏度为 60%的权重剪枝识别模型的识别准确率最高，为 94.54%，最终稀疏度为 50%的权重剪枝识别模型的识别准确率为 92.09%，均比剪枝前的原始模型的识别准确率 91.30%高，说明水声目标深度识别网络模型适合进行权重剪枝，并且一定最终稀疏度的权重剪枝网络能降低模型的过拟合风险，提高模型的泛化性。由图 16-14 所示的权重剪枝实验评价图可知，在进行更高稀疏度的权重剪枝时，水声目标深度识别网络模型的识别准确率比剪枝前的原始模型要低得多，权重剪枝后的水声目标深度识别网络模型的识别准确率随着最终稀疏度的增大而减小。

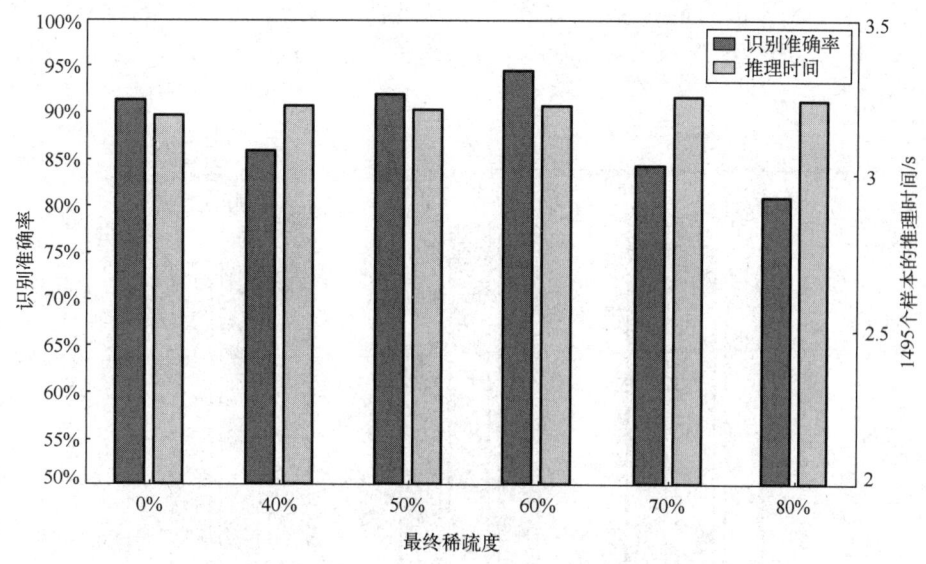

图 16-14　权重剪枝实验评价图

由于权重剪枝并没有实际删除识别网络模型的权重，只是将其置为 0，减小了模型在边缘计算平台上的存储空间，但是模型的权重数量并没有减小。

2）卷积核剪枝实验

卷积核剪枝识别模型的测试与评价：设置模型剪枝的卷积层分别为 5 层、10 层、14 层，依据基于水声特征重要性的 BN 层缩放因子 $\gamma$ 对卷积层从大到小进行排序，对缩放因子较小的前 5 层、

10层、14层卷积层，分别设置卷积核剪枝比例为20%、50%、80%。由于分组卷积层的通道分组数为8，所以卷积核数需要为8的倍数，所以设置卷积核剪枝比例为25%、50%、75%。对比不同最终稀疏度的权重剪枝识别模型在舰船水声目标数据测试集上的识别性能和推理时间。

卷积核剪枝识别模型在测试集样本数据上的测试结果如表16-9所示。不同于权重剪枝，卷积核剪枝能够将模型中的卷积核去除，从而有效减小识别模型的参数量及计算量，使用GPU进行测试时，可直接观察到推理时间明显缩短。

表 16-9 卷积核剪枝识别模型在测试集样本数据上的测试结果

| 剪枝方式 | 剪枝层数/总层数 | 卷积核剪枝比例 | 识别准确率 | 1495个样本的推理时间/s |
| --- | --- | --- | --- | --- |
| 卷积核剪枝 | — | 0% | 91.30% | 3.19 |
| | 5/28 | 20% | 86.5% | 3.05 |
| | | 50% | 82.24% | 2.75 |
| | | 80% | 80.52% | 2.59 |
| | 10/28 | 20% | 78.93% | 2.87 |
| | | 50% | 80.20% | 2.27 |
| | | 80% | 86.69% | 1.87 |
| | 14/28 | 20% | 83.67% | 2.67 |
| | | 50% | 79.87% | 1.63 |
| | | 80% | 70.50% | 0.81 |

图16-15是轻量化卷积核剪枝水声目标深度识别网络模型的性能，图中的柱状图分为三组，分别表示对模型不同数量的卷积层进行卷积核剪枝，每一组内有三个柱图，分别表示不同的卷积核剪枝比例的模型的识别准确率，卷积核剪枝比例分别为20%、50%和80%。深色柱表示模型的推理时间。

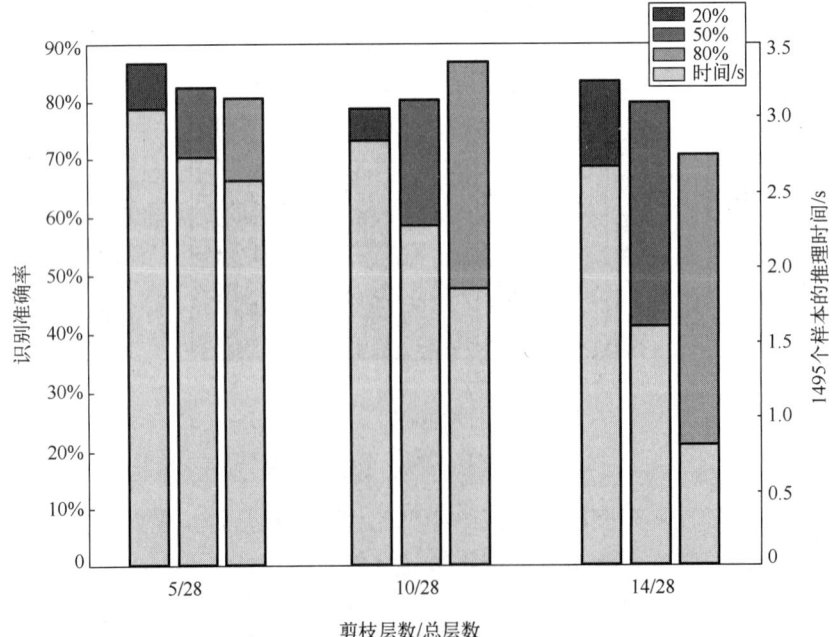

图 16-15 轻量化卷积核剪枝水声目标深度识别网络模型的性能

相比未剪枝的原始识别模型来说，卷积核剪枝的模型的识别准确率随剪枝层数的增大而有所下降，并且在对水声目标深度识别网络模型的 5 层和 14 层卷积层进行卷积核剪枝时，识别准确率随着卷积核剪枝比例的增大而继续下降。在对水声目标深度识别网络模型的 10 层卷积层进行卷积核剪枝，卷积核剪枝比例定为 50% 和 80% 时，模型的识别准确率随着卷积核剪枝比例的增大而小幅度提升了。

在轻量化水声目标深度识别网络模型的推理时间方面，在相同的卷积核剪枝比例下，剪枝越多的卷积层，模型的推理时间越短，在剪枝相同数量的卷积层时，模型的推理时间随着卷积核剪枝比例的增大而大幅度下降，最短的时间是剪枝 14 层、卷积核剪枝比例为 80% 的模型，推理完成 1495 个样本只需要 0.81s，但是识别准确率较低，只有 70.50%。

在卷积核剪枝识别网络模型中，识别准确率最高的是设置为剪枝 10 层卷积层、卷积核剪枝比例为 80% 的识别网络模型，识别准确率为 86.69%，推理 1495 个样本的时间为 1.87s。相比原始模型，平均识别准确率下降了 4.61%，推理时间缩短了 61.92%，加速效果比较理想。

## 16.4 基于边缘计算平台的深度学习网络能耗剪枝方法

将深度学习网络识别模型部署在边缘计算平台上，不仅需要考虑边缘计算平台的计算、内存资源，而且边缘计算平台的能耗是有限的。本节首先介绍 Jetson AGX Xavier 计算平台的硬件系统、软件系统、计算核心模块和电源分配，然后基于 RoofLine 模型分析影响识别模型推理时间的因素，提出推理能耗的估计算法。本部分提出基于推理能耗的识别模型卷积核剪枝方法，并进行实验和测量，证明该方法能够有效降低识别模型的推理能耗。然后设计并实现基于 Jetson AGX Xavier 计算平台的水声目标识别系统，并进行详细介绍。

### 16.4.1 Jetson AGX Xavier 计算平台

Jetson AGX Xavier 计算平台是新一代 NVIDIA 嵌入式 Linux 高性能计算机，是一个具备完整的计算、网络、存储、应用等能力的边缘计算平台。

#### 16.4.1.1 硬件系统

Jetson AGX Xavier 计算平台的硬件系统模块资源配置如表 16-10 所示。

Jetson AGX Xavier 计算平台包括集成的 512 核 NVIDIA Volta GPU、8 核 NVIDIA Carmel 64 位 ARMv8.2 CPU、32GB 256 位 LPDDR4x、双 NVIDIA 深度学习加速器（DLA）引擎、NVIDIA 视觉加速器引擎、高清视频编解码器、128Gb/s 专用摄像头摄取和 16 通道 PCIe Gen4 扩展。内存为 256 位 DRAM 接口，实现为 8 个 32 位通道，内存类型为 LPDDR4x，最大总线频率是 2.133GHz，内存大小为 32GB。存储为 eMMC 5.1 闪存，总线宽度为 8 位，最大总线频率是 200MHz，存储容量为 32GB。

#### 16.4.1.2 软件系统

Jetson AGX Xavier 计算平台的软件系统包括如下内容。

（1）操作系统模块包括 Linux 内核，以及从 Ubuntu 派生的示例根文件系统、工具链、引导加载器、用户空间驱动程序（User Space Drivers）、烧录脚本和支持工具（Flashing Support Scripts and Tools）、示例源代码和应用程序。

表 16-10　Jetson AGX Xavier 计算平台的硬件系统模块资源配置

| | |
|---|---|
| CPU | 8 核 NVIDIA Carmel 64 位 ARMv8.2 @ 2265MHz |
| GPU | 512 核 NVIDIA Volta @ 1377MHz with 64 Tensor Cores |
| 深度学习 | 双 NVIDIA 深度学习加速器（DLA）引擎 |
| 内存 | 32GB 256 位 LPDDR4x @ 2133MHz \| 137GB/s |
| 存储 | 32GB eMMC 5.1 闪存 |

（2）人工智能模块包括 TensorRT、TensorFlow、CUDA 工具包、CUDA 深度神经网络库（CUDA Deep Neural Network，cuDNN）。

Jetson AGX Xavier 计算平台的软件环境如表 16-11 所示。

表 16-11　Jetson AGX Xavier 计算平台的软件环境

| | | |
|---|---|---|
| 内核及操作系统 | L4T R31.0.1（Linux K4.9） | Ubuntu 18.04 LTS aarch64 |
| 深度学习环境 | CUDA Toolkit 10.0 | cuDNN 7.3 |
| | TensorRT 5.0 | TensorFlow 1.15.2 |

#### 16.4.1.3　电源分配

Jetson AGX Xavier 计算平台的系统电源输出信息如表 16-12 所示。

表 16-12　Jetson AGX Xavier 计算平台的系统电源输出信息

| 输出电源轨 | 用于 | 输入来源 |
|---|---|---|
| VDD_CPU | SoC CPU | SYS_VIN_HV |
| VDD_GPU | SoC GPU | SYS_VIN_HV |
| VDD_CORE（SoC） | SoC Core | SYS_VIN_HV |
| VDD_CV | SoC CV | SYS_VIN_HV |
| VDD_DDRQ | LPDDR4x | SYS_VIN_HV |
| VDD_SYS_5V | HDMI、USB | SYS_VIN_MV |

Jetson AGX Xavier 计算平台的内部电路集成有两个 3 通道 INA3221 电源监视器，INA3221 电源监视器是电压和电流测量传感器设备，用于监控计算平台各模块的电压、电流、功率。

电源监视器能够分别监控 GPU、CPU、SoC、CV、VDDRQ、SYS_VIN_MV 电源输出通道的电源状态。这些电源输出通道分别为系统上的 GPU、CPU、芯片、视觉计算、内存、外设供电，也就能够测量深度学习网络在 Jetson AGX Xavier 计算平台上运行的功率和能耗。

### 16.4.2　识别模型的推理速度

#### 16.4.2.1　RoofLine 曲线

深度学习网络的实际性能表现与具体的硬件平台有关。Williams 等人提出了 RoofLine 曲线，能够对模型在特定计算平台上的计算速度进行定量分析，不过 RoofLine 曲线指示的仍然是模型在计算平台上的理想计算速度。

**1. 硬件的性能评价指标**

（1）算力 $\ell$：指计算机设备或系统处理信息的能力，是计算机硬件和软件配合共同实现某种计算需求的能力。它通常以每秒的浮点运算次数（Floating Point Operations Per Second）作为计量单位，记作 FLOPS（或 FLOPs/s），用于衡量计算机设备或系统处理速度和计算能力的强弱。算力还与操作数据的精度有关，因为硬件的计算核心运算不同精度的数据的能力不同，分为双精度 FP64 和单精度 FP32。

GPU 芯片的算力的计算公式如下

$$\ell = Cores \times Clocks \times FPs \tag{16-7}$$

式中，Cores 为 GPU 内的 CUDA 核心数，Clocks 为时钟频率，FPs 为单核每个时钟周期中浮点运算的次数。Jetson AGX Xavier 计算平台的 Volta GPU 一共有 512 个 CUDA FP32 核心，时钟频率是 1.377GHz。1 个计算核心每个时钟周期中可实现 1 个 FMA（融合乘加操作），即单时钟周期内实现 2 次乘或累加操作，即 2 次 32bit 浮点操作，并且 FP32 核心可以将两个 16bit 数据操作合并成一个 32bit 数据操作。所以 Volta GPU 的算力为：FP32 理论算力 1.41TFLOPS（1TFLOPS=$10^{12}$FLOPS），FP16 理论算力 2.82TFLOPS。

（2）带宽 $\beta$：是指硬件计算平台的内存带宽，指的是每秒钟内计算平台的内存与计算核心之间进行交换的数据量，单位是字节每秒（Byte/s），1 字节（Byte）是 8 位（bit）。带宽的计算公式如下

$$\beta = 通道位宽 \times 时钟频率 \times 倍率 / 8 \tag{16-8}$$

Volta GPU 的内存是统一内存 DRAM，通道位宽是 256bit，时钟频率最大为 2.133GHz，内存类型是 LPDDR4x，读/写时双倍倍率，但是 GPU 从内存读/写时，最大的时钟频率则是 GPU 的运行时钟频率，由于 1 字节是 8 位，所以还要除以 8。Volta GPU 内存的理论带宽是 88.13GB/s。

（3）最大计算强度 $I_{max}$：是指计算平台的算力与带宽的比值，单位是 FLOPs/Byte。

$$I_{max} = \frac{\ell}{\beta} \tag{16-9}$$

所以能够得到 Volta GPU 的最大计算强度 $I_{max}$ 为 16FLOPs/Byte。

**2. 模型的评价指标**

（1）计算量 $N_{com}$：是指模型进行一次正向推理执行的浮点运算次数，单位是 FLOPs。模型的整体计算量等于模型中每个算子的计算量之和，需要注意的是，卷积层的计算是大量的乘加（MACs）计算

$$N_{com} = R \times R \times C \times OW \times OH \times M \times 2 \tag{16-10}$$

式中，$R$ 为卷积核的大小，$C$ 为输入特征图的通道数，OW 为输出特征图的宽度，OH 为输出特征图的高度，$M$ 为输出特征图的通道数（也等于卷积核的数量）。

（2）访存量 $N_{mov}$：指的是模型完成一次正向推理过程中内存与计算核心所需要的数据交换总量，单位是 Byte。由于数据常用单精度浮点数（Float32）格式存储，占用 4 字节，因此访存量通常为数据数量乘以 4。

$$N_{mov} = 4 \times (IW \times IH \times C + R \times R \times M + OW \times OH \times M) \tag{16-11}$$

式中，IW 为输入特征图的宽度，IH 为输入特征图的高度。

（3）模型的计算强度 $I$：是模型的计算量与访存量的比值，单位是 FLOPs/Byte，用于反映一个模型相对于访存来说计算的密集程度，能够衡量 1 字节的数据量所需要的运算次数。

模型的计算强度 $I$ 的计算公式如下

$$I = \frac{N_{\text{com}}}{N_{\text{mov}}} \quad (16\text{-}12)$$

（4）模型的计算速度 $P$：模型在单位时间内处理计算任务的能力，即算力，单位是 FLOPS。计算公式如下

$$P = \begin{cases} \beta \times I, & I < I_{\max} \\ \ell, & I \geq I_{\max} \end{cases} \quad (16\text{-}13)$$

$P$ 为一个模型在特定硬件上的理论计算速度。当模型的计算强度 $I$ 小于硬件的最大计算强度 $I_{\max}$ 时，计算速度 $P$ 就等于带宽 $\beta$ 与计算强度 $I$ 的乘积；当模型的计算强度 $I$ 大于或等于硬件的最大计算强度 $I_{\max}$ 时，计算速度 $P$ 就等于硬件的理论计算速度峰值 $\ell$，即硬件的算力。

模型的理论性能公式（16-13）指示了不同计算强度的模型在特定硬件上的理论性能，其曲线形状像一个屋顶，称为 RoofLine 曲线，表征了计算平台的带宽 $\beta$、最大计算强度 $I_{\max}$ 以及模型的计算强度 $I$ 三者的关系。

#### 16.4.2.2　模型推理时间的影响因素

模型的推理时间 $t$ 主要用来评价模型的推理速度，在一定程度上也可以评价模型的内存占用量，使用推理时间来评价模型的内存占用量必须要结合特定的计算平台。

推理时间就是模型在特定平台上运行，一个输入样本从输入模型完成推理，再到得到输出结果所使用的时间，单位是秒（s）。

按照式（16-13），可得模型的推理时间

$$t = \frac{N_{\text{com}}}{P} = \begin{cases} \dfrac{N_{\text{com}}}{\beta \times I}, & I < I_{\max} \\ \dfrac{N_{\text{com}}}{\ell}, & I \geq I_{\max} \end{cases} \quad (16\text{-}14)$$

根据式（16-12），可得

$$t = \begin{cases} \dfrac{N_{\text{mov}}}{\beta}, & I < I_{\max} \\ \dfrac{N_{\text{com}}}{\ell}, & I \geq I_{\max} \end{cases} \quad (16\text{-}15)$$

从式（16-15）可以看出，当模型的计算强度小于硬件的最大计算强度时，模型处于访存密集区，推理时间与访存量呈线性关系；而当模型的计算强度大于或等于硬件的最大计算强度时，模型处于计算密集区，推理时间与计算量呈线性关系。

按照式（16-15），在计算密集区，计算量越小，推理时间越短；但是在访存密集区，计算量与推理时间没有关系，实际起作用的是访存量，访存量越小，推理时间越短。因此在全局上，计算量和推理时间并不具有线性关系，模型的计算量小并不能表示推理时间短。

模型在特定硬件上的推理时间，除受计算量与访存量的影响外，还会受到硬件特性、系统环境、软件实现等诸多因素的影响。在硬件特性、系统环境、软件实现的影响下，模型的实际性能呈现出复杂的非线性特性。

使用 CUDA 自带的测试带宽的应用实例 Bandwidth，实际测得的 Jetson AGX Xavier 计算平台的 Volta GPU 的实际带宽为 38.5GB/s，单精度 FP32 的理论算力为 1410GFLOPS。由于权重剪枝模型的计算量和访存量与原始模型一致，所以对三类原始模型和卷积核剪枝模型的实际性能进行了测试，Volta GPU 的理论 RoofLine 曲线和部分模型实际性能如图 16-16 所示。

图 16-16 中，横坐标为模型的计算强度，单位是 FLOPs/Byte，纵坐标为模型的计算速度，单位是 GFLOPS（1GFLOPS=$10^9$FLOPS）。实线是 Jetson AGX Xavier 计算平台的深度学习硬件加速器 Volta GPU 的 RoofLine 曲线，曲线的前段中模型的理论计算速度随着计算强度而线性增大，斜率为 38.5，曲线后段横线为算力，交点处 GPU 的最大计算强度为 36.6FLOPs/Byte。

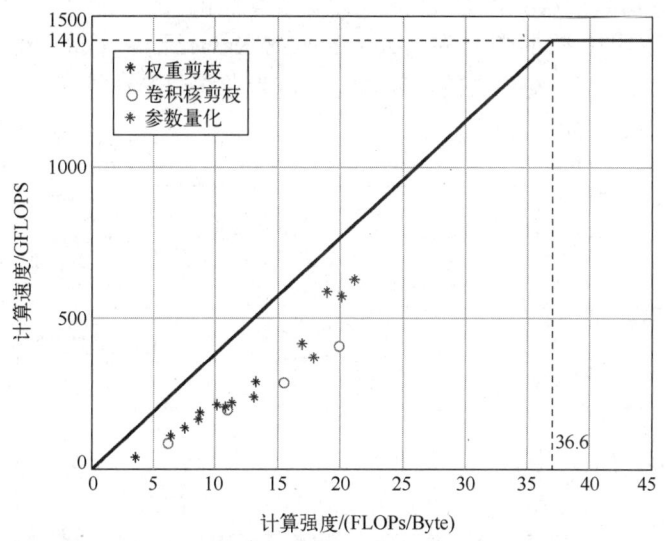

扫码看彩图

图 16-16　Volta GPU 的理论 RoofLine 曲线和部分模型实际性能

图 16-16 中的散点图是实测的识别模型的计算强度 $I$ 和计算速度 $P$ 的分布图，分别是经过权重剪枝、卷积核剪枝和参数量化后的识别模型，其中，蓝色星号指示的是原始模型的权重剪枝模型，其中计算速度达到 296.59GFLOPS。圆圈指示的是 4 个卷积核剪枝模型，其中最大的计算速度达到 417.56GFLOPS。红色星号指示的是参数量化模型，其中最大的计算速度达到 638.11GFLOPS。

## 16.4.3　识别模型的推理能耗

识别模型的推理能耗指的是模型在硬件计算平台上从输入一个样本，模型执行推理，到得到识别结果的过程中，计算平台所耗费的电能，单位为焦耳（J）。

### 16.4.3.1　推理能耗测量分析

测量 Jetson AGX Xavier 计算平台运行时的功率，图 16-17 是空载运行（不执行计算）时计算平台各模块的功率曲线。

可以发现，在 Jetson AGX Xavier 计算平台空载运行（待机）时，GPU、CPU 执行显示和系统监测任务，功率随时间波动，DRAM、SoC 和 SYS$_5$V 模块的功率比较平稳。CV 模块需通过特定程序接口启动以执行图像、视频处理任务。CV 模块当前未启动，功率为 0。

#### 16.4.3.2 推理能耗的估计

在 Jetson AGX Xavier 计算平台上,由 GPU 模块执行识别模型所有的计算。识别模型的推理是随模型网络层顺序进行的,完成某一层卷积层的计算后得到输出,作为下一层卷积层的输入,才能进行下一层的计算。GPU 模块的推理能耗为识别模型每个卷积层的计算能耗的和,根据式(16-13)和式(16-15),可以估计识别模型第 $l$ 层卷积层的计算能耗为

$$E_{\text{com}}(l) = G_p \times t = G_p \times \frac{N_{\text{com}}(l)}{P(l)} \tag{16-16}$$

式中,$E_{\text{com}}(l)$ 为第 $l$ 层卷积层的计算能耗;$t$ 为识别模型的推理时间;$G_p$ 是 GPU 执行识别模型所有计算过程的平均功率,瞬时功率由 Jetson AGX Xavier 计算平台内部电源监视器的 GPU 电源轨监测所得;$N_{\text{com}}(l)$ 为卷积层的计算量;$P(l)$ 为卷积层的计算速度。识别模型卷积层能耗估计算法如算法 16.1 所示。

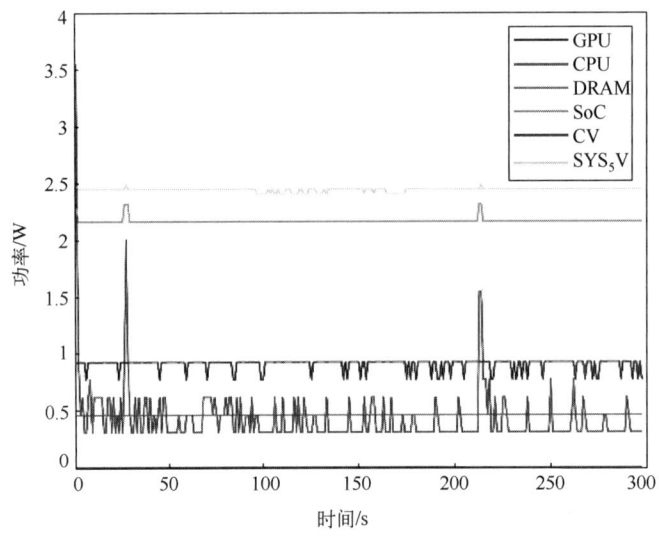

图 16-17 空载运行时的功率曲线

---

**算法 16.1:识别模型卷积层能耗估计算法**

---

输入:识别模型 Model,模型卷积层数 $L$;
硬件最大计算强度 $I_{\max}$、算力 $\ell$、带宽 $\beta$、GPU 运行模型时的平均功率 $G_p$。

  for  $l=1,2,\cdots,L$:

    计算第 $l$ 层卷积层算子的计算量 $N_{\text{com}}(l)$ 和访存量 $N_{\text{mov}}(l)$,计算强度 $I(l)=\dfrac{N_{\text{com}}(l)}{N_{\text{mov}}(l)}$;

    计算第 $l$ 层卷积层算子的计算速度:$P(l)=\begin{cases}\beta \times I(l), & I(l) < I_{\max} \\ \ell, & I(l) \geqslant I_{\max}\end{cases}$

    计算第 $l$ 层卷积层的计算能耗:$E_{\text{com}}(l) = G_p \times \dfrac{N_{\text{com}}(l)}{P(l)}$

  end
输出:模型各卷积层的计算能耗 $E_{\text{com}}(1), E_{\text{com}}(2), \cdots, E_{\text{com}}(L)$

---

GPU 运行的 MobileNet 识别模型的平均功率 $G_p$ 为 12.44W,GPU 算力 $\ell$ 为 1410 GFLOPS,带宽 $\beta$ 为 38.50GB/s,最大计算强度 $I_{\max}$ 为 36.60FLOPs/Byte,几个卷积层的计算能耗实例如表 16-13 所示。

卷积层 a 的计算量比卷积层 b 大，但是 a 的计算能耗比 b 高，这是因为 a 的计算强度较低导致计算速度较低，计算时间较长，所以能耗较高。

表 16-13　卷积层的计算能耗实例

| 卷积层 | 输入特征图参数 | 卷积核参数 | 输出特征图参数 | 计算量/MFLOPs | 访存/MB | 计算强度/(FLOPs/Byte) | 计算速度/GFLOPS | 计算能耗/mJ |
|---|---|---|---|---|---|---|---|---|
| a | 224×224×3 | 3×3×32 | 112×112×32 | 21.68 | 2.21 | 9.81 | 378 | 0.69 |
| b | 28×28×32 | 3×3×128 | 28×28×128 | 57.80 | 0.51 | 113.33 | 1410 | 0.50 |
| c | 28×28×32 | 3×3×32 | 28×28×32 | 14.45 | 0.20 | 72.25 | 1410 | 0.15 |

卷积层 c 与卷积层 a 的卷积核参数是一致的，但是输入特征图和输出特征图参数不同，计算强度不同，计算强度与计算量并无线性关系，识别模型卷积层按照计算量的排序与计算能耗的排序也是不一致的。

### 16.4.4　基于推理能耗的识别模型卷积核剪枝方法

#### 16.4.4.1　基于推理能耗的卷积核剪枝方法

基于 Jetson AGX Xavier 计算平台的能耗对识别模型进行剪枝优化，基于推理能耗的识别模型卷积核剪枝方法的流程图如图 16-18 所示。

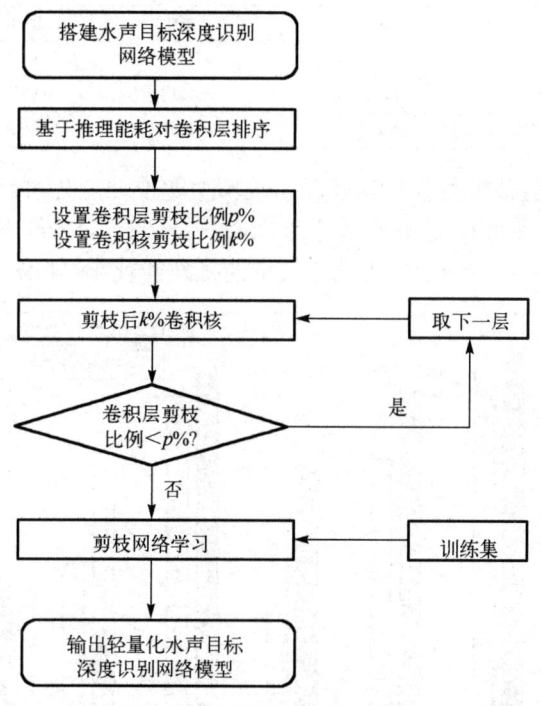

图 16-18　基于推理能耗的识别模型卷积核剪枝方法的流程图

基于推理能耗的卷积核剪枝方法的具体流程和基于计算量的卷积核剪枝方法基本一致，差别就是在选择剪枝的卷积层时，采用基于计算能耗对卷积层进行排序，先剪枝计算能耗大的卷积层。

#### 16.4.4.2 剪枝识别模型的推理能耗测试与评价

本节基于卷积层计算能耗排序进行卷积核剪枝，得到能耗剪枝模型，对两类模型的识别性能与推理能耗进行对比评价。

因为剪枝过多的卷积层将会使得识别模型的性能大幅下降，同时为了对比剪枝相同数量的不同卷积层时模型的推理能耗的变化，在实验中，先对模型卷积层进行基于计算量和计算能耗的排序，按照两种排序方式剪枝部分卷积层，数量设为 5 层和 10 层，然后设置不同的卷积核剪枝比例：20%、50%、80%，对选择的卷积层进行剪枝，得到 MobileNet 能耗剪枝识别模型与计算量剪枝识别模型，并在验证集上进行测试，记录两类剪枝识别模型的识别准确率和推理能耗，结果如表 16-14 所示。

其中，在剪枝 5 层卷积层时，基于计算量的剪枝模型的识别性能比基于推理能耗的剪枝模型更好；但是在剪枝 10 层卷积层时，基于推理能耗的剪枝模型的识别性能更好；剪枝模型的识别性能均随着卷积核剪枝比例的增大而降低。

表 16-14 两种方式的卷积核剪枝识别模型的识别准确率和推理能耗

| 剪枝层数/总层数 | 卷积核剪枝比例 | 计算量排序 | | 推理能耗排序 | |
| --- | --- | --- | --- | --- | --- |
| | | 识别准确率 | 1495 个样本的推理能耗/J | 识别准确率 | 1495 个样本的推理能耗/J |
| 5/14 | 20% | 86.50% | 46.0782 | 78.26% | 44.36 |
| | 50% | 82.24% | 39.6291 | 73.60% | 35.10 |
| | 80% | 80.52% | 34.4036 | 73.04% | 27.65 |
| 10/14 | 20% | 78.93% | 43.862 | 89.30% | 40.32 |
| | 50% | 80.20% | 30.212 | 87.55% | 24.09 |
| | 80% | 86.69% | 21.8008 | 86.22% | 13.00 |

图 16-19 是计算量剪枝模型与推理能耗剪枝模型的推理能耗对比图。推理能耗剪枝模型中，推理能耗最低的是 13.00J，识别准确率是 86.22%，比同等条件下计算量剪枝模型的推理能耗小 40.4%，识别准确率小 0.47%，比原始模型的推理能耗小 74.07%，识别准确率小 5.08%。

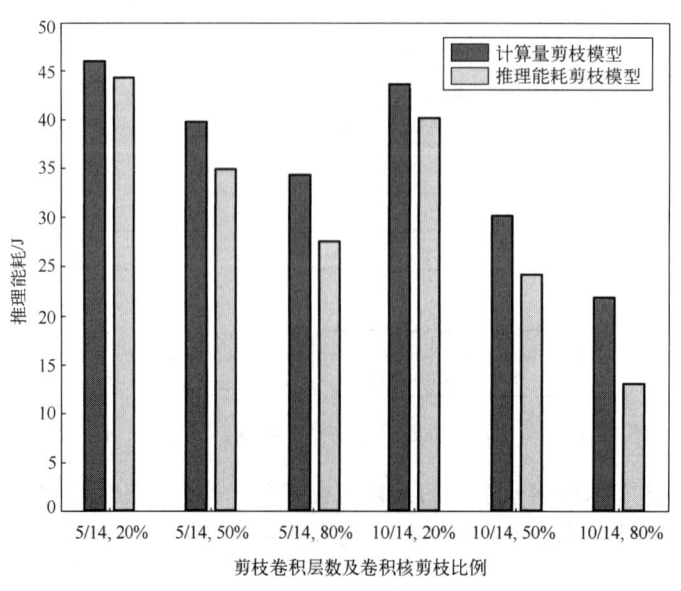

图 16-19 计算量剪枝模型与推理能耗剪枝模型的推理能耗对比图

从图中可以明显看出,推理能耗剪枝模型的推理能耗要低于计算量剪枝模型的推理能耗,可以证明提出的基于推理能耗的识别模型卷积核剪枝方法是有效的。

## 16.5 基于边缘计算平台的水声目标识别系统

### 16.5.1 硬件系统

基于 Jetson AGX Xavier 边缘计算平台的水声目标识别系统由 5 部分组成,如图 16-20 所示。

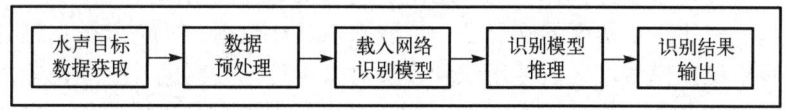

图 16-20 基于边缘 Jetson AGX Xavier 计算平台的水声目标识别系统的功能性框架

基于 Jetson AGX Xavier 边缘计算平台的水声目标识别系统的硬件系统包括水听器、电荷放大器、模数转换器、Jetson AGX Xavier 边缘计算平台、显示器,主要用于实现水声目标识别系统的各部分功能,如图 16-21 所示。

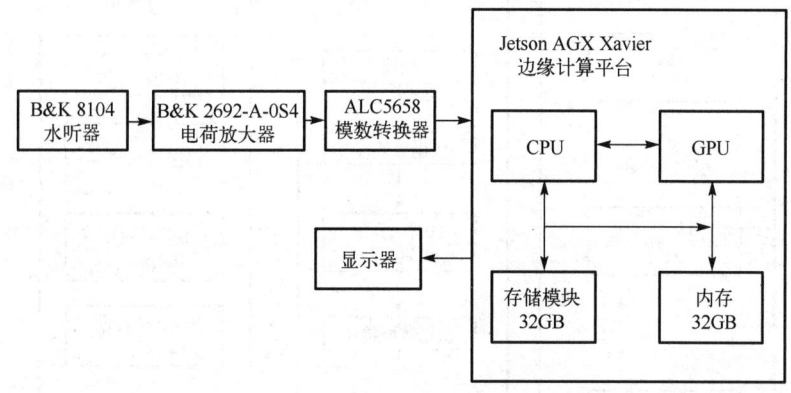

图 16-21 基于 Jetson AGX Xavier 边缘计算平台的水声目标识别系统的硬件系统的基本组成

(1) 水听器采用的是 B&K 8104,接收舰船目标的辐射噪声声压并转换成电荷变化量。

(2) 电荷放大器采用的是 B&K 2692-A-0S4,由于水听器接收声压并转换的电荷变化量极小,因此需要电荷放大器将其进行放大,然后转换为电压变化量。

(3) 模数转换器采用的是 ALC5658,能将模拟信号转换为数字信号,电荷放大器输出的电压为模拟信号,需转换为数字信号并输入边缘计算平台。水听器、电荷放大器、模数转换器连接在一起,用于实现水声目标数据获取的功能。

(4) Jetson AGX Xavier 边缘计算平台具有强大的计算能力,包含 8 核的 CPU、512 核的 GPU、32GB 的内存和 32GB 的存储模块,用于实现数据预处理、加载深度网络识别模型、识别模型推理的功能。

(5) 显示器用来显示软件系统的各种信息,包括系统工作状态、计算平台功率、实时识别结果等,用于实现识别结果输出的功能。

## 16.5.2 软件系统

### 16.5.2.1 基本功能模块

基于 Jetson AGX Xavier 边缘计算平台的水声目标识别系统的软件系统的基本功能模块分别为：用户交互功能模块、识别算法模块、显示功能模块。水声目标识别系统的软件系统功能模块如图 16-22 所示。

（1）用户交互功能模块主要实现的功能是：选择识别模型、识别和退出。选择识别模型功能是指能够手动选择已保存的预训练识别模型；识别和退出是用户控制功能，能够控制识别系统的运行，实现开始进行目标识别和退出识别系统的控制功能。

（2）识别算法模块主要实现的功能是：读取水声目标数据，并进行数据预处理，然后加载选择的深度网络识别模型，之后使用识别模型对水声目标数据进行推理，输出识别结果，最后进行结果的保存及显示。每次系统运行时，将会生成和保存工作日志，包含识别时间、水声目标数据、预处理数据和识别结果等信息。

（3）显示功能模块主要实现的功能是：用户交互界面显示，在界面中将会实时显示 Jetson AGX Xavier 计算平台的功率、工作状态、当前获取的水声目标数据、预处理数据和识别结果。

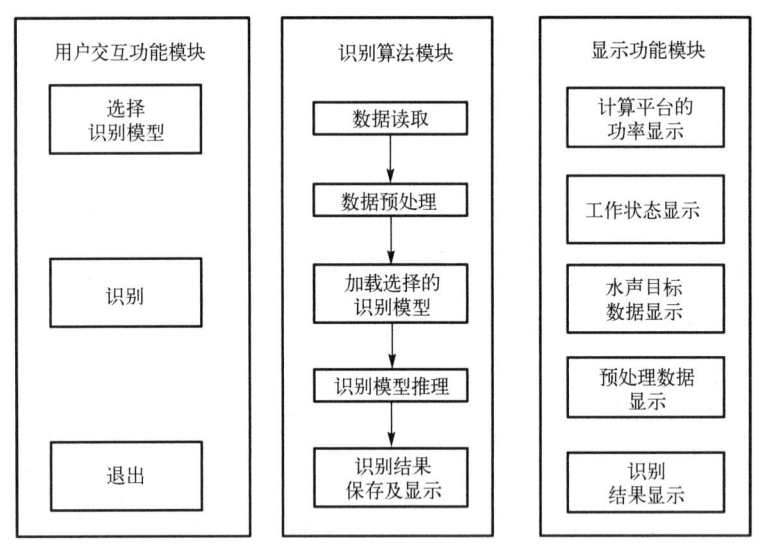

图 16-22 水声目标识别系统的软件系统功能模块

### 16.5.2.2 软件系统运行流程

软件系统的运行流程如图 16-23 所示，具体流程如下。

（1）进入系统初始化，加载功能函数，接着将会打开用户界面，用户界面包括需要显示用户交互界面、工作状态检测界面、识别算法输入数据及输出结果展示界面。

（2）开始监测边缘计算平台的功率，并进行实时显示。

（3）用户自主选择要使用的识别模型。不进行选择，将会使用一个默认的识别模型。

（4）用户选择识别功能，将会自动运行算法模块，执行水声目标识别的流程如下：水声目标数据的读取、预处理、加载选择的识别模型、识别模型推理，并且会实时显示水声目标数据、处理数据、实时显示识别结果和置信度。用户选择退出功能，将会退出识别系统。

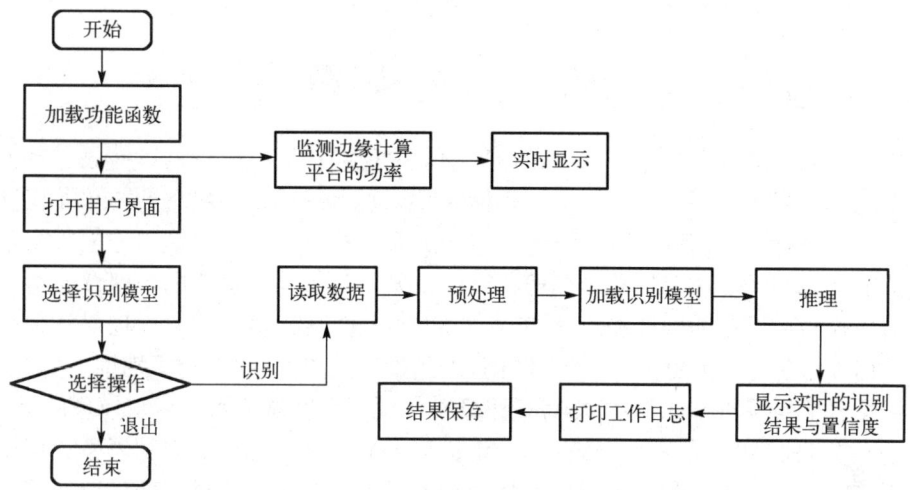

图 16-23　软件系统的运行流程

（5）识别模型推理结束，将会保存识别结果，生成工作日志，内容包括时间、边缘计算平台功率、水声目标数据、预处理数据和识别结果。

基于边缘计算平台的水声目标识别系统的运行界面如图 16-24 所示。

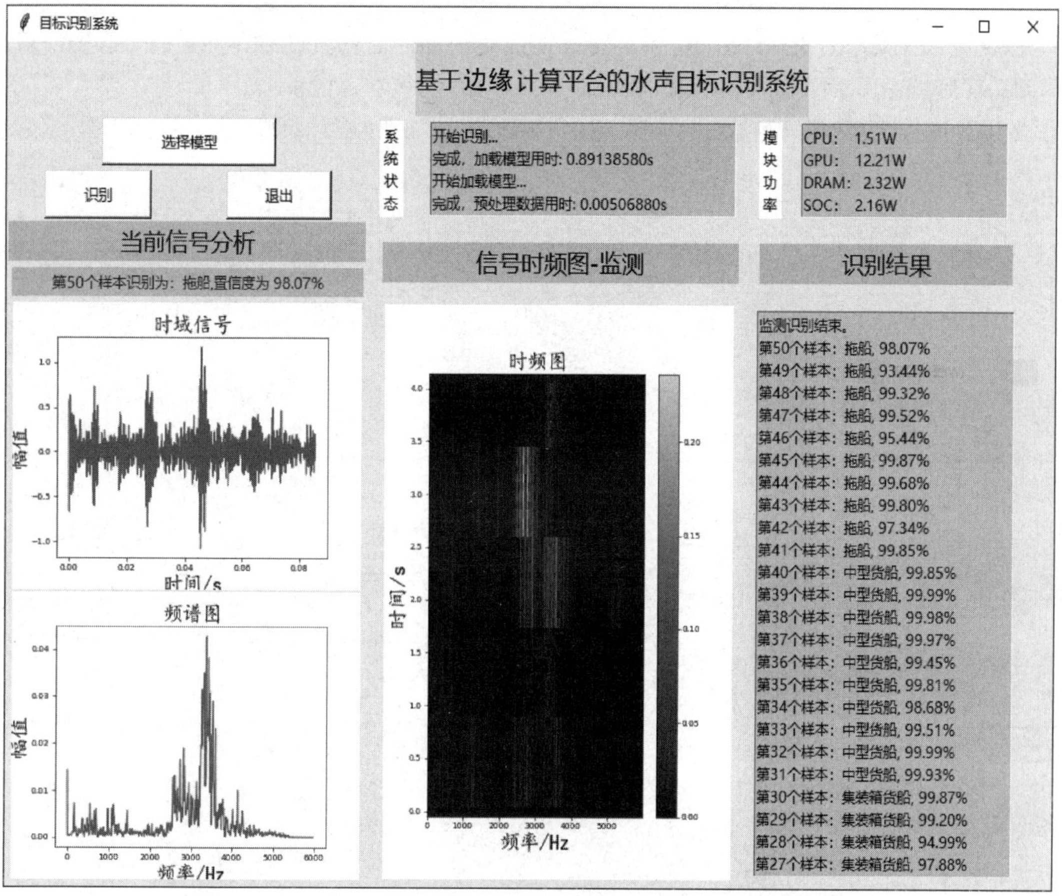

图 16-24　基于边缘计算平台的水声目标识别系统的运行界面

## 16.6　本章小结

本章研究了面向边缘计算平台的水声目标感知，能够在无人航行器等搭载平台上实现实时的、自动的水声目标识别，提出了水声目标深度识别网络模型的权重剪枝和卷积核剪枝方法，对识别模型进行剪枝。通过实验验证，对于适合进行权重剪枝的模型，采用权重剪枝方法有可能提升其识别性能，但随着最终稀疏度的提升，权重剪枝模型的识别性能将会下降，并且权重剪枝模型在通用的硬件加速器 GPU 上的推理速度没有提升。卷积核剪枝则可以缩短模型在通用的硬件加速器 GPU 上的推理时间，达到加速效果，但模型的识别性能均有所下降。

本章测量并分析了 Jetson AGX Xavier 计算平台运行深度学习网络识别模型的推理能耗，提出了识别模型的推理能耗估计算法，进一步提出了基于推理能耗的识别模型卷积核剪枝方法，对网络进行基于计算量和基于推理能耗两种方式的剪枝实验。对比两种剪枝识别模型的推理能耗，可以看出推理能耗剪枝模型的推理能耗要低于计算量剪枝模型的推理能耗，能够证明提出的基于推理能耗的识别模型卷积核剪枝方法是有效的。

## 参 考 文 献

[1] ANWAR S, HWANG K, SUNG W. Structured pruning of deep convolutional neural networks[J]. ACM Journal on Emerging Technologies in Computing System(JETC), 2017, 13(3): 1-18.
[2] 曾志良. 基于边缘计算平台的水声目标识别[D]. 西安：西北工业大学，2022.